U0955904

美国太空力量体系建设及作战运用研究

涂国勇　路建功　吕久明　等　编著

中国宇航出版社
·北京·

图书在版编目（CIP）数据

美国太空力量体系建设及作战运用研究 / 涂国勇等编著. -- 北京 : 中国宇航出版社, 2021.6 (2023.1重印)

ISBN 978-7-5159-1822-8

Ⅰ.①美… Ⅱ.①涂… Ⅲ.①航天战—军事力量—研究—美国 Ⅳ.①E712.54

中国版本图书馆CIP数据核字(2021)第030781号

责任编辑 李 欣 **封面设计** 宇星文化

出版发行 中国宇航出版社

社 址 北京市阜成路8号 **邮 编** 100830
(010)68768548

网 址 www.caphbook.com

经 销 新华书店

发行部 (010)68767386 (010)68371900
(010)68767382 (010)88100613(传真)

零售店 读者服务部 (010)68371105

承 印 北京厚诚则铭印刷科技有限公司

版 次 2021年6月第1版
2023年1月第3次印刷

规 格 787×1092

开 本 1/16

印 张 26.25

字 数 639千字

书 号 ISBN 978-7-5159-1822-8

定 价 128.00元

本书如有印装质量问题，可与发行部联系调换

前言

2018年3月，特朗普政府公布《国家太空战略》，提出强化太空威慑与作战能力，从而达到和巩固其“太空领导地位”的目的。2019年8月，特朗普宣布成立太空司令部，表示“太空在美国国家安全和国防中处于中心地位”，要确保美国“在太空的统治地位永不受质疑和威胁”。2019年12月20日，特朗普签署了《2020财年国防授权法案》，太空军正式成为美国第六大军种，与陆军、海军、空军、海军陆战队以及海岸警卫队并列。

毋庸置疑，美国是当今世界首屈一指的航天强国，太空“高边疆”“远边疆”战略定位不可取代，太空武器化、军事化进程不可逆转；太空力量正在并将继续改变思维观、时空观和战争观，加速推动军队组织形态、作战原则、作战指导乃至整个军事思想的变革；“星链”计划影响之大，令全世界措手不及、为之哗然。美国在太空力量建设方面比任何国家认识得清楚、彻底和长远，比任何国家贯彻得大胆、扎实和如一，为实现控制太空、独霸太空的战略意图，开展太空力量整合是其实现太空霸权的重大步骤。

几十年来，尽管美国政府“城头不断变换大王旗”，但历届政府的太空战略始终未变，建立完备的太空力量体系的目标始终未变。我们深切认识到，美国在战争思想、作战理论和技术战术等方面远胜其他国家，在太空领域走得太远了，走得太快了，走得太强了，需要从体系层面再认识、再思考、再研究美国太空力量体系建设。有鉴于此，我们选择“美国太空力量体系建设及作战运用研究”这一课题，旨在搞清楚美国太空作战理论、太空力量建设、太空装备建设、太空作战演训和太空作战运用等情况，以及美国在太空领域发展的历史、现状与未来等。

本书是中国酒泉卫星发射中心总体部领导支持和关心的结果，也是军事理论研究团队共同努力的结果，是集体智慧的结晶。涂国勇博士负责全书纲目编写并统稿，路建功高工、吕久明博士等负责书稿内容策划、设计并组织撰写，彭辉琼对本书进行了多次审阅并与出版社进行了大量协调对接工作。

本书共5篇、24章，篇幅较长、内容较多，每一章基本按照发展历程、现状和趋势进行分析和研判，其突出特点是每一章都有思考启示或对策建议。在绪论部分对全书进行了架构设计，从体系的角度来认识、理解和把握美军太空力量发展建设。

第一部分，战略理论篇。内容包括：美军太空作战理论发展历程及做法、美国太空战略发展历程及做法、美国太空威慑战略发展历程及特点和美国太空作战条令演变过程及特点等，其中太空战略部分梳理了美国历届政府的太空战略要点，作战条令部分梳理了迄今为止美军颁布的太空作战条令。该部分由涂国勇主要撰写，路建功、刘兴威、王小虎、冯丑明、李立洁参与撰写。

第二部分，力量建设篇。是本书的重点部分，按照进入太空、利用太空和控制太空三大任务领域进行安排，内容包括：美国太空力量领导管理体制、美国太空军组建与调整、美国商业太空力量发展及举措、美国太空力量的主要任务和需求、美国进入太空装备发展建设、美国快速响应太空发展建设、美国利用太空装备发展、美军控制太空发展、美军太空力量作战指挥控制系统等。该部分由路建功主要撰写，吕久明、王国保、赵征宇、刘兴威、邓海琴、刘嘉参与撰写。

第三部分，作战演训篇。内容包括：美军军事职业教育体系及特点、美军太空人才教育与训练、美国太空作战演习、美国“太空旗”演习、美国“施里弗”演习、美国“全球哨兵”演习等。该部分由吕久明主要撰写，王小虎、赵沛、王国华、李伟建参与撰写。

第四部分，作战运用篇。内容包括：美国太空力量作战运用实践、未来美国太空力量作战运用基本构想，其中运用战例包括从1958年到2018年间的作战实践，美国太空力量运用情况参考了国内许多学者的研究资料。该部分由路建功主要撰写，涂国勇、吕久明、梁晓东、彭辉琼、赵征宇、张墨参与撰写。

第五部分，展望思索篇。内容包括：未来美国太空力量建设典型项目、未来太空力量发展建设形势及应对策略、太空力量作战运用基本规律探索等。该部分由吕久明主要撰写，涂国勇、路建功、冯丑明、刘兴威、张墨、谢清超参与撰写。

本书既是各位撰写者的倾心著作，更是各种学术资料的凝练。在本书撰写过程中，引用和参考了相关专家学者的大量研究成果。截至2020年12月20日，所借鉴的资料均来自公开发表的期刊论文、研究报告以及网络媒体信息等，因此，我们是站在前人的肩膀上砥砺前行。我们努力做到覆盖全面、情况准确、方便使用，但由于存在资料获取难度大、数据积累不够和分析研判能力不足等困难，尤其是美国太空军正在调整转隶，许多情况还不明朗，内容仍存粗疏、遗漏、片面和不妥之处，因此恳请相关领域的专家学者批评指正，以便在太空领域理论研究方面更加客观、准确。

我们谨向本书参考资料的所有专家学者表示衷心的感谢，感谢张海波主任、谌廷政博士在本书成稿过程中提出的宝贵意见，感谢中国酒泉卫星发射中心给予的大力支持。

编著者

2020年12月20日

目　录

2　力量建设篇

3　作战演训篇

4　作战运用篇

5 展望思索篇

绪　论

美国太空力量是为获取制太空权，确保己方进入太空、利用太空和控制太空，以太空作战理论体系为指导，将太空装备体系、太空力量建设和作战指挥体系等要素，按照太空作战编成要求进行配置，并通过作战演训体系反复检验和实践，以进入太空力量为支撑、利用太空力量为基础、控制太空力量为主要活动的新型作战力量。太空力量体系是一个开放复杂的巨系统，体系内部各子系统与外部系统之间存在着广泛的“非线性”联系，系统类型多样，具有动态性和复杂性，并在整体上呈现出演进的敏捷性和多变性。

从 20 世纪 50 年代开始，美军引入太空作战概念，并进行深入的理论研究和技术积累，不断探索将太空技术应用于军事作战的可能性。尤其是太空司令部的成立，标志着美军太空力量体系的成熟。美军从太空力量作战理论、太空力量建设、太空力量作战演习和实践运用等方面，构建了相对完整的太空力量体系。美军太空力量体系包括作战理论、力量建设、作战演训和作战运用四个方面，它们之间环环相扣、螺旋迭代、持续用力。作战理论是太空力量体系的引领和先导，力量建设是太空力量体系的基础和保证，作战演训是太空力量体系的方法和途径，作战运用是太空力量体系的实践和检验。各方面之间的逻辑关系如图 1 所示。

• 国家太空战略。战略是认知的反映，同时也是意图的表达。美国的太空战略是太空技术发展到一定程度、陆海空越来越依赖太空系统的支援、太空武器登台亮相、太空攻防对抗逐步成为现实的情况下，形成的太空作战的指导思想和方针。美国太空战略也反映了对未来太空作战的筹划和制胜韬略。1958 年，当时的美国空军部长小詹姆斯 • H. 道格拉斯曾说：“喷气时代的原子武器、飞机和导弹带来了新的战略概念，而太空时代又产生了航空航天武器发展的新问题，产生了新的战略上的要求和新的战略的可能性。”美国历届政府都非常重视太空战略的制定，从顶层规划设计太空能力建设，对外表达战略意图，形成战略上的威慑。

• 太空力量作战理论。作战理论是军事科学的重要领域，是对作战问题的理性认识。克劳塞维茨谈到作战理论问题时说：“建立理论的目的是为了让别人能够不必从头整理材料和从头开始研究，而可以利用已经整理好和研究好的成果。”美国是当前战争实践经验最为丰富的国家，也是作战理论创新与发展最为活跃的国家。美军积极研究太空作战理论，对不断积累的太空作战实践经验进行理论升华，对太空作战理论进行广泛总结和科学整合，形成了比较完备的、系统化的太空作战理论体系。美军太空作战理论体系包括太空力量发展理论和太空力量运用理论。太空力量发展理论包括太空发展战略、法规、政策及作战理论发展史；太空力量运用理论主要指太空作战条令、力量建设理论，包括平时运用理论和战时运用理论。太空力量运用理论是太空作战理论体系的核心。

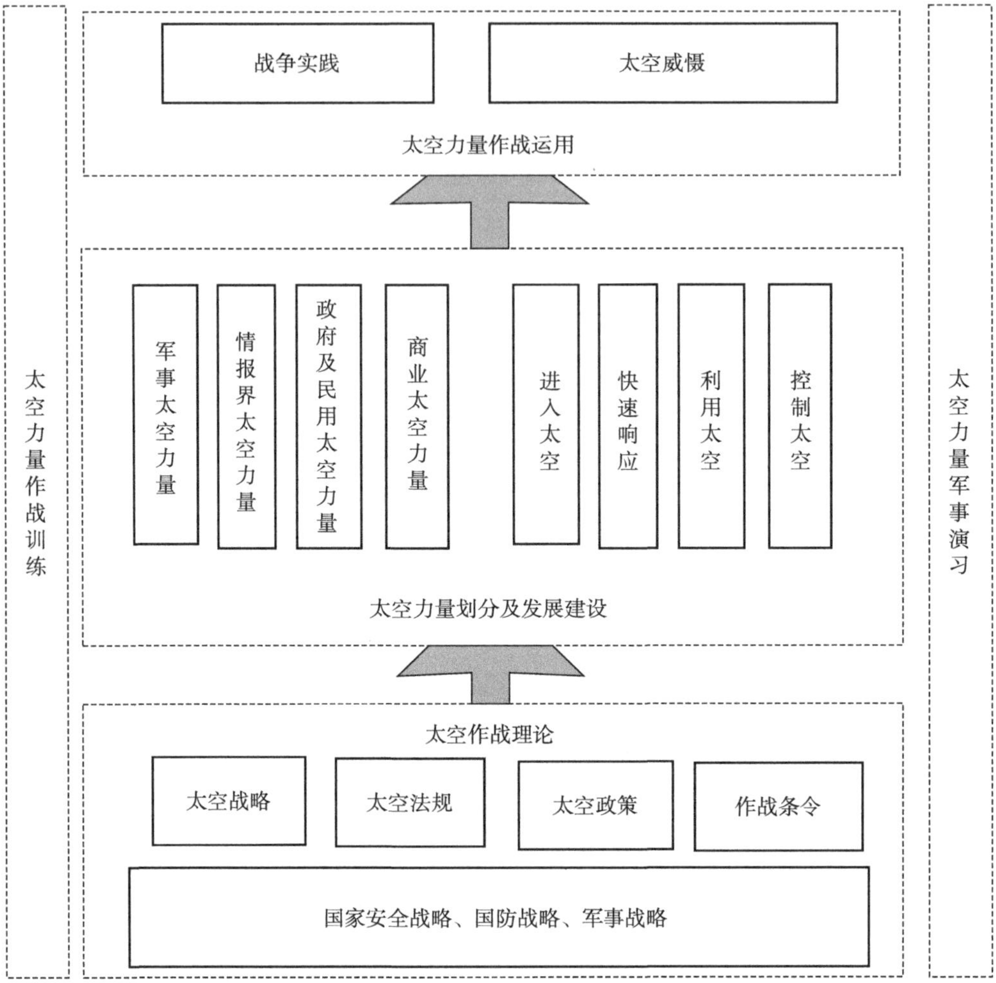

图 1 美国太空力量体系要素之间的逻辑关系

• 太空力量建设。太空力量是未来太空攻防对抗的主体，是信息时代太空作战的重要力量。太空力量建设的重要内容是太空装备建设，主体和表现形式是太空作战力量。从世界太空力量的使用来看，进出、利用和控制太空是太空力量的三大使命任务。作为世界第一军事强国，美国一直以来非常重视太空力量建设，主要围绕三大使命任务，开展进出太空力量、利用太空力量和控制太空力量建设，包括力量编制体制、装备体系、技术体系等要素。

• 太空力量作战演训。作战演训是太空作战理论的预实践，是太空力量战斗力生成的重要途径。美军以获得实战能力为目标，建立了完善的教育训练体系，通过多种形式的作战训练，对太空力量进行战略、战役和战术全面施训，通过作战演训完善了太空作战理论，加速了太空力量建设；探索评估太空力量（包括盟国力量）与作战指挥系统和装备平台系统的协同配合，以及太空系统中的天基系统和地面系统的协同配合等问题，为有效实施太空威慑、组织太空作战行动提供数据支撑；检验美国国防部规划的军队转型框架中的太空作战能力，寻找出太空力量体系建设的薄弱环节，对太空政策和机构进行不断调整，使之更加适应信息化条件下的“多域/全域作战”要求。

• 太空力量作战运用。作战运用是检验太空力量体系优劣的试金石，对战争结局具有决定性影响。1958 年 1 月 31 日，美国发射的第一颗人造卫星进入了太空，从此军事斗争在太空展开并且不断加剧，太空已成为影响战争胜负的制高点。尤其是自海湾战争以来，以美国为首的军事强国在历次军事行动中无一例外地依赖于天基支援能力，使用大量的卫星实施战场信息支援。历次战争和危机中，天基信息系统借助其强大的支援能力扮演了重要角色，太空力量的发展与运用对作战样式、战争形态、军队建设产生了深远的影响并催生了重大的变革。未来，太空力量必将继续在战争中发挥更加强大的作用。

由于美军在太空领域起步较早，现代战争实战经验丰富，国际联盟众多，因此在太空作战领域有着众多的优势。加强太空力量建设是未来军事斗争的迫切需求，太空力量也将成为未来战争的主要作战力量。当前，美军加快太空军事力量调整改革，加速推进太空领域整军备战，太空军事化、战场化、武器化持续加剧，必将形成新的太空作战体系优势。

1 战略理论篇

第1章　美军太空作战理论发展历程及做法

太空作战理论是信息化联合作战理论不可分割的组成部分，其发展既依托信息化联合作战理论的发展，也推动着信息化联合作战的发展。从太空作战理论的发展历史看，20世纪70年代，美国的太空力量发展催生了人们对太空军事理论的研究，进而产生了制天权理论和太空威慑理论。海湾战争以来，伴随着信息化战争的演进，世界各国越来越重视对太空资源的利用、控制，争夺太空制高点的竞争愈演愈烈，太空军事理论受到前所未有的关注并得到快速发展，太空作战样式、作战手段、作战战法等一系列太空作战理论研究逐步得到深化，尤其是太空力量与传统军事力量的联合，强势推动了信息化作战理论发展。美军如何建立军事太空力量体制机制、如何发挥太空资源效益、如何设置太空力量领导管理和指挥体制等问题，不仅是军事太空力量发展需要研究解决的重大现实问题，更是太空作战理论必须着力解决的重大现实问题。

1.1　概述

美军作战理论的发展变化与国家安全战略、军事战略的调整基本同步，目标方向比较一致。从国家战略层面到作战条令层面，形成了一整套系统完善的理论文本体系，具体指导太空力量建设与太空作战行动，比如近年提出的“全球一体化作战”理论，强调“跨域协同”“多域作战”等思想，这与美国国家安全战略、军事战略明确的“强化全球同盟与伙伴关系网络”等目标任务相统一。美国把太空列为国家优先发展领域和作战领域，美国国家战略、国家安全战略、国防战略、军事战略、太空战略、太空政策、太空法规、作战条令多个层级和要素之间常常相互关联，一般来说是在各种战略的指导下，制定各项太空政策，太空战略的各个要素体现在政策和作战条令当中。但战略、政策和作战条令又有本质不同，不能相互替换，“战略说明如何作战，以实现国家的政策目标”；“政策是指南，具有指令性和指示性，告诉我们做什么”；“条令提供实现军事目标和企图的考虑”，与战略规划有关，有效期不长，当作战条令与政策冲突时，制定作战条令者指出冲突并对行动有所限制。太空作战理论体系与太空战略和作战条令的逻辑关系如图1-1所示。

1.1.1　太空战略

战略规划是美军实施战略领导管理、把握军队建设方向的办法和工具，对美军具有头等重要的意义。所谓战略规划，是指为达到一定的战略目的，在分析判断国家安全形势和未来战争的基础上，从全局高度谋划军事力量建设与运用、进行战争准备与实施的一系列理论和实践活动。战略规划关注的是国家根本性的军事政策，决定军事活动的目的和任务、方法和原则、重点和步骤。更进一步讲，美国战略制度的核心就是战略规划，美军正是凭借这套制度发现太空战略问题、解决现实问题、探索太空发展。

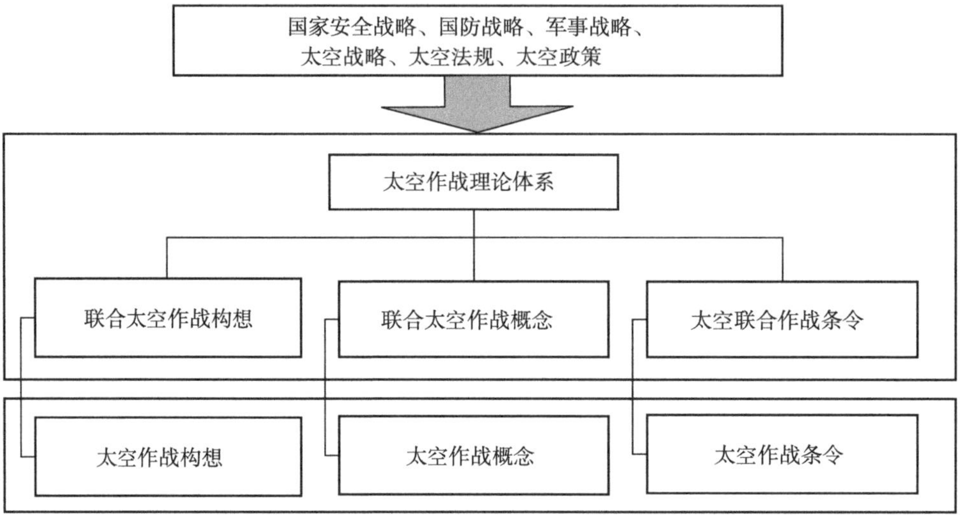

图 1－1　美国太空作战理论体系与太空战略和作战条令的逻辑关系

太空战略是筹划和指导航天技术、力量发展，对太空进行探索与利用的方针和策略。美国太空战略思想始于 20 世纪 50 年代，美国历届政府都有自己的太空战略，并且各有侧重。美国太空战略可以分为“太空安全战略”和“太空探索战略”两部分，彼此紧密联系又相互转换。美国太空安全战略是太空战略的重要组成部分，太空安全战略指导太空战略的制定，太空战略为太空安全战略服务。因此，美国太空战略思想主要体现在《国家太空战略》《国家太空政策》《国家安全战略》《国防太空战略》等文件中，这些文件之间有内在的联系，如 2020 年 6 月 17 日，国防部新版的《国防太空战略》以 2018 年新版《国家太空战略》和特朗普政府的《美国国防战略》为基础，对太空环境的现状及挑战进行了阐述，为国防部在未来 10 年内实现理想的太空条件提供了指导，《国防太空战略》的目标是：保持太空优势；为国家、联合、联盟三个层面上的作战行动提供太空支持；确保太空稳定。

作战条令、作战概念与作战构想是美军报告、文件中常用的术语，三者是一个相互关联的整体，其重要区别首先表现在它们作用时间的不同，基于这一不同，作战条令、作战概念和作战构想的内容构成、功能定位也存在着明显区别。

作战构想描述的是较长时间（通常在 15 年以上）的部队结构及预期作战能力，主要关注技术的投资与开发，以获取相应能力。作战条令关注的是当下的作战问题，对当前作战能力和组织机构的合理使用问题进行探讨，经过训练、演习、应急作战和实战检验，描述如何最好地使用、组织和指挥当前的部队。

作战概念通常是指为未来 5～15 年拟定的合理作战想定，通过综合分析和示例说明，对作战运用、作战环境、指挥与控制、支援、组织和计划等系列课题进行检验。当新技术逐渐发展成熟，已经可以成为一种新型的、独立的武器系统，或者成为某种武器系统的一个组成部分时，就可在作战概念框架内对其进行鉴定。近年来美军先后提出“全球公域进入与机动联合”“灰色地带作战”“多域作战”“分布式海上作战”等多个战略级作战概念以及“智能作战”“无人作战”“电磁机动战”等多个支撑性战术级作战概念；在太空作战概念方面，美空军太空司令部（AFSPC）正在研究制定以“1＋3”为主体框架的太空作战概念，即 1 个顶层的太空作战核心概念和 3 个支撑性的功能概念，牵引太空作战力量的作战转型和建设运用。

1.1.2　太空法规

太空法规是美国开展航天活动的法律依据。1958 年 7 月，美国颁布了世界第一部《国家航空航天法案》，将航天活动纳入了法制化的发展轨道。经过 60 余年的发展，美国航天法规的形式和内容随着其政治需求的变化和航天能力的提升，不断得到修订和完善，形成了较为完善的航天法规体系，涵盖民用、商用以及军事航天等各方面内容。同时，为了加速并规范美国航天工业的产业化和商业化，美国在小布什、奥巴马任期内密集出台了多部航天法规，如：《国家航天委员会法》《零重力零税收法》《航天现代投资法》《遥感应用法》《商业航天法》《商业航天发射法》《太空探索法》等。在卫星通信领域，美国先后制定了《通信卫星法案》《电信法案》《轨道法案》等，鼓励商业卫星通信发展，促成并建立了完全竞争的全球卫星通信市场。

1.1.3　太空政策

国家太空政策是政府指导太空活动的纲领性文件，它提出解决太空冲突和军事手段的基本指导方针，明确在各种激烈的太空冲突中实现慑止、防御、打赢的方法策略。1958 年，美国政府发布第一份《国家太空政策》，同年成立了多个与尖端军事科技、太空相关的机构，如美国国防部高级研究计划局、美国国家航空航天局等。之后在冷战、后冷战时期及冷战后等各个时期，美国政府都会颁布新版《国家太空政策》，如 2010 年 6 月 28 日，奥巴马政府发布《国家太空政策》；相关部门机构制定了自身在太空领域的发展政策，如《国防部太空政策》是对《国家太空政策》中有关军事太空条款的具体贯彻和落实；2012 年，美国国防部发布《太空政策指令》，旨在全面应对太空日益“拥挤、对抗和竞争”（3C）的状况；2016 年 11 月，美国国防部发布修订版《太空政策指令》，旨在慑止对太空主权的侵犯、提升太空稳定性，并促进负责任地利用太空，形成控制太空能力，增强完成太空任务的有效性；空军作为美国国防部的太空执行机构，也于 2003 年制定了空军太空政策。

特朗普上台以来，连续发布了 5 份太空政策指令（SPD），2017 年 12 月 11 日，特朗普签署“第 1 号太空政策指令”（SPD－1），指示美国国家航空航天局（NASA）实施载人重返月球任务，并对月球进行长期探索和开发利用，随后开展前往火星和其他目的地的载人探索任务；同时要求 NASA 与商业和国际伙伴合作，促进人类活动在太阳系的扩展。

2018 年 5 月 24 日，特朗普签署“第 2 号太空政策指令”（SPD－2）《简化对太空商业化利用的监管》。2018 年 6 月 18 日，特朗普签署“第 3 号太空政策指令”（SPD－3）《国家太空交通管理政策》，防范太空活动风险，明确太空交通管理相关原则、目标、指导方针、职责等。2019 年 2 月 19 日，特朗普签署“第 4 号太空政策指令”（SPD－4）《建立美国太空军》，为美国组建太空军确立了基本原则。2020 年 9 月 4 日，特朗普签署“第 5 号太空政策指令”（SPD－5），该政策指令明确指出国土安全部、基础设施安全局在加强美国太空网络防御方面的主导作用，特别是在用于全球通信、导航、天气监测和其他关键服务的系统上。2020 年 12 月 9 日，特朗普政府发布新版《国家太空政策》，重申了美国在空间领域的领导地位和作为世界上最重要的航天国家的地位，认为控制太空是国家的当务之急。美国将鼓励和促进商业航天部门的持续增长，在促进美国核心利益的同时，创造新的市场并鼓励创业。

1.1.4 太空作战条令

美军作战条令既包含普遍原理，也提供具体指导，运用作战条令可帮助指挥官找出解决军事问题的最佳方法。美空军认为，作战条令关注的是作战效果，而非具体的武器平台；是使用而非占有各类空间；是组织机构而非部队数量的增加；是作战行动协同而非各行其是；是一体化而非简单同步；是部队编成的合理性而非成分对等。源于经验、经过验证且得到批准的作战条令具有相对权威性，可为指挥官解决军事难题提供帮助，适用于包括现役军人和文职人员在内的所有人员。作战条令可为军事活动决策提供通用范例，为实现国家目标而进行的军事行动提供基本原则；统一军事术语，规范表达法则，是建议而非教条或强制性规定。

美军作战条令为军事战略制定者提供计划和行动的共同着眼点与思考战争的基本方式，美军联合太空作战条令和军种太空作战条令是美军太空作战理论体系的核心部分。丹尼斯·德鲁和唐纳德·斯诺把条令的主要作用归纳为 3 点：通过分析战争经验确定作战原则；将这些原则代代相传；为人们认识和了解作战指导方针奠定共同基础。

1.2 美军太空作战理论形成过程

美军积极研究太空作战理论，加快太空力量体系建设，研究发展太空作战技术与装备，已形成比较完善的理论体系，并用于指导太空作战准备与实施。美军在对不断积累的太空作战实践经验进行理论升华、对太空作战理论进行广泛总结和科学整合的基础上，对太空作战形成了比较完备的、系统化的理论体系。

1.2.1 成长期

人类进入太空时代不久，各种军用卫星系统迅速出现并很快发生效用，太空对作战的影响及太空作战问题引起了军事理论界和军事决策部门的关注。美国太空作战理论是依附于空军作战理论发展起来的。太空作战理论最先体现在空军战场的扩大、空军作战任务的增加，最后是“航空航天一体化作战”理论的出台。之所以如此，是因为美空军是美国太空军事行动的统一负责人，是美国太空作战理论的重要研究者与阐述者。美空军用aerospace定义作战环境，却从未给太空划定明确的界限，其目的是与陆军、海军的地球表面（surface of the earth）作战环境相区别，表达空军在军种航天竞争中的立场，即“广阔的空中和无边无际的外层空间扩展部分是一个不可分割的整体，应该由一支一脉相承的部队实施控制”。

20 世纪 70 年代初至 80 年代初，是太空作战理论的萌芽期。在这一时期，美国形成了包括侦察卫星、通信卫星、导航卫星、气象卫星、测地卫星在内的较为完善的军用航天装备体系，并多次进行反卫星实验，初步具备了反卫星作战能力。在太空作战实践的催生下，太空作战理论初步产生，1971 年《美空军作战条令》第一次规定空军在外层空间的任务，明确表示美空军具体负责与航天器有关的军事活动，并“确保其他国家不能利用太空探索获取战略上的利益”。这标志着美空军太空作战理论的诞生。1979 年版的《美空军作战条令》将空军的太空任务进一步明确为：航天保障、战斗力增强和太空防御。受太空军事技术装备水平限制，太空作战理论尚未融入整个作战理论之中，处于萌芽状态，没有实现与当时作战理论、作战体系和作战装备的有机“对接”。

20 世纪 80 年代初至 90 年代初，太空作战理论逐步形成。美相继提出“空地一体”和“大纵深立体”的作战理论，主张必须瞄准现代战争“全球性、大纵深、全方位、高立体”的新特点进行战争准备，在作战中更加重视太空信息系统对战场的支援作用。在这一背景下，美国三军航天司令部和联合航天司令部相继成立。美空军航天司令部于 1982 年 10 月正式出版了第一部太空作战理论著作，即《军事航天理论》，标志着美军太空作战理论初步形成；1990 年完成的《航天作战》，对太空作战理论进行了全面系统的阐述，美军太空作战理论由此正式确立。美空军的太空作战任务被进一步明确为太空控制、力量运用、力量加强、太空支援等内容，太空作战逐渐开始强调太空力量投送，主张利用太空环境对地面力量进行加强。

1.2.2　繁荣期

在经历了几场局部战争后，美军太空作战理论进入了一个大发展、大繁荣时期。在战争实践与战后的总结积淀下，各种理论层出不穷，呈现出百家争鸣、百花齐放的局面。这些理论都有一个共同的特点是：太空作战理论已经成为联合作战理论和军种作战理论的有机组成部分，每一个新的作战理论无不把太空因素纳入一体统筹考虑。1996 年，美军参联会颁发《2010 年联合构想》，提出制敌机动、精确打击、全维防护、聚焦后勤等 4 条作战原则和全谱优势思想。

1997 年空军推出《全球参与：21 世纪的空军构想》的报告。空军的构想勾画出了美空军转变为太空军后，将具备的 6 种核心作战能力，即“航空航天优势、全球快速机动、全球攻击、精确打击、太空信息优势、迅捷战斗支援”，实现“全球警戒、全球到达和全球力量”战略，将“全球到达、全球交战”作为其太空作战任务的核心。

1998年4月，美空军航天司令部发布了一项发展军事航天的长远规划《2020年构想》，具体阐述了控制太空的概念，将夺取太空优势以控制太空列为首要任务，明显地表现出全域攻击的作战指导思想。1999年4月，美国防部的《防务计划指导》首次提出“快速决定性作战”概念，要求美军“开发新的联合作战概念和能力”，以提高联合部队司令官快速和决定性地实施特别有挑战性的重要作战能力。

1999年联合部队司令部颁布《快速决定性作战》0.5版白皮书，提出试验性的“快速决定性作战理论”。2000年5月30日发布的美参联会《2020年联合构想》战略报告，对《2010年联合构想》进行了扩展和修订，除进一步强调《2010年联合构想》提出的思想外，还要求把信息优势转化为知识优势和决策优势、将技术创新扩大到体制编制和作战理论创新，并首次提出了全方位主导布势的概念。报告指出，联合部队需要具备全方位的机动控制能力，在各种战场上（包括陆地、海洋、空天和信息领域）获得全面优势。

《2020年联合构想》是美国军方为保持其在21世纪初的军事航天优势地位而制订的一项十分重要的长期发展规划。规划指出，到21世纪，太空将成为美国国家安全和国民经济发展的重心。因此，21世纪美国太空力量的首要任务是夺取太空优势。为此，美国航天司令部提出确保太空优势的4个作战概念（即控制太空、全球交战、全面力量集成和全球伙伴关系），这是21世纪美军太空作战理论正式出台的标志。太空作战的核心思想：空中、太空无缝连接；制空、制太空和制信息权相辅相成，互为依存；空军在太空作战中处于前列地位；太空作战必须坚持统一指挥和分散实施的原则；整合后的空天一体化力量将成为一支决定性力量；太空作战计划的制定和执行从属于联合作战的需要。太空控制能力包括：实时太空监视能力，及时与反应灵敏的太空运输能力，对军用、民用系统更全面的保护能力，以及强有力地瘫痪敌方系统的能力。

2001年5月9日，美空军发表了《航空航天部队：保卫21世纪美国》白皮书，要建立一支能够控制和利用太空统一体的全方位航空航天部队，提供“全球警戒、全球到达、全球力量”能力，帮助美国实现其国家目标，维护美国的全球利益。全球警戒是指可以密切注视一切情况的、持续的、全球方位的能力——在能力和意图出现差距时提出警示，并确认需求和机遇。全球到达，是指以无可比拟的速度和准确性在世界任何地方移动、补给或部署资源的能力。全球力量，是指在世界任何地方处理风险或打击目标的能力，并达到快速决定性作战效果。

2001年，美军联合部队司令部颁布了《快速决定性作战》1.0版白皮书，给出“基于效果作战”的基本定义。该概念主要是强调通过作战目标精确锁定、作战力量多元融合、作战手段综合运用、作战效果非线性集成、指挥控制灵活高效，在战术、战役和战略级密切协同，倍增和累积地运用各种军事力量以及其他国家军事力量，来获取预期战略效果。其实质是：放弃以往积小胜为大胜的思路，打破战略、战役和战术级军事行动的区分，尽可能直接谋取战略效果；以协调、增效和累积的方式，综合运用军事手段和非军事手段，发挥不对称优势；从过去的集中兵力、集中火力发展为集中效果，即物理的、功能的和心理的效果；在谋求和评估效果时，不仅考虑行动的直接效果，还要考虑该行动的间接效果。

2003年，美国防部正式提出“常规全球快速打击”构想，设想冲突爆发后，美军部队可以在接到命令1小时之内，对全球任何地区的高价值或时间敏感目标实施打击。2007年12月美空军参谋长发布了《国家卫士——21世纪的美空军》白皮书，指出：为了以“全球警戒、全球到达、全球力量”来提升和捍卫美国国家利益，空军必须达成跨域主宰。跨域主宰，是指存在于空中、太空和电磁频谱的可自由攻击和避免攻击的能力；允许在这三个领域里达到快速、同步、非致命或致命效果，从而在所有战斗领域里达成战略、战役和战术目标，包括陆、海、空、天、电、网空间。

2012年1月，美国防部出版了联合作战介入方案，“空海一体战”成为美国的正式作战方案。“空海一体战”的要意在于构建以天基系统为核心，由天基平台、空基平台和海基平台等构成的多层次立体作战体系，在全维太空内加速实现各种作战力量的有效融合和作战综合集成，与作战对手进行全维太空的全面交战。“空海一体战”的核心兵器是航母战斗群、战略轰炸机、太空情报监视系统、航空情报监视系统以及情报处理和指挥中枢。

1.2.3 转型期

美军一直认为，随着航天大国太空对抗能力的发展，其他航天大国对美太空系统构成严重威胁；太空设施的重要性和固有的脆弱性，使得它必将成为未来敌对双方攻防对抗的重要目标；为争夺太空的使用权和控制权（即争夺制天权）而进行的对抗将不可避免，太空直接对抗的出现只是时间早晚的事情。因此，基于当前太空威胁的判断和国家安全对太空战略的需求，美国现阶段强调更多的是太空安全与稳定。

2016年，美国密集推出“有限太空战”“主动预防”等太空安全理念。1月，新美国安全中心发布《从庇护区到战场：美国太空防御与威慑战略框架》报告，首次提出在太空威慑战略下实施有限冲突的构想，限制太空冲突的规模和范围，避免引发全面战争乃至核战争，即“有限太空战”战略。4月，力推“第三次抵消战略”的国防部副部长沃克在第32届太空研讨会上，首次就太空能力与“第三次抵消战略”的关系及如何实施太空领域的“抵消战略”进行阐述。6月，美智库大西洋理事会发布《面向新国家安全的太空战略：战略再平衡时机已到》报告，建议美国下一届政府基于当前的战略环境以及美国航天发展目标，推动战略再平衡发展，实施以预防太空冲突为主的主动预防太空安全战略。

在太空威胁判断上，美国认为当前的太空安全环境日益呈现出“拥挤、对抗、竞争”的局面。太空越来越拥挤主要表现在：卫星数量不断增多，目前有60多个国家和组织运行着1 100多颗卫星；太空碎片数量持续增长，已编目的直径大于10 cm的太空碎片达到23 000个，估计直径超过1 cm的太空碎片数量超过30万个；太空轨道与频谱等资源走向枯竭，各类卫星应用主要使用低于60 GHz的频段，其中低于3 GHz频段的竞争尤其激烈，考虑到信号干扰，地球静止轨道同频段卫星之间需要在经度上间隔一定距离，因此整个地球静止轨道上可部署的同频段卫星数量有限。

在太空对抗和竞争方面，美国《国家安全太空战略》提出，“太空系统及其基础设施面临着诸多人为威胁，将可能使太空系统被降级、欺骗、干扰和摧毁。未来 10 年，随着越来越多的国家和非国家行为体发展太空对抗能力，对美国太空系统的威胁将越来越大”。美国认为，中国太空对抗能力的发展，对美太空系统构成严重威胁。发展太空技术和提供太空服务的国家不断增多，美国的国际太空竞争优势和太空领导地位下降，“在多个领域，美国的技术领先地位被削弱，其他国家的技术水平却在增长”。

2015 年，美国《国家安全太空战略》指出，“美国的太空能力仍将是美国国家安全的基础。太空对美国了解新型威胁、掌握全球投送力量、实施军事行动、支持外交工作至关重要，对维持全球经济发展至关重要”。太空资产为联合作战人员和美国在战略预警、中继通信、高精度定位、导航和授时方面提供了无与伦比的优势。同时，美国一些专家认为，正是因为美国在太空基础设施方面具备绝对优势，进而对其产生严重依赖，潜在对手认为太空基础设施是美国军事力量的“阿喀琉斯之踵”，正在寻求各种方法对美国资产及相关系统造成威胁。2018 年 12 月，美总统签署《国家授时安全与抗毁性法案》，要求两年内建立 GPS 地面备用授时系统，确保在 GPS 信号不可靠或不可用的情况下，美国仍可继续为军、民用户提供无损、非降级的授时信号。

基于上述太空安全形势的分析和威胁的判断，美国当前太空战略目标主要是确保美国太空资产和设施的安全性、有效性和可靠性，以及美国太空活动的安全。美国将继续寻求、采用并发展独特的技术、创新的工艺和多样化的应用，巩固美国太空领域的战略优势。同时，美国也承认，“美国自由独立使用太空的时代已经结束，不管美国采取什么应对措施，潜在对手都能够攻击美国的太空资产，从而给美军带来严重影响。简而言之，美国需要采取措施以限制太空战的规模，在某种程度上，这是一种有效的美国‘有限太空战’战略”。

2019 年 2 月，美军透露一体化“多域”战场太空作战“三片云”概念，即：“太空战斗云”“战场战斗云”“指挥控制云”。“太空战斗云”包括美军、商业、盟友的高中低轨天基信息系统；“战场战斗云”包括陆、海、空各战域作战力量；“指挥控制云”包括美军及盟友的指挥控制系统。随后，太空发展局（SDA）公布“下一代太空体系”构想。

1.3　美军形成太空作战理论主要做法

美军对作战理论研究的重视源自他们对战争教训的深刻反思、新军事变革的强烈召唤和良好的制度体系保障。纵观美军军事理论研究的历史和现状，太空军事理论研究创新依然遵循美军军事理论创新的通行做法，对开展太空军事理论研究和创新都有值得借鉴的地方。

1.3.1　健全机构

美国的军事研究机构众多，既有国家级的研究机构，如负责军事基本理论创新的美国防部基本评估办公室、兼顾研究军事技术发展理论的美国国防部高级研究计划局（DARPA），以及负责各军种理论创新的陆军训练与条令司令部、海军条令司令部、海军作战与鉴定司令部、空军教育与训练司令部等；也有军事院校的科研力量，如国防大学的战略研究所和信息资源管理学院，陆军军事学院的战略研究所和战略领导研究中心，陆军指挥与参谋学院的作战指挥训练中心，海军军事学院的战略研究所和海战研究中心，空军大学的信息战研究中心等。还有为了实施军事理论创新或军事改革，临时成立的研究机构以及众多的智库等。临时研究机构的负责人通常是现职军事领导人，组成人员为现役或退役将军、民间军事理论家和有关技术专家。他们就某些问题进行调查研究、提出建议、写出报告，并以权威文件的形式颁发执行。1994 年，国防部部长威廉·佩里下令成立“军事革命高级指导委员会”，就技术发展对军事的革命性影响进行研究。由国防部副部长约翰·马克·多伊奇任主席，其他成员由来自国防部办公厅、参联会和各军种部的代表组成。“数字化办公室”则是专门指导机构，负责制订新军事变革的总体规划和具体政策。美军强调理论创新是军队作战成败的关键，应鼓励创新。但是，各军兵种为了强调自己的地位，保证自身利益在改革中不受冲击，纷纷提出各自的理论框架。为避免分歧和矛盾，美军重视顶层设计和整体规划，通过整合研究资源，调动各方面的积极性。

1.3.2　迭代完善

对于美军创新军事理论，以贯彻作战新概念为核心，确立军队建设纲领性的发展规划是第一层次。它由全局性的构想和局部性的构想两大系列组成，即联合构想和军种构想。联合构想突出军队顶层设计和综合建设，军种构想是在联合构想的基础上制订的。相对于联合构想，军种构想关照局部发展，体现了美军以全局统率局部的发展思路。以构想为基础，制订具体的实验或训练计划是第二层次。制订计划是联系构想和实验的纽带，是将新作战概念付诸实践的第一步。计划以构想为基础，在国防部、参联会或各军种司令部的协调下，由各军种负责研究、开发新作战概念的司令部或办公室，与作战实验机构相互协作，有目的、有侧重地假设想定，以实验计划、训练大纲或作战预案的形式确定下来。完善作战条令，建立适应形势变化的作战软环境是第三层次。作战软环境是指为作战制订的各种方针政策、标准原则、条令条例、管理方法等。合理地适应形势变化的作战软环境，是赢得战争胜利的有效保障。作战条令是软环境的要素之一，在军事理论创新中，美军研究机构首先对新的作战概念进行论证，然后进行实践检验，最后正式写入作战条令。因此，美军的作战条令代表了最新的理论创新成果。

1.3.3　强化创新

无论是美军联合作战理论还是军种作战理论，无论是作战构想还是作战概念或是作战条令，其本身既是一个独立而完整的系统，又与其他系统紧密相连，共同构成一个更大的有机整体。例如，在作战条令体系中，联合作战条令体系和军种作战条令体系都涵盖人事、情报、作战、后勤、计划等方方面面的内容，理论体系全面、系统、完整。同时，在美军作战理论体系中，无论是联合作战理论体系还是军种作战理论体系，都是由作战构想、作战概念和作战条令三部分组成的。实际上，这三部分是美军创新作战理论的 3 个不同阶段。作战构想是根据科学技术和武器装备的发展以及安全环境的变化，预测未来 15～20 年的作战环境和作战对象，提出对未来作战的总体能力需求，是对未来安全环境、作战环境、作战样式、作战能力需求等的宏观展望，与作战概念、作战条令并列，是美军军事理论体系创新发展的重要组成部分。作战概念根据作战构想的预测，开发具体的作战方法、作战样式和能力需求。作战条令把经过实验、演习和实战检验的新思想、新观念、新理论纳入新一代作战条令，指导部队的训练和作战，为打赢下一场战争做好准备。这 3 个创新阶段连接起来，就是一个作战理论创新周期，即以创新构想为起点，以创新概念为桥梁，以创新条令为终点，依次推进、环环相扣、周而复始，形成一个完整的作战理论创新过程。

1.3.4 精心检验

作战理论研究为作战服务，必须经得起实战的检验。美军创立新理论后，在部队全面推广之前，一般都要经过实验性训练和战场检验两个步骤。美军特别突出战争预实践法的运用，重视发挥作战实验的作用。作战实验就是在人为控制的条件下，运用各种建模与仿真、实兵检验和专家研讨等方法开展战争预实践。20 世纪 80 年代初，美军确立了“创新作战理论—作战实验验证—指导训练演习—赋予作战实践再创新”的作战理论发展模式，不断从新的战争中发现问题、解决问题，是美军历次战争后都十分注重的工作，也是其不断创新军事理论，始终保持军事优势的奥秘所在。从 1992 年 5 月起，美空军制订《作战实验室计划》，并根据该计划建立了作战实验室。作战实验室按照给定的实验计划，对新理论的作战能力进行科学评估，一旦认为具有重要价值，就投入训练和实战。美国发动战争，达成其预定的政治目的固然是主要的，但是，通过新的战争实践验证其战争的新理论和作战方法、检验武器装备的性能、发现新的战争需求、进一步改进和强化其战争手段，也是其重要的战争目的之一。

美军着眼于下一场战争，创新作战理论，并积极付诸实践，进行全面检验。美军在海湾战争中全面检验了越南战争之后的理论成果，成功地将“空地一体战”“并行作战”“瘫痪战”等理论应用于实战，在科索沃战争中检验了“五环目标”“非接触”作战等理论，在伊拉克战争中检验了“快速决定性作战”等理论，在阿富汗战争中检验了“网络中心战”等理论。随后，美军通过跟踪战争，检验创新理论的正确性。美军有战后总结的传统，号称“打一仗进一步”。为配合军事理论创新，美军在战争开始就组织跟踪小组，对战争进行观察分析，全面细致地对作战计划、指挥程序、战术运用、军兵种作用、武器装备性能等方面进行研究，取得数据和结论，评估部队的作战能力，提出改进意见，为下一轮创新提供参考。在海湾战争中检验越战之后军队全面改革的成果，发现了太空作战力量的应急部署耗时过长、系统兼容性不强、航天装备的技战术指标不高，难以适应瞬间万变的战场环境，太空作战的指挥体制僵化、信息流程不合理，各级指挥、战斗人员对太空作战力量不够了解，无法在作战中有效运用等问题。这些问题在伊拉克战争中得到了有效解决，战争结束后美军的经验总结机构组织了 35 名专家，提前两周时间进驻到中央司令部各战区职能部门，与重要将领和参谋军官进行了近 600 多次谈话，采集了大约 80 亿字节的数据，为其作战理论研究提供了大量珍贵的原始材料。2001 年以来，美军“施里弗”演习以主要战略对手为假想敌，重点检验太空作战理论和创新作战概念，优化太空作战指挥流程，发现太空力量运用过程中存在的薄弱环节，提出后续改进策略，达到提升运用太空力量支撑联合作战的目的。

1.4　几点启示

在海湾战争前，美军的“空地一体战”理论占据了十年的主导地位；而海湾战争后，美军创新性地提出了非接触作战、快速决定性作战、基于效果作战、行动中心战、网络中心战、复合战争、混合战争等一系列作战理论，更替速度明显加快。军事理论创新的数量之多、覆盖面之全、内容之丰富，都是史无前例的。尽管其中不乏“蹩脚”新论，但总体来看走在了其他军事强国的前列。21 世纪以来，美国对太空作战理论坚持不断创新的态度，是当前美国为维系其绝对太空军事优势、赢得下一场战争的现实需要。可以预见，美军将会继续推进作战理论创新，进而引导其军队建设加速发展，其主要做法也被世界主要军事强国所效仿。

（1）太空作战理论创新必须把握前瞻性的特点

美军参联会分别在 1996 年、2000 年提出了《2010 年联合构想》和《2020 年联合构想》，其前瞻的时间逐步拉长；最近，美军抛出的“空海一体战”理论，把中俄作为假想敌，并把战争的假想时间具体到了 2028 年。在海湾战争中，面对以美国为首的多国部队的联合打击，伊拉克军队竟然还在运用半个多世纪前的“阵地战”理论作战，结果几乎被对手当成了实弹训练用的“靶子”。这并非单纯的技术问题，历史上由于作战理论滞后带来的被动局面不胜枚举，坦克是英国人发明的，将其成功用于“闪电战”的却是德国人，而德国人在没有坦克前，将大炮绑在马车后面进行训练；雷达是德国人发明的，最先将其用在战场的却是英国人；更令人惊异的是火药产生于中国，但最终把火药军事化推向极致的却是欧洲人。

近几场局部战争已经告诉我们，由于战争的突发性很强，如果作战理论研究没有一定的超前性，灾难就会紧随其后。当前，太空军事理论研究还存在一定的差距，主要表现在：对军事太空力量建设缺乏全局性的规划和指导，天地一体化不能协调发展，航天发展与部队结合不紧密，缺乏既懂航天又懂军事的人才等等。因此，坚持立足实际，高度重视军事理论创新，建立类似美军太空作战理论体系那样的军事理论创新制度更显必要。作为一支仍处于赶超状态的军队，必须建立制度性、机制性的作战理论创新体系，持续推进“非对称”的军事理论和作战理论创新与实践，尤其是把太空信息系统如何支援联合作战和军事太空力量的运用及理论研究摆在突出位置，实现“弯道超车”。

（2）借鉴美军太空作战理论成果必须把握本国的实情

长期以来，军事理论研究工作者甚至一度被人说成是美军军事理论的“代言人”，观点虽然有些偏激，但不同程度地反映出理论研究的“囫囵吞枣”现象。不可否认，学习各国的先进军事理论是国际上通行的做法，尤其是在研究初期，但想继续深挖和在本国进行实践应用，光学习就远远不够了。例如，由于语言上存在差异，应翻译为“太空对抗”还是“太空控制”，随意性比较大，研究上的随意性更大，这不仅造成了概念上的混乱，更没有考虑概念的延伸以及与实情的对接。众所周知，新的作战概念是创新思维的产物，是新型战法体系的思想基础和内核。太空作战理论研究不能继续停留在转述和解读美军文字的阶段，而是要以独特的原创思想推动核心作战概念更新，努力构建破击美军并以新作战概念为核心的新一代战法体系。

在概念生成上，正视在相当长时间内整体战斗力与美仍有差距的现实，吸取本国军事思想精华，坚持“非对称”作战的思路，跳出美军设定的逻辑，针对美军跨域作战的薄弱环节，在“因敌变化、巧用奇正”上下功夫，坚持“你打你的，我打我的”，以高敌一筹的核心作战概念牵引战法体系的改造。在概念转化上，确立“着眼未来、设计未来”的超前思维模式，把“提炼关键概念、提出相关问题、细化能力设计”作为层层递进的三大环节，使核心作战概念逐步具体化。在研究方法上，注重初始概念的优化和扩展，注重实验验证和专家研讨，注重定性与定量有机结合。形成滚动递进、螺旋发展的科学流程，以研究方法的科学性保障概念和战法的创新性。由于太空作战的特殊性，直接使用太空武器的实战装备进行军事演习，其代价将极其高昂。可以借鉴美军建设的有益经验，建立太空作战模拟实验室，集中军事航天相关领域的专家，开展接近实战化的演练，验证太空作战理论是理论研究的当务之急。

（3）太空作战理论研究必须建立理论创新制度

美军在未来战争、未来作战理论研究方面，发挥理论先导，已形成了成体系、成系列的有效制度，无论军队指挥员、政府要员，还是地方研究人员，只要研究成果能够指导军队建设发展，便能很快进入决策层。美国总统有专门的军事顾问和雄厚的理论论证班子，评估机构采取了定性分析与定量分析相结合的方法，结合认知科学、行为科学、现代心理学以及计算机技术、信息技术等现代手段，从各方面综合评判，在此基础上融入人的思维构想并形成可行性报告，最后再进行实验论证和训练检验。这一套融入现代科学的评估机制使作战理论研究成果的实用性和可操作性大大增强，也开启了其通往决策层的大门。近些年国内关于太空军事理论的研究进入了一个快速发展期，各种翻译资料和研究文献大量出现，主要集中在各院校，有些文章反复讨论同一个问题，并且争论很长时间，但没有看到一份正式文件来澄清这些纷繁芜杂的概念以正视听。应当说军事理论研究既是民间的学术行为，也是官方的组织行为。

建立适应信息化作战的太空作战理论创新体系，更需要打破传统军事理论创新模式，其核心在于：建立一套责权一致、职权分明的法规体系，明确所有参与理论创新活动的机构和部门的职责与权利；组建一支由常设与暂时抽组人员相结合的，包含现役人员、地方政府和非政府组织智力资源在内的项目管理、研究和评估团队；建立一套从理论概念动议提出、项目初选、前期预研、研究与撰写、草案完善，到提交评估、审核通过、反馈修订等全程的创新理论滚动式拟制体系；构建一套作战理论创新成果推广应用机制，使其能够迅速从理论研究向作战能力生成和实践转化，从而尽快在条令、组织编制、训练、装备、领导和教育、人员、设施和政策等各个领域形成持续影响。通过构建全面、完善的制度体系，持续推动太空作战理论创新有序发展。

第 2 章　美国太空战略发展历程及做法

美太空军 2020 版《太空力量》指出："研究军事历史，可以从战争的最早起源到现代战争，为战争的演变提供一种欣赏的视角。通过研究这种演变，我们可以分辨出哪些因素发生了变化，哪些因素保持不变。学习的广度有利于太空人员了解战争的持久性、提升对未来战争演变的洞察力。这些知识可以告诉我们战争的普遍原则是如何延伸到太空的。它强化了太空力量在更广的冲突范围内所起的作用，并使我们为未来太空力量的发展做好准备。"从艾森豪威尔发布美国首部正式航天战略文件《国家太空政策》，到特朗普发布新版《国家太空战略》，美国在太空领域谋篇布局半个多世纪，太空力量发展遥遥领先于世界其他国家。近年来美国更加强调太空在国家战略中的优先地位，把巩固美国在太空领域的绝对领导地位作为国家战略的重要方向，把太空安全与核武器领域并列为维护新时代美国关键利益的重点领域，是美国战略深度调整的重要选择。

2.1　美国太空战略历史轨迹

在美国太空战略发展过程中，艾森豪威尔政府确立了军民双轨制太空战略，把太空利用分为军用、民用两个部分，"以民掩军"开发军用太空项目，同时打出"和平利用太空"的旗号，防止苏联与其进行太空军备竞赛，定下了美国太空战略的基调；里根政府建立了军种和联合太空司令部，实施"战略防御倡议"，首次公开提出要在太空大规模地部署武器装备，同时把太空作为一个作战领域，大力发展太空作战理论，打开了太空武器化的大门，拉开了太空战的序幕，引发了太空军备竞赛，为人类和平利用太空设置了障碍。奥巴马政府采取了相对柔和的太空策略，但谋求太空领导的实质未变。美国太空战略发展大体上可以按照上述总统任期，划分为初步、发展和转型三个阶段，如图 2-1 所示。纵观美国太空战略思想的发展轨迹，可以清楚地发现：美国太空战略思想始终以发展军用太空能力为核心，通过获取军用太空能力优势带动民用和商用太空能力向前发展，从而形成全面太空优势，奠定了美国的太空霸主地位。

(1) 艾森豪威尔政府（1953—1960 年）的太空战略思想

1955 年的《美国科学卫星计划》，使美国太空战略初具雏形。确立了美国对外层空间开发的原则：美国关于任何空间的声明都是不必要的。美国需要用一颗人造卫星确立这个原则。

1957 年 10 月 4 日，苏联将第一颗人造地球卫星——"斯普特尼克"1 号送入轨道，标志着人类进入太空时代，美苏的竞争也从陆地、海洋和天空延伸到太空。苏联卫星发射的成功，促使艾森豪威尔政府放弃了"卫星与导弹项目相分离"的原则。艾森豪威尔政府太空战略思想的主要内容如图 2－2 所示。

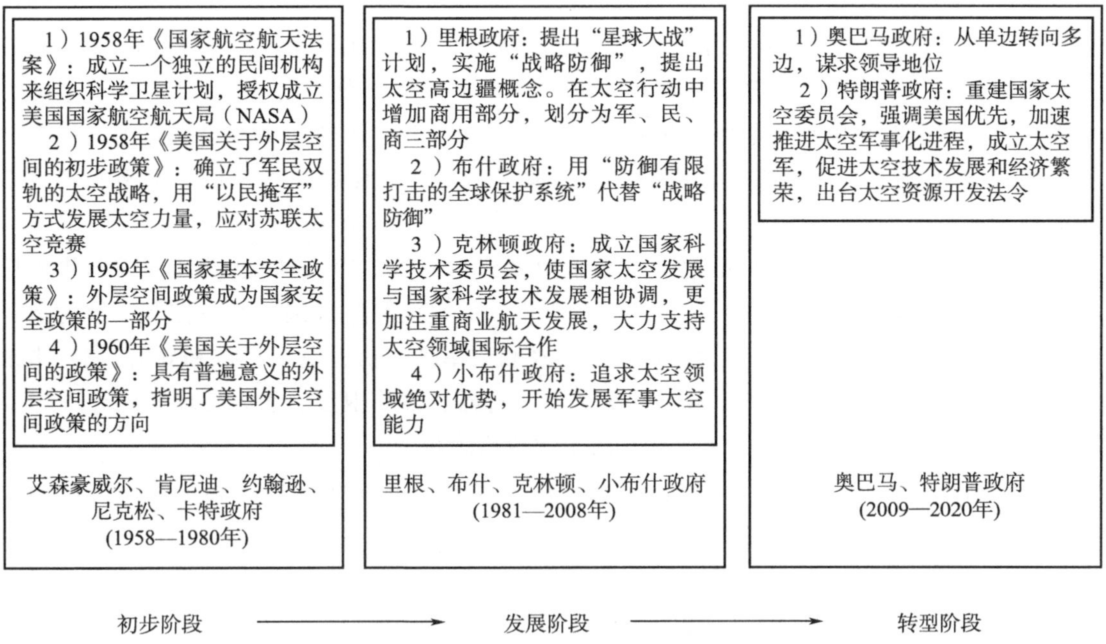

图 2－1　美国太空战略发展阶段划分

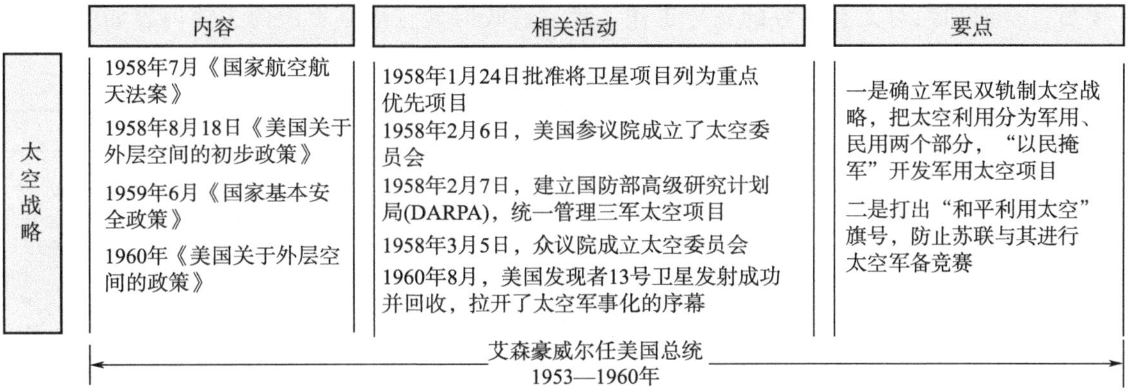

图 2－2　艾森豪威尔政府太空战略思想的主要内容

这些文件规定：“美国应继续积极发展太空计划，利用太空实现其科学、军事和政治目标，包括：1）建立广泛的科学技术计划，进行太空飞行和星际探索，扩展人类的知识和理解力；2）筹划军事太空计划，通过运用高度发达的太空技术加强美国的军事能力，同时不影响美国国家航空航天局的使命；3）民用太空计划的目标是推动和平利用太空；4）在符合美国国家安全的前提下，开展和平利用太空和与太空相关活动的国际合作，并与个别盟国开展军事用途的合作。”

为实现这些目标，艾森豪威尔政府制定了相应的指导方针：1）为了在最早的、可能的时间内实现自己的科学、军事和政治目标，美国要通过基础性研究开发军事和非军事潜能，发展和扩大与太空相关的活动；不仅要从事短期性的活动，而且还要发展长期性的计划（至少 10 年周期）；要研究太空开发对国际、美国政治和社会结构，以及对人类活动和生命的影响。2）考虑到苏联太空优势能力对美国产生的心理压力，在不久的将来要制定一些既有科技、军事价值，又有世界性心理影响的方案和计划。3）预料到侦察卫星的可靠性，寻求一个对美国利用侦察卫星有利的政治框架，并利用侦察卫星最大化地增强美国情报侦察能力。4）与包括苏联在内的其他国家进行合作，保持美国在倡导和平利用太空中的领导地位。

艾森豪威尔政府的太空政策把太空军事用途分为三类：1）当时已设计的或即将使用的用途，主要是军事侦察，它对实施“开放天空”的建议和监督国际军备控制系统的运行有潜在价值。2）近来可能的用途，包括天气观测、军事通信、电子对抗和导航。3）未来可能的用途，包括载人航天器、载人防御太空飞行器、轰炸卫星、载人月球基地等。

（2）肯尼迪政府（1961—1963 年）的太空战略思想

肯尼迪上台后，一方面，采取一系列措施，加强与苏联在各领域和全球范围内的争夺；另一方面，积极缓和美苏关系，与苏联开始一系列军控对话与谈判。当时，苏联在太空已经争得几个第一：第一颗人造卫星上天、第一个向月球发射探测器、第一次使人类离开地球遨游太空。在此形势下，美国上下皆督促肯尼迪政府制订赶超苏联的太空计划。面对国内外压力，肯尼迪改组了国家航空航天委员会，由副总统约翰逊任主席，由国务卿、国防部长、国家航空航天局局长、原子能委员会主席、国家航空航天委员会执行秘书等任委员，全面加强对太空事务的领导工作。肯尼迪政府太空战略思想的主要内容如图 2-3 所示。

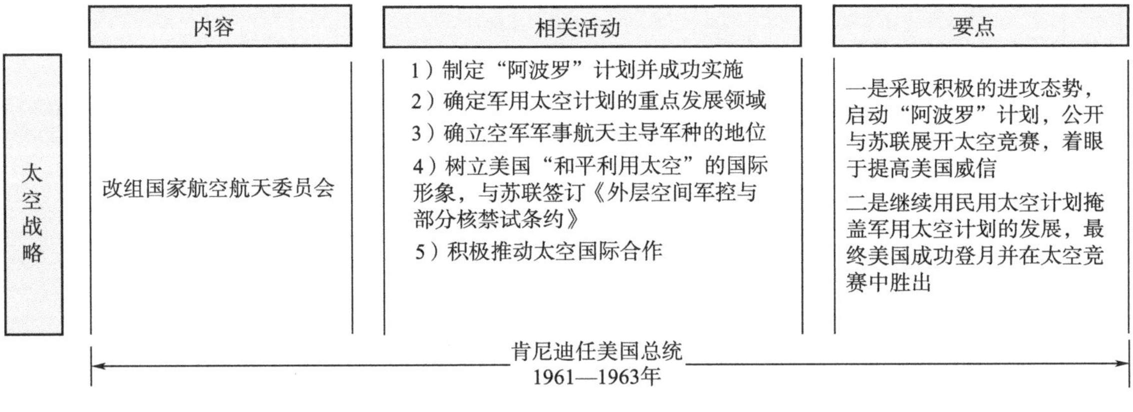

图 2-3　肯尼迪政府太空战略思想的主要内容

为争夺太空领先地位，肯尼迪政府主要做了以下几项工作：1）制定“阿波罗”计划，建议美国在 10 年内实现人类的月球着陆。2）确定军用太空计划的重点发展领域：防御性太空系统，包括卫星侦察系统、早期预警系统和通信卫星系统；进攻性太空武器，包括反卫星武器；军事载人航天计划。3）确立空军军事航天主导军种的地位，减少陆军和海军对太空的投入。4）树立美国“和平利用太空”的国际形象，与苏联签订《外层空间军控与部分核禁试条约》。5）积极推动太空国际合作，发布美苏太空合作国家安全行动备忘录。

（3）约翰逊政府（1963—1968 年）的太空战略思想

约翰逊就任美国总统后，于 1964 年 1 月在国情咨文中宣布了太空战略方针："必须确保美国在和平探索太空方面的优势，集中力量在 60 年代到月球去进行探险，如果有可能的话就同其他国家合作，如果有必要的话就单独进行。"由于约翰逊保持了美国太空政策的连续性，"阿波罗"计划得以继续进行。约翰逊政府太空战略思想的主要内容如图 2－4 所示。

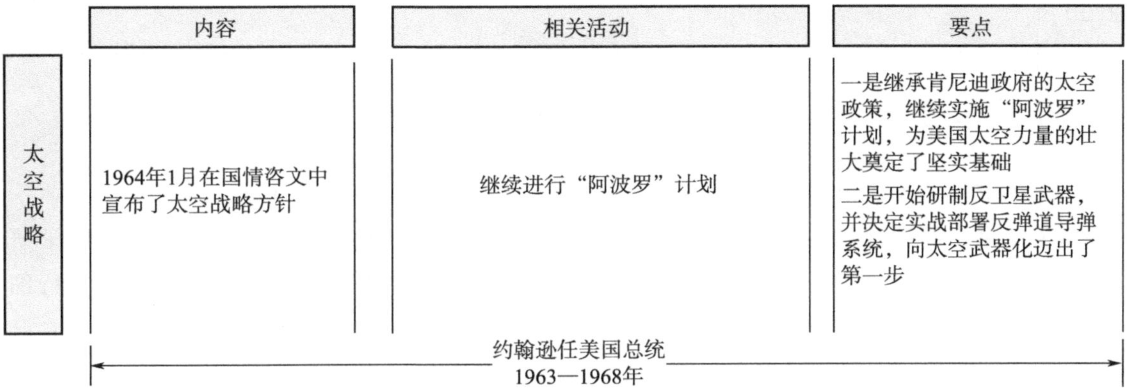

图 2－4　约翰逊政府太空战略思想的主要内容

"阿波罗"计划由"水星计划""双子座计划"和"阿波罗计划"三个阶段组成，但这三个阶段并非依次进行，而是并行不悖。"水星计划"主要研究人类在太空长期停留的能力问题，"双子座计划"研究从月球返回后重新进入地球大气层的问题。通过"水星计划"和"双子座计划"，美国在月球登陆领域取得了实质性的领先地位。由于美国送入太空的物体成倍增长，如何保护美国的太空资产成为约翰逊政府面临的严峻问题。最终，约翰逊政府突破了艾森豪威尔时期确立的"和平利用太空"理念，加速研制和部署反卫星武器和反弹道导弹。

（4）尼克松政府（1969—1974 年）的太空战略思想

尼克松上台后，决定把太空战略的目标由提升国家威信转向注重现实应用。1970 年 3 月 7 日，尼克松发表太空政策声明，强调太空不再是国际政治竞争的场所，太空研究也不再是一场竞赛，必须研究低耗费和不太复杂地向太空运送必需品的方式。1972 年 1 月 5 日，尼克松正式公布了研制航天飞机的决定：1972 年将拨款 55 亿美元，开始研制 5 架航天飞机。尼克松政府太空战略思想的主要内容如图 2－5 所示。

尼克松政府之所以批准航天飞机计划，原因有三：一是可以保持美国载人航天飞行的领先地位；二是航天飞机可以保持战备警戒状态，对预见到的或突发的事件做出快速反应；三是研制航天飞机可以制造许多就业机会，为尼克松连任总统提供有力的支持。航天飞机计划由美国国家航空航天局和国防部合作进行，70％的预算由美国国家航空航天局支付，30％的预算由国防部承担。

	内容	相关活动	要点
太空战略	1970年3月7日发表太空政策声明	1）批准航天飞机研制计划 2）批准“天空实验室”计划 3）取消军用航天载人系统“载人轨道实验室”，发展实用太空系统，继续研制反卫星武器和反弹道导弹系统	一是开发太空技术对社会的服务功能，为人类在太空的存在奠定必要基础 二是继续研制反卫星武器和反弹道导弹系统，注重军用太空系统向实战应用转化，太空战意图越来越明确

尼克松任美国总统 1969—1974年

图 2-5 尼克松政府太空战略思想的主要内容

除批准航天飞机计划外，尼克松政府还批准了“天空实验室”计划。其目的有二：一是作为未来空间站计划的过渡环节，它带有实验性质；二是用该计划做进一步的科学研究，对太阳进行比较充分的观测研究，进行较长时间的生物医学研究，对地球资源进行细致的勘测，进行更为全面的工程技术实验。天空实验室虽然属于实验性空间站，但是它已经把太空活动从令人惊心动魄的壮举变成司空见惯的例行业务工作，为发展商用航天奠定了基础。

此外，尼克松政府取消了军用航天载人系统“载人轨道实验室”，转而发展国防卫星通信系统、国防支援系统、海军子午导航卫星系统等实用太空系统，同时成立专门小组审查太空的军事应用和卫星系统的脆弱性，要求继续研制反卫星武器和反弹道导弹系统。

（5）卡特政府（1977—1980 年）的太空战略思想

为了制定一个连贯的国家太空政策以指导美国的民用和军用太空计划，卡特上台不久就成立了太空政策审查委员会。对美国太空事业所面临的问题进行一系列的调查研究，并在此基础上制订了两份新的太空政策文件：《国家太空政策》和《民用和下一步国家太空政策》。卡特政府太空战略思想的主要内容如图 2-6 所示。

	内容	相关活动	要点
太空战略	1）制定《国家太空政策》 2）《民用和下一步国家太空政策》	成立了太空政策审查委员会	一是继承了尼克松政府的务实太空战略，注重太空系统服务于社会生活功能 二是主张技术转让，鼓励私营部门参与太空活动 三是军事太空政策具有两面性，一方面寻求禁止反卫星系统，另一方面又追求发展反卫星能力

卡特任美国总统 1977—1980年

图 2-6 卡特政府太空战略思想的主要内容

《国家太空政策》提出了美国太空战略的目标和原则。其目标是：1）通过开发和利用太空，促进美国国家利益最大化；2）与其他国家合作以保持太空行动自由，从而增强人类安全，为人类谋求福利。其指导原则是：1）所有国家执行为和平目的和全人类利益而开发和利用太空的原则。“和平目的”允许为追求国家安全和其他目标而进行军事和情报活动。2）开发利用太空以支持国家福利和美国政策。3）反对对太空或天体或其任何部分的主权要求，反对对从太空获得数据的基本权利施加任何限制。4）任何国家的太空系统都是国家财产，有权不受干扰地通过太空和在太空运行。对运行的太空系统的有意干扰被视为对主权的侵犯。5）美国将在太空采取自我防御行动。6）美国将保持国家太空情报计划。7）美国将进行太空活动，以增加科学知识和推动太空技术向民用转化，保持美国的太空领导地位。8）美国将进行有益于美国科学、政治、经济和军事的太空国际合作。9）美国将保持当前对民用、防御和国家情报目标的职责和管理关系。10）在太空部门之间保持紧密的协调、合作和情报交换，避免不必要的重复，遵循安全和政策指导，允许最大化地利用所有能力。

《民用和下一步国家太空政策》确立了指导未来 10 年民用航天活动的原则，提出政府将继续推进陆地卫星计划、气候计划和海洋计划，鼓励私营部门投资太空遥感系统，鼓励部门间进行技术转让，要求加强国际太空合作，强调美国继续保持在太空科学和行星探索方面的领先地位等。

（6）里根政府（1981—1988 年）的太空战略思想

在太空领域，里根政府与苏联展开了激烈的竞争，不仅宣布了“星球大战”计划，准备在太空部署武器系统以防御苏联洲际导弹的进攻，而且宣布了民用“空间站”计划，期望继续保持在太空领域的领导地位。里根上台不久，就挑选了 30 多位著名战略家、科学家和工程师组成“高边疆”研究组，对美国太空政策进行审查。经过 7 个多月的调查研究，研究组于 1982 年 3 月发表了研究报告《高边疆——新的国家战略》，认为美国应抛弃以往的恐怖平衡理论，利用科技优势确立以太空战略为主体的新国家战略，并且提出三大战略目标：1）消除苏联军事力量对美国及其盟国的威胁；2）用“相互确保生存”战略取代“相互确保摧毁”战略；3）提供开拓太空工业和商业潜力的巨大动力。这份报告对里根政府太空战略的制定产生了重大影响。里根政府太空战略思想的主要内容如图 2-7 所示。

里根政府太空战略的主要内容包括：1）提出美国太空活动的六大目标：加强美国的安全；维护美国太空领导地位；通过太空活动为人类获得科学、技术和经济利益，提高地球上的生活质量；鼓励美国私营部门继续投资太空相关活动；为美国国家安全、外交政策、科学和技术利益促进国际合作；扩大地球轨道进入太阳系活动。2）提出美国太空活动应遵守的 7 条基本原则：承诺为和平目的和全人类利益，由所有国家开发和使用太空；利用太空活动支持美国固有的自卫权和对盟国的保护承诺；拒绝任何国家对太空或天体或其任何部分的任何主权进行索赔，并拒绝对主权国家从太空获取数据的基本权利的任何限制；认为任何国家的太空系统是其国家财产，具有不受干涉地在太空通过和运行的权利；

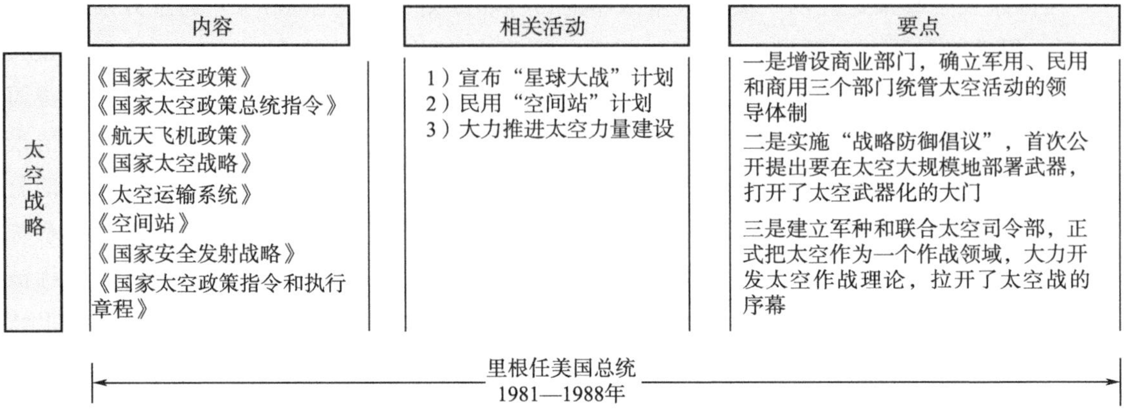

图 2-7 里根政府太空战略思想的主要内容

鼓励太空技术和系统的商业开发和使用，但这些商业性活动必须符合国家安全利益、国际和国内法律义务；鼓励其他国家参与商业太空货物和服务的自由与公平贸易；开展能给国家带来足够科学、政治、经济和安全利益的相关太空国际合作。

根据这些目标和原则，里根政府大力推进太空力量建设：1）推进以“空间站”为主的民用太空计划；2）推进以“星球大战”为主的军用太空计划；3）推进以“商业发射”为主的商业太空计划；4）建立领导军用太空活动的组织机构，即军种和联合太空司令部；5）开发太空作战理论，提出了军用太空的四项任务：威慑或防御敌人进攻、确保美国进入太空、摧毁敌方太空系统、增强美国和盟国的作战能力；6）建立非政府太空商业机构，鼓励私营企业参与太空商业活动。

（7）布什政府（1989—1992 年）的太空战略思想

在布什任期内，苏联解体，冷战结束，俄罗斯太空实力急剧下降，美国成为太空霸主。布什决定抓住这一战略机遇期，大力发展美国太空事业。布什政府太空战略思想的主要内容如图 2-8 所示。

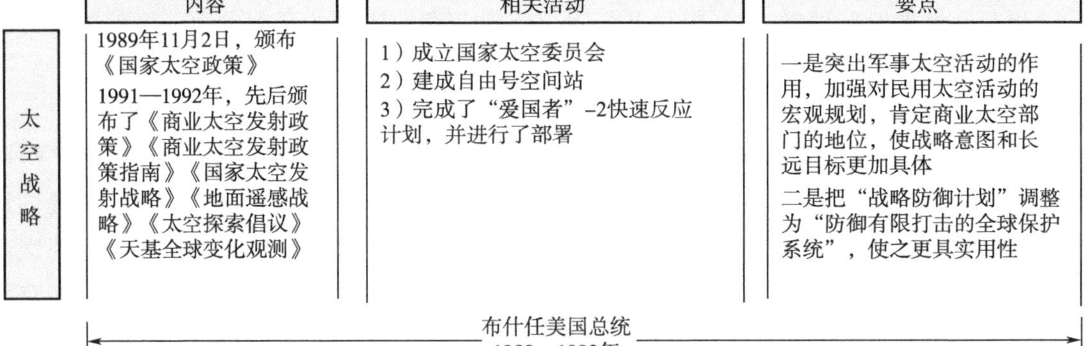

图 2-8 布什政府太空战略思想的主要内容

首先，成立了以副总统为主席的国家太空委员会，协助总统制订、修订和实施国家太空政策，并监督有关部门执行。该委员会确定的目标有：1）发展运载能力，重点发展作为国家资源的天地往返运输能力，确保其畅行无阻，以达到美国航天的所有目的。2）对太阳系进行探测，建成自由号空间站；重返月球，实现载人飞向火星。3）加强航天器在解决地球问题中的预警、通信、导航和气象应用。4）利用太空环境生产药物，开发新能源，加强美国科技和工业基础，开辟新的商业航天市场，使美国产品在国际上有更大竞争力。5）确保太空探测与开发的自由。

其次，制定美国太空政策。1989 年 11 月 2 日，布什政府颁布《国家太空政策》，确立了美国太空战略的总目标、原则、民用太空政策、商业太空政策、军用太空政策等。在 1991—1992 年间，先后颁布了 6 个国家太空政策指令（《商业太空发射政策》《商业太空发射政策指南》《国家太空发射战略》《地面遥感战略》《太空探索倡议》《天基全球变化观测》），对不同太空主题进行战略指导。布什政府基本继承了里根政府的太空政策，只是在原则中增加了“美国不使用直接联邦补助金追求商业太空目标”一条。此外，由于受到经费、技术的限制和苏联的解体，布什将里根政府的“战略防御计划”调整为“防御有限打击的全球保护系统”，完成了“爱国者-2”快速反应计划，并进行了部署。

（8）克林顿政府（1993—2000 年）的太空战略思想

克林顿上台后，首先对制定国家太空政策的机构进行调整，把国家太空委员会和白宫科学技术委员会合并为国家科学技术委员会，与国家安全委员会共同主持太空政策的制定。这一措施强化了总统对国家太空政策的领导，在更高层次上统筹考虑跨部门的太空活动，使国家太空发展战略与国家发展战略、国家科学技术发展战略更加协调。接着，这个委员会制定了一系列太空政策，克林顿政府太空战略思想的主要内容如图 2-9 所示。

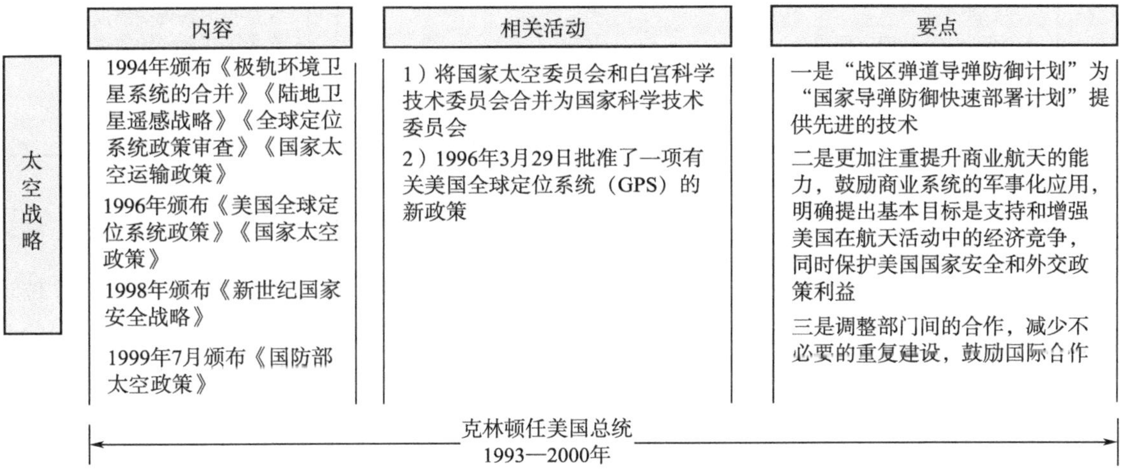

图 2-9　克林顿政府太空战略思想的主要内容

克林顿政府太空政策的总目标是：通过支持一个强大、稳定和平衡的国家太空计划，继续保持美国对世界太空领域的领导地位。其太空计划的目标是：1）通过载人和不载人的太空探索，增进对地球、太阳系和宇宙的了解；2）保持和加强美国国家安全；3）增强美国的经济竞争力和科学技术能力；4）鼓励州、地方部门和私营企业利用航天技术并为之投资；5）促进国际合作。

根据这些目标，克林顿政府确定了各太空领域发展的重点：民用太空领域重点发展太空科学、对地观测、载人航天和航天技术开发与应用；军用太空领域强调加强太空监视，提高对美国在世界各地军事行动的支援能力；商用太空领域强调增强美国经济竞争力，扩大商业性航天活动。此外，克林顿总统于 1996 年 3 月 29 日批准了一项有关美国全球定位系统（GPS）的新政策，允许美国军工企业和商业公司更多地开发国外 GPS 设备市场，为国外商业用户提供更多的全球定位服务，同时打开与外国政府共同开发 GPS 的大门。这是美国首次以政府的名义发布 GPS 政策，其意义非同寻常，因为它标志着对 GPS 的研究开发与应用进入了一个新的阶段，将对全球卫星导航定位领域的发展产生重大影响。

（9）小布什政府（2001—2008 年）的太空战略思想

小布什上台后，成立了由国家安全委员会、科技政策办公室等部门组成的跨部门委员会——太空政策协调委员会，并在国家安全委员会领导下，对美国太空政策进行评估并制定新的太空政策，小布什政府的太空战略思想还体现在《国家安全战略》《四年防务审查》和美国空军的战略文件中。小布什政府太空战略思想的主要内容如图 2－10 所示。

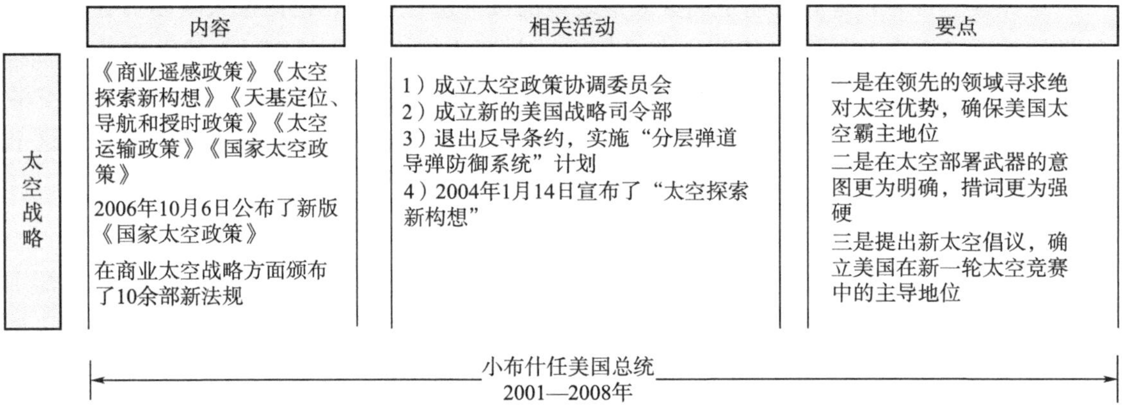

图 2－10　小布什政府太空战略思想的主要内容

2006 年 10 月 6 日，小布什政府公布了新版《国家太空政策》，军用太空被置于首位，要求全面提升太空能力，确保太空行动自由。在民用太空战略方面，小布什总统于 2004 年 1 月 14 日宣布了“太空探索新构想”，提出 4 个目标：1）实现持续、经济可承受的有人和无人探索太阳系和更远星体的计划；2）拓展人类在太阳系的存在，以 2020 年重返月球为开端，为人类探索火星或其他星球做准备；3）开发创新技术、知识和基础设施，支持人类的探索决定；4）促进国际和商业界参与探索计划，进一步维护美国的科学、安全和经济利益。该构想是自“阿波罗”时代以来最为雄心勃勃的无人和载人太空探索计划，对美国保持技术领先地位、增强经济活力、维护国家安全、提高美国人民生活质量不可或缺。

在军用太空战略方面，小布什政府认为，美国面临“太空珍珠港”式的威胁，必须发展全面的太空能力。一是调整军用太空管理体制，加强集中管理。国防部调整了空军在航天事务中的职能，责成空军航天司令部加强太空作战组织、训练和战备工作，并将美国航天司令部与战略司令部合并，成立新的美国战略司令部。二是退出反导条约，实施新军事太空计划——“分层弹道导弹防御系统”计划。2002 年 6 月 13 日，小布什政府退出《反弹道导弹条约》后，开始全方位、多层次、大纵深地发展军事太空，并于 2004 年开始实战部署弹道导弹防御系统。三是创新太空作战理论，增强美军太空作战能力。美军先后颁布了《太空对抗作战条令》《太空作战》《联合作战纲要》等作战条令，全面规范太空作战行动。四是制定新版《国家太空政策》，军用太空成为重中之重。

在商业太空战略方面，尽管克林顿政府首次将增强“经济竞争力”写进 1996 年的国家太空政策，但是商业太空的规模仍然不及军用和民用太空。在 1994 年的太空销售中，军用占 47%，民用占 46%，商业仅占 7%。为了推动美国商业太空快速发展，小布什政府对商业遥感，航天运输，天基定位、导航和授时等政策进行了全面评估。小布什政府商业太空战略的目标是，“形成一个活跃、具有全球竞争力的国家商业太空产业，以推动创新，巩固美国的领先地位，保护国家、国土和经济安全”。为实现这一目标，美国政府各部门应在可行范围内最大程度地使用美国商业太空能力和服务；在不损害国家安全利益的前提下，允许其私营部门最大程度地使用美国的太空能力；鼓励美国私营部门开展商业太空竞争，积极参与政府太空活动。

（10）奥巴马政府（2009—2016 年）的太空战略思想

奥巴马上台不久，就成立了一个调查委员会，对小布什政府的太空政策进行评估，并在此基础上制定了自己的太空战略。2010 年 6 月，奥巴马政府发布《国家太空政策》。2011 年 1 月，美国国防部部长罗伯特·盖茨和国家情报总监詹姆斯·克莱珀联名签发《国家安全太空战略》，这两个文件体现了奥巴马政府太空战略的主要思想，如图 2－11 所示。

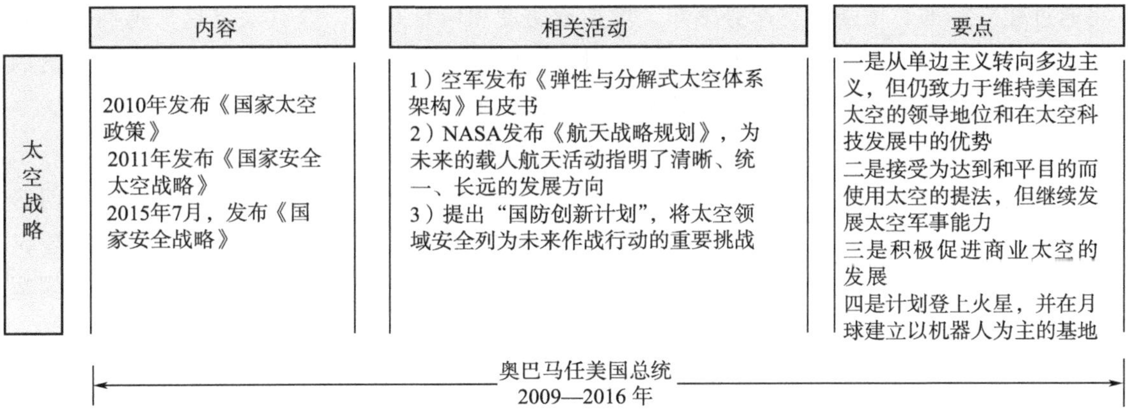

图 2－11　奥巴马政府太空战略思想的主要内容

奥巴马政府的《国家太空政策》提出了进行太空活动的原则，包括：1）负责任地在太空采取行动，防止不幸事件、误解和不信任的事情发生，是所有国家的共同利益；

2）充满活力与竞争力的商业太空产业，对太空的持续进步至关重要；3）为了实现和平目的和全人类利益，所有国家都有按照国际法探索和使用太空的权利；4）根据国际法，没有任何国家对外层空间或任何天体拥有主权；5）美国将采取多种措施保证所有责任方能够使用太空，慑止他人的干扰和攻击，保护美国和其盟国的太空系统，如果威慑无效，就挫败他人的攻击行为。与这些原则相一致，美国将在国家太空活动中追求以下目标：1）使国内竞争性工业充满活力，参与全球市场，促进卫星制造、卫星服务、太空发射等方面的发展；2）扩大国际合作；3）增强太空稳定；4）增加基本任务功能的确定性和弹性；5）推行人类与机器人计划，开发创新性技术＋培育新工业，加强国际伙伴关系，鼓励美国和全世界增加对地球的了解，加强科学发现，探索太阳系和宇宙以外的地方；6）增强天基观测地球和太阳能力。此外，该文件还提出了美国政府所有部门和机构都必须执行的指导方针。

奥巴马《国家太空安全战略》认为，太空环境面临三大趋势：1）太空越来越拥挤。不断增长的全球太空活动，已经使太空中的重要区域变得越来越拥挤。2）太空越来越具有对抗性。太空系统及其支持性基础设施面临一系列可能拒止、降低、欺骗、破坏或摧毁太空资源的人为威胁，未来10年将有更多的国家和非国家行为体发展反太空能力，对美国太空系统的威胁和对太空环境稳定与安全的挑战将上升。3）太空越来越具有竞争性。尽管美国在太空能力上仍然保持全面优势，但随着市场准入门槛降低，美国的竞争优势在下降。随着其他国家专业知识的增长，美国的技术领先地位受到挑战。美国的太空安全战略目标是：1）加强太空的安全、稳定和可靠性；2）保持和增强太空给予美国的国家安全战略优势；3）使太空工业基地充满活力，支持美国国家安全。实现这些目标的战略途径包括：1）推动负责任地、和平地、安全地利用太空；2）提供得到改善的美国太空能力；3）与负责任的国家、国际组织和商业公司结成伙伴；4）预防和慑止对支撑美国国家安全的太空基础设施的侵犯；5）准备在变坏的环境中作战并战胜任何进攻。归根到底，美国将通过建立标准、增强太空态势感知、增加透明度和信息共享，应对太空越来越拥挤的问题；将通过多层威慑的方式，处理太空的对抗性问题；将通过增强自身能力、改善自己的采办程序、培育健康的美国工业基地和加强合作，解决太空的竞争问题。

（11）特朗普政府（2017—2020年）的太空战略思想

特朗普上台不久，采取重大举措重新调整美国航天政策，2017年6月30日，特朗普总统重组国家航天委员会；2017年10月，新美国安全中心国防战略与评估项目专家建议特朗普政府制定新的太空战略，着力解决太空法律、太空科学探索、太空商业、太空安全等方面的政策问题，维持美国全球太空领导权和太空霸权。

2018年3月23日，特朗普在白宫签署新版《国家太空战略》，强调太空领域必须坚持“美国优先”理念。美国优先这一说法带有浓郁的特朗普风格，但回顾以往十几份太空战略，凡上任两年内发布的，想法大多激进而言辞激烈。经过多年磨合与磋商后，决策团队才会逐渐把握事情要点，政策的制定乃至官方发言会变得圆滑务虚，隐藏真正的政治意图后还能把表面文章做得滴水不漏。

2020 年 6 月 17 日美国国防部推出了新版《国防太空战略》，取代了由奥巴马政府发布的 2011 年版文件。主管航天政策的助理副防长基泰在五角大楼一场新闻发布会上说，新版太空战略为国防部“未来 10 年达成所希望的太空态势”提供了全面的指导方针。新版太空战略称，国防部将致力于保持制天权，为美军和盟军提供太空能力，并确保太空稳定。该战略称，“国防部不得不面对新的现实，即敌方拥有更先进的武器来瞄准美军事卫星，并否认美具有关键军事优势”；“现在我们不得不保卫美国和盟国，以确保该疆域安全”。为确保制天权，国防部将同盟友和私营部门开展合作。特朗普政府太空战略思想的主要内容如图 2－12 所示。

图 2－12　特朗普政府太空战略思想的主要内容

特朗普政府太空战略思想的要点有：

（1）明确了航天活动的地位和作用，及其所遵循的“美国优先”的核心理念

《国家太空战略》开篇即引用特朗普的讲话，指明航天活动所发挥的三方面重要作用：推动美国工业发展、催生尖端技术、保障国家安全。“美国优先”是特朗普的核心执政理念，也是指导其各项工作的根本原则。《国家太空战略》通过设定航天活动的根本目标——“使美国强盛、伟大和有竞争力”，强调航天发展必须同样遵循“美国优先”的核心理念，并提出在航天领域践行该理念的三个具体途径：1）提升国家安全航天、商业航天和民用航天三个领域的活力，并加强三者间的合作。政府机构要重视对商业技术的充分应用，并扶持商业企业发展，使商业企业能够利用政府技术。2）在签订各类国际协议时，应将美国利益置于首位。3）实施监管改革，释放工业活力，确保美国在太空服务与技术领域保持全球领先地位。

（2）要求从太空探索中获得回报

《国家太空战略》赞扬了美国传统的探索精神，并强调要“确保科学研究、商业和国家安全从太空探索中获益，这是特朗普政府在航天领域的首要任务”，即美国开展太空探索是为了发展科技、激发商业能力、保障国家安全。同时，该战略还提出，美国要在航天系统的创建、运行与维护中“继续发挥引领作用”，“确保在太空的领先与成功”，明确表达了美国在航天活动中保持全球领导地位的强烈意图。

（3）强调以军事航天硬实力维护美国太空利益

继《美国国防战略》后，特朗普政府在《国家太空战略》中重申，美国在太空的核心利益是："不受阻碍地进入太空，在太空中自由行动"。为了确保其核心利益，必须"加强太空活动的安全性、稳定性和可持续性"。由于"太空已成为作战疆域"，美国将坚持在太空中的自卫反击权，在美国太空资产受到干扰或攻击时，以"慑止、反制和击退"等方式，"在美国选定的时间、地点，在美国选定的领域，以美国选定的方式进行回应"，维护其太空利益。

（4）提出以军事航天发展为重心的战略举措

《国家太空战略》提出的相关四大举措：1）加速向更具弹性的太空体系架构转型和发展，增强弹性、防御能力及受攻击后的重建能力。2）增强威慑和作战选项，加强美国及其盟友慑止潜在敌人将冲突扩展到太空的选项，以及一旦威慑失败则实施反击。3）提升基础能力，改进太空系统架构、优化采办流程。通过改进态势感知、情报和采办流程，确保太空行动的有效性。4）创造有利的国内和国际环境，即对内要简化商业航天监管框架、政策和流程，以更好地利用和支持美国商业航天产业；对外则继续开展双边和多边合作，推动人类探索活动，强调与合作伙伴"责任分担、寻找共同应对威胁的方法"等。

（5）总结特朗普政府开展的航天政策调整工作

美国政府已经采取重要措施调整其航天政策。2018 年，SpaceX 公司再次对用于月球探测和火星移民任务的星际运输系统方案进行修改，并将其更名为超重·星舰，计划在 2023 年左右开展为期 6 天的载人绕月飞行。2018 年 9 月 24 日，美国国家航空航天局发布《国家太空探索活动报告》，规划了从近地轨道到月球再到火星的载人探索路线图，强调通过"商业航天活动和国际合作"途径实现在 2030 年前执行载人登月目标，并为载人火星深空任务提供"垫脚石和训练场"。

特朗普政府的太空战略将破坏全球战略平衡。为落实美国《国家安全战略》，美国《国家太空战略》提出"实力求和平"的构想，特朗普亲自上阵呼吁成立独立太空军，以应对其他国家太空军力的威胁，获取太空"控制力"。目前来看，特朗普一系列的战略步骤，将进一步刺激太空军备竞赛、反导竞赛，延缓核裁军进程，给国际战略稳定带来不确定性。有观点认为，美国退出《中导条约》进一步强化了美国为"星球大战"计划所做的准备，这也是特朗普政府对太空军备控制模糊化的用意所在。

2.2 美国太空战略发展趋势

（1）战略上明确对手，演习中扩展军种间协同

美国认为，太空已成为作战域。特朗普上台后发布的新版《国家安全战略》明确将中国和俄罗斯视为主要威胁。美国政府问责局（GAO）2018 年 12 月发布《国家安全：联邦机构确定美国面临的长期新兴威胁》报告，认为中国正在集结外交、经济和军事各方面的

资源，推动自身成为地区和全球大国，认为中国的这些做法可能会挑战美国在空中、太空、网络空间和海洋领域的利益。同时，美国还通过“施里弗”“全球哨兵”“太空旗”等系列太空作战演习，演练了在设定背景下，与中、俄等国的太空攻防作战，进一步丰富了其太空作战理论、优化了太空作战指挥流程、检验了航天装备系统战技性能。美空军计划举行由空军、太空军及其他各军种共同参加的全域作战演习，对卫星开展模拟攻击演练。

（2）以太空作战概念为牵引，加快部署前沿技术

随着美国国家安全战略的不断调整，美空军、参联会及美国智库提出了多种作战概念。在快速响应太空作战、分散式太空系统体系架构、敏捷作战、有限太空战等发展理念的指导下，美国积极推动太空作战装备与技术发展，进一步巩固美国航天优势地位。美军太空作战力量建设的扎实推进，使得太空呈现显著的战场化态势。在美国太空军 2021 财年预算中，新提出了演进战略卫星通信、战斗卫星通信体系等新项目，在空军约 200 亿美元的军事航天预算、太空发展局约 3 亿美元的预算中提出了包括新的太空体系架构在内的多个新项目。其中部分项目将直接替代现有系统，也有部分项目专注于体系架构，以全面提升未来的太空作战能力。

（3）重视太空作战指挥机构建设，推动与联合作战深度融合

为统筹太空力量建设，2019 年 9 月美国成立一级太空司令部，12 月特朗普签署《2020 财年国防授权法案》，宣布美国太空军正式成立，统筹太空力量建设。美军把太空作战指挥与控制提升到更高的战略层级，将进一步促进太空利用方式从发挥支援功能到成为作战疆域的根本性转变。美国新版《太空作战条令》首次引入了“太空联合作战区域”概念，从联合作战视角阐述了太空作战与其他作战的集成，使太空作战能力向联合作战深度嵌入。当前，太空系统开始深度参与从作战规划、作战实施到打击效果评估的全作战流程，太空作战与联合作战的深度融合，必将对未来作战产生深远的影响。

（4）明确了国家安全发射架构的重要性，并制定了新的指导方针

2019 年空军发布了《国家安全发射架构信息征询书》，重点强调了快速发射、轨道转移、在轨服务和搭载/寄宿有效载荷对美军太空弹性能力提升的重要性，更是首次明确考虑提升在轨机动能力。美国国防部太空发展局发布成立以来第一份信息征询书《下一代太空体系架构》，文件中强调了下一代太空体系架构应具备“实现弹性”“与合作伙伴协作”“快速部署”三个特点，架构包括太空传输层、跟踪层、监管层、威慑层、导航层、作战管理层、支持层七个层次。特朗普在 2019 年 8 月发布了“发射载有太空核系统的航天器”备忘录，更新了政府和商业发射载有太空核系统航天器的发射规程，为未来发射能安全和可持续地用于月球和火星探测等任务的核动力航天器制定了新的指导方针。

（5）大力扶持私营航天公司的发展

美国 SpaceX 公司创立短短 10 余年就完成了火箭发动机、运载火箭及飞船的设计、制造和发射，先后于 2015 年 12 月和 2016 年 4 月完成了陆地和海上火箭回收的试验，2018 年 2 月成功发射了全世界运载能力最强的超级火箭——猎鹰重型火箭，成为全球低轨道航天领域的领先者。SpaceX 公司的快速发展除了自身因素，还得益于美国相关政府部门开

放包容的态度和有效的支持措施。政府在市场准入、创新资源供给、政府采购三个环节发挥了不可或缺的作用，实现了对企业创新全链条支持，为火箭升空开启了绿色通道。具体步骤为：

第一步：开放低轨道航天发射领域，让企业获得市场准入资格。21世纪以来，美国政府将新兴航天企业作为载人航天发展的重要力量，多次通过国家层面的政策调整促进其快速发展。2006年，美国《国家太空政策》指出，继续吸纳和增加美国私营部门参与美国政府航天系统及基础设施的设计与开发；2010年6月，美国政府又发布了新制订的《国家太空政策》，其目标的第一条就提到“振兴国内竞争性航天工业、增强企业活力”。奥巴马政府表示：“为了支持至关重要的国内航天工业，美国政府在航天领域的研究重点将放在深空探测，同时使用商业性航天产品和服务以满足政府需要”。为落实上述政策，NASA果断退出具有潜在商业价值的低轨道航天发射领域，并将该领域向民营企业放开。

第二步：开放技术和人才，让企业获得公共创新资源。NASA向以SpaceX为代表的美国私营航天企业开放了“阿波罗”登月和航天飞机研发的大量技术报告，转移了大量成熟技术。例如，猎鹰-9火箭上使用的梅林发动机就是在NASA当年用于载人登月的发动机基础上进行改造和升级的。除了技术支持，NASA还准许在NASA从事涉密工作的研究人员流动至私营航天企业。例如，SpaceX公司的航天工程师David Giger曾就职于NASA下属研发机构。

第三步：通过政府采购等一系列政策，助力企业创新产品进入市场。美国政府针对高技术企业的政府采购采取了“风险补偿，率先使用，避免垄断”等一系列措施：1）引入风险补偿机制，降低企业研发失败的预期损失。美国政府设立风险补偿基金，在政府采购中根据采购的性质和金额，按比例拨出资金存入风险补偿基金账户。当高技术企业研发失败时，按照采购合同约定，通过风险补偿基金弥补企业损失。2）政府成为企业产品和技术的先行用户。美国政府作为SpaceX公司的先行用户，为产品提供稳定的市场，帮助企业资金回流，给予企业“第一桶金”。2006年8月，NASA与SpaceX公司签订了商业轨道运输服务合同。随着技术的不断升级，SpaceX公司已将市场拓展到海外，2013年6月，SpaceX公司正式宣布将负责发射土库曼斯坦首颗人造卫星。3）为中小企业营造相对公平的竞争环境，避免垄断。美国政府采购制度通过对高技术中小企业的优先支持，保持行业的竞争性。《购买美国产品法》规定，只要本国高技术中小企业的报价不超过本国大型企业报价的6%、或外国供应商报价的12%，则优先采购本国高技术中小企业的产品和服务。为了支持新兴高技术企业，NASA还采取绑定采购的形式，将价值68亿美元的“太空的士”项目交由波音公司和SpaceX公司合作完成。

（6）在太空领域加快扩大“朋友圈”，加快太空联盟合作

与近年来美国屡屡“退群”以及近日宣布从德国撤军形成鲜明对比的是，美国在《国防太空战略》等文件引领下，持续强化太空领域军政民商之间的合作，还频频拉拢盟友与伙伴组团，加快扩大太空军事化“朋友圈”。2020年7月23日，美国发布报告《深空探索和开发的新时代》，强调太空探索和开发需要国防部等机构以及国际和商业伙伴的合作。

之后，美军方、政府太空机构和私营部门研究组发布报告《2020 年太空工业基础现状：采取行动维持美国在太空领域的经济和军事领导地位》，建议将盟友和伙伴纳入太空开发工作，制定与盟友和伙伴共享安全的框架。在具体业务层面，美太空司令部与葡萄牙签署了《太空态势感知数据共享协议》，强调在太空飞行安全、提供太空态势感知服务等方面增强合作。据公开报道，这是美在太空态势感知服务方面与其他国家、政府间组织、商业公司等签署的第 117 份合作协议。

美在太空领域加快扩大“朋友圈”，直接体现了特朗普政府《国家太空战略》《美国国防战略》强调的“与盟友、伙伴强化合作”思想，直接服务于其“主宰太空”的霸权战略。在新发布的《国防太空战略》中，诸如“使美太空司令部统管联合和联盟太空作战”“将盟友和伙伴集成到规划、作战、演习、交战和情报活动中”“与有能力的盟友和伙伴扩展信息共享关系”“与盟友和伙伴等推动有利的太空行为标准和规范”等有关内容更是比比皆是。

在将太空作为大国战略竞争主要发力点、视太空为作战域的情况下，美亦将拉拢更多盟友和伙伴，并与其加紧合作，作为其加快提升太空整体军力、实现“主宰太空”战略目标的重要策略与路径。目前，美太空司令部、太空军正加速融入联合与联盟作战，通过共享太空态势感知数据、共研太空颠覆性技术、共建太空军事能力、联合开展太空战推演以及太空军事行动等，持续强化太空领域军政民商以及盟友之间的合作，加紧太空军事联盟布局，加快构建新型太空力量体系，企图颠覆传统作战样式与太空治理体系，抵消对手的制衡优势。这反映了美在对太空系统依赖性与传统太空资产脆弱性并存的情况下，以合作为名，行捆绑利益之实，意图通过打造“太空联盟”，分担其太空安全风险与成本，实现提升自己、主导规则与慑止对手的图谋。

美通过扩大盟友、合作伙伴与话语权优势，可增强其太空体系架构弹性与抗损性，提升其太空整体领导权，主导于美有利的太空国际规则与议题设置，增加对手与之抗衡的成本。同时，这也会倒逼一些盟友对其更加依附。近日，日本新版《防卫白皮书》以及《太空政策基本计划纲要》，强调加快与美合作以提升太空态势感知等能力；此外，美日正在就高超声速武器防御合作问题进行磋商。澳大利亚也宣布将投巨资升级改造美澳联合运行的太空监视望远镜，为美、澳及其主要盟国提供太空态势感知情报。美国太空军司令雷蒙德上将于 2020 年 8 月 4 日在范登堡空军基地向联盟部队太空联合司令部人员发表讲话。这看似是与所谓的盟友和伙伴共享安全，实际上反映的是“美国优先”的霸权思维。尽管其盟友追随美组建太空联盟是为了“各取所需”，但在可能爆发的太空冲突中，或将沦为“挡箭牌”“马前卒”。

总之，美加快扩大太空军事化“朋友圈”，不但会引起新一轮太空军备竞赛，也会使太空安全面临的不确定性、不稳定性增大。例如，在 2019 年 7 月法国计划成立太空军事指挥部时，法国媒体即认为，这是对美国加紧组建太空部队可能引发新一轮太空军备竞赛的回应。

2.3 美国太空战略本质意图

美国的太空战略对美国太空安全领域、太空探索领域和国际太空安全机制谈判具有全局意义，是美国国家安全战略和全球战略的重要组成部分，是为美国安全战略和全球战略服务的。纵览历任总统任期内美国政府和军方发布的政策、战略和条令文件，不难发现，美国军事太空战略思想虽经历了诸多调整，在不同时期被赋予了不同内容，但却呈现出了一些规律性的价值取向，其实质都是确保美国在太空的自由并剥夺他国的太空自由，且以此获得全域行动自由。在美国《国防部军事及相关术语辞典》中，“国家安全”首先被界定为一种“由超越任何其他国家或国家集团的军事或防务优势所提供的状态”。这表明，美国将安全关系视为“零和”关系——安全是单方面的状态，美国的安全是建立在压倒他国的军事优势基础之上的。在这种进攻性现实主义的思维范式下，“安全”与“优势”成为同义词，国家安全的最佳保障来源于军事霸权，而军事霸权的支柱之一就是军事太空霸权，以制天权保证制信息权、制空权、制海权、制陆权，从而确保全谱行动、全域行动的优势。由此可以认为，美国军事太空战略思想的霸权性实际反映了美国整体战略思想的霸权偏好。

2.3.1 谋求太空霸权

冷战后的美国国家战略，无不在以“绝对优势”服务于谋取和维护全球霸主地位。冷战的结束使美国成为唯一的超级大国，而且其强大的程度是史无前例的，军事上也没有强劲的对手。美军的作战理论追求“全维作战”“全球反应、全球打击、全球机动”，始终贯穿和渗透着“主宰”世界的霸主思维模式。美国历史就是一部扩张史，在美国独立时只有13个州，全部领土只有密西西比河以东的230万平方千米。到19世纪中叶，北美洲的整个西北区都已并入美国版图。美国领土比开国时扩大了4倍多，其中有三分之一得之于战争，形成了一个东西濒两洋、南北无强邻，资源丰富、得天独厚的世界大国。如今，美追求的不是疆土的扩张，而是“利益”的最大化，且将其建立在控制与打压他人的基础之上。纵观美军在全球的战略布势，重点掌控七大洋上的战略通道（直布罗陀海峡、多佛尔海峡、马六甲海峡、霍尔木兹海峡、曼德海峡、巴拿马运河、苏伊士运河）。海军宣布要控制的16条海上通道，囊括了世界上几乎所有重要的海峡和水道。美国还在43个国家和地区派驻了军事使团，在21个国家有军事基地，拥有3 000多处遍布全球的军事设施。现正在不遗余力地控制太空，抢占最后一块“高地”。

美国历任政府表面上遵守《外层空间条约》，打着“和平目的”的幌子，从最宽泛的意义上解释“和平目的”，即只要不用于侵略目的，太空利用都是“和平的”，在克林顿、小布什、奥巴马政府时期，美国为追求国家利益在太空进行的国防、情报、国土安全活动都被视为“和平目的”，但实际上从未停止对太空军事化、武器化的脚步，只是表述上有所差别而已，其背后不可告人的目的路人皆知。例如，奥巴马执政以来美国新的太空战略发生了一些重大变化，调整了“太空军事对抗”的单边主义论调和“先发制人”的进攻战略，开始转向多边主义，重视国际合作，提倡太空非武器化，促进各国负责任地利用太空，对国际安全和太空安全产生了一定的积极影响，看起来柔和了许多，具有进步的一面。

特朗普政府的《国家太空战略》则避开“和平目的”等表述，直接强调太空要为国家安全、经济繁荣等服务，并强调太空是一个战场，意在告诫对手，美国将用包括太空军力在内的“致命军力”回应任何国家对其太空霸权的挑战。从长远看，美国的太空战略虽然表述上有所不同，但始终是持续发展和演进的，旨在确保美国太空优势、维护美国太空霸权地位的太空战略和根本目的从未改变，变化的是实现战略的策略与手段更加稳妥、现实和富有技巧。直白地说，美国新的太空战略其实是“转攻为守”，战略本质由“控制太空”微妙地转变为“领导太空”，内建能力、外建规则，谋求太空霸权仍然是美国确保太空安全的一贯做法和始终不变的战略企图。

2.3.2　保持绝对优势

几十年来，美国在太空探索与开发，特别是太空军事化方面一直走在世界前列，无论是经济总量还是科技实力、军费投入，都位居世界第一，即便是俄罗斯也难望其项背。但是，美国认为，随着中、俄在太空领域的快速发展，美国在太空领域的优势正受到威胁。2016 年 1 月 27 日，美国智库“新美国安全中心”发布了一份题为《从圣地到战场：美国太空防务和威慑战略的框架》的报告，渲染中、俄太空威胁，宣称美国太空系统已成为中、俄打击的首要目标并为此寻求相应的能力，意图与美国在空中、海洋、太空与网络空间领域进行竞争，或者拒止美国对这些领域的控制，因此美必须要为未来与中、俄等国的“太空冲突”做好准备。

为此，美国近年来采取了种种措施来巩固其在太空领域的霸权地位，竭力防止其他国家对其太空主导权构成威胁。为了使美国保持在太空领域的领先地位，美国还依靠其雄厚的太空技术和能力，奉行“绝对优势、控制太空”战略思想，制定了一系列太空安全政策。突出强调要由美主导太空规则的制定，并提出要着力构建“多层威慑”体系确保太空安全，以实现美国的太空安全目标。另外，美国还不断加强先进太空武器的研发，以巩固自己在太空军事领域的霸权。例如，美国一直在秘密研制空天飞行器——X－37B，这是世界上最先进的无人航天飞机，可以用来偷袭、监察，甚至捕获和摧毁其他国家太空系统，同时能将少量的有效载荷送入轨道，执行一系列军事任务，是美国“1 小时打遍全球计划”的重要组成部分。

新任太空军司令雷蒙德说，“我们不希望在太空中起冲突或是让冲突蔓延到太空”“我们希望通过威慑来避免那种冲突的发生。要做到那一点，我知道的最好办法就是靠强势的地位。”冷战结束后，美国虽然取得了超强的优势地位，但仍然担心其霸权地位遭到挑战，因而美国会尽一切办法要把对手远远抛在身后，谋求绝对的优势和绝对的安全。美国不断地进行“狼来了”的情况刺激，制造出这个“威胁”，那个“无赖”，在这里建导弹防御体系，在那里修预警系统。美国人时刻感到自己处在危险之中，在病态的危机意识驱使下，很难以平和的心态来看待其他力量的崛起，时刻在找敌人、找对手、防范竞争者。这种对绝对优势地位的迷恋和对威胁的高度警惕，反映在军事领域就是要超越任何对手，且保持作战优势。

随着各国在太空领域开发的不断深入，美国认为，目前太空已经从“终极边疆”变成了一片由日益加剧的国际竞争决定的、可能突然爆发真刀真枪热战的区域，谁拥有太空主导权，谁就赢得了战争的胜利。为此，美国政府和军方近年来积极以国家安全为前提和基础，依托国家综合实力，加大对太空领域的研发投入，并积极谋划和制定未来太空发展的目标和途径，希望以此增强自己当前拥有的太空优势，继续拉大与其他国家的技术差距，从而继续维护自己的太空霸主地位。

2.3.3 追求绝对安全

从海湾战争开始，卫星几乎在每一次美国的军事行动中都起到了至关重要的作用，当今世界上没有任何一个国家像美国这样依赖太空系统。GPS 为美军所有的精确制导武器提供精确定位和精准授时，并让舰船、飞机和地面部队知道它们在战场上的位置；侦察卫星为美军大规模轰炸目标的选择提供决策支持；预警卫星监测对手的导弹发射，成为美军弹道导弹防御系统的重要一环。美国认为，美军的整个武器系统已经严重依赖卫星，卫星成为美军作战网络的主节点。如果遭到反卫星武器的摧毁，美军的信息优势将不复存在，先进的武器会瘫痪，快速反应能力将丧失。

从奥巴马政府上台开始，美国规定了太空安全的三个战略性目标：强化太空的安全与稳定、维持并增强太空系统为美国国家安全提供的战略优势、加强为美国提供国家安全保障的航天产业发展。为实现这三个战略目标，奥巴马政府提出了五个战略途径：一是确保各行为体负责、和平、安全地使用太空，二是提高美国太空能力，三是与负责任的国家、国家组织和企业结成伙伴关系，四是预防和威慑对保证美国国家安全的太空资产与基础设施的侵犯，五是准备挫败对美国太空设施的攻击。

2018 年 3 月 23 日，特朗普发布的美国《国家太空战略》是对全人类赤裸裸的太空战宣言书。其核心思想：一是通过美国优先的太空利益使美国再次伟大，二是建立国家安全优先的航天产业发展，三是利用商业优势使美国领先，四是保证美国在国际合作中的优先地位，五是通过改革确保美国太空领导者的地位。总之，就是保证美国的利益、国家安全、商业、合作地位和技术在太空领域的领先，确保美国在太空领域的世界领导地位。美国政府始终认为，如果能够按照“五大战略”途径，就能实现“六大太空战略目标”，即：一是发展进入太空和自由航行的能力，二是增强这种能力的安全性、稳定性和长期可靠性，三是建设太空报复能力，四是面对太空军事化现实，五是准备好迎接太空挑战，六是美国将做好太空战准备。这样就可以确保美国在太空的领导权，若能维持并行使太空领导权，就可以领导各行为体负责、和平与安全地利用太空，实现太空的安全与稳定，进而可以确保美国的太空资产安全，保障美国国家安全。

美国对其军事优势地位可能受到的任何干扰乃至毁伤保持高度警觉，一直以来不断夸大其他国家的“太空军事威胁”。为了预防“太空珍珠港”事件，新版《国家太空战略》宣称要“不遗余力地保障美国的太空必胜态势”。美军 2018 年版的《太空作战条令》强调通过防御、重构和弹性等 3 类策略，实现“太空任务保证”。因此，当涉及国家安全，美国就不会用太多的外交辞令浪费时间，对太空高效地规划、运作和应用并直接为美国带来利益。这些都表明，美国将会延续其在其他领域的高调与强势，在太空继续发展战略性力量，将太空变成另一个技术与装备、理念与实践的竞技场。

2.4　美国规划太空战略主要做法

长期以来，美军基于自身的经验并吸取苏联模式的优点，针对美国政治和社会结构特点，创造出了具有美国特色的战略规划模式，即：顶层的国家主义与底层的自由主义结合、着眼能力生成的资源整合与面向挑战的能力运用综合，并由国防部掌控战略规划体系，主导国家安全战略的形成，以及科学技术和战略产业的发展。美军战略规划是一个复杂的系统工程，主要围绕组织体系、研究对象、成果体系、程序规范和方法手段等进行，其相关做法可归纳为以下五个方面。

2.4.1　遵循规范的运作程序

战略规划是以系统化的方式找到和解决基本的战略问题，以实现需求与资源的有效结合，进而达成战略目标的动态过程。它是一项群策群力的集体性事业，高效地实施战略规划活动和形成科学的战略规划成果，需要比较规范的运作程序。所谓战略规划程序，是指战略规划组织为指导军事力量建设和军事力量运用实现战略目的而进行的战略预判与决策的过程，它是联结战略规划组织体系和研究对象，并产生成果体系的纽带。战略规划运作程序既要符合国家和军队的政策法规，又要符合战略规划的一般规律，如此才可能做出科学的决策，进而在战略博弈中赢得主动。美军战略规划程序一般分为以下五个步骤。

第一，确立战略目标。战略规划以达成战略目标为最终目的，确立战略目标是战略规划的发端，必须以国家利益和战争全局的需要为根本依据，否则战略与政策就无从谈起。也就是说，只有战略目标确立之后，才能在目标指引下更好地分配与运用资源，确保在投向与投量上有的放矢。因为只有弄清“要干什么”，才能确定“用什么干”“怎么干”“需要多少资源”“怎样用好资源”。

第二，评估安全环境。评估安全环境，就是对国家内部优势与劣势和外部机遇与威胁进行评价和估量。其实质就是对净评估基本模式的具体运用。它是“战略规划者监视组织外在经济、政治、资源供应、科技及市场，以及组织内在优缺点等状况，所决定组织面临威胁与机会的一种分析评估过程”。其目的在于谋求更好地适应安全环境，提高安全运营绩效，谋求塑造安全环境。

第三，设立标准想定。所谓想定，就是对未来危机或战争威胁场景的设想和假定。以净评估的基本原则来讲，就是“应将并列比较置于作战环境、冲突区域或紧急事件的想定中进行。”美军根据各种想定的现实性、危害性、紧迫性及其演变的趋势，来确定资源（如军费）分配的结构和比例。围绕战略目标设立标准想定，作为军队建设计划、作战计划，特别是资源分配的基本依据。从一定意义上讲，没有想定设计，就不会有美军战略规划。但是未来不确定因素太多，任何设计都不可能一一涵盖。要想确保更好地贴近未来危机或战争实际，需要设立标准想定，不能“想怎么定就怎么定”。当前美军使用五个标准想定，即：最紧迫任务想定、最危险任务想定、最困难任务想定、塑造安全环境想定和防范不可测事件想定。

第四，制订军队发展计划。20 世纪 60 年代后期，美军为把战略原则具体化为指导军队建设的政策，围绕预期目标将未来安全环境设定为一个个标准想定，逐一确定战争指标（能力需求），作为统揽部队建设与作战计划的基准，按照威慑和实战的要求，确定军队结构、规模、部署、战备需求、主战兵器研发计划和资源保障计划，并以此说服国会为此投入资源。研究表明，这一做法一直持续到 21 世纪初期。

第五，执行和评估。美军认为，战略规划是由“设计—执行（行动）—评估（反馈）—再设计”环路，实施系统的战略领导管理的过程。战略规划不可避免地要依赖过去的经验来预先安排未来的事务，这就要求把“战略试错”的风险控制在一定范围内，及时对行为效果进行评估，以利适时改进。战略规划正是通过执行和评估环节，并在解决实际问题中不断前进的。

2.4.2 依托完备的规划体系

有效进行战略规划，需要把能够解决战略问题的机构、人员和资源（手段）整合为一个有机整体，也就是形成完备的战略规划体系。美军战略规划经历较长时期的演变后，形成了由“四大系统”构成的完备体系，即：参联会主席掌管“联合战略规划系统”，协助国防部长对美军建设和作战进行战略指导；国防部长掌管“规划、计划、预算与执行系统”和“国防采办系统”，对美军实施总体上的领导管理；各联合总部司令作为使用“联合作战规划系统”的主体，遵循总统和国防部长的指令，制订地区或功能性战争计划及实施方案。

第一，联合战略规划系统。该系统由联合战略评估、国家安全战略、参联会主席规划评估以及联合战略能力计划四部分组成，是美国国防部所有规划活动的基础，是参联会主席履行法定职责的主要和正式的工具。其功能主要是用以解决“跟谁打”的问题，明确战略意图和战略需求，对“用什么打”和“怎么打”提供战略指导。

第二，规划、计划、预算与执行系统（PPBE）。该系统是将原“规划、计划和预算系统”（PPBS）的规划、计划和预算三阶段，调整为规划、计划与预算、执行与评估三阶段而成的。它是美国国防部长的决策工具，也是国防机构运转的主要工作流程。其主要功能是确定美军的战略需求、资源需求和资源分配，将战略意图和战略需求转化为预算计划，并与“国防采办系统”结合，解决“用什么打”的问题。

第三，国防采办系统。该系统是由军方、其他政府机构、企业界、大学和科研机构所组成的“战略综合体”，作用于武器装备需求、立项、拨款、研发、制造、装备和管理等整个过程。该系统与“规划、计划、预算与执行系统”结合，将战略意图和战略需求转变为具体的项目计划和战备计划，并为此制订财务计划、分配资源，解决“用什么打”的问题。需要进一步指出的是，该系统所生成的不仅是军事能力，还包括新型科学技术和经济竞争力。

第四，联合作战规划系统。该系统由“联合作战计划制订与执行系统”和“联合作战规划过程”构成。前者涵盖了美军作战计划制订与实施的所有环节和活动，后者与前者相协调，但更为具体地规范了如何制订作战计划。其根本职能是协助总统和国防部长运用现有军事能力（如确定何时、何地和怎样使用军队），达成国家军事战略目标，也就是解决“怎么打”的问题。

2.4.3　借助常态的对抗推演

美军擅长组织模拟推演、兵棋推演、实兵推演、推演研讨等形形色色的对抗推演活动，以此用于危机预测与管理问题研究、武器装备需求分析、作战方案评估论证和作战概念（如网络中心战、空海一体战、多域/全域作战等）开发，以及反恐、信息与网络安全维护等众多方面，并借此支持战略规划、作战计划的制定。从本质上讲，对抗推演是对净评估原则“关注相互间‘行动—反应’的动态和趋势”的具体运用。

美军把对抗推演机制称为“假想敌机制”。其核心是在战略、作战计划、训练和武器装备发展中系统引入敌对因素，寻求应对思路、措施和活动。美国陆、海、空军和联合司令部等，都设有专门的假想敌部队，并尽量采用敌方武器装备和战术，以独立思维和自主行动的“红队”作为“对立面”，砥砺“蓝队”，谋求在敌方发现和利用己方弱点之前，先找到自身的弱点并采取措施予以克服或规避。同时，着力强化“动态”考察，寻求对抗性或另类思维，避免决策和行动的单一性。

对抗推演已经成为美军战略规划、作战计划的主要抓手。美军及其资助的科研机构在相关领域广泛运用对抗推演手段由来已久，其中影响比较大的有：美国约翰·霍普金斯大学作战分析实验室的推演研讨活动；兰德公司的自由推演和“日后”演习；美国国防大学的危机决策演习；美国战略与预算评估中心承办的“空海一体战”桌面演习；美国海军研究生院的全球战争推演、“第四代战争推演”及“石油风暴”“网络风暴”推演等。

美军运用战争推演手段设计战争与规划作战。比较典型的是，美军于 2008 年 10 月举行的代号为“太平洋视野”的战争推演。此次推演以一支红队与两支蓝队为主进行，分为两个阶段，第一阶段想定是 2016 年的情况，集中推演空军的行动，关注太平洋空军现有的武器、基地和作战部队。第二阶段想定是 2028 年后的情况，设想了“美国强权之下的世界和平”（美国继续主导国际政治舞台）和美国回到 19 世纪不结盟的孤立主义两种场景，讨论联合作战中责任划分的最佳方法。推演结束后，即开始起草结论，构思“空海一体战”的框架。最终整理结论后，报太平洋司令部司令蒂莫西·基廷海军上将；所提调整部队结构、基地或政策的建议经审定后，报空军参谋长诺顿·施瓦茨上将和海军作战部长加里·拉夫黑德上将批准，最后提交参联会。与此同时，相关建议报国防部净评估办公室主任安德鲁·马歇尔，并由其直接向国防部长提出建议。

2.4.4 实施持续的分析评估

所谓分析评估，是指为了明确的目标，按照明晰的规则，所进行的定性与定量相结合、静态与动态相结合的对比、对抗分析和综合判断。美军主要借助分析评估来把握战略态势和作战态势，视战略和作战分析评估为普遍性、经常性工作，依靠分析评估来支撑推演、决策、指挥和军事行动。

美军战略和作战的各重要领域都有分析评估的机制，无论平时还是战时，其决策、指挥和行动都离不开分析评估，可以说分析评估无时不在、无处不在。美军《联合作战纲要》认为，"在各个级别和军事行动的全部领域都要实施评估，总的原则是：特定的行动/任务或活动在哪个级别上展开，相应的评估就在哪个级别上实施。"有效的筹划和成功的实施，取决于持续性的评估。仅从美军《四年防务评估报告》（相关机制已于2014年后停止运作）、《年度威胁评估报告》《核态势评估报告》《弹道导弹防御评估报告》《两岸军力平衡评估报告》中不难看出，分析评估对美军整个战略体系具有重要的基础性作用。

美国在军事上的评估机构主要是军队评估机构和国会评估机构。在最高层次上军队评估机构由国防部主导并主要采取净评估的模式和方法，国会评估机构通常由国家最高审计机关——政府问责局牵头，都具有很高的权威性，能够有效减少评估中的不良干扰因素。当然，在地方还有兰德公司、战略与预算评估中心等众多独立的军事评估机构。

美军评估过程大体可以分为定性和定量两个阶段。例如，在对战略能力的评估上，定性阶段的主要工作是以通用的术语说明战略能力需求，不需要对有待发展的能力类型及其数量进行详细解释。定量阶段的目的是将定性研究的结果具体化，主要工作是通过建立模型、仿真模拟等方法，明确满足战略能力需求应具有的性能参数，进而确定所需发展的能力的类型和数量等信息，提出能力建设的具体方案。

2.4.5 进行大量的模拟实验

模拟实验也称模型模拟、模拟仿真或模式模拟，是把难以直观感受的事物用仿真模型进行动态描述，借助作战实验、兵棋推演、运筹分析，寻求其规律和提出最佳方案的过程。但是模拟实验不全是仿真，如"政治－军事对抗模拟"（政军兵推）实质上是借助角色扮演、简单模型和支持工具进行的状况分析会。模拟实验的目的在于对复杂军事问题进行"预实践"，筛选高价值命题和得出正确结论，同时提高规划工作的效益和避免过多的人为错误。因为对于新的战争形态、作战样式并无充分的史例可供学习借鉴，所以模拟实验在预测新的军事互动形式等方面是无价的。

充分发挥现代技术综合优势，开发应用模型模拟系统并构建虚拟环境，利用一切机会反复进行实验验证，已经成为美军进行战略规划特别是检验新理论、新战法、新武器的习惯做法。一般认为，美军实兵检验性演训活动非常多，但是研究表明，美军的模拟实验活动更为丰富。如国防部主持的“先进概念技术演示”，参联会主持的“联合概念开发与实验”，各军种部主持的“军种开发与实验”，以陆、海、空、海军陆战队依托 19 个作战实验室，分别实施的“陆军实验战役计划”“舰队作战实验计划”“海军实验计划”和“远征部队实验计划”等等。需要指出的是，美军众多的模拟实验都强调“简单地建模、复杂地思考”，即在使用相对简单的模型、进行简单计算的同时，长时间、努力地思考其中究竟意味着什么。因为在美军看来，重要的不是使模拟更为客观，而是用好的方法将主观因素组织管理起来。

2.5　几点启示

太空战略是崭新的理论研究领域，人类的未来在太空，而未来战争也必将从太空获得胜利，制定太空战略发展框架，有利于统筹国家资源和军事力量。探索并深入对太空战略发展的研究，对于国家战略层面的太空力量建设具有重大现实意义。当前，太空力量建设发展处于新的历史起点，面临难得的机遇和严峻的挑战，总结美国太空战略、作战理论发展历程和取得的成果，具有重要的意义和启示。

(1) 加强太空态势分析，确立科学的太空战略目标体系

一方面，要制定符合各方利益的太空战略长远目标。当前，国际社会主张和平利用太空的呼声日益高涨，因此必须立足现实、放眼全局，制定符合世界各国共同利益的太空战略目标，从而增强国家的向心力和凝聚力，有效避免其他国家和国际组织的误解与误判，为实现太空战略目标营造良好的内部和外部环境。另一方面，要制定切实可行的中、短期太空战略目标与配套政策。太空战略长期目标的实现需要依赖于若干个中、短期阶段性目标的叠加与积累。中期目标研究能够把长期和短期两方面有机结合起来，在动态中把握国际形势的发展，围绕长期战略目标制定中期太空战略目标及其相应的政策与措施。短期目标是由中、长期目标分解而来的，是衡量中、长期目标实现进度的标尺。一般来说，短期目标需要在实践中获取实施情况反馈，完成绩效检验与政策调整，并定期进行系统总结和整合。总之，建立科学的太空战略目标体系是太空战略走向成熟的标志，可以有效规范国家太空研究与开发实践，使之更加符合全人类的共同利益，能够赢得更加有利的国际地位，更好地维护和拓展国家利益。

(2) 有效应对美国新军事战略，创造太空战略发展空间

2012 年，美国公布了《维持美国的全球领导地位：21 世纪国防的优先任务》的新军事战略报告，继续坚持“重返亚太”的总体战略布局，并随着国际形势、亚太安全格局以及美国国内利益驱动，对其军事战略进行“再平衡”调整。美国新军事战略调整具有以下特点：一是在维持全球各大战略区域相对均衡的同时，重心向亚太地区转移。突出强调未来亚太地区的威胁极有可能上升，美国必须维持其在亚太地区的军事优势。二是重视传统联盟关系的同时，构建“争频谱”多边机制。除了传统的美日、美韩关系外，美国政府还

将东南亚作为重点，强调“我们将寻求安全合作机会，支持国家与东南亚国家联盟以及其他的多边论坛和组织发展关系”。三是继续推行威慑加实战军事战略的同时，注重打造全新的联合部队。美国新军事战略强调了美军的活动领域应该包括陆地、海洋、天空、太空和网络空间，从人员、能力、战备水平等方面系统阐述了美军将如何“以创新性的方式在现代化、规模、能力、态势和风险之间进行艰难平衡”。

面对美国在太空领域的绝对优势，必须深入分析安全形势面临的威胁，积极主动地采取措施，有效应对美国军事战略调整。一方面，要紧紧抓住太空发展的战略机遇期。当前，太空领域“一超多强”的局面虽然短时期内难以改变，但是和平利用太空已在世界范围内形成共识，成为遏制太空霸权的有效手段，同时也为世界各国发展太空技术提供了难得的机遇。必须充分抓住有利发展时机，以核心安全需求为导向，不断求新求变，实现太空战略发展新的超越。另一方面，要建立与国家地位相称的强大太空行动能力，努力建设一支同国家安全和发展利益相适应、与大国地位相称的太空战略力量，有效维护国家安全和太空利益拓展。

（3）大力加强太空领域合作，不断扩大太空领域的影响力

综观世界主要国家及组织的太空战略，不难看出虽然在经济水平、科技实力、国家发展的阶段性重点等方面存在差异，战略理念和技术水平也各不相同，但太空的战略地位还是日益得到世界各国的高度重视，太空已经成为国家安全战略的重要空间、社会可持续发展的资源宝库和科学技术不断实现突破的重要引擎，世界主要国家已经将太空作为重新崛起的重要战略依托。对世界军事强国而言，面对本国太空发展与国际承诺及义务相矛盾的时候，可能出现国际承诺及义务服从国家利益的情况，务实的战略选择常常隐藏于维护世界和平与安全的标榜之下。因此，必须在新的起点上加强太空领域军事斗争准备，紧紧抓住太空发展的战略机遇期，更好地维护国家的主权、安全和发展利益。

当前，国际局势瞬息万变，机遇与挑战并存，必须借鉴联合国际盟友和平解决国际争端的经验做法，在太空领域进一步加强与世界各国的合作，在坚持原则的前提下倡导通过对话协调建立新的太空战略互信机制，积极寻求和平解决太空问题的新途径，争取利益碰撞的良性互动，以合作共赢代替无序对抗，以互利互惠促进共同发展，从战略高度积极寻求和扩大利益交汇点，构建全方位、多层次、平等合作新模式的同时，进一步加强与其他国家特别是世界主要航天国家在太空技术研发、法制建设等领域的双边和多边合作，突出维护各方的共同利益，以协商与对话的方式解决争端。在维护地区安全方面，要不断加强与本地区其他国家的合作与协调，联合遏制太空军备竞赛和太空军事化利用，扩大与其他国家的共同利益，提升在太空领域的国际地位和话语权。

第3章　美国太空威慑战略发展历程及特点

2017年12月，美国战略与国际研究中心发表《第二个太空时代的态势升级与威慑》，提出未来大国太空对抗将根据冲突态势进行对抗手段升级，从低强度到高强度手段依次为：制盲敌卫星——网络攻击敌指控系统——打击敌地面基础设施——抓捕卫星——动能反卫——核战争。美国正具体研究态势升级的临界条件，如跨越地面攻击和太空攻击之间的界线，从非动能太空攻击转向动能太空攻击的界线等。太空威慑可用性强、可控性好，与核威慑、网络威慑不是相互独立的，而是相互倚重、相互渗透、相互融合，共同形成"跨域威慑"。美军已将核威慑、太空威慑和网络空间威慑作为"三位一体"的新型战略威慑力量，力图发挥威慑力量的战略支撑作用，提升常规作战能力，确保超强的军事优势。

3.1　太空威慑的概念及内涵

战略威慑体系是保障国家安全的重要基石，是把握大国之间战略博弈主动权的基本依托。早在春秋时期，我国著名军事家孙武就提出了"不战而屈人之兵"的威慑思想。作为现代国际关系和国家战略研究中的一个专门术语，威慑概念可从"deterrence"这个英文单词溯源，按照牛津大辞典的解释，"deterrence"意指通过使对方害怕会处于某种环境或得到某种结果，而放弃采取某种行动。这种从构词法出发的词义解释虽然比较简单，但反映了威慑概念的重要内涵。有关威慑、太空威慑概念的阐述，国内学者有诸多研究，概括起来有以下几种描述：

1）2011年版《中国人民解放军军语》对"战略威慑"（strategic deterrence）给出的定义是："为达成一定的战略目的，通过显示战略力量和使用战略力量的决心，迫使对方屈服的行动"。

2）军事科学院姚云竹研究员在其著作《战后美国威慑理论与政策》中论述得比较详细。"deterrence"在英语中是一个褒义词，翻译成中文"威慑"就成为中性词。"在美国主导的西方话语系统中，deterrence表现了对对手侵犯行为的一种反应（response），具有强烈的防御性色彩和正义性色彩。deterrence已经成为美国以及其他西方国家的安全政策的商标，即使它们的一些政策不是反应性的（responsive），而是主动进攻性的（active and aggressive），它们也会自诩为威慑战略。"因此，美国利用"太空威慑"来保护美国太空资产免受攻击，使其看上去具有正义性。

3）太空威慑通常指一方通过显示和使用军事太空力量来影响对方对军事态势的判断与决策，使对方因不愿冒得不偿失的风险而停止和放弃采取某些军事行动的企图。

4）太空威慑是以军事太空力量为主体，以信息对抗和太空攻击能力为基础，在外层空间进行的各种战略威慑活动的总称。其目的是以强大的太空力量为后盾，通过威胁使用或实际使用太空力量来震慑和遏制对手，使对手产生畏惧心理，被迫服从威慑者意志，从而放弃原先的企图。

综合上述威慑、太空威慑的有关概念，本书作者认为：太空威慑是指以强大的太空力量为后盾，通过威胁使用或实际有限使用太空力量来震慑和遏制对手。其实质是将使用太空力量的可能性以及使用太空力量可能引起的严重后果预先警告对手，使对手通过利弊得失的权衡，产生畏惧心理，被迫服从威慑者的意志，从而放弃原先的企图。理解上述概念需要从成功的核威慑、传统威慑概念的对比中获得启发，既要把握太空威慑与传统威慑的异同，又要充分把握太空威慑的独特性，需要重点把握以下几点内涵。

1）太空威慑具备威慑的基本要素。亨利·基辛格在《选择的必要》一书中从分析可信核威慑角度，提出了影响可信威慑的三个基本要素，即威慑力量、使用力量的决心和传递使对方信服这种威慑力量与决心的信息，此外，威慑是上述因素的产物，而不是它们的总和。如果其中任何一项等于零，威慑必然失败。基辛格的“三要素说”目前已成为可信威慑的经典描述，其中力量是形成威慑的客观基础，决心和信息传递是威慑实施的必要条件。实际上，影响可信威慑的因素还有很多，如涉及的各自战略利益、民族特点、公众支持甚至领导人的个性等；也可以从其他视角分析，如国内有学者将可信威慑描述为3C［即承诺（Commitment）、实力（Capability）和信用（Credibility）］。太空威慑伴随着核威慑逐渐发展并成为独立的威慑领域，成为战略威慑体系的重要组成部分，应当遵循基本威慑理论，因此要形成可信的太空威慑，也需要同时满足这三个要素。

2）太空威慑的核心是太空实力。实力是形成威慑能力最基础、最重要的因素。美国前国防部长罗伯特·盖茨在其国防战略中提到，威慑战略要能够影响对手的政治和军事选择，使对方领袖明白采取行动要么代价高昂、要么毫无用处、要么没有必要，从而阻止该行动的实施；威慑是建立在自信的基础之上，具有阻止攻击的能力和快速响应任何攻击的能力，从而使对手丧失信心，甚至连攻击的想法都不敢有。美国国防部在2012年《国防部太空政策》中明确提出建立“多层威慑体系”，美国通过采取建立太空行为准则、建立太空国家联盟、增强系统抗毁能力并减少对太空的依赖、保留动用一切手段和全部力量实施反击的权力与能力等多项措施增强太空实力，伴随着太空系统运用的进一步推进和扩展，这种拒止性威慑作用将会逐步明显。显而易见，美国之所以能够形成对其他国家的威慑局面，靠的就是强大的太空实力。

3）太空威慑样式具有可选择性。太空威慑的“非对称”性是区别于核威慑的一个重要特点。“非对称”威慑与对称威慑一起构成了太空威慑活动的整体，在很多情况下，“非对称”太空威慑可能更容易达成威慑目的，但对称太空威慑也有其存在和应用的价值。具体来说，对抗强度不高、威慑层次较低、双方实力不对等时，使用“非对称”威慑的可能性较大，成功的概率也较高；当威慑层次越高、太空实力相等时，越有可能趋向对称太空威慑。太空威慑的基本途径是拒止性威慑和报复性威慑，拒止性威慑是通过降低潜在对手攻击太空系统时的收益，使对手因无法达到预期收益而放弃攻击行动；报复性威慑是通过威胁实施报复措施，以增大潜在对手的攻击成本而使其放弃攻击行动。太空威慑具有选择性，如果对手在安全和军事上并不依赖太空系统，那么对其使用太空威慑也难以达到阻止对手行为的目的，反过来，如果对手的军事力量体系高度依赖太空，则对其卫星发动攻击就具有极强的威慑力。因此，从理论上来说，惩罚性威慑适用于核威慑，拒止性威慑适用于太空威慑。

4）释放底线信号是太空威慑的一种手段。可信战略威慑要求威慑方采取适当策略，必须远在敌人启动决策过程之前就布局，并且及时将战略威慑的实力、目标与决心信息准确传递给受慑方，受慑方在收到威慑信息后是否做出符合威慑方所希望的选择是可信战略威慑的关键。也就是说要对受慑方的思维发挥有效影响，如果受慑方最终做出威慑方所不希望的选择，将意味着威慑的失败。事实上，有效的太空威慑战略至少包括：向对手清晰地表明，攻击太空资产不会达到他们预期的效果，他们会为采取这种行动而付出非常高昂的、难以接受的代价，使对手通过利弊得失的权衡，产生畏惧心理，被迫服从威慑者的意志，从而放弃原先的企图。如果对这些行动没有预先界定底线，报复威慑的可信性将无法得到保障，威慑信息的传递也将无从谈起。

3.2　美国太空威慑的形成与发展

《孙子兵法》提出“不战而屈人之兵，善之善者也。”认为“兵者，死生之地，存亡之道”，战争的代价是巨大的而且开战是所有可选项中处于最后的选择。那么，通过一系列的军事、外交、经济甚至法律的手段向对手展示力量、表明决心、预示后果，使得敌对方怯于可能的代价付出而不敢发动进攻，就成为一场战争开始前的最优选择。止战，就是威慑的直接效果。可以说，美军始终将威慑作为一种更重要的手段加以利用，力争以最小的代价获取最大的利益，这是美军一贯的思路和做法，使之成为验证太空实力、传递威慑信息的绝好手段和途径。纵观美国太空威慑的发展历程，可以将其划分为以下几个阶段。

3.2.1　孕育萌芽阶段

这一阶段是从第二次世界大战结束至 1957 年第一颗人造卫星发射。在美苏冷战的背景下，一些智囊机构的研究人员开始对太空威慑的相关问题进行初步的理论探讨，比较有代表性的文献是兰德小组为美国政府和军方撰写的《绕地球飞行的试验航天飞船的初步计划》《卫星计划的时间因素》《火箭器——地球卫星：政治和心理问题调查备忘录》等。这一时期对于太空威慑的认识比较粗浅，虽然其成果对于国家决策层有一定影响，但尚未转化为国家政策，仅停留在学术探讨层面。但这些最早的文献却是太空威慑的发端，形成的研究理论成果主要表现在：一是初步认识到了太空活动和太空力量的威慑价值；二是提出用太空威慑增强和替代核威慑的设想；三是提出了利用太空活动展示太空成就对对方进行威慑和利用卫星的侦察监视进行威慑两种太空威慑样式。

3.2.2 初步形成阶段

这一阶段是从第一颗人造地球卫星成功发射至20世纪80年代末。随着人类太空时代的开始，太空威慑走出了纯学术研究领域而成为一个重大现实问题，太空威慑思想初步形成并迅速理论化，同时对国家战略决策产生重大影响。随着美苏两国太空竞争愈演愈烈，太空力量迅速发展，其技术性能不断提高，突出表现在侦察监视卫星性能的改善上，太空力量具备了进行特定威慑的条件，发生了有史以来的第一次太空特定威慑活动——“柏林危机”，美国利用萨莫斯-2照相侦察卫星提供的情报，成功慑止了苏联对柏林的战略企图。但从总体上而言，由于受到太空力量技术性能的限制，这个时期仍然是以普通威慑为主，即通过太空计划和太空活动展示国家实力和决心来进行威慑，主要样式是通过大规模的太空活动展示太空成就来进行威慑。虽然这一时期太空威慑的活动此起彼伏、影响甚大，甚至一度上升到意识形态斗争的层面，但太空威慑没能成为一种独立的战略威慑形式，总体上仍然服务和附属于核威慑，重点是借助太空资产与能力，保障核威慑的效果，因而成为核威慑的重要组成部分。1982年美国退役中将丹尼尔·奥·格雷厄姆提出了第一个理论化、系统化的太空威慑思想——“高边疆”理论。基于“高边疆”理论，美国总统里根于1983年3月23日提出了“战略防御倡议”（SDI），即“星球大战”计划，太空威慑迅速由理论转变为实践，进入了国家安全政策和军事战略领域，对太空技术、太空力量及太空威慑活动的发展起到了积极推进作用。“高边疆”理论和“星球大战”计划代表了这一阶段太空威慑发展的最高成就，是太空威慑思想初步形成的重要标志，也是太空威慑开始成为一种独立的战略威慑形式的重要标志。

3.2.3 全面发展阶段

这一阶段从20世纪90年代初开始到现在仍未结束。20世纪90年代后，世界军事形势和国际战略格局发生了巨大变化。在1990年爆发的海湾战争中，美军充分利用其空天优势，以压倒性的优势取得战争的胜利。从此，在技术进步、战略需求、军事变革和战争形态转换、国际竞争等多种因素促动下，太空力量的发展受到全世界前所未有的关注。坚实的实践基础和紧迫的现实需要加快了太空威慑的发展速度，太空威慑理论研究也进入全面发展阶段，太空威慑概念得到确认和初步界定是太空威慑研究科学化、理论化的重要标志。1996年克林顿政府发布的《国家太空政策》，提出太空威慑概念，即：国家太空安全活动应该威慑、警告；如有必要，抵御敌人攻击，应为国家安全做出贡献。1999年美国国防部的《太空政策》，首次系统阐述太空威慑概念，“太空能力应该运转起来且被用来威慑、警告，以及如果有必要抵御敌人的进攻，确保敌军不能防止美国使用太空”。实质是以威慑手段，借助太空实力威慑，保护美国利益；同时利用太空实力、核力量与常规力量来保护美国太空资产与能力。这段论述标志着太空威慑正式成立，并对后来的中外学者定义太空威慑概念和阐述太空威慑思想具有极大的启发作用，在太空威慑思想发展史上具有里程碑的意义。

进入 21 世纪以来，随着太空技术的扩散，美国对太空威慑有了重新认识，认为美国太空威慑失效的“门槛”正在降低，传统的威慑不足以震慑对手，太空威慑理论研究呈现出更加复杂的局面，曾经一度陷入困境，甚至有人怀疑太空威慑是否能够成功？可信度有多高？有没有终极目标？能否参照核威慑理论？这些问题大大超出了以往战略对策研究的范围，涉及太空威慑的各主要领域，从国家安全层面研究到战略战役战术各层面研究、从理论研究到对策研究、从基础理论研究到应用理论研究，未来的争论将会持续，并且将会更加激烈。

3.2.4 现阶段的发展

特朗普版《国家太空战略》尤其强调威慑，誓言如果关键太空基础设施受到有害干扰或攻击，美国将以自己选择的时间、地点、方式和领域实施报复，宣示“睚眦必报”的决心。为加强太空威慑，美国智库战略与国际问题研究中心（CSIS）空天安全项目主任托德·哈里森于 2018 年 3 月在国会作证时建议，需阐明太空行为“红线”、创新发展先进太空能力以及加强战略传播。特朗普政府执政以来，为维持美国在全球的领导地位和争夺太空战略先机，始终把“聚焦创新以维持技术优势”作为美军重要优先方向。

一是持续加强军费投入，开发、储备航天军事技术。为确保在新型领域的技术优势，美国不断加大用于新型武器装备采购计划的费用。2018 年 8 月 13 日，特朗普签署《2019 财年国防授权法案》，大幅增加军费开支，军费总额高达 7 163 亿美元，并批准授予洛克希德·马丁公司 4.8 亿美元的合同，研发第二套高超声速武器。同时，美还采取积极、大胆、创新的发展路线，加速新型高分辨率光学成像技术、小型雷达侦察卫星技术的攻关，以及人工智能在成像侦察卫星应用方面的技术发展。

二是研发太空作战武器，构建太空攻防体系。美积极研发高技术、多手段、多层次对地打击系统和具备反导能力的系统，构建分布式体系结构，加强卫星主动防护能力建设，并加速推动部署太空激光武器提升反导能力，重点推进新一代“太空篱笆”项目。如 2017 年，美使用猎鹰-9 运载火箭将 X-37B 空天飞行器成功送入太空，进行第 5 次在轨飞行测试，开展了长达近 2 865 天的各种神秘的实验、研究和探索，未来必将成为太空攻防和跨域高速打击的一大利器。平台可以装载各种软硬杀伤武器，对太空卫星实施软杀伤，如电磁干扰、电磁脉冲弹、激光武器等；对地对海对空可以发射高能毁伤制导弹药和战斗部。可以在低轨道、亚轨道和临近太空，从太空往下穿过大气层，实施高超声速打击，美国以太空技术为支撑、攻防一体的全面战略力量优势将会很快形成。

2020 年 4 月 9 日，美国太空军首次公开了 2020 年 3 月获得的“反卫星通信系统”最新版本 Block 10.2 版的照片。作为美国太空军宣布成立以来首次公开承认的进攻性太空对抗武器，该系统可在作战冲突中有效阻瘫敌方卫星通信能力，是美国太空军实现“软威慑”太空控制能力的重要手段之一。“反卫星通信系统”具备进攻性反太空电子战能力，获得了多方关注，但美国太空军要想实现具备一定威慑能力的“太空控制”目标，仅依赖进攻性电子战能力还远远不够，这是因为威慑能力的生成，除了可展示具备反击能力和反击意愿，还可展示精准溯源能力。在2021财年预算中，美国太空军为“太空控制技术”申请了153亿美元的资金，并明确表示要发展包括进攻（反卫星通信系统）+指控（太空指挥控制系统）+防御（“赏金猎人”）的攻防一体太空对抗体系。其中“赏金猎人”子项目是典型的干扰监测与溯源项目，可以监控己方通信卫星链路所遭受的干扰，并对干扰源进行精确定位，而这种精确定位是实施“软威慑”能力的基础。可以预期，美国太空军正式成立以后，其太空控制领域的“软威慑”体系将会越来越完善，带来的威胁也会越来越大。

3.3 美国太空威慑战略的特点

战略威慑体系是为了从战略上制衡潜在对手，达成不战或小战而屈人之兵的战略目的，由能使潜在对手感到害怕、对其具有震慑效果及对打赢战争发挥核心作用的战略威慑手段（力量），形成战略威慑能力必需的指挥与保障力量，以及指导战略威慑运用的理论策略等几个主要部分构成的统一协调整体。太空威慑伴随着核威慑逐渐发展并成为独立的威慑领域，它们在威慑基础、先发制人策略和失效机制等方面具有一定的相似性，尤其是核威慑理论对于研究太空威慑具有启迪作用，但太空威慑与核威慑并不是完全对等的概念。太空安全环境特性、太空对抗破坏性不对称和太空系统本身的脆弱性，造就了太空特殊的威慑与战略环境，具有鲜明的特点。

3.3.1 战略性

太空威慑战略是否得当关乎全局，必须服从国家安全战略。军事太空力量是军事力量在外层空间领域的延伸和具体运用，是国家政治、经济、科技、军事实力的综合体现，是国家军事战略的重要组成部分，其发展、运用需要国家最高决策机关进行全局性的谋划和指导，因而以军事太空力量为基础的太空威慑本质上具有战略威慑特征。美国的国家战略是全球称霸战略，强调军事的前沿存在和威慑，全球性和及时响应的特点使太空力量成为达成这一目标的关键因素。美军的太空威慑战略也是美军战略转型的自然选择，美国认为其当前面临着传统和非传统的多种威胁，来源难以把握，因此传统的威慑方式显然无法更好地满足安全需求，需要采取多种威慑手段，而美国在太空领域拥有的绝对优势使得太空威慑成为威慑战略的必然选择。

3.3.2 连贯性

纵向上，太空威慑战略要顶层设计，上下一盘棋，并保持连贯性。冷战结束至今美国每次政府更迭都对太空威慑战略进行适时调整，但总体方向并没有因领导人的更换而改变。克林顿政府曾表示“威慑、警告敌人进攻，如果有必要则抵御敌人进攻”，主要强调保护太空系统免受对手进攻，呈现拒止性太空威慑特征。小布什政府宣告“对美国太空系统的故意干扰将被视为对美国权利的侵犯”，推行“先发制人”的军事战略，大力发展太空对抗力量，进攻性太空力量得到迅速发展并拥有了相当的技术储备，报复威慑能力大大加强，呈现出惩罚性太空威慑特征。奥巴马政府时期，宣称“故意干扰太空系统及其基础保障设施，将被视为是对一国权利的侵犯”，排除了美国太空安全例外论，表示美国将实施“对称性”打击。相对来说，奥巴马政府的太空政策相对缓和，表达了与国际社会太空合作的意愿，看似太空威慑战略改弦更张，但是通过采取一系列的措施来分散太空设施的风险，增强拒止威慑的能力，试图达到太空力量的攻守平衡才是其真实目的，因此确保美国太空优势、维护美国太空霸权地位的太空威慑战略的根本目的并未改变，变化的只是实现战略的策略与手段更加现实和富有技巧，太空威慑稳定性反而得以加强。特朗普政府的表述则更为霸气，美国用“选择的时间、地点、方式和领域”回应对手对美国太空关键组成部分进行的干扰或攻击，这里并未排除使用核力量进行惩罚，呈现强硬的惩罚性威慑特征。

3.3.3　多样性

威慑战略是一种综合威慑，太空威慑只是其中重要的组成部分。有效的威慑战略，不可局限于一个领域、一个责任范围或者一个国家。将外交、经济、军事和信息行动的有效利用作为成功的强大法宝加以制度化是美国当前的重要策略。太空威慑以陆基、海基、空基和天基军事力量的一体化、军用与民用一体化、进攻与防御一体化的整体力量为基础，军事太空力量既可利用其武器系统，以实施硬摧毁、软杀伤相威胁，直接构成威慑；也可利用其信息系统，通过提高己方其他作战力量的作战效能，间接构成威慑；还可实施不间断太空侦察，使其因丧失行动的突然性而放弃采取行动的企图。太空威慑具有多样性、综合性，有效的太空威慑战略要根据危机形势发展进行相应调整，并且能积极追踪和分析对手决策过程中不确定性的变化，否则会冒险，导致严重的误算，导致威慑失效。美军一直追求发展控制太空武器装备，企图将自己在太空领域的技术优势转化为威慑能力，迫使敌对国决策者放弃动武或与美国相抗衡的打算。正如美国拥有核武器后，就不断挥舞“核大棒”进行核讹诈一样，随着军事太空力量的不断发展和全面成熟，军事太空力量对未来战争的控制与主宰作用将会更加明显。

3.3.4　联合性

由于太空国际合作日益成为太空活动的重要特征，因此某些太空资产可能属于多个国家或者集团。美国通过开展同盟之间太空合作和军事一体化，形成共享太空能力是美国太空威慑战略的新特点。当对手希望通过威胁美国的太空资产迫使其屈从时，如果盟国的太空系统能正常运转支持美国进行反击，那么对手将失去乐观的理由，这种扩大的太空系统网络会对潜在对手造成巨大的威慑。对手希望在冲突中孤立美国，如果考虑到与美国的太空对抗行动升级可能要与其他一些政府和贸易伙伴处于交战状态，那么，该对手会感到非常沮丧，这种有利于美国的政治和经济态势的扩展，同样会产生威慑力。盟国本身具有的作战能力，能够产生战术增值价值，将会对其产生进一步的威慑力。目前，美国将太空系统职能分散到友好国家、商业集团并进行数据共享，通过建立“太空利益共同体”的方式，从多个方面威慑挑衅者，降低对手的攻击并实施威慑，获取在美国实施报复性打击时的国际支持。2010 年 6 月公布的《国家安全太空战略》中，奥巴马政府强调国际合作以形成集体确保，平时提供威慑价值，战时收获太空作战能力。美战略司令部已与世界上大约 20 个卫星运营商签署共享太空数据与联合分析的协议，美国国防部与澳大利亚共建全球宽带卫星系统，为美、澳提供信息交换，具有 C4ISR 功能。美军在“持久自由行动”和伊拉克“自由行动”中使用的“鹰眼”移动卫星接收系统，直接接收并处理加拿大雷达卫星、印度遥感卫星 IRS－C 和 RS－D、法国“斯波特”等多种卫星拍摄的图像。美军利用多种手段在多个层面上构建太空威慑力量、不断强化太空威慑的能力表明：“我们的目的是吓阻对美国卫星的任何攻击（动能或非动能的）。

3.3.5 灵活性

太空威慑的灵活性集中表现为太空威慑的攻防普遍性和威慑与实战的灵活转换性。太空威慑战略可根据不同的敌人，酌情考虑“打击”这个选项，通过太空和网络部队迫使敌人付出代价。太空威慑具有攻与防、威慑与实战的灵活转换性。军事太空力量不仅可实施太空突击，瘫痪敌军整个作战防御体系，瓦解敌民心士气，而且可通过太空防御，保护己方战略目标不受敌进攻性武器的打击，以确保对敌实施有效的报复，即始终保持有效的威慑力。另一方面，太空威慑具有较高的可信度，军事太空力量不仅能够保证太空打击的高效性，而且可最大限度地减少附带损伤，避免战争升级，激化矛盾。因此，太空力量可以频繁通过实战来威胁对手，一旦威慑失败，可立即转为实战攻击。美国空军已经将控制太空、夺取制天权，作为其太空军事战略的首要作战概念，将太空威慑和核威慑、常规威慑结合起来，构成多层次的综合威慑体系，使己方处于能攻善守、进退自如的主动地位。

3.3.6 技术性

太空力量已成为太空技术、信息技术、新材料技术、新能源技术等高新技术的综合体。对技术的依赖性强尤其是对太空技术的依赖性强，是太空威慑战略的突出特点。太空技术的发展是催生太空威慑的重要动力，要保持可信的太空威慑必须要以坚实的太空技术为基础。美国不遗余力地发展太空武器系统，一个重要目的就是抢占技术制高点，享有技术差的优势。美军在演习中得出一个重要结论：良好的太空态势感知本身即可产生威慑效果，这种能力可以提前觉察到对手的行为并在太空系统异常时，能够准确判断是系统自身的技术故障还是对手攻击的结果，从而使对手慑于自身的行动被感知和公诸于众并遭到报复或被置于国际舆论的漩涡而不敢贸然发动攻击。因此，可以及时发现并准确判断结果、具备打击的手段和能力、形成太空军事同盟等等，都被美国视为威慑和拒止的有效手段之一。2014 年以来，美国防部开始实施自冷战以来的第三次“抵消战略”，将目光瞄准美军当前拥有的、对手短期内无法复制的技术优势，力图寻求新的军事技术制胜点，设计未来的作战体系，引领未来作战样式变革，让对手在某些方面所拥有的军事优势落伍于新的作战要求，在新的作战体系下失去原有价值，再次形成对战略对手的巨大不对称优势。其中一项目标就是改变以往基于直接攻击威胁，通过传统的联合作战行动来恢复原状的常规威慑战略，更多地强调“拒止性威慑和惩戒性威慑”。

3.4　美国太空威慑面临的困境和问题

威慑理论和实践经验表明，威慑目标定位是否恰当、报复手段是否适当以及归因问题等都是关乎威慑成功与否的关键性问题。太空冲突具有一种完全不符合危机管理逻辑，且不符合常规协议和核对峙协议的特征，形成了在国家安全领域从未经历和遭遇过的不同范式。美国许多学者经过多年的努力，就太空威慑相关问题进行了深入的探讨，基本认为，太空威慑最终能为美国太空资产提供最好的保护；成功的太空威慑能够有效防止冲突，确保对太空的可持续利用。但是，许多学者也认为太空威慑还存在诸多难题，较为突出的是太空威慑目标难以确定、报复方式难以选择、归因问题难以解决等，甚至有学者尖锐地提出：美国太空威慑存在悖论。如何把冷战时期的威慑概念运用到太空领域存在诸多分歧，即如何向潜在对手传递信息、是否需要设立太空红线、惩罚性报复是否适用于太空领域、如何构建太空威慑机制等等，使得太空威慑陷入困境，尤其是随着太空技术的扩散、太空系统本身的脆弱性，一时难以找到解决的答案。

（1）太空威慑战略的终极目标问题

如果美国的太空终极战略目标是保持在太空的战略优势、甚至是相对的支配地位而不一定要使它武器化，那么就有希望避免太空中的军备竞赛，有了这种理念，那么其他国家就有理由、有责任和有更大的透明度以改善这种安全困境；如果美国太空战略的最终目标是保持太空的绝对优势，包括通过单方面的武器化而控制太空，丝毫不顾及其他国家的利益与行动，那么其他国家就没有理由就太空中的军备控制措施进行调节与谈判。不幸的是，美国当前的政策与行为表明它采取后一种战略作为对以上问题的回答。在军事太空领域，美国花的钱比其他国家的总和还要多，占到全球军事太空预算的90%以上。尽管在太空占有压倒性的优势，美国仍然将太空视作零和游戏，其他潜在竞争对手在太空取得任何利益都视为美国的战略损失。因此，美国这个太空超级强国，有能力左右太空和平之路的规则，它选择的是忽视其他国家，甚至是排挤发展中国家，这种行为只会成为发展中国家持续寻求太空技术的理由。虽然美国太空利用的程度较其他任何国家都高得多，但是所有国家都不能承受失去利用太空的机会。按照这样的逻辑，太空的军事竞赛就难以避免，促使他国采取相应的反制措施，将会针对美国对太空系统具有严重依赖性这个弱点，发展不对称优势，保证本国太空资产的安全，以微小的代价足以破坏美军的天基信息系统，最终导致美国的太空威慑战略不能达到目的。

（2）太空威慑底线或红线问题

冷战时期的核威慑之所以能够成功，是因为美苏两国普遍的共识，他们认为在面临生死存亡威胁的情况下，才把核力量当作最后诉诸使用的武器，这就是核威慑的底线。在没有逐步升级到核极限的冲突中，一个国家将会有进行自我克制的强烈动机，以及避免跨域使用核武器的底线。在太空威慑方面设不设红线，美国理论界展开了激烈争论。赞同设立太空红线的人认为，如果没有太空红线，对手可能不理解美国传递的威慑信息，例如一国把美国军方依赖的天基资产降级或摧毁，应该被视为对美国军队的敌意攻击。反对者则认为，美国设立了太空红线，等于告诉潜在对手可以进行红线外的敌对行动，干扰美国太空资产发挥功能，给了对手控制危机升级的能力。到底需不需要红线，美国军方目前的选择是不设立太空威慑红线，依靠模糊战略，目的在于美国可以根据太空资产受到威胁的程度进行灵活反应，可在选定的时间以选定的方式对选定的对手进行响应。然而，美国没有设立红线的一个重要原因在于目前没有太空行为规范，而确立太空行为规范的最大障碍恰恰来自美国。

国际社会为确立太空行为国际规范进行了持久努力，中、俄（苏）两国多年来一直在联合国裁军大会上呼吁就禁止在太空放置任何武器进行谈判，但是美国政府对国际太空行为规范漠不关心，甚至拒绝这样的讨论。如果说禁止太空武器使美国失去谋求太空霸权的手段，美国不愿接受这个国际规范是可以预料的，但是美国政府对待《太空活动行为准则》的态度则说明美国追求太空活动行为规范的虚伪性。欧盟的《太空活动行为准则》得到了国际社会的普遍认可，奥巴马政府倾向于接受，但是遭到国会强烈反对，因为国会害怕这个准则约束美国进行机密的军事、情报和商业的太空开发。不过，美国政府确实有一个太空行为规范，就是要求他国在太空进行“负责任”的活动，要求他国的太空活动透明化。因此，美国太空透明度政策存在双重标准（对美国要求低，对他国要求高）。美国只是在次要问题上打算透明，而在重大机密问题上，则保持沉默，如拒绝透露 X-37B 在太空飞行的任何信息。具有讽刺意味的是，美国不希望用国际规范约束本国的太空活动，到头来损失最大的还是美国，因为如果潜在对手对美国太空资产进行破坏、攻击等活动，即使能够确定攻击的来源与性质，美国也没有法律依据对潜在对手实施报复。在 2010 年的《太空安全政策》中，花了很大篇幅强调要在太空中倡导“负责任的行为”，但是对于哪些行为是“负责任的行为"，到目前为止，美国并没有进一步界定清楚。

（3）太空威慑的归因问题

威慑战略最终能否成功，不仅取决于威慑方，也取决于被威慑方。这从根本上决定了美国所实施的太空威慑战略具有很大的局限性。同时，基于报复性威慑也存在其内在的局限性，报复威慑实施的基本条件是要知道敌人是谁，由于太空自然环境的复杂性，导致卫星在突然出现故障时，难以确定是因受到潜在对手的蓄意攻击，还是因为在复杂的太空自然环境条件下，因太空系统自身的脆弱性而引起的，对于非动能攻击这种情况表现得尤为明显。即便有充分证据表明卫星受到潜在对手的蓄意攻击，也往往难以查明攻击来自何处，可能来自某个城市的某一个角落，也可能来自阿富汗山区的一间茅草屋，找到是谁发动的攻击是相当困难的。因为美国的太空目标相对于其现有的态势感知能力而言，实在太过繁多，潜在对手在攻击时间和攻击目标上具备较大的选择范围，而攻击在瞬间便可完成，美国现有的感知能力难以抓住这稍纵即逝的攻击过程。也正是基于这一原因，美国目前将太空态势感知能力建设视作其太空系统发展的重中之重。但是，再发达的太空态势感知系统，也难以做到全天时、全天候和全方位地监视太空的一举一动。

(4) 形成真正的太空威慑问题

从理论上讲，以牙还牙的报复方式运用于太空领域看起来合理、公平，但实际上存在很多难点。第一，美国打击太空资产给对方带来何种附带伤亡是不确定的，这一点不同于核报复。对附带损失的不确定，限制了政治领导人授权进行打击的意愿，侵蚀了惩罚性威慑的可信度。第二，美国高度依赖太空资产，而有的对手根本不需要利用太空资产对军事行动进行指挥控制或支援，所以，对手甚至可能欢迎以牙还牙的报复手段，因为打击美军依赖的太空资产所获得的收益，要大于损失己方太空系统所带来的风险，尤其是恐怖分子，他们愿意接受被美国报复的风险，甚至欢迎美国的报复，因为美国的报复为他们提供了反击的证据和借口。在对抗阶段，对手可能会对美国太空资产进行可逆的、非破坏性攻击，以降低美军的部署与干预能力，冲突升级到一定阶段后，对手可能对美国高价值、低密度的卫星发起破坏性攻击，因为对手会认为这种攻击可以提高自己部队获胜的机会，而对己方卫星实施报复行为的威胁措施不会有太大的效果。第三，攻击对手太空资产有可能使冲突升级，引发太空战，使太空布满碎片，导致美国的整个战略目标——促进太空的军事利用和其他目的的利用——受到严重影响，这一点美国政府必须要考虑。除非当其他国家把太空系统整合进国家安全架构中，而且其程度与美国一样，否则美国的太空惩罚性报复是不可用的。因此，美国太空霸权主义和单边主义正在登上游戏的顶峰，同时触目所及都是无尽的深渊，美国必须和其他太空大国一起采取应对策略。因此，保持“太空威慑平衡”，真正的太空威慑才能形成，大国之间的太空安全才能得到保证，这种博弈还要跨越很长的阶段。

3.5　几点启示

当今世界，仍然面临多元复杂的安全威胁，遇到的外部阻力和挑战逐步增多，生存安全问题和发展安全问题、传统安全威胁和非传统安全威胁相互交织，维护国家统一、维护领土完整、维护发展利益的任务艰巨繁重。我国作为发展中国家一贯主张和平利用太空，反对太空武器化和太空军备竞赛，积极参与国际太空合作；密切跟踪掌握太空态势，应对太空安全威胁与挑战，保卫太空资产安全，服务国家经济建设和社会发展。但是霸权主义、强权政治和新干涉主义将有新的发展，各种国际力量围绕太空权益再分配的斗争趋于激烈，冲突不止、危机频发将会成为一种常态，太空依然面临现实和潜在的威胁。为了遏制战争，赢得和平安全的发展环境，应当树立新的战略威慑思维，构筑符合国情的、合理的、科学的太空威慑战略刻不容缓。我国可以暂缺太空装备，但不能没有拥有研制和使用武器的能力。

1) 明确的战略威慑目标是实施太空威慑的本质要求，须与实力匹配，超出实力所能支撑的目标将是不可靠的。太空威慑目标可表现为政治、经济、军事、科技以及外交等多方面的综合性对象。军事威慑的有限性，决定了作为战略威慑形式之一的太空威慑的目标也是有限的。太空威慑的应用，必须在服从国家根本利益的前提下，依据军事战略方针，针对不同时期、不同地点、不同形势和不同对象，确定科学合理的太空威慑目标，以便正确地把握威慑的重点、威慑的强度和威慑的节奏，取得最佳的威慑效果。

不论是综合国力还是太空力量，美国都是目前世界上最强大的国家，对于绝对控制太空目标，过去美国没有实现过，现在也不可能达到，其他国家更难以企及。在当前和今后一段时期内，考虑到国际环境和国家在太空能力方面的现状，在太空威慑目标上奉行“有限太空威慑”战略是自卫防御性的反威慑，与一贯坚持的积极防御战略思想是一致的。始终重申和一贯主张对太空的和平开发利用符合整体战略，反对太空武器化、军事化，建设强大航天工业体系是实现太空目标的关键。基于太空计划的长远目标以及当前各国在美国面前的弱势地位，保持太空的和平确实符合各国的利益，不追求全球霸权，因此不需要参与以独享太空为目的的军事竞赛。需要强调的是要开展太空合作，联合其他国家共同开发太空项目，尤其是为世界提供最大的公共产品服务，发挥和平的“稳定器”和发展的“倍增器”。

2）军事实力是太空威慑的核心和支柱，缺乏实力支持的威慑将是故弄玄虚和虚张声势。美国学者托马斯·哈默斯首先提出“第四代战争”概念，认为未来战争中的一种情况，将是弱者利用不对称优势，专门打击强敌弱点的战争形态。不对称威慑理论强国可以用，弱国也可以用，经济发达国家的国民意识和心理承受能力与强大的国防力量不一定成比例，甚至一些弱小贫穷国家手中一、两枚导弹所产生的威慑作用，可以等效强国手中数百枚导弹核武器的威慑。

不确定性是威慑的精髓。“有限核威慑”战略的正确决策和成功实施，为建立和发展新的战略威慑提供了非常宝贵的经验。面对如此复杂的国家安全环境，在可预见的未来，不可能在规模上发展与强敌“对称性"的作战体系，必须适度发展太空系统和其他太空力量，突出重点，坚持有所为、有所不为，采取包括有限太空威慑在内的各种手段维护国家安全。在发展道路上，将太空力量体系建设深度融入国家整体发展格局之中，提高太空系统的数量和质量；突出太空态势感知能力建设，尽快研究建设覆盖全球、天地结合的太空目标监视网络；在攻防能力上，持续完善现有装备，重点发展可减少碎片释放的新型软杀伤、可逆式装备谱系，同时提高太空系统弹性和重组再生能力，密切关注微小型卫星发射组网、太空综合控制、临近太空等领域动态，探索生成快速响应太空能力的相关技术并加快装备研制，适时开展太空演习演练，对太空安全体系与安全性能进行评估。

3）威慑决心是太空威慑的心理基础，如果威慑方胆小怕事、优柔寡断或存在意见分歧，威慑就不可能收到应有效果。提高战略威慑的可信度，对抗击霸权压力、维护国家安全是非常重要的。当前俄罗斯对美国的战略威慑仍然有效，究其原因主要有三点：一是有一支足以平衡美国的战略核力量；二是俄罗斯有使用军事力量的坚定意志；三是领导人强势的决策风格。多年来俄美冲突对抗的激烈程度，很多时候比中美对抗程度要剧烈，美国人从来不怀疑在条件特定的情况下，俄罗斯敢于使用军事力量，更重要的是美国从来不怀疑俄罗斯使用任何军事手段的决心和意志，这不仅是俄罗斯军事实力的问题，更有战略意志的问题。

1950 年 10 月初，周恩来总理通过印度驻华大使潘尼加向美国发出明确警告："如果美军跨过三八线，我们一定要管!"美国高层却认为中国没有战争能力，此举不过是虚张声势。结果抗美援朝战争，中朝军民坚决抗击 16 国军队，严正地捍卫国家利益，打出了军威和国威。朝鲜战争让美国人明白了中国人"说话算数"。1964 年，当美国扩大侵略越南时，中国领导人再次发出明确信号："如果美军跨越 17°线进入越南北方，中国要管。"这一次，美国战略决策层很快做出明确的回应：地面部队不进越南北方。对战争准备的认真程度，让对手确信有一支时刻准备打仗、能打胜仗的军队，是构成威慑可信度的重要条件。

第4章 美军太空作战条令演变过程及特点

太空作战条令体系是美军太空作战理论体系的核心部分。美国空军柯蒂斯·勒梅将军指出，条令处于战争的中心地位，它代表了通过战争获取胜利的核心理念，是构筑战略的原料，是决策的基础。在经历海湾战争后，美军不断总结经验，最终空军于1998年8月23日发布了美国历史上第一部《太空作战条令》，迄今为止，美军以太空作战为主题共发布了3种（9个）太空作战条令，使美军太空作战理论体系日臻成熟与完善，为军事太空力量的发展与运用起到重要的先导作用。

4.1 概述

美国的《国防部军事及相关术语词典》指出："条令，就是用以指导军事力量或其组成部分，旨在支持国家目标行动的基本原理。"一般认为，美军太空作战理论体系就是美军联合太空作战条令体系和军种太空作战条令体系。丹尼斯·德鲁和唐纳德·斯诺把条令的主要作用归纳为3点：通过分析战争经验确定作战原则；把这些原则代代相传下去；为人们认识和了解作战指导方针奠定共同基础。条令为军事战略制定者提供计划和行动的共同着眼点和思考战争的基本方式。

美军认为，条令是经过精心研究、得到官方批准或一致认可的理论体系。美空军基本条令指出，条令可正确回答70%～80%，甚至90%需要解决的作战问题，如：关于作战任务、作战部队、指挥链条、联合部队、控制程序、支援与受援等问题。美空军认为，条令既包含普遍真理，也提供具体指导，运用条令可帮助指挥官找出解决军事问题的最佳方法。区别于其他军种，美空军认为：条令关注的是作战、是效果，而非具体的武器平台；是使用而非占有各类太空；是有效的组织指挥而非部队数量的增加；是作战行动协同而非各行其是；是一体化而非简单同步；是部队编成的合理性而非成分对等。

美军条令主要包括联合条令和军种条令（空军条令、海军条令、陆军条令和陆战队条令）两大类。联合条令和军种条令分别由不同的机构制定和管理，在组织和体系上并无上下级之分，但如果联合条令和军种条令发生冲突，则以联合条令为准。从层次上看，联合条令和军种条令都划分为战略、战役、战术三个层次。战略级条令主要阐述美军的任务、职责、作战思想和作战原则等内容；战役级条令主要阐述战时各个领域的指导性做法；战术级条令则包括两方面内容，一是支援性纲要，用于将战役条令的指导思想继续细化，二是操作性很强的战术、技术和作业程序。从职能领域看，美军联合与军种条令（除空军外，空军条令未按职能分类，只按层次分为战略、战役、战术三个系列），可划分为6个系列，1 系列为人事，2 系列为情报，3 系列为作战，4 系列为后勤，5 系列为计划，6 系列为 C4 系统，如图 4－1 所示。上述条令中，数量最大、地位最重要的是作战条令，美军联合条令战役作战系列纲领性条令的构成如图 4－2 所示。美军太空作战条令都属于作战条令。

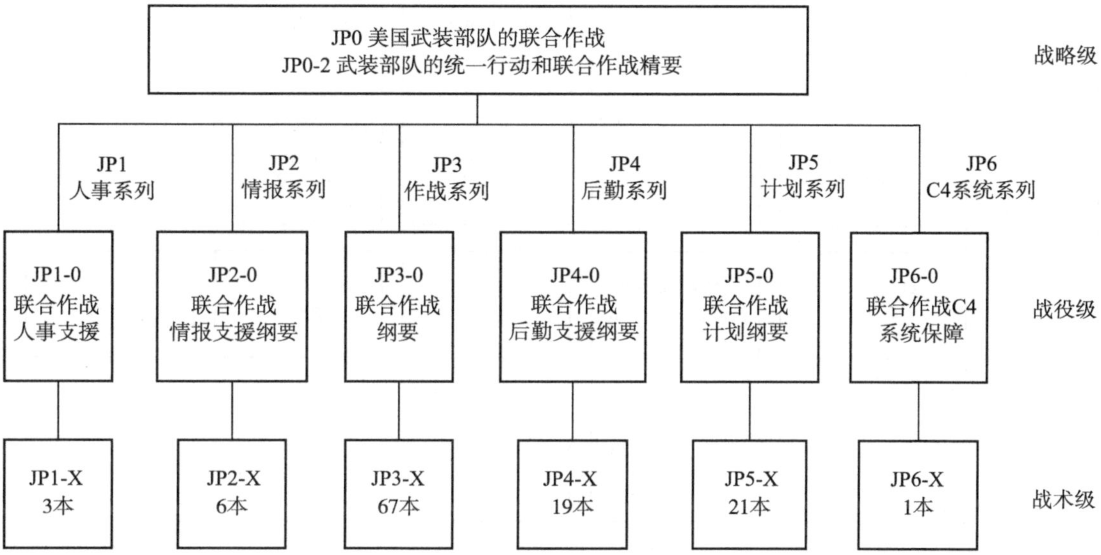

图 4－1　美军联合条令（联合出版物）构成框架

从图 4－2 可以看出，美参联会从美军联合作战的角度制定了众多条令，这些条令大多是针对某种具体的作战样式制定的，甚至有些不太重要的作战样式也制定了条令，如 JP3－04《舰载直升机作战条令》，该条令实际上也可以划分到战术级条令层次中去。美参联会制定的联合战役条令中，核心条令如《防空反导》《两栖作战》《信息作战》只有十几部，《太空作战条令》就是这些核心条令之一，在参联会的条令系列中所占份额并不大。

实际上，在 2019 年美国太空军成立之前，美国空军是美太空力量的主要拥有者，90%以上的军用卫星都是由美空军实际负责管理的，因此美空军对太空作战高度重视，而其他军种则未就太空作战制订专门的条令。另一方面，由于太空作战是一个全新的作战领域，相关的作战思想和指挥控制方式还在不断探索之中，因此美国空军作为太空作战的先行者首先制定和完善条令，以此为基础，再由美国参谋长联席会议制定和颁布《太空作战条令》（JP3－14），并在所有军兵种强制执行。2011 年 6 月 28 日以前的空军太空作战条令系列如图 4－3 所示，2011 年 6 月 28 日以后的空军太空作战条令系列如图 4－4 所示，所不同的是对条令的编号重新编排。

图 4-2　美军联合条令战役作战系列纲领性条令的构成

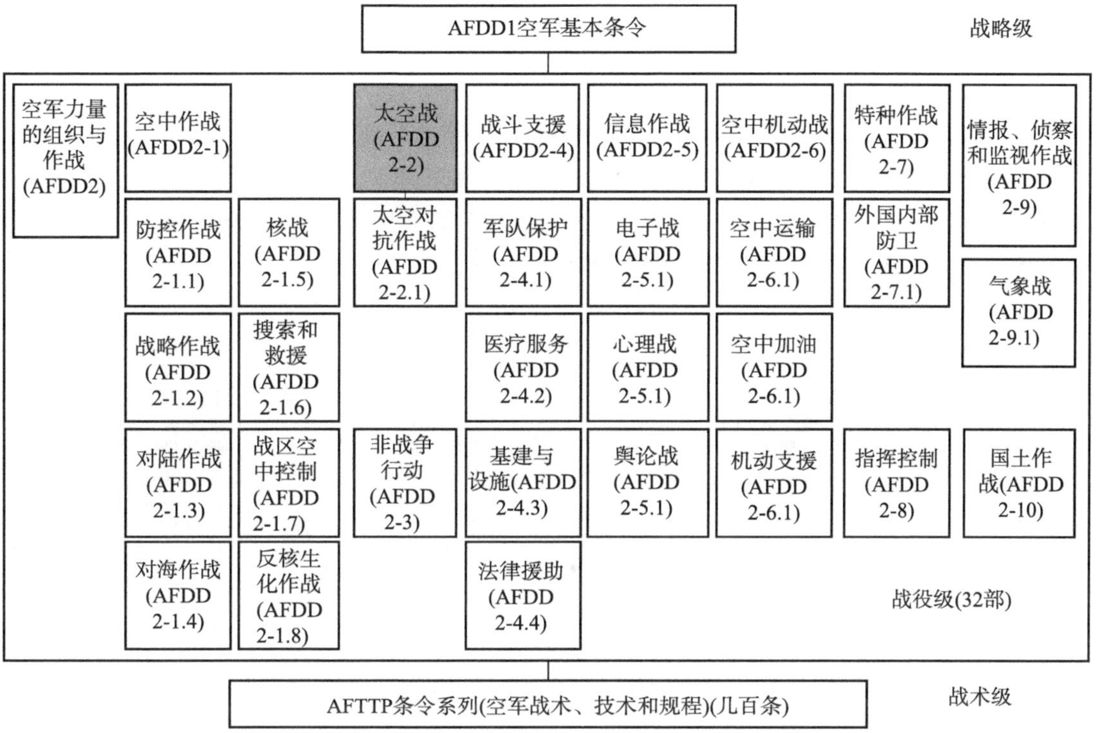

图 4－3　2011 年 6 月 28 日以前的空军太空作战条令

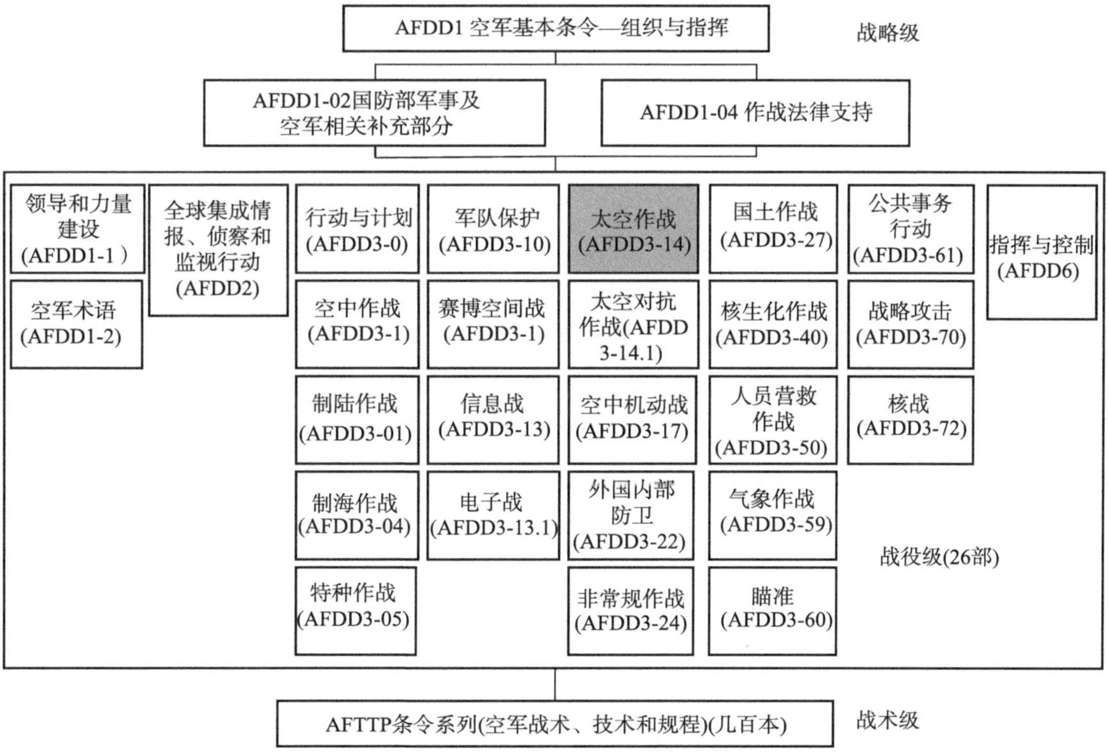

图 4－4　2011 年 6 月 28 日以后的空军太空作战条令

4.2 美军太空作战条令总体框架

美空军的太空作战条令分为三种，战略级条令指空军基础条令（AFDD1），战役级条令指空军2系列条令（AFDD2），战术级条令指空军3系列条令（AFDD3）。太空作战条令属于2系列（AFDD2）。《太空作战条令》是以空军太空作战条令为基础，并在所有军兵种强制执行。美军太空作战条令体系如图4-5所示。

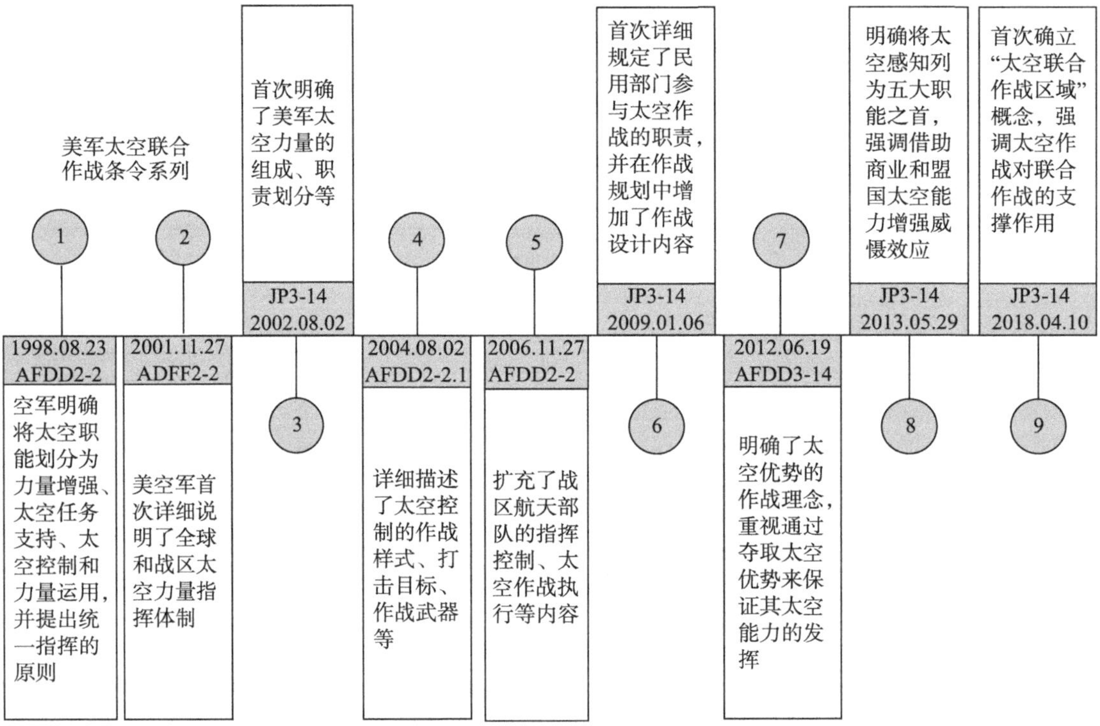

图4-5 美军太空作战条令体系

美空军1998年颁布AFDD2-2《太空作战条令》，并分别于2001年、2004年及2006年进行了3次修订和重新发布，其中2004年修订版改名为《太空对抗作战条令》。2011年7月28日，为与联合条令编号一致，美国空军将“AFDD2-2”更名为“AFDD3-14”，2012年6月19日，美空军正式发布新版空军条令文件《太空作战》（AFDD3-14），用于取代2006年11月27日发布的AFDD2-2《太空作战条令》和2004年8月2日发布的《太空对抗作战条令》（AFDD2-2.1）。这些条令比较详细地规定了美空军进行太空作战指挥控制和部署实施的方式。

美军《太空联合作战条令》旨在为计划和实施联合太空作战提供指导方针，为空中、陆地、海上、太空及特种部队等所有作战人员提供太空作战的基本依据，确立太空作战的基本原则，为太空力量和太空能力的利用建立指导框架。2002年8月，美军参联会颁布了《太空联合作战条令》（JP3-14），并于2009年1月颁布其修订版《太空联合作战条令》

(JP3－14)。2013年5月29日参联会发布新版联合作战条令JP3－14《太空作战》，用于取代2009年1月6日发布的旧版条令。2018年4月10日，美军参谋长联席会议主席凯文·D. 斯科特签署第五版联合出版物《太空作战条令》(JP3－14)。新版条令将为太空作战指挥官和其他联合部队指挥官提供指导，是规划、执行和评估联合太空作战的联合条令。为了对美军太空作战条令有一个整体认识，图4－6列出了美军历次发布的太空作战条令内容框架。总体看来，美军太空作战条令包括7项内容。

1）太空原理。主要包括航天器轨道运行、太空环境、太空系统构成、太空力量的特性等内容，属于常识性知识。

2）作战概念。主要包括太空力量的军事作用、太空力量与其他力量的关系、太空作战原则、太空作战特点、太空能力等内容，对太空作战起指导作用。

3）作战任务。主要为4类太空作战行动（太空控制、太空力量应用、太空力量增强和太空支持）以及典型作战任务，AFDD2－2.1还详细阐述了太空态势感知、进攻性太空对抗作战、防御性太空对抗作战3类作战任务。

4）指挥控制。主要包括各作战部门的职能、指挥关系、太空作战协调方式等内容。

5）作战计划。主要包括计划类型、计划要素、计划过程、法律问题等。

6）作战执行。主要包括执行部门、执行方式、民用和商业部门参与方式等。JP3－14还以附录的形式阐述了天基ISR、导弹预警、天基环境监测、通信、天基导航定位授时、太空支援信息作战、作战响应太空等任务的执行流程。

7）作战训练。主要包括训练、培训、演习、模拟的方式和目标等内容。

上述7项内容中，最核心的应属指挥控制，大多数条令均把指挥控制作为重点内容来阐述。其次，作战概念、作战任务、作战计划和作战执行也是条令的重要内容，AFDD 2－2.1以及JP3－14条令均用大量篇幅描述各种太空作战任务。但并非每个条令都包括上述7项内容，例如JP3－14条令就不含作战训练的内容。

4.3 美军太空作战条令主要内容

1947年7月26日，《美国国家安全法》在议会获得通过，从法律上给予了空军与陆军、海军平等的地位。1947年9月18日，美国成立空军部，自此空军成为独立军种。1959年美军颁布了《美国空军航空航天基本概则》，首次把太空视为作战环境，美国空军由此确立了航空兵、战略导弹与军事航天“三位一体”的航空航天军事力量体系。1960年美军提出“谁控制了太空，谁就能控制地球”的论断。1971年美军阐述了“空军在太空的作用”，1979年首次将太空作战明确为空军的9项基本任务之一，提出了太空支援、力量增强和太空防御3种太空作战形式。美军太空作战条令准备过程如图4－7所示。

从整体上来看，美军太空作战条令中的调整基本上都是缘于一定背景，有的是对最新军事理论观点的更新，有的是最新战略战术思想的提出，有的是战争经验教训的总结，有的是国际太空安全形势的变化，这些重要事件爆发后，美军及时进行分析和反思，将好的

图4－6　美军各版本太空作战条令内容框架

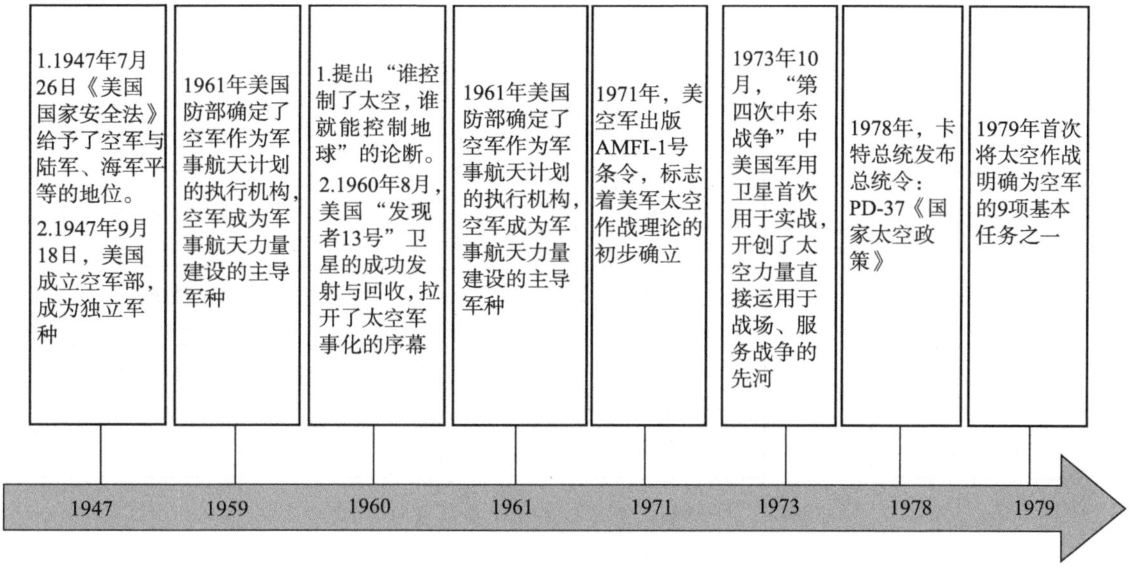

图 4－7　美军太空作战条令准备过程

经验和做法反映在条令的变化之中。另外，军事理论、经验和技术一直影响着美军条令的制定，所有条令都是以既有理论为出发点，在总结经验的基础上形成指导经验；条令同时也受技术发展的推动，技术通过与理论和经验融合，作用于战法和作战设计，从而对条令产生影响。由于经验和技术都是不断发展变化的，它们要求制定条令的时候就要为可能发生的变化预留空间。当新经验和先进技术已经预示或指明未来作战方向时，条令就应做出相应的修订和完善。

从条令内容上可以看出在 1998 年颁布的空军《太空作战条令》中提出了太空控制、太空力量应用、太空力量增强和太空支持（支援性航天部队、航天发射卫星运行）4 种作战行动；提出了统一指挥的原则；提出了航天支援分队的概念，3 年之后美军在施里弗－1 演习中都有涉及。2002 年参联会《太空联合作战条令》首次明确了美军太空力量的组成、职责划分、战区支援作战流程和作战规划流程，但是在施里弗－2 演习中发现战略司令部的全球职责与地区司令部的职责有重叠，并且 2005 年战略司令部又进行了重大调整，因此在参联会 2009 年颁布的《太空作战条令》中修正了太空作战指挥的责任单位。可以看出美军通过太空作战演习查找问题和不足，从而改进完善条令，用于指导美军的下一次演习甚至实战，达到提高战斗力的目的。

从太空作战条令任务领域内容变化来看（图 4－8），2018 年新版《太空联合作战条令》（JP3－14）延续了 2013 年的太空态势感知、太空支援作战、太空服务支持、太空控制、战场管理指挥控制等 5 种太空作战任务领域，拓展为太空态势感知、太空控制、定位导航与授时、情报监视与侦察、卫星通信、环境监测、导弹预警、核爆探测、太空运输、卫星操控 10 个方面能力，推动和促进太空行动融入联合作战。

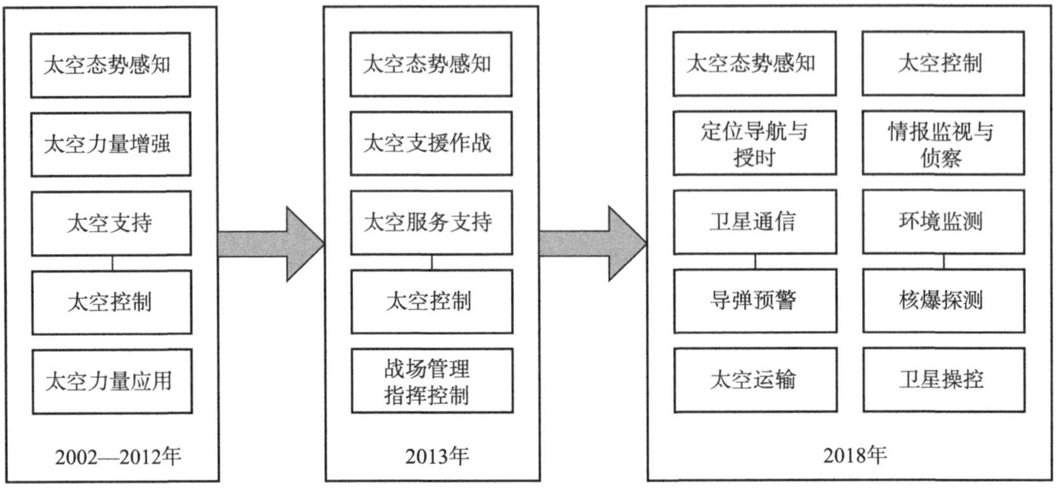

图 4-8　美军太空作战条令任务领域内容演变

4.3.1　与太空战略的关系

美军的太空条令制定与国家太空战略、太空政策调整等密切相关。1982 年美军正式颁布了第一部《航天作战条令》，1992 年《美国空军航空航天基本概则》出笼，1998 年美军航天司令部在《2020 年构想》中提出“控制太空、全球交战、力量集成、全球合作”的战略思想。美空军于 1998 年 8 月 23 日发布了美国历史上第一部《太空作战条令》。2001 年“9·11”事件爆发，2003 年伊拉克战争爆发，美国基于对“9·11”事件后国际安全形势及美国安全环境的判断和战后太空作战实践应用的总结，放弃了“同时打两场大规模战区战争”的理论，从确保美国“绝对安全”的作战需求出发，进行全面军事转型，美空军发布的 2004 版条令实际上弥补了美军“太空控制”作战领域的空白。基于 2001 年版的空军《太空作战条令》很成功的缘故，仅相隔 8 个月，美参联会就发布了第一个太空作战的联合条令《太空联合作战条令》(JP3-14)（或纲要）。

奥巴马政府上台以来，先后发布了一系列关于太空领域的重要纲领性文件，包括 2010 年 6 月《国家太空政策》(NSP)、2011 年 2 月《国家安全太空战略》(NSSS) 和 2012 年 10 月《国防部太空政策》等。2009 年版参联会《太空联合作战条令》实际上是对 2002 年版《太空联合作战条令》的修订，是从军队职能角度对国家太空战略做出的呼应，也全面反映了美军近年来在太空作战和联合作战领域理论研究、实践探索以及装备技术发展的新动向。其主要背景之一是美国政府在 2006 年发布的《国家太空政策》，要求建立强大而高效的太空能力，利用太空、控制太空，以确保美国的国家安全和国家利益。60 余年的沉淀和推陈出新，使美军太空作战理论体系日臻成熟与完善，为军事太空力量的发展与运用起到重要的先导作用。

4.3.2　与作战演习的关系

美军《太空作战条令》的制定与“施里弗”太空作战演习有很大相关性。美军通过

“施里弗”演习指导了作战条令的制定，加快对新领域的探索，促使太空力量形成战斗力。太空作战条令制定与“施里弗”演习的关系如图 4 - 9 所示。

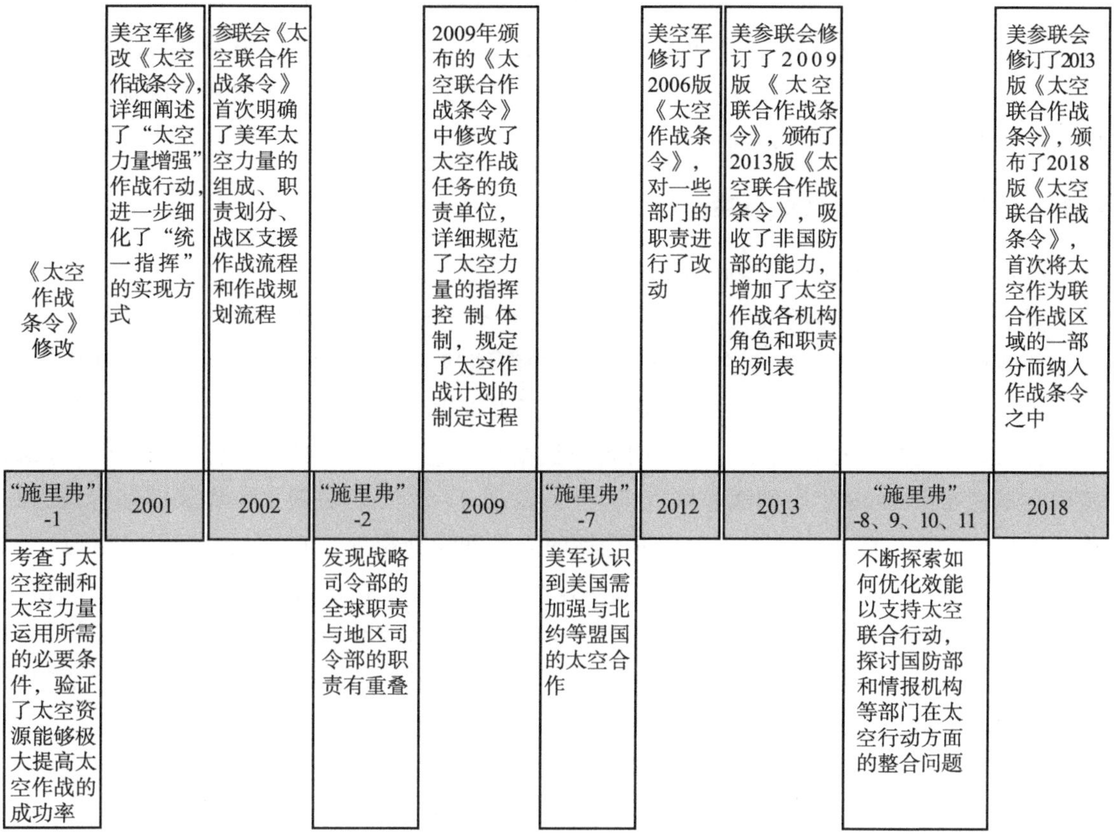

图 4 - 9　美军《太空作战条令》制定与“施里弗”演习关系

1998 年 8 月空军颁布了第一部《太空作战条令》，提出了太空控制、太空力量运用、太空力量增强和太空支持 4 种作战行动，提出了统一指挥的原则。2001 年 1 月进行的施里弗- 1 演习活动考查了太空控制和太空力量运用所需的必要条件，验证了太空资源能够极大提高太空作战的成功率。于是，2001 年 11 月美空军修改《太空作战条令》，详细阐述了“太空力量增强”作战行动，进一步细化了“统一指挥”的实现方式。2002 年参联会《太空联合作战条令》首次明确了美军太空力量的组成、职责划分、战区支援作战流程和作战规划流程，但是在 2003 年 2 月进行的施里弗- 2 演习中发现战略司令部的全球职责与地区司令部的职责有重叠，于是美军 2005 年对战略司令部进行了调整，并在 2009 年颁布的《太空联合作战条令》中修改了太空作战任务的负责单位，详细规范了太空力量的指挥控制体制，规定了太空作战计划的制定过程。2010 年 5 月施里弗- 6 演习主要探索战略层面和政策方面的一些内容，再次肯定了美国的战略太空政策对其在太空中的自由活动至关重要。2012 年 4 月通过施里弗- 7 演习，美军认识到美国需加强与北约等盟国的太空合作。随后，2012 年 6 月美空军修订了 2006 版《太空作战条令》，对一些部门的职责进行了改动，2013 年 5 月美参联会修订了 2009 版《太空联合作战条令》，颁布了 2013 版《太空联合作战条令》，吸收了非国防部的能力，增加了太空作战各机构角色和职责的列表。施里弗-8、-9、-10、-11 不断探索如何优化效能以支持太空联合行动，探讨国防部和情报机构等部门在太空行动方面的整合问题。由此可以看出，美军通过作战演习发现问题和查找不足，进而完善条令，然后又用于指导下一次的演习或者实战，从而达到了锻炼太空力量的作战能力，提升战斗力的目的。

4.3.3 各版太空作战条令概述

（1）1998 年版空军《太空作战条令》

美空军 1998 年颁布的《太空作战条令》是军事思想上的创新，原则性强，但实际可操作性则较差。实际上，美军在 1991 年进行的海湾战争是其太空力量第一次大规模在战役战术行动中进行应用，在此过程中既显示出了太空力量的巨大作用，也暴露出了美军太空力量的诸多问题，很多问题必须在明确作战指导思想后才能较好解决。出于这种考虑，美国空军发布了 1998 年版的战役级《太空作战条令》，主要是明确太空作战的基本概念和作战思想。纵览该版条令，除了很多科普性的太空知识介绍外，其核心内容可归纳为：

1）该文件是军事史上第一份关于太空作战行动的条令，这份条令对太空作战的描述仍是基础性和原则性的，其意义在于空军战役级条令将太空作战从其他作战区分出来，对其发展起着开创性作用。1998 年版条令的一个重要思想是太空控制的思想，认为要想实现太空控制，就需要发展太空对抗能力，需要掌握制天权。

2）提出了太空控制、太空力量应用（在太空、自太空、通过太空开展的作战行动，使敌方的地面目标面临风险，改变冲突的进程和结果）、太空力量增强（情报监视与侦察、导弹预警、环境监测、卫星通信、定位导航与授时）和太空支持（支援性航天部队、航天发射、卫星运行）4 种作战行动。其中，把太空控制作战划分为进攻性太空对抗和防御性太空对抗两种行动，进攻性太空对抗包括欺骗、破坏、抑制、降级和摧毁；防御性太空对抗包括积极防御和消极防御。实际上，这一版提出的作战行动非常准确，以至于一直沿用到了 2009、2013 年版的参联会《太空联合作战条令》中。但对空军条令而言，这部分内容后来被挪到了 AFDD2-2.1 战术级条令《太空对抗作战条令》中，后续的战役级条令反而对此进行了淡化。

3）提出了统一指挥的原则。海湾战争暴露出了美军太空力量各自为政、烟囱式系统无法联通的问题，客观上要求对太空力量进行统一指挥。这一原则在后续版本中不断得到细化落实，实际上主导了美军的太空力量指挥体制变革。

4）提出了航天支援分队的概念。航天作战的技术含量很高，如何让太空力量应用到战役战术作战行动中是一个难题。这一版条令提出建立航天支援分队，支援或直接充当作战参谋，协调联合作战部队和太空力量的行动，甚至需要把航天专家派驻到作战部队，为作战行动提供直接支持。这种概念在后续条令中不断扩展和加强，在 2009、2013 年版中更加完善，形成了美军太空力量应用的一大特色。

（2）2001 年版空军《太空作战条令》

2001 年版的条令篇幅较 1998 年版增加了近 3 倍，是美军历史上第一个真正意义上的《太空作战条令》，是美军太空作战行动的依据和准则，指导空军组织、训练、装备和使用航天部队。该版条令主要说明了如下问题。

①依据基于效果的作战思想

美空军认为战争的终极目标远不是摧毁敌人的有生力量，而是强制实现对己有利的政治结局。在制定作战计划时，主张打破战略、战役和战术级军事行动区分，不受地理条件限制，同时运用部队，在战争所有级别上达成所需要的结果。

②详细阐述了“太空力量增强”作战行动

条令初始就明确指出，太空作战不应像陆、海、空作战一样，成为一种全新的独立作战行动，而应当遵守“基于效果”的作战原则，把太空力量融入到天空地一体化作战中。实际上，这也就表明美军还无意把太空力量提升到与陆军、海军、空军同等的地位，利用太空力量对地面提供作战支援，从而大大提高地面作战的效果。为此，条令花了很大篇幅描述太空力量支援地面作战的原则、方式和特点，而对于太空控制、太空力量应用和太空支持只是简略叙述甚至省略不谈。

③细化了“统一指挥”的实现方式

针对美军太空力量管理分散、政出多门的复杂现状，条令强调以空军为主体，统一组织、协调美军太空力量的使用。条令从 3 个方面规划了指挥方式：第一是设计了太空作战的指挥体制，规定了各部门的职责；第二是制定了进行太空作战行动规划的流程和要素；第三是以举例的方式简要说明了太空作战行动的执行方式。条令期望通过这些措施解决太空力量组织协调难的问题。

④强调制定作战计划的重要性

“基于效果”作战要求从根本上改变制定战争计划的方式，计划人员必须研究对敌系统造成何种破坏才能最有效地实现战区作战的军事目标和政治目标。因此，本版条令非常重视太空作战的计划过程（单独以一章进行论述），强调计划人员要了解航天部队的需求、实力和支援能力。对太空力量在战术层、战役层和战略层的限制和能力方面有深入认识。

⑤强调太空作战、空中作战和信息作战的密切结合

提出了太空作战与传统空战、信息作战相互结合的原则，强调发挥太空、信息与航空联合作战的效能，实现作战太空的无缝连接。条令强调“战区指挥官只考虑效果，而不考虑这些效果是由什么达成的——空中、太空、信息设施或三者的结合”。

⑥强调发挥美军的“非对称”优势

条令将原来的“航天部队的指挥”改为“航天设施的指挥与控制”，体现了“基于效果”作战中发挥“非对称”优势的指导思想。所谓“航天设施”是指可以使用的军用、民用、商用和盟友的航天系统及其支援设施，地面控制设施和操作人员。航天部队只是“航天设施”的一部分。当然其对民用、商用及国外航天系统的使用将使指挥控制的复杂性大大增加，必须采用多种手段进行控制。

⑦首次提出了“太空作战”的训练方式

规划了训练、评估、演习、培训的内容和方式。这可能是受到了条令发布前举行的第一次“施里弗”演习的影响。

此外，条令还花了一定篇幅分析民用和商业太空组织参与太空作战的问题。总的看来，1998 年版条令发布后，美军通过在伊拉克进行的若干次军事行动、1999 年的科索沃战争以及众多太空作战演习，得到了大量太空作战的经验，并归纳到了 2001 年版的条令中，使得这一版条令的可操作性大大增强，已非常贴近战役行动的实际需求。

(3) 2002 年版参联会《太空联合作战条令》

该条令相比 2001 年版的空军《太空作战条令》在篇幅上小得多，内容也比较简练，但实用性增强。除科普性地描述了太空作战的特点外，该条令重点说明了如下问题：

1) 首次明确了美军太空力量的组成、职责划分、战区支援作战流程和作战规划流程。条令规定，美军太空力量隶属美国航天司令部统一管理（2002 年该司令部与战略司令部合并），美国航天司令部通过下属的军种航天司令部完成太空力量的作战行动。规定了各军种司令部管理的卫星和太空作战职能。指出各航天司令部以及其他相关部门（如国防情报局）应通过派遣太空作战人员、联合太空支援小组、太空专家等方式，在战区或联合部队中建立太空联络关系，协调战时太空力量的使用。

2) 重申了太空控制、太空力量应用、太空力量增强和太空支持 4 种作战行动。这部分内容是对 1998 年版空军《太空作战条令》的扩充，较为详细地描述了作战行动的概念和任务。

3) 以附录的形式，详细地描述了太空力量增强的 5 种任务，即：情报、监视与侦察；一体化战术告警和攻击评估；环境监视；通信；定位、速度矢量、导航、授时。附录中分别分析了这 5 种任务的应用场合、优势、局限性，并详细地描述了每种任务的执行流程。实际上，这些附录的内容可归类到战术层次，可操作性很强。由此可见，该版条令的重点实际也放在了“太空力量增强”行动上。

4) 纵览《太空联合作战条令》(JP3 - 14)，不难发现该条令和 2001 年版空军《太空作战条令》的主要差别。首先，该条令属于联合作战范畴，因此涵盖了陆、海、空三军太空力量，因此内容更为全面、准确。其次，该条令比空军条令简洁，重点是对指挥控制方式的描述，对作战原则、作战思想则简要陈述，整个条令非常精炼。这可能是考虑到除空军外，其他军种对太空力量作战应用的需求不高的缘故。最后，该条令把联合作战常用到的 5 种作战任务以附录的形式清晰地进行了阐述，明确了任务协调流程，让作战人员做到一目了然、心中有数，可操作性很强。

(4) 2004 年版空军《太空对抗作战条令》

2004 年版美空军《太空对抗作战条令》(AFDD2 - 2.1)，属于战役级补充性条令，是对 2001 年版空军《太空作战条令》(AFDD2 - 2) 的补充。该条令完全不同于前述 3 个条令。条令引言指出，该条令“可以使空军获得并保持太空优势，比其他相关作战条令 (AFDD1、AFDD2、AFDD2 - 2) 更深入”。实际上，2001 年版的空军《太空作战条令》

和 2002 年版的参联会《太空联合作战条令》都是在阐述“太空力量增强”作战行动，而该条令则是阐述“太空控制”作战行动。该条令是美军第一部太空对抗作战条令，所有内容均围绕太空对抗展开。

该版条令实际上弥补了美军“太空控制”作战领域的空白。该条令的产生与美军军事战略的调整有直接关系。2002 年，美国基于对“9·11”事件后国际安全形势及美国安全环境的判断，放弃了“同时打两场大规模战区战争”的理论，从确保美国“绝对安全”的作战需求出发，进行全面军事转型，在伊拉克“自由行动”中，伊拉克使用 GPS 干扰设备的事实表明，“敌方瞄准我方的太空能力，企图削弱我方的作战优势”。作为保障美国绝对安全的重要一环，美空军发布的这一版太空条令表明了美军在太空领域的强硬态度，其独霸太空的野心已昭然若揭。该条令篇幅长、描述内容非常详细，主要变化点包括：

①没有常识性的太空知识介绍

以前的《太空作战条令》（AFDD2－2）是战役级条令，重在描述太空力量支援地面作战的方法，因此花很大篇幅介绍科普性的太空知识，目的是让作战人员理解太空作战的思想和原则。该条令则接近战术级条令，重在描述操作性很强的战术、技术和作业程序，因此去掉了原理性的知识介绍，直接阐述太空对抗作战的具体方式。

②所有内容均围绕“太空控制”展开

该条令除第 2 章“指挥控制”基本沿袭以前的条令外，其他内容则围绕太空控制的三个要素，即太空态势感知、进攻性太空对抗作战、防御性太空对抗作战展开。美军在之前发布的条令只是提出了太空控制的概念，而该条令则详细描述了太空控制的作战样式、打击目标、作战武器、作战计划制定和作战原则。可以说，该条令是美军进行真正意义“天战”的指导性文件。

③总结和发展了美军的太空作战理论

条令继承了美军之前颁布的作战条令中的基础性太空作战理论，首次以法规性文件的形式规范了全面对抗作战，实现了较大的理论突破。在内容上，条令没有过多地涉及太空作战原理、太空作战环境、太空作战原则等相对来说比较传统的作战理论问题，而是以作战行动的具体实施为着眼点。

④总结了美军太空作战的实践经验

条令引用和总结了美军在伊拉克战争中的太空力量运用的经验，以此作为条令中一些理论问题和设想的重要论据。

⑤明确了太空对抗作战的基本任务

条令认为太空对抗作战的任务是保护美国军方及其盟国的太空能力，必要时阻止敌方的太空能力。太空对抗作战是美军实现和保持太空优势的有效途径和方法。

⑥凸显美国独霸太空的战略企图

同其他条令相比，本条令具有更明显的霸权主义倾向，显示出美国强烈的太空武器化意图，首次表示在必要时可对第三方及中立国的太空系统进行打击，并将先发制人的战略贯彻到太空对抗作战中。

（5）2006年版空军《太空作战条令》

2006年版空军《太空作战条令》实际上是对2001年版《太空作战条令》的修订，这两个条令内容框架完全相同。相比较而言，该版条令的主要变化包括：

1）条令继续秉承“谁能控制太空，谁就能控制地球”的主导思想，突显太空力量的重要性。早在20世纪60年代，美国总统肯尼迪就声称“谁控制了宇宙，谁就控制了地球；谁控制了太空，谁就控制了战争的主动权”。在美国看来，宇宙既是军事上的“制高点”，又是国家安全的“高边疆”。新版条令仍透露着对这种思想矢志不渝的追求。条令认为太空像陆、海、空一样，都是与军事行动息息相关的主要场所。但太空又具有传统陆、海、空战场望尘莫及的优势地位。条令指出“当前看，控制太空这一高地对于建立太空优势至关重要，它确保太空力量能够发挥力量“倍增器”的效应。将来我们占据了太空优势后，保证能够对全球任何地区实施快速打击。”可以说，谁夺取对太空的有效控制权，谁就可以保护己方在该领域军事行动的自由，失去了太空优势在某种意义上就意味着失败。

除了在军事领域扮演着不可或缺的角色之外，太空在维护国家利益方面的地位作用同样不可小觑。条令认为，在未来几十年中，外国军事力量、准军事部队甚至恐怖分子和其他潜在对手都将与美国及其盟国争夺太空领域这一高地，对美国的国家安全形成威胁。“对美国而言，太空争夺将同西欧或波斯湾战场一样，成为美国的一个至关重要的国家利益”。鉴于在太空拥有广泛的利益，美国将打造一支全方位的太空力量，使其在塑造战斗太空、保卫经济与安全、影响国际事务的能力方面享有充分的优势。

2）条令强调依据不同的作战需求和目标，建立集中统一的太空作战指挥控制体制。美军太空力量与民用、商用乃至国外太空力量联系紧密，加之其本身所具有的技术密集、系统复杂、配置分散、性能先进等特点，使得太空力量的指挥控制异常复杂。2002年10月，新战略司令部成立后，美军通过演习和战争实践，确立了集中统一的太空作战指挥控制体制。条令认为，使用太空力量可以达成国家、多战区或者单一战区的目标，建立什么样的指挥控制体制，取决于所要满足的需求和实现的目标。当使用太空力量是要实现国家和多个战区的目标时，必须建立由美国战略司令部司令集中指挥控制的体制。《联合司令部计划》规定，战略司令部司令拥有对所有太空力量的最高指挥权，任何涉及这些太空力量的行动都必须与战略司令部协调，战略司令部通过空军航天司令部、陆军航天司令部和海军航天司令部指挥控制所属的太空力量。当使用太空力量的目标主要集中在某一个战区时，国家指挥当局通常指示战略司令部司令把太空力量指挥控制权交给战区司令，太空力量就由战区司令指挥控制。在该情况下，战区司令可通过指挥控制全球太空力量、战区太空力量和战区建制内的太空力量，获得太空支援。全球太空力量，是支援国家目标和多战区行动的军事太空力量；战区太空力量，是随时能部署至某个战区进行支援作战的太空力量；建制内的太空力量，是“嵌入”战区内并在战区作战中预期使用的太空力量。尽管美国的非军事太空力量不受战略司令部司令的指挥控制，但它们在全球和战区行动中的地位和作用日益重要。因此。美国国家指挥当局在各组织机构之间建立了一套行之有效的商讨和使用太空力量的规则程序，从战略司令部与一些非军事组织之间建立的具体协调途径看，联合部队指挥官在需要非军事太空力量支援时，就可以得到战略司令部的支持，从而形成了集中统一的指挥体制。

3）条令强调构建灵活高效的太空作战协调机制。由于民用、商用和国外太空力量的资产所有权、控制权、使用权关系非常复杂，有效地指挥控制这些系统对美军实施太空作战仍是一个挑战，所以需要建立一种完善的协调机制。条令指出，联合部队指挥官可保留太空协调的权力或指定某一部门履行太空协调职责。美军太空协调机构的成立，就是顺应这种要求的具体表现。美军太空协调机构隶属联合部队，是负责协调联合战区太空行动与整合太空能力的唯一权力机构。它的主要职责包括：一是提出太空需求，避免太空需求之间发生冲突，并对太空需求进行排序；二是指导战略制定、战役筹划和太空力量集成；三是确保联军部队之间的太空力量实现最佳配合。美军太空协调机构的建立和运转，有助于太空作战中整合国内外各种军事和非军事能力，发挥太空作战的“非对称”优势。

4）太空作战的原理性介绍大幅减少。2001 年版条令详细介绍了空军的太空作战原则、宗旨、特性、职能、能力。2006 年版条令仅重申了上一版条令中太空力量“基于效果”进行作战的原则，简要介绍了太空能力的组成，即太空系统、太空设施和航天部队。可见，美空军对太空作战的概念已不再陌生。

5）训练内容大幅减少。2001 年版条令详细说明了训练的内容和活动，而 2006 版条令仅作概念介绍，并没有实质性要求。新版条令的上述变化反映出美空军的太空作战概念已得到普及，因此减少了原理性和训练的内容，而太空作战的经验已大为丰富，故此指挥控制和作战执行的过程规定更为详尽。

（6）2009 年版参联会《太空联合作战条令》

2009 年版参联会《太空联合作战条令》实际上是对 2002 年版《太空联合作战条令》的修订。条令不再将太空控制列为首要任务，而是将太空力量增强放在首位，重点解决太空力量的战役战术应用问题，这表明美军太空能力和太空力量开始融入联合作战，成为美军及盟友联合作战的重要组成部分。该条令框架与 2002 年版大体相同，大幅减少了太空作战的原理性描述，取而代之的是阐述太空力量如何帮助实现联合作战的战争原则。这表明美军已熟悉了太空作战的概念，而开始重点解决太空力量的战役战术应用问题。主要变化包括：

1）修正了太空作战任务的承担单位。新条令规定太空作战任务改由战略司令部承担，而不是原来的航天司令部。新的战略司令部统一负责太空作战任务的指导和实施。把两大司令部合并旨在将太空、信息对抗和进攻打击能力有机结合在一起。2005 年战略司令部又进行了重大调整，建立了联合职能分司令部体制，各职能分司令部是战略司令部业务分管单位，具体包括太空联合职能分司令部，情报、侦察和监视联合职能分司令部，一体化导弹防御联合职能分司令部等，由太空联合职能分司令部具体负责美军太空作战的协调和支持。当前战略司令部任务领域为：全球打击、太空作战、信息作战、导弹预警、一体化导弹防御以及防止大规模杀伤性武器扩散。

2）突出“太空力量增强”作战行动。该版条令用一章的篇幅正式重申了太空控制、太空力量增强等4种作战行动，但把“太空力量增强”放在首位，其次是“太空支持”，“太空控制”则放在第3位。此前的所有条令则均把“太空控制”放在首位。这种变化表明，美军不再把狭义的“天战”作为太空作战的重点，而是务实地把太空力量支援地面作战放在了中心位置。主要表现为：在侦察监视方面，添加了由太空辅助进行跟踪、瞄准和打击目标的功能；在导弹预警方面，强调太空战术预警系统是进行导弹防御的基本组成部分；在环境监测方面，强调对可能破坏美军太空设施和太空活动的太空环境进行监测；在通信方面，强调卫星通信对全球信息栅格、关键情报传输、敌后救援等的支持；在导航、定位和授时方面，则强调了精确授时对同步联合作战、提高通信安全有效性的支持，以及通过导航战确保己方拥有天基导航定位授时能力，并阻止对手拥有该能力。

3）保持了太空作战与参联会《联合作战纲要》的一致性。《联合作战纲要》（JP3-0）是美国参谋长联席会议颁发的最重要的作战条令，提供了指导美军实施联合作战的理论基础和基本原则。2006年的新版《联合作战纲要》吸收了“网络中心战”和“基于效果”作战等新作战理论的精华，详尽阐述了美军实施联合作战的战略环境、指导原则、指挥控制，计划和实施大规模作战行动和战役、危机反应和有限应急行动等内容，是从战役高度指导美军实施联合作战行动的指南。作为联合作战的有机组成部分，新版《太空作战条令》依据《联合作战纲要》进行了修改，使二者保持一致，适应了未来美军联合作战的需要。

4）扩展了太空支持任务领域。与2002年版条令相比，该领域增加了一项新任务，即太空接近与交会。条令指出，太空接近与交会将支持美军进行在轨服务、组装等活动，扩展未来美军太空支持的范围。为了避免太空接近与交会发生碰撞而产生太空碎片，任务计划制定者必须与战略司令部共同协商确定飞行过程。

5）重新规划了太空控制任务领域。这一部分内容变化最大。2002年版条令把太空控制任务领域定义为太空监视、防护、预防、拒止4项，界定不是很清晰。美空军2004年颁布的《太空对抗作战条令》曾将相关的任务领域定义为“太空对抗”，将相关的任务定义为“进攻性太空对抗、防御性太空对抗和太空态势感知”。该联合条令明确规定了进攻性太空控制、防御性太空控制、太空态势感知3项任务。进攻性太空控制包括否决、欺骗、破坏、降级、摧毁5种活动；防御性太空控制则强调了探测、识别、成功抵御攻击的能力，既包括人为攻击，也包括太空碎片、电磁干扰等无意攻击；太空态势感知则包括情报、侦察、监视、环境监测、太空通用作战态势图5种活动，其中太空通用作战态势图是首次提出的，态势图内容包括己方、敌方及中立方太空系统信息以及太空碎片的信息。

6）详细规范了太空力量的指挥控制体制。明确了参与太空作战的角色和职责，详细规定了各军种太空力量的作战任务，首次详细规定了民用部门，如国家地理太空情报局、国家安全局、国防情报局等参与太空作战的职责和方式，并规定了商业太空活动参加太空作战的方式。2002年版条令对军种力量、民用力量和商业力量只是做了概念性地说明。这种改变表明美军联合作战对太空作战的需求扩大，单靠军队自身已无法满足需要。

7）详细规定了太空作战计划的制定过程。2002年版条令仅针对预先计划、应急计划两种情况，对太空作战计划过程作了简要描述，而该版条令则按照联合作战的规律，提出了作战设计的要素，详细阐明了制定太空作战计划要考虑的关键问题。这表明美军太空力量应用开始融入联合作战，并成为联合作战的有机组成部分。

8）完善了太空任务执行的职责部门划分。和 2002 年版条令相比，新版条令最大的变化是增加了太空协调机构/协调员这一关键岗位，用于取代原来权力偏小的太空联络员。按照条令规定，太空协调机构/协调员由联合战役指挥员指派，其工作内容为：收集太空能力许可、符合联合作战计划的作战需求，形成任务优先级列表提交给联合部队指挥员，经批准后再提交各作战指挥员与战略司令部协商，确保相关指挥员批准所有协调事项，从而使太空活动协调、无冲突、集成、同步地执行。此外，新条令中也对联合功能太空分司令部等新增作战单位的职责进行了明确。

（7）2012 年版空军《太空作战条令》

本条令的四章内容讨论了太空作战的基本原理、指挥组织、任务领域，以及空军如何设计、规划、实施和评估太空作战。美国空军《太空作战条令》（AFDD3－14）与旧版《太空作战》《太空对抗作战条令》相比，主要变化包括：

1）阐述了太空优势的作战理念。新版条令指出，空军把太空作战看作联合部队计划和作战的有机组成部分，而太空作战包括夺取太空优势和确保任务成功两部分内容；夺取太空优势是空军关注的首要问题，它能确保太空为联合作战行动持续地提供支持和优势。条令指出，为了实现太空优势，无论是在对抗或非对抗条件下还是在受到拒止的作战环境中，太空能力都应该集成到空军、联合部队以及合成部队的作战中，范围应涵盖所有的军事作战类型。相比之下，旧版条令指出了空军关于太空力量的两种观点，即以太空为独立行动领域的观点和以效果为中心的观点，且花很大篇幅分析了以效果为中心的作战理念。由此可见，美国空军对于太空作战的理念已经发生了较大改变，即重视通过夺取太空优势来保证其太空能力的发挥，反映出美军已深刻认识到敌方太空威胁对其太空作战的重要影响，并务实地形成了以确保美军太空能力为目标的太空作战理念，而不是追求独霸太空的绝对优势。

2）进一步明确了空军航天部队的指挥关系。新版条令把第 14 航空队确定为执行太空作战任务的下属空军部队，并将第 614 太空作战中心确定为联合太空作战中心的核心部门。新版条令指出，整个第 14 航空队作为战略空军承担太空作战任务，空军航天部队由空军航天司令部司令通过第 14 航空队提供给战略司令部司令，然后再通过联合太空任务命令交给联合职能航天分司令部司令；鉴于空军第 14 航空队作战中心是在第 614 太空作战中心这一核心基础上形成的，空军第 614 太空作战中心也就成为联合太空作战中心的核心，并拥有用于规划、执行和评估太空作战及整合太空能力所必需的人员、设备和装备。

3）扩充了对太空作战任务领域的论述。将四个任务领域（太空控制、太空力量应用、太空力量增强和太空支持）重组成三个任务领域的转变。新版条令最大的变化是增加了任务领域章节，而旧版条令中只有指挥控制、作战规划、作战执行、作战训练等章节。在任务领域章节中，阐述了空军的三个任务领域，即全球太空任务实施、太空支持和太空控制。条令指出，把原来的“太空力量增强”任务改为“全球太空任务实施（GSMO）”，从太空力量增强到GSMO的改变更加明确地将力量增强需要具备的能力（比如环境监测、卫星通信和导弹跟踪），描述为关系到国家利益而不仅仅是军事行动的全球性活动。在实际描述中，把太空态势感知专门独立出来，作为三个任务领域的基础进行阐述，强调了太空态势感知任务的极端重要性。条令去掉了“太空力量运用”任务领域（基于本土的全球精确打击、天对地精确打击），并指出与太空力量应用概念相关的功能，如弹道导弹防御和兵力投送都包含在空军条令中更合适的其他任务领域中。

4）条令强调了空军在未来对抗环境下的太空作战。条令指出，“很多国家都在购买和研发能够欺骗、破坏、拒止、降级或摧毁太空系统部件的系统和技术”，“空军应该知道来自所有域对太空作战的各种威胁”。具体而言，条令在太空态势感知任务中规定了对太空事件包括卫星机动、预期的和非预期的发射活动进行监视；在全球太空任务实施任务中增加了发射探测任务，用于评估可能直接或间接威胁美国或同盟国太空设备的事件等。

（8）2013年版参联会《太空联合作战条令》

奥巴马政府上台以来，将“太空作战”从美国空军的“空天作战”理论中正式独立出来，这表明美军已经把注意力从天空转向太空，争夺太空军事优势的步伐正在加快。与2009年版参联会《太空作战条令》相比，新版条令主要变化包括：

1）深化对太空作战环境的认识，调整太空任务领域。缘于太空环境的“3C”趋势，该版条令认为，随着全球对太空开发利用的增加，太空环境变得更加拥挤（Congested）、更具对抗性（Contested）和竞争性（Competitive）。随着太空技术的发展，太空系统与太空能力成为美国实现其国家安全目标的关键要素。出于对这种认识的不断深化，美军在此版条令中对太空任务领域进行了重新规划。一是高度重视“太空态势感知”（SSA）的地位作用。将SSA从原来的“太空控制”子任务领域提升为与“太空力量增强”“太空支持”“太空控制”和“太空力量应用”并列的任务领域，并作为太空作战五大任务领域之首，并将SSA的具体任务重新界定为“探测/跟踪/识别”“威胁预警与评估”“特征描述”与“数据融合与利用”。二是拓展调整了其他任务领域内容。如将“太空力量增强”任务领域中的“导弹预警”改为“导弹跟踪”，并新增“发射侦察”和“导航战”；在“太空控制”任务领域中增加了对太空保护和太空威慑的阐述等。

2）加强对作战行动的具体指导，推进太空力量联合应用。为了更有效地指导美军遂行太空作战任务，条令一是改进太空作战的指挥协调关系。《条令》为美军不同层级之间设立了多种指挥协调关系，并首次提出“战区太空网络”的概念，要求每个战区指挥部要拥有多个级别的太空作战人员，作为战场顾问参与从作战计划制定到作战行动的全过程，协助指挥官充分利用太空优势。二是明晰指导太空对抗活动开展。条令不但延续了旧版提出的压制敌方太空能力的5D措施（即欺骗、干扰、降级、拒止和摧毁），还对这些措施的具体实施、行为后果进行了说明，易于美军指战员理解和区分这些概念；在作战计划制定方面增加了对太空优势缺失情况的考虑，要求指挥官提前制定在太空系统遭遇降级、干扰和拒止情况下的作战计划，预置补救措施确保任务成功。三是明确相关部门职能划分。条令将太空作战任务主体承担单位战略司令部的职能由四项扩充至九项，新增任务包括组织演练、确保太空能力在作战中的可用性、确定资源分配的优先级别等；进一步明确支援部门的军事职能，如要求国家地理太空情报局加强对地球、大气层和近地太空等领域的自然地理环境及人造特征的建模与仿真研究，要求国家航空航天情报中心提供针对军方和政府太空系统蓄意干扰和电子攻击的相关情报等；条令还拓展了太空作战涉及的部门，主要包括网电作战司令部、导弹防御局（MDA）、空军气象局等。

3）推进太空威慑实战应用，遏制太空制衡力量增长。条令首次在作战指导文件中引入太空威慑理念，将其作为军事太空作战的基本原则之一，并为其制定了五个层面、逐级递进的措施：倡导和展示负责任的行为、寻求可压制敌方的伙伴关系、快速发现攻击来源、提升太空系统防护能力、在威慑失败时做出合适回应。值得注意的是，条令多次强调，如果威慑失败，将采取包括军事行动在内的一切手段击败对手。可以说，条令彰显了美军在对待太空对抗事件的激进态度，将作为美军在太空挑起事端、甚至冲突的法理依据，自公开之日起本身就发挥着威慑职能。这种调整集中反映了奥巴马政府运用“巧实力”应对太空威胁的策略，即通过外交、军事和经济等多重威慑手段，确保美军太空系统的持续、稳定与安全运行，同时阻止对手获取太空能力，继续其以太空优势谋求全球政治军事优势的企图。

4）条令对太空作战角色的描述进行了调整。增加了网络电磁太空司令部的职责，去掉了全球网络司令部；在作战支持部门中增加了国家地面情报中心（负责地基反制太空的移动式电子战系统、卫星干扰等情报）、导弹防御局、空军气象局等机构；在非国防部力量描述中则提出使用商业卫星和盟军卫星作为宿主的军用载荷能力，以及利用跨政府或非政府组织增强美太空能力等。新版条令还专门增加了太空力量对其他行动支持的章节，并列举了太空能力对国内事务的支持（如提供图像、GPS、环境监测服务等以支持国内抢险救灾）、对信息作战的支持、对网络电磁作战的支持、对恶意干扰响应小组的支持等细节。

5）重视太空联盟构建，积极应对太空系统脆弱问题。在对太空资产脆弱性充分认识的基础上，同时考虑到对太空攻击进行有效防御的技术难度，美军将现阶段的重点放在了对太空能力的快速恢复上。美军认为，构建强大太空同盟，利用良好的合作关系，使盟国、外国和商业的太空能力为其所用，能够降低因军方太空能力丧失或降级而造成的不良后果。这些非军方太空能力能够迅速弥补美军的能力漏洞，提高恶劣环境下美军的作战能力和完成任务的几率；当敌方意识到挑衅或干扰行为并不能达到阻碍美军太空能力的预期目的、反而会因美国的同盟关系招来更多的敌视时，将会更加审慎地考虑是否要发起挑衅或攻击行为，从另一侧面也降低了美国太空系统遭受攻击的可能性。出于对太空联盟益处的充分认识，条令要求指挥官在不断演变的战略环境中，寻求与其他负责任的国家、政府间组织、非政府组织合作的机会；利用多国太空作战提供的增强联盟间互操作性、延伸战场优势等机遇，在太空中验证负责任的行为，增强联盟的防御能力，提升整体安全系数。

（9）2018年版参联会《太空联合作战条令》

2013年以来，美国军方及智库对太空作战针对“如何更好地开展太空作战”“如何在联合作战中更好地发挥太空资源效力”“如何借助太空或在太空中打赢一场战争”开展了大量理论研究；从2017年起，新启动的“太空旗”太空作战军演，对提升联合作战中太空系统协同性和有效性进行了演练。特朗普政府在2017年年底先后发布《美国国防战略》和《美国太空战略》，均把太空作为独立的作战疆域，提出要“增强威慑和太空作战能力”，美国国防部于2016年12月修订的《太空政策指令》也为太空力量与其他军事力量共同实施太空威慑和协同军事作战指明了途径。本次发布的新版条令，其思路与上述战略和政策保持一致，将在后续指导联合部队运用太空能力遂行作战。与上一版条令相比，新版条令内容的主要变化如下。

1）首次引入“太空联合作战区域”概念，强调跨域协同。《美国国防部词典》中对“太空联合作战区域”的定义是：“以太空为界限，由美国战略司令部指挥官领导的，在太空疆域遂行太空军事行动的作战疆域。”这是美军首次将太空作为联合作战区域的一部分而纳入作战条令之中，将传统的作战区域由陆、海、空拓展到太空，实操层面的太空作战范围也随之拓展，不但包括利用太空能力支援地面联合作战，还包括在太空中执行直接对抗。概念的提出，与《美国国防战略》《美国太空战略》中将太空视为战场，进而打赢太空战争，保持美国优先的战略优势的说法相一致。

2）以联合作战为着眼点，指明太空在联合作战中发挥的作用。上版条令将太空划分为太空态势感知、太空力量增强、太空支持、太空控制、太空力量运用五大任务领域。新版条令从作战角度将上述五大领域拆分为十大太空作战能力，对重要性进行重新排序；并对应指挥与控制、情报、火力、移动与机动、防护、保障、信息七大联合职能，详细说明了十大太空能力可起到的具体作用。新版条令还将“联合太空作战指挥与控制”设为独立一章，整合了旧版第三章“太空力量指挥与控制”与第四章“角色与职能”的内容，删除了旧版“角色与职能”中商业太空活动支持军事行动，以及多国太空作战等相关内容。新版条令增加了联合部队太空司令部之下多个太空作战中心的具体职能，包括联合太空作战中心、国家太空防御中心、联合导航战中心、导弹预警中心、联合过顶持续红外规划中心等。

美军2012年即提出“跨域协同”的概念，2013版条令仅从太空角度出发，对可在太空开展的任务做出大致划分。本次新修订的条令从联合作战视角阐述了太空作战与其他作战的集成，说明了太空能力是如何为联合作战七大职能提供支撑的，同时对参与作战的各机构的职能进行了详细划分，目的是确保联合作战人员更好地理解如何运用太空能力跨域支援联合作战，并在此基础上确立职权、划清责任，实现跨部门调用太空资源，使太空作战能力向联合作战深度嵌入，有效支撑跨域联合作战。

3）引入太空任务保证途径，强调太空能力的有效可靠。新版条令分析了太空资产可能面临的威胁，并在此基础上概述了防御性作战、重组与抗毁三种太空任务保证途径。防御性作战、重组与抗毁最早由美国防部2015年《太空任务保证——一种弹性分类》白皮书提出。2016 年，时任国防部副部长助理的洛维罗将抗毁分类进一步阐释为功能分解、节点分散、多样化、主被动防御、增加部署、欺骗（简称 D4P2）。随后国防部《太空政策指令》提出要增强太空系统的有效性和可靠性。新版条令纳入了“太空任务保证”途径，目的是在强对抗的太空环境下，指导指战员在联合作战中灵活运用上述多种措施保障太空资产安全，强化太空能力对作战任务的有效、可靠支持。

4）新增作战评估要求，加强对联合作战的指导性。新版条令新增了如何制定联合目标、联合部队如何向指定太空部队下达管理规划和命令等内容；同时新增“联合太空作战评估”部分，规定由美国战略司令部对太空作战效果进行评估，评判其是否正确地遂行了太空作战。这使得太空规划和指令流程相对于上版条令更加明确，实操性更强。通过增加对太空作战效果的评估，还将增强对联合作战的决策支持，同时促进规划流程不断优化。

4.4　美军太空作战条令特点分析

总结美军的 9 部太空作战条令，不难发现其演变具有如下共性特点。

（1）条令内容变化有一定的背景

美军太空作战条令演变的主要原因是最新军事理论观点、战略战术思想、战争经验教训、国际太空安全形势分析等。美国 2011 年出台的《太空安全战略》，强调太空正变得越来越拥挤，充满着竞争和对抗，并且敌国正在发展干扰和破坏太空的各种能力，美军必须增强太空防护能力，并做好太空能力受损情况下的作战准备。更新的条令不断强调综合运用多种手段和采用多种途径，以维持自身的太空能力正常使用。从大的角度来看，美军条令调整基本上都是围绕这一背景进行的。

（2）始终以指挥控制和作战规划执行为中心

除《太空对抗作战条令》（AFDD2－2.1）外，其他 8 部条令的核心都是指挥控制和作战规划执行。实际上，这也是太空力量进行战役行动最本质、最实用的部分。新版条令的改进最主要是对指挥控制方式、作战规划、作战执行方式的改进。这就保证了条令能够真正为作战人员提供指导。可以想象，如果这些基本要素发生变化，其具体的作战指挥控制等必然会随之摇摆不定，也就谈不上形成作战能力。条令大部分篇幅不是描述抽象的作战原则，而是阐述具体的指挥控制、作战规划和执行。参联会发布的条令还以附录的形式，直接给出了几种典型太空作战任务的执行流程，可操作性很强。当然，美军太空作战也存在很多不足，最典型的就是美军历史上形成了太空力量分属不同军种和部门的状况，给其太空作战带来了很大影响，反映到条令上就是其指挥控制体制比较复杂，协调机构比较庞大。

（3）作战行动类型始终保持未变

自从 1998 年美军历史上第一部太空作战条令提出太空控制、太空力量应用、太空力量增强和太空支持 4 种作战行动类型以后，这些类型就始终保持未变（2013 年版增加了太空态势感知），发生改变的只是指挥控制体制、作战规划执行等环节的内容。也就是说，美军太空作战的思想实际上从1998年就基本定型了，而后的工作是在不断细化具体的实现方式，这就保证了美军太空作战能够在统一思想指导下不断前进。

（4）太空作战的定位始终保持未变

自从2001年美空军太空作战条令确定太空不作为一个独立的作战区域、太空力量必须以天空地一体化的方式进行作战后，美军战役级纲领性条令始终把“太空力量增强”作为主要内容，其目的是突出“基于效果”的作战思想，使太空力量服务于联合作战这个大主题。这就统一了美军的思想，明确了太空作战的指导方向，确保了美军太空力量的不断进步。

（5）不断强化太空协调机制

由于历史的原因，美空军、陆军、海军均有自己的卫星系统。由于各部门之间存在利益关系，可想而知其太空作战协调难度之大。另外，以各种卫星为主的太空力量高居太空，其运行规律特殊，必须有专门的太空作战人员才能对其进行控制，这也增大了协调的难度。针对该问题，美军战役级条令不断强化太空协调机制。2001年版美空军《太空作战条令》首先提出了太空作战协调员的概念，并且可以向部队派遣航天专家、航天支援小组。此后的条令把太空作战协调员提升为太空协调机构，并对其职责权限做了明确规定；美空军在其部队建立了太空作战部门，取消了协调员的角色；美参联会还规定了国家地理情报局等民用单位派遣航天专家支援太空作战的方式。这些方式都是要保证其太空力量能够集成为一体，为联合作战更好地提供支撑。

纵观2009年、2013年、2018年版的《太空作战条令》，可以发现美军在太空作战方面的一些最新特点。

（1）强调对联合作战各个层次的支持

2009年版条令不再区分太空作战的战略、战术级应用，而是强调对全部作战任务而言，太空能力都是至关重要的，太空力量为所有联合作战提供了必需的优势。正如美国空军航天司令部司令罗伯特·凯勒在条令中指出的：“25年前和今天相比最大的区别是什么？是太空力量已融入到作战行动中了。”2013年参联会新版条令详细说明了太空作战应如何应用和实现美军联合作战的12条原则，即目标、进攻、集中、节约兵力、机动、统一指挥、安全、突然、简明、约束、持久、合法，并明确、详细地规定了各级作战部门的职责分工。总的看来，新版条令中太空力量是按照联合作战的规律和要求进行指挥和应用的，因而能够更好地服务于美军未来的各个层次的作战行动。

（2）对作战指挥员提出了极高的要求

2009年版联合条令规定，由联合部队指挥员负责把太空力量集成到作战中，因此对联合部队指挥员要求很高，主要包括：能够理解己方、敌方如何应用太空力量支援作战；能够合理地向战略司令部提交按优先级排序的太空任务请求；能够为太空作战确立指导思想和目标，并贯彻到作战计划中去；能够确定进攻性太空控制和防御性太空控制的目标，并为相关的指挥控制、通信、情报、后勤和攻击行动提供指导等。只有透彻地理解太空力量的能力和缺陷，熟练掌握太空力量的运用流程和作战特点，才能胜任联合部队指挥员的角色。

(3) 太空防御作战的常态化

2009 年版条令详细规范了太空控制任务领域的内容，其中对于进攻性太空控制只做了简短的说明，但对防御性太空控制进行了细致的规定，强调利用政治、经济、外交等多种手段，阻止对手使用美国或第三方的太空设施；强调对太空系统的所有组成部分（包括发射部分）采用加密、备份、冗余、伪装、欺骗、机动、加固等方式进行保护。即便防御失败、太空设施受损，美军也可以利用太空支持任务领域的各项能力进行弥补，如采用太空接近和交会方式修复受损卫星；采用快速响应发射方式应急发射卫星；采用太空力量重构方式恢复太空能力等。这些变化充分显示，美军的太空防御理论已趋于成熟，太空防御作战已逐渐成为联合作战的常规组成部分。

(4) 对太空态势感知高度重视

美军对太空态势感知概念的表述最早可追溯到 1998 年，1998 年 3 月，时任北美防空航天司令部司令的艾斯特斯首次提出太空态势感知的概念，认为太空态势感知是获取太空优势的基础，是实现太空控制的关键因素。美军太空作战条令中太空态势感知的主要演变节点如图 4 - 10 所示。

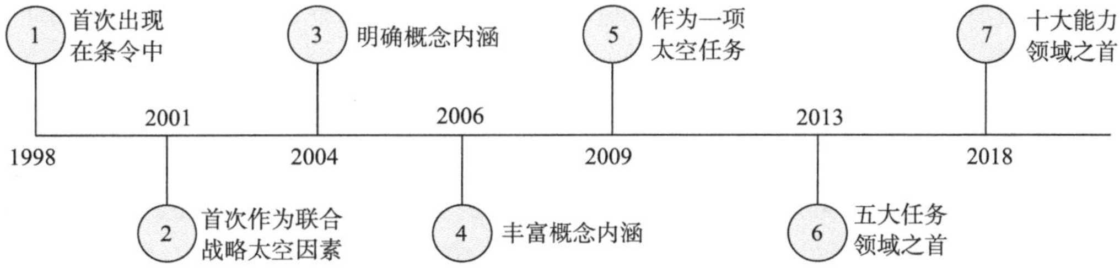

图 4 - 10　美国太空作战条令中太空态势感知主要演变节点

1998 年 8 月，美空军发布第一个太空作战条令，指出太空态势感知是太空作战计划人员应该考虑的问题之一。随后在历次太空作战条令的修订过程中，太空态势感知的概念内涵不断丰富。特别是在 2009 年、2013 年、2018 年《太空联合作战条令》的表述中，太空态势感知的地位有了明显提升，内涵也趋于成熟。在 2013 年版《太空联合作战条令》中，美军将太空态势感知位列五大任务领域首位，在 2018 年版《太空联合作战条令》中，美军将太空态势感知作为十大能力领域之首。提升太空态势感知能力，让对手明白“其不良行为无处遁形”，这本身就是一种威慑；其次，基于底线思维亮明红线，让对手明白“只要敢有不良行为，将受到‘非对称’手段反击”，至于“非对称”手段是什么，只可意会不可言传。

(5) 更加强调综合运用各种力量实现太空能力的集成和维护

2013 年新版条令（JP3 - 14）详细阐述了战略司令部的各相关职能司令部、国防部/美国政府各相关业务局，以及商业力量甚至非政府组织对太空能力集成和运用的角色及功能，并强调综合运用外交、信息、军事、经济等手段进行太空威慑行动，显示了未来太空作战与其他军事行动乃至政府行动的关联日益紧密。

(6) 更加注重太空备战

2018 年版参联会《太空联合作战条令》是在美国对当前太空环境做出新判断的基础上，遵从美国最新的国防战略思路，纳入最新的理论和实践演练成果而制定的。条令延续“备战太空”的思路，高度强调太空作战与联合作战深度融合，以及太空作战的有效可靠，意在指导联合部队“更好地利用太空打赢跨疆域战争”。后续美国各军种还将根据本条令细化太空作战体系架构，更好地支撑太空联合作战。

4.5 美太空军顶层出版物《太空力量》

2020 年 8 月 10 日，美太空军发布首部《太空力量》。这份被美太空军司令约翰·雷蒙德称为太空军“顶层条令”的出版物，对“太空领域”“国家太空力量”“军事太空力量”“太空力量的使用”和“军事太空部队”等做出了界定，对美太空军建设和运用进行了总体规划，也集中体现出美军将太空视为战场、谋求太空霸权的危险动向。美太空军的《太空力量》迈开了创建独立新军种军事学说的里程碑步伐，未来太空军条令体系框架应该会包括 1～2 部顶层条令、数本战役条令和若干战术标准/作战程序，但作为一个精干型军种，条令数量上可能要比其他军种少。

4.5.1 主要内容

《太空力量》全文共 41 页，开篇由太空军司令约翰·雷蒙德上将作序，指出“该出版物回答了为什么天权对我们国家至关重要，如何使用军事太空力量，谁是军事太空部队，以及军事太空部队的价值。”全文包括：序言、前言、5 章正文内容和参考文献。该出版物内容非常丰富，其站位高、针对性强，对《太空作战条令》《国防太空战略》等文件的支撑性和关联性较好，对其太空力量发展建设指导性也较强。

顶层设计方面，为太空部队建设做出长远规划，也将为国家安全、国防和国家军事战略提供支持。美国太空部队应在装备、资源、能力、领导体系、专业人才等方面全面发展，以扼守战略制高点，具备赢得未来的作战能力。

定位方面，太空部队应与陆、海、空等军种一样具备独立的作战能力，并应提升太空系统的运用能力，以保障太空安全，帮助提升联合作战能力。另一方面，太空力量除了在军事活动方面发挥作用外，还可为金融和科学等领域的发展提供支持，并将成为国家力量的重要组成部分。同时，太空部队还应充分利用商业力量降低太空发射和运营成本，提升太空技术水平，为军事力量发展提供支持。

人力资源方面，强调了人在太空力量发展中的重要性，要加强太空人才的培训，并要求综合学习和运用先进作战理论，利用人的创造性和预见性推动太空力量的发展。

(1) 责任、能力和专业领域

明确了美国太空军的 3 项基本责任、5 项核心能力和 7 个专业领域，如图 4－11 所示。回答了天权的重要性、太空军事力量运用模式、太空作战领域专业人才需求等关键问题。

随着潜在对手太空能力的不断提升，美国在太空领域面临着竞争和挑战，应继续提升军事太空能力，以保卫国家安全。其太空力量发展的五项原则是：1）构建一个和平、安全、稳定和可访问的太空领域；2）发展全球性的太空能力；3）利用太空部队提升太空防御和投射能力，并与盟友开展密切合作；4）提升地面、太空和链路安全，以维护太空能力；5）太空部队将重视组织的敏捷性、创新性，以提升适应能力。

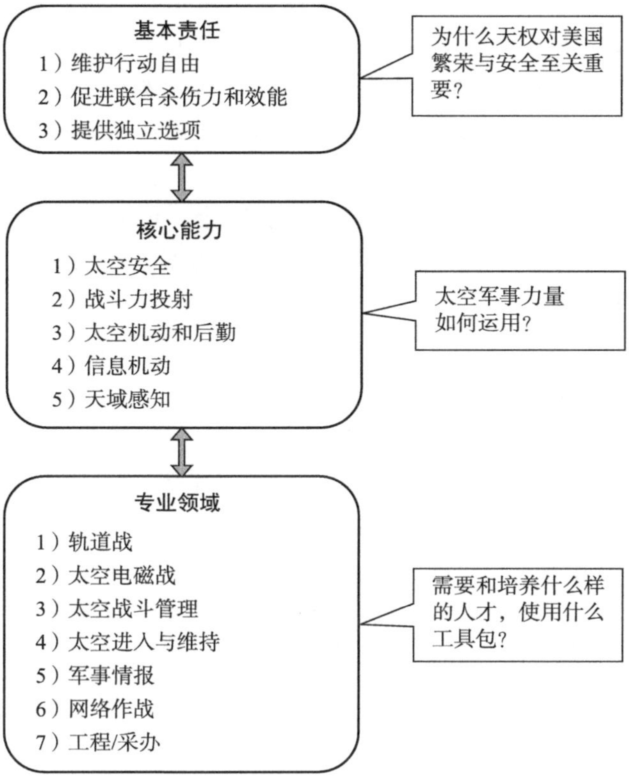

图 4－11　《太空力量》主要内容框架

（2）关于太空力量使用的描述

目前，美国太空部队有三项基本原则：1）保障在太空领域自由行动的能力；2）加强并改变联合部队的作战效能；3）能够为国家领导人提供独立军事能力选择。

1）保障行动自由方面，确保进入太空的行动能力是实现全球投射和使用太空力量的基础；保障太空行动自由是维护太空安全的关键。太空能力除了为军事活动提供支持外，还应服务于外交、经济和信息领域，以全面发挥太空系统的效能。此外，太空部队应了解美国对太空系统的需求，以及盟国和对手的太空网络状态，以更好地对太空作战开展评估。

2）增强联合杀伤能力方面，太空系统可在全球范围内快速传播信息，为精确打击、机动作战、战略预警及全球力量投送提供支持。因此，太空系统应与其他军事力量进行整合，以提升联合部队的杀伤能力。

3）军事能力支撑方面，军事太空力量应具备独立性，可直接为国家领导层提供军事能力支持。太空系统可帮助国家对其他国家进行军备控制核查，并可增加威慑力。同时，太空部队通过太空安全合作与合作伙伴建立良好关系，可使合作伙伴帮助美国维护太空利益。

美国太空部队作为重要的军事力量应具备五项核心能力：太空安全、战斗力投射、太空机动与后勤、信息传递及太空感知。

1）太空安全方面，太空安全对于保护美国经济繁荣和经济稳定至关重要。美国可通过为国际合作伙伴提供保护、与其分享太空信息、开展商业贸易合作以及帮助其训练太空能力等方式，构建联盟或伙伴关系，以维护美国太空安全利益。

2）战斗力投射方面，战斗力投射确保了美国及其盟友在太空中行动的自由，并可在受到威胁时中止对手太空行动的自由。

3）太空机动与后勤方面，美太空军需要具备安全、可靠的能力进入太空，并且在发生冲突时能及时响应。同时，美太空部队还需发展轨道服务和回收能力，以延长航天器使用寿命，并降低太空系统成本。

4）信息传递方面，美太空军应具备及时、快速、可靠地信息收集和传输信息的能力，为战术行动、战略决策、保密信息交流等活动提供支持。

5）太空感知方面，美太空部队应具备有效识别太空物体的能力，并能理解其活动意图，以及时有效地对可能发生的太空活动进行预判和评估。

（3）关于军事太空部队的描述

1）太空力量专家方面：专业的太空人才是推动太空力量发展的核心，太空部队应优先考虑招纳太空人才，确保在作战时具备领导力、先进技能及预见能力。同时，美国太空部队应拥有太空操作人员、太空工程师、太空采购人员、太空情报专家及太空网络人才，以确保太空系统的正常运转。

2）太空力量认识方面：太空专业人员应通过对太空的控制和利用来捍卫国家利益，并在全球范围内为盟国提供保护，慑止对手的进攻。太空部队应拥有掌控太空的能力，并具备太空作战能力，以使美国拥有太空优势，维护美国的利益与繁荣。除了对现代太空系统的了解，太空部队还要掌握民用、商用及国外太空活动，以增强对太空的掌控能力。另一方面，太空军事理论包括轨道战、太空电磁战、太空战管理、太空进入与维持、军事情报、工程采购和网络运营等学科。太空部队应综合运用以上学科知识，以发挥军事太空力量的最大效能。

3）领导者方面：领导者应确定和加强太空部队的目的性和特性，并形成独特的作战文化。在战备状态下，领导者要确保部队拥有足够的资源和良好的训练状态，具备战胜任何对手的能力。在执行任务的过程中，领导者应掌握太空态势和太空能力状态，以在复杂的太空环境中做出明智的选择。同时，领导者在带领团队完成作战任务时，也应与其他部队进行合作，以保障任务的顺利完成。

4.5.2　影响分析

自 2019 年 12 月成立太空军以来，美国太空部队通过任命首位太空军司令、成立太空发展局、发布首款太空军制服、发射首颗军事通信卫星、测试运行“太空篱笆”系统、发布顶层出版物《太空力量》、公开《国防太空战略》以及重组部队编制结构等活动，全面快速开启太空部队的建设进程。《太空力量》的颁布特别引人注目，它吹响了太空力量全面建设、快速发展的号角。当前，在美国影响下，俄罗斯、法国、印度及日本等国均在积极发展军事太空力量，以抢占太空战略优势，维护国家太空安全利益，这将加深太空的竞争与对抗。

（1）太空力量“慑战并举”作战运用凸显

《太空力量》瞄准太空战，要求太空军为白宫提供独立的军事选择。该出版物称，首先要注重运用威慑手段，如果威慑失败，则“采取行动击溃对手”。其实早在 1999 年，《国防部太空政策》便首次系统阐述了“太空威慑”概念。美在太空领域的力量运用，与美军“慑战并举”力量运用模式一脉相承。在“慑”上，美军一方面不断完善威慑理论，另一方面不断丰富其威慑手段。《太空力量》提出将太空力量作为威慑手段，扩展了战略威慑范畴。在“战”上，美军不再满足于单项能力建设，而是将太空能力融入指挥控制、情报、火力、运动机动、防护、保障和信息等 7 项联合职能，最大化太空战略优势。

《太空力量》强调，主动防御不仅包括对敌方的袭击进行反击，还包括在敌方袭击之前就要“先发制人”，摧毁或削弱敌方威胁的有效性，以夺取主动权。这就模糊了“主动防御”和“进攻作战”之间的界限。近年来，美军尤其重视开发多样化进攻性太空火力：一是软杀伤，如利用激光、电磁、粒子束等定向能武器和电子干扰、网络攻击手段，干扰压制或欺骗迷惑对手的信息获取、传输、指挥控制系统。二是硬摧毁，如利用空天飞机、高超声速飞行器、导弹等，直接击毁对手的卫星。三是在轨搞小动作，如利用“在轨服务”空间机器人抓捕对手卫星，或将小型寄生星、遥控炸弹安装到对手卫星上。通过多样化进攻性的太空火力，美军力求其太空战略优势最大化，以支援天空、地面、海上和网络空间的战略竞争。

（2）做实了太空对抗紧张态势

1957 年 10 月 4 日，苏联发射了世界上第一颗人造地球卫星，标志着人类进入了太空时代。60 多年来，美太空安全战略经历了多次调整，产生了“庇护所论”“生存论”“高地论”和“太空控制论”等太空安全学说。“高地论”在 20 世纪 80 年代占据美太空安全战略主导地位，鼓吹占据太空这个“终极高地”，发展天基导弹防御和天对地打击能力。“星球大战”计划是该学说的典型代表，具有强烈的军事对抗色彩。冷战结束后，“太空控制论”逐渐取代“高地论”，该论述认为应当控制太空，以维护美国的绝对太空优势。

《太空力量》条令明确将“维持太空优势、确保太空行动自由”列为首要目标。可见，当前美军的太空安全理论仍以“太空控制论”为主导。不过，可以看出，美军正试图再次竖起“高地论”大旗，“高地的价值是最古老、最永恒的原则之一”。美军再次出现“高地论”这种“极端苗头”，很重要的原因是得到了技术支撑。当初美政府放弃“星球大战”计划，主要原因是技术难度太大、经费投入不菲。但 30 余年来，美军太空攻防武器系统有较大发展，使其有底气重新提及 1998 年美国空军航天司令部长期规划中的“天基全球打击”。

《太空力量》的发布提升了美太空力量在维护美国安全和利益中的认识，它会引发新一轮太空军备竞赛，加剧太空军事化和武器化，使得太空安全形势更趋复杂和严峻。特朗普政府在加强反导系统建设的同时，还希望在太空进行全方位的部署，在太空遂行各种作战任务。美国这些做法将引起其他国家针锋相对的采取相应措施，发展包括太空＋智能作战应用、多域作战、马赛克战、高超声速武器、太空平台机动技术等装备与作战概念，加剧了太空军备竞赛，将进一步恶化太空安全形势。

（3）联合全域作战基本形成

美军有关太空行动的概念源自早先空军和联合参谋部的相关文件，《太空力量》则将太空军事行动置于更加广阔的背景，作为国家太空战略的一部分。将太空域划分为3个维度——物理维度、网络维度和认知维度，并据此提出了“全谱军事太空力量”的概念。

在物理维度，强调占据重要天际交通线路和关键轨道，前者包括航天中心发射轨道、航天器回收轨道等；后者指航天器用来支持用户、收集信息、保护其他资产或实施对敌打击的轨道。在网络维度，强调太空网络系统的脆弱性，因此要保护己方的网络链路和节点，同时也要储备太空域网络进攻力量。在认知维度，强调既要使己方保持强大的战场感知能力以确保决策优势，又要通过威慑等手段来影响对手的决策。此外，由于电磁频谱对上述3个维度影响重大，因此美太空军将利用电磁频谱进行攻防作战。

美军全谱太空作战思维的形成是一个渐进过程，从最开始侧重物理维度，到近年来强调网络维度，再到太空军新条令增添认知维度，其趋势是越来越重视将太空战纳入联合全域作战，突出强调太空作战的全球性、“多域”性、联合性与层次性，努力实现太空域与其他作战领域协同增效。

美军一方面声称要做遵守《外层空间条约》等国际法的“太空管理员”，另一方面却在太空军事化甚至是太空武器化的道路上越走越远。作为备受美太空军司令称道的条令，《太空力量》将本该和平利用的太空视为战场，从战略学说、力量运用、指挥模式到作战思维，均体现出浓厚的军事对抗色彩。其反复强调维护美军在太空领域的行动自由、强化联合部队的杀伤效能、为美国实现太空霸权提供支持等3大支柱职能，公开宣扬天基对地打击，计划向战术级指挥员“放权”，降低太空冲突门槛。这些都将对世界和平造成极大威胁，值得持续关注和高度警惕。

4.6　美太空军《太空作战规划指南》

2020年11月10日，美太空军发布《太空作战规划指南》（CPG），为太空军推进国家和国防部战略目标提供了指导，为部队规划提供了概要和具体指导内容。CPG概述了指导太空军如何组织、训练、装备、整合和创新的五大优先事项。这些优先事项将指导各部门工作，为未来十年太空军建设提供了坚实的基础。

4.6.1　制定规划指南的必要性

（1）部队规划

美国需要一支能够威慑冲突的太空军。如果威慑失败，那么战争就会在太空爆发或者扩展到太空。太空力量可以增强其他所有军事力量，有弹性、有保证、敏捷的军事太空力量可在和平竞争中获得持续优势，在冲突或战争中获得决定性优势。

（2）大国竞争

对手国家的军事理论已表明其视太空为现代战争的基本要素，并将反太空能力视为削弱太空力量的有力手段。对手国家发展现代太空监视网络；开发利用电磁频谱、网络太空、定向能武器、在轨能力和地面反卫星导弹摧毁天基资产的系统；持续改善其天基情报、监视和侦察（ISR）、通信能力，以支持远程杀伤链，使美国和盟军地面部队处于危险中。除此之外，对手国家还提升了其信息优势和决策速度，以极快的速度观察、定位、决定和指挥行动的能力或将彻底改变未来的军事行动。

（3）进入太空的机会增加

商业太空部门的快速发展为美国提供了新的潜在合作伙伴和利用商业投资来增强太空能力的机会。先进技术的发展减小了访问太空的障碍，并引入了新的参与者、竞争者和潜在的对手。

（4）任务的演变

从 20 世纪 60 年代开始，太空专业人员的任务就已改变。随着时间的推移，任务不断向全面化和复杂化方向发展。

4.6.2　着重强调的“五大”优先事项

（1）优先事项一：建立一支精简敏捷的部队

减少官僚主义：太空军将创新并建立更快、更扁平化的决策和指挥结构，跨部门统一协调工作，同步不一致的进程，以加速决策并降低风险。减少官僚主义可实现有效的管理，加快决策速度，灵活地实施相关计划，从而在竞争或冲突中保持优势。减少官僚主义并不意味着消除法律和政策所要求的监督。相反，通过将决策权力集中，执行高度问责制。

指挥结构：指挥结构主要体现了以任务为中心的特点。太空作战司令部（SpOC），主要负责组织、训练和装备在全球各作战司令部开展军事行动的美太空军力量。太空系统司令部（SSC）负责开发、获取和部署有效和有弹性的太空能力。太空训练与战备司令部（STARCOM）将对太空专业人员进行教育和培训，并对系统进行实验和鉴定。STARCOM 将与 HCO 合作在 2023 年建立一个更独立的军事理论和专业军事教育体系。

下放分布式决策权、执行“否定命令”和任务型命令，增强作战部队的弹性和响应性指控。

(2) 优先事项二：建立世界级联合作战队员

新型联合作战人员：太空军是美国的太空战士，负责掌握太空领域的专业知识和独特的作战方法，以实现军事目的。

价值观：在与太空军各级领导商讨形成最终核心价值观之前，应保持空军核心价值观——诚信第一，部队高于一切，追求卓越。

多样性和包容性：尊重拥有不同背景、技能和经验的专业人士的加入，防止出现群体思维和偏见，支持积极防范歧视的政策。

吸纳人才，留住人才：太空军需要积极运用基于优点和多样性的标准，采取各种宣传手段提高公众对太空的兴趣，从而挖掘人才。太空军的优势在于其具有扁平化的组织、尊重个性化发展，培养作战人员必要的技能和经验，充分开发机会、完善其职业生涯、培养未来领导者和创新者。

训练：开发和获取高保真模拟器、虚拟现实和增强现实以及人工智能，以提高对抗思考、反应对手的作战能力，培养作战中所需的批判性思维和决策能力。

批判性思维和沟通：鼓励积极分享见解和信息，以确保专业人员了解任务内容、指挥官意图，并根据不断变化的需求进行更新，重视以明确的口头和书面沟通为导向的决策和实施行动，重视批判性思维和数据驱动解决问题的方法。

专业教育：优先发展航天人才培养教育，优化课程设置，适应航天就业需求。除此之外，要求太空军士兵不断成长，终身学习，比对手更快地进化和适应变化的环境。

(3) 优先事项三：以与作战相关的速度交付新能力

分析性见解驱动部队设计：从兵棋推演中得到的结论将为未来部队发展提供信息，并突出太空作战能力的潜力，可以显著提高联合部队的效能、效率和灵活性。兵棋推演表明：1）在任何大国冲突中，联盟和伙伴关系是取得成功的关键因素。2）由于在太空中没有类似于国家边界的标志，行为体可以在该领域的任何位置开展行动，执行“先发制人”的突然袭击。为避免这一情况，部队设计必须减少先发制人的攻击漏洞，并为联合指挥官提供标准的升级方案，以夺取或重新获得主动权。3）太空军在多个领域都有固有的脆弱性。太空作战依赖于轨道、地面和链路段。每一项都提供了一个攻击面，对手将针对易受攻击的部分来降低大型体系架构的性能，因此，必须确保联合指挥官捍卫实现联合作战的关键太空资产。

规划方向：为建立统一的结构来发展太空项目，目前正在建立太空作战分析中心(SWAC)，SWAC将开发未来部队结构以满足不断变化的任务需求，并执行军种兵棋推演功能。

项目方案将酌情考虑合作伙伴和混合架构，包括与其他美国政府机构的合作。在天基环境监测、一些战术卫星通信以及定位、导航和授时方面，民用和商业合作伙伴提供了部分能力，可以酌情进行再投资。

在近期内，太空军将通过政府和商业伙伴关系，迅速提高太空发射和维持能力以及对太空领域的认知。同时，太空军将优先投资于轨道战、太空电磁战和战术情报组合，以实现有效的防御方案和快速的进攻能力，以阻止对手在太空引发冲突或将冲突扩大到太空。如果威慑失败，这些能力将使我们在太空中取得胜利。

与作战相关的采办速度：目前的太空任务已经发生了巨大的变化，但采办模式基本上保持不变。太空军将寻求新的采办机构，以使太空军能够简化需求验证；加快决策速度；最大限度地提高预算执行、稳定性、灵活性和效率；提高采办项目能力；加快签约速度。

增强竞争优势：对手积极创造和利用“灰色地带”，通过避免传统引发冲突的行动实现政治目标。太空军将提供独特的太空方案，以支持作战指挥官，缩小灰色地带。太空军的部队转型设计必须考虑到加强美国民用和商业太空力量。太空军将利用战略投资，发展强大、多样化和具有竞争力的美国太空工业基地。

(4) 优先事项四：扩大合作，增进繁荣与安全

联合一体化：太空军最亲密的合作伙伴将是空军，太空军将依靠空军来完成其共同的任务。空军将通过太空军的基地在全球范围内进行通信。

太空军将通过参与联合兵棋推演，加强与各军种的伙伴关系，了解太空权益、多域概念、促进一体化进程。此外，在未来一年里，STARCOM 将与国家安全太空研究所合作，开发更新的太空作战训练模块，以满足联合训练要求。

同时，为确保来自多个军种的作战人员能够更好地利用太空军的规划和指南，目前，太空军正尝试使用联合规划方法。除非国防部提出明确要求，否则太空军将自行建立联合样式、文件格式和基本术语，以确保有一个统一的标准。

情报界整合：面对不断变化的任务和新兴的威胁，对太空领域情报的需求继续增加。美国太空军将继续加强其在情报界的伙伴关系，特别是与国防情报局、国家地理空间情报局、国家侦察局和国家安全局的伙伴关系。目前的合作主要集中在保护和捍卫资产的任务上，今后必须发展成为多层次的作战协作。此外，作为太空领域情报工作的重点，太空军将建立国家太空情报中心（NSIC）。NSIC 将与太空军 ISR 机构合作，以满足在基础、战术、作战和战略层面上增加太空情报的预期需求。

多国合作：太空军将利用盟友和联盟伙伴在作战和采办方面的能力，找出并弥补太空领域中的差距。太空军将采取措施加强盟国的太空能力。这包括合作能力的发展、专业教育和培训以及作战协调和联络。此外，安全环境的发展要求加强与伙伴和盟国之间的互操作性。太空军将重新评估可能会限制联盟在太空中的互操作性的数据共享协议和安全模式，提高合作伙伴在作战及能力开发方面的参与度，以降低成本，提高弹性并加速能力现代化。合作方式还包括与美国工业界、民间组织、学术界、实验室和机构间的合作。

(5) 优先事项五：创建数字太空军以加速创新

数据、信息，以及推动创新的技能和工具，将指导和加速太空军的决策制定，并渗透到太空军的所有关键活动中。太空军将实施太空军采办项目的数字工程标准，包括采用数字“孪生”和基于模型的系统工程，以及扩展敏捷软件开发和 DevSecOps，以加快能力开发和改进采办成果。太空军必须熟悉技术，并有能力将其应用于国家安全目标。此外，还将培养太空军作战员的有机建模能力，以指导数字化工作。太空军将在整个太空任务中集

中推动数字化作战。全面实施数字战略将涉及对数字工程数据和分析基础设施的投资，以确保所有数据在多个安全级别上都是可发现、可访问、可理解、可链接和可信的。自动化和自主性将加快和简化业务流程、提高效率。应用机器学习和可信的自主性水平将使作战人员能够专注于数据驱动的决策制定，而不是手动地对太空作战产生的大量数据进行排序和感知。

4.7 几点启示

美军太空作战条令是实施太空作战行动的基本标准和规范，规定了为达成各项军事目标应如何进行工作，是宝贵的经验总结，具有很强的权威性。美军不断更新太空作战条令，是不断适应美国太空战略、国家政策和作战理论的需要，美军太空作战条令的发展演变具有重要的启示作用。

（1）研读美国空军作战条令必须历史地看

历经 20 多年发展，9 个版本的美国《太空作战条令》是美军最高层最重要的理论文件之一，它集合了美国空军对战争、作战、军队运用等重大军事问题的基本看法。历史分析这些版本的基本条令，可以看到美国空军发展历程、美军作战思想变化，透过“是什么”，看到“为什么”，更加深刻地认识到当今时代战争形态、空军建设等重大问题的逻辑。1959 年前，由于缺乏对太空力量重要价值的理性认识，美国空军基本条令的关键词是“空中力量”（air power），1959 年开始，基本条令开始用“航空航天”（aerospace）一词代替“空中力量”，并将其定义为“地球表面以上的整个太空”。这一转变体现出美国空军对航天要素的重视。到了 20 世纪 90 年代，美国空军认识到“航空航天”这一术语不能正确表述航空物理环境和航天物理环境之间的文化和物理差异，空军基本条令开始使用“空中和太空”（air and space）来替换“航空航天”，但基本条令也强调，“空中”和“太空”需要融合。这在 2000 年版的空军 2 号条令《航空航天力量的组织和运用》中也有印证：美国空军内部正在进行从“航空”到“航空航天”的制度转变。

（2）研究美国太空作战条令文件必须联系地看

尽管条令文件自成体系，基本条令位于这一体系的顶层。但它并不是仅向下与其他低层级的条令文件发生联系。在其之上，条令还要与联合层级的条令保持一致。除此之外，在理论体系内部，尽管条令位于作战理论体系的核心，但在条令体系之外，仍有很多涉及作战概念和作战构想，远的如基于效果作战、快速决定性作战、网络中心战、决策周期论，近的如“空海一体战”联合作战进入概念、跨域作战等等。这些单独推出的作战概念或构想，与条令文件存在千丝万缕的联系，有的支持了条令的个别见解，可被视为条令内容的深化拓展，有的补充了条令缺失的内容，预示了条令未来的修订方向。条令只有与这些鲜活的新理论文本结合起来看，内容才更丰满厚实，思想才能生动清晰。

（3）对于条令中指挥控制部分必须重点关注

美军过去碰到的问题是其他国家未来需要面临的问题，其经验教训应当吸取。美军太空作战条令指挥控制协调部分是太空力量进行战役行动最本质、最实用的部分，尽管条令进行了多次修改完善，其他部分有增有减，但都把指挥控制协调作为重点予以保留和完善。这是因为在未来太空作战当中，军事太空力量是主体，其他民用、商用乃至国外太空力量也是有机组成部分，技术密集、系统复杂、配置分散，使得太空力量的指挥控制异常复杂；同时由于太空作战的战场广阔，作战任务复杂，作战行动的实施往往需多支作战力量的相互协调才能完成，若不实施统一指挥，各种力量就不能相互协调，就难以形成整体的合力。

(4) 既要寻求技术突破，又要防止落入军备竞赛陷阱

美军主要着眼竞争对手日益增强的反卫星能力，使卫星星座成本更加低廉、更具复原力，其核心是微纳卫星技术。以微纳卫星、可重复利用火箭、高超声速飞行器、在轨精准控制、深空探测等为代表的太空领域高新技术，是未来太空力量发展必备的关键技术。须保持在上述领域的竞争力并力争有较大的创新突破，不追求大而全的发展模式。既要防止美国达成利用“改变游戏规则”拉大与对手技术差距的目的，更要吸取美国利用“星球大战”计划拖垮苏联的教训。

(5) 维护太空利益，需有必要的反制措施

美国在高调宣布组建太空军的同时，修订颁布了一系列条令、政策、学术等，加快太空军成军步伐，努力打造其太空优势战略地位。当前，许多国家的信息化武器都高度依赖卫星的支援，如果美国及其盟友完全掌握了天权，则变相削弱了其他国家的常规军力。因此，对外要争取世界上爱好太空和平、反对太空军事化的国家，扩大“朋友圈”，营造和平利用太空的良好环境；对内要及早研判、及早准备，加速发展不对称应对手段，在政治、经济、外交、军事等领域预设必要的反制措施，切实保持太空稳定性，维护太空领域的利益。

(6) 培塑太空作战人才体系，更加紧迫重要

当务之急，除了发展太空技术和太空武器系统外，更重要的是要大力培养和使用一批高素质的太空人才。在结构类型上，应当重点培养作战指挥、工程技术等各类太空人才；在人才素质上，应当着重于太空军事人才的创新性、科技性、通用性、综合性方面，尤其是创新性最为重要，“宁肯人才等装备，不能让装备等人才”。此外，营造公平竞争、积极创新的作战与科研氛围，构建稳健的太空作战战略团队，全方位培塑太空作战人才体系。

2 力量建设篇

第 5 章　美国太空力量领导管理体制

太空力量作战运用的复杂性决定了其领导管理、编制体制的特殊性，太空力量领导管理体制的发展与完善，既是太空力量建设与发展的重要内容，又对太空力量的建设与发展发挥着指导和领导作用。美国太空力量领导管理体制是美国太空力量的组织、机构、单位的设置，职能和权限区分及相互关系的体制。美国太空力量是以军事太空力量为主，在军事太空力量、情报界、政府及民用机构、商业太空力量的基本框架下，不断调整和完善太空力量领导管理体制，使其更好地支援联合作战和应对日益剧增的太空对抗。

5.1　美国太空力量领导体制

美国太空力量由军事太空力量、情报界太空力量、民用太空力量、商业太空力量四部分构成。与其他国家相比，美国太空力量有着很大的特殊性，这种特殊性体现在两个方面：一是独特的情报界太空力量；二是发达的商业航天。实际上美国军事、情报界、民用、商业航天四个部门之间的区别越来越模糊，几者的相互联系、相互依赖程度不断提高，美国太空力量不再只包含国防部和情报界的太空系统，而是包含各种形态的太空系统，包括越来越多的国外太空能力。美国太空力量组织管理架构如图 5－1 所示。

5.1.1　军事太空力量体制

从 20 世纪 40 年代末开始，美军历经 40 余年，进行过 3 次大改和若干次小改，包括杜鲁门总统任内的 1947 年国防体制改革和 1949 年的体制调整，艾森豪威尔总统任内的 1953 年体制调整和 1958 年国防部改组，以及 1986 年由国会主导的国防部改组，基本形成了联合作战领导指挥体制框架。

冷战结束之后，美军借助其相对成熟的纠错机制继续对这一框架进行局部调整和完善，但基本思路始终是围绕军政军令分离、强化参谋长联席会议（简称参联会）主席地位、明确战区司令部指挥权等措施进行不断地改革和完善，最终形成了从总统、国防部长、参联会主席、军种部和战区联合作战司令部军事组织领导体制。

由于太空体系具有高度的技术性和复杂性，所以在美国军事太空早期，军方采办部门发挥了至关重要的作用，这也使得军事太空领导管理后来存在一个采办性体制向侧重于卫星运行、战场支援的作战性体制的发展过程。

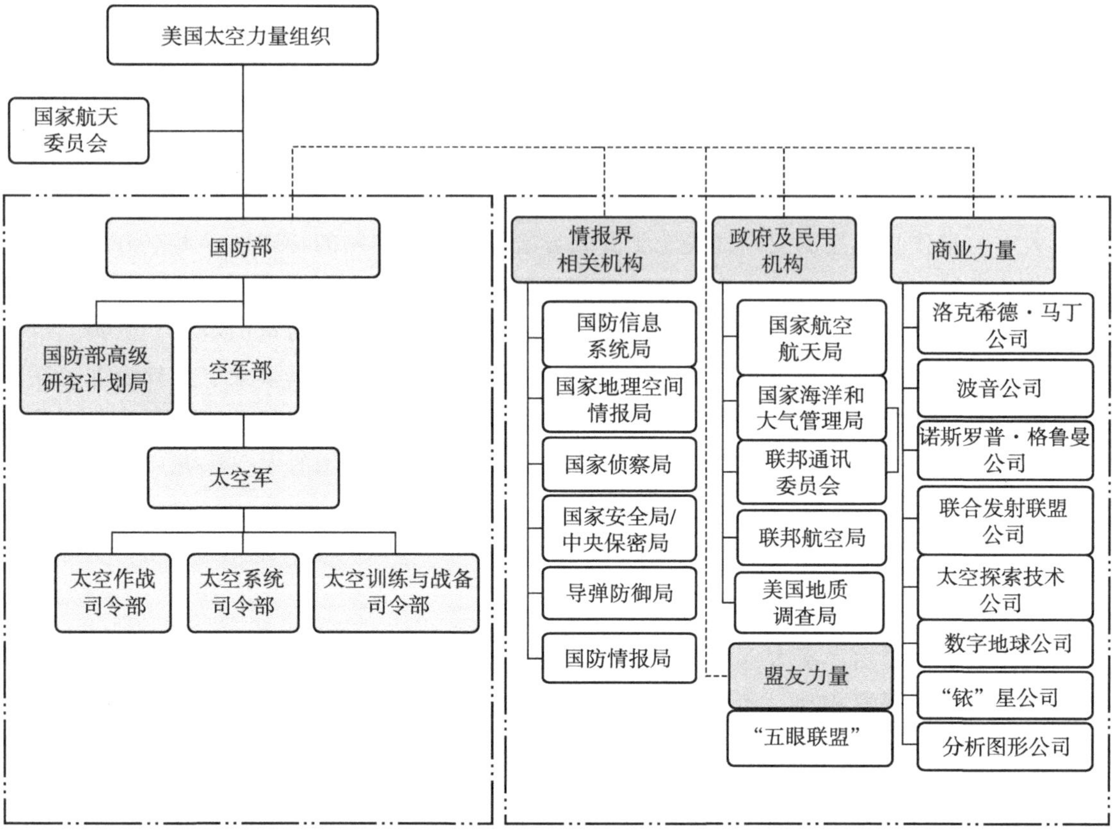

图 5-1 美中太空力量组织管理架构

5.1.2 情报界太空力量体制

美国情报界与国防部是平行的，是由多家军队、政府情报部门组成的联盟性机构，属于美国特有的机构。情报界内，具有太空相关职能的最主要的机构包括国家侦察局、国家地理空间情报局、国家安全局、国防情报局等。

在作战指挥协调方面，情报界航天与军方的关系有协调权和直接联络权两种。协调权意味着军方无权强迫情报界航天接受或执行军方命令，只能“商量着办”。而与战时应用相比，协调权更适合于平时应用。直接联络权是上级指挥官授予下级指挥官与其他司令部或局署直接商议或协调的权力。作战时，情报界作为一个整体，向军方派驻国家情报支援小组。在不改变既有体制的情况下，交叉任职是增进情报界与军事太空力量联系、促进双方合作、推动情报界航天军事应用的很好方式。

5.1.3 政府民用太空力量体制

美国的民用太空体制是指军事太空、情报界太空之外由政府财政资金支持的航天活动，或政府职能部门从事的有关航天的管理事务。民用太空力量涉及的机构包括国家航空航天局、商务部下属的国家海洋和大气管理局（NOAA）、联邦通讯委员会、交通运输部下属的联邦航空局（FAA）、内政部下属的美国地质调查局、国务院、能源部、农业部等。

战时或突发情况下，美国的军事太空力量有可能不堪重负，民用太空力量则成为很好的替代和补充手段。由于民用太空力量不在美国军事指挥链条之内，因此，完善民用太空力量军事利用的体制十分必要。

5.1.4　商业太空力量体制

商业航天是由私营资本从事的太空相关活动。美国文献往往把商业航天与航天工业划等号。若按这一理解，商业航天活动将涵盖航天工业界实施的所有业务，包括研制生产、航天发射、信息服务等，甚至包括渐露端倪的太空旅游服务。按照产业链划分，包括上游体制和下游体制两部分。上游体制涵盖航天器与运载器的研制生产、航天器的发射等业务。其中，卫星生产商主要有洛克希德·马丁、波音、诺斯罗普·格鲁曼等公司；运载器主承包商主要有洛克希德·马丁、波音、SpaceX等公司；运载器分系统承包商主要有轨道ATK公司、普惠等；航天发射服务公司承包商主要有联合发射联盟、SpaceX公司等。下游体制涵盖卫星通信、卫星遥感、卫星导航等航天信息服务。其中，典型的美国卫星遥感服务商有数字地球、地球之眼等公司。

具有军事价值的商业航天活动包括通信、气象、定位导航与授时、图像、航天运输等。其中，商业卫星通信和商业卫星图像具有典型的军事意义。美国军事太空、情报界和商业航天三方之间一直在探索建立畅通的利用商业航天的体制机制。

5.2　美国军事太空力量

进入21世纪，太空领域的竞争愈演愈烈，巨大的战略利益使世界许多国家将眼光投向了太空。为了确保国家安全和国家利益，必须把太空安全和太空利益放到重要的战略位置，因而加强军事太空力量的建设是未来联合作战的迫切需要。以美国为首的军事强国，都在不断建设、发展军事太空力量，太空军作为新的军种，也必将成为未来战争的主要作战力量。

5.2.1　基本概念

最早出现军事太空力量的相关概念是航天力量、太空力量等。美军率先以条令提出太空力量（space forces）和太空能力（space power）概念。美军1998年版《空军任务目录条令》最早以词条“航天航空力量（aerospace forces）”和“航天航空能力（aerospace power）”释义；美空军1998年颁发首部《太空作战条令》，界定了术语“太空能力”；2001年版《太空作战条令》正式界定“太空力量”，并将“太空能力”作了三种释义，且2001年版《美国防部军事术语词典》首次作以收录：“太空力量是以国家安全为目的，进入、利用以及根据命令控制太空所必需的太空和地面系统、装备、设施、组织与人员。”

自此，2002年版《太空联合作战条令》、2004年版《太空对抗作战条令》、2006—2012年版《太空作战条令》及2012年版《美国防部军事术语词典（空军增补本）》均采用该界定。

1）1994—1997年，航天理论进入了一个新的阶段，相继出现了几个有影响力的政策或战略，包括美国空军科学技术委员会的《新世界展望——21世纪的航空与航天力量》，美国空军大学的《空军2025》，美国《国家太空战略》、美国防部《2010年联合构想》和美国航天司令部《2020年构想》，都对“航天力量”概念的逐渐形成起到了决定性作用。

2）1996年，英国著名学者科林·格雷（Colin Gray）在《太空力量对历史的影响》论文中指出：“太空力量，是一个国家利用太空，同时阻止敌方使用太空的力量。”这一概念突出强调了太空力量在夺取制天权斗争中的作用。

3）1998年，美国学者戴维·卢普顿（David lupton）在《论太空战——太空力量理论》一书中指出：“太空力量，是指一个国家为达到国家目标或目的而开发太空的力量”。

4）美国兰德公司在1998年提交了名为《太空：新的国家权力》的研究报告，将太空力量定义为：“以太空为媒介，实现国家战略目标的力量。”

5）美国空军在1998年公布的《太空作战条令》（AFDD2-2）中将太空力量定义为：采用民间单位、商业部门、情报机构和国家安全部门的太空系统和相关的基础结构来保障平时和战时国家安全战略和国家目标的能力。上述两个概念所指的太空力量包括军用太空力量、民用太空力量和商用太空力量。

6）美国空军在2001年公布《太空作战条令》（AFDD2-2）中将太空力量定义为：利用航天部队支持国家安全战略并实现国家安全目标的能力；以支持国家安全战略和和平时期的国家目标为目的，在作战行动中使用民用的、商业的、情报的和国家安全的太空系统以及与之相关的结构设施的能力；一个国家利用太空实施和影响其各种活动并最终实现目标的能力的总和。

7）美国空军在2004年公布的《太空对抗作战条令》（AFDD2-2.1）中又将太空力量定义为：出于国家安全的需要，进入、利用和控制太空的太空装备和地面系统、装备、设施、组织以及人员。直到后来2012年美军空军的《太空作战条令》和2013年联合作战条令JP3-14都引用2004年公布的《太空对抗作战条令》中太空力量的定义。作为空军的太空作战条令，上述概念所指的太空力量特指军事太空力量，当然在作战行动中要和其他太空力量综合应用。

综合这些定义可以看出：

1）太空力量包括民用太空力量、商用太空力量和军事太空力量。

2）军事太空力量是一个国家为实现其国家战略目标，所拥有的进入太空、利用太空和控制太空的军事力量。

3）军事太空力量是确保进行太空控制的手段，旨在保证己方部队在使用太空的同时阻止敌方使用太空，保持太空优势和夺取制天权。

5.2.2　地位作用

随着外层空间重要性的不断上升，太空已成为当今维护国家安全和发展利益的战略制高点。外层空间的军事存在和有效控制，不仅直接影响其他战场上争夺制地、制空、制海、制电磁权的军事行动，而且将最终影响战争全局和国家的安全利益。太空既是军事上的制高点，又是国家安全的高边疆，还是科技创新和经济发展的重要源泉。军事太空力量主战场位置高、使用技术手段先进、作用范围广、威力大。近期几场局部战争的实践表明，太空力量的强弱以及运用的效果在很多情况下对战争的进程和结局产生着重大影响，军事太空力量在未来信息化战争中将发挥至关重要的作用。

（1）军事太空力量是夺取制信息权的重要依托

太空技术的诞生，就是为军事服务的。早在 20 世纪 60 年代，美国前总统肯尼迪就声称："谁控制了宇宙，谁就控制了空间，谁就控制了战争的主动权。"信息化战争中的战场信息主要是通过航空航天手段获取的。美军 95％的侦察情报、90％的军事通信、100％的导航定位和 100％的气象信息均来自太空信息系统。这是因为太空力量居高临下，技术手段先进，在侦察时机、范围、细节等信息获取方面以及情报处理和传输方面都具有其他力量不可比拟的优势，能够在夺取制信息权的斗争中发挥关键作用。如今，随着航天技术与信息网络技术的日益融合，人们更加清醒地认识到，太空已成为信息化战争中实施通信、导航、预警、侦察、监视的主战场，其中的太空平台载荷和地面支持系统成为重要的信息网络节点，要想夺取制信息权，敌我双方围绕太空系统的信息节点进行角力，采取各种手段摧毁、干扰和破坏太空平台或地面支持系统。因此，随着联合作战需求和太空技术的发展，太空力量必然受到足够的重视。

（2）军事太空力量是提高作战效能的有力杠杆

信息化战争在陆、海、空、天、电、网多维一体化的战场中进行，强调体系对抗，需要将各种作战力量有机融合。军事太空力量在有效黏合各种作战力量，提高作战效能方面具有显著优势。这是由于它掌握信息流通必经的"空间段"，是远距离通信网络不可或缺的中继站，无论是远程精确打击的制导，打击目标的侦察、定位，还是打击效果的跟踪评估，如果缺少太空力量的参与，其他作战力量很难独立有效实施。通过提供实时或近实时的战场信息，军事太空力量能够大大增强联合作战力量的战场态势感知能力和决策指挥能力，从而实现武装力量整体作战效能的大幅度提高。因此，美国航天司令部《2020 年构想》明确指出："太空力量的存在，使部队在激烈交战的同时，有可能将部队伤亡和财富消耗降至最低。"因此，太空力量成为提高联合作战效益的一个重要指标。

（3）军事太空力量是实施太空威慑与打击的中坚力量

20 世纪六七十年代，由于太空力量可以看到别国国界"以内"发生的事情，被美、俄视为相互监视、控制军备的重要手段。进入 90 年代后，随着太空力量在理论、技术、组织和训练上的准备日益充分，军事太空力量的打击作用和威慑作用凸显出来。其一，动能武器、激光武器和粒子武器等太空进攻性武器的发展，使军事太空力量得以从太空攻击敌方在轨运行或位于地、海面的目标，令对手防不胜防，正逐渐成为一支重要的打击力量。其二，由于覆盖面积广、打击手段灵活、打击效果突出，军事太空力量又能够对敌形成有效的战略威慑，已成为继“核力量”之后的一支新型威慑力量。平时，太空力量可通过无处不在、无时不有的侦察、预警、监视能力和太空打击能力来威慑对手。一旦威慑失败，也可迅速转入实战，通过干扰、破坏、阻断、摧毁等方式来对敌实施软、硬杀伤，达到有效制敌的目的。此外，20 世纪 90 年代之后爆发的几次局部战争实践已经充分展示了军事太空力量的重要作用。海湾战争被认为是太空力量参战并发挥重要作用的分水岭。战前，以美国为首的北约国家动用了 70 余颗卫星，对伊拉克进行了长达 4 个月的全面侦察，掌握了大量对方兵力部署和军事行动等情况；在整个作战过程中，太空力量全天候不间断监视战区，不仅为作战行动提供了及时充足的情报，而且为决策、评估提供了可靠依据。

（4）太空力量是国家战略安全的重要保证

随着社会、政治、经济、军事，特别是科学技术的进步，国家安全领域不断拓展，成为包括国家政治安全、经济安全、军事安全、技术安全、环境安全以及信息安全的综合体。太空以其在国家政治、经济等各个领域中的独特地位和作用，使空间安全不仅成为国家安全体系的一个重要组成部分，而且也是未来确保国家安全的重要保证。历史表明，太空竞争是国与国之间综合国力的竞争，包括政治竞争、经济竞争、科技竞争和军事竞争，其实质是通过谋求太空战略优势获得国家更大生存与发展空间，保证国家在未来的全球政治格局和经济发展格局中占据有利位置，以及确保国家安全不受损害。第一颗人造地球卫星的发射成功，标志着人类正式进入太空时代，同时也是世界各国在空间领域竞争的开始。继苏联载人航天成功之后，美国的“阿波罗”登月计划和“星球大战”计划，欧洲“尤里卡”计划，使空间竞争进入了一个崭新阶段。进入 21 世纪后，美国从全球战略需要出发，在各国的反对声中极力推进导弹防御计划。

（5）军事太空力量是推进军事科学技术创新的有力推手

科学技术特别是高新技术是当代社会和经济发展的决定性因素。进入知识经济时代，一些发达的工业国家将发展高新技术作为国家经济发展的战略重点。作为 20 世纪影响人类社会进步和文明生活的 20 项重大科学技术之一，空间技术与信息技术、生物技术、新材料技术以及新能源技术等高新科技的发展，直接引发了新技术革命。实施空间战略，发展军事太空力量，将进一步促进高新技术群的发展。与其他技术相比，太空技术具有更强的综合性。太空技术的发展，不仅有其他学科及技术发展利用空间所没有的独特条件，可在太空完成许多在地球表面无法完成的任务，而且还形成了诸如卫星气象学、卫星海洋学、空间物理学、空间生物学、空间材料工艺等众多新兴的边缘学科，极大地推动和拓展了人类对自然界的认识和诸如人类起源、宇宙生成等重大基础理论问题的研究。同时，也推动了社会科学、人文科学乃至军事科学的发展，使经济结构、社会结构以及人类社会生活发生了巨大变化。美国“阿波罗”登月计划的实施和“星球大战”计划、“战略防御倡议”的制定，无不对提高美国科学技术的整体水平，保持美国在世界的科技领先地位，起到了巨大作用。德国前总理科尔就曾尖锐地指出，美国的“战略防御倡议”，10％是战略理论问题，而 90%则是尖端技术问题。

5.2.3 基本构成

军事太空力量一般由太空攻防、航天发射、航天信息支援、太空监视预警、航天器运行控制力量等组成。

(1) 太空攻防力量

太空攻防力量是指运用太空武器系统，实施战略威慑、太空攻击和太空对地打击的作战力量。主要包括天基和地基两种攻防力量。天基力量主要是指反卫星的卫星，这种卫星上装有跟踪识别装置和杀伤性武器，能识别、接近并摧毁敌方卫星。地基力量主要是指弹道导弹和航天飞机等以地面为基地的攻防力量。例如，太空军成立前美国的第 20 航空队下辖 3 个航天联队、10 个导弹中队，3 个作战支援中队和 1 个太空战中队，主要配备民兵-3 洲际导弹 500 枚、和平卫士导弹 50 枚。

(2) 航天发射力量

航天发射力量是指执行运载火箭（导弹）和航天器的检查、测试、发射任务的作战力量，主要是指航天发射基地，其主要任务是将航天器送入太空、从太空返回，实现天地往返运输。航天发射基地主要负责大型卫星、载人飞船、空间站的测试发射工作。例如，太空军成立前美国第 14 航空队主要负责太空发射活动，下辖美国空军第 21、第 30、第 45 和第 50 航天联队。

(3) 航天信息支援力量

航天信息支援力量主要包括对各种侦察卫星、通信卫星、气象环境卫星、导航定位卫星的信息进行接收、处理、分发的作战力量。据有关资料显示，目前美国在轨侦察卫星共有 33 颗，包括 6 颗照相侦察卫星、2 颗雷达成像卫星、9 颗电子侦察卫星、16 颗海洋监视卫星。其中 3 颗“KH－11”照相侦察卫星可拍摄地面分辨率达 0.15 m 的图像；2 颗“长曲棍球”雷达成像卫星雷达的几何分辨率达 1 m，能穿透厚云浓雾并能在黑夜对地面目标成像；电子侦察卫星主要有“大酒瓶”“漩涡”和“折叠椅”，能向全球范围的美军提供多种信息，主要侦收截获俄罗斯的通信、雷达及导弹遥测信号；4 组 16 颗“白云”改进型海洋监视卫星主要用于监视水面舰艇、潜艇的活动和巡航导弹的发射，对运动目标的定位精度达到 2 m，具有全天候、全天时的侦察能力。

(4) 太空监视预警力量

太空监视预警力量主要是指负责对国外在轨航天器进行定位、识别、分类、预报和预警的作战力量。它由雷达、光电设备和无线电技术设备等组成，可自动处理 40 km 高空的太空信息，确定太空目标的体积和参数，查明外国航天器的作用和能力。它能观察近地轨道和高轨道的太空目标，及时发现近地轨道上的变化。例如，美国预警卫星主要是“国防支援计划”（DSP）预警卫星系统和“天基红外”系统。DSP 系统由 5 颗预警卫星组成，对洲际弹道导弹、潜射弹道导弹和战术弹道导弹的预警时间分别是 20～30 min、15 min 和 5 min。2008 年以后 DSP 系统逐步由“天基红外”系统替代。“天基红外”系统分为两部分，高轨道部分由 5 颗地球同步轨道卫星和 2 颗大椭圆轨道卫星组成，低轨道部分由 20～30 颗近地轨道小卫星组网，可对世界各地发射的战略、战术弹道导弹提供预警信息。

（5）航天器运行控制力量

航天器运行控制力量主要是指利用测控设备对航天器进行测量、控制，完成航天器弹道或轨道测控任务的作战力量。通过对在轨各种航天器的质心运动、姿态运动和航天器内部工作参数实施监测控制，必要时改变航天器的轨道、姿态或设备状态，以完成航天器预先制定的任务。一般编设航天器运行控制中心、海基测控基地和若干测控站，分别在陆上、海上完成相应的测运控任务。如 NASA、各军兵种都有自己的航天运行和控制力量。

5.2.4 建设重点

太空军事力量建设包括的内容很多，但建设重点主要有太空指挥控制力量建设、太空装备体系建设、太空作战部队建设和太空作战理论建设等。

（1）太空指挥控制力量建设

美军认为，健全的指挥机构是成功实施太空作战的关键。1982 年 9 月，美军率先成立了空军航天司令部，下辖第 14 航空队和第 20 航空队；1983 年 10 月，成立了海军航天司令部，由海军作战部长直接领导；1985 年 9 月，成立了具有联合指挥能力的航天司令部，下辖空军航天司令部和海军航天司令部；1988 年 4 月，美军又成立了陆军航天司令部，仍由联合航天司令部管辖。为了适应未来太空作战的需要，美军对其太空作战指挥机构进行了进一步的调整、改革和优化。1992 年，美军将陆军航天司令部与陆军战略防御司令部合并组建陆军战略防御与航天司令部；1993 年 12 月，美军在范登堡空军基地组建了由空军航天司令部领导的太空作战指挥中心。2000 年，美空军总部成立了“太空作战指挥部”，归属空军航天司令部管辖。航天司令部是参谋长联席会议直接领导下的、唯一负责全球军事航天行动的职能机构，司令由空军上将担任。2002 年，美国海军航天司令部和网络作战司令部合并为海军网络与空间作战司令部。2018 年 8 月 29 日，特朗普政府组建太空战略司令部，成为美国第 11 个战略司令部，可直接指挥各军种所属的太空部队，负责整合反导、卫星运行、空间监视和太空支援作战等能力。

（2）太空装备体系建设

美国早在 2006 年版《四年防务评估报告》中，已将提升太空作战能力列为美军今后的重点发展方向。美军近期重点研制和发展的太空作战武器系统大致可以分为四大类：

一是作战支援卫星系统。美军计划将来在现有卫星系统的基础上部署一个更加严密的卫星监视网，使战场信息每 10～15 min 更新一次，以提高“全球感知”能力，夺取制信息权。

二是反导武器系统。1999 年 3 月，美参众两院相继通过了建立“国家导弹防御系统法案”，以法律形式确认了反导系统的地位，美军已确定将反导武器系统的研制作为今后太空作战准备工作的重点。

三是反卫星武器系统。将对敌空间系统的失能或摧毁作为反卫武器重点发展的能力和目标，初步部署了激光武器系统和动能武器系统，同时不断研究探索新的更为有效的手段和途径。

四是空天飞机和轨道轰炸机。空天飞机和轨道轰炸机是美军 21 世纪实现“全球作战”的重要保证。美军目前已研制出一种试验型空天飞机，代号为“X－31”。此外，与未来空天飞机有关的研制项目还包括 X－33、X－34、X－43、X－37B、未来 X 飞行器和“冒险星”等。它们不仅能够像普通飞机一样在大气层中飞行，而且可以根据需要直接进入地球轨道而成为“航天飞机”。美军目前研制的轨道轰炸机，平时可以在近地轨道上运行，当它接到作战命令后，就能借助反推火箭迅速脱离轨道再入大气层攻击地面指定目标。这种武器反应速度快、命中精度高、隐蔽性强、攻击突然性大，可以令敌方防不胜防。

早在 2008 年《纽约时报》报道，从 2007 年开始，五角大楼秘密研制五大太空武器，主要包括：

1）天基拦截器实验床。该计划的主导思路是部署装备有多种杀伤拦截器的卫星，通过高速撞击方式摧毁来袭的弹道导弹。之前，有报道曾指出美国导弹防御局要到 2008 年才能决定是否部署天基拦截器，然而五角大楼无疑加快了这种天基武器的部署步伐。2007 财年的预算进一步指出：“天基拦截器实验床计划即将发挥空间系统的固有优势，并将其整合到弹道导弹防御系统中去”，但目前未见其进展情况。

2）近地红外实验卫星。美国国防部的官员称这种卫星只是一种防御性武器，而不是攻击性武器。但是，这种新型卫星还可以携带一种小型的杀伤器。该杀伤器利用穿行于近地球轨道的物体所产生的动能（其运动的速度是子弹的 7 倍），摧毁来袭导弹和轨道卫星。出于多方面的考虑，导弹防御局当前没有为近地红外实验卫星配备杀伤器，取而代之的是一套德国制造的激光通信终端。然而，早在 2005 年，美国国会就呼吁在该卫星上搭载杀伤器。在 2007 财年的预算中，导弹防御局顺水推舟，为该计划申请了经费支持。

3）实验太空船系统。该系统由一套小卫星系统构成，具有监视、跟踪、干扰和破坏其他国家军事侦察和卫星通信的能力。其作战过程是：由空间观测网对敌方各种卫星进行不间断观测，编存目标参数，判断其性质（军用或民用），并不间断监视目标卫星的运行情况，在适当时机将装有杀伤武器并具有机动变轨能力的小卫星发射到预定轨道，依靠自身的打击装置对确定的目标进行攻击。为加速实验太空船系统计划的实施，国防部多次在年度财政预算中对其进行拨款。

4）“护卫者”纳米卫星。绝密级“护卫者”纳米卫星计划旨在开发高价值空间资产防御能力。这种纳米卫星运行于地球同步轨道，设计寿命为一年，拥有强大的太空监视性能，具备独立提供局部太空态势感知的能力。2003 年年初，美国空军研究实验室与 SpaceDev 公司秘密签署了一份关于开发 ANGELS 卫星的合同，要求纳米卫星在 2009 年早些时候具有飞行试验的能力。

5）“恒星之火”激光武器。这种新型激光武器专门用以对付敌方轨道卫星之类的太空设施，其“理发镜”装置直径超过 3.4 m，能够将强力光束发射至太空，且光束威力极其巨大。

（3）太空作战部队建设

美军为了突出作战力量的建设，已经组建了试验型的第 527 空间攻击中队和第 76 空间控制中队，并致力于建设 10 支“远征型航空航天部队”。为了加快太空作战部队的建设，美军 2000 年成立了太空作战学院，专门为美军培训太空作战人才。2019 年 8 月 29 日，特朗普政府下令组建太空军，寻求建立更加安全的太空环境，构建太空运行管理系统，制定监测跟踪太空垃圾的长效机制，并制定新的卫星设计和运行标准。未来美军的太空军将由太空防御作战部队、太空进攻作战部队和太空作战支援部队组成。太空防御作战部队主要实施截击敌方洲际导弹和军事航天器的防御作战行动，美空军 2003 年成立的第 76 太空控制中队就属于试验型太空防御作战部队；太空进攻作战部队主要依靠天基武器，实施对太空、空中、海上和地面目标进行打击的进攻作战行动，美空军 2003 年成立的第 527 太空侵略者中队就属于试验型太空进攻作战部队；太空作战支援部队主要进行对天、对空、对海、对地的观察、监视、识别等，并从事太空作战的运输、燃料加注、航天器的建造和维修等。此外，英、法、德、日、印度、巴西等一些有航天能力的国家，也都把航天应用于军事目的，有的国家还提出了组建航天部队的构想。

（4）太空作战理论建设

美国认为，未来的太空战场将是空天一体的战场。美军从 20 世纪末就提出了“无缝结合”的空天一体作战的思想，并按照这一思想制定了空军先向“空天军”发展，再向太空军发展的目标。进入 21 世纪以来，太空作战理论开始从过去的以注重太空支援为主向注重攻防兼备的方向发展，而且出现了更强调进攻的思想，开始高度重视运用各种太空武器系统同时攻击对方在大气层内外重要目标的进攻行动。“非接触式战争”的理论，实际上就是以太空作战系统为主体，运用各种远程精确打击力量对敌方国家的重要目标实施高密度精确突击的理论。

5.2.5 发展趋势

随着军事航天技术的迅猛发展和空间战略地位的不断提高，空间军事竞争日益加剧，美国更加重视军事太空力量建设，不断加大投入，加快发展步伐，逐步显现出以下 4 个方面的发展趋势。

（1）力量类型将由“信息支援型”向“制天作战型”方向发展

现阶段，美军对军事太空力量的运用，主要是为联合作战提供预警侦察、指挥通信、导航定位和气象测地等方面的信息支援。但随着太空资源争夺的日益加剧，以及军事航天技术和太空进攻性武器的快速发展，主要军事强国已将谋求更大的太空优势和战略利益，作为军事太空力量发展的新的更高目标，进一步扩展了军事太空力量的任务职能。1998 年美国航天司令部在《2020 年构想》中明确指出，太空正在成为极其重要的国家利益空间和信息化战争的重要依托，美必须大力发展“攻防一体化”的太空战略力量，同时具备太空自由应用和控制敌太空应用的能力，牢牢掌握“制天权”。在这种太空战略指导下，美国提出“控制太空”“全球交战”“全面力量集成”“全球伙伴关系”4 种太空作战新概念，加快推进兼顾空战和太空作战的航空航天远征部队建设，积极谋求航空力量的空军向航空航天力量的空军转变。可以预见，在不久的将来，军事太空力量的职能任务，将由现在的以信息支援为主，逐步升级到以攻击作战为主，合力争夺太空领域控制权。因此，建设一种具备战略威慑和实际打击能力的太空军，将是21世纪主要军事强国争夺新的战略制高点的必然选择。

(2) 太空装备将由“种类单一型”向“系统配套型”方向发展

对于太空力量建设，装备的发展是关键。迄今为止，由于太空力量的主要任务是利用军事航天系统为陆地、海洋和空中作战行动提供信息支援，太空装备的发展重点是研制、生产、发射具有提供信息保障、被动实施防御和自身不具备打击能力的各种卫星，太空装备的体系不全，种类、型号比较单一。军事航天技术的日益成熟和太空军事行动的升级扩展，将使研制和发展攻防兼备、系统配套的空间装备成为未来太空军事竞争的主要焦点。冷战结束以后，以美国为代表的太空军事强国，着眼体系与体系对抗的需要，十分注重整个太空装备体系效能的提高。美为构建“攻防兼备、系统配套”的太空装备体系，除继续加紧发展各种太空支援保障装备外，近年来一直在紧锣密鼓地加快发展以太空作战平台和专门攻击武器为标志的太空主战装备，并在导弹防御武器、反卫星武器、轨道轰炸武器、动能拦截武器、天基反导武器、定向能武器等的研制方面取得了重大突破。照此发展，预计2020—2030年，军事太空力量的装备将由现在的以被动防御、单一保障为主，向攻防一体、以攻为主、系统配套的方向过渡。

(3) 力量结构将由“单一结构型”向“复合结构型”方向发展

结构决定功能。当前，太空力量主要遂行信息支援和太空保障任务，组织结构比较单一，难以适应未来日益激烈的太空军事对抗和太空作战需要。随着技术的发展和任务的拓展，未来军事太空力量的组织分工将越来越细，构成要素将越来越复杂。美国在《航空航天部队：21世纪保卫美国》白皮书中明确，未来美将围绕作战太空态势感知、远程精确打击、导弹防御、信息战和航天作战5种核心能力，着力构建和全面打造航空航天部队。随着军事太空力量的进一步发展，美航天部队的组织结构将更加合理、体系功能将更加完善。由此预测，未来军事太空力量将向“复合型”方向发展，大体由以下4部分构成：一是空间战斗监测部队。主要负责监视来自空中、水下和地面发射的洲际导弹，跟踪外层空间的敌方军用航天器、发现情况及时预警，并为其他部队提供信息支援。二是太空防御作战部队。主要负责实施拦截敌方洲际弹道导弹和军用航天器防御作战行动。三是太空进攻作战部队。主要依托太空作战平台，实施对太空、空中、海上和地面目标进行攻击的进攻作战行动。四是太空勤务保障部队。主要负责太空技术支援保障、后勤保障和安全保障。这种各司其职、功能复合的结构组成，基本涵盖了未来军事太空力量的主要职能，代表了未来发展的主要方向，将是各国建设军事太空力量的重要参考。

(4) 力量模式将由“体制分散型”向“整合集中型”发展

美国军事太空力量一直分布在陆、海、空三军，由各军种分别负责建设，其作战运用则由以空军航天司令部为主成立的联合航天司令部统一指挥。随着军事太空力量的发展壮大和地位作用的不断提升，调整改革现有发展模式是其必然趋势。美国前国防部长拉姆斯菲尔德提出，要把分散于各军种中与太空部队相关的组织统一起来，以便对太空武器的开发、太空防御训练以及装备和情报收集等进行调整，顺利推进太空战略的制定。2001 年正式成立了独立的航天兵。比较美、俄军事太空力量的建设发展模式，美国走的是一条“空天一体”的发展道路，这与其空中力量占据优势有很大关系；俄罗斯则以战略火箭军为依托，更重视军事太空力量在战略上的作用和灵活应对美太空军事化进程的需要。一方面，要看到二者在力量建设发展上存在的差异；另一方面，还要看到二者的发展有相似之处，它们大都经历了一个从无到有、从分散到集中的过程。目前军事太空力量的发展还处在不断调整、重组的过程中，建立独立和集中统一指挥的太空军，将是未来发展的共同趋势。

因此，经过总统、国会和众议院的多次交锋后，2019 年 12 月 17 日，美国国会参议院以 86 票同意 8 票反对通过了《2020 年国防授权法案》(NDAA)，在该法案中太空军获得了 7 240 万美元的资金，并明确了太空军在未来承担的八项具体任务：对敌方发射的精确制导洲际弹道导弹实施不间断地全程监视；为迎击威胁程度高的敌方导弹进行所必需的显示、报警、目标定位和跟踪；在不能使用 GPS 的情况下，能有替代手段实施定位、导航和定时（PNT）；对邻近宇宙空间实时认知；提高抑制能力；有对抗手段，具有强有力的、通用的地面配置的太空支援基础设施（如地面站、发射台等）；具有跨领域的、对载有核弹头的运载工具实施指挥、控制和通信，实现网络化，并具有独立的作战管理和指挥、控制、通信能力；具有广域、实时的监视能力和利用人工智能（AI）的监视能力。

5.3　美国政府、民、商、盟太空力量

美国除了军事太空力量，在国防部、情报界、政府、商业公司以及盟国等有多个业务局、组织、机构等与太空作战及导弹、军事航天有业务关系，它们从多种角度以多种方式对联合部队提供太空支持。

5.3.1　情报界和国防部机构

在美苏冷战背景下，美国领导人认为军事化色彩太浓的侦察卫星会激起与苏联的矛盾，而且侦察卫星具有重要战略情报价值，所以将侦察卫星计划交于情报部门，由国家侦察局（NRO）负责，以利于在保密状态下运行。自此，美国形成了侦察卫星（国家情报管理部门）与通信、导航预警和气象等国防部管理军用卫星系统共存的局面，并一直延续至今。

国防部直属机构包括：国防信息系统局、国家安全局/中央情报局、国家地理空间情报局、国家侦察局、国防情报局、导弹防御局、高级研究计划局。国防信息系统局获取、管理商业通信卫星服务，支持军事行动，评估军事卫星通信方案，确保卫星通信质量；国

家安全局/中央情报局领导美国政府的密码工作，为国防部及其他国家级用户提供信号情报和网络安全指导与帮助；国家地理空间情报局综合卫星图像、数字高程、情报、气象、后勤等数据，满足任务区域图像情报需求；国家侦察局在国家安全局、中央情报局支持下，满足任务区域电子信号情报需求；国防情报局搜集、分析测量与特征情报，主要是敌方导弹和太空系统的情报，满足任务区域测量与特征情报需求；导弹防御局负责导弹防御系统的采购、研发和部署；高级研究计划局负责先进太空系统研发。在力量运用上，国防信息系统局、国家地理太空情报局等战斗支援机构以及国家侦察局（掌管美国军用侦察卫星）、国家地面情报中心等其他国防部机构将视情向战区部署战区支援小组。

5.3.2　政府及民事机构

在力量运用上，美军还可获得 NASA、NOAA 等非国防部机构的支援。需要指出的是，为降低成本、分化风险，近年来美军越来越多地借助民间力量充实太空战队伍。这些机构包括 NASA、NOAA、FAA 等。

NASA 负责管理和实施美国民用太空计划，制定民用太空政策，规划计划、太空预算，与国内外航天机构和企业签订研究、研制合同，代表美国与其他国家开展航天合作等。

NOAA 隶属商务部，主要负责管理和运行对地观测应用卫星项目。NOAA 在军事航天方面有多个几乎涵盖所有作战环境的项目和产品，为联合部队指挥官提供作战环境感知。利用国防气象卫星、海洋环境卫星等，提供气象情报和气象预报服务。通过卫星辅助搜救追踪系统，可侦测和定位海上、空中、地面的紧急呼救信号，并传递给全球搜救系统。

FAA 隶属交通部，负责授权航天发射相关工作。在航天运输方面，授权、审批和管理政府与企业的运载航天器发射活动及发射场运行工作，确定拟议的有效载荷或有效载荷级/上面级的方式是否影响公共健康和安全、财产安全、美国国家安全、外交政策利益或美国的国际义务；在卫星操控方面，重点关注发射结束时的安全性，即对运载火箭的最终控制，减少碰撞和轨道碎片产生；在定位、导航与授时方面，参与全球导航定位系统的长期发展规划与指导；在太空态势感知方面，为北美航空航天防御司令部提供飞行器监视信息，支持太空作战。

5.3.3　商业力量

（1）洛克希德·马丁公司

洛克希德·马丁公司是全球最大的武器生产商和国防工业承包商，全球顶级航空航天企业，连续十多年位列世界军工百强排名榜首。在航天器研制方面，洛克希德·马丁公司主要研制生产大型遥感、通信、导航、气象卫星，产品包括：“天基红外系统”（SBIRS）、“移动用户目标系统”（MUOS）、“先进极高频”（AEHF）、GPS、“地球静止轨道业务环境卫星”R 系列（GOES－r）等，与美军情报监视与侦察、导航预警、定位导航与授时、卫星通信、环境监测等太空能力密切相关；在运载器方面，洛克希德·马丁公司主要研制生产大中型运载火箭，如“宇宙神”系列运载火箭；在航天发射方面，洛克希德·马丁公司与波音公司成立联合发射联盟（ULA），负责为军方提供发射服务。

（2）波音公司

波音公司是全球最大的航空航天企业，是世界领先的民用飞机和防务、航天与安全系统制造商，是NASA主要的服务提供商。在航天器研制方面，该公司研制或参与研制的有：波音376、波音601和波音702型卫星平台及相关通信卫星系列；“地球静止轨道业务环境卫星”（GOES）D-H、N、O、P对地观测卫星；GPS ⅡF；“转型卫星通信系统”（TSAT），“宽带全球卫星通信系统”（WGS），XSS-10试验微小卫星；为动能反卫星武器、轨道快车技术演示与验证卫星等产品提供卫星通信、定位/导航/授时、卫星操作等太空能力。在运载器研制方面，该公司研制或参与研制的有国际空间站、“德尔它”系列运载火箭、“战神”系列运载火箭等。

（3）诺斯罗普·格鲁曼公司

诺斯罗普·格鲁曼公司是美国重要的防务承包商，主要业务领域包括国防电子系统、舰/潜艇、军/民用飞机、航天系统和战略战术导弹及导弹防御系统。该公司的“太空跟踪与监视系统”（STSS）、“极轨业务环境卫星”（POES）系统、C4ISR系统、“国防支援计划”（DSP）卫星系统、国防气象卫星系统、通信有效载荷分系统等，为军方提供太空态势感知、太空控制、情报/监视/侦察、导弹预警、卫星通信、环境监测等太空能力。该公司于2017年收购的国防和太空承包商轨道ATK公司（诺斯罗普·格鲁曼创新系统业务部门）则侧重运载火箭、新一代大型“欧米茄”（OmegA）火箭、高轨“地球同步轨道太空态势感知计划”（GSSAP）卫星等，可提供航天发射、太空态势感知、卫星测运控等太空能力。

（4）联合发射联盟

联合发射联盟是洛克希德·马丁公司与波音公司共同投资组建的合资机构，主要利用“宇宙神”“德尔它”运载火箭为美国政府机构如国防部、NASA和国家侦察局等提供航天发射服务。

（5）太空探索技术公司（SpaceX公司）

SpaceX公司是美国新兴商业航天公司，主要从事低成本、高可靠性商业运载火箭和新型航天运输系统的研制和集成，为美军提供航天发射服务，且逐渐打破被航天巨头垄断的军事发射市场，其“猎鹰”系列运载火箭和“龙”飞船为军方提供航天运输支持。已开发了可部分重复使用的猎鹰-1、猎鹰-9，正在发展起飞推力达到3 500 t、近地轨道运输能力达到100 t、地球同步轨道运载能力达到18 t的“猎鹰重型”火箭，同时开发Dragon系列航天器，并通过“猎鹰”火箭发送到轨道，多次获得NASA合同。自2012年以来，在卡角空军基地采用猎鹰-9将Dragon太空船送入太空以来，多次成功实现了火箭子级、整流罩、助推器等的回收任务，廉价的发射成本和发射成功率成为“猎鹰”火箭的主要特色，成为太空探索时代的“天之骄子”。

(6) 数字地球公司

数字地球公司是美国商业遥感应用服务商，为美军提供商业卫星遥感应用服务。其“快鸟”“世界观测”“伊科诺斯”“地球之眼”等商用高分辨率陆地观测卫星，可为军民用户如国家地理空间情报局（NGA）等提供高分辨率卫星遥感图像，提供太空态势感知、定位导航与授时、情报监视与侦察等太空能力。

(7)“铱”星公司

“铱”星公司是美国商业卫星运营商，为美军提供商业通信支持，为作战提供移动通信应用服务。近年来美军通过在商业卫星上搭载军用有效载荷的方式更广泛地利用商业卫星弥补军用系统的不足，“铱”星公司在美国空军“搭载有效载荷”合同框架下，已在 NASA 多颗卫星上开展了招标工作。

(8) 分析图形公司（AGI）

分析图形公司是美国领先的太空态势感知数据和产品应用服务公司，为政府和商业实体提供太空物体（卫星和太空碎片）分析和监测，包括资产防护、碰撞预警。AGI 利用其软件模型建立了商业太空运行中心（ComSpOC），可提供太空态势感知、太空控制、环境监测、卫星操作等太空能力。

5.3.4 盟友力量

第二次世界大战期间，英、美两国建立了信号情报合作关系，双方订立《英国政府密码学校和美国战争部关于某些“特殊情报”的协议》，同意全面交换各自对轴心国、陆军、空军及秘密机构的信号进行探测、识别和监听所得的信息以及对其加密机制进行破解的方法。同时加拿大、澳大利亚、新西兰作为英国自治领地，也在战争期间参与英美情报合作（称“五眼联盟”），利用其地理位置优势监测外国通信。战时的信号情报合作在战后得到延续和加强，其目标范围扩大至所有的外国政府、军队、党派、机构以及为上述实体服务的个人，内容涉及所有可能含有军事、政治或经济价值的外国通信。

“五眼联盟”情报合作主要服务于美国及其盟友的全球安全战略。在 70 多年的发展演变过程中，“五眼联盟”长久不衰，被誉为国际情报合作的“黄金标准”。冷战时期，“五眼联盟”情报合作的核心任务是遏制苏联，通过监听苏维埃国家公民、党政军官员、宗教领袖的通信以及截获政府机构传递的政策文件，了解其国防军事状况、民众政治倾向变化、工农业生产和财政经济发展状况等。进入 21 世纪以后，五国决策层希望“五眼联盟”能够进一步调整，以适应新的全球威胁与挑战。目前通过“五眼联盟”共享太空态势感知（SSA）数据、共建军事航天装备、海外部署装备、构建太空作战联盟、开展联合太空军演、制定外空行为规则等方式，捆绑国际利益，增强整体实力，降低成本与风险，提高对手与之抗衡的代价。

美国依托“五眼联盟”国家构建国际太空作战联盟。2011 年美国的《国家安全太空战略》提出探索制定多国太空条令框架，实现盟国间在危机与冲突时集体分享太空的能力。在施里弗-2012 演习中检验盟国太空作战概念；2014 年“施里弗”演习第二阶段完成后，美、加、英、澳四国签署并发布《盟国太空作战伙伴关系》联合声明；2018 年，美国战略司令部继续保持“五眼联盟”的太空作战倡议，同时新增与法国、德国的太空作战倡议，同年，美国太空作战指挥机构联合太空作战中心更名为联盟太空作战中心。

截止到 2018 年年底，美国已经与英国、德国、法国等 17 个国家，欧洲航天局、欧洲气象卫星应用组织等 2 个政府间组织，以及 70 多个商业航天公司签署“太空态势感知数据共享协议”，与加拿大和日本签署合作协议，合作国提供的卫星数据汇入美国数据资源库。在共建装备技术方面，美国“宽带全球卫星通信”（WGS）系统已成为盟国共享的国际合作项目，美国还与日本、韩国、澳大利亚和挪威等国开展了利用盟友卫星搭载美军有效载荷的合作项目。为弥补美军现有地基太空态势感知装备在南半球与东半球存在监视盲区的问题，实现对全球太空物体尤其是东亚地区的持续跟踪，美国正在向南半球与东半球迁移、部署多个太空态势感知监视设备。这些动作内涵极其丰富，其实质是构建美国主导的国际空间安全“游戏规则”，利用自身的影响力提前召集各商业集团进入自己的太空作战计划中，将几个国家的空间活动纳入其倡导的“游戏规则”之下，利用整个联盟之力，孤立、约束潜在对手，提高与其对抗的风险与代价，迫使潜在敌人自我克制。

5.4 美国太空力量的协调合作

美国太空力量领导管理体制的功能是在平时对国家太空力量建设和各项活动实施领导和管理。其结构在宏观上表现为“总统—国防部长—太空司令部”与“总统—国家情报主任—情报界太空机构”两条并行的链路。两条链路所包含的双峰结构既是国家太空力量碎片化的重要表现，也是造成碎片化的重要原因。虽然国家太空力量的历次调整改革均将碎片化作为靶子、将集中化设为目标，随之碎片化程度不断降低、集中化水平不断提高，但碎片化的顽疾始终未能得到根除，当前，美国太空力量领导管理在部分领域仍然存在碎片化的现象。而在中观和微观层次上，内部的交流与合作则是维系国家太空力量管理体制生存的必然要求。军事太空力量与民用、商业太空力量也建立了密切的互惠关系。

5.4.1 成立协调机构

在军事航天内部，诸多太空利益主体之间的政策、计划、活动需要统筹和协调。为此，军方设有相应的协调机构。其中，信息作战与太空执行委员会是处理机构间太空事务最主要的平台，此外还有非正式的太空伙伴关系委员会等机构。不过，这些机构没有一家能够为总统对国家太空事务的领导提供有效的决策支持。可见，虽然在军事太空力量内部长期存在一定形式的协调机构，但其影响力和实际作用始终比较有限。

在军事太空力量与情报界太空力量之间不存在隶属关系，更需要统筹和协调。早在 1965 年 8 月国防部长与中央情报主任之间签署的第四份协议中就曾建立了由国防部副部长（任委员会主席）、中央情报主任和总统科学技术特别助理三人组成的执行委员会。2004 年 5 月成立的国家安全航天办公室，是唯一一个专注于推动军、情、民、商四个部门太空事务融合与协调的机构，为空军、国家侦察局、联合参谋部、国防部长办公室、国家情报主任办公室、白宫、国会、各军种、其他局署以及国家太空利益相关方提供直接的支持。2017 年 4 月，美国防部、战略司令部、空军航天司令部和美国情报界合作组建的跨部门联合太空作战中心（JICSPOC）更名为国家太空防御中心（NSDC)，继续探索、开发和完善太空作战概念、战术和战技等，旨在为作战部队提供关键太空能力指导。然而，军事太空力量与情报界之间，军、情、民、商四个部门之间的融合与协调的难度比较大，面对强大的利益主体，协调机构虽然能够发挥一定的作用，但这种作用是孱弱和不稳定的。军事太空力量与民用太空力量之间的合作事关美国航天的整体健康发展，是一项国家层面的事务。经过半个多世纪的竞争与磨合，军事太空力量与民用太空力量逐步建立了较为平稳的合作关系。推动二者合作的协调机构大致分为总统和国会、军事太空力量与民用太空力量、具体项目三个层次。

总体上看，美国国家太空力量之间的协调机制长期存在，但其发挥的作用较为有限。这也与美国总统协调各太空利益主体时的作用比较类似。可以认为，长期存在但作用弱小的协调机构正是碎片化的美国太空领导管理体制的一个共生物。

5.4.2　整合培养人才

美军各军种十分重视太空人才的培养，建立了自己的太空人才培养渠道。相对而言，空军的太空人才培养体系最为完善，水平最高。其中，2004 年 10 月成立的国家太空学院是国防部太空教育培训的核心机构，该学院源于空军太空战术学院和太空作战学院。除了为空军提供教育培训外，国家太空学院还积极为其他军种和政府部门提供相关教育培训。国家太空学院在美国军事太空人才培养方面发挥着孵化器、播种机的作用。

军事太空力量与情报界也积极加强双方在人才培养方面的合作。2006 年 6 月 7 日，时任的空军参谋长 T. 麦克·莫斯利上将与国家侦察局局长唐纳德·M. 科尔共同签发《意向声明—空军—国家侦察局伙伴关系》，该文件是双方合作的重要指导性文件，为空军与国家侦察局之间规划了互派高官、人才培养、卫星防护、航天发射等四个方面的合作。

5.4.3　开展业务合作

美国太空力量在太空领域开展的业务合作，既体现为军方各机构之间的合作，也体现为军事太空力量与情报界太空之间的合作。后者由于体现了美国国家太空力量的整体凝聚力和协同力而显得尤为重要。

总的来看，各领域的太空力量的合作业务主要包括三个方面。一是在航天发射方面，空军、国家侦察局以及航天界其他机构通过由国家侦察局局长和国防部航天执行机构共同领导的航天工业基础委员会在航天发射领域开展合作。二是在太空态势感知方面，在军方与国家侦察局之间，由于在太空目标监视上国家侦察局主要依赖军方，因此国家侦察局对军方的态度十分主动，双方建立有良好的合作关系。三是在卫星防护方面，美国认为，进入 21 世纪后美国航天系统面临的来自各方面的威胁越来越严重，有必要加强对美国航天系统尤其是卫星系统的防护。为此，国家侦察局与空军在相关领域开展了合作。

在美国太空力量的四个部门中，商业航天是历史最短但却最具活力和发展前景的部门。传统太空力量与商业太空力量之间曾经且正在发生多种类型的相互支持与联系。随着商业航天的迅速发展，这种支持与联系正变得愈加紧密。

5.5 几点启示

美太空力量建设已经走过了半个多世纪的历程，经过冷战时期的竞争和冷战后的有选择发展，美国太空力量已形成规模。通过研究美国太空力量建设情况，可以探索其建设的特点规律，并从中得到有益启示。

（1）太空力量建设需要选择适合本国国情的发展模式

在发展体制上，美军充分借助空军在航天资源方面的先期优势，以及雄厚的经济科技实力，采取了“空天一体、空军主导、军种分布、独立成军”的体制。美军从 20 世纪 80 年代初开始，经历了三军各自领导机构分别负责建设、联合航天司令部统筹建设、空军航天司令部主导建设、战略司令部统筹、独立成军 5 种模式。走的是一条“自下而上、从分散到集中”的道路，在调整太空军事力量建设模式时，后期可对前期建设成果有效利用，走出一条顺畅之路。因此，太空力量领导指挥体制建设要根据本国国情、军情，采取不同的发展模式，均没有从一而终、固定且唯一的模式，关键看是否符合国情、军情实际。

（2）循序渐进成立太空军是美国太空力量的必然选择

美军充分借助空军在太空资源方面的先期优势，以及雄厚的经济科技实力，采取了“空天一体、空军主导、军种分布、独立成军”的渐进体制。与传统航空力量发展历程相比较，太空军事力量从战略支援力量向战术支援力量拓展，这是由太空军事力量先天属性所决定的。正是由于这一特性，美国强调要由超越其他军种、战区的职能机构对太空军事力量进行集中指挥，以有效发挥其战略决策支撑功能，同时有助于统筹协调军兵种的战术运用需求。太空军是美国自 1947 年起，在美国陆军航空兵基础上成立空军以来组建的首个新军种，此举是美国面对未来太空新环境、新挑战做出的重要战略抉择。

（3）太空力量建设必须与国家太空战略相契合

美国具有较为完整的太空作战理论体系，特别是相关作战纲领文件不断更新，内容愈加丰富。在太空战略指导思想上，美国强调太空战略服务于国家利益，其制定太空战略依据的是国家战略和军事战略。这一思想首先体现在加强和维护国家安全上。从 20 世纪 60 年代起，“做太空的主人”及控制太空也一直是美国国家安全战略的理想目标。在太空战略目标上，美国强调“确保美国在太空的行动自由”，即掌握制天权。夺取制天权的目的是要控制太空，“确保美国及其盟国具有进入太空的行动自由，以及在需要时阻止他国应用太空的能力”。

国防部长埃斯帕说，“保持美国在那个疆域的主导地位现在成为美国天军的使命”。取得组建太空军的授权对特朗普来说是一场重大的政治胜利。他在 2018 年初开始力推组建航天军种的设想，同年 6 月指示五角大楼制定规划予以落实。巴雷特说："在国会两党和两院的强力支持下，总统的这一愿景已化为现实。"

（4）采取模块化发展模式是太空力量建设的有效方法

从美军太空作战力量建设发展的历程和趋势看，美军在太空作战力量建设中非常注重太空作战力量基本模块建设。这是由其当时军事太空力量有限的客观实际和对太空力量的地位作用认识不足所决定的，但这种以能力模块发展带动太空作战力量建设的模式也有其特有优势：在太空作战力量独立列编之前，各力量模块可以在其他军兵种得到建设与应用；当时机成熟时，各力量模块可以很方便地从其他军兵种之中剥离出来，根据一定的体制编制组建成具有一定作战能力的独立军种；在作战运用中，各力量模块可以根据需要进行灵活编组，以适应不同的作战任务需求。因此，应根据军事斗争和技术发展水平，整合现有太空资源，进行重点集中建设和运维，加强对民商太空力量的技术牵引；发展海基、空基发射力量；推进太空力量在轨生成和信息支援保障能力建设，提高太空信息支援的数据获取分发和服务产品生成等能力，在相关军兵种内适时部署具备不同作战能力的太空作战力量应用终端。同时在建设运用中科学论证各太空作战力量模块及作战应用体系，不断夯实太空作战力量建设发展基础。

第 6 章　美国太空军组建与调整

美国太空军尚处于组建过程中，为加快建军步伐和降低阻力影响，先期只在空军部隶属下整合太空力量，调整了空军部与太空作战、装备、教育和训练直接相关的部队和单位，许多战勤保障和行政管理职能仍由空军把持，涉及的基地资产还未与空军达成协议。同时为进一步整合其他军种的太空力量预留了位置，美太空军组建工作加速，组织结构和兵力编成改革调整向纵深推进。

6.1　美国太空军组建过程

2019 年 8 月，特朗普宣布正式成立美国太空司令部，2019 年 9 月美国成立一级太空司令部，使之成为与战略司令部平级的联合作战司令部之一，负责统一指挥各军种的太空作战力量。美军把太空作战指挥与控制提升到更高的战略层级，将进一步促进太空利用方式从发挥支援功能到成为作战疆域的根本性转变。

6.1.1　成立背景

美国组建太空军源于 2017 年 4 月众议院举行的一次研讨会，众议院战略力量小组委员会主席罗杰斯在美国国家太空研讨会上公开呼吁要建设独立的太空军，这引发了美国各方热烈的讨论。当时罗杰斯给出的理由有三个：一是军事太空力量当时隶属于空军，而其经费却在空军中占比较少，不受重视；二是太空军的决策体制不完善，决策机构分布于国防部超过 60 个部门，导致实施低效；三是空军内部对于航天人才的重视不够。

2017 年 6 月，美国众议院武装力量委员会提出组建独立的“太空军”的提案。2018 年 3 月，特朗普首次透露组建“太空军”的消息。特朗普作为美国总统如此热衷创建太空军和重视太空军，就是想借此向支持他的选民表明，历史上太空曾经让美国伟大，未来太空将让美国再次伟大。

美国当地时间 2018 年 3 月 13 日，特朗普总统在一个海军陆战队航空站演讲时突然提出，美国应该组建“太空部队”，作为一个独立的新军种以执行“保卫太空”的任务。消息一出，便引起美国政军界和舆论的热议。美国主要的军事太空力量多年由空军管辖，“空天一体作战”理念已深入人心，太空军成军后，其组织领导和法规条令体系需要重新构建，与空军边界的划分和磨合也是一大问题。之前就有美国研究机构刊发文章，列出了成立“太空军”的种种弊端，包括破坏原有军事平衡、为联合部队整合制造新障碍、冗余建设不可避免、催生新官僚机构等等。美国太空力量发展历史悠久、规模庞大、霸主地位毋庸置疑，但问题主要体现在以下三方面：

1）太空安全领域组织管理职责高度分散。据初步统计，美国仅在国防和情报系统就有 60 多个组织负责太空采办。虽然 80%左右的太空部队和预算都集中在空军，但一些卫星系统、用户终端、地面控制系统和卫星应用人员也分布在陆军和海军，还有大量秘密太空预算由国家侦察局等情报机构掌握。当国家安全太空预算分散在这么多不同组织时，就意味着没有人有权在整体上做出决策和权衡，必然导致太空安全领域决策缓慢、项目超支、进度滞后和出现问题难以问责等情况。

2）太空安全专业人员发展受限。美国的太空作战、情报、工程与管理等专业人员分散在不同军种与情报机构，在每个组织中大都属于弱势群体，人员流动过于频繁、职业上升空间有限、难以形成整体合力。没有独立的太空军，就难以稳定队伍，同时也影响太空备战打仗。

3）现有军种对太空重视受限。因为陆、海、空军都是围绕其主要作战领域进行组织的，所以太空力量往往被视为发挥辅助或支援作用。当军种必须在太空和其本职领域选择时，太空无疑会排在后面。长期以来没有一个军种专职于太空，给美国太空军备建设带来一系列深层次问题。

上述问题存在已久、世人皆知，但由于美国内部太空相关利益方盘根错节，曾经提出的解决方案不是浅尝辄止，就是遥不可及。特朗普以商人的敏锐与精明，看到了创建太空军是解决上述问题的根本之道，于是就有了不惧争议，力推太空军的创举。

从美国政局和军事太空力量的现状来看，组建太空部队的倡议蕴含着一定的动机和背景。美军太空司令部并不是一个新鲜的机构，早在 1985 年，里根总统就设立了太空司令部，并成为“星球大战”计划的重要组成。2001 年“9·11 事件”之后，美国武装力量的重点转向反恐和国土安全，于是太空司令部在 2002 年被解散，其职能被战略司令部兼并。美国成立太空军是必然的结果。

从特朗普突然宣布组建太空部队的时间点和背景来看，这番言论可能既出于其让美军“再次强大”的构想，也与他所处的国内政局相关。特朗普此次演讲的要旨，是向军人听众们强调他支持增长军费和扩充军备的决心，并在强化美国军力方面有所作为。因此，除强调继续增购 F-35 隐身战斗机和新型舰艇等老话题外，也需要太空部队这种引人注目的新倡议来吸引关注和资源。同时，此举恐怕也有为即将到来的国会中期选举注入“强心剂”的考虑。共和党在国会两院占据的优势，对特朗普推行各项富有争议的政策提供了政治运作层面的保障。由此观之，特朗普屡发惊人之论，可能也包含着拼凑政绩以争取得到共和党的支持。

从美国太空部队的现状以及未来军用航天领域的发展趋势来看，太空部队独立成军也具有一定的必要性。无论是太空军事运用的范围，还是目前掌握的太空军事资产规模，美国都在全球处于首屈一指的地位。然而，在领导与指挥体制方面，美军却可能居于落后地位。美国的太空部队不仅在地位上附属于空军，在指挥链条上也存在多头管理的现象。目前，美国空军太空司令部，国防太空委员会以及主管太空作战行动的空军副参谋长均对太空部队的运用管理负有责任，在发展规划和资源分配方面经常难以协调。其他军种也在发展自己的太空军事资产。此外，同时管理航空力量、核力量和太空力量的空军，对于太空部队的发展也愈发力不从心。这种离散式的指挥体制不利于美军对其太空军事资产进行整合利用，限制了美国太空军事资源的优势和潜力。而太空部队脱离空军独立建军，或许能打破目前美军太空部队所处的体制困境。

6.1.2 筹划组建

美国武装力量的组建受《美国法典》约束，特朗普的太空建军号令最终生效，要等待国会参众两院的通过，表 6-1 列举了美国太空军成立过程的时间。从历史经验看，类似重大编制体制改革，通常需要经历漫长的论证周期。太空军不仅会大量接收原来隶属其他军种的太空作战力量，还将涉及军种间的权力切割、资源调配、经费划分等一系列问题。

表 6-1 美国太空军成立过程时间表

时间	事件
2017 年 4 月	美国国会众议院军事委员会战略力量小组委员会主席迈克·罗杰斯在第 33 届太空研讨会上呼吁在空军内成立“太空部队”
2017 年 7 月 14 日	美国国会众议院在《2018 财年国防授权法案》草案中提出成立“太空部队”
2017 年 11 月 9 日	美国国会最终通过《2018 财年国防授权法案》，未提及成立独立太空军，但要求就相关事项开展研究
2018 年 3 月 13 日	美国总统特朗普首次提出建立太空军的想法
2018 年 6 月 18 日	美国总统特朗普在国家太空委员会举行的会议上发言要求国防部建立太空军
2018 年 8 月 9 日	美国副总统迈克·彭斯公布国防部向国会提交的《国防部国家安全太空部门组织与管理结构的最终报告》，提出分两阶段筹建太空军，首先成立太空发展局、太空司令部等机构
2018 年 9 月 10 日	美国国防部代理部长沙纳汉发布《太空重组与管理任务》备忘录，指明国防部将在 2020 财年建立太空军
2019 年 2 月 19 日	美国总统特朗普签发第 4 号太空政策令《建立美国太空军》，明确要求在空军内部建立太空军，作为美军第六大军种
2019 年 2 月 27 日	美国国防部代理部长沙纳汉向国会提交国防部有关组建美国太空军的立法提案和《美国太空军》战略概述
2019 年 3 月 12 日	美国国防部代理部长沙纳汉组建太空发展局，作为国防部内一个单立机构，负责未来国防太空架构的构建
2019 年 8 月 29 日	美国总统特朗普正式宣布建立美国太空司令部，作为第 11 个一级作战司令部，负责统一指挥与控制各军种太空作战力量
2019 年 12 月 20 日	美国总统特朗普签署《2020 财年国防授权法案》，正式授权成立太空军
2020 年 1 月 14 日	约翰·雷蒙德将军正式就任太空军司令部司令
2020 年 2 月 3 日	美国空军部长芭芭拉·巴雷特向国会递交第一份太空军组建方案
2020 年 2 月 19 日	美国太空军发布《卫星通信愿景》文件，正式提出建立一个军商集成的统一卫星通信体系架构，为竞争性、降级或受限通信环境下的作战人员提供卫星通信连接
2020 年 2 月 20 日	美国总统特朗普向国会提交 2021 财年国防预算申请。其中，美国太空军首次为全年运行申请约 154 亿美元
2020 年 2 月 23 日	美国太空军向国会申请 10 亿美元资金，用于 2021 财年没有资金支持的优先事项

2017 年 5 月，美国众议院首次在《2018 财年国防授权法案》中提出组建半独立军种的改革方案，即在空军部下设“空军航天军”（Space Corps）。该提议遭到包括空军部在内国防部多位官员的反对，最终未获参议院的支持，在两院最终表决版本中被删除。同时，众议院还要求在战略司令部之下成立二级统一司令部——美国航天司令部，由其司令组建来自多个军种的联合参谋部，负责指挥太空联合作战。该条款当时也未获参议院的支持，在两院最终表决版本中被删除。

2018 年 3 月以来，特朗普总统多次在公开讲话中提出组建太空军计划，表示将建立陆军、海军、海军陆战队、空军和海岸警卫队之外的第六军种。特朗普总统没有对外披露具体改革方案，但指示国防部成立专门领导小组，具体研究太空军组建方案。

2018 年 3 月 23 日，特朗普在白宫发布了美国《国家太空战略》，其中提道：“向更有弹性的太空架构转变：我们将会加速变革，以便增强太空架构的弹性、防御能力以及在遭受打击后的重建能力。”对此，全球航空航天工程师协会“小火箭”的专家当时预测：未来不久，美国的太空作战力量将从美国国家侦察局、美国空军等组织机构中独立出来，单独成军。仅时隔 3 个月，这一预言成真。

2018 年 6 月 18 日，美国总统特朗普迫不及待地下令筹划组建太空军，整合美军太空资源，逐步让太空军成为美国第六个军种成为国防部的重要工作之一。当日，美国白宫发言人证实：“总统要求国防部就该问题（指的是组建太空军的问题）开始工作。我们正在实施组建过程的初步阶段。为此，我们将与国防部以及其他有关部门开展积极的合作。”

2018 年 8 月 1 日美国国会通过的《2019 财年国防授权法案》中进一步提出将美国航天司令部提升为第 11 个一级联合作战司令部，配齐作战、情报、人事、战勤、规划计划、信息系统、训练演习、兵力结构和资源评估等全要素，赋予统一指挥各军种力量遂行太空联合作战职能。从 2018 年 1 月 8 日起国家太空防御中心正式转入作战值班，与联合部队太空组成司令部合并，重点整合军方和情报部门数据资源，保护美太空基础设施免受潜在威胁，统一指挥国防部和国家情报领域太空力量，为正式组建美国航天司令部奠定基础。

2018 年 8 月 9 日，美国国防部向美国副总统彭斯提交了《关于国防部国家安全航天构成的组织和管理结构的最终报告》，介绍了特朗普政府的美国太空军组建方案。报告指出，太空军不会从零开始组建，而是由先前存在的部门组成。五角大楼将引导整合航天资源，将其纳入太空军。报告介绍了 2020 年建成太空军的两个阶段的具体实施计划：第一阶段将利用现有职权，组建太空军的 4 个组成部门，即太空司令部、太空军作战部队、太空发展局、太空军管理和保障职能部门；第二阶段将申请国会授权，将这些部门整合成独立太空军。

2018 年 10 月 23 日，美国航天委员会召开第四次会议，强力推动太空军的组建工作。会议形成向特朗普总统提交的 6 项建议：建立新的航天作战司令部，作为一级联合作战司令部，明确航天作战指挥流程，并确立 21 世纪航天作战战术、战技和战规；由国防部长领导成立太空发展局；与国家安全委员会合作对当前航天领域的跨机构职责进行全面评估；生成成立太空军的立法建议；编制 2020 年预算文件，批准成立太空军；加强情报界与太空军的合作。

2018 年 12 月 18 日，白宫发布声明，计划新成立的美国航天司令部将成为一级功能型联合作战司令部，将战略司令部原所有太空职责移交。航天司令部是太空作战部队的联合兵力提供方和训练方。后续还将更新美军统一指挥计划。

2019 年 2 月 19 日，美国总统特朗普以备忘录形式签署了第 4 号航天政策指令，为美国组建太空军确立了基本原则，并要求美国防部起草相关法案，提交国会表决。该指令作为美组建太空军的最新动向，是其国内各方讨论博弈的阶段性成果，描绘出未来美太空军的雏形。该指令由美国国家太空委员会携手五角大楼、美参谋长联席会议、美国家情报总监办公室、美国家安全委员会等多个部门共同制定，是多方集智攻关、协商妥协的结果。新太空政策指令包括 11 个部分，主要体现在以下两个方面：

一是关于新军种的部队构成。太空军将整合军事太空活动相关的现有部队和职权，经国防部长与各军种部长协商，纳入来自国防部所属武装部队和有关军事人员，主要是空军航天司令部、陆军航天与导弹防御司令部、海军舰队部队司令部和海军陆战队战略司令部所属部队，不涉及美国航空航天局、国家海洋和大气管理局、国家侦察局或其他非军事太空部门。可以看出，太空军将由现有部队转隶整合而来，与其他有关部门是协作关系。而美军高层协商的结果，可能是大部分军事太空力量划归太空军的同时，其他军种保留有限军事太空力量，以保障自身通信、侦察和作战需要，正如同各军种都装备有飞机一样。

二是关于新军种的职能任务。太空军将负责组织管理和训练装备美国军事太空力量，以确保无障碍的太空进入和行动自由，并在和平与冲突时期为联合及联盟部队提供关键能力。美国太空司令部具有太空联合作战指挥权，而太空军和其他军种向美太空司令部提供所需兵力，具有所属部队的建设管理权。新指令还提出了立法建议和预算的相关问题，以督促太空军组建立法和预算等事宜尽快落实。

2019 年 2 月 27 日，美代理国防部长沙纳汉以电子邮件形式向国会提交了国防部有关组建美国太空军的立法提案（75 页）和《美国太空军》战略概述（20 页）。2019 年 3 月 1 日，美国防部网站公布了这些文件。其中，《美国太空军》战略概述描述了美国当前面临的战略环境，总结了美国太空军的作用和使命、职能和权限、组织结构、过渡计划、人事和预算计划，与其他军部和军种、作战司令部和情报界的关系等。

6.1.3 正式诞生

经历了 2018 年“美空协反对之声”“威尔逊与格里芬发展路线之争”“太空军额外预算辩论”“组建方案可能性分析”等事件后，美军太空部队的成立成为 2019 年世界讨论的重要话题。2019 年 8 月，特朗普宣布成立太空司令部，要确保美国“在太空的统治地位永不受质疑和威胁”。太空司令部将承担此前战略司令部负责的与太空相关的所有事务。重新设立太空司令部，是特朗普政府建立太空军的“临门一脚”。不过，从特朗普提出建立太空军开始，就遭到了众多国会议员和空军部门的反对，认为太空军会导致机构臃肿、经费浪费。还有些人批评特朗普好大喜功，只是想要成为新军种的缔造者留名青史。

无论动机如何，建立太空军确实能把原来分散在各军种的太空力量和资源集中起来，大大加快了美国太空军事化的节奏。经过和国会两年的交锋，2019 年 12 月 17 日，特朗普签署了《2020 财年国防授权法案》，太空军正式成为美国第六大军种，和陆军、海军、空军、海军陆战队以及海岸警卫队并列。

2020 年 6 月共有约 8 500 名现役空军人员签约进入太空军，目前共有 16 000 名临时的空军和文职人员，他们过去隶属于美国空军太空司令部。在 2019 年年底前，约 6 000 名临时工作人员将正式成为太空军的成员。在 8 500 名签约进入太空军的现役空军人员中，很多人员所拥有的专长既适合空军，又适合太空军，这些专长包括情报监视、态势感知、信息支援、装备研发、工程采购等。从目前看，2020 财年美国现役陆军 48 万人、海军 34 万人、海军陆战队 18.6 万人、空军 33.3 万人，海岸警卫队 5.6 万人。相比之下，太空军的 1.6 万人要达到“独立而平等”的地位仍需要漫长的过程。

自 2019 年 12 月 20 日正式授权，美国太空军组建工作将持续到 2024 财年，致力于迅速建立起精益、敏捷、以任务为中心的太空力量体系。在时间节点方面，国防部长每 6 个月向国会提交太空政策副部长办公室组织框架，特别是是否包括情报机构的太空力量；太空军采办委员会在每季度结束后 1 个月内提交上一季度工作情况，直到 2025 年第一季度；2022 财年空军完成采办移交；2023 财年起设立主管航天系统与计划的军种采办执行官。后续工作安排如下：

1）建立太空军的组织体系。太空军在空军内部以新军种形式建立，设立“太空作战司令办公室”即太空军总部；酌情设立包括作战指挥部、采办和系统开发、训练和教育等职能机构以及下属战术部队；依靠空军提供保障和日常管理职能。

2）理顺美国军事航天管理机制。整合各军种的太空作战力量，太空军将整合分散于各军种及其他机构的太空作战资源及力量，实行统一管理，促使通信、情报、导航及导弹早期监测和预警等优势太空能力形成作战力，构建军事太空力量。

3）调整太空系统采办机制。新设空军太空采办与整合助理部长一职，并设立太空军采办委员会，负责主要的军事太空采办项目，加快太空采办工作，改进军事太空系统采办时间表，提高下一代太空能力的敏捷性和交付速度。

6.1.4 初露锋芒

太空军成立以来，其主要任务是增强部队的竞争优势，其中与盟国的合作是关键。英国是第一个加入美国“奥林匹克卫士”作战计划的国际合作伙伴。通过该计划，美国及盟友可以完善太空行动和任务保障，加强太空弹性，实现威慑太空中的敌对行为，维护重要的国家利益。雷蒙德表示，未来美国将继续与跨大西洋盟友一道提高太空能力，合作还将深入至“阿尔忒弥斯”计划，该计划是月球开采国际协议，根据协议草案内容，成员国可以在月球基地设立“安全区”，防止遭到其他国家和公司的干扰破坏，同时还赋予私营公司对月球矿产资源的所有权（谁挖到矿就算谁的）。

2019 年 9 月 4 日，美军施里弗-2019 演习在亚拉巴马州麦克斯韦空军基地启动，这是自 2001 年以来美军组织的第 13 次“施里弗”太空战演习。此次施里弗-2019 演习是 2019 年 12 月 20 日新成立的美军第 11 个一级作战司令部——太空司令部首次组织的太空作战演习。太空司令部在近一周的时间内，组织多达 27 个美军部门以及英国、澳大利亚、加拿大、新西兰等 4 个盟国的太空部门联合参演，参加人员涉及现役军人、退役将领、太空作战专家、政府官员、民间商业机构和盟国官员等共 360 余人，旨在统一指挥所有的与太空作战域有关的力量，集中推演和研究如何击败对手、主导太空。

2020 年 1 月 9 日，太空军利用“天基红外”系统的导弹预警卫星监测到伊朗向伊拉克境内美军基地发射弹道导弹，为美军地面部队提供了预警，成为太空军组建后的首次作战行动。

2020 年 2 月 19 日，美太空作战部长兼太空军司令雷蒙德批准了《美国通信愿景》。该愿景共包括前言、背景、愿景、理想目标、体系环境及关键属性、关键概念、关键因素和结论 8 个部分，明确了美军未来卫星通信体系建设方向。文件描绘了美国太空军追求的未来卫星通信状态愿景。未来的卫星通信状态将具有带宽灵活性、终端与网络敏捷性、网络与链路安全性，以及与联合指挥控制系统的互操作性等。卫星通信体系将包括太空段、终端、网络、体系管理与控制、指挥与控制以及管理。

2020 年 3 月 13 日，太空军宣布反通信系统模块 CCS B10.2 版已经具备初步作战能力，并交付位于科罗拉多州彼得森空军基地的第四太空控制中队，成为太空军首个公开的“进攻型”武器。这个系统可以干扰敌方卫星的信息传输，不用直接摧毁卫星就能使其丧失作用。一旦干扰系统关闭，卫星通信又能重新恢复。同时，时任美空军太空司令部司令的雷蒙德上将参加美国空军协会的年度会议时暗示，美国欲与“五眼联盟”国家（加拿大、英国、澳大利亚、新西兰）签署协议，共享全球太空发展技术和威胁信息，打造太空联盟小圈子，主导制定太空活动的游戏规则。

2020 年 3 月，美国兰德公司受委托撰写和发布报告《建立有效、高效、独立太空军的挑战与机遇》，建议制定完整连贯的太空作战理论，使太空军的理论具体化，成为真正的作战部队。美国军方还在研究论证天基传感器、天基拦截器及粒子束武器，2020 年 5 月 17 日，美国用宇宙神-5 火箭在卡角空军基地第 6 次发射 X-37B 空天飞机。

2020 年 3 月 26 日，美太空军发射了自组建以来的首颗卫星，这颗卫星是美军第 6 颗、也是最后一颗“先进极高频”通信卫星，价值 10 亿美元，由“军事星”通信卫星升级而来，旨在为美国提供全球范围内的加密通信网络，具有反拦截和反监测能力。此次发射由于液压故障推迟了 80 分钟。美国军事通信卫星包括宽带、窄带和受保护 3 个系列。这次发射的“先进极高频”通信卫星，就是受保护系列通信卫星的第三代，主要负责与战略和战术作战直接相关、对安全性和保密性要求高的信息传送，具有防截获、抗干扰等能力，包括抵抗核武器造成的电磁干扰。单颗“先进极高频”通信卫星可提供比整个“军事星”系统还大的容量。

2020 年 3 月 27 日，美国太空军宣布，经过 5 年的建造，最新的“太空栅栏”雷达系统已经投入使用，可以追踪小于 10 cm 的物体。这套造价 15 亿美元的系统由洛克希德·

马丁公司建造，能够跟踪太空中 26 000 个物体，包括各个轨道高度的军事、商业卫星以及太空碎片等。

2020 年 5 月 18 日，被称为日本版“太空军”的日本航空自卫队“宇宙作战队”正式成立，该部队负责监视太空垃圾、陨石和可疑卫星，保卫日本人造卫星。为强化太空作战能力，美日两国太空军未来将共享太空情报信息、联合培养太空人才、开展太空作战联合演习等。

2020 年 6 月 30 日，美国第三颗 GPS Ⅲ型卫星搭载 SpaceX 公司猎鹰-9 火箭从卡纳维拉尔角发射升空并进入轨道。这是 SpaceX 首次为美国太空军执行发射任务，也是太空军这一新军种成立以来进行的第三次发射活动。新型 GPS Ⅲ型卫星比此前卫星有明显改进，提供的精度是此前卫星的 3 倍，抗干扰能力高达此前卫星的 8 倍。不过，要等到更多组网卫星部署到位、下一代地面设施投入使用以及作战人员配备利用这些功能的装备时，才能使用该平台的全部功能。

2020 年 8 月 14 日，美国太空军宣布，作为“奥林匹克卫士”行动的一部分，美国太空军将开始与英国共享太空态势感知数据，包括与英国防部共享其标准化的太空动力学算法库（SAAL）。SAAL 包括美国太空军对轨道物理和算法的集合，可以帮助预测太空轨道物体的轨迹。“奥林匹克卫士”行动于 2020 年 5 月正式确立，由美国太空司令部负责，是一个由美国领导的太空盟友组成的联盟，旨在共同遏制太空中其他国家的敌对行为，并解决日益严重的轨道碎片问题。英国是第一个加入“奥林匹克卫士行动”的国家，也是第一个进入 SAAL 的国家。美国太空军希望在“奥林匹克卫士”行动中与更多合作伙伴分享 SAAL。

6.2　美国太空军领导管理

从 20 世纪 40 年代末开始，美军历经 40 余年，进行过 3 次大改和若干次小改，包括杜鲁门总统任内的 1947 年国防体制改革和 1949 年的体制调整，艾森豪威尔总统任内的 1953 年体制调整和 1958 年国防部改组，以及 1986 年由国会主导的《戈德华特——尼科尔斯国防部改组法》，改变了军队的组织方式，基本形成了联合作战行政领导和作战指挥体制框架。冷战结束之后，美军借助其相对成熟的纠错机制继续对这一框架进行局部调整和完善，但基本思路始终是围绕军政军令分离、强化参谋长联席会议（简称参联会）主席地位、明确战区司令部指挥权等措施进行了不断地改革和完善，最终形成了从总统、国防部长、参联会主席、军种部和战区联合作战司令部军事组织领导体制。当前，美国国防体制采取总统和国防部长统一领导下的军令、军政双轨制，即其领导指挥系统由两个相互平行、功能互补的分支系统组成，分别是作战指挥系统和行政与后勤指挥系统，也就是通常所说的军令、军政两条指挥链。美国军事组织领导管理架构如图 6－1 所示。

美国总统是法定的美国三军总司令，国防部和国防部长必须服从总统的军事指令。需要说明的是，军令、军政两条指挥链仅在各军种与战区（联合）作战司令部这一层面分开，其 11 个一级作战司令部（6 个战区司令部，5 个职能司令部）“专司指挥”，各军种部和军种参谋部“主抓建设”，确保“战时用兵的平时不管兵，平时管兵的战时不用兵”。而在上一级的国家指挥当局和下一级的各军种部队，美军军令、军政仍然是一体不分的。

新成立的太空司令部对美国的太空军事行动将拥有全面掌控权，位于美军太空作战指挥链顶层，负责计划和实施太空作战，对美军所有太空部队拥有作战指挥权。太空司令部通过负责太空事务的联合职能部队司令部指挥官，对下属和配属的部队实施指挥控制。

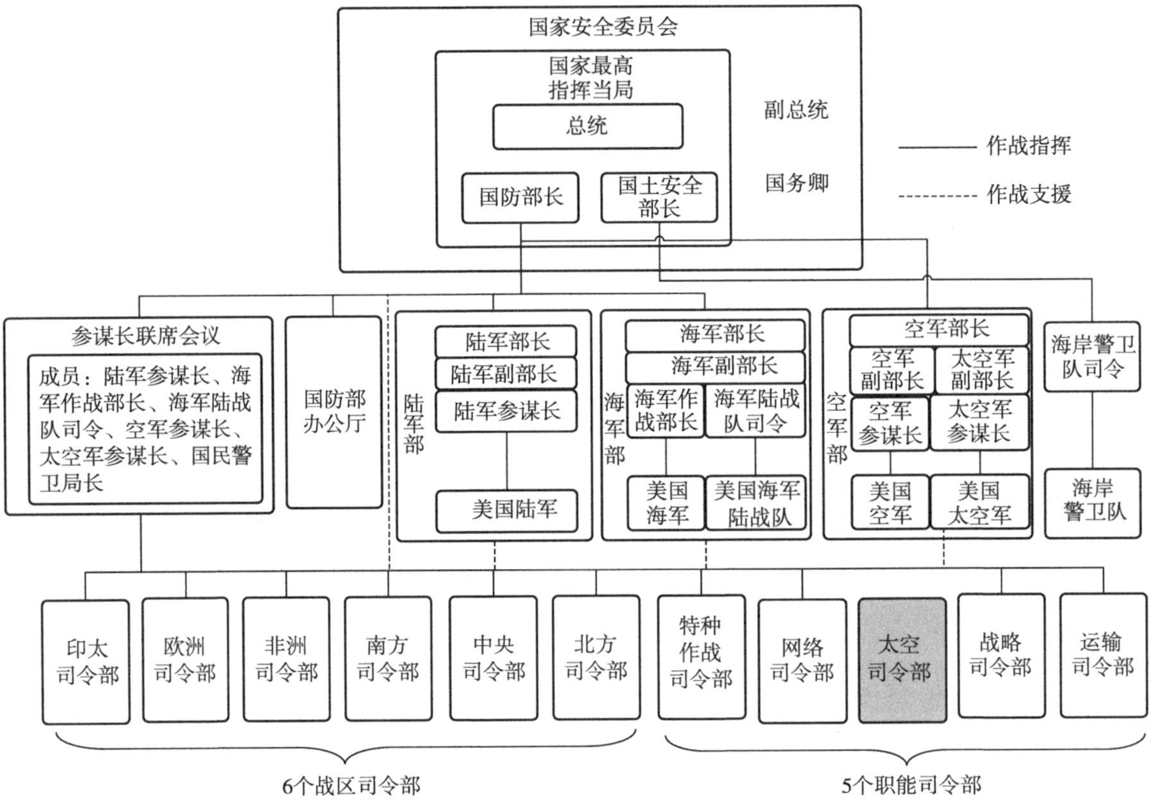

图 6－1　美国军事组织领导管理架构

6.2.1　国防部

1947 年以前，美国一直没有三军统一的指挥机构。第二次世界大战结束时，美军指挥的主要机构是陆军部和海军部。为解决“二战”中存在的联合作战体制问题，美国在 1947 年通过了《国家安全法》，撤销了陆、海军联合委员会，成立统管三军的国家军事部。1949 年《国家安全法修正案》将国家军事部改名为国防部，并提升其为内阁部，把三个军种部从内阁部降为国防部的直属部。从法律和体制上，保证了国防部的领导地位。总统是美国武装部队的总司令，行使最高指挥权，主要对“打不打”“为什么要打仗”等重大战略问题进行决策。国防部长在总统的指导下，通过参联会主席对美军实施作战指挥；各联合作战司令部司令官及其部属决定“如何打仗”。

6.2.2　参联会

第二次世界大战期间为了便于与英国协调作战行动，美国于 1942 年 2 月成立了参联会，各军种参谋长都是参谋长联席会议（参联会）的成员。1986 年美国通过的《国防部改组法案》从根本上改善了美军联合作战体制。该法案彻底结束了军种对作战指挥的干预，自此，美军联合作战组织领导体制趋于健全和成熟。总统和国防部长虽是最高指挥当局，但他们都是文官，在作战方面未必是内行，需要有人出谋划策和组织协调。为了解决这一问题，改组法案适当加强参联会主席的权力。但为强化文职领导地位以及防止参联会主席权力过大，法案规定联席会议主席无作战指挥权，只有通过国防部长授权转达有关作战命令。虽然参联会主席没有作战指挥权，是外挂在指挥链上的“辅助链节”，但在国防部长的授权下仍然担负建议、计划、监督等重要的作战指挥职责。保障参联会主席工作的机构是联合参谋部，完全置于参联会主席之下，不受其他军种参谋长左右。参联会是由总统、国家安全委员会和国防部长的最高军事顾问组成的参谋机关，直属国防部长领导，由主席、副主席，陆军、空军参谋长，海军作战部长和海军陆战队司令组成，是总统和国防部长的军事参谋机构。2019 年 2 月 19 日，特朗普政府“第 4 号航天政策指令”，明确太空军司令（太空作战部长）是参联会成员。

6.2.3　太空司令部

2019 年 8 月，特朗普宣布成立太空司令部，表示“太空在美国国家安全和国防中处于中心地位”“太空就是一个作战领域，就像陆地、空中和海洋一样，我们应拥有一支太空力量”，要确保美国“在太空的统治地位永不受质疑和威胁”。太空司令部将承担此前战略司令部负责的与太空相关的所有事务。目前，太空军成立后，美军战区联合作战司令部包括印太司令部、欧洲司令部、北方司令部、南方司令部、中央司令部、非洲司令部 6 个战区司令部和特种作战司令部、战略司令部、网络司令部、太空司令部、运输司令部 5 个职能司令部。

特朗普政府“第 4 号航天政策指令”还明确太空军作为美国第六大军种，隶属于空军部，这种形式类似于美海军陆战队和海军的关系。将设立分管太空军的空军部副部长和太空军司令（太空作战部长），其中空军副部长为文职。2019 年 12 月，特朗普签署《2020 财年国防授权法案》，宣布美国太空军正式成立，统筹太空力量建设，太空军是美国自 1947 年在美国陆军航空兵基础上成立空军以来组建的首个新军种，此举是美国面对未来太空新环境、新挑战做出的重要战略抉择。美军把太空作战指挥与控制提升到更高的战略层级，将进一步促进太空利用方式从发挥支援功能到成为作战疆域的根本性转变。此次能将太空军留在空军部，意味着空军目前稍占上风，这样的安排既照顾了目前空军的既得利益，又体现了对太空军发展建设的重视。目前虽然让太空军作为第六大军种隶属于空军部，太空作战部长将直接向空军部长汇报，但未来会根据太空军的发展以及国家安全的需要，适时在国防部下建立独立于空军部的太空军部。

美国太空军与空军在行政上均接受美国空军部长领导，但彼此独立，没有附属关系，类似海军陆战队与海军的关系。太空军军衔最高的军官为太空军司令（或太空军作战部长），职位与空军参谋长相当（四星上将），每届任期 6 年，负责太空军全面事务，有权同陆军参谋长、海军作战部长、空军参谋长、海军陆战队司令以及国民警卫队局长一道，列席参谋长联席会议。在行政指挥链上，由上至下的构成为“总统——国防部长——空军部长——太空军司令”指挥链，其主要职能是“养兵”。由总统和国防部长通过空军部长，授权太空军司令统管部队日常建设，包括制定军种战略和政策、国防预算、兵力规划，负责驻扎在本土及海外的太空军现役、后备队和文职人员的行政管理、战备训练与装备保障等。在作战指挥链上，作为与战略司令部同级别的军种司令部，在作战中接受总统和国防部长垂直指挥。

6.3 美国太空军基本架构

为进一步形成综合集成、攻防兼备的太空作战能力体系，自特朗普执政以来，不断从领导体制改革、机制运行、重点领域建设等方面积极推进太空力量建设，试图为美延续全球霸权提供更强有力的军力支撑。成立太空军后，太空部队将获得更多的资源，用以发展军事航天装备、提升部队能力水平。一方面，成立太空军有利于加快太空任务保证能力的建设。美通过增强太空架构的弹性、防御能力以及在遭受打击后的重建能力等，提升太空任务保证能力。另一方面，通过建立太空军，美太空力量将获得与陆、海、空同等的地位，将改变太空力量仅承担保障性、支援性任务的现状，利用太空的高远优势，打破传统作战疆域的界限，提升美各军种“跨域协同”的作战能力，从而再一次获得对同等对手的联合作战整体优势。

（1）改基地为驻防区

彼得森-施里弗驻防区总部设在彼得森空军基地，合并了原驻彼得森空军基地的第 21 太空联队和驻施里弗空军基地的第 50 太空联队的机关。彼得森-施里弗驻防区的司令和军士长由原第 50 太空联队司令和军士长担任，副司令由原第 21 太空联队动员助理担任。

彼得森-施里弗驻防区还负责格陵兰图勒空军基地、科罗拉多州夏延山航空站、夏威夷卡伊娜角航空站、新罕布什尔州新波士顿航空站以及全球其他 16 个任务站点的太空军设施管理和保障。

巴克利驻防区总部设在巴克利空军基地，主要由原第 460 太空联队机关转变而来，司令和军士长由原第 460 太空联队司令和军士长担任。

巴克利驻防区还负责马萨诸塞州科德角航空站、北达科他州卡弗利尔航空站、阿拉斯加州科利尔航空站以及全球其他 10 个任务站点的太空军设施管理和保障。

2020 年 7 月 24 日，太空军停用 6 个作战大队和 1 个指挥中心番号，并从承担信息战任务的空军第 16 航空队转隶来的第 544 情监侦大队，组建了 8 个太空任务三角队。提出了“情报牵引、网络弹性、创新驱动，为对抗、降级和行动受限条件下作战做好准备”的建队指导思想。太空军停用番号：第 21 太空联队第 21 作战大队；第 21 太空联队第 721 作战大队；第 50 太空联队第 50 作战大队；第 50 太空联队第 750 作战大队；第 50 太空联队第 50 网络运行大队；第 460 太空联队第 460 作战大队；第 614 空天作战中心。

（2）基本架构

2020 年 6 月 30 日美国太空军披露了其未来组织架构，以“聚焦任务、扁平精干、敏捷高效”为指导原则，围绕组织、训练和装备的核心任务和职能，构建扁平化组织结构，如图 6－2 所示，尽快实现部队指挥、装备建设、人事和财务独立，同时为进一步整合其他军种太空力量预留了位置。

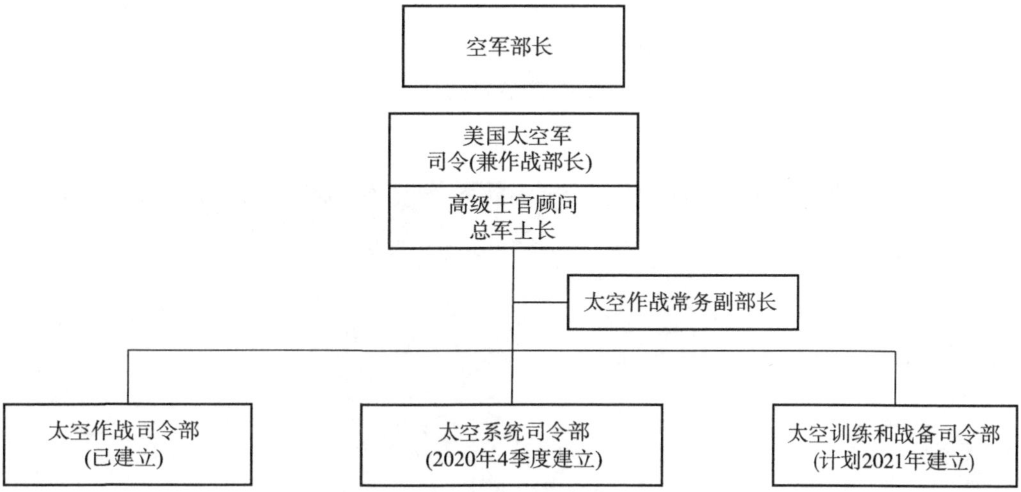

图 6－2　美国太空军组织结构图

第一层：3 个直属业务司令部（field Command）。太空作战司令部（SpOC），主官为中将级军官；太空系统司令部（SSC），主官为中将级军官；太空训练和战备司令部（STARCOM），主官为少将级军官。

第二层：若干三角队（Delta）。主官为上校级军官，以原作战大队为基础组建，规格介于联队和大队之间，主要承担作战、训练、设施支持等专业职能。

第三层：若干中队（Squadron）。主官为中校级军官，是主要战术单位，保持原作战中队结构，维持任务运行，并接收空军转隶来的若干中队。

空军部长芭芭拉·巴雷特担任太空军的文职领导人，授权其划分太空军的各部门和机构，担任太空军司令的是现年 57 岁的约翰·雷蒙德上将，他此前担任空军太空司令部司令，2020 年 1 月 14 日宣誓就任太空军司令。

作为美国太空军司令的约翰·雷蒙德完全成长于太空作战领域（图 6－3），他在空军已服役 30 余年，但其服役生涯大多与太空紧密相连。1984 年，雷蒙德进入第 321 战略导弹联队，4 年后被调往负责航天发射的第 30 太空联队。1993 年，雷蒙德进入空军太空司令部，担任商业运载业务主管和司令部行动组副组长。这 10 年的“摸爬滚打”使雷蒙德对太空作战有了系统认识，也奠定了其未来发展方向。2000 年以来，雷蒙德先后担任了第 5 太空监视中队、第 21 太空作战大队、第 30 太空作战大队以及第 21 太空联队的指挥官，任职范围覆盖了航天发射、导弹预警、太空目标监视、太空对抗等太空作战的各主要领域，对美国太空部队的整体情况可谓了如指掌。由于空军太空司令部掌管美国 80%以上的太空力量和经费，事实上雷蒙德就是美国的“太空军掌门人”。拥有深厚太空背景的雷蒙德，与美军长期以来将太空作战力量置于空军架构内的惯性思维不同，他多次强调太空已成为战场，并公开声称“如果我们面对的是一个同量级的对手，或实力接近的对手，我们必须要夺取太空优势。”他还撰文提出“空军及其他军种必须像思考如何应对大气层以内的战争一样思考如何应对太空中的战争”。这一主张与特朗普政府奉行的“美国优先”不谋而合。在上述思维理念的影响下，雷蒙德要求太空部队建设以太空备战打仗为中心。更值得注意的是，在担任空军太空司令部司令期间，雷蒙德通过推动建立智库论坛等手段，逐步提出重塑太空作战体系的一整套战略思想，其中就包含有发展弹性太空体系、创新太空作战概念以及建设太空任务部队等。

图 6－3　太空军司令约翰·雷蒙德上将和高级士兵顾问陶波曼军士长

1）太空作战司令部（SpOC）。2020 年 8 月 20 日，美国陆军上将詹姆斯·迪金森在科罗拉多州斯普林斯的彼得森空军基地就任美国太空作战司令部司令，副司令是太空部队出身的约翰·肖中将。迪金森是亚拉巴马州亨茨维尔陆军太空和导弹防御司令部的指挥官，2020 年 6 月，特朗普提名迪金森担任太空作战司令部的最高长官，并于 2020 年 8 月 6 日得到参议院的确认。在 35 年的陆军生涯中，迪金森曾领导野战火炮和导弹防御部队。上任不久迪金森声称，俄罗斯卫星在美国国防卫星附近进行轨道机动“让人感到不安全、不专业”，并发表讲话，“以往太空司令部在战略司令部指挥下时，我们没有这么做。但现在，太空是我们唯一的使命，我们希望在太空领域保持和平存在，并让我们的竞争对手对他们的所作所为负责。”

太空作战司令部为作战司令官、联盟伙伴、联合部队和国家提供能力。总部将设在前美国空军特种作战司令部（AFSPC）科罗拉多州彼得森空军基地。加州范登堡空军基地现有一个“太空作战司令部”部队，在 SpOC 启用后将重新进行更名。该司令部将管理负责卫星发射和运行的部队，包括 GPS、导弹预警卫星星座和卫星通信系统。

2）太空系统司令部（SSC)。太空系统司令部由一位三星将军领导，他将负责为作战人员开发、采办和部署致命性和具有弹性的太空能力。此外，SSC 还将负责太空系统的推出、研制试验、在轨检验、维持和维护，以及监督科技活动。包括太空与导弹系统中心、商业卫星通信办公室和其他国防部机构移交给太空系统项目办公室在内的采办和开发机构将成为新司令部的组成部分，并将在未来几个月内建成。其他一些机构也将被纳入该司令部，如商业卫星通信办公室和空军研究实验室部分单位。

3）太空训练与战备司令部（STARCOM)。太空训练与战备司令部将负责航天专业人员的训练和教学，通过发展战备型太空部队和太空作战能力来构建杀伤力，以在陆、海、空、太、天、电和网络空间等疆域持续创新并获取绝对优势。STARCOM 计划在 2021 年正式成立。在此期间，(2020 年 7 月）在彼得森空军基地成立了一个临时太空训练和战备“三角队”，作为移交给太空军的教育、训练和运行测试和评估部队的上级机构。

（3）军旗军徽

原来的空军太空司令部（AFSPC）沿用空军标准化组织结构，从一级司令部至中队级单位采用五级结构，分别为空军太空司令部（AFSPC)、第 14 航空队、太空联队、大队、中队。有些联队由一星准将领导，也有些由上校领导。每位空军联队长手下管着身为大队长的三、四位上校。美国太空军副司令大卫·D. 汤普森中将对媒体称，太空军的目标是要打造一个专注于太空作战、采办和训练的“轻而精的架构”，美太空军将不设联队或大队，而只设一个由上校领导的指挥层级，新单位称为“太空三角队”和“守备队”。三角队由上校指挥，针对具体任务和行动开展训练。太空军认为三角队相当于陆军的旅。守备队负责为派驻于其设施的三角队提供保障职能，比如安保、土木工程、公共事务、医生和随军牧师。守备队并不监督三角队，它们是平级机构。

“三角”由“德尔它（Delta）”直译，取美国太空军军旗、军徽核心标识——银灰色“三角”图案，代表支持美国国家安全战略和国防战略的各种航天器，为美国家太空防御界长期使用，寓意美国太空军在捍卫国家太空领域自由安全和绝对领导地位的中心作用。“三角”图案，形似希腊语“德尔它”“Δ”释义变量、增量，象征变革和创新，寓意美国太空军作为一个新军种，代表美国军事力量新质增长点，是美国武装力量的先锋部队、尖刀部队、增量部队、变革部队，美国防部长埃斯珀宣称“太空军是整整新一代军事技术创新的孵化器”，美太空军司令雷蒙德宣称“太空军将建成美军第一个数字化军种”。另外，“德尔它”也是美太空军主力运载火箭德尔它-4 的名称，而原先的联队（Wing）含义为

“机翼”，主要体现美国空军的航空部队文化。组建独立太空军后，必然要求拥有主要体现航天元素的新军种特色文化。

新的三角队组织机构将成为按太空作战功能来编列的作战部队，但不负责基地运行保障。基地运行和保障职能将仍留在空军。三角队之下的基层部队将是由中校领衔的中队，而这与空军是一样的。中队这一级各军种都有，是军事文化的一部分，所以太空军决定保持该指挥层级不变。

太空军司令雷蒙德上将和高级士兵顾问陶波曼军士长（图 6－3）于 2020 年 5 月 15 日在白宫椭圆形办公室向特朗普总统展示了美国太空军的正式军旗，这是 70 多年来美国第一面新军种旗帜。防长埃斯珀、空军部长巴雷特、参联会主席米利上将和总统特别顾问凯洛格出席仪式。特朗普在太空军授旗仪式上宣称：“无论防御还是进攻，太空都代表着未来。据我所知，我们已成为太空的领导者。”美国防部长埃斯珀当天表示，太空军新军旗的亮相是太空防御界的“历史时刻”。美空军部长芭芭拉·巴雷特宣称：“多数美国人在早晨第一杯咖啡之前就用上了太空相关技术。”美太空军司令雷蒙德在解释军旗上的其他标志时说：“北极星象征着我们的价值观，环球轨道象征着推动美国生活方式和战争方式的太空能力。”

该军旗由特朗普于 2020 年 1 月批准的太空军军徽衍生而来，采用了军徽的核心元素，将其放在黑底、镶铂金边的背景之上，其下写“美国太空军”和罗马数字 MMXIX（2019）。太空军是 2019 年 12 月 20 日正式成立的。军徽中的深蓝和白色代表外空，三角翼符号象征美国空军航天部门早期的日子，同时代表各类航天飞行器。徽标上的星球代表美国太空军的地球大本营，白色北极星是安全引路之光，并让人联想到在太空中的持续存在和警觉。三颗较大的星代表太空军的“组织、训练和装备”职能。

美国太空军军徽军旗如图 6－4 所示。

图 6－4　美国太空军军徽军旗

6.3.1　太空作战司令部

作为独立的军事部门，太空军部将全面负责太空军的组织、训练和装备。国防部将定期展开评审，确定何时建议立法，成立太空军部。目前，美太空军司令部临时部署在科罗拉多州的彼得森空军基地内。

“第 4 号太空政策指令”明确规定太空司令部行使太空联合作战指挥权。指令指出：“美国太空作战司令部司令负责全球范围的太空作战，领导可能发生在太空、陆、海、空域和电磁频谱域的太空行动，美国太空军和其他军种向美国太空司令部提供兵力。”这表明未来的太空作战行动将由美国太空司令部统一指挥，太空军为其提供兵力。为了更清晰地划分太空军和太空司令部之间各自的管理和指挥权限，也为了确保作战权限不受其他部门的影响，指令要求国防部长首先向国家太空委员会和国家安全委员会提出变更相关作战权限的建议，再由国家太空委员会和国家安全委员会组织开展对此建议的审查，最后将审查完成的建议交总统批准。可见，太空军和太空司令部职责明确，各司其职，但具体的作战权限仍需进一步细化。

太空作战司令部将负责太空联合作战责任区，制定太空作战战略、概念和方案，统一指挥美国太空作战行动，主要执行两项任务：一是确保国家太空安全；二是在上述前提下为联合作战提供太空作战兵力。后者美军目前发展已非常成熟，后续工作重点将围绕确保国家太空安全开展，即太空对抗作战。鉴于大规模太空冲突近期爆发的可能性较小，判断美军后续仍将以确保利用太空优势为重点，通过太空防御和跨域反击确保太空安全。从近期看，美军可能在印太、欧洲等战区联合司令部下设太空组成司令部，设计和实施各种范围和规模的联合太空作战训练和演习。从远期看，美军航天司令部业务范围可能逐步拓展，比如增加天对地打击作战等。所辖部队的构成如图 6-5 所示。

太空军内部改组后，将协调的职能方向合并在四个新的办公室：人力资源办公室（HCO）将建立和管理未来的员工队伍。他们将制定一项人力资本战略，强调采用最新和创新的方法来获取、接触、评估和留住世界级的民用和军事专业人员。作战办公室将负责太空行动和训练指挥，监督部队和战备情况，整合情报和作战政策，以应对威胁，维持高端太空侦察计划；综合分析评估太空军系统、人员和程序的效能。战略资源办公室（SRO）将推动太空军的战略和规划，以确保部队获得成功所需的资源。成立新的技术与创新办公室（TIO），加快向数据驱动的“数字太空军”转变，指导太空军的创新和先进技术整合。

（1）第 2 三角队——太空域感知

第 2 三角队（DEL 2）的任务是为美国太空司令部和其他联合作战司令部提供太空域感知兵力和能力。具体负责太空目标监视网的指挥控制，操控地基光学和雷达太空目标监视系统，并且与负责导弹预警的第 4 三角队、负责太空情监侦的第 7 三角队和负责轨道作战的第 9 三角队密切协作，提供综合太空域态势感知信息和太空通用作战图。第 2 三角队由原第 21 太空联队第 21 作战大队转变而来，第 2 三角队队长和军士长由原第 21 作战大

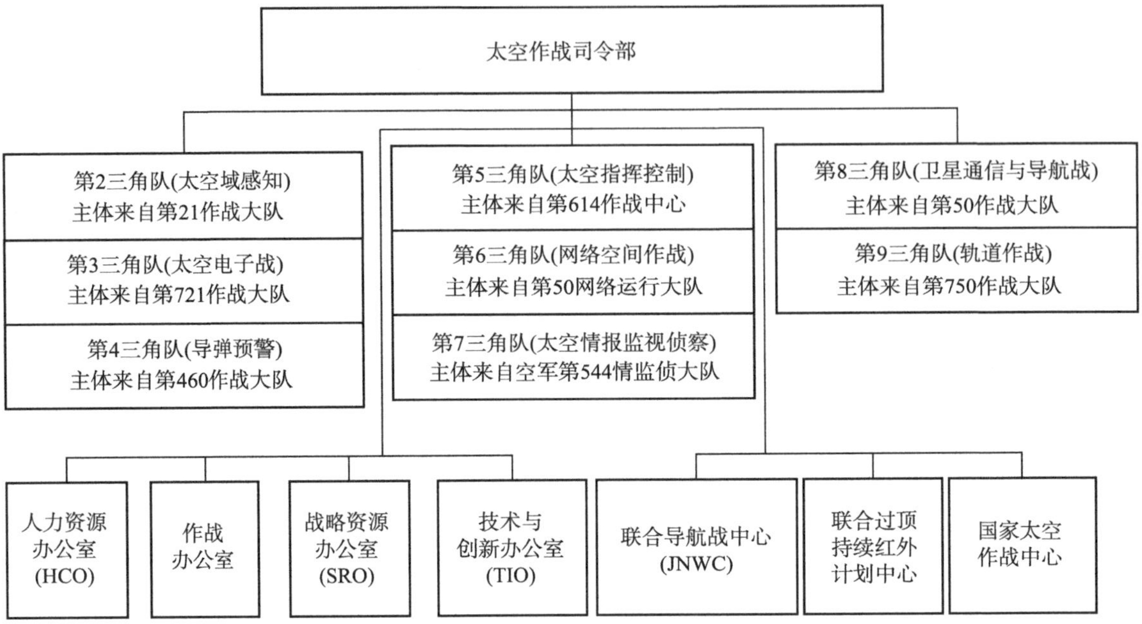

图 6-5　美国太空作战司令部组织结构和部队构成

队大队长和军士长转任。第 2 三角队队部机关位于彼得森空军基地，归彼得森-施里弗驻防区保障，人员和功能分布在加利福尼亚州范登堡空军基地、佛罗里达州埃格林空军基地、新墨西哥州柯特兰空军基地、夏威夷毛伊岛、亚拉巴马州亨茨维尔、弗吉尼亚州达尔格伦海军支持设施，另外为澳大利亚、迪戈加西亚和马绍尔群岛等多个站点提供支持。

（2）第 3 三角队——太空电子战

第 3 三角队（DEL 3）任务是为美国太空司令部和其他联合作战司令部提供太空电子战兵力和能力，可机动部署至战区，执行地基电子战监测、告警和主动攻击任务。第 3 三角队由原第 21 太空联队第 721 作战大队转变而来，第 3 三角队队长和军士长由原第 721 作战大队大队长和军士长转任。第 721 作战大队是空军太空司令部为太空军改革调整，预先于 2019 年 10 月 10 日新组建的作战大队。第 3 三角队队部机关位于彼得森空军基地，归彼得森-施里弗驻防区保障。

（3）第 4 三角队——导弹预警

第 4 三角队（DEL 4）的任务是为美国太空司令部和其他联合作战司令部提供导弹预警兵力和能力。具体负责操控预警卫星星座和地基导弹预警雷达，为美国及盟国提供导弹预警、导弹防御、战场态势感知和技术情报信息。地基导弹预警雷达也为太空域感知提供信息。第 4 三角队队部机关由原第 460 太空联队第 460 作战大队转变而来，第 4 三角队队长和军士长由原第 460 作战大队大队长和军士长转任。第 4 三角队队部机关位于巴克利空军基地，归巴克利驻防区保障，整合了原第 21 太空联队的地基导弹预警力量和第 460 太空联队的天基导弹预警力量，还特别配备了网络防御和情报力量，是目前最大的三角队。

（4）第 5 三角队——太空指挥控制

第 5 三角队（DEL 5）任务是为美国太空司令部及其联盟（联合）部队太空组成司令部——联盟（联合）太空作战中心（CSpOC）提供兵力。具体负责 CSpOC 中心的运行，执行太空部队战役级指挥控制，包括全球太空作战环境感知、全球太空部队状态感知、作战指挥官决策支持数据提供、太空作战部队任务分配等。第 5 三角队由原第 614 空天作战中心调整转隶而来，队长由太空军战略需求、体系和分析局（S5）全球太空效果处处长莫妮卡·蒂拉奥特上校调任，同时兼任美国太空司令部 CSpOC 中心司令。第 5 三角队位于范登堡空军基地。

（5）第 6 三角队——网络空间作战

第 6 三角队（DEL 6）任务是运行和维护空军卫星控制网，并负责网络的安全防护。具体包括军方和政府卫星的测控联络和卫星异常挽救支持；测控频率干扰和飞行安全分析；远程跟踪站和卫星地面控制系统的运行维护；空军卫星控制网的配置控制、技术数据管理、软件管理、系统工程和维修保障管理；太空军通信网的运行维护；太空网络安全防御关联中心（CDCC - Space）的运行以及执行防御性网络空间作战，保护由太空军指定的太空作战司令的任务系统和体系。第 6 三角队队部机关由原第 50 太空联队第 50 网络运行大队转变而来，队长和军士长由原第 50 网络运行大队大队长和军士长转任。第 6 三角队队部机关位于施里弗空军基地，归彼得森-施里弗驻防区保障。第 6 三角队下辖 3 个太空作战中队和 2 个网络作战中队，5 个分队和全球 12 个站点。

（6）第 7 三角队——太空情报监视侦察

第 7 三角队（DEL 7）是太空军的情监侦部队，职责是为太空域作战提供时间敏感的具备决策质量的关键情报，支持敌方太空能力探测、目标特性获取和目标选择与指示等任务。第 7 三角队运用全球分布的各种固定和移动传感器，执行全球范围情监侦行动，支撑美国夺取和保持太空域信息优势。第 7 三角队队部由原负责信息战的空军第 16 航空队第 70 情监侦联队第 544 情监侦大队的队部机关和直属第 5 分队转隶到太空军而来，整合了若干原空军情报中队。第 7 三角队队长由担任美国特种作战司令部情报局情报能力和需求处（J24）处长担任，军士长由原第 544 情监侦大队军士长转任。第 7 三角队队部机关位于彼得森空军基地，由彼得森-施里弗驻防区保障。

（7）第 8 三角队——卫星通信与导航战

第 8 三角队（DEL 8）负责操控 GPS 卫星以及宽带和抗干扰军事通信卫星，为全球军民用户提供定位导航授时服务，为战略战术部队和国家领导层提供军事卫星通信服务。第 8 三角队机关由原第 50 太空联队第 50 作战大队转变而来，第 8 三角队队长和军士长由原第 50 作战大队大队长和军士长转任。第 8 三角队位于施里弗空军基地，由彼得森-施里弗驻防区保障。

（8）第 9 三角队——轨道作战

第 9 三角队（DEL 9）其核心职能是对太空中的潜在威胁进行监视、阻止甚至是击败。第 9 三角队下辖第 1 和第 3 太空作战中队、第 750 作战支援中队以及第 1 特遣分队。

第 1 太空作战中队主要负责太空态势感知系统的运行，这是进行“轨道战”的基础，主要系统包括“天基太空监视系统”（SBSS）、“先进技术风险降低”（ATRR）系统、“作战响应太空-5”（ORS-5）系统和“同步轨道太空态势感知计划”（GSSAP）。第 3 太空作战中队负责美军的战略通信，通过操控“国防卫星通信系统 3”（DSCS 3）和“宽带全球卫星通信系统”（WGS）等，实现美国总统、国防部长、战区与美军遍布全球的战略及战术部队之间的高速率通信。第 750 作战支援中队负责训练、战备及情报支持等，以及战术、技术与流程的制定与更新。第 1 特遣分队则负责各种天基演示与试验计划，目前正在进行第 6 次飞行任务的 X-37B 就由其直接管理。除 X-37B 外，第 1 特遣分队于 2017 年完成“局部天域自主导航与制导实验”（ANGELS），2021 年还将负责“渐进一次性运载火箭二级有效载荷适配器增强地球同步实验室实验”（EAGLE）系统的运行管理。ANGELS 旨在验证可用于交会对接的自主导航技术、战术与程序。EAGLE 是一种环形载荷适配器，一旦到达轨道就可以自行部署多达 6 个微型航天器，以对潜在目标进行抵近侦察。

此外，太空司令部直属单位包括：

（1）国家太空作战中心

1993 年 12 月，美军在范登堡施里弗空军基地成立了由空军航天司令部领导的太空作战指挥中心，负责对美国在全球各地太空部队的指挥与控制，并具体研究、演示直接利用航天系统支援各种作战任务的方式，开发操作简便的供部队使用的航天装备。1995 年在该中心增加了第 17 和第 576 试验中队，1997 年又建立了太空战实验室。太空军成立后，将整合国防部、多个机构和情报界人员和权力（由《美国法典》第 50 卷的授权），以实现统一的太空防御。国家太空作战中心执行从联合太空任务分配命令（JSTO）和国家侦察局太空任务命令收到的任务命令。

（2）联合过顶持续红外计划中心

2018 年 5 月，美空军授予洛克希德·马丁公司合同，要求建造“下一代过顶持续红外”导弹预警系统卫星。该系统由 5 颗地球静止轨道卫星和两颗极轨卫星构成，未来将提供强对抗环境下对战略导弹和战术导弹的预警探测。太空军成立后，在美国战略司令部、联合部队太空组成部队指挥官和国家地理太空情报局的共同努力下，成立联合过顶持续红外计划中心，为过顶持续红外传感器（包括情报界和国防部传感器）开发集成的过顶持续红外收集和利用策略与计划，以支持导弹预警、导弹防御、作战环境感知、技术情报以及民用/环境任务领域。

（3）联合导航战中心（JNWC）

联合导航战中心负责计划全球范围内的一体化导航战，为其分配任务、进行整合、提供指挥与控制，并为其提供支援。通过后援能力和可部署的主题专家，可以进行日常的指挥与控制，从而为作战指挥官们提供支援。通过联合导航战中心的导航战支援单元、协调单元和可部署战区协调单元，可以提供援助。在消除与当前任务的冲突并进行优先排序之后，作战指挥官对导航战能力的申请可以得到美国战略司令部各部门的支持。

6.3.2　太空系统司令部

太空系统司令部负责为作战部队开发、采办和部署攻击性和弹性的太空系统，管理太空军科技研发工作，承担美国太空军系统的发射、技术试验、在轨测试、维护与保障等工作，加强对目前分散的太空和导弹系统中心和其他采办机构的集中统一领导。2020 年 7 月 18 日，美太空军曾向外界泄露出一幅太空系统司令部组织结构构想图，如图 6－6 所示。但具体下属单位仍待与国会和其他军种协商确定。太空系统司令部成立后，归入其管理的各单位还将进一步整合和调整。

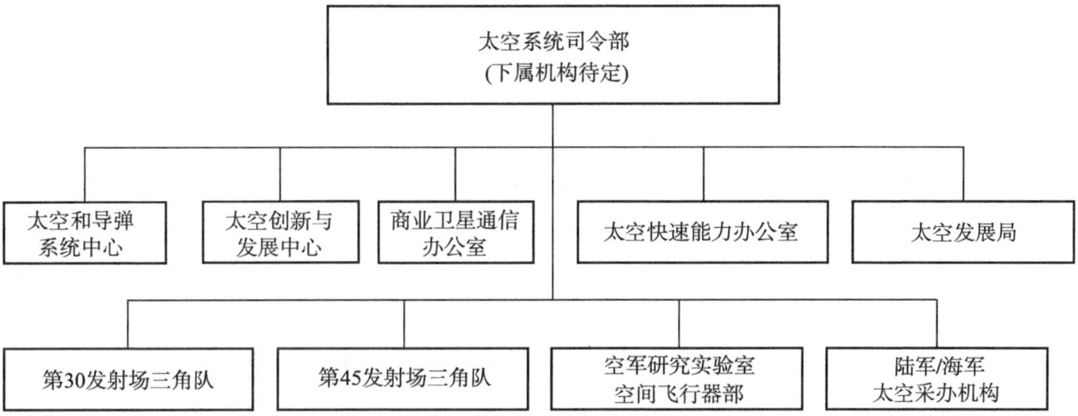

图 6－6　太空系统司令部组织结构构想图

(1) 太空和导弹系统中心（SMC）

太空和导弹系统中心是太空系统司令部下最大的机构，负责美国太空军太空体系和装备的采办和全寿命期管理。2019 年年底刚刚完成“SMC 2.0”管理改革，重塑了组织结构和采办管理体系。下一步可能以中心机关为骨干力量组建太空系统司令部。

未来，将是美国太空军与空军分清责权范围的关键时期，美国天军将会由美国空军中涉及太空作战的部分、美国陆军和海军中涉及导弹拦截的部分、美国国家侦察局中涉及天基信息获取和天基预警的部分、NASA 和美国空军管辖中的发射场和靶场的部分这四大块构成，重点建设十大部门，包括战略中心、预警中心、导航中心、气象中心、发射中心、通信中心、测控中心、反导中心等。第一，战略中心将是一级中心。第二，目前，美国的天基预警卫星和所有 GPS 导航卫星都归美国空军太空司令部管理，未来这些将与空军中所有涉及太空作战的部分一起，划归天军的预警中心。另外，在技术层面上，今后的天基导弹预警系统有可能突破现有的红外体系，向更丰富的波段拓展。第三，鉴于 GPS 导航系统在现代战争中的重要性，新组建的天军需要完完全全地把对 GPS 星座和地面设施的控制权拿过来。第四，新组建的太空军将会把全部的军用气象卫星和部分民用气象卫星收编。其中，民用部分目前由美国国家海洋和大气管理局管理，其对大气和海洋气象的预报，以及对生态环境的监测已经扩张到了全球范围；军用气象卫星归美国空军的太空和导弹系统中心，此外，美国还运营着世界上唯一一个以军事用途为主要目的的气象卫星网络，很可能也将纳入天军。第五，在发射中心方面，在美国东海岸的卡纳维拉尔角天军站和美国西海岸的范登堡空军基地或许将移交美国天军。2020 年 12 月 9 日美国副总统彭斯宣布，卡纳维拉尔角空军站和帕特里克空军基地正更名为天军设施。

持续推进“太空与导弹系统中心 2.0”。一是重组太空与导弹系统中心，按采办流程设“开发群”“制造群”“总体群”“集成群”，打破按通信、导航等产品属性独立推进采办项目的原有格局，去除多层官僚机构壁垒，缩短决策链条，加快决策进程，加强项目间横向联系。二是利用“中间级”（中层）采办制度，通过“快速原型开发”“快速部署”授权，避开传统采办流程，改变规避风险的文化，实现技术向能力的快速转换。三是采用商业敏捷软件开发工序，简化航天相关软件开发流程，让软件开发人员与作战人员一起设计和检验指挥控制系统，按月而非按年向作战人员交付软件代码。四是设立商业航天技术与产品获取的绿色通道，加速商业能力向战斗力转换。

（2）太空创新与发展中心（SIDC）

位于施里弗空军基地，作为航空航天和军事信息化领域的最主要的改革者、集成者和运用测试者，其信奉的格言是“从不忽视任何一种潜在可能性”。中心的任务是通过快速的创新、集成、训练、测试和验证等活动提升各方面的军事实力。SIDC 通过迅速有效的转变作战官兵的战斗效率这一途径来支持全球反恐战争。该中心还通过战争游戏、训练、实验和太空远程操作等手段来进一步发掘航空航天和军事信息资源的潜力。除此之外，SIDC 还为空军航天司令部的指挥官们提供中立的、完整透彻的太空和导弹操作测试结果报告。SIDC 由第 595 太空大队和空军太空作战实验室、空军国家潜力战术发掘部门、作战集成部门、计划项目和需求部门等 4 个职能部门组成。

（3）商业卫星通信办公室（CSCO）

CSCO 是 2018 年年底由国防部国防信息系统局移交给空军太空司令部的新部门，负责整个国防部的商业卫星通信服务统筹管理。目前暂由太空军总部机关直接管理，下一步将划归太空系统司令部领导，加强商业卫星通信服务采购与整个装备体系的统筹协调。

（4）太空快速能力办公室（Space ROC）

Space ROC 由高级领导组成的理事会直接管理，为高度保密的太空快速采办项目开辟绿色通道，实施专项管理，具备高层决策、特事特批、资金稳定、快速协调、机制灵活等特点。理事会主席由空军部长担任，成员包括太空作战部长（即太空军司令）、主管采办和后勤的副国防部长、主管研究和工程的副国防部长、主管采办的助理空军部长。目前办公室为太空军总部直属单位。太空军希望将其纳入太空系统司令部之下，但遭到国会议员反对，担心降低层级后影响快速决策速度和采办管理的灵活性，目前仍在磋商。

（5）太空发展局（SDA）

2019 年 3 月国防部于主管研究和工程的国防部副部长办公室之下，新建立太空发展局，负责设计“国防太空体系”（NDSA），统筹和整合下一代太空能力，加快太空新能力的开发和部署速度。按照国会要求，太空发展局应转隶到太空军，底线设定在 2022 年 10

月。空军部长芭芭拉·巴雷特和太空军司令约翰·雷蒙德希望近期就完成转隶，遭到主管研究和工程的国防部副部长迈克尔·格里芬的反对。但格里芬于 7 月 10 日辞职，引发了外界对太空发展局提前转隶的猜测。

（6）2 个发射场三角队

美太空军把管理东部和西部发射场的第 45 和 30 太空联队与其他承担太空作战任务的联队分离，计划分别成立 2 个发射场三角队，划归太空系统司令部领导。

（7）空军研究实验室空间飞行器部（AFRL/RV）

AFRL/RV 由空军研究实验室转隶到太空军的研发实体，负责太空军科技研发工作。空军研究实验室转隶到太空军的单位除空间飞行器部外，还包括任务执行部一部（试验卫星运控）、推进部火箭动力研究室、定向能部太空光电研究室和毛伊岛望远镜设施、传感器部一部（卫星载荷技术）。目前各单位正在转隶之中，下一步可能整合为太空军研究实验室。

（8）陆军/海军太空采办机构

太空军正在与陆军和海军商谈，涉及的机构包括位于亚拉巴马州亨茨维尔的陆军太空和导弹防御司令部（SMDC）下负责开发和采办技术试验卫星的技术中心太空和战略系统部，位于加利福尼亚州圣迭戈的海军卫星通信办公室等。目前太空军既未获得国会授权，也未得到国防部、陆军和海军的承诺，但在设计太空系统司令部组织结构时已纳入考虑范畴。

6.3.3　太空训练和战备司令部

太空训练和战备司令部职责为：对太空军核心专业和通用专业人员的教育和培训，开发太空作战学说条令和技术战术规程，试验和评估太空军作战能力。太空训练和战备司令部组织结构设想如图 6－7 所示，于 2020 年夏季陆续完成转隶，司令部计划 2021 年完成组建，在过渡期内，先于 2020 年 7 月在彼得森空军基地组建一个太空训练和战备暂编三角队，作为太空训练和战备司令部的筹备单位，代为领导陆续转隶的各部队和单位。太空训练和战备司令部（STARCOM）将与太空作战司令部人力资源办公室（HCO）合作在 2023 年建立一个更独立的军事理论和专业军事教育体系。计划划归太空训练和战备司令部的单位包括：

（1）国家安全太空学院（NSSI）

由空军教育和训练司令部（AETC）空军技术学院的继续教育学院——战略力量研究学院转隶到太空军，位于彼得森空军基地，负责太空专业人员职业教育和培训，每年培训学员约 1 000 名，空军以外其他军种人员约占 1/5。

（2）第 533 训练中队（533rd TS）

由第 2 航空队直属第 381 训练大队转隶到太空军，位于范登堡空军基地，负责完成基本军事训练的新入伍官兵的“本科级航天训练”（UST）和“初级资格训练”（IQT）。

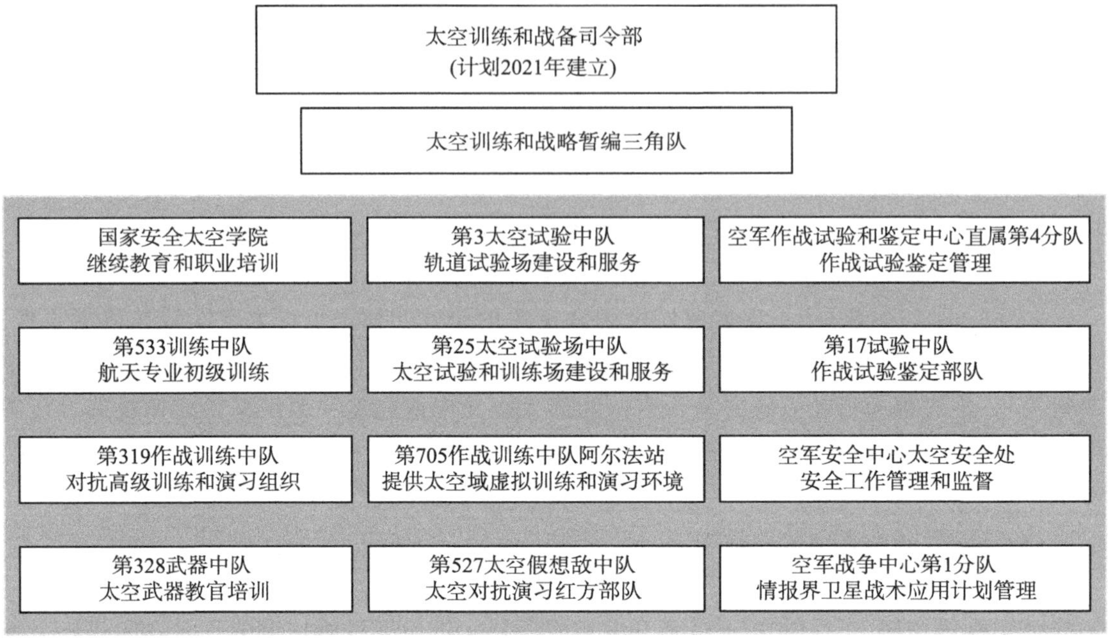

图 6－7　太空训练和战备司令部组织结构设想图

（3）第 319 作战训练中队（319th CTS）

由空军太空司令部参谋部作战局（J3）转隶到太空军太空训练和战备暂编三角队/司令部。原来称为高级太空作战学校（ASOpS），与国家安全太空学院同在一个大楼内，是作战局的教育培训中心，为太空部队和空军及其他军种部队提供太空作战短期培训。2018 年 8 月 28 日，参照空军管理体制由学校更名为作战训练中队，授课任务逐渐移交给国家安全太空学院，主要任务变更为培育对抗条件下太空人员作战能力的高级训练，以及组织筹划“太空旗”等对抗演习。

（4）第 328 武器中队（328th WS）

由空军战争中心空军武器学校转隶到太空军，负责培训太空优势武器系统教官，使其掌握相关武器技术战术规程和战术战法创新能力。

（5）第 3 太空试验中队（3rd SES）

由第 50 太空联队转隶到太空军太空训练和战备暂编三角队/司令部。负责美军技术试验卫星的操控，验证先进技术和概念，探索新技术和新系统作战潜力。将原来的天对天轨道作战任务移交给第 9 三角队新第 3 太空作战中队后，第 3 太空试验中队更聚焦技术试验，建立“轨道试验场”（OTR），与第 25 太空试验场中队的“太空试验和训练场”（STTR）形成“一天一地”试验场格局。

（6）第 25 太空试验场中队（25th SRS）

由空军战争中心转隶回到太空军，位于施里弗空军基地，负责运行“太空试验和训练场”（STTR），为作战试验和训练提供虚拟和现实环境，为部队提供太空控制技战术开发、太空试验、训练和演习活动的支持。未来将为“太空旗”演习提供环境，并负责轨道试验场运行。

(7) 第 705 作战训练中队阿尔法站（OL-A，705th CTS）

由空军战争中心转隶到太空军，位于施里弗空军基地，任务是操作分布式任务运行中心太空分中心（DMOC-Space），为空军提供太空领域“现实、虚拟和构造”（LVC）仿真训练和演习环境，参与空军“虚拟旗”（Virtual Flag）联合演习。

(8) 第 527 太空假想敌中队（527th SAS）

由空军战争中心转隶到太空军，位于施里弗空军基地，是美军太空领域的专业“红方部队”，支持太空军的对抗训练和演习。

(9) 空军作战试验和鉴定中心直属第 4 分队（Det. 4，AFOTEC）

由空军转隶到太空军，位于彼得森空军基地，负责太空、导弹和导弹防御装备的作战试验和鉴定管理。

(10) 第 17 试验中队（17th TS）

由空军战争中心转隶到太空军，位于施里弗空军基地，是美军唯一负责航天装备试验鉴定的部队。

(11) 空军安全中心太空安全处

由空军转隶到太空军，位于柯特兰空军基地，负责太空军安全工作指导、监督和评估，事故调查，发布经验教训，制定和优化标准化安全程序，培育和保持安全管理职业队伍。

(12) 空军战争中心第 1 分队（Det. 1，USAFWC）

由空军战争中心转隶到太空军，位于施里弗空军基地，负责管理空军“国家能力战术应用计划”（TENCAP），开发战术应用系统，推动情报界侦察系统在战术部队中的应用。

6.4　几点启示

美军历史上形成了太空力量分属不同军种和部门的状况，给其太空作战带来了很大影响，反映到具体实施上就是其指挥控制体制比较复杂，协调机构比较庞大。鉴于此，美军在联合作战指挥体制基本框架下，不断调整和完善太空力量作战指挥体制，使其更好地支援联合作战和应对日益剧增的太空对抗。因此，除了 AFDD2-2.1《太空对抗作战条令》外，其他几部条令的核心都是指挥控制和作战规划执行，体现了美军太空作战条令对作战指挥控制的极大重视，使其能够真正为作战人员提供指导。

(1) 集中统一指挥是太空作战指挥体系的首要准则

无论是从太空力量本身还是从太空战的角度考虑，太空战的指挥都具有很强的战略性，受到国家政治、外交等因素的严格制约，只有最高武装力量统率机关才能决定如何使用太空力量。美军对太空作战重大问题做出决策的是最高武装力量统帅——美国总统，在太空军成立前，美陆、海、空三军太空作战力量统一受战略司令部指挥，体现了太空力量作为战略性力量的地位作用。美军太空力量与民用、商用乃至国外太空力量联系紧密，加之其本身所具有的技术密集、系统复杂、配置分散、性能先进等特点，使得太空力量的指挥控制异常复杂。同时由于太空作战的战场广阔，作战任务复杂，作战行动的实施往往需要多支作战力量的相互协调才能完成，若不实施统一指挥，各种力量就不能相互协调，就难以形成整体的合力。只有集中指挥、统一行动，才能保证对众多参战力量实施有效的行动协调和优先排序，减少预期目标自相矛盾的可能性，避免不必要的内耗。

（2）灵活高效指挥是太空作战指挥体系的根本要求

指挥职能的发挥最终体现在部队作战效能的提高上。美军认为，统一指挥、集中控制和分散实施是使用航天部队的基本方法，美军新的《太空联合作战条令》指出，使用太空力量可以达成国家、多战区或者单一战区的目标，建立什么样的指挥控制体制，取决于所要满足的需求和实现的目标。当使用太空力量是要实现国家和多个战区的目标时，必须建立由美国战略司令部司令集中指挥控制的体制。当使用太空力量的目标主要集中在某一个战区时，国家指挥当局通常指示战略司令部司令把太空力量指挥控制权交给战区司令，太空力量就由战区司令指挥控制。太空军成立后，构建新组织结构时，由于太空军新成立，力量规模不大，许多战勤保障和行政管理职能仍由空军把持。为此，太空军从原五级结构精简为三级结构。相当于取消了原航空队和带有战勤保障职能的联队层级，有助于加强直属业务司令部的顶层领导，统一管理向联合作战司令部的兵力提供，促进模块化部队建设和集成，确保太空作战指挥满足集中统一与机动灵活的双重要求。

（3）开展模拟演练是加强太空作战能力建设的基本途径

美军太空作战条令的不断更新，及其所规定太空作战指挥体制的逐步完善，很大程度上受益于21世纪以来“施里弗”太空战模拟演习的成果。2002年4月，美军将联合航天司令部并入战略司令部，由战略司令部全面负责美军太空力量的指挥；2003年演习重点研究把太空能力集成到联合作战中的指挥体制；2005年演习重点研究在联合作战环境下，改进太空作战的组织架构与联合体制，以便在联合作战条件下提高太空作战能力，根据演习结果，美空军随后于2006年7月组建太空联合职能司令部，为太空作战相关事务提供单点联系、统一管理，协调、集成、指挥和控制太空作战。太空军成立后，马不停蹄地首次组织美军施里弗-2019演习。鉴于太空作战具有特殊性，发展太空作战理论、完善太空作战指挥体系，一条重要的途径就是借鉴“施里弗”演习这种模拟演练模式，通过“博弈对抗”对太空力量作战应用的设想、理念加以验证，继而发现新问题、获取新思路、探索新体系，促进太空力量作战能力持续完善。

第 7 章　美国商业太空力量发展及举措

近年来，美国商业航天蓬勃发展，以 SpaceX 公司、轨道 ATK 公司（OSC，现更名为轨道—阿连特技术系统公司，简称轨道 ATK 公司）、天空盒子成像公司（Skybox Imaging）、初创企业鹰眼 360 公司（Hawkeye 360）等为代表的新兴航天企业快速崛起，以谷歌公司（Google）为代表的互联网巨头也开始进军航天，对美国航天产业格局产生深刻影响。商业航天发展的新思维、新理念与新模式，对传统军事、民用航天产业产生了巨大冲击和影响。商业航天提供从航天器设计、建造、发射、运营在内的一整套服务，以低成本、高效率、高可靠实现客户需求，展现出强大的创新力、竞争力，迅速在航天市场中占据了一席之地。尤其是商业太空力量在太空作战运用的趋势不容忽视，地位更加突出，作用日益明显，一些基本经验和做法值得借鉴。

7.1　美国商业航天发展情况

商业航天是在市场驱动下，由私营企业集团投资，以营利为目的，独立的、非政府的航天活动。在商业航天模式下，有更多的参与者加入到市场竞争中来，使得成本和效率的比重可以逐步实现优化，从而为技术上可靠、经济上可承受和快速进入太空提供支持。2010 年 6 月 28 日，美国政府公布《国家太空政策》，新政策明确指出“具有竞争力的商业航天活动对于航天的可持续发展十分重要。美国政府将致力于鼓励并推动美国商业航天的发展，满足美国自身的需要、形成全球竞争力，加强美国在新兴市场和创新驱动型企业中的领导地位”。从此，美国商业航天迈上了有序发展的快车道。

7.1.1　20 世纪 60 年代至 80 年代中后期

商业航天最早可以追溯到 20 世纪 60 年代的美国。1965 年 4 月 6 日，国际通信卫星组织的“晨鸟”卫星（休斯公司制造）由美国德尔它运载火箭成功发射。“晨鸟”正式为北美和欧洲之间提供通信服务，开创了卫星商用通信的新时代。通信卫星的成功发射，使得国际电话业务和洲际电视传播业务蓬勃发展，利润丰厚。繁荣发展的市场让世界各个国家跃跃欲试，但相当一段时间国际通信卫星发射市场都由美国一家垄断。

80 年代以前，美国《国家太空政策》规定只有政府可以使用政府所有的航天运载器（包括航天飞机）发射商业卫星。通过商业途径进入太空受到限制，需要由美国政府签订合同，并使用政府所有或运营的航天发射系统。美国当时的航天政策还设想，用航天飞机替代一次性运载火箭进行商业发射。20 世纪 70 年代，美国政府决定把所有商业载荷都交给航天飞机来发射，在 1981 年 4 月哥伦比亚号航天飞机进入商用飞行之际停止了一次性运载火箭的生产。

1986年挑战者号航天飞机失事，里根总统宣布航天飞机退出商业卫星的发射；同时期美国的大力神、德尔它等火箭发射相继失利。美国商业航天飞机政策的变化，以及一次性运载火箭研发和制造上的落后，给其他国家发展国际商业发射服务提供了机会。欧洲阿里安系列运载火箭随后占领了航天发射市场近60%的份额，美国一统天下的局面被彻底打破。

7.1.2 20世纪80年代中后期至21世纪初

里根政府时期，美国建立了商用太空部门，鼓励私营部门投资太空事业，把美国太空活动由军用和民用两个部分，转变为军用、民用和商用三个部分。航天飞机失事后，美国在国际商业发射服务市场上的霸主地位被动摇，市场占有率只剩下35%左右。美国意识到仅依靠航天飞机承担国际商业发射服务是不行的，开始着力恢复一次性运载火箭的生产。当时的一次性运载火箭有麦道公司的德尔它-2，马丁·玛丽埃塔公司的大力神-3和通用动力公司的宇宙神-2。在1989年8月到1990年1月，麦道公司的德尔它-2和马丁·玛丽埃塔公司的大力神-3火箭先后实现了商业发射，通用动力公司的宇宙神-1、-2也在之后相继进入国际商业发射市场。为了扶持运载火箭的商业运营，美国政府和NASA让出了卡纳维拉尔角发射场和范登堡空军基地的政府设施，还决定对因发射失利造成的损失给予补偿。同时，美国各宇航公司与俄罗斯和乌克兰的一些发射公司合作，创建了很多合资公司，以便使用苏联的运载火箭来提供发射服务。

到90年代末，实现商业化运作的德尔它和宇宙神火箭经过10多年的恢复和发展，已夺回了部分国际市场份额，但仍落后于阿里安火箭。与此同时，为夺回失去的市场份额，美国还开始研制具有商业竞争力并满足政府需要的运载火箭。在政府支持下，新型运载火箭项目"渐进一次性运载器"（EELV）应运而生。2002年8月，洛克希德·马丁公司为EELV项目研制的宇宙神-5火箭首飞成功。2002年11月，德尔它-4火箭首飞也获得成功。这两次发射成功，标志着在政府的扶植和支持下，美国运载火箭在"挑战者号"航天飞机失利后，经过16年的恢复和发展，在大型通信卫星商业发射市场上开始摆脱对俄、乌火箭的依赖，也标志着美国运载火箭在商业发射能力上缩短了与欧洲阿里安火箭的差距，并开始赶超。

7.1.3 奥巴马执政时期

在多年鼓励私营航天发展的良好环境下，加之美国新航天政策的转变，从21世纪初开始，蓝色起源公司（Blue Origin）、SpaceX公司和维珍银河公司相继成立，与老牌的波音公司、轨道ATK公司、内华达山脉公司等私营公司一起在商业航天领域发挥了举足轻重的作用。2004年，由于哥伦比亚号航天飞机的失事以及航天飞机高额的运行费用，布什对原有的航天计划进行了调整，启动了载人航天项目"星座"计划，并在月球上建立基地，为下一步把人类送上火星甚至更远的星球做准备。航天飞机于2011年7月退役，但是“星座”计划却面临了资金短缺、进度拖后、设计思想有争议等问题。2010 年，奥巴马成为总统以后，终止了这个计划。奥巴马政府的新太空计划不再花精力于重返月球，而是专注于深空探测，并提出了在 2030 年左右登陆小行星和火星的新太空计划。NASA 由于要集中全部力量才能完成这样的宏伟目标及其他深空探测项目，而将近地轨道的太空活动交给了私营航天企业，由私营公司负责国际空间站的货运和载人任务。通过大力支持私营企业，美国旨在培育一个竞争的市场，使美国重获商业航天市场的领先地位，并最终实现整个航天工业的繁荣发展。美国的做法已经对商业航天产生了巨大的影响。以 SpaceX 公司为代表，在“简单、低成本和高可靠”的经营理念下，SpaceX 公司将进入低轨道的费用减少了一半以上，研制费用和研制时间也大幅降低。2010 年 12 月，SpaceX 公司成功发射一艘龙飞船，成为世界上第一家发射太空船并使之返回地球的私营公司。2012 年 10 月，猎鹰-9 火箭和龙飞船成功执行了首次国际空间站货运补给任务，美国再一次成为航天领域的领跑者。

7.1.4 特朗普执政时期

近年来，美国军、民、商在太空领域的发展都有较大变化，美军不断增进与民用、商业机构合作，将部分日常运管和维护职权分离下放，使军队专注于作战与应对威胁。同时，美军还积极倡导国际社会共同对太空活动负责，寻求通过美领导的国际合作来维护太空安全。

（1）规范管理，充分发挥商业航天作用

2018 年 2 月，NASA 发布新版《战略规划》，强调将 NASA 的工作重心向地球以外倾斜，关注载人航天探索、促进低轨商业市场发展，注重变革技术开发与转让。2018 年 5 月，美总统签署 2 号航天政策令，要求简化商业航天监管流程、修订现行政策、加强集中管理以提升管理效率，保持美在商业航天的全球领导地位。2018 年 6 月，美总统签署 3 号航天政策令《国家太空交通管理政策》，明确太空交通管理原则和目标，提出维护太空运行环境的指导方针，指出维护太空环境安全、稳定，保持太空活动可持续性，提升美国在太空目标监视和太空交通管理领域的商业领导力，防范太空活动风险，保持美在太空的战略优势地位。2018 年 8 月，美国家地理太空情报局发布新版《商业地理空间情报战略》，希望通过军、商合作增强情报分析能力、情报产品动态生成能力，借助多源商业信息提升情报置信度。

（2）筹组太空联盟，参与太空战演练

通过邀请“五眼联盟”、法国和日本等国参与“施里弗”“太空旗”（Space Flag）、太空目标监视等太空作战实操演习，来改善太空目标监视装备体系和太空攻防装备体系建设，增强共同安全，达到进一步巩固与盟国间的合作关系。2019 年 4 月和 8 月，美军两次实施“太空旗”演习训练，开展太空防御战仿真训练，受训对象从最初的空军中队逐渐到联队再到其他军种，乃至盟国太空部队，尤其是第二次演习，重点是美军与“五眼联盟”盟友间的太空防御协作训练。2019 年 8 月召开的“施里弗”演习不同以往，仅在“五眼联盟”间开展了太空攻防作战的协调训练，包括在冲突高级阶段，美国太空司令部对国家侦察局卫星实施指挥控制等。2019年9月，“联盟太空作战中心”举行桌面演习，对“五眼联盟”的信息支援作战指挥能力进行推演。

（3）加强多边合作，提高太空资源共享

美军将战略司令部的“联合航天行动中心”改组为“多国航天行动中心”，通过实施“多国太空作战”（CSPO）计划，强化太空监测等领域的多边合作。此外，美还积极与10个国家（英国、韩国、法国、加拿大、日本、以色列、德国、澳大利亚、阿联酋和比利时）、2个政府组织（欧洲航天局、欧洲气象卫星应用组织），以及50多个商业航天公司签署太空目标监视数据共享协议，以提升美太空目标监视能力，美国促进军民商与国际合作，全面提升太空安全体系。

7.2 美国对商业航天的基本认识

美国的军事、民用航天是由国家或政府投资，旨在实现国家意志和国家战略的太空活动，属于国家行为。在技术发展早期阶段，依靠举国体制，实现集中力量办大事，如美国的“阿波罗”载人登月计划。随着技术发展、效率提高，出现了少数具有技术实力和复杂系统项目研制经验的企业集团，垄断市场分享政府订单，如波音公司、洛克希德·马丁公司等。军事、民用航天由于受技术、管理、效率以及垄断等多种因素制约，成本居高不下，高昂的投入使得传统航天模式逐渐变得不可持续。而处在自由竞争市场中的商业公司比政府机构更能有效并承担得起开发和运营军事、民用项目，在减少政府投入、提高效益的需求驱动下，同时政府也期望通过商业航天，让具有技术实力和研制经验的企业集团从技术相对成熟、风险相对较低的传统航天项目中解放出来，专注于前沿技术开发、未知领域探索，如载人深空探测，商业航天模式应运而生。未来，美国对商业航天的认识不仅仅局限在降低成本、提高效益上，商业航天蕴藏着巨大的军事潜力，商业航天与军事航天的界限逐渐模糊。

7.2.1 潜藏着巨大的军、民利用价值

1994年美国颁布了商业遥感政策，允许销售1 m分辨率的卫星遥感图像，从而推动了商业遥感卫星的发展，增强了在遥感卫星市场的竞争和活力。20世纪90年代以来，美国军方对高分辨率图像的需求增大，而下一代侦察卫星系统——“未来成像体系”（FIA）进度迟缓、研制费用超支，存在在轨侦察能力间断的风险。1999年9月，“伊科诺斯”（Ikonos）卫星发射，成为世界上第一颗1 m分辨率的商用高分辨率遥感卫星，因此，美国政府认为随着商业遥感能力的增强，要最大限度地利用商业遥感卫星能力满足军事、情报及民用需求，确立了优先采购商业遥感卫星数据的政策。2001年，美国提出了“清晰视景”计划和“下一代观测”计划，打算向商业公司购买卫星图像，并支持其研制高分辨率成像卫星，保障美国情报及军事需求。2005年以后，随着国际空间站建造的稳步进行，

首次出现对低地球轨道运输服务的市场需求，尤其是航天飞机在 2011 年退役之后，这种需求尤为迫切，因此美国打算从商业公司购买这些服务。2010 年，国家地理空间情报局（NGA）开始实施“增强观测”计划，用于研制和运行下一代高分辨率商业成像卫星，数字地球公司和地球之眼公司赢得了国家地理太空情报局为期 10 年、总价 73 亿美元的“增强观测”计划合同。特别是 2015 年美国众议院表决通过《关于促进私营航天竞争力、推进创业的法案》和《商业航天发射竞争法案》，从而对商业航天的发展起到了积极的推动作用。以商业遥感为例，目前美国已有 8 家商业遥感公司从事商业遥感卫星的开发和遥感数据的分发销售。商业遥感卫星已实现了亚米级的分辨率，在军民两用任务中潜藏着巨大的运用价值。

7.2.2　美国太空力量的重要组成部分

美国认识到，太空力量具有巨大的战略价值，航天基础工业部门是国家支柱产业，因此，航天产业具有特殊重要性，并且是重要的战略资源。美国认为，所有的航天服务都具有双重用途，航天领域的商业利益要服从国家利益，并遵从法规限制。美国在统一的国家太空力量体系之下，根据不同太空力量所具有的不同用途和所有权归属，可区分为军事太空力量、民用太空力量、盟国太空力量和商业太空力量四部分。平时分别由不同系统具体管理和使用，战时或紧急情况下根据需要进行“军转民”或“民转军”。近年来，美国特别重视商业太空力量的发展，一些政府、民用与商业太空机构也为联合部队完成太空作战任务提供重要的支持和保障。

7.2.3　战时影响局势发展的重要因素

侦察、通信、导航等商业太空系统一方面具有巨大的社会效益和经济效益，另一方面也是战时影响局势发展的重要因素。多年来，美军一直在研究如何利用商业太空能力增强己方力量并限制对手的利用，如在商业卫星平台搭载军用有效载荷等。在美国主导的近几场局部战争中，美国大量使用了商业航天系统为联合作战提供太空信息支持，海湾战争“沙漠风暴”行动开始实施时，每天的通信业务量达 70 万次以上，战争初期，对军事通信卫星的业务需求就迅速增加，以至于联军司令部被迫依靠商业卫星（如国际通信卫星、国际海事卫星等）处理多达 50%的卫星通信业务。阿富汗战争期间，国家影像与测绘局则通过商业卫星获取不同分辨率的卫星影像，以弥补军用卫星的不足。战争中，国家影像与测绘局购买的商用卫星影像包括：“快鸟”（Quickbird）、“伊科诺斯”（Ikonos）、“陆地卫星”（landsat）卫星影像和法国的 Spot 卫星影像、以色列的 EROS - AL 卫星影像等。这些商业卫星的分辨率虽然不及军用侦察卫星高，所拍摄地面却足以显示建筑物、发电厂和飞机场，且覆盖范围广，被用于制作阿富汗的地形图。

7.2.4　发挥太空系统效能的重要途径

航天技术是典型的军民两用技术，推进航天融合已成为世界各国发展航天的战略选择。美国认为，融合发展是在太空从战略应用向战术应用扩展、需求急剧增加的大背景下，提高经济可承受性和充分发挥太空系统效能的必然选择。美军已形成以军用高精度和高保密系统为骨干、商业航天为军事服务的格局，而且提出要更多地使用商用太空能力。在技术发展上，美国通过“军民结合”“以民掩军”等方式，发展军民两用的太空操作技术，推进天基“软杀伤”、可控杀伤反卫星技术的发展和试验。在能力应用上，美国通过购买民用遥感卫星数据、租用民用通信卫星转发器、发展军民共用卫星、民星搭载军用载荷等多种灵活的“民为军用”模式，补充完善了军用卫星资源，满足了其军兵种在长期信息获取、日常作战训练、战时应急调用等方面的需求。

初创企业鹰眼360公司的电磁频谱监测卫星是全球第一个基于无线电信号测绘技术的商业低轨道星座系统，可为海事态势感知、应急响应和频谱分析应用提供新的解决方案。2018年12月，该公司发射了3颗探路者射频定位卫星（Hawk A，B，C）；2019年2月，完成卫星调试，能够准确测定射频（RF）信号源位置；2019年4月，该公司推出了首款射频信号定位产品RFGeo；2019年12月10日，该公司被批准可额外再发射并运行15颗低轨道卫星用于绘制射频地图，此外该许可证还允许鹰眼360公司在15年内发射多达80颗卫星，以维持由15颗在轨运行卫星组成的星座；2019年12月11日，该公司获得美国国家侦察局（NRO）的合同，用于提供商业射频信号定位能力。与地基电磁频谱监测设备相比，鹰眼360卫星在监测范围、定位精度均实现了数量级的提升，有效弥补了现有监测体系在广域频谱监测、精确辐射源定位等方面的短板，通过更为高效、精确的感知，为电磁频谱使用规划提供全面支撑，为电磁频谱管理执行提供高效保障，在社会经济、国家安全等诸多方面，具备广阔应用前景。

7.3 美国商业航天发展动向

近年来，美国加大了利用商业航天的资源与服务，以满足不断增长的军事航天需求。一方面，美国积极培育商业航天市场，以期激发航天工业基础能力，缓解国防预算削减对国家航天工业的冲击，巩固世界航天市场的霸主地位。另一方面，在进入太空、利用太空甚至控制太空多个领域，加大利用商业航天部门和私营企业提供的太空产品与服务，作为传统军事航天能力的重要补充。

7.3.1 在太空支持领域将发挥重要作用

为降低成本、分化风险，近年来美军越来越多地借助民间力量充实太空战队伍。美国SpaceX公司目前占据了美国商业航天市场业务的一大部分，除承担商业发射和载人航天任务外，已获准承担美国军用卫星发射任务。目前，除美国近地轨道载人航天飞行已呈现完全商业化趋势外，2015年5月，SpaceX公司研制的猎鹰-9火箭正式获准发射军用卫星。11月，联合发射联盟退出GPS-3发射合同的竞争，将使SpaceX公司可能作为唯一竞标商承揽获得其首份军用卫星发射合同。2017年5月成功执行首次军用卫星发射任务，

9 月 7 日，SpaceX 公司大推力猎鹰-9 火箭成功地将 X-37B 送入太空。SpaceX 公司强势进入军用航天发射市场，表明美军对私营航天企业执行军用航天发射任务持开放和鼓励的态度，这对于刺激商业航天公司发展航天运载器、夯实美国航天发射工业基础具有重要意义。另外，美国军方将军用卫星的日常操控业务外包给商业卫星公司，如美国国际卫星公司在全球建造了 400 个天线基站，覆盖了全球 99.9%的地区，其运营成本只有空军的 1/5。

7.3.2　为军事航天任务提供重要服务

据美国《防务系统》杂志披露，2014 年五角大楼向数字地球和地球之眼两家公司订购了大量东亚海域的卫星图片，美国空军正计划从地球智商公司购买比军方更为精确的实时气象信息。2015 年 11 月，美国空军发布信息征询书，向商业公司寻求太空态势数据，以更好的跟踪卫星运行，并及时探测美军卫星可能面临的威胁。2015 年 9 月，美国太空与导弹系统中心发布信息征询书，寻求由商业公司承担“宽带全球卫星通信系统”（WGS）的在轨运行和维护。将军用卫星交由商业公司运行维护，将极大节约美空军的人力和资金成本，从而使军方人员能够更加专注于作战管理任务。WGS 卫星在轨运行维护的商业化还将有助于空军实现卫星地面系统一体化的目标。

7.3.3　支援美军联合作战前景广阔

商业卫星在支援利比亚战争，曝光朝鲜、伊朗的导弹试验以及核设施，击毙本·拉登等行动中，提供了大量高分辨率目标图像，为美军提高定点打击效率以及争取外交主动权提供了重要支撑。在对地观测方面，数字地球公司最先进的“世界观测”-3 卫星分辨率达到 0.31 m，超过其他国家军用侦察卫星分辨率；在卫星通信方面，截至 2015 年 9 月，在轨商业通信卫星超过 250 颗。目前，商业通信卫星支持国防部 40%的通信需求，未来 10 年将增长 60%以上；在导弹预警方面，美国正在积极开展在商业卫星上搭载预警载荷试验。2015 年，美国导弹防御局披露，计划在下一代“铱”星星座上搭载 10 kg 的杀伤评估载荷，以评估导弹防御拦截弹的杀伤效果；在微小卫星利用方面，美国行星实验室公司研制的“鸽群”立方体卫星，采取“长期在线”工作模式，只需对卫星下达指令即可自动获取全球持续图像，可实现全球近实时观测，提升了小卫星的军事应用价值。2009 年成立的美国天空盒子公司主要业务是卫星实时图像和视频监控，该公司正在发展由 24 颗微小卫星组成的商业星座系统，可提供基于互联网和云技术的商用数据分发服务，将卫星遥感应用水平推向一个新高度。2017 年，美国 SpaceX 公司提出了 STEAM 卫星互联网计划（简称“星链”计划），内层 340 km 轨道高度的 7518 颗卫星与外层的 1 000 km 多轨道高度的 4 425 颗卫星组成的 11 943 颗卫星星座，Ku、Ka 频段提供太空 WI-FI 接入服务，卫星质量 386 kg，寿命为 5～7 年，下行通信 17～23 Gbps。2019 年 10 月，该公司又提出了增加 3 万颗小卫星的计划，最终形成由 42 000 颗卫星组成的天基互联网。相信 SpaceX 公司的“星链”计划，不仅仅面向民用，未来一定是军民两用。大容量、高速率、低延时的“星链”计划一旦实现，陆、海、空、天几乎所有机动作战平台，包括高超声速导弹，都可以及时跟踪，实施快速打击或拦截。未来，军事领域基于“星云”的一体化作战将可能出现。

7.3.4 在太空控制领域潜力巨大

在太空目标监视方面，商业公司利用开发大数据管理软件方面的优势，为军方和政府部门提供太空目标监视服务，有效弥补空军太空目标监视能力的不足。2014 年 3 月，美国图像分析公司正式启用“商业太空运行中心”，自运行以来，该中心共跟踪 6 000～7 000 个在轨太空目标，涵盖地球同步轨道所有重要目标，成为美国空军和政府空军态势感知能力的重要补充。在太空防护方面，借助商用卫星搭载军用载荷，已成为美国实施“弹性与分散式太空体系结构”的重要途径，将有效提升美军太空系统安全与抗毁性。2015 年来，美国战略司令部开始在联合太空作战中心增加商用代表席位，加强军方与商业界的合作，以及时调度和协调利用商用卫星资源服务太空军事行动，这些举动充分说明美军已经非常重视通过探索与商业部门的协作方式提供太空作战能力。

7.3.5 全方位军事应用更加明朗

商业航天的发展在产品、投资、服务和生产制造等方面与传统航天发展思路不同，快速响应用户需求和以低廉价格赢得市场是商业航天快速崛起的根本。利用现有的成熟技术和货架式产品，在高效的组织管理模式下打造市场上价格低廉的商业航天运输系统，是美国 SpaceX 公司商业模式的核心。在研发费用上，NASA 发布的报告称，如果同样一枚猎鹰-9 火箭由 NASA 研发至少要 13 亿美元，而 SpaceX 公司仅花费不到 4 亿美元。该公司凭借低廉的产品费用获得了航天市场的青睐，其猎鹰-9 火箭已获得了未来 5 年全球 38 个发射合同，其中除政府的 14 个外，24 个来自国际商业发射市场。在商业卫星应用方面，天空盒子成像公司、行星实验室公司（Planet labs）等一批提供卫星遥感服务的新兴企业，采用与传统企业迥然不同的经营模式，从按需订购、等待交付向实现快速访问转变。正是因为其灵活的发展模式，美国军方积极推动利用商业卫星搭载军用载荷。2014 年 7 月，美国空军授予 14 家公司“寄宿有效载荷解决方案”（HoPS）的合同，研究在商业卫星上搭载军用有效载荷的标准化程序与接口，以实现利用商业卫星快速、灵活地搭载军用有效载荷的目标。此项举措的推行将引入大量商业公司参与竞争，成为美国商业航天新的发展方向。2020 年 8 月 5 日，美国太空军表示未来将购买许多由私营部门开发的卫星、地面基础设施和信息系统。美国太空军太空与导弹系统中心的组合架构师表示，商业、盟国资产和小型卫星数量正在显著增长，商业开发技术将成为美国太空军未来能力的一部分，低地球轨道（LEO）上进行着许多商业活动（卫星通信、定位导航和授时活动）。“战区效果”是小型卫星的创新机遇。天气数据是可以使用更多商业服务的一个实例。美太空军太空与导弹系统中心正在测试其中的一些服务，以决定是否投资政府所有的传感器。

7.3.6 扩大与盟国共享商业信息

随着美军尝试利用商业力量执行太空态势感知任务，商业公司也有望发展天基太空态势感知卫星，来支持太空态势感知能力建设，拓展太空态势感知的数据源，提升美军太空态势感知的整体能力。美国空军通过日常性地利用盟国和商业的太空态势感知信息，逐步验证核实、制定、细化共享数据源准则。2017 年 5 月 19 日，美国战略司令部司令在国会表示，当年夏天美国太空态势感知将开始融入商业数据；空军航天司令部司令表示，融入商业数据是军方联合商业部门开发下一代战场管理指挥控制系统的重要环节。美国防部和 NASA 都在积极开展相关研究，尽管研究侧重点不相同，但演示的技术很多是具有共性的。同时美国通过商业搭载、分布式手段等将太空能力分散布置在不同轨道、不同用途的平台上，使空间监视能力去中心化，以体系协同对抗可能的不对称打击，以增强空间监视系统的安全性、抗毁性。此外，许多商业技术团队正在研究轨道碎片清除、在轨装配等空间先进技术，目前这些技术的使用界限比较模糊，但其军事应用前景值得关注。

7.3.7 商业卫星发射计划庞大

商业卫星发射计划包括 SpaceX 公司的“星链”计划以及其他民商发射计划。早在 2015 年，“星链”计划开始启动，计划 5 年间发射约 1.2 万颗卫星到近地轨道，并构建一个巨型三层卫星互联网网络；截至 2020 年 11 月 24 日，SpaceX 公司已经成功发射了第 16 批“星链”卫星，卫星总数达到 955 颗。SpaceX 公司正以每天 6 颗的速度建造“星链”卫星，拟每隔两三周就做一次组网发射，直至建成由 1440 颗卫星构成的初期网络，并透露准备再增加 3 万颗，使互联网卫星总量达到约 4.2 万颗。

2017 年 6 月，美国联邦通信委员会（FCC）批准一网公司由 720 颗卫星开展宽带服务计划，2020 年 8 月 27 日，联邦通信委员会又批准一网公司增发 1 280 颗卫星。前 720 颗卫星要部署到 1 200 km 的低地轨道高度，其中 74 颗已经发射。新增的 1 280 颗卫星获准采用 8 500 km 的中地轨道。

其他民商发射计划还包括：亚马逊公司的“柯伊伯项目”的 3 236 颗低轨宽带服务；NASA 与 SpaceX 进行商业载人飞船发射；美国先进航天公司发射“顶点”卫星，验证 NASA“月球门户”设施拟采用轨道的环境情况等。

7.4 美国发展商业航天主要举措

在历史上相当长一段时间，美国认为航天发射是一件有国家象征意义的事情，无论是军事情报卫星还是民用通信技术卫星的升空，都事关国防军事安全和航天顶尖技术。20 世纪 50—60 年代时，太空科技的先锋是美国和苏联，当时制造火箭并发射升空是纯粹的政府行为，多包含军事目的。20 世纪 70—80 年代，社会对于非军事目的的商业卫星服务需求开始增长，但当时商用卫星的发射也只能依赖为军用目的开发的火箭设备和发射基地。特别是航天领域长久以来的垄断地位让其变得日益官僚并且效率低下，仅有的几个商业卫星的发射量并没能刺激这一行业的变革。21 世纪开始，世界主要航天国家和组织大力推进商业航天发展，新兴商业航天企业快速崛起，这些航天的“新生力量”带来了全新的思维方式、发展理念和商业模式，引入了技术创新和成本降低，颠覆了航天发射、卫星应用等领域，将商业航天推向了新的高度。此外，政府的政策支持、资源供给以及大量人员和技术支持，也是美国商业航天发展迅猛的原因。与此同时，美国军方也充分认识到商业航天的巨大应用潜力，并积极推动利用商业卫星搭载军用载荷，这些举措使得大量商业公司参与竞争成为可能。

7.4.1 密集出台支持商业航天发展的政策

美国为支持商业航天的发展，制订和颁布了一系列相关的法律法规和政策，为航天商业化提供了行为准则以及有力的法律和政策支持。在航天发射领域，美国先后颁布了《太空商业发射法案》(1984 年)、《商业太空法》(1998 年) 以及小布什、奥巴马发布的《国家航天运输政策》和《国家太空政策》等，旨在鼓励、规范、促进和提高私营商业太空发射活动。

在卫星导航领域，美国先后出台了《全球定位系统政策》《美国天基定位、导航与授时政策》，为国家安全以及民用、科学和商业应用制订天基定位、导航与授时计划，并为相关活动提供指导与执行指南。

在载人航天领域，美国先后发布了《国家太空政策》(2006 版)、《国家太空政策》(2010 版)、《国家航天运输政策》(2013 版)，这些政策鼓励私营企业加入近地轨道的载人航天活动，明确了未来将由商业部门提供美国近地轨道载人和货物运输服务。

在卫星遥感领域，美国先后颁布了《陆地遥感商业化法》(1984 年)、《陆地遥感政策法案》(1992 年)，试图逐步实现陆地卫星的商业化。1994 年，美国出台了《商业遥感政策》，放宽了政府对高分辨率遥感数据的管控，允许私营公司发展高分辨率商业遥感卫星。

2015 年美国众议院表决通过《2015 年关于促进私营航天竞争力、推进创业的法案》和《商业航天发射竞争法案》。美国的商业航天政策及法规为商业资本参与航天活动提供了更多的机会和保障，从而对商业航天的发展起到了积极的推动作用。以商业遥感为例，目前美国已有 8 家商业遥感公司从事商业遥感卫星的开发和遥感数据的分发销售。特别是 2015 年 11 月，美国总统奥巴马签署《美国商业航天发射竞争法》，明确授权美国公民、商业公司或机构享有从小行星和其他地外天体开采的水、矿产资源的所有、使用及出售等权力，从法律层面为未来的商业太空采矿扫清障碍。这些法案将进一步激发商业公司开展深空探测的兴趣，将实质性开启星际采矿的大门。

2018 年 5 月 24 日，特朗普签署第 2 号太空政策指令《简化对太空商业化利用的监管》，要求简化商业航天监管、提升管理效率，以促进商业航天发展。

7.4.2 多措并举支持商业航天发展

除了政策方面的扶持外，美国政府出台了一系列支持商业航天发展的具体规则和一揽子资助计划，主要包括太空行动协议、商业载人航天与货物运输计划、商业轨道运输服务、商业补给服务、商业载人航天方案和商业载人一体化能力计划等。美国 SpaceX 公司仅从 NASA 的“商业补给服务”（CRS）项目就获得了 16 亿美元的经费。2014 年 12 月，NASA 还向 SpaceX 公司、轨道 ATK 公司、终极前沿设计公司（FFD）、联合发射联盟（ULA）4 家美国公司授予了《商业太空能力合作协议》。正是在这些资助计划下，SpaceX 公司、轨道 ATK 公司等新兴航天企业得以不断发展。NASA、空军对新兴商业航天企业进行了大量技术扶持与转移。NASA 利用自身技术优势加强对 SpaceX 公司的技术指导，通过直接派驻技术人员和专利转让等方式帮助其发展和验证关键技术；NASA 开放了“阿波罗”登月计划的部分技术以支持新兴商业企业参与太空活动，如猎鹰系列火箭的“灰背隼”发动机采用了“阿波罗”登月计划登月舱下降级发动机的喷管；美国空军将夸贾林群岛的里根试验中心发射场、范登堡空军基地的 SLC－40 发射场提供给 SpaceX 公司用于发射猎鹰火箭。2020 年特朗普的第 5 号太空政策令详细列出了美国在保护其太空商业和关键基础设施投资上的安全原则。

7.4.3　不断强化演习中商业航天的分量

在美国主导的近几场局部战争中，美国大量使用了盟友和商业航天系统为联合作战提供太空信息支持。多年来，美军一直在研究如何利用商业太空能力增强己方力量并限制对手使用。美军在施里弗－2001 演习后得出的初步结论之一，就是要求美国政府制定约束国际商业卫星系统的政策和计划。在施里弗－2009 中，就研究了如何集成商业太空能力，商业航天作战概念成为美军及其盟国的共识。在施里弗－2014 演习中，开发包含军民商及盟国的联合太空作战能力已成为美军太空力量发展的重要内容。正如美国太空联合职能司令部司令兼第 14 航空队中将约翰·雷蒙德所说，施里弗－2014 演习重大收获之一就是强调发挥盟友的作战价值，并发挥商业航天的作战应用。2015 年 9 月，美国国防部宣布在施里弗空军基地建立一个“联合跨机构合成太空作战中心”（JICSpOC），该中心将改善流程和程序，确保国防部情报部门、机构、盟军和商业实体之间的数据融合，以更好地应对日益增长的太空能力威胁。施里弗－2015 演习首要目的就是整合利用情报机构、非军事机构、商业机构和盟友的能力，识别如何增强太空弹性。可以判断，未来美军利用盟友和商业航天系统在联合作战中提供的不仅仅是太空信息支持，而会进一步向商业在轨操作服务、太空目标监视、搭载军用有效载荷等方面拓展，商业航天在未来太空作战中的作用将会进一步提升，成为太空联合作战的重要角色。

7.5　几点启示

仅仅靠国家、政府投入的传统航天发展模式难以为继，商业航天作为未来航天发展的重要组成已渐成发展大趋势。自党的十八大以来，国家提出了深度融合发展战略，要求在更大范围、更深程度上将国防和军队现代化建设融入国家经济社会发展体系之中，以使国防投入与国民经济发展进一步互相促进。商业航天正是航天行业实现融合发展的契合点，符合国家战略需求。在借鉴国外商业航天成功经验的基础上，针对航天产业的商业化发展，得到以下几点启示：

（1）政府支持是商业航天发展的重要基础

美国政府从政策、资金、技术等多方面给予了商业航天全方位的扶持，是其商业航天快速崛起的重要基础。近期，美国参、众两院还通过了与商业航天发展相关的两项议案，再次表明美国政府积极为商业航天发展营造好的政策环境。在政府的大力扶持下，美国商业航天正处于快速发展的新阶段，其业务范围正从传统的商业卫星发射、商业卫星应用扩展到政府从私营企业购买商业发射服务和发展商业载人航天飞行等领域。

商业航天是航天技术应用水平发展到一定阶段和产业发展到一定规模的必然产物。我国航天事业自创建以来，经历了从无到有、从小到大，从弱到强，已经成为具有战略意义的高科技产业，具备了发展商业航天的必要条件和能力。在技术、产品及管理等方面与国外相比还存在不小差距，商业化的技术及市场基础还比较薄弱。例如，我国存在尚未形成国家航天数据商业化应用的政策法规，军民航天资源融合发展统筹不够，航天地面基础设施利用效益不够，航天资源价值挖掘深度不够等问题。考虑当前航天发展状况和运行体制，采用由国家主导、循序渐进的方式探索商业化运行模式。一方面，国家应该在航天精英人才培养，航天器关键技术突破，产品可靠性、元器件、原材料等基础领域加大投入，提高航天器设计水平，提升技术及产品成熟度；另一方面，商业航天应与军事航天、民用航天共同构成航天发展的“三驾马车”，应综合统筹、系统规划。在规划商业航天发展中，应充分发挥现有军民太空基础设施的作用，避免重复浪费，在融合战略指导下加速商业航天发展。

（2）完善的太空立法是商业航天发展的基本保障

美国商业航天法律发展最早，也最成熟，自 1958 年在《国家航空航天法案》中就预设了商业航天发展方向。美国始终秉承鼓励、支持的态度发展商业航天，近年发布的《国家太空政策》《国家航天运输政策》均提出要发展商业航天，促进创新，提升美国航天产业的国际竞争力，要求最大限度地采办商业航天产品与服务，满足政府和军方的需求。美国在商业发射、卫星导航、通信、遥感等领域均有明确的法律规定。通过法律条文，明确了市场主体的进入条件、行为准则、法律责任与权利。在实施过程中，注重与时俱进，不断地完善政策、法律法规，促进美国商业航天能力提升。如在商业遥感领域，美国先后 4 次修正商业遥感政策及法案，允许商业公司向市场销售的光学卫星图像分辨率由 1 m 提高到 0.5 m，现在又提高到了 0.25 m，雷达遥感卫星图像的分辨率由 3 m 提高到 1 m，显著增强了美国商业遥感卫星在世界遥感市场的竞争力。

目前，我国在航天方面的立法存在欠缺，在商业航天方面的法律更是空白。长征火箭参与国际商业发射，因为缺乏法律的明确指引，在国际商业发射合同中只能选择外国法律（例如美国商业发射法）作为准据法，用来解决保险或可能出现的损害赔偿问题。所幸的是，国内许多地方政府先后制定并出台了一系列政策措施，多方筹措加大航天高新技术产业发展扶持力度。在商业航天法律保障方面，国防科工局会同国家有关部门已启动首部《航天法》的制定，在《航天法》中将明确提出支持和规范商业航天的发展，并作为未来商业航天发展的有力法律保障。国家通过立法为商业航天提供比政策更为稳定和持续的法律支持，建立商业航天市场准入退出机制、公平竞争机制、保险与赔偿机制、安全监管机制、平时与军队的协调沟通机制和战时征用机制等，为航天产业创造有序、良性竞争的市场环境。

(3) 加强质量管控是确保商业航天发展的永恒主题

航天一直都是高技术、高投入、高风险的事业。伴随着商业航天取得的巨大成就，其风险问题也日益凸显。2015 年 6 月，SpaceX 公司的猎鹰- 9 火箭发射后发生爆炸并解体，事故初步调查后发现是由火箭子部件产品质量不过关导致的，此次事故对 SpaceX 公司产生严重负面影响。同时也不利于国际空间站的长期运营，许多科学试验不得不推迟或取消。在不到 8 个月的时间之内，美国商业载人航天发射接连遇挫（2014 年 10 月安塔瑞斯火箭发生爆炸、太空船 2 号商业飞船在飞行测试时坠毁），频发的商业航天事故给美国商业航天发展泼了冷水，给快速发展的商业航天蒙上了阴影，引发各方对此前一直快速发展的商业航天产生担忧。

以追求利润为目标的商业本质与航天高质量、高可靠性之间的平衡问题已显得越发重要。如何把握商业航天低成本、快速响应与传统航天高质量、高可靠性之间的平衡点，成为当前航天事业发展面临的重要问题。尽管发展商业航天的决心和信心不会因为一两次事故而发生变化，但考虑到未来将由商业航天公司承担部分太空作战应用任务，因此必须加强监管力度，进一步严格要求，国家既要大力扶持，又要有监管和约束，要打造共赢、有序的商业航天发展生态环境和产业链，使航天成为能带来商业效益的产业，保证商业航天能够快速、持续和健康地发展，确实保证商业航天发射特别是太空作战任务的安全性和可靠性。

(4) 确定军民商综合太空力量战略是发展的必然

早在施里弗- 2001 演习中，美军就把使用和控制商用太空系统作为太空战的重点，在施里弗- 2003 演习中，努力探索商业航天系统与军事航天系统相配合，满足太空作战需求的可行性以及存在的问题，并在新军事航天政策的采办改革中，明确提出“商业采购优先”的原则。2011 年，美国发布《国家安全太空战略》，将“与负责任的国家、国际组织和商业公司建立伙伴关系”作为战略途径之一，策略上更加重视利用商业航天系统提供的太空能力，达到孤立对手、约束潜在对手，提高与其对抗的风险和代价的目的。在军演中设置商业席位，研究集成商业太空能力、作战概念和运用的体制机制。后续美国战略司令部将与六家顶级商业运营商开展一个全新的试验项目，在商业航天未来联合太空行动运行机制、如何利用商业太空力量增强军方力量、提高太空作战指挥控制能力等方面取得实质性进展，为后期整合商业太空资源做好铺垫。

美国对商业航天的重视，充分表明商用太空系统、民用太空力量将会在未来战争中充当更为重要的角色。随着融合发展战略的实施，商业航天发展模式以其特有的创新理念引起了国内的广泛关注，鼓励商业航天发展的政策将会相继出台，民间投资商业航天热情势必高涨，在全社会的支持下，商业航天必将开创更加美好的未来。美军商业航天应用经验表明，尽早思考商业航天如何融入太空力量和运行机制问题，应当加强顶层战略筹划，制定国家太空力量发展政策和建设规划，并建立军地协调机制，统筹军用与民用、商用太空力量的发展，使其更加有利于整合太空力量的建设资源、提高建设效益；要更加注重加强军地共用，充分利用军地的技术、人才、设备、市场资源发展太空力量，包括直接将民用和商用太空系统用于军事目的，同时也要充分发挥太空力量最大的非军事效益，有助于实现太空力量的可持续发展。

第 8 章　美国太空力量的主要任务和需求

美国太空力量的任务是根据美国国家太空战略决定的，进入太空、利用太空和控制太空是太空力量的基本任务（进入太空是基础，控制太空是保证，利用太空是目的），是夺取联合作战信息优势的关键因素，是实现联合作战指挥控制的重要支撑，是提高联合作战效能的有效途径。美国太空力量的重要任务是以联合作战、多域/全域作战为背景，着眼太空力量支援联合作战总体需求，以及围绕进入太空、控制太空、太空威慑作战等使命任务需要具备的能力。

8.1　主要任务

在信息化条件下的联合作战中，太空力量主要任务有太空力量投送、太空信息支援保障、跨大气层运输支援、太空进攻、太空防御、太空封锁等，目的在于夺取和保持制天权并支援地球表面作战。这些任务可归纳为进入太空、利用太空和控制太空三大任务。

（1）进入太空

进入太空是利用太空和控制太空的前提和基础。主要通过 3 个方面来实现。

1）航天发射。主要是将航天器发射到预定轨道并正常运行，以及能根据需要从太空回收航天器。这种航天发射，不仅要求将有效载荷运输到任务轨道，还要求确保进入的运输是便宜的、响应是及时的和可以随时进入的。为此，完成航天发射任务，既要求平时具有多种航天发射途径和手段，更为重要的是具有在战时受干扰、阻止、打击情况下的快速进入太空的发射能力。只有这样，才能在各种条件下快速补充丧失或损坏了的航天器，实现按需部署装备或作战人员。为提高战时的快速应变能力，美国在大力发展快速进入太空能力，这种能力包括多个方面：运载工具必须是现成的，并且是板块化、系列化的，能适应不同载荷和轨道的要求；而航天器与运载工具接口要有通用性；运载工具具有可移动性，能在短时间内移动到就近的合适发射点；发射准备时间短；配套有可移动式的运载工具测控系统。

2）航天器的在轨安全操控。主要是为在轨航天器提供全球范围的遥视、跟踪和指挥，并能根据作战的需要，及时调整在轨卫星的轨道和配置。在轨航天器的安全操控，必须是无阻碍和无中断的，尤其是在战时敌方实施强电磁干扰的情况下，快速修正任务数据时，具有状态分析能力。为实现全球范围内的在轨安全操控，美国想方设法在全球各地架设测控站，目的都是为了提高航天测控的安全可靠性。

3）航天器的在轨服务和回收。主要是为在轨航天器更换部件和加注燃料，并回收昂贵的重要有效载荷等。由于存在成本问题，在轨服务将局限于高价值的系统，如昂贵、轻质量的轨道传感器和在政治上敏感的资源，它们多是为应对危机或战争需要部署的。在和平时期需要回收的航天器，主要是宇宙飞船和航天飞机，它们是人类探索外层空间的重要手段，也是人类实现外太空生活的基本工具。

（2）利用太空

1）侦察监视任务。包括实施战场动态监视，主要是发现和识别敌兵力、兵器部署情况，如各类高技术武器装备的调动和布防、重大军事工程的修建等；同时，监视敌战场准备情况和态势变化；实施电子侦察，主要是通过跟踪、搜集敌电磁信号，确定敌地面各类雷达、电台的精确位置、信号特征和作用距离，并验证可见光和红外成像侦察所获取的情报；实施海洋监视，主要是通过目标成像和截获舰艇上的雷达、通信和其他无线电设备发出的信号，并进行综合处理，实现对海面舰艇、浮动基地的探测和跟踪，同时对海岸地势、海平面升降变化、海面温度、台风形成、风力风向、海流和海冰分布等进行测定。

2）导弹预警任务。主要是跟踪监视敌导弹阵地、飞机和舰船，实时掌握其导弹发射情况，及时提供导弹预警情报，最大限度地为己方组织导弹拦截和重要目标实施防护争取时间。

3）通信中继任务。主要是转发或发射无线电信号，以实现地面通信设备之间、地面通信设备与航天器之间、航天器与航天器之间的通信，提供语音、图像、数据的远距离、大容量、高速率的传输，确保在最高统帅部、联合作战指挥部、各军兵种指挥部和所属部队之间进行快速、可靠、保密的战场信息传送。

4）导航定位任务。主要是为精确制导武器提供导航定位支援，提高命中精度；为诸军兵种部队、作战平台和武器系统提供精确的三维位置、速度和时间信息，确保兵力、火力能克服恶劣自然环境的影响，准确、迅速、及时地机动，进而在最恰当的时间和地点对敌形成决定性优势。

5）气象观测任务。主要是通过对地球及其大气层进行气象观测，获取全球或特定地区的气象资料，预报天气形势的发展变化，为各级部队提供气象保障。

6）大地测绘任务。主要是提供地球形状、地球重力场、地球磁场分布状况等资料，用以提高各种精确制导武器的技术性能；测定地面战场各种目标的位置、高度和地貌，以绘制详细、精确的军用地图。

（3）控制太空

从本质上看，控制太空就是夺取并保持制天权，它是利用太空的重要保证。所谓制天权，就是在一定时间内对一定太空域的控制权。在信息化条件下，一旦掌握了制天权，就赢得了多维空间的优势，就能有效保障己方参战兵力的行动自由，为陆域、海域、空域提供信息、火力和跨大气层运输支援，限制对方太空作战力量的支援保障作用，甚至可以直接对地球表面实施猛烈的火力打击，大幅削弱对方整体作用。因此，能否控制太空，夺取并保持制天权，直接关系到战争胜败，故而地位十分重要。控制太空的任务主要有 3 项。一是提高航天器的生存能力，在遇到干扰、破坏或摧毁攻击时，能及时感知并加以防护；二是在需要的情况下，干扰、破坏或摧毁敌对国家有威胁的在轨航天器或其应用系统；三是直接以天基武器支援地面作战，特别是攻击敌纵深战略性节点目标。完成控制空间任务的方法很多，但从总体上看，有太空封锁、太空进攻、太空防御 3 种。

太空封锁，就是利用进攻性武器在太空与地面之间形成一道屏障，阻止敌方太空力量进入太空战场或实施轨道机动以及与地面系统交换信息，包括航天基地封锁、轨道封锁、发射通道封锁和信息封锁 4 种形式。

太空进攻，就是综合运用软、硬杀伤手段（毁伤、拒止、削弱、干扰、欺骗等），对敌方太空目标或地球表面（陆地、海洋、空中）目标实施攻击，目的是降低或剥夺敌使用太空的权利，协助己方陆、海、空作战。

太空防御，就是采取各种主动、被动的措施和行动，防御敌太空力量的突击和弹道导弹的攻击，其目的是保护本国的太空系统和地面、海上、空中的重要目标不受来自敌方太空系统或地基武器系统的打击，包括反导、航天器防卫和航天基地防卫 3 种形式。

为实现控制太空的目的，最有效的方法就是直接摧毁敌方在轨航天器。为此，美国发展了大量的反卫星武器，如反卫星卫星、激光武器、微波武器等。美国甚至提出，在 2020 年前部署天基激光武器系统，2025 年在太空部署太空战斗机部队，实现随时对敌对国家航天器的猎杀。可以肯定，随着航天技术的发展，航天大国围绕控制太空的斗争必将更加激烈。

8.2　总体需求

武器装备作为军事斗争的物质手段，其发展有两个主要动力源：一是来自科学技术进步的推动力，二是源于作战需求的牵引力。作战需求是武器装备建设发展的逻辑起点、主要依据和基本动力。太空是现代战争的战略“制高点”，军事太空力量是信息化条件下联合作战的重要支撑，军事太空力量发展对军队信息化具有巨大的助推作用。如果没有太空信息支援和保障，要实施“精确打击、快速机动、多域作战”将是不可能的。为此，不仅要关注太空作战系统的发展，更要把联合作战对太空作战的需求搞清楚，确保太空力量、体系装备的高质量发展，为打赢信息化战争做好必要准备。应当充分利用军事太空力量发展加速推进军队信息化建设，实现基于信息系统的体系作战能力的不断跃升，为有效维护国家安全和发展利益提供坚强的战略支撑。

（1）满足军队信息化建设的需求

加强太空力量的建设，是进行信息化战争的前提。太空技术是军队信息化建设的骨干技术，太空技术的发展推动各种太空作战平台和信息基础设施的发展，推动高新技术武器装备的自主式发展、跨越式发展、可持续发展，推动着部队信息化水平的整体跃升，进而推动着军队信息化向纵深发展。以侦察预警、气象监测等卫星为主体的新一代天基信息获取系统，要能够采取多种太空侦察技术和多星组网编队、机动变轨、普查与详查结合等侦察手段，准确、可靠地获取各类信息，并以数字形式储存和处理；以通信卫星、跟踪与数据中继卫星为主体的天基信息传输与分发系统，其传输与分发内容要能够满足用户的需要；太空信息对抗系统，要通过各种手段干扰和破坏敌方对信息的获取、传输和利用。太空电子装备在整个电子信息装备中发挥核心作用，它能够推进整个电子信息装备体系发展，改变现有武器装备的体系结构，并优化信息化武器装备体系结构。

(2) 满足作战指挥系统建设的需求

都说“无网不成军，无战不用网”，以预警卫星、侦察卫星、通信卫星、导航卫星等为支撑的太空信息网络，是实现基于信息系统体系作战的关键力量，需要具有超强的信息获取、信息处理和横向组网能力，对战场信息的获取、传输、处理与应用起决定性作用。太空信息网络能够以数字方式获取、传输、处理多维战场信息，并以数字信息支援全维战场作战行动，具备信息共享功能。能够把C4KISR有机结合起来，构成一体化的综合信息网络系统，使该系统能够近实时了解多维战场情况，获取并传输多维战场上的各种信息，为己方部队创造一个全面感知战场的信息优势环境，从而达到指挥、控制的准确、快速、高效、互通。进一步完善太空力量的建设与运行机制，把指挥控制系统、打击防护系统、支撑保障系统和作战环境系统等各种作战要素、作战单元、作战力量更加有效地聚合起来，实现作战信息、指挥机构及作战单元的无缝链接，在一体化作战指挥体系中发挥桥梁与纽带作用。

(3) 满足引领军（兵）种创新发展的需求

太空信息支援在军（兵）种武器装备发展、作战方式和力量构成、战略战术应用等方面具有革命性的引领作用，促使军（兵）种机械化向信息化演进。太空信息支援要发挥桥梁纽带作用，突破军（兵）种的信息“壁垒”，破解军队信息化难题。既要能为陆、海、空、导弹部队提供等太空信息支援，也要能够为各军（兵）种战场信息的远程、大量、快速传输架起一条无形的“信息高速公路”，从而有效解决军（兵）种传统指挥信息纵向流程长、横向互通差、抗毁能力弱的问题。太空信息支援要发挥军（兵）种信息化的“引擎”作用，其发展既要有益于军（兵）种武器装备的信息化，也有利于推动军（兵）种把战斗力生成模式和战斗力新的增长点转到依靠以信息技术为核心的科技进步上来。一方面，太空信息支援要能够推动军事科技创新，助力军（兵）种新装备开发，推进机械化装备的信息化改造。另一方面，太空信息技术的发展，要能够催生军（兵）种向一体化方向发展，目标直指一体化联合部队。要为加速军（兵）种信息化发展进程、提高军（兵）种武器装备的效能发挥作用，从而改变作战的深度和广度，催生远程精确打击战法的运用，成为传统军事力量的“倍增器”，使太空部队与其他军（兵）种建立支援、联合、协同、共存的新型协同关系。

8.3 能力需求

太空作战力量在战略、战役和战术行动中的地位正在日益凸显，并深度介入制陆权、制海权、制空权和制信息权的争夺。太空作战力量为完成相应的使命任务，必须拥有快速进出太空、太空攻防作战、太空信息支援、太空态势感知、天地系统协同、太空精确打击、太空告警防护七大核心能力。

8.3.1 快速进出太空

在战争状态下，能否快速进入和利用太空将成为一大焦点。快速进出太空是指快速、机动、可靠、廉价地进出太空并按需可靠返回，或是航天器有效机动以实现在轨服务及轨道资源配置。快速进出太空主要包括按需发射、在轨资源配置和按需返回。目前影响快速进出太空的一个重大障碍是缺乏成熟的、可靠的和经济上可承受的太空往返与轨道机动系统。美国国防科学委员会多次指出，要发展太空攻防武器系统，使对方卫星或其他航天设施失去作用或予以摧毁。太空作战力量建设，必须把建立战时应急航天机制、提高战时进入太空和使用太空的能力，作为发展应急军事航天体系的重点目标之一，把卫星、有效载荷、机动性运载工具以及装备的储存管理、快速测试能力，作为发展应急军事航天体系的重点目标之一。

8.3.2 太空攻防作战

太空攻防作战能力，是指利用太空装备对敌实施太空战略威慑、太空体系破击和有效规避敌方太空攻击的能力。这就要求，太空作战力量必须具备两种基本作战能力：1）可靠的太空态势感知与战略监视预警能力。积极发展天基和陆基太空监视手段，实现大气层内外重要目标的探测与跟踪，太空环境的检测和预报，太空目标的识别、分类与编目，能够及时发出战略预警，并为太空作战和信息对抗提供目标参数和环境信息。2）有效的太空作战能力。有选择地发展陆基、海基、空基、天基软打击和硬摧毁军事装备，能够对强敌实施太空战略威慑和太空体系破击，能够有效规避敌方太空攻击，及时修复损毁的故障航天器。

8.3.3 太空信息支援

太空信息支援能力，是指充分利用太空这个“战略制高点”，为各级联合作战指挥机构和各种作战力量实施联合作战提供有效信息支援保障的能力。在太空信息支援的内容上，能涵盖信息获取、传输、处理、安全等各个方面。在太空信息支援的层次上，能够满足战略、战役、战术 3 个层次，包括太空侦察、监视、通信、测绘、气象水文和导航定位等在内的各种需求。平时能为战略决策和军事斗争准备提供太空信息保障；战时能够有效监视战场环境，传输作战信息，评估打击效果，实施指挥控制。

8.3.4 太空态势感知

太空态势感知能力，是指依靠各种地基和天基监视系统对太空目标进行探测、跟踪和识别，以及对太空环境连续监测，完成太空目标探测与跟踪、太空目标特性测量、太空环境监测和预报、太空目标分类、编目与预报、太空毁伤评估和太空活动的目的意图做出评估和判断的能力。太空实时监视系统将使得战前或和平时期有完善的区域情况感知能力，可以近实时地了解敌方部队的部署，通过实时的精确导航、分米级的遥感图像、高精度的天气数据、及时的导弹预警和可靠的通信来指挥和控制自己的作战力量，完成使命任务。因此，太空作战力量必须具备强大的太空态势感知能力。太空态势感知主要包括以下任务：太空目标探测与跟踪；太空目标特性测量；太空环境监测和预报；太空目标分类、编目与预报；太空毁伤评估等。其中，天基太空目标监测系统的主要设备包括：天基光电望远镜和天基无线电侦察接收设备。理论分析表明，发展 15 cm 口径的天基光电望远镜，每台天基光电望远镜每天大约可观测 100～200 个空间目标。在美军战略司令部公布的 2021 财年及以后的战略规划中，也把天基太空监视系统列入太空态势感知转型创新的重点发展项目，包括广域的监视系统和局部空间的监视系统，从而形成对整个太空态势的近实时评估能力，显著增强防御性太空对抗与进攻性太空对抗能力，以应对来自太空的广泛威胁。法国空军就认为，“不了解太空的情况，就无法在太空采取预防、保护和干预行动。”

8.3.5 天地系统协同

天地系统协同，是指利用地球同步轨道的国防通信中继卫星和广播卫星，提供信息支援保障，使通信与指挥、控制、情报融为一体，形成覆盖整个战区的先进信息共享网络。高技术战争是全面夺取信息优势的战争，而位于地球同步轨道的国防通信中继卫星和广播卫星，是实现战场透明化，保障信息战优势的重要基础。要发挥太空作战力量以及其他信息系统的整体效能，必须重视天地系统协同能力建设，使太空作战力量能够融合来自太空、空中、地面系统的信息，高效准确地做出判断并为太空系统提供控制、任务信息，保证整个国家太空系统的协调运转和有序工作。天地系统协同主要包括以下任务：天、空、地信息综合管理；太空系统综合指挥控制；任务执行与评估等。这就要求必须加速 C4ISR 系统网络化建设，缩短“观察、判断、决策、行动”的运行周期，提高信息传递速度和可靠性。第二次世界大战期间，形势判断在几个小时，决策要花几天，到实施作战行动时间需要一个星期；在海湾战争中，观察已接近实时，判断形势只要几分钟，做出决策只要几个小时，到实施作战行动时间仅需 3 天；在科索沃战争中，从发现目标到实施打击为 101 min；在阿富汗战争中，从发现目标到实施打击为 19 min；在伊拉克战争中，美军通过掌握清晰、连续的战场图像，有力地支持了快速战术决策，仅用 10 min 便完成了探测、识别和摧毁地面机动目标的任务，在对批准实施打击的 25 240 个伊拉克目标中，实际毁伤 19 898 个，毁伤概率为 78.8%。美军为提高天地协同能力，计划到 2025 年完成“国家太空资源战术开发计划”，包括通过卫星实现信息实时并连续传递的“锋爪”准备计划；将卫星图像信息直接传送到武器的“锋爪射手”计划；自动接收卫星信息，将数据和图像汇入作战系统的“锋爪触角”计划。届时，这个周期的运行时间将以秒计算。

8.3.6 太空精确打击

太空精确打击是指利用各种信息对抗手段打击敌方太空系统的信息链路，或是利用太空攻防手段直接打击敌方目标。进攻性太空对抗作战，通过使用硬杀伤或软杀伤手段，使敌方航天系统或其提供的信息失效，以求达到扰乱、阻止、损害或摧毁的目的。太空精确打击主要包括信息链路攻击、太空目标硬杀伤、太空目标软杀伤和天基对地攻击等。根据不同的杀伤原理和杀伤效果，一般可分为硬杀伤、软杀伤和吸附利用 3 种杀伤方式。硬杀伤就是对目标的硬摧毁破坏，使其永久性地失去功能，主要包括定向能杀伤、动能杀伤、破片杀伤以及核能杀伤等。定向能武器是一种很有前途的太空对抗武器，能够杀伤地球同步轨道等中高轨道目标。软杀伤就是对太空目标的光电传感设备、微波传感设备等关键部件以及信息链路等实施遮断、阻塞、屏蔽或干扰，使目标失效或效能降低。软杀伤方式主要可分为伴星干扰和喷涂干扰。吸附利用是指通过太空飞行器对目标的伴飞、绕飞或把微波型智能飞行器最终吸附在目标上，对敌方卫星的信号侦测和信息截获。从技术成熟程度上看，动能杀伤技术的可行性已经得到了实际验证，吸附利用技术难度最大。20 世纪 80 年代以来，美国投入了 80 多亿美元的巨额资金，开展了一系列的动能拦截试验。据美国国防部导弹防御局的统计，自 20 世纪 80 年代初至 2002 年 6 月，动能拦截器真正进入到最后拦截交战阶段的有 25 次，其中有 22 次拦截到目标，成功率达到 88%，成为其部署反导防御系统的主要武器装备。美国在 2003 年已经部署了采用动能拦截碰撞杀伤技术的 PAC-Ⅲ型反导导弹。2005 年 7 月 4 日，美国宇航局在距地球 1.3 亿 km、相对飞行速度达到 36 000 km/h 的条件下，利用“深度撞击”号彗星探测器准确命中了“坦普尔”1 号彗星，展示了空间系统高超的控制能力。

8.3.7 太空告警防护

太空告警防护是指对可能造成太空系统损害的各类威胁进行实时、准确的预警，并采取相应的太空系统防护措施。太空告警防护主要包括以下任务：威胁识别与预警、航天器被动防护、航天器主动防护等。自从人类开始征服太空，诸如卫星碎片和报废卫星等太空垃圾与日俱增，严重威胁着航天器和航天员的生命安全。有资料统计，目前在环地球轨道上，大约有 3.3 亿个直径大于 1 mm 的物体。太空垃圾与太空打击武器一起，构成了航天器的最大威胁。例如，美国等发达国家从 20 世纪 50 年代开始就着手研制航天器的红外侦察告警设备。目前，这一装备已经发展了 3 代产品，从只能接收单一目标、用于载体自身告警，到具有综合告警能力的全向告警系统。在加强航天器告警能力建设的同时，美国也在加强航天器的主、被动防护研究。1947 年，美国科学家惠普耳曾提出在航天器的保护层外安装一层防护屏来保护航天器不受太空垃圾的威胁。随着科技的进步，美已掌握航天变轨技术，在有太空威胁时利用变轨技术主动规避来袭的目标。

8.4 几点启示

美国的军队向来是以超前设计战争著称，为此不断提出新的作战理论概念。当前，太空力量建设必须着眼支援联合作战这个迫切需求，以太空力量发展的规律为基本遵循，立足自身特点，确保顶层设计合理、发展重点突出、建设效益倍增。

（1）坚持统筹发展，突出用户主导

世界主要国家在立足本国军队特点、探索军事太空力量建设的实践过程中，主要形成了军种主导型、独立成军型、总部统管型等发展模式。但从太空力量发展普遍规律看，太空力量建设技术复杂、耗资巨大且建设周期长，军事运用涉及各个军（兵）种并覆盖陆、海、空等多维空间，仅依靠各个军种自主建设，既难以聚合资源、形成合力，也难以准确契合各军（兵）种的军事运用需求。特别是在联合作战体制尚不完善、军（兵）种间资源共享依然存在壁垒的情况下，各军（兵）种主导的发展模式不符合现阶段的发展实际。因此，必须坚持“建设统筹，用户主用”的发展模式，在核心力量统管的基础上，要在各军（兵）种增设太空支援职能机构，统一和协调太空力量建设与管理。同时，立足各军（兵）种的运用需求，突出太空资源主要用户在太空力量建设和管理中的参与权、知情权和建议权。对于共用的太空系统，由统管单位牵头组织建设、各军（兵）种参与论证和建设过程；对于各军（兵）种侦察监视、通信、测绘与环境监测卫星等专用太空力量，则要加大军（兵）种在建设、管理、运用等方面的权重。

（2）整合现有资源，完善应用机制

纵观美军军事太空力量建设与运用历程，也经历了不断向下延伸、逐步完善机制的过程。20 世纪 60 年代初期主要是战略运用，70 年代中期至 90 年代初期延伸到战役作战层次，90 年代中期开始在战略、战役、战术层次全面展开，卫星资源用户不断扩充，从国家高层到战役机关，扩大至战术单位、单兵和单件兵器。无论是阿富汗战争中捕食者无人机，还是猎杀本·拉登的海豹突击队，都可以直接通过卫星接收战略、战役指挥所的情报信息与攻击指令。因此，太空力量建设要抓住当前卫星资源利用率不高的主要矛盾，认清未来太空力量应用必将从战略层次向战役战术层次延伸的发展趋势，从协调现有卫星资源的整合利用出发，建立健全常态分发、资源协调、信息共享机制，规范卫星信息通报流程和标准，建设军种卫星资源应用平台和终端，从而推动现有卫星资源应用的制度化和高效率。

（3）立足军种特点，深化需求论证

从太空力量的发展史看，军事需求与技术进步共同推动了太空力量不断发展，并使其成为世人瞩目的重要军事力量。要在太空作战理论、战法、装备、人才相关理论研究的基础上，尽快启动太空信息支援联合作战需求论证工程。论证应以深入揭示联合作战规律为基础，以实现天基信息战术支援为标准，以一体化作战流程为本体，立足于军种特点实际需要，从战略、战役、战术各个层次，从装备、人才、组织编制各个方面，从预警侦察、通信、导航、作战、指挥、综合保障等各个领域，全面分析论证联合作战所需天基信息的种类、数量、质量、流速、距离和流程，提出详尽的技术指标。把握好两个问题：一是突出重点，抓住关键地域、关键时域、关键频域、关键领域、以主战集团主战兵器为对象的信息支援需求，提出需求的优先排序。二是合理定位，在整体信息需求的全局中研究天基信息需求，把握好天基信息与其他信息需求的比例关系、互补关系、替代关系和融合关系，重点发展和建设配套的卫星体系，使之成为支援陆、海、空和导弹部队联合作战的信息支援力量。

第 9 章　美国进入太空装备发展建设

进入太空是指为完成军事任务而实施的发射航天器到预定轨道、安全操控在轨航天器、服务和回收航天器的一系列航天活动。它是太空作战力量的重要任务之一，是建设太空作战力量的基础条件，是开展航天作战力量部署的基本手段，是利用太空和控制太空的前提和基础，是发展航天事业首先要解决的问题。美国已将“确保进入”作为美军太空作战力量发展的关键目标，美军联合航天司令部（现为航天战略司令部）在《2020 年构想》中指出，“确保进入”就是“按需使用”太空交通路线，实现在太空和通过太空的无阻碍运行。进入太空装备主要包括航天发射场、运载火箭和测控通信系统 3 个方面。

9.1　航天发射场

航天发射场作为航天系统工程的重要组成部分，是完成航天系统工程任务的基础要素和前提条件，是各类航天器踏上太空征程的起点。世界航天发射中心的发展史，其实就是一部不断持续改进的历史。航天发射中心的持续改进与航天运载器的发展密切相关，它的结构组成以及设备的配套取决于运载火箭的结构和规定的任务，同时也是技术进步和不断创新的结果。

从广义上讲，航天发射场包括首区（航天发射中心）、航区和落区（航天器回收区）。美国又将这些区域统称为靶场。首区称为上靶场，航区和落区称为下靶场。航天发射中心完成运载火箭及航天器的发射前准备、发射、安全控制，发射阶段的跟踪测量、遥测、遥控及其数据的实时处理任务；航区负责航天器飞行过程中的跟踪测量、监视，控制测量信息交换和处理；回收区主要完成航天器再入返回飞行过程中的跟踪测量、落点预报、搜救、吊装和运输等工作。从狭义上讲，航天发射场主要特指首区，它主要由技术区、发射区、发射指挥控制中心、技术保障系统及后勤保障系统等部分组成。其中，技术区主要任务是对运载火箭和航天器进行组装、测试，基本设施有运载火箭组装测试厂房、航天器组装测试厂房、固体火箭装配厂房等。发射区是发射前准备和发射的专用区，主要建有发射台和推进剂加注与检测设施等，统称为发射场。发射指挥控制中心是进行指挥、监控和管理的设施，包括发射控制室、指挥控制室、安全控制室、计算机中心和设备保障室等。

9.1.1　现役发射场

世界上早期的航天发射场，绝大部分都是由导弹发射的试验设施演变而来的。从第二次世界大战期间德国在佩内明德建立世界上第一个导弹试验靶场至今，世界各航天大国相继建成了各具特色的航天发射场和发射设施，专供发射各种导弹、卫星、空间站、载人飞船和航天飞机等使用。经过数十年的实践积累，航天发射的技术方法和运行管理日臻成熟，其在进出太空的地位不断提高，以及对国家航天发展战略的作用日益明显。美国最主要的航天发射中心主要包括卡纳维拉尔角空军基地（现已更名为卡纳维拉尔角天军站）和范登堡空军基地，前者包括美国空军的东部航天和导弹试验中心（也称东靶场）和肯尼迪航天中心。

（1）卡纳维拉尔角空军基地

卡纳维拉尔角空军基地位于佛罗里达州东海岸卡纳维拉尔角。该地区人烟稀少，自然条件好。该地区属海洋性气候，年平均气温22.5℃，沿海利于从水路运送火箭运载器。基地始建于1949年10月，当时美国总统杜鲁门下令在卡纳维拉尔角建立了远程火箭试验场，主要目的是进行战略导弹和各种战术导弹研制性飞行试验。作为大西洋方向的发射场地，这里靠近赤道，飞行器发射时通过地球自转速度可获得轨道提升，向东发射火箭。随着导弹研制试验的减少，原试验发射阵地经过适当改造，发展成为航天器发射阵地，主要发射轨道倾角为0°～60°的各种民用通信、导航、气象、资源、遥感、星际探测和科学研究卫星，以及部分军用卫星。这里不进行极轨发射，因为极轨发射时，航天器不得不飞越人口稠密区。该中心发射区达40多个，但目前中心在用的只有17、20、36、40、41、46、47这7个“宇宙神”“德尔它”“大力神”及探空系列火箭发射区，大部分归属美国国家航空航天局，用来发射各种航天器，37、41号发射区的管理权属于美国空军，波音公司和洛克希德·马丁公司租用这两个工位，用于发射各自研制的火箭。自建成以来，年发射频率约为25～30次，其中，40号发射区改建后将适应多种航天器发射。

36号发射区始建于20世纪60年代，是美国早期建设的主要发射区之一，一直为宇宙神-2和宇宙神-3系列火箭提供发射服务，共有A、B两个发射工位，其中A发射工位于1961年修建（用于宇宙神-2系列火箭的军事发射任务），B发射工位于1964年修建（用于宇宙神-2和宇宙神-3系列火箭的商业发射任务）。1978年起，B发射工位停止使用，后经修整，于1989年重新投入使用。2005年2月3日，36号发射区将一颗美国国家侦察局的USA181卫星送入太空后，正式停用。

37号发射区位于34号发射区北部，有A、B两个发射工位，二者相距36 km，A区为备份。A、B两个发射区共用一个活动勤务塔、一个控制中心、一个推进剂贮存设施和一个高压气源。1994年8月美国国防部开始负责实施渐进型一次性运载火箭（EELV）计划，作为两家承包商之一的波音公司投资2.5亿美元将37号发射区进行了改建，使其成为一个新型的现代化发射场，为波音公司研制的新一代大推力运载火箭德尔它-4系列提供高性能、高可靠性、高技术的服务。2001年，对发射土星-1B运载火箭的37号发射区进行改造，发射由波音公司研制的新型大推力运载火箭德尔它-4系列，新37号发射区的改建极大地提高了发射的可操作性，降低了发射费用，2002年11月，德尔它-4火箭进行了首次发射，将欧洲通信卫星组织的W5卫星成功送入太空，这将意味着37号发射区与洛克希德·马丁公司改建的41号发射区共同为美国火箭争夺国际商业发射市场。

东靶场40号发射区建于1960年初期，主要作为“对接—转运—发射”设施的一部分，用于大力神-3运载火箭发射，1982年10月开始发射大力神-34D运载火箭，1990年拆除脐带塔和勤务塔，改造为活动勤务塔+简易脐带塔，用于大力神-4运载火箭发射，2005年4月停止使用。2007年4月，美国空军授予SpaceX公司一项为期5年的发射许可，SpaceX公司获得东靶场40号发射区租赁使用权，用于猎鹰-9火箭发射。

2002年，对原发射大力神火箭的41号发射区进行改建，发射由洛克希德·马丁公司研制的新型大推力运载火箭宇宙神-5系列，于2002年8月21日成功地进行了宇宙神-5-401火箭的首次发射。该发射区在设计上采用了与以往完全不同的概念，使得火箭控制、测试和发射方式向前迈进了一大步。由于将发射区功能单一化，一个简易发射台只用于推进剂加注和发射，从而使发射流程更加合理，大大缩短了发射周期和节约了大量投资。另外，采用了远距离控制，发射控制中心远离发射工位，进一步保证了安全。

（2）肯尼迪航天中心

肯尼迪航天中心创建于1962年，是为实施“阿波罗”登月计划而建造的，位于美国佛罗里达州卡纳维拉尔角东海岸梅里特岛上，是美国最大的载人航天基地及美国国家航空航天局进行航天器测试发射最重要的场所。肯尼迪航天中心除航天飞机检测装配大楼、39A和39B发射工位外，还有发射控制中心、轨道器处理设施、轨道器着陆设施，以及水运码头、推进剂贮存库、跟踪测量、数据处理、航天员医疗训练等比较齐全的配套设施。发射场建在这里有三个有利条件：一是这里位于美国纬度最低的位置，可以借助地球自转来提高火箭的运载能力；二是东南射向8 000 km多航线上岛屿星罗棋布，是理想的跟踪测量站站址；三是射向面临大海，没有人口密集的忧虑，飞行中的火箭万一出现故障也不会发生严重的安全问题。从这里进行的航天器发射任务，包括了美国所有地球同步轨道的发射任务，发射过“水星”“双子星”星座、“阿波罗”飞船、“天空实验室”、不载人行星和星际探测器，以及科学、气象、通信卫星等。中心建有23个发射区，其中多数发射区已停止使用或拆除，仍在使用的是梅里特岛上的39号发射区，有A、B两座发射台。它是1966年为实施“阿波罗”登月计划而建造的，1969年7月21日，人类实现首次登月的载人飞船就是从这里发射的。1972年“阿波罗”登月任务后，于1973—1974年转而支持“天空实验室”任务，1975年完成美、俄“阿波罗”联盟计划。20世纪70年代末开始执行航天飞机任务，在此期间，39号发射区经过多次改造和扩建。举世瞩目的哥伦比亚号、挑战者号、发现号、奋进号和阿特兰蒂斯号航天飞机曾先后多次从这里升空。美国SpaceX公司持续推进对肯尼迪航天中心39A发射台的改建工作，使其适应猎鹰重型火箭以及猎鹰-9火箭的发射任务。2014年，SpaceX公司开始建造水平总装设施，完善内部设施和火箭装配所需的机械设备。

（3）范登堡空军基地

范登堡空军基地，又称为西部航天与导弹试验中心，位于加利福尼亚州西海岸阿圭洛角和萨勒角之间的狭长丘陵地区，最初被称为坎普·库克基地，1957年被选作导弹基地，1958年改名为范登堡空军基地。该发射场西濒太平洋，气候温和，降雨量较少，利于航天发射，发射方向正南，主要担负战略导弹武器系统的研制与作战试验，训练战略空军导弹部队，发射各种军用卫星和其他航天器，也进行太空武器飞行试验和配合反导武器系统试验。范登堡基地独特的地理位置，非常适合以太平洋为目标区域发射中程和洲际导弹，也是发射极轨卫星的理想场所，其重要地位仅次于卡纳维拉尔角发射场，是美国第二大航天基地。1964 年 5 月原属海军的太平洋导弹靶场阿圭洛角发射区并入范登堡空军基地，分别称为北、南范登堡空军基地，北区主要进行战略导弹试验，南区主要进行大倾角航天器发射。发射场共建有发射平台和发射井 50 多座，设有“宇宙神”“德尔它”“大力神”“侦察兵”系列各种火箭的发射工位及设施，有多座装配检测厂房、发射控制中心、导弹库和改进的跟踪测控站以及配套设施，还有机场、码头等。发射控制中心由靶场控制中心、操作控制中心、靶场安全中心、区域控制中心和无线电跟踪系统组成。美空军曾有意在该基地进行载人轨道实验室、航天飞机的发射任务，1966 年 3 月，在 6 号发射区开始修建发射设施，1969 年 6 月，计划取消。1979 年 1 月，又着手将其改建成航天飞机的发射设施，1985 年航天发射区 6 号（SLC－6）竣工，但因技术问题不断，加上 1986 年挑战者号航天飞机事故，1989 年 12 月 26 日美空军和 NASA 最终决定彻底放弃在该基地进行航天飞机飞行任务。1994 年又由洛克希德·马丁公司投资将 SLC－6 改建成发射小型商用火箭的商用发射场，2005 年 4 月 27 日开始，波音公司正式启用已经改造好的该发射场，进行新型大推力运载火箭德尔它-4 的发射任务。

（4）瓦洛普斯飞行中心

瓦洛普斯飞行中心是美国太空探测和飞行试验的研究基地，建于 1945 年，直属 NASA，是最主要的航空及亚轨道研究计划的试验和实现场所，是最早的火箭发射场，也是世界最老的火箭发射场之一。它地处弗吉尼亚州东海岸瓦洛普斯岛，发射方向为东或东南，用于发射探空火箭及气球、小型科学卫星、研究性航空器，进行气象、生态及科学研究和试验等。其发展经历了以下几个阶段：1945—1957 年，称为无人机研究站；1958—1974 年，称为瓦洛普斯站；1975—1981 年，称为瓦洛普斯飞行中心；1982 年，与“戈达德航天飞行中心”合并，成为“戈达德航天飞行中心”的一个飞行场，从那时起称为瓦洛普斯飞行场。

NASA 的前身国家航空咨询委员会于 20 世纪 40 年代初在瓦洛普斯岛修建了该飞行场以进行航空研究，1945 年 7 月 4 日发射了首枚火箭。瓦洛普斯飞行场已有 6 套包括发射工位、装配设备、射程测量设备的配套设施，有 84 座厂房，主要是飞机棚，并已进行过 1.4 万多次航空火箭的发射。瓦洛普斯飞行场还有移动发射设施，使科学家能够在世界各地进行航空火箭发射试验。只要科学研究任务需要，不管在什么地方，瓦洛普斯飞行中心都能提供专门的技术和设备进行火箭发射、跟踪、数据获取、载荷回收。NASA 也将把瓦洛普斯飞行场的独特设备向太空科学研究开放，并希望不久的将来商业发射活动有所增加。

9.1.2 发展趋势

21 世纪的战争将是“信息化战争”，夺取制信息权将成为取得战争胜利的关键，太空在夺取制信息权的行动中将发挥至关重要的作用。为此，美国十分重视航天发射能力的发展，在发展大推力运载火箭及发射场、提高快速机动发射能力、构建以天基为主的一体化测控网等方面都给予了高度重视。此外，从发射场自身发展来看，也发生了诸多根本性的变化，如：发射控制由近距离发射控制模式向远距离高度自动化测试发射模式发展；测控也在逐步向天基过渡。美国还实施了靶场现代化改造计划和转型计划，并制定了下一代靶场和航天港技术发展蓝图，对靶场和航天港技术的未来发展进行了总体规划。

（1）发射场现代化改造和转型计划

从 20 世纪 90 年代中期开始，美国空军在东、西靶场实施靶场标准化和自动化计划。该计划的目标是提高东靶场和西靶场的可操作性、可靠性和保障性，同时减少操作和维护费用。通过该计划，将更换数以千计的过时的和不能保障的部件和系统，以实现靶场现代化，并创造一个标准化的航天运输靶场系统。该计划的另一个组成部分是有计划地更换航天发射跟踪雷达设施，以便于采用 GPS 进行跟踪测量，这将显著减少空军的靶场操作与维护费用。该计划除了硬件和软件升级外，还要实现两个靶场共用的硬件和软件的标准化。

（2）发射场快速响应发射计划

快速响应发射计划重点是研制快速响应的运载火箭和有效载荷。快速响应发射对发射场提出了新的要求，即在提出发射需求后，发射场将根据具体战术需求确定适当的运载火箭和有效载荷类型，快速完成发射准备并执行发射任务，从需求确定到将载荷送入轨道的全过程要求在 48 h 内完成。目前，美军航天发射场执行一次发射任务所需准备时间长达 20 天左右，因此实现靶场地面操作自动化，缩短发射准备周期，已成为快速响应发射亟待解决的问题，直接影响快速响应太空计划的实现。

为实现快速响应发射的目标，美军计划到 2025 年之前，在东靶场和西靶场建造多个多用途发射场。这些发射场将按照运载火箭类别（小型、中型、重型），而不是按照具体的火箭型号进行分类，以便使同一发射场可以适应不同型号火箭的发射，增加发射任务选择的灵活性。此外，美军计划将位于夸贾林环礁的里根试验场作为地球同步轨道和其他重型载荷发射的备份航天发射场（东、西靶场的“热”备份发射场），予以重点建设。2012 年 2 月，美国国防部高级研究计划局启动了名为“机载发射辅助进入太空”（ALASA）的空基发射计划，旨在研制与演示空基卫星发射系统，全面推进太空应急响应能力建设，以应对敌方攻击太空系统和发射场带来的威胁。

（3）未来航天港建设规划

为了协调经济可承受性、发射能力和安全性三者之间的关系，美国先进航天港技术工作组（ASTWG）曾于 2004 年提出建设标准化、自动化、通用化的航天港，并将事先航天运输例行化作为航天发射场未来发展的终极目标。设想到 2025 年，通过分期改造现有航天发射场基础设施，经过一系列“代”的发展，逐步与空中交通管制系统相整合，最终将成为支持往返于地球表面、绕地轨道和星际航天运输活动的下一代航天发射场——航天港。规划的未来发展目标是，航天发射场将与空中交通管制融合，发射场/航天港系统和航空/航天运输管制融合在一起，现有的发射场系统、规程和规章将会被航空航天运输控制和管理系统所取代，继而增强轨道运输管理并最终实现星际运输管理。虽然从当前航天运载器和航天测控技术水平来看，未来航天港的设想过于超前，但是其所提出的发射场标准化和自动化思路，必将成为航天发射场建设的一个重要趋势。

9.2 运载火箭

航天飞机退役后，美国目前主流的航天运输装备为一次性和部分可重复回收使用的运载火箭。美国运载火箭型谱齐全，技术处于世界领先地位，涵盖重型、大中型、小型各种类型，可完成近地轨道、地球同步轨道、太阳同步轨道、大椭圆轨道等军民商发射任务。现役的重型运载火箭型号有猎鹰重型（Falcon Heavy）；中型运载火箭型号主要包括德尔它-4、宇宙神-5、猎鹰-9；小型运载火箭型号主要包括飞马座、安塔瑞斯、米诺陶等，能够满足各类大、中、小型有效载荷以及快速机动发射需求，其中猎鹰-9为部分可重复使用运载火箭。

9.2.1 现役火箭

表9-1为美国主要现役运载火箭基本参数。

表9-1　美国主要现役运载火箭基本参数

运载火箭	运营商	首飞年份	测发模式	发射周期/天	推进剂类型
德尔它-4 (Delta-4)	美国联合发射联盟	2002	三平一竖	15～23	液氧/液氢、固体助推
宇宙神-5 (Atlas V)	美国联合发射联盟	2002	三垂	15～21	液氧/煤油、液氧/液氢、固体助推
猎鹰-9 (Falcon 9)	美国太空探索技术公司	2010	三平一竖	13	液氧/煤油
猎鹰重型 (Falcon Heavy)	美国太空探索技术公司	2018	三平一竖	13	液氧/煤油
安塔瑞斯 (Antares)	美国诺格公司	2013	三平一竖	3～5	液氧/煤油、固体
米诺陶C (Minotaur-C)	美国诺格公司	1994	三垂	4～5	固体
飞马座 (Pegasus)	美国诺格公司	1990	空射	4	固体
电子号 (Electron)	美国火箭实验室公司	2017	三平一竖	3	液氧/煤油

（1）猎鹰重型运载火箭

目前美国现役重型火箭仅有猎鹰重型（Falcon Heavy），该火箭是美国SpaceX公司在猎鹰-9火箭基础上研制的两级液体重型运载火箭，主要用于近地轨道、地球同步转移轨道及行星际轨道任务，运力是此前世界最强的德尔它-4重型火箭的两倍以上，但发射价格仅为后者的三分之一左右。猎鹰重型火箭可从范登堡空军基地和肯尼迪航天中心发射，于 2018 年 2 月 7 日首次发射，截至目前共进行了四次发射，均取得成功。其中第四次两度在起飞前最后时刻被中止，先后推迟了 3 个多月后，终于在 12 月 10 日重新改名的卡纳维拉尔角天军站第 37B 号发射台发射升空，执行美国国家侦察局（NRO）一颗保密卫星的发射任务。

猎鹰重型火箭采用 3 个通用芯级并联加二子级的构型，以液氧/煤油为推进剂，起飞时共有 27 台发动机点火。该火箭全长 70 m，芯级直径 3.66 m，起飞推力 2 280 t，是世界上现役火箭中运载能力最强的，其近地轨道运载能力达 63.8 t，地球同步轨道运载能力达 26.7 t，火星轨道运载能力达 16.8 t，冥王星轨道运载能力达 3.5 t。在回收两个助推级、回收助推级和芯级两种情况下，火箭地球同步转移轨道运载能力分别降为 14 t 和 8 t，而近地轨道仍可达 30 t 以上。

（2）德尔它－4 运载火箭

德尔它－4 是美国联合发射联盟（ULA）/波音公司在美国空军“改进型一次性运载火箭”（Evovled Expendable Launch Vehicle，EELV）计划下于 20 世纪 90 年代中期开始发展的火箭系列，为美国军方进入太空的主力火箭。美国《2019 财年国防授权法案》将 EELV 计划更名为“国家安全太空发射”（NSSL）计划，开始考虑一次性火箭和可重复使用火箭，在确保太空发射能力的同时，通过竞争降低成本。美国太空军在 2021 财年预算申请中为 NSSL 计划争取资金，用于私营公司发射服务，发射美国军事和间谍卫星。德尔它－4 系列运载火箭主要在卡纳维拉尔角和范登堡空军基地发射，于 2002 年首次发射，截至 2020 年 6 月共发射了 40 次，成功率为 100%（含 1 次部分成功）。

德尔它－4 系列运载火箭主要包括 5 种构型，均采用两级低温结构，其公用芯级采用 RS－68 新型大氢氧发动机，通过捆绑不同数量的固体助推器或芯级并联方式扩大运载能力和使用范围，LEO 运载能力覆盖 9.1～28.79 t，GTO 运载能力覆盖 4.2～14.21 t，各构型的特点和轨道运载能力见表 9－2。其中中型系列于 2019 年 8 月全面退役。

表 9－2　德尔它－4 系列运载火箭的技术性能

型号	构型特点
中型普通型	直径 4 m 整流罩，无助推器
中型改进型 1	直径 4 m 整流罩，2 个固体助推器
中型改进型 2	直径 5 m 整流罩，2 个固体助推器
中型改进型 3	直径 5 m 整流罩，4 个固体助推器
大型（德尔它－4 重型）	直径 5 m 加长整流罩，2 个由公用芯级改进而来的液体助推器

（3）宇宙神－5 运载火箭

宇宙神－5 运载火箭是美国联合发射联盟（ULA）/洛克希德·马丁公司研制的一次性运载火箭，主要用于满足军民商用户对中、重型有效载荷的发射需求，是使用最广泛的一种运载工具。宇宙神－5 运载火箭主要在卡纳维拉尔角和范登堡空军基地发射，于 2002 年首飞，截至 2020 年 6 月共发射了 84 次，成功率为 100%（含 1 次部分成功）。

宇宙神-5系列运载火箭包括400系列和500系列多种基本构型，火箭采用模块化的设计思想，通过捆绑不同数量的固体助推器、配置不同的整流罩和上面级结构形成不同的运载能力和使用范围，技术性能见表9-3，LEO运载能力覆盖9.0～18.80 t，GTO运载能力覆盖2.69～8.9 t。

表9-3　宇宙神-5系列运载火箭的技术性能

型号	整流罩直径/m	固体助推器数量	半人马座上面级发动机台数
401	4	0	1
411	4	1	1
421	4	2	1
431	4	3	1
501	5	0	1
511	5	1	1
521	5	2	1
531	5	3	1
541	5	4	1
551	5	5	1

（4）猎鹰-9运载火箭

猎鹰-9是美国SpaceX公司在NASA商业轨道运输服务计划下研制的两级运载火箭，是目前唯一实现第一级火箭完全回收的运载火箭，主要实现安全、可靠且低成本的卫星发射以及通过龙飞船实现天地之间的载人和货物运输。该型火箭于2010年首飞，2015年完成首次回收。猎鹰-9火箭常用发射场有卡纳维拉尔角基地、肯尼迪航天中心和范登堡空军基地，截至2020年6月共发射86次，其中仅失败1次（不含2016年在静态点火测试中炸毁的火箭，不考虑回收情况），成功率为98.8%。

猎鹰-9先后推出过四个版本，最新为V1.2版Block5，猎鹰-9火箭全长70 m，直径3.66 m，起飞推力6 806 kN，起飞重量541 t，LEO运输能力22.8 t，GTO运输能力8.3 t，火星运输能力4.02 t，单次发射费用约为6 200万美元。

（5）安塔瑞斯运载火箭

安塔瑞斯运载火箭由金牛座（Taurus）运载火箭发展而来，在早期发展阶段被称为金牛座Ⅱ运载火箭，是美国诺格公司（原轨道ATK公司）在NASA商业轨道运输服务计划下研制的，于2013年首飞成功。安塔瑞斯运载火箭主要用于发射向国际空间站进行商业补给服务的货运飞船——“天鹅座”宇宙飞船，另外，还面向政府、军事情报和商业用户发射中型卫星。安塔瑞斯运载火箭主要从瓦洛普斯岛发射，截至2020年6月金牛座Ⅱ/安塔瑞斯火箭共发射12次，1次失败，成功率为91.7%。

安塔瑞斯火箭为轨道ATK公司所发展过的最大型火箭，具有三种构型，各型都采用相同的整流罩，芯一级为通用核心级，采用俄罗斯的RD-181液体火箭发动机，火箭全长40.5 m，直径3.9 m，近地轨道运载能力为5 t。

（6）飞马座运载火箭

飞马座运载火箭是美国诺格公司投资研制的小型商用运载火箭，采用空中发射技术，具备小型载荷快速机动发射能力。该系列火箭于 1990 年首飞，是世界上第一个也是目前唯一现役的空射运载火箭，截至 2020 年 6 月飞马座系列火箭共发射 44 次，成功率为 93.2%，主要载荷为民用卫星。

飞马座运载火箭包括标准型和加长型（飞马座 XL）两个型号，均为三级固体运载火箭，两种构型长度分别为 16.9 m、17.6 m，直径均为 1.27 m，近地轨道运载能力为 450 kg，太阳同步轨道运载能力为 325 kg。

（7）米诺陶系列运载火箭

米诺陶系列运载火箭是诺格公司基于美国“和平卫士”和“民兵”弹道导弹研制的，具备 72 h 的快速发射能力，主要型谱包括：米诺陶 C 型、米诺陶 1、2、3、4、5 型，具体的技术性能见表 9-4。目前除米诺陶 2、3 外的其余四种型号用于运载卫星，米诺陶系列运载火箭主要在瓦洛普斯岛、卡纳维拉尔角和范登堡空军基地发射，截至 2020 年 6 月共发射 75 次，全部成功。

表 9-4　米诺陶系列运载火箭的技术性能

型号	首飞年份	主要用途
米诺陶 C 型	1994 年	民用和商业卫星发射任务
米诺陶 1 型	2000 年	面向小卫星发射需求
米诺陶 4 型	2010 年	军事和科学研究等方向
米诺陶 5 型	2013 年	发射地球同步轨道、地月转移轨道卫星

（8）电子号运载火箭

电子号火箭是美国火箭实验室（Rocketlab）公司自主研制的两级液氧/煤油运载火箭，是世界上首个采用电驱动推进剂泵的火箭，也是全球首个采用 3D 打印发动机的火箭，火箭成本低、发射时间短。电子号火箭可以快速发射小卫星，按年最多发射次数以及发射场许可发射频率，约 3 天即可发射一次。电子号火箭主要在新西兰玛西亚半岛火箭实验室发射场发射，2017 年 5 月首飞失败，截至 2020 年 6 月已实施 12 次发射，成功率为 91.7%。

电子号火箭是一款小型二级运载火箭，火箭全长 17 m，直径 1.2 m，起飞质量 10.5 t，500 km 太阳同步轨道运载能力为 150 kg。电子号火箭单次发射的价格为 490 万美元，支持预定发射，其中订单共享中发射单体立方星只需约 7.7 万美元。

（9）火箭上面级

火箭上面级是介于基础级火箭与有效载荷之间相对独立的运载器，具备轨道机动转移能力，将有效载荷送入预定轨道，被形象地称为“太空摆渡车”。上面级一般具有多次启动、长时间在轨工作、多任务适应等特点，是提高基础级火箭运载能力和提升任务适应性的有效途径。

美国早在 20 世纪 50 年代末就开始了上面级的研制，是起步最早的国家之一，到 70

年代中期总共研制出了10多种上面级，包括固体上面级、液体上面级和固液混合上面级三类，用来发射中小型及中大型有效载荷，比较典型的有“阿金纳”和“半人马座”等；80年代以后，美国又研制出了多种新型上面级，如“有效载荷助推舱”（PAM）、“惯性上面级”（IUS）等，近年来，考虑到未来高性能上面级的需求，先后提出了多种轨道转移飞行器，如“太阳能轨道转移飞行器”（SOTV）、“轨道机动飞行器”（OMV）和“轨道转移飞行器”（OTV）等等，不断丰富和完善上面级产品系列，其中OMV和OTV可以实现重复使用。著名的“半人马座”上面级主要性能参数见表9-5。

表9-5 美国“半人马座”上面级主要性能参数

上面级	发动机型号	推进剂	启动次数
半人马座-D	2*R1-10A-3-3	液氢/液氧	≥3
半人马座-D1-A	2*R1-10A-3-3		≥3
	2*R1-10A-3-3A		≥3
半人马座-D1-T	2*R1-10A-3-3		≥3
半人马座-G1	2*R1-10A-3-3B		≥3
半人马座-2	2*R1-10A-3-3A		≥3
半人马座-2A	2*R1-10A-4		≥3
半人马座-3	2*R1-10A-4-1		≥3
通用半人马座	1*R1-10A-4-2		≥3
	2*R1-10A-4-1		≥3

“阿金纳”（Agena）：美国第一种具有多次启动能力并能在轨机动飞行的上面级，1959年首飞至1987年退役。

“半人马座”（Centaur）：世界上第一种以液氧/液氢为推进剂的高能上面级，由美国通用动力公司（General Dynamics，GD）康维尔（Convair）分公司在1958年启动研制，其发动机由普惠公司研制，广泛应用于宇宙神系列等基础级火箭，先后形成了半人马座-D、D1-A、D1-T、G1、2、2A、3和通用半人马座等8种型号。其中，通用半人马座上面级是在半人马座-2A、3基础上改进而成，目前仍在服役。

NASA“航天发射系统”（SLS）使用的探索型上面级（Exploration Upper Stage，EUS），预计2021年首飞。最终的EUS确定的推进剂质量是130 t，采用8.4 m氢箱，5.5 m氧箱，总长度为18 m，EUS采用4台R1-10C-1发动机，随任务不同有最长5天在轨寿命，可以多次点火，燃烧时间为800～1 300 s。

在火神运载火箭项目中，研发了替代半人马座的先进低温渐进上面级（Advanced Common Evolved Stage，ACES），ACES直径为5 m，采用超轻贮箱，推进剂为液氧和液氢，可重复在轨加注使用，具有多次点火能力，从而使其具备与大型火箭德尔它-4H相当的运载能力，任务灵活性获得进一步提升。

此外，诺格公司的下一代大型固体火箭欧米伽也将采用基于R1-10C发动机的低温上面级。

9.2.2 发展趋势

近年来，美国在发展航天发射主力装备方面，注重走“以民掩军”策略，依托军用、民用和商业太空技术与能力发展新一代航天运输装备。

(1) 重型运载火箭发展应用进入快车道

近地轨道运载能力 50 t 级以上的重型火箭仍是美国航天运输装备的重要发展方向，2019 年美国 SpaceX 公司使用猎鹰重型火箭成功进行两次商业发射，率先实现低成本重型运载火箭的应用，NASA 牵头研制的新一代重型运载火箭航天发射系统（SLS）也在稳步推进，计划 2021 年年底首飞，2024 年前后实现载人登月，美国将进一步提升重型火箭运载能力，LEO 运载能力达到 150 t，2035 年前后实现载人探火。

(2) 以低成本发射为主要目标积极推进大中型火箭的更新换代

近地轨道运载能力为 2～50 t 的大中型火箭，是构建大型军事空间信息系统的主力运载工具，目前新研大中型火箭包括联合发射联盟的火神系列、蓝色起源公司的新格伦、诺格公司的欧米伽系列等，通过模块化设计、简化流程、采用先进技术等途径实现低成本发射的目标，最终将实现中到大型运载能力的全覆盖，取代现役主力火箭宇宙神-5 和德尔它-4。近几年，SpaceX 公司运营着强大且越来越便宜的火箭，旨在将有效载荷发射到太空后返回地球，并多次重复使用，有评论认为，“这些经过飞行验证的火箭颠覆了进入轨道的经济学原理，扰乱了航天发射行业”，而美国国家航空航天局的航天发射系统严重超出预算，落后于计划，不得不努力寻求一次性火箭概念在经济上、技术上都可行的发展途径。

(3) 以快速发射和补网为目标大力发展小型运载火箭

围绕低成本、小载荷、快速反应这一发射需求，美国大力推动小型商业火箭的发展。以电子号、阿尔法、运载器-1 等为代表的新型陆基和空基小型运载火箭，已经实现商业飞行或即将研制成功，它们通过采用 3D 打印、新型材料、子级回收等技术，实现低成本、快速发射和补网，为美军天基信息系统向弹性与分散式太空系统体系结构方向发展奠定基础。

(4) 以可重复使用为代表的颠覆性技术的应用更加广泛

航天飞机退役之后，美国转向新型可重复使用运载工具的研制，主要包括两种：可重复使用运载火箭和升力体式可重复使用空天飞机。火箭复用是当前技术发展热点，SpaceX 公司已成功实现对猎鹰-9、猎鹰重型火箭的助推及一子级和整流罩回收，火神、新格伦等火箭也都将采用可重复使用方案。

(5) 运载火箭的用途可能发生极大变化

2020 年，美国太空司令部已经与 SpaceX 公司和创业（Xarc）公司分别签署了合作研究与发展协议（CRADA），支持两家公司研究如何将他们现有的技术和运载火箭用于地球城市间的运输，探索在不到一小时内将相当于 C-17 的有效载荷（70 t）运送到地球上的任何地方。另外，SpaceX 公司正在研制的“超重—星船”运载器，第 5 台样机于 2020 年已成功实现低空起降飞行试验，最大飞行高度 150 m，飞行持续时间 40 s，进行了空中悬停、推力矢量控制、反推软着陆等主要操作。星船设计载人最多可达 100 人，载货最大可达 100 t，载荷舱容积 1 100 m^3，可装载各类卫星、大型空间设施及空间站货物，结合其陆/海发射与回收平台，后续可以发展为地球点对点超大型运输工具，在半小时内到达地球任意地点，一旦转化为军事应用，可实现全球作战力量快速投送和空间天地打击武器的快速部署。

9.3 测控通信系统

航天测控系统是对航天器飞行轨道、姿态和各分系统工作状态进行跟踪测量、监视与控制的系统，用于保障航天器按照预先设计好的状态飞行与工作，以完成规定的航天任务。当系统中还包括天地话音、电视和用户数据传输等通信功能时，又称为航天测控与通信系统，简称航天测控系统。

航天测控系统按其测控的航天器类型大体可分为三类，即卫星测控系统、载人航天测控系统和深空探测系统。卫星测控系统是最常见的一类航天测控系统，其测控作用的距离为几万千米，分为近地卫星测控系统、中高度卫星测控系统和地球同步卫星测控系统；载人航天测控系统的突出特点是测控与通信的覆盖率要求高，除一般跟踪测轨与遥测、遥控设备外，还要求配备与航天员通话和传递电视信号的设备；深空探测系统为月球、行星和行星际等太空探测器服务，其突出特点是，为达到超远程测控和通信作用距离，要求地面站装备大口径天线和高灵敏度接收系统。

航天测控系统的构成从不同的视角有不同的划分。按其系统功能组成划分，航天测控系统包括跟踪测轨、遥测、遥控、天-地通信与数据传输、数据处理、监控显示、地-地通信和时间统一等 8 个主要分系统以及相关辅助支持系统。当从位置布局的角度来观察航天测控系统时，航天测控系统可看成是由控制中心和若干地域分布广泛的测控站，通过通信系统和时间统一系统联结成的一个有机整体，形如一个信息沟通、时间统一的网，即航天测控网。

9.3.1 发展历程

第二次世界大战之后，美国军方成为太空开发和应用的领导者。早在 1945 年，美国海军就首先完成了美国军事卫星可行性研究。但是，在陆、海、空三军的多头实施下，美国的太空计划非常零碎。各军种间的竞争激烈，都想维持自己对国有航天资源的控制。在当时美国“和平利用太空”政策的影响下，美国国家航空航天局（NASA）于 1958 年成立，负责民用航天计划。海军和陆军的大部分项目都移交给了 NASA。NASA 的大部分设施，包括发射场和测试场，均由陆军工程部队监督建设。自此奠定美国军用和民用航天协调统一发展的基础。随着美国军用和民用航天计划发展，美国在军用和民用两个方面都逐步形成了完善的航天测控网，自成体系，独立运行，分别为国防部和民用航天计划提供测控通信服务。

目前，美国的主要军事航天测控网包括：空军掌管的空军卫星控制网（AFSCN）和军用天基测控设施卫星数据系统（SDS）、海军卫星控制网（NSCN）、海军研究实验室卫星控制网、陆军卫星控制网（ASCN）。NASA 管理的航天测控网和美国国家海洋和大气管理局（NOAA）的卫星控制网会根据需要对美军的航天器提供测控支持。

（1）空军卫星控制网

空军卫星控制网是规模最大也是最重要的地基多用户军事航天测控网，美军其他测控资源规模都无法与空军卫星控制网相比。

空军卫星控制网的历史可追溯到 1956 年美军“武器系统 1171”计划（WS1171 计划），该计划的一个重要组成部分是“H 子系统”，其主要内容是在美国相关地区设立地面站，为航天器提供遥测、跟踪和遥控支持。1957 年 10 月，受苏联在世界上首次成功发射人造卫星的刺激，美国加速了“WS1171”计划的进程。该计划共建成了 5 个地面站，分别位于阿拉斯加的切尼克岛和安妮特岛、夏威夷的卡埃纳角、加利福尼亚的范登堡、新罕布什尔的新波士顿。这些地面站于 1959 年投入使用。同年，“WS1171”计划分解成 3 部分：发射系统、太空系统和地面保障系统。地面保障系统编为 6594 试验支队，即空军卫星控制网的前身。该支队由 4 部分组成：总部，操作中心，5 个跟踪站，1 个回收小组。1961 年，国防部将管理和操作美国军用运载火箭和卫星的任务赋予美国空军。

1959 年至 1966 年间，空军卫星控制网处于临时操作状态，测控站的设备配置、操作规程等都有差别。根据不同的任务需求调整任务所需设备和分系统，甚至是跟踪站。

20 世纪 60 年代，空军卫星控制网实施了远程跟踪站设备的统一配置，并采用了天地链路分系统，以提高远程跟踪站和在轨航天器之间的测控通信效率。同时，开始扩大远程跟踪站的布局。

20 世纪 70 年代，美国空军对卫星控制网任务专用通信链路进行了改造，采用标准化的通信系统，通过国防通信卫星系统和商业通信卫星进行指挥控制，从完全依赖窄带通信发展到宽带通信，通过话音线路、窄带（2 400 bps）以及宽带（1.024 Mbps）数据线路进行控制中心和各远程跟踪站之间的通信联系。与此同时，完成了远程跟踪站的布局调整，从最初的 5 个站发展到 7 个站，分别位于范登堡、新波士顿、格陵兰的图勒、塞舌尔共和国的马埃岛、日本的关岛、夏威夷的卡埃纳角、英国的奥克汉格。奥克汉格站和马埃岛站仅有 1 套测控和通信设备，其余各站均有 2 套设备，是双套站。

20 世纪 80 年代，空军卫星控制网实施了数据系统现代化和自动化远程跟踪站项目，实现了远程跟踪站的自动化控制；在法尔肯空军基地建造综合航天操作中心；新增了位于科罗拉多州斯普林斯的科罗拉多站、位于加利福尼亚州桑尼维尔用于自动化远程跟踪站的开发和维护站，并在奥克汉格和格陵兰的图勒各增加了 1 套测控通信设备。

20 世纪 90 年代，综合航天操作中心在 1993 年移交给空军航天司令部，自动化远程跟踪站项目于 1994 年完成，空军卫星控制网发展成为拥有 2 个控制节点、9 个自动化远程跟踪站、1 个自动化远程开发和维护站，以及利用卫通宽带和租用窄带链路连接的全球布局的测控通信网。2 个控制节点分别是：位于科罗拉多州斯普林斯法尔肯空军基地的综合航天操作中心、位于加利福尼亚州桑尼维尔空军基地的综合卫星试验中心。每个节点独立运行，互为备份。双控制节点的冗余结构进一步提高了测控网的安全性和抗毁性。9 个自动化远程跟踪站分别是加利福尼亚州范登堡空军基地昂尼祖卡、夏威夷、科罗拉多斯普林斯、新波士顿、格陵兰的图勒、塞舌尔共和国的马埃岛、美国关岛、英国奥克汉格、印度洋迪戈加西亚站。每个自动化远程跟踪站都包括一套或多套标准的自动化远程跟踪站核心设备、天线以及一些专用设备。加利福尼亚州桑尼维尔自动化远程跟踪站的开发和维护站用于研制远程跟踪站的控制和状态软件。1996 年，印度洋塞舌尔站退役。1998 年，法尔肯空军基地更名为施里弗空军基地。1997 年，美国空军航天司令部制定了一个新政策，规定未来的每项航天任务都要开发自己的卫星操作中心。空军卫星控制网本应继续通过全球共享的通信与跟踪站网络来保证卫星控制所需的通信服务，但如果所有的航天项目都向自成体系的方向转化，空军卫星控制网将终止对通用指挥控制子系统的支持。美国空军于是委托美国宇航公司出台了卫星控制网发展计划，以引领空军卫星控制网向通用技术标准和互操作性更好的网络方向发展。

进入 21 世纪后，空军卫星控制网发展成为由测距部分（即 8 个远程地面设施）、网络管理部分（提供网络规划和网络状态，由分别位于科罗拉多州施里弗空军基地和加利福尼亚昂尼祖卡空军基地的 2 个运行控制节点组成）和通信部分（连接远程跟踪站和运行控制节点）组成的全球性网络，运行控制节点与远程跟踪站的通信主要依赖国防信息系统网和商业通信资源，后发展为多用户广域网络业务。2002 年，考虑从使用专用数据传输协议的点到点网络架构向使用标准协议的互操作网络体系结构发展，为此启动互操作研究，尝试使用互联网和国际太空数据系统咨询委员会太空链路扩展中的相关标准和协议完成连接要求，涉及利用 NASA、NOAA 和商用地面站对国防部卫星提供测控通信支持；2005 年，加利福尼亚州空军基地被列入基本改造和关停列表，该处的控制节点后来迁往范登堡空军基地。2006 年，空军对卫星控制网的通信系统进行了现代化改造，采用交换虚电路（Switched Virtual Circuits），并接入采用异步数据传输的美国国防信息系统网（DISN）。2007 年，联合指挥与控制系统（CCS-C）——美军新建的一个综合军事通信卫星指控系统成功验证了其使用 TCP/IP 和太空链路扩展协议支持卫星运行的能力，将为目前和未来的所有军事通信卫星星座以及下一代 GPS 提供指控支持。2010 年，美国空军的国防卫星通信系统（DSCS 3）和军事战略战术中继卫星系统（Milstar）的操作已移交给联合指挥与控制系统。空军卫星控制网自 2005 年开始部署第三代跟踪站，即使用“新型远程跟踪站”（RBC）替代自动化远程跟踪站。第三代跟踪站既可用于军用卫星，也可用于民用卫星，具有天地链路分系统加统一 S 波段（SGLS＋USB）体制和更高速率的数传功能。至 2010 年，第三代跟踪站已完成 3 个地点的更换，计划 2016 年完成所有替换。美军从 2006 年开始着手建立统一的多用途卫星控制中心（MMSOC），该系统能够有效对现有以及未来的军用、民用和商业卫星进行统一控制，并保障在未来航天系统开发领域的研究规划框架下的军事试验卫星的运行。多用途卫星控制中心利用开放式系统和商用现货（COTS）

组件来提供测控，是快速响应太空（ORS）办公室指定的主要卫星指挥与控制必备能力。2010 年 1 月，为军用测控系统研制的多用途卫星控制中心部署到施里弗空军基地。

（2）NASA 航天测控网

为完成各种航天活动，从 20 世纪 50 年代末，NASA 就开始构建适应不同任务需求的各类航天测控网。

1）近地网。NASA 航天测控网的起源可以追溯到 1955 年开始建设的米尼特拉克（Minitrack）网，这是海军研究实验室为支持"先锋"号卫星计划而建立的美国第一个航天测控网，至 1957 年在全球共建立了 11 个采用米尼特拉克系统的站，仅适用于跟踪中、低高度近圆形轨道卫星。米尼特拉克系统是一种被动式无线电干涉仪，利用各站测出的一系列独立的角度测量值，能高度精确地计算出卫星轨道。1958 年 NASA 成立，接管了米尼特拉克网，用其保障小型科学卫星的运行。1962 年，米尼特拉克网改名为卫星跟踪与数据获取网（STADAN）。卫星跟踪与数据获取网由 3 个主要功能系统组成：米尼特拉克系统，数据获取系统，戈达德距离与距离变化率测量系统。该网拥有的测控站数量在 1965 年达到顶峰，在全球分布有 22 个站。

1958 年至 1972 年间，在卫星跟踪与数据获取网不断发展的同时，NASA 先后成功进行了"水星""双子星"和"阿波罗"计划，为了保障载人航天计划的进行，专门建造了由多个跟踪和数据获取站组成的全球跟踪系统，统称为载人航天网（MSFN），对应载人航天计划的不同阶段，分别是"水星"网、"双子星"星座网和"阿波罗"网。与卫星测控网相比，载人航天网的可靠性更高，不仅包括传统的跟踪、遥测和遥控等功能，还增加了话音和电视传输。

"阿波罗"计划完成后，载人飞行任务减少，卫星任务成为航天测控网服务的主体。因此，1972 年，NASA 将载人航天网和卫星跟踪与数据获取网合并，关闭了许多地面站，航天跟踪与数据网测控站的数量不断减少：1978 年，只剩下 12 个地面测控站；1984—1985 年，又将 3 个 26 m 天线站移交深空网（DSN）；1987 年，只剩下 8 个地面测控站。测控网的操作控制中心设在戈达德航天飞行中心（GSFC）。1983 年，NASA 第一颗跟踪与数据中继卫星（TDRS）发射，航天测控从地面测控向天基测控拓展，1989 年，跟踪与数据中继卫星系统（TDRSS）完全投入使用，使地面测控站的数量进一步减少，仅剩下 4 个。进入 21 世纪，地面测控站又有所调整，此外，还通过签订合同的方式利用商业地面站为 NASA 任务提供保障。所有这些构成了 NASA 的地基网（GN）。2006 年，地基网更名为近地网（NEN）。

2）天基网。中继卫星是随着人类探索、开发和利用太空活动的不断深入，逐步发展起来的一种新的太空信息传输系统。其主要功能是进行天基测控和天基数据中继。与地基测控相比，天基网（SN）的最大优势在于其覆盖率高，这对载人航天任务（飞船、航天飞机、空间站）的测控通信保障极为重要。单颗中继卫星对低轨航天器的覆盖率不低于 50%，两颗中继卫星的覆盖率不低于 80%，如用 3 颗中继卫星，则可以实现 100%的覆盖率。中继卫星系统的出现实现了航天测控由地基向地基和天基一体化的转变，极大提高了航天测控的轨道覆盖率、数据传输速率和多目标同时服务能力，对航天测控的发展具有里程碑意义。

NASA 从 20 世纪 80 年代初开始部署该系统，到 90 年代中期才完成系统配置，建成完全实用的系统。到目前为止，NASA 一共发展了三代跟踪与数据中继卫星。1983—1995 年，NASA 完成了 7 颗第一代跟踪与数据中继卫星的部署（1 颗发射失败）；2000—2002 年 NASA 部署了 3 颗第二代跟踪与数据中继卫星；2013 年 1 月，NASA 部署了第三代跟踪与数据中继卫星的第一颗。

3）深空网。NASA 深空网（DSN）由喷气推进实验室管理，主要为 NASA 的行星探测飞行器提供跟踪、数据获取和通信服务。该网始建于 1958 年，当时仅有 1 个 26 m 地面站，位于加利福尼亚州的戈尔德斯顿，1961 年，在澳大利亚的堪培拉和南非的约翰内斯堡又各建 1 个 26 m 地面站，3 站经度相隔约 120°，构成一个完整的 26 m 站网。1965 年，在西班牙马德里建立 1 个 26 m 地面站，加入到该网中。同年，位于初期阶段的深空网的工作频段从 960 MHz 调整到 S 频段。1974 年，约翰内斯堡地面站关闭，深空网形成戈尔德斯顿、堪培拉和马德里 3 个地面站的格局，从此，随着人类深空探索的脚步，历经多年的发展，NASA 深空网成为全球技术最先进、功能最强大的深空测控网：天线口径从最初的 26 m 发展到 70 m，并陆续采用了天线组阵技术、波束波导天线技术，以提高数据传输速率；工作频段从 S 频段发展到 X 频段，并进一步向 Ka 频段发展；开始试验激光通信技术和太空联网技术，并曾考虑过地球轨道天基中继技术，最终选择了目标星轨道的轨道器（中继星）作为深空中继的通信方式。

4）通信网。最初，卫星跟踪与数据获取网、载人航天网和深空网都有各自的通信系统，对 NASA 而言，同时运行 3 个独立的通信系统成本太高，1963 年 7 月，NASA 开始协调共享通信系统，由此建立了 NASA 的通信网（NASCOM）。20 世纪 90 年代末期，NASA 专用通信网业务向商业化转型，为此将原有的多个地面网络组建为 NASA 综合业务网（NISN），同时开始采用 IP 协议提供服务；IP 化完成后，NASA 综合业务网于 2005 年至 2006 年间进行了技术更新，替换掉陈旧、不可维护的系统，改进关键网络的可维护性和可靠性，优化网络连通性，优化网络带宽，以更好地为关键任务提供更可靠的服务。

5）启动三网合一。2006 年，NASA 提出《2005—2030 年 NASA 太空通信与导航体系结构建议》。2010 年，NASA 提出建立一个综合测控网，即太空通信与导航（SCaN）综合网，把 NASA 目前拥有的 3 个独立测控网（近地网、天基网、深空网）整合成一个统一的综合测控网，向用户提供包括上下行数据传输、无线电测量、定位与授时等核心测控业务的测控服务，为此，采用太空数据系统咨询委员会（CCSDS）国际标准，使用通用接口。

9.3.2 现役测控

美国现役航天测控网分为军用和民用，军用航天测控网主要包括空军卫星控制网（AFSCN）、海军卫星控制网（NSCN）和其他几个专用网络等；民用航天测控网主要是

NASA 负责管理的太空通信与导航综合网。目前，美军用卫星的天基测控使用了卫星数据系统（SDS）和 NASA 太空通信与导航综合网中的跟踪与数据中继卫星系统（TDRSS）。

空军卫星控制网是一个共用的卫星控制网络，支持国防部、情报机构、NASA 以及国家海洋和大气管理局的卫星项目。该网目前还为“快速响应太空”提供全球范围的网络通信服务。对于国防部和情报机构来说，该网免费提供服务。

空军卫星控制网主要由测距、通信和网络管理 3 部分组成。测距部分，包括 8 个远程地面设施（共 15 套远程跟踪站）和 2 个移动站（在应急情况下可用作远程跟踪站），提供地面到航天器的接口；通信部分，包括连接远程跟踪站与 2 个运行控制节点的通信系统，以及通信校准站（位于加利福尼亚州的派克斯营，用于在轨测试）；网络管理部分，提供网络规划和网络状态管理，由 2 个运行控制节点完成，分别位于科罗拉多州施里弗空军基地和范登堡空军基地。此外，还有卫星测试设施，用于发射前卫星的遥控和遥测测试。

(1) 测量设备

空军卫星控制网目前在全球范围内拥有 8 个远程地面设施，具有 15 套远程跟踪站。未来计划扩展至 10 个远程地面设施，具有 19 套远程跟踪站。跟踪站工作在上行 L 波段，下行 S 波段（即天地链路分系统，SGLS）。

在一个远程地面设施中，一副测控天线及其配套通信设备叫作一套远程跟踪站，有些远程地面设施用多套设备完成测控活动。在空军卫星控制网中，除施里弗空军基地为单站，奥克汉格为 3 套站外，其余均为双套站。远程地面设施及其设备组成见表 9-6。

表 9-6 空军卫星控制网主要站点及设备组成

名称	说明
范登堡远程地面设施	提供正常在轨服务，还为设在范登堡空军基地的西靶场提供发射前测试和发射支持
夏威夷远程地面设施	跟踪站设备正在进行系统升级
科罗拉多远程地面设施	位于施里弗空军基地，该站从 2008 年起已从操作设施转为试验设施，2012 年 8 月 2 日正式停止操作支持
新罕布什尔远程地面设施	位于新罕布什尔新波士顿地区，跟踪站设备正在进行系统升级
图勒远程地面设施	位于格陵兰图勒空军基地，是远程跟踪站中最北端的站，约为北纬 76.4°
关岛远程地面设施	跟踪站设备正在进行系统升级
遥测和控制远程地面设施	位于英格兰奥克汉格，通过英国国防部与美国国防部的协议，由英国负责该站运营，支持空军卫星控制网
迪戈加西亚远程地面设施	位于印度洋，对空军卫星控制网用户提供增强的跟踪服务

(2) 通信装备

空军卫星控制网通信体系结构是节点中心结构，节点中心意味着所有用户通过连接到 1 或 2 个运行控制节点来接入空军卫星控制网。该网拥有 2 个运行控制节点，科罗拉多州施里弗空军基地的综合航天操作中心是主用节点，范登堡空军基地的昂尼祖卡卫星操作设施是备用节点，这2个运行控制节点通过通信设备与其他测控设备连接，独立运行，又互为备份。运行控制节点内细分为数个“卫星操作中心”。1个卫星操作中心一般负责1个卫星系列，若星座不大也可负责几个卫星系列。不管支持哪一项任务，所有卫星操作中心都要支持卫星操作的3个阶段：规划、过境测控和评价。

用户须拥有一个规划和通信控制接口连接到空军卫星控制网。所有用户通过连接到1或2个运行控制节点来接入空军卫星控制网，同时连接2个运行控制节点可以提供冗余，用户还需要构建一个远程跟踪站配置数据库（包括上行频率、指令速率、下行频率和信号格式等）。用于进行线路配置的设备是分布式通信控制器，每个用户的所在地或卫星操作中心均配属该控制器。在该控制器上有空军卫星控制网提供的应用软件，支持用户配置或建立从规划的远程跟踪站到卫星操作中心的通信线路。用户配置通信部分来满足其独特的卫星控制和遥测要求。用户还负责在连接完成后解除通信链路。

空军卫星控制网是根据任务的优先级满足每个用户的要求。具体来说，用户向网络操作中心提交规划申请，并等待批准。空军卫星控制网在用于作战响应系统时，可以提供地面系统与太空飞行器间的通信服务，这种服务包括用于卫星总线（甚至有可能包括载荷）的卫星遥测、跟踪和控制。

（3）网络管理

网络操作中心负责空军卫星控制网所有资源日常的管理和规划。网络操作中心对所有用户的申请有最终决定权。该系统支持用户提交卫星接入申请，并向用户分发编辑并协调的网络规划。规划程序始自用户提交航天器接入申请（包括航天器、地点时间）。规划者汇总申请，产生一个网络任务排序。之后，网络任务排序向所有的用户分发，远程跟踪站按排序执行。网络任务排序的任何变化如航天器的紧急事件，必须由网络操作中心协调和核准。空军卫星控制网划分了23个优先级以帮助进行协调和规划程序。

网络设备状态也由网络操作中心跟踪和管理，以维持操作系统能力。任何操作改变将由规划系统分发。

9.3.3 发展趋势

当前，卫星控制网在进行新一轮的现代化改造，而NASA则启动了三网合一。

（1）卫星测控网开始新一轮现代化改造

2013年，美军启动新一轮为期5年的空军卫星控制网现代化改造，改造的重点包括：采用RBC雷达或雷达的核心部件，新型雷达将极大增强空军卫星控制网对北极地区的测控覆盖能力；升级自动化操作系统，减少人工操作，该项目目前正在进行中；研制“降低信息冲突的配置与调度管理系统”（MIDAS），利用该系统自动调度，使人员可以重点关注实时冲突及意外事件，在2013年正式部署；研制新的“卫星调度与资源配置系统”，使空军卫星控制网在给定的时间内完成尽可能多的任务；采用最新计算机软件和商业现货硬件升级“电子调度传播系统”。此外，全球信息栅格（GIG）广域网扎实推进，届时空军卫星控制网将开展地面接口现代化计划。

(2) NASA 航天测控资源开始进行整合

2010 年 NASA 提出“三网合一”完成太空通信与导航综合网的建设，期望通过这三个网络的一体化体系结构，降低整个的操作和维护成本。天基网、近地网和深空网的一体化分为两个阶段进行：阶段 1，主要是置换和升级已有的天基网地面部分，以及通过发射 TDRS-K/L/M 补充完善天基设施；阶段 2，将发挥阶段 1 联合开发的硬件和软件的优势，升级近地网和深空网，从而形成一个标准化的业务和接口环境，在这个环境中，用户所看到所感受到的是一个虚拟网络，而非三个不同的网络。

(3) 积极开展测控新技术的研究

在新的测控理念上，空军太空和导弹系统中心（SMC）的卫星控制与网络系统小组希望利用信息技术的优势提高测控的互操作性和快速响应能力并降低成本，他们提出了一种可扩展或“兼容式”太空和导弹系统中心框架结构，该框架以戈达德航天飞行中心的指挥控制框架“戈达德任务业务发展中心”（GMSEC）为基础（作为共享的基础设施），在其上可以根据专项任务研制添加任务专用组件，从而可以利用通用指挥与控制业务获得操作的灵活性，并提供互操作能力和态势感知能力。该框架正逐渐成为太空和导弹系统中心采办的发展方向。

为了研究兼容性指挥与控制框架的技术可行性和向该框架转换的恰当时机，太空和导弹系统中心与快速响应太空办公室和美国宇航公司合作，在 2008 年中期开展了有关概念研究和试验开发工作，证实了太空和导弹系统中心框架用于空军卫星控制网的技术可行性；下一阶段的重点是寻找和制定足够的卫星指挥与控制信息数据标准（如 CCSDS 标准的 SLE 协议）来完成对框架的全面定义，并在安全性方面和独特界面方面进一步完善框架。

在测控资源的综合利用上，无论是负责民用航天计划的 NASA，还是负责军用航天计划的美国国防部，都面临着来自测控性能和测控成本两方面的挑战，在地基测控资源上表现得尤为突出，实现不同测控网之间的互操作的呼声越来越强烈，美国已经在 NASA 的天基网、近地网和空军卫星控制网之间利用 CCSDS SLE 开展了一些互操作的试验。随着空军卫星控制网等各军用卫星测控网的软硬件设备的更新换代，以及标准化与互操作措施的实施，以及 NASA 进行的“三网合一”，美国航天测控资源的综合利用取得重大进步。在具体技术的研究上，美国的激光通信技术、太空联网技术和未来天基中继体系结构以及云计算和虚拟控制中心等新技术的研究，已经取得了阶段性进展。未来，基于这些通信技术，在标准化和互操作原则的引领下，美国的航天测控资源有望实现综合利用，包括军用航天测控资源与太空态势感知能力资源的综合利用。

9.4 几点启示

进入太空的能力是一个国家航天能力的重要体现，只有具备进入空间的能力，才能有效地部署太空资产，充分利用太空资源。进出太空不受阻挠，是指在进行航天发射活动时，特别是火箭等运载器在飞行时，不受敌方干扰甚至截击；也包括发射场、发射设施等不受到敌方打击或破坏。随着美国将太空作为新的作战域，太空非军事化已成为一纸空言。作为航天运输能力承载主体的进入太空体系，是确保自由进出太空的高度融合的复杂体系。美国有明确的进入太空发展战略和实施计划，处于全面领先地位，保持着绝对优势，并有以颠覆性技术推动行业加速发展的态势，对推动本国太空发展，维护太空安全和发展利益非常重要，也会对其他国家产生深远影响。

（1）以新型发射技术为契机，优化航天发射场战略布局

未来太空作战中，航天发射部队应掌管着大量的运载火箭和各种各样的军事航天器。积极开展航天发射场发展战略研究，在新的发射场建设及现有发射场设施设备的改造及新的发射工位建设过程中，推进航天发射场现代化建设。为提高快速反应能力，航天发射场除要发展并完善现有固定发射相关设施设备外，还要积极探索研究陆基机动发射、空中机动发射、海上平台、水面发射、潜艇发射等多种发射方式。另外，还需深入研究利用气球、无人机系统、飞艇、亚轨道系统等手段，来获得“高空地基系统”的发射能力，具备“陆、海、空、天”等多样化的发射方式，形成集常态发射、应急发射、新型号演示验证于一体的新型发射场体系格局。

（2）发展天地一体的测控网络，大力提升太空态势感知能力

较强的太空态势感知能力，对己方太空系统的保护以及对敌太空系统做出有效对抗行动至关重要。美军认为，在太空对抗能力快速发展的情况下，这些高轨卫星面临的威胁与日俱增，为此，美军急需提高地球同步轨道的太空态势感知能力，一方面可以更加清晰地掌控他国在地球同步轨道开展的太空活动，为己方航天器规避风险提供预警；另一方面，可为其太空对抗技术（如“凤凰”计划等）的演示验证提供信息支援，在未来甚至可以成为太空进攻的基础。以地基为主的测控是目前的主要手段，用于进行卫星跟踪、测量和控制的国内、海外测控站和测量船，仍将是太空力量中不可缺少的基础设施，在兼顾航天发射任务的同时，增强动态组网跟踪测量能力，在太空目标识别中发挥重要作用，是测控装备发挥效能的有益途径。要根据实际情况加强地基测控网建设和技术改造，增加地基大型相控阵雷达、光电望远镜阵、中高轨目标探测望远镜等一批太空目标探测主干设备，使地面测控站更合理地布局，以获得最大的总体探测范围和重点目标探测。同时要在未来军事航天发展战略中，合理整合资源，积极加快天基测控网的建设，形成低、中、高轨太空目标监视能力体系，实现多手段、多谱段、多时段探测跟踪，实现天地一体化的太空目标探测、跟踪、识别。

（3）有针对性地采取应对措施，加强航天发射安全防护建设

太空系统由天基系统、地基系统和通信链路三部分构成，攻击任一部分，都能达到削弱敌太空能力的目的。太空作战样式可划分为太空封锁作战、太空破击作战、太空突击作战、太空防御作战、太空信息支援作战等。其中太空突击作战是指以太空作战飞行器、太空轨道轰炸机、弹道导弹等太空军事进攻力量，在其他军兵种配合下，对敌陆地、海上和空中目标实施太空突击，其目的是消灭、破坏、压制和摧毁敌重要战略战役目标。航天发射场是太空力量的重要组成部分，战时是敌攻击的重要目标。一是对现有的发射场设施设

备，要采取伪装、遮蔽等防护措施，使发射活动不在国外卫星的侦察监视之下，还要采取有效手段防电磁干扰、防通信干扰；二是必须大力发展机动发射技术，具备空中发射、陆基机动发射、海上机动发射能力，提高隐蔽性和灵活性；三是为了满足快速发射要求，在存储和测试厂房建造过程中必须满足防侦察和防打击的要求。

（4）重视航天产业的发展需求，创新融合发展管理模式

2014 年以来，世界主要航天国家强化太空领域的战略谋划，推动航天融合式发展，实现军事航天能力的持续发展。美军在发展下一代气象卫星计划中，注重航天能力共用，把军事需求与民用需求进行整合，与国家海洋和大气管理局联合开发联合卫星系统以满足军事作战所需的战场气象监测与预报信息，美军甚至研究在商业卫星上搭载专用军事有效载荷的标准化程序与接口，以实现利用商业卫星快速、灵活地搭载军事有效载荷的目标。法国通过销售斯波特（SPOT）卫星的高分辨率图像及后续增值服务，形成对地观测卫星产业。日本 2014 年 5 月发射的先进陆地观测卫星-2 卫星，除用于对地观测外，也兼具海洋监视能力。考虑到选址局限、发展现状、未来发展潜力及国家安全需要，推动融合式发展要统筹规划，立足长远，不断探索新的灵活的具有特色的航天发射场管理模式。在当前和今后相当长一段时期内，发射场还是应当坚持以军方为主导的管理模式，建立军地协调机制，统筹军用与民用、商用太空力量的发展，以利于整合太空力量的建设资源、提高建设效益，避免重复建设和不必要的浪费，未来航天发射场要在进一步提高效率、提高服务质量、优化发射流程上下功夫。在未来各种条件成熟，航天产业将发展到一定规模，其商业发射需求逐渐增多，参与国际竞争意识也逐渐增强的情况下，航天发射场的建设和管理模式就不应局限于军事化管理，可考虑市场力量大小和技术发展水平，适应市场需要和国家安全利益，灵活采用租赁、政府私人合资、商业化运营等措施，建立以国家计划管理为主的军民商航天工业体系，以及在市场经济下运作的航天发射场的新型管理机制。

（5）瞄准航天装备的发展方向，加速攻关航天发射关键技术

从航天装备快速发展和日益繁重的发射任务看，航天装备在向同时呈现大型化和小型化两个极端方向发展，近地航天装备总体发展趋势是向小型化、星座化、组网化、低成本方向发展，远地或星际探索航天装备则向大型化发展，要求建设更多的发射工位，具备强大的综合发射能力、大吨位发射能力、应急与机动发射能力、快速组网与补网能力等，当务之急是要尽快开展航天发射场技术论证和规划，开展相关领域的技术研究。另外，从新型作战力量形成来看，目前用于或利用太空系统的一些试验，具有复杂环境有限试验的特点。要在有限试验的条件下，开展机动发射、快速发射等技术研究，尽快形成应急发射能力和机动发射能力；充分发挥国家太空探测资源联网优势，开展太空目标识别、弹道导弹预警技术研究，形成太空目标识别、快速反应能力；充分发挥航天发射场新型航天发射、试验测控、精确打击优势，开展快速太空目标捕获技术研究，形成快速精确打击能力；开展卫星运行管理、操控技术研究，形成卫星应急变轨完成军事任务的能力；开展太空作战指挥体制研究，形成太空作战应急指挥、评估能力；开展太空作战保障技术研究，形成太空作战相关应急保障能力。

第 10 章　美国快速响应太空发展建设

快速响应太空（Operationally Responsive Space，ORS）是美军率先提出的一个概念，国内也有译为作战响应太空。它是基于维护美国新的国家太空政策的需要，源于对近 20 年主要战争经验的总结以及对太空系统面临威胁的分析所提出的。美军从快速响应太空概念的提出到目前的实施应用阶段，已经有十几年的时间了，正是因具有广泛的应用前景和重要的军事价值，其依然是当前和未来世界航天大国关注和研究的热点。快速响应太空是航天装备战略发展的新思路，是航天装备体系结构发展的新内容，是航天技术发展的新趋势，是航天装备作战能力发展的新要求。

10.1　美国快速响应太空发展概况

国内外许多学者对快速响应太空相关内容进行了大量的研究，涉及快速响应概念研究、运载器与航天器概念研究、地面支持系统（如发射场、发射平台等）等，并且有些技术已经在实际工程中进行了有益的尝试和应用。因此，研究美国快速响应太空，梳理其快速响应太空的发展历程和发展快速响应太空的关键内容仍然具有现实意义。

10.1.1　主要背景

最近几场高技术局部战争，特别是 2003 年的伊拉克战争，太空力量在实战中发挥了巨大作用。由此，美军认为，控制太空是赢得战争胜利的先决条件。美军对联合作战中航天系统的地位和作用进行了系统总结，在肯定其巨大作用的同时，指出目前的航天系统与联合作战任务还不相适应，存在众多不足。其中，航天系统固有的脆弱性，包括自然故障和易受敌方攻击等，可能导致联合作战完全被动，甚至造成战争失败。因此，对航天装备能力提出了更高的要求，即必须考虑在故障或遭受攻击的情况下，太空系统具备快速增补和快速重构的能力，以应对各种威胁，确保战时太空系统的有效使用。据此，美军率先提出了快速响应太空概念，并将这类系统称为快速响应太空系统，或应急太空系统。总之，美军提出和发展快速响应太空技术的背景和原因可以归结为：联合作战对太空的高度依赖性和太空系统本身具有的脆弱性以及面向战役战术需求的有效性。

（1）源于对近 20 年主要战争经验的总结

在 1990 年的“沙漠风暴”行动中，美国察觉现有的卫星通信能力无法支持作战需要，于是试图增射一颗“国防卫星通信系统-3”卫星。然而结果是发射任务最终在作战行动结束后一年才完成。即便是在十多年之后的伊拉克“自由行动”中，美国的太空行动能力也并没有比“沙漠风暴”时期有明显的改善。由此，美军看到传统的太空技术发展思路已经不能适应信息化战争的新需求。首先，传统的太空技术发射准备时间长，无法提供快速作战响应，不能满足处理突发战争和应对突发危机的需求；其次，传统太空系统提供的战略级服务无法满足战争一线指挥员战役战术指挥的需要；再次，现有的太空系统追求完善的战技性能，耗资大、投入应用时间长；最后，现有的太空系统无法提供对特定区域目标的持续机动监视，尤其值得强调的是，在传统的太空技术中，太空与地面的通信联系方式比较单一，需要通过卫星地面站，太空信息的最终用户无法从太空设施上直接存取数据。美军认为太空力量应该进一步满足战役、战术级指挥官，尤其是联合战役指挥官的需要。按照传统的太空研发模式，要实现这个目标，存在投资大、技术不成熟等众多难题，必须对太空技术的发展更新思路，要从发展模式上进行变革。

（2）源于对太空系统面临威胁的分析

随着天基与地基激光反卫星武器，动能反卫星武器，微波和粒子束反卫星武器，以及其他太空战武器的发展和逐渐成熟，现有以大型卫星为代表的传统航天器正面临敌方攻击等各种新挑战。特别是近地轨道卫星，由于轨道固定、轨道高度低，已经变得越来越脆弱。美军已经试验成功的激光武器、粒子束武器和微波武器，它们都是将能量汇聚成一束波束，照向目标来进行杀伤的。它们最大的特点就是速度快、射程远、精度高，堪称“亚瑟王之剑”。早在1975年11月，苏联为了阻止美国对其导弹发射行动进行侦察和监视，突然动用陆基强激光，对当时正在执行侦察监视任务的美国预警卫星和侦察卫星进行跟踪和射击，使2颗卫星报废；1981年3月，苏联又进行了天基激光武器反卫星试验，结果美国一颗照相红外侦察卫星上的敏感设备被摧毁，致使卫星失效。随着参与开发的国家增多和程度的加深，在轨航天器日益增加，太空垃圾越来越多，太空已变得拥挤不堪。2009年2月10日，美国铱-33通信卫星与俄罗斯已经报废的宇宙-2251军用通信卫星在太空相撞，这是人类历史上首次发生的在轨卫星相撞事件。虽然说现在太空飞行器已经相当多，而且太空碎片也相当多，但是两颗卫星直接撞到一起，也是一起令全世界感到震惊的事件。这些人为和自然的威胁，迫使太空技术发展必须寻求新的技术突破。

（3）源于对太空系统快速性、低成本的追求

纵观历史，速度、机动能力和敏捷性是军队应对意外事件的关键。抢占先机迅速反应，是一条尽人皆知的军事作战准则。因此，必须加强空军太空作战反应能力建设。常言道：“兵贵神速”，在战争和突发事件中，对任何战斗人员或武器装备的要求是“招之即来，来之能战”。这就是说，一旦接到命令，军用卫星或其他航天器，要在几小时，最多一两天内发射升空，而且在进入预定轨道以后能立即执行预定任务，而不需要经过几十天的在轨测试后，再交付使用。但是，目前太空系统无法及时适应变化，缺乏灵活的操作性和快速响应能力，且轨道机动能力有限，运载火箭准备时间长。另外，目前发展的大型军用航天系统，研制维护费用高。按照美国现在的卫星系统研制周期，如天基红外系统，从产生需求到发射卫星，大概需要10余年的时间。成本预算由最初的20亿美元不断攀升到了100亿美元。相比之下，美军对ORS提出的成本目标是：“一枚运载火箭的采购目标价格为2 000万美元；卫星的采购目标价格为4 000万美元。如果卫星的成本按每千克重量

100 000 美元计算，每个 ORS 航天器的总重量在 400 kg 左右”。卫星将采用的是标准化卫星通用平台和模块化有效载荷及元件，这样就实现了“即插即用”、快速、灵活地部署。因此，需要探索、发展能满足战术战役应用、成本低廉和更加灵活的太空系统，以便提供更快的作战响应能力。

10.1.2 发展历程

快速响应太空起源于 1999 年美国空军提出的“快速响应运载”（Operationally Responsive Spacelift）倡议。1999 年至今，快速响应太空技术经历了萌芽、初步发展和全面发展 3 个阶段。

（1）概念提出及规划阶段

1999 年，美国空军在快速响应太空运输任务需求陈述（Operationally Responsive Spacelift Mission Needs Statement，ORS MNS）中将 ORS 定义为“太空资源按需发射与计划”。2001 年 12 月，美国发布《AFSPC001.1 美国空军太空司令部作战及时响应型太空运输任务需求陈述》，为日后发展快速响应太空奠定了基础。2002 年下半年，美国国防部军队转型办公室与海军实验室联合启动“太空快速响应作战试验”（ORSE）、“太空快速响应运输替换方案分析”（ORS/AOA）等项目，从有效载荷和发射系统两个方面验证 ORS 概念及可行性。2003 年 3 月，美国空军又开始进行“太空快速响应运输替换方案分析”（ORS/AOA），对空天飞机、空射火箭、完全或部分可重复使用火箭、一次性火箭等发射方案进行研究。2004 年，美国空军参谋长提出了“联合作战太空”（JWS）的概念，对快速响应太空的思想进一步深化。2005 财年，美国国防部又提出了太空快速响应作战倡议，国防部军队转型办公室将 ORS 定义为一种新的产业模式：用便宜、寿命较短、携带单一任务载荷的小卫星，作为大卫星的补充。同年，美国国防部提交了涵盖航天运载器、战术卫星、近太空系统和相应靶场 4 个领域的《ORS 倡议》，提出美国在 2010 年前应展示初步太空作战响应能力，能进入和利用太空支持国家安全要求。2004 年 12 月，美国总统布什批准《国家航天运输政策》，其中第 40 号指令明确美国应“展示从作战反应角度进入和使用太空的初始能力，包括能够对某些特定作战能力蒙受损失或降低的情况做出反应，及时提供定制的或新的作战能力，借以支持国家安全需要”。2006 财年，美国国会增加了近太空的研发投资，要求对近太空平台的作战有效性、技术性、经济性进行分析。2006 年 7 月，美国空军还新组建了“太空快速响应作战”小卫星中队，该中队隶属于柯特兰空军基地的太空发展与试验联队，用于操控 ORS 卫星。2006 年 10 月，美国《2007 财年国防授权法案》明确提出，ORS 的目标不是构建全面“替补”能力，而是建设一个基于卫星的新的小型太空系统，具体计划包括“经济可承受快速响应航天运输系统”（ARES）、“战术卫星”（TacSat）和“兵力运用与本土发射”（FALCON）等，并终止了 ORS/AOA 项目。

（2）计划成型和实施阶段

2007 年 4 月，美国国防部正式向国会提交了快速响应太空报告，阐述了快速响应太空的总体思路和具体实施技术，标志着太空系统投入战场战术应用的序幕正式拉开。根据该报告，美国 ORS 定义为“确保集中并及时满足联合部队司令部需求的太空力量，以能够承受的成本提供在太空和近太空迅速、精确部署和运行国家及军方资产的能力”，并将 ORS 视为旨在满足联合部队司令部需求的太空活动的一部分，以此提升太空实力的快速响应性，满足国家安全需要。美国国防部还指出，ORS 计划将建造用于满足专门且关键的作战需求的若干套个性化系统，从而为美军提供一种经济适用的能力。这种能力使在太空、近太空、经由太空/近太空的国家与军方资产，能迅速、准确、决定性地到位并运行。美国国防部强调，ORS 的未来是提供快速的、量身打造的聚焦于战役与战术任务的太空力量。从作战和应对突发事件的角度考虑，ORS 的响应时间是第一位的。2007 年 5 月，美国空军在柯特兰空军基地建立快速响应太空办公室，该办公室的设立使美国快速响应太空的发展进入了快车道。同时，美国在北约 26 个成员国中大力推广“百星星座”的概念，以便最终部署一个共享的百星星座。2008 年 4 月，国防部颁布“ORS 实施计划”，标志着 ORS 计划正式进入实施时期。

（3）项目完善阶段及最新进展

随着相关技术的日趋成熟和太空安全形势的日益严峻，尤其是 2009 年 2 月发生的美、俄在轨卫星相撞事故，以及其他国家反卫星技术的发展，美国加快了 ORS 相关项目的研发进程。2009 年 5 月，美国空军的米诺陶-1 火箭（Minotaur-1）将空军实验室的战术星-3（TacSat-3）卫星发射升空。2011 年，美国《国家安全太空战略》明确提出，构建具有快速响应能力的太空装备体系，提高太空系统的抗毁与快速恢复能力。2013 财年开始，空军连续三年提出关闭快速响应太空办公室，理由是空军现在计划将 ORS 工作重点进行转移，将其思想、经验和成果应用到其他太空项目中去；关闭快速响应太空办公室，将其业务纳入空军航天司令部太空和导弹系统中心（SMC）。这一做法属于再次聚焦（Refocused），即将 ORS 的研究成果、相关理论原理和有关活动集成到 SMC 的太空项目中。2013 年，参议员马丁·海因里希是 ORS 最坚决的拥护者，他利用自己的影响力阻止杰姆斯成为新任空军部长，并要求空军承诺至少至 2014 财年前不能关闭快速响应太空办公室，ORS 项目在国会议员持续反对下，快速响应太空办公室继续维持。2015 年 2 月，空军 2016 财年预算申请中为快速响应太空办公室申请了 650 万美元经费，其中 234.5 万美元用于 ORS-1 业务卫星的在轨运行；65.5 万美元用于 ORS-2 卫星的研制；350 万美元用于 ORS-5 太空监视技术试验卫星的研制。空军特别指出，其正在对由快速响应太空办公室管理的卫星项目进行评估，未来很可能由该办公室负责领导“天基太空监视后续星”（SBSS Block 10）和“国防气象卫星后继星”的研制工作。2018 年 7 月，美国国防部高级研究计划局（DARPA）对“试验型航天飞机”（XS-1）的 AR-22 发动机进行了地面点火试验，初步验证了该型发动机 10 天内重复使用 10 次的能力，可满足 XS-1 在 24 h 内快速响应发射的需求。该发动机采用液氢/液氧推进剂，推力为 170 t，使用后的维护和检测仅需 16 h，XS-1 计划 2021 年首飞。

10.1.3　发展成就

美国国防部2007年正式实施快速响应太空（ORS）计划并成立快速响应太空办公室，至2015财年共发射了战术星-1、战术星-2、战术星-3、战术星-4、战术星-6等试验卫星和业务运行卫星ORS-1、ORS-3、ORS-4。从ORS概念提出至今，美国在该领域已取得了一些进展，但就整体而言，ORS系统的建设还只是处于初期阶段，2017年以前主要情况见表10-1。

表10-1　2017年以前快速响应太空火箭卫星情况

卫星	运载器	研制/试验目的	发射时间
TacSat-1	猎鹰	提升快速响应太空运载器、快速响应太空航天器平台和有效载荷的协调设计、联合开发和一体化集成能力	2006年3月猎鹰-1火箭发射失败，取消发射计划
TacSat-2	米诺陶-1	已进行11项试验：目标指示试验、通用数据链路试验、集成GPS接收机试验、再循环太阳能电池帆板试验和自动运行设备试验等，验证了战术任务分派及数据分发	2006年12月发射成功
TacSat-3	米诺陶-1	验证标准化通用卫星平台、各军兵种所需要的战术能力，包括“7天发射”、实时目标探测识别数据的星上处理、近实时地向战场作战人员提供目标信息数据的能力	2009年5月发射成功
TacSat-4	米诺陶-4	验证超视距通信、移动通信、数据中继、友军跟踪	2011年9发射成功
TacSat-5		实现多项快速响应太空目标，包括即插即用技术、模块化技术以及满足战术作战人员的需求	
TacSat-6	米诺陶-1	用于测试战术通信技术	2013年12月发射成功
ORS-1	鬼怪-1	验证必需的使能技术，如加强小卫星性能、简化发射时间表、形成开放式的指挥与控制系统体系结构，以及向使用现有战术网络的作战者及时分发信息	2011年6月29日发射成功
ORS-2	米诺陶-1	验证即插即用模块化小卫星平台	
ORS-3	米诺陶-1	有效载荷是ORS-3小卫星和28颗立方体卫星以及两个搭载载荷。完成了两项重要试验，最重要的一项是自主飞行安全系统（AFSS）试验，AFSS用于监控火箭自上升至入轨过程	2013年11月19日发射成功
ORS-4	超级骑虎	验证利用导轨发射小型固体运载火箭的快速发射技术	2015年11月发射失败
ORS-5	米诺陶	提供地球同步轨道目标监视能力，补充美军太空监视能力的潜在缺口并验证相关技术	2017年8月26日

受“快响”理念带动，美国陆军探索发展战术型光学成像侦察卫星取得初步成果，美国于2017年8月14日利用猎鹰-9（Falcon-9）运载火箭将“鹰眼-2M”光学成像侦察小卫星成功发射至“国际空间站”，10月24日，该卫星通过释放方式成功部署。“鹰眼-2M”卫星由陆军运管，陆军拥有成像侦察卫星的愿景经过10余年的发展，终于初步实现。利用鹰眼卫星，美军将通过数据中继网络直接向作战部队提供卫星图像，图像交付周期仅需10 min或更短时间。士兵通过手持设备可以对卫星进行任务编程。

2018年4月，DARPA启动“黑杰克”微小卫星大型星座项目，将构建60～200颗低“尺寸、重量、功耗及成本”的全球覆盖低轨卫星星座，形成全球军事高速骨干通信网络。12月，DARPA成功发射“军事作战太空使能效果”计划首颗卫星，该计划由24颗卫星组成，将验证对前线基层官兵提供及时战术图像支持。同月，DARPA“凤凰”计划支持研制的“细胞星集成技术实验”卫星成功入轨，以验证模块化可重构平台能力。该卫星平台由14颗外形相同的“细胞星”组合而成，可通过在轨增减或重组模块实现快速升级，或在轨组装成各种卫星，有望变革卫星设计、制造、部署和运用模式。

2020年6月13日，美国火箭实验室公司电子号火箭从位于新西兰的发射场起飞，成功执行美国国家侦察局任务，将3颗美国情报卫星送入预定轨道。这是美国国家侦察局在2018年启动的“小运载快速采购”计划下进行的第二次发射任务，首次秘密任务同样由美国火箭实验室于2020年1月执行。“小运载快速采购”计划旨在简化国家安全发射服务采办，充分利用商业发射满足国家侦察局的微小卫星发射需求，提高发射弹性和响应能力。

2020年7月15日，米诺陶-4型运载火箭在位于弗吉尼亚州瓦洛普斯岛的发射基地点火升空，成功将4颗侦察卫星送至预定太空轨道。美国国家侦察局表示，此次发射任务旨在为国防部和情报机构提供情报支援。资料显示，米诺陶-4型运载火箭依靠固体推进剂推进，与依靠液体推进剂推进的火箭相比，具有部件组装迅速、发射阵位灵活等特点，是美国国防部发射军事侦察卫星的重要载体。此次发射也是该型运载火箭时隔3年再次承担侦察卫星发射任务。据美媒披露，美国国家侦察局将在2021年择机再次发射搭载有太空侦察卫星的米诺陶-4型运载火箭。

从美国快速响应发展历程来看，目前ORS缺乏一个统一明确的定义，后续发展计划几经周折，并没有提出一个清晰明确的执行计划。从TacSat计划来看，存在能力与战术作战需求之间的矛盾，利用TacSat来对某特定区域的战术行动提供支援是不现实的，当TacSat达到战术行动要求时，其将向传统大卫星系统方向发展，背离发展TacSat计划的目的，TacSat的战术效果与成本之间也存在很大矛盾。从火箭的运载能力方面看，目前在研的快速响应太空运载器的运载能力均远远小于其早期研制的运载器。如Falcon火箭LEO的运载能力为760 kg。从发射成本方面来看，目前每千克载荷发射成本为2万美元左右，最初Falcon计划中对运载器的成本要求是在500万美元以内，但《2007财年国防授权法案》中不得不将运载器成本提高至2000万美元，已经是最早Falcon计划的4倍。但是，尽管如此，快速响应太空仍然存在现实的需求和巨大的技术潜力。

10.2　美国快速响应太空概念的形成

10.2.1　概念描述

目前，快速响应太空还没有一个统一的表述，美国军方、政府、研究机构对快速响应太空有自己的认识和观点。关于快速响应太空的概念有以下几种，具体见表10-2。

表 10－2 快速响应太空的概念

机构/文件	职能/定义
美国防部军队转型办公室	一种新的商业模式。注重满足战术作战需求
美空军航天司令部	将以能够承受的成本提供在太空和近太空迅速、精确以及决定性地部署和运用国家和军事资产的能力。ORS 的远景目标是为战役战术行动提供快速合适的太空支援。ORS 包括快速响应卫星、快速响应运载器、快速响应发射场以及近太空系统等 4 个方面内容
联合作战太空概念	一种能力，这种能力包括快速组装响应运载器和发射卫星的能力，对在轨卫星提供支持、维修和重构的能力以及为作战人员提供及时必要的太空支援的能力
GAO(Government Accountability Office)	1)投送作战指挥官所需的低成本、快速的战术太空能力；2) 对国家太空力量的补充和扩展，而不是替代；3)作为一种试验床，为大型太空系统的发展提供一种科学和技术投资的方式以及用来对关键技术进行演示验证
2007 财年国防授权法案	可在有限成本内将卫星送入轨道的能力，而这种卫星可以对关键太空卫星进行替换、重构并可以为作战人员提供一种新的太空支援能力
美战略司令部	确保满足联合作战指挥官亟须的太空支援能力

可以看出，目前对 ORS 缺乏一个统一明确的界定，这已经限制了该计划的进一步发展。GAO（Government Accountabmty Office）在 2008 年 7 月发布的报告中便指出国防部应对 ORS 的概念和计划进一步阐述：ORS 究竟是一个发射系统，还是一系列航天器，或是现有基础设施的改进，或是一种新型装备采办模式的改革或是以上所有的一切？这些都是 ORS 计划中没有明确提及的问题，同时也是 ORS 计划进一步发展所必须回答的问题。

通过整理分析美国军方、政府、研究机构、各大企业对快速响应太空的 10 种认识和观点，给出了如下定义：快速响应太空系统立足于快速满足战场战役和战术需求，应对突发事件和适应未来太空攻防对抗需要，快速组织和补充精干有效的军事力量，力求保证对抗情况下的太空军事任务具有最大自由度，实施太空军事威慑、太空防御、信息支援保障，以及遂行天地一体化攻防作战等军事行动。

该定义以建设能快速进入与利用太空系统和创新作战新理念为基础，考虑了将快速响应太空作为满足联合战役战术指挥员需要的太空任务领域的一部分，同时也保持解决其他用户需求的能力。

10.2.2 内涵实质

理解快速响应太空还需要把握以下几点：

1）美国空军最早提出快速响应太空概念，其核心是：在接到需求命令后，全部开发工作在 18 个月内完成，而从提出作战需求到航天器部署完毕，只需要几天到几周的时间，以满足战役、战术级作战的要求，也就是说快速响应太空不再把满足战略级决策支持作为重点。

2）太空技术活动历来是高投资行业，“快速响应太空”概念的主要思想：快速发射、快速部署、快速应用，具体来说就是准确、快速、廉价地将载荷送入太空，为战场的作战人员提供实时的太空战役与战术支持，或者是快速产生和维持太空优势，使太空系统具有根据战场需要、按照指挥官要求执行作战任务的能力。

3）快速响应太空基本组成包括：快速响应航天器、快速响应太空运载器和基础设施（发射靶场与指挥控制系统等）。快速响应太空是一个庞大的系统工程，任何一个环节的滞后，都很难达到快速响应的目标要求。

4）快速响应太空也有一个轻重缓急的要求，分成不同的响应等级是客观现实需要。美军在 2007 年 ORS 计划中提出三个响应等级：期望通过关键技术的演示验证，实现立即或在数小时内按需使用太空资产，即响应等级一；在数天或数周内按需发射并部署已经准备好投入使用的太空资产，即响应等级二；在数月到一年内研制并交付具备新能力的太空资产，即响应等级三。

5）快速响应太空与传统太空系统技术相比，有其鲜明的自身特点，快速响应太空具有快速响应性、经济性、灵活性、有限需求、协同操作性和短期可靠性等特点。

6）快速响应太空的目标是：寻求一种可快速、灵活地进入太空、使用太空、保持太空优势的战术响应能力与解决方案，通过优化航天产业结构，制定通用化的生产标准与规范，整合生产力，使航天产品普遍具有高集成性、高通用性、可重用性与可扩展性。

7）发展“太空快速响应作战”需要形成 4 种军事航天能力：使太空系统具有更广泛的战术应用能力、可快速提供系统重建能力、使太空系统更易于维持和更有效并具有更强的生存能力、形成太空系统的快速研制和部署能力。

8）快速响应太空体系是常规航天装备体系的补充，以弥补常规航天装备体系在快速反应方面的不足。快速响应太空体系不能替代常规航天装备体系，而只是对其提供短期的快速补充。

9）快速响应太空体系建设中所取得的关键技术成果及运行理念将推动常规航天装备体系向提高效能、降低成本的方向发展。快速响应太空体系具有快速、灵活等特点，可利用快速响应太空体系试验常规航天装备技术，为常规航天装备体系的发展提供试验床。

10.3　美国快速响应太空现实需求

10.3.1　作战支援需求

主要大国加快发展军事太空力量，大力研发太空攻防手段，配套完善太空作战法规，建立太空作战部队，围绕取得太空利用与反利用、控制与反控制力量优势的较量持续升温。随着现代战争信息化的推进，对于卫星的需求会越来越多，美国发动的伊拉克战争，总共动用的卫星多达 157 颗，即便如此，在战争期间仍然应急发射了 2 颗卫星。科索沃战争期间美军部署的卫星没能满足需求，在战争期间又紧急发射了 5 颗卫星。

为了适应现代信息化战争的特点，卫星等航天装备系统必须具有良好的快速响应能力，采用具有快速响应太空能力的卫星、运载器、发射场和测控手段等先进技术，能够快速产生和维持太空的优势，让太空系统具有根据战场需要、按照指挥官要求执行作战任务的战斗能力，采用出其不意、突然袭击的方式，才能取得出人意料的战果。

10.3.2 力量应用需求

快速响应太空卫星可以作为一种太空武器，能够快速地对敌方太空、空中和地球表面的重要目标实施精准打击。在美国的《2007 财年国防预算法案》中，将 ORS 的内容扩大到太空力量应用，把由 DARPA 正在执行的“猎鹰”（从美国本土进行军事力量应用和发射，简称 FALCON）计划，也列在其中，包括这个计划中的小型运载器（SLV）和高超声速巡航飞行器（HAV）。SLV 可用来发射小卫星和通用气动飞行器（CAV）。

太空快速救援是快速响应太空的发展趋势，可以对失效或即将失效的无人航天器、故障状态下有人航天器实施紧急救援，如对航天器进行推进剂加注、对失效航天器的部分设备进行维修替换等。能否实施太空紧急救援的基础是太空目标快速交会对接技术。2007 年 3～7 月，美国“轨道快车”项目的两颗试验航天器完成了演示任务，包括推进剂再填注，零部件更换，自主交会与对接技术。“轨道快车”满足或超过了其所有试验目标，成为世界上首个具有自主在轨服务功能的航天器，它还能支持快速响应太空作战需求。

10.3.3 生存能力需求

太空系统的重要性和固有的脆弱性，必将使其成为未来军事对抗双方直接攻防的对象。卫星非常脆弱且易受损伤，不仅在导弹或弹片攻击下会“粉身碎骨”，而且即使一片 1 cm 大小的太空碎片也会使它瘫痪，甚至“命丧黄泉”。尤其是不得不裸露在太空中的大面积太阳电池阵（电源）和一些敏感器的光学探头更是极易受到损伤的薄弱环节。同时，卫星运行轨道固定，容易被敌跟踪和摧毁。由于卫星系统一旦在轨运行将难以进行维护与修理，而卫星系统因故障而无法执行任务的情况也屡见不鲜，如在 2006 年 4 月 29 日，俄罗斯在轨的唯一一颗侦察卫星宇宙-2045 突然从轨道上脱落焚毁，致使俄罗斯出现了侦察空白，俄军方在 5 天后快速发射了一颗替代卫星，弥补了太空系统的漏洞。所以，提高系统的机动灵活能力和生存能力才能适应未来太空攻防作战的需要。因此，迫切需要抓紧研究战时快速进入和利用太空的技术和对策，发展快速太空响应技术，开拓建立满足战时应急太空机制的新方法，提高战时进入太空和使用太空的能力。

10.3.4 突发事件需求

重大自然灾害发生时，以遥感卫星、通信卫星、导航卫星组成的“太空救援队”，为救灾指挥、次生灾害预防、灾害评估以及灾后重建提供了大量的信息。平时，一个国家部署专门用于突发事件应急的卫星数目有限，当突发事件发生时无法满足爆炸式的信息要求。以汶川地震为例，在抗震救灾中我国向欧洲空间局、美国地质调查局、加拿大航天局、日本宇宙航空研究开发机构、印度太空研究组织等 11 个主要航天机构的 20 颗遥感卫星提出卫星数据观测申请。通过机动变轨的方式来应对突发事件，会损耗卫星宝贵的推进剂，对卫星的寿命产生不可逆的影响。在自然灾害等突发事件发生时迅速补充太空卫星，专门为抗震救灾、防灾减灾服务，实现卫星的应急通信与应急监视，缓解在轨卫星的高负荷状态，也是当前和未来国民经济发展的迫切需要。

10.4　美国实现快速响应技术途径

从形式上讲，快速响应太空的核心内容主要是战术卫星和快速响应太空运载器，主要涉及战术卫星、快速响应太空运载器、快速响应发射场等领域。从基本组成讲，包括快速响应航天器、快速响应太空运载器、发射场与指挥控制系统等地面基础设施。从涉及的关键技术来讲，包括适合机动发射的高效固体火箭技术、大载荷能力的飞机和空中发射技术、模块化标准化卫星技术、星箭一体化技术、快速测试发射技术、应急测控技术以及地面指挥信息系统和任务规划技术等。

10.4.1　运载器技术

快速响应太空的首要任务是缩短发射时间，减少发射费用，为此美国正在努力发展运载技术，提高快速发射及入轨能力。目前的主要措施包括：1）专门发展太空快速响应运载器；2）在现有渐进一次性运载火箭和洲际弹道导弹的基础上进行改进；3）利用商业系统提供快速响应太空发射服务。美军现在研究的技术解决方案，主要包括空射型运载火箭、基于洲际弹道导弹设计思想的陆基火箭和可重复使用运载器。

1）轨道 ATK 公司的“飞马”空中发射火箭已经具备向低轨发射卫星的能力，美国国防部高级研究计划局和空军正在研发“快达”空中发射火箭系统，它以 C－17 为载机，采用内置空中发射火箭技术，2006 年 8 月进行了最后一次试验，试验证明任何 C－17 运输机都可以用于空中发射。除“快达”系统外，正在研制的还有以 C－17 为载机的“猛禽”空中发射火箭系统、以 F－15 为载机的空中发射火箭系统以及轨道 ATK 公司的“风驰”空中发射火箭系统。除了采用飞机作为空射系统外，还采用临近太空的飞行器作为载机的空中发射系统，其典型系统为美国空军航天司令部的“经济可承受快速响应航天运输系统”。

2）由于洲际弹道导弹作战任务的需要，在其设计之初，就考虑了快速响应的因素，而基于洲际弹道导弹改造的火箭主要是“猎鹰”火箭、“鬼怪”火箭和“米诺陶”火箭等。“猎鹰”火箭是由 SpaceX 公司研发的，其目的是提高可靠性、降低发射成本，其成本目标是以 600 万美元将 635 kg 的有效载荷送入近地轨道。Microcosm 公司研制的“鬼怪”小型运载火箭可在短时间内将 472.5 kg 的小型卫星，运送至地球低轨道，成本约 460 万美元。2006 年，米诺陶－1 火箭发射了首颗战术星－2 卫星。该火箭使用了退役的“民兵”洲际弹道导弹下面的两级，以及“飞马座”火箭的上面级。米诺陶－1 只用于政府任务的发射。除了米诺陶－1 火箭，轨道 ATK 公司的米诺陶生产线还包括：米诺陶－2、－3、－4、－5，用于执行各种发射任务。

3）研制重复使用的运载器，主要包括太空作战飞行器、太空机动飞行器和轨道转移飞行器，使用时把太空作战飞行器作为第一级，将太空机动飞行器和轨道转移飞行器作为第二级。

10.4.2 航天器技术

快速响应卫星拥有传统卫星不具备的任务快速响应能力，因此采用了一些独特的卫星设计和研制的关键技术，或改进了传统卫星研制中已经使用的某些传统技术。主要包括卫星平台模块化设计框架、标准接口的即插即用技术、快速任务分析及仿真技术标准化工作流程技术等。

为了缩短航天器的开发和测试时间，提升战术支援能力，许多新的概念已经被提出，包括标准化航天器平台、模块化载荷、虚拟卫星、星簇、在轨服务等。通过对这些概念技术的应用与探索，保证系统可快速地研制、生产与组装。因此，快速响应卫星本质上就是通过采用各类先进技术，达到卫星在时间上的快速响应、成本上的快速响应和功能上的快速响应。

时间上的快速响应是指从接到卫星任务需求到在轨交付使用的周期小于 1 年，一般从几天到几个月不等。成本上的快速响应是指在时间允许的情况下，降低快速响应卫星的研制、发射和运行管理成本。功能上的快速响应是指卫星功能性能满足应急卫星任务的需求，这是时间和成本上快速响应的前提，快速响应卫星平台和有效载荷必须满足设定的功能，不能为了降低响应时间和研制成本而降低快速响应卫星的有效功能。快速响应卫星功能主要体现在快速响应有效载荷上。一般而言，快速响应载荷主要包括对地观察和区域通信载荷，二者应该逐渐形成系列化。针对不同任务和不同需求，研制生产不同技术指标的载荷产品。最终形成有效载荷“仓库化”。

10.4.3 发射场技术

发射场是发射链上不可忽视的第三个环节，卫星发射所花费的时间、资金以及计划安排有一半用在了发射场上。发射场技术包括通信体系、设备的计划与协调、跟踪监视、发射场命令、控制与检测、设备的快速处理运输以及组装等。

对快速发射场的设想是：在出现发射需求前，发射场预先存储好各种型号的快速响应太空运载器以及快速响应太空航天器；一旦发射场指挥官在某一时刻确定具体的任务需求，则将调用快速发射；发射场将根据具体战术需求来确定适当的运载火箭、飞行器平台、载荷类型；快速响应太空航天器被装配到运载器以后，经过必需的性能和安全检测及确认工作，执行发射任务。从需求确定到将载荷送入轨道的全过程要求在 48 h 内完成。

美国现有的发射靶场有 10 个以上，已向大量客户提供了满意的服务，但要满足“太空快速响应作战”需求，还要扩大其覆盖范围，研制能快速组装和发射有效载荷的基础设施，提高发射速度，并加快发射计划的批准。2006 年 9 月，美军在海军的圣尼古拉斯岛基地进行了快速响应型发射操作的初始演示，该试验把主要精力集中在试验计划的关键步骤和存在的问题上，并取得了很大的进步。此次试验利用可重复使用运载火箭第一阶段早期样机探险者-7，研究了影响实现太空快速响应发射的关键因素。这次试验为响应发射操作提供了参考，通过对现有发射设施及程序的创新利用，实现了以小时、天为单位计算任务进度，与用月、年为单位相比有较大的进步。

10.5　几点启示

美国前国防部长科恩曾说过极为精辟的话，即“以往的哲学是大吃小，今天的哲学是快吃慢”可谓是一语中的、一针见血地揭示了快速反应能力对于军队等组织的生存、发展、取得优势、夺取胜利的极端重要性。通过总结美国快速响应太空的发展历程，梳理快速响应太空的概念内涵，重点分析快速响应太空的实现途径和关键技术，对于发展快速响应太空，可得到以下几点启示：

（1）寻求合理、适合技术水平的 ORS 实现方式

针对当前卫星技术、运载器和地面支持系统等方面的发展现状，结合 ORS 的特点，制定合理的 ORS 发展规划，必须考虑如何与现有的太空系统应用构架相整合，以避免构建的 ORS 应用系统完全独立于目前的太空应用体系。特别是在快响卫星探索上，找出一条不同于传统卫星的道路，在“快”的基础上充分平衡成本、性能等要求。同时，快速响应的太空能力建设中所取得的关键技术成果、标准及运行理念要推动常规太空基础设施向提高效能、降低成本的方向发展。

（2）重点发展空中发射技术

现在大部分发射场的发射能力都受地理位置、有效覆盖范围、缺乏机动性（能满足在几小时或几分钟内做出快速调整的需求）等条件的约束。空中发射运载火箭具有不受时间窗口的限制、不受发射地点等约束，能够适应快速响应作战灵活多变的苛刻条件，所以应当视为今后发展的一个重点。

（3）同步探索 ORS 战场应用模式

目前，在固定基地用运载火箭发射太空飞行器的方式仍占主导地位，但存在发射费用高、射前准备时间长、机动能力差等不足，特别是当发射设施受到破坏时将导致无法进入太空。ORS 建设的目的是支持战术应用，探索搭载不同载荷的快速响应卫星所具有的战场支持能力是建设 ORS 的重要环节。通过分析美国快速响应太空发展状况，太空力量的战术应用将不可避免地带来诸多问题，如能力与作战需求之间的矛盾。从 TacSat 计划的发展轨迹看，为了提供满足作战需求的战术应用目标，TacSat 卫星不得不持续增加卫星数量并全球组网，从而将一个战术应用系统演变为战略存在。因此，如何化解太空力量的战略本质与其战术应用之间的固有矛盾，将是制约和影响太空力量战术应用的关键。

（4）认真思考 ORS 计划所带来的新变化新趋势

虽然在实现太空力量的战术应用目标方面，ORS 计划取得的进展甚微，但在相关快速响应太空技术方面进行了有益的探索。以小卫星技术、分离模块航天器技术以及重复使用轨道机动飞行器技术为代表的相关快速响应太空技术，正在改变着目前太空技术的发展

趋势。美空军也明确表示要将ORS所凝练的新思想、新模式以及新经验集成运用到大型太空系统的发展和应用中去，从而提高大型太空系统的性能和作战应用能力。因此，需要注重分析研究ORS计划中所体现的快速响应太空技术，思考其可能带来的新变化和新趋势，更好地指导规划太空技术的发展。

(5) 加强基础研究和核心技术储备，强化对重大前沿和颠覆性技术的评估预判

支持开展新概念装备、新服务模式研究，集中力量攻克制约航天发展的新动力、新材料、基础软件、高端器件、特种工艺等瓶颈问题，部署开展高性能长期在轨通用上面级、可重复天地往返航天运输系统、电磁发射技术、核热推进技术等重大前沿、颠覆性技术研究。

(6) 进一步提升运载火箭快速响应能力

面向实战需求，科学制定快响火箭的型谱，在大力推进现有固体运载火箭的装备化的基础上，加快空基发射运载火箭装备的立项研制，尽快弥补空基发射空白，进一步缩短运载火箭测试发射周期。

(7) 加强航天发射场信息化建设

进一步加快发射场建设和改造力度，逐步实现测试发射的自动化、信息化和智能化，总装、对接等操作的自动化、精细化，测试数据判读的智能化，故障诊断的智能化，低温推进剂加注的快速化和自动无人化，大幅度提高测试发射能力。

第 11 章　美国利用太空装备发展

现代战争实践表明，利用天基信息系统提供的侦察预警、定位导航、通信、气象水文等信息服务产品，可大大提高作战过程的信息化程度，促进战场透明化、指挥扁平化和打击精确化，实现各种作战要素的高度有机融合，已成为推进新军事变革的重要动力。利用太空装备又称天基信息系统，主要任务是利用航天器为人类活动提供侦察监视、预警探测、环境监视、通信中继、导航定位等各类信息支援与保障。

11.1　概述

利用太空，是指发挥太空作战力量对陆、海、空联合作战的支援保障作用。这是进入太空的直接目的，也是太空作战力量当前最主要的作战任务。海湾战争开始，卫星几乎在每一次美国的军事行动中都起到了至关重要的作用，在提高作战能力过程中发挥着“倍增器”作用，是信息化条件下联合作战中关键的、有价值的、不可或缺的因素，如图 11－1 所示。天基信息系统的具体作战应用如图 11－2 所示。

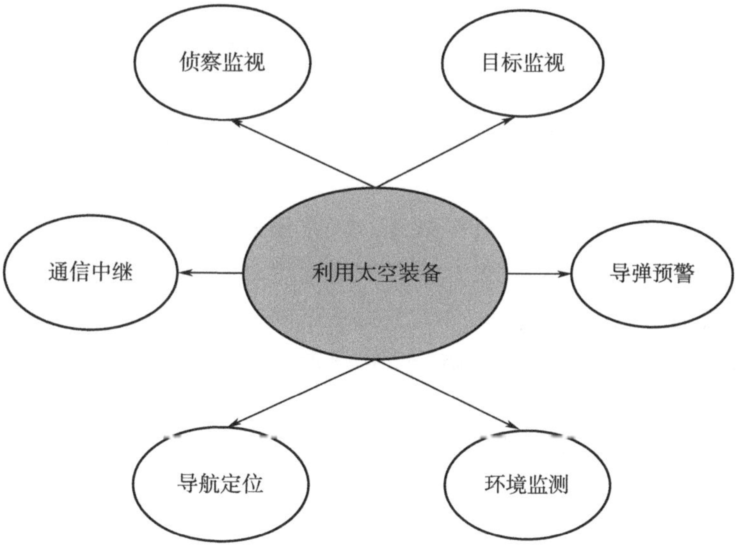

图 11－1　利用太空卫星装备

利用太空装备体系的主体是位于地球外层空间不同轨道上的各种天基信息获取系统、天基信息传输系统和天基时空基准系统等，具体包括在太空用于执行侦察与监视、弹道导弹预警、军事通信、导航与目标定位、气象监测、大地测量等军事任务的各种遥感仪器和

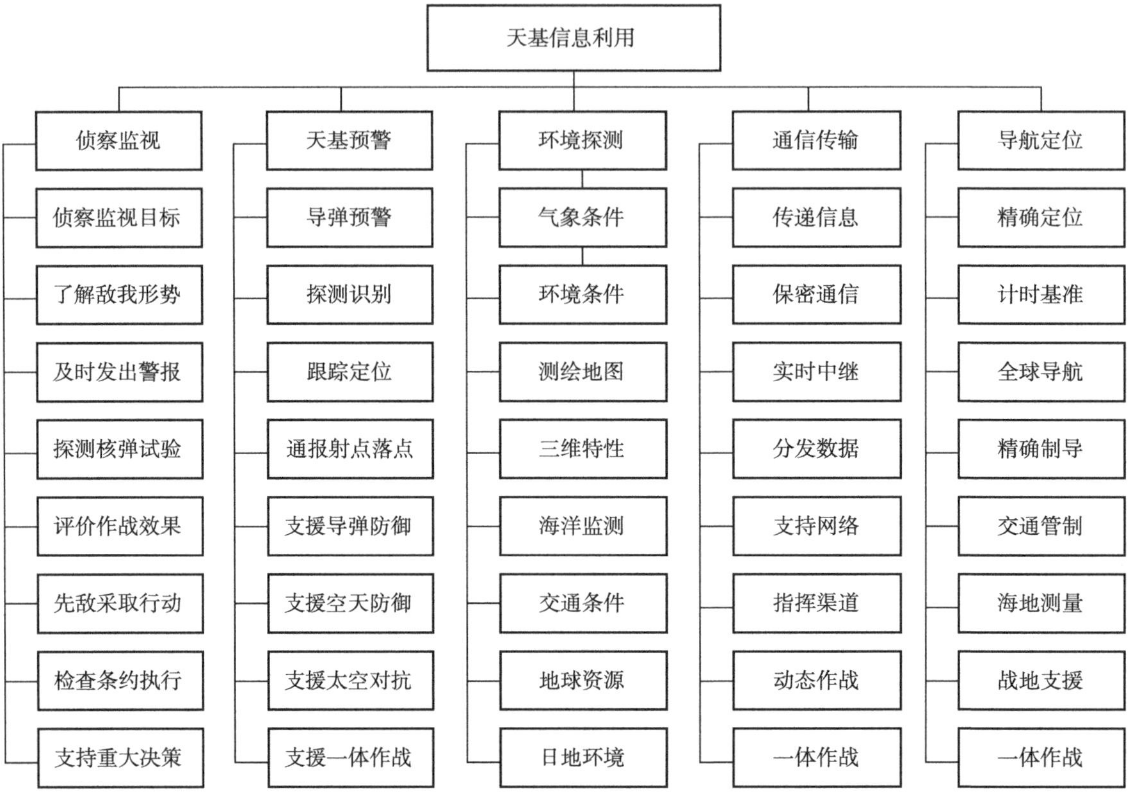

图 11－2　天基信息系统的具体作战应用

观测设备、通信设备及武器系统等。源于太空特性的“高边疆”属性，使得这些天基信息平台凭借轨道动力学优势，具有其他作战力量所不具备的“高边疆”“全球进出”“全球存在”的战略优势，使得太空信息支援力量能够广泛应用于战略、战役和战术作战任务，提供作战行动所需的太空信息支援。

随着航天运输、飞行器控制、任务规划、大数据处理和辅助决策等技术发展，太空装备体系的作战应用已经从冷战时期的以满足战略运用为主，逐步开始向战役、战术层次拓展延伸。战略层次上，太空装备体系为太空力量增强、战略威慑、指挥控制、战略侦察预警、防空反导、战略反击、危机冲突防控等提供所需的信息支援；战役层次上，太空装备体系能够及时掌握敌方兵力集结、机动信息、装备部署、作战企图、进攻时机规模等信息，可对各作战部队之间的指挥控制、作战任务规划、火力协同、气象水文环境、情报分发、目标指示等提供信息支持、定位与授时和打击效果评估等数据保障；战术层次上，太空装备体系实时获取战场态势多维信息，并为作战单元提供战术通信、导航定位、行动效果评估等保障，满足各作战部队战术行动的信息要求。因此，利用太空装备体系涵盖战略、战役、战术各层次。

11.2　典型装备系统

从其军事应用上看，利用太空装备可具体分为侦察卫星、预警卫星、军用通信卫星、导航卫星、气象卫星、测地卫星等。进入 21 世纪后，美国开始进行大规模更新换代侦察监视、导弹预警、通信中继等各类卫星平台载荷为代表的太空信息支援装备，大幅提升了太空信息支援整体能力。

11.2.1　侦察监视卫星

（1）典型卫星成像侦察系统

卫星成像侦察系统也称卫星照相侦察系统，是指通过可见光和微波等遥感器搜集目标的反射光、电磁信号来获取图像的星载系统，主要用于侦察机场、海港、导弹基地、交通枢纽、城市设防、工业布局、兵力集结以及军事部署等情报。在各种卫星侦察系统中，成像侦察系统发展最早，是侦察监视任务的主要承担者。其侦察设备通常包括可见光相机、红外相机、多光谱相机、合成孔径雷达以及电视摄像机等。其中，可见光相机能获得最佳的地面分辨率，图像资料直观，易于判读；多光谱和红外相机能够识别伪装，监视夜间的军事行动；合成孔径雷达可实现全天候全天时侦察；电视摄像机可进行近实时侦察，缩短获取情报的时间。由于合成孔径雷达的工作方式是发射电磁波和接收目标的电磁回波，所以它对活动目标有一定的显示能力，可对动态军事目标和军事活动实施侦察、跟踪和监视。成像侦察卫星通常采用近圆形的低轨道，高度在 1 000 km 以下，有时为了获取更高的地面分辨率，照相时将高度降到 150～160 km。

美国于 60 多年前，就发射了世界上第一颗返回型成像侦察卫星发现者 1 号。自 1962 年春季起，美国的成像侦察卫星进入了实际应用阶段。

第一代为“发现者”系列，采用可见光照相和回收胶片舱的工作方式，分辨率较低（详查 2～3 m，普查 3 m），工作寿命较短。“发现者”侦察卫星计划的保密代号为“科罗纳”（也译做“日冕”）计划，以“KH”编号。“KH”是英文“锁眼”的缩写，意即通过卫星上像锁眼一样的相机窥视地面。因此，它的后继型号也直接被称为“锁眼”侦察卫星。不同“KH”编号的照相侦察卫星采用不同的相机，侦察能力也不同。“发现者”卫星按编号分为“KH－1”、“KH－2”和“KH－3”三种。

第二代于 1963 年开始使用，是在第一代基础上改进而成的，性能有所提高。

第三代于 1966 年开始使用，为“萨莫斯”系列，其详查性能比第二代有很大提高，轨道高度可降至 110 km，分辨率可达 0.15 m 左右。

第四代于 1971 年开始使用，为普详结合型，名为“大鸟”。这是一种世界著名的卫星成像侦察系统，也是最后一代返回型照相侦察卫星，代号为“KH－9”。它既能进行大范围监视，也能进行抵近观察；既能以无线电方式发送侦察结果，也能以回收方式获取信息，分辨率可达 0.3 m，但所拍摄地面景物的宽度比较小。“大鸟”侦察卫星可携带多个胶片盒，在轨工作时间较长。

20世纪80年代初，发射的第16颗“大鸟”卫星在轨工作了261天，监视了两伊战争的战场情况。美国第五代照相侦察卫星也是第一代传输型照相侦察卫星，称为“凯南/晶体”，代号“KH－11”（即“锁眼－11”）。此类卫星总共发射了8颗，均已结束工作。“KH－12”（即“锁眼－12”）是美国第六代照相侦察卫星，也是当前世界上分辨率最高的传输型照相侦察卫星。它在“KH－11”的基础上改进而成，也称高级“锁眼－11”，于1989年8月首次发射。“KH－12”卫星工作轨道和外形与“KH－11”相似，圆筒体结构（镜头）类似于“哈勃”太空望远镜。与“KH－11”的最大区别是，“KH－12”可携带更多的推进剂，机动变轨能力更强，寿命更长。

目前，有3颗“锁眼－12”光学成像侦察卫星和1颗“8X”（“增强型成像系统”EIS）成像侦察卫星在轨运行。“锁眼－12”的升空，为美国的全球军事战略发挥了重要作用，在2011年多国联军对利比亚发动空袭的前后，美国利用“锁眼－12”提前确定了利比亚地面部队与防空火力的部署情况，并对空袭打击的效果进行评估，为指挥人员确定作战方案，更高效率地打击敌方有生力量，减少战斗损失做出了巨大贡献。

为弥补“KH”系列卫星的侦察效果受气象条件影响大的缺点，1988年12月，美国用航天飞机首次发射了1颗“长曲棍球”合成孔径雷达成像侦察卫星。“长曲棍球”卫星上装有较大的雷达天线和发射机，其分辨率标准模式下为3 m，精扫模式为1 m。为提高卫星的侦察能力，美国国家侦察局对其进行了改进，使其精扫模式分辨率提高到10 cm，与“KH－12”相差无几。美国总共发射了5颗“长曲棍球”雷达成像卫星（“长曲棍球”1～6），其中“长曲棍球－1”于1997年陨落，“长曲棍球－6”未入轨，于2008年2月21日用SM－3摧毁，其余的在轨正常运行。由于雷达靠自身照射，即发射电磁波，因此不论天气好坏，也不论有无阳光，都可以对目标成像，而且雷达波的波长比可见光和红外波长长得多，故可以“穿云破雾”，进行全天候和全天时侦察，尤其是实时性大大提高。

海湾战争中，“长曲棍球”雷达成像侦察卫星曾被用来侦察评估美国巡航导弹的攻击效果，跟踪伊拉克装甲部队的行动。科索沃战争中，它被用于侦察南联盟军队伪装的武器装备。在这些军事行动中，“长曲棍球”卫星都发挥了很好的作用。1991年1月17日，在美军对伊拉克实施“沙漠风暴”行动之前，萨达姆让共和国卫队进入掩体，以躲避轰炸，保存实力。这一招确实让美国“锁眼－12”成了睁眼瞎，但是美国利用“长曲棍球”像X光机一样透视了伊拉克掩体的内部，结果使所有藏在沙堆下的伊拉克坦克、管路暴露无遗。

“8X”成像侦察卫星是复合型成像侦察卫星，该类卫星在单星上实现光学和雷达两种成像侦察方式，代号“8X”，也称为“增强型成像系统”（EIS），最高分辨率为0.3 m。首颗“8X”卫星于1999年5月22日发射升空，该型卫星搭载了高性能CCD光学相机和合成孔径雷达两种遥感器，兼有“锁眼－12”和“长曲棍球”两者功能，由于场宽度增加到约50 km，为“KH－12”的8倍（8X），因而覆盖范围更宽，对目标的驻留时间更长。

1999 年，美国国家侦察局（NRO）选择波音公司代替洛克希德·马丁公司，建造新一代成像侦察卫星，亦称“2+2”计划，这在当时震动了航天界。洛克希德·马丁公司采用多颗卫星组成的整体星座替代重达十几吨的单星，最大程度发挥光学与雷达成像长处，提高侦察效能，这一成像侦察卫星群称为“未来成像体系结构”（FIA），是“长曲棍球”雷达成像侦察卫星的换代系统。“未来成像体系-雷达”（FIA Radar）是其中雷达成像部分，由 4 颗卫星组成星座，2010 年 9 月，2012 年 4 月，2013 年 12 月，2016 年 2 月，2018 年 1 月，美军从范登堡空军基地分别成功发射 FIA Radar－1、FIA Radar－2、FIA Radar－3，FIA Radar－4，FIA Radar－5，分辨率为 0.3 m，可实现对重点区域快速重访。与“长曲棍球”卫星相比，“未来成像体系”卫星改用逆行轨道，轨道高度提升了约 450 km，大幅提高了雷达功率。

美国除继续部署高性能的“锁眼-12”“长曲棍球”等军用侦察监视卫星外，还在发展新一代高性能商业光学遥感卫星，其部署的“世界图景”“地球之眼”“陆地卫星”等侦察卫星分辨率均优于 0.5 m，性能超过其他国家的光学成像卫星，并于 2013 年年底又发射了新型军用卫星——“灰隼眼”，已成为美军天基侦察监视的重要力量。

1）世界图景-1 卫星于 2007 年 9 月 18 日被送入高度为 496 km 的太阳同步轨道，能保障每天对 75 万平方千米的面积进行拍照。卫星所有者为总部位于科罗拉多州的数字地球公司（Digital Globe）。世界图景-2 于 2009 年 10 月 8 日被送入高度为 770 km 的太阳同步轨道。数字地球公司作为世界航天商业高分辨率地球图像产品和服务领域的最大供应商，拥有快鸟（Quick Bird）－2、世界图景-1、－2 等多颗在轨运行卫星，目前正抓紧将世界图景-3 卫星送入高度为 617 km 的太阳同步轨道。据专家透露，该卫星安装的侦察设备在全色体制下分辨率可精确至 0.3 m。世界图景-3 投入使用将全面巩固该公司在全球的领先地位。

2）地球之眼-1 卫星于 2008 年 9 月 6 日发射。该卫星属于总部位于弗吉尼亚州的地球之眼公司（GeoEye），该公司已于 2013 年 1 月与数字地球公司合并。该卫星被认为是目前世界上分辨率和精确度最高的在轨运行商业卫星，该卫星位于高度为 700 km 的太阳同步轨道，每昼夜绕地球 15 圈。其中，每圈可以迅速改变摄像机的指向，用于对不同方向进行拍照；每圈卫星都能够获得立体图像。

3）“陆地卫星”地球资源卫星系列方案由美国国家航空航天局和美国地质调查局共同管理，自 1972 年起实施，至今发射 8 颗，其中第 6 颗于 1993 年失败，在 20 世纪 80 年代是为世界各国提供航天图像数据的主要遥感系统，对航天遥感发展具有划时代的作用。目前在轨运行的是陆地卫星-7、－8 两颗卫星。这两颗卫星的图像数据产品主要用于农业、教育、商业、科学和政府领域。陆地卫星-7 于 1999 年 4 月 15 日根据美国国家航空航天局、美国国家海洋和大气管理局和美国地质调查局联合制定的陆地卫星系列方案发射，轨道高度为 704 km。该卫星用于以平均分辨率对地表进行拍照。陆地卫星-8 于 2013 年 2 月 11 日，根据陆地数据连续使命（LDCM）方案，被发射送入 705 km 高度的太阳同步轨道。

2013 年年末，美国空军发射了一颗新的战术光电侦察卫星灰隼眼-1。据预测，在全色体制可以 1.5 m 的分辨率进行拍照。美军计划建立“灰隼眼”卫星系统，将近 30 颗此类卫星送入轨道。

近年来，美国发射了多颗 NROL 军用侦察卫星。例如，2013 年 12 月 6 日从位于加利福尼亚州的范登堡空军基地成功发射，执行美国国家侦察局的机密任务（NROL－39），主要载荷是“黄宝石”（Topaz）雷达成像侦察卫星，该“黄宝石”雷达成像侦察卫星的部署轨道介于两个已投入使用的“黄宝石”卫星之间。2020 年 7 月 15 日美国国家侦察局 NROL－129 任务的 4 颗侦察卫星发射升空，这是美国国家侦察局 2020 年执行的第三次发射任务。此次任务携带了 4 个有效载荷，负责向决策者、情报界和国防部提供情报数据。

（2）典型卫星电子侦察系统

美军电子侦察卫星可担负通信情报（COMINT）、电子情报（ELINT）、遥测情报（TELINT）和雷达情报（RADLNT）等四种不同的任务。其空间部分包括为美空军和海军服务的低地球轨道（LEO）和大椭圆轨道（HEO）电子情报卫星、为美空军服务的地球同步轨道（GEO）通信情报卫星、为美国中央情报局服务的地球同步轨道电子情报卫星。美军电子侦察卫星运行在近地、大椭圆和地球同步三种不同轨道上。迄今为止，美军电子侦察卫星已从 20 世纪 60 年代的第一代发展到目前的第五代。冷战结束后，随着世界政治格局的变化和卫星技术的进步，早期发展的第二代“峡谷”“流纹岩”以及第三代“小屋/旋涡”“折叠椅”电子侦察卫星已先后停止发射并陆续退役。

美国于 1962 年 5 月发射了第一颗详查型电子侦察卫星，其后又发射了普查型电子侦察卫星。20 世纪 70 年代初期，当美国已掌握了对方电磁辐射源基本部署以后，便不再发射详查型电子侦察卫星，并且随着卫星寿命的延长和电子侦察技术的进步，普查型卫星的发射数量也大为减少。1971 年以后，美国相继发射了大椭圆轨道型“折叠椅”电子侦察卫星和地球同步轨道型“流纹岩”电子侦察卫星，及其后继型号“大酒瓶”电子侦察卫星。“折叠椅”是美国 20 世纪 70 年代开始发射的第一代电子侦察卫星，发射数量较多，目前还有 2 颗在轨工作。

美国目前正在使用的第四代电子侦察卫星有“大酒瓶”、“顾问”、“水星”和“号角”。“大酒瓶”是美国的新型地球静止轨道电子侦察卫星，也是美国当前空间电子侦察系统的主力，首颗于 1985 年发射，现有 3 颗在轨运行，可覆盖全球。“顾问”电子侦察卫星，主要用于接收西太平洋地区通信信号，2010 年 11 月 21 日、2012 年 6 月 29 日，美军从卡纳维拉尔角发射场分别发射“顾问”系列的第 5 颗、第 6 颗卫星。美国国家侦察局（NRO）局长形容顾问-5 是迄今为止世界上最大的一颗卫星。“水星”电子侦察卫星，首颗于 1994 年发射。美国早期电子侦察卫星存在一定的问题。例如，它无法侦听到地下有线通信网的信号。在伊拉克战争中，伊拉克尽量不用无线通信方式或利用无线通信方式传输假情报，结果使美英联军收获不大并时有上当。所以，美国又开始研制新的电子侦察卫星。

“号角”电子侦察卫星，又称“高级弹射座椅”“军号”、“小号”、“喇叭”等，是“折叠椅”侦察卫星的改进型，首颗于 1994 年发射，星载大型相控阵宽带侦收天线和极高频中继系统，主要用于收集电子信号情报。2014 年发射第一颗第三代“号角”（又称“军号”）系列电子侦察卫星（代号 NROL－35），2017 年 9 月 24 日，发射第二颗第三代“号角”系列电子侦察卫星（代号 NROL－42），卫星的主要工作是针对北半球进行电子信号监控和弹道导弹红外光学监控。

美国还有“入侵者”电子侦察卫星，主要侦听通信信号，该卫星是美国“集成化过顶信号侦察体系”（IOSA）的组成部分，是根据天基网的发展思路和新的设计理念研制的新一代大型电子侦察卫星，目的是提高电子侦察质量，降低系统成本。“入侵者”卫星具有多轨道能力，能够代替目前静止轨道和大椭圆轨道的电子侦察卫星，并集通信情报和电子情报于一身。预计“入侵者”卫星仍采用目前比较成熟的大型网格相控阵侦收天线，天线灵敏度将大幅度提高。2015 年 10 月 8 日，利用宇宙神－5 运载火箭将 2 颗“入侵者”低轨电子侦察卫星送入预定轨道。这两颗卫星属于海军海洋监视系统－3（NOSS－3－7A、7B），2017 年 3 月 1 日，又发射了 2 颗海军海洋监视系统卫星——NOSS－3－8A 和 8B。海军海洋监视系统－3 系列卫星由美国国家侦察局负责运行管理，主要为美国海军提供海洋广域监视，监视对方舰队的位置、航行方向和速度。

另外，美国国家安全局有专门针对太空信号收集“SIGINT 全球监听”项目，旗下有“先进猎户座”系列信号监听卫星。“先进猎户座”系列卫星主要设计功能包括对船舶、飞行器、地面信号源甚至太空中其他卫星信号的监听，以及将卫星采集的信号情报加密并下传至美国国家侦察局和国家安全局。第一、第二颗猎户座卫星，也被称为“大酒瓶”，分别于 1985 年和 1989 年发射升空，20 世纪 90 年代美国对猎户座卫星进行了改进，于 1995 年发射了首颗“先进猎户座”卫星，随后在 1998 年、2003 年、2009 年、2010 年、2012 年和 2016 年发射了 6 颗，美国还在研制具有一定隐身特征的“徘徊者”（Prowler）地球静止轨道电子侦察卫星和新型低轨道电子侦察卫星，前者用于侦察、定位战略目标，后者用于海军、空军等部门的电子侦察一体化计划。

(3) 典型的海洋监视卫星

海洋监视卫星主要用于探测、跟踪世界各海洋上的舰艇。它们主要通过截获舰艇上的雷达、通信和其他无线电信号，或者通过雷达对海上的舰艇进行监视。由于海洋面积广阔，需要探测的目标又是活动的，所以海洋监视卫星的轨道比较高，而采用几颗卫星组网的侦察体制，以便提高覆盖面积，连续监视，提高探测概率和定位精度。海洋监视卫星包括雷达型和电子侦察型两种类型的卫星。目前美、俄两国均拥有海洋监视卫星。

美军海洋监视卫星系统代号“白云”（White Cloud），于 20 世纪 60 年代末开始研制，1971 年发射试验型卫星，其空间系统迄今已发展三代。目前，美国海洋监视卫星以第二代、第三代为主，共有约 17 颗卫星在轨运行，采用多星组网方式实施侦察。

第一代海洋监视卫星包括基本型“白云”卫星和改进型“白云”卫星，采用被动式电子信号侦察方式。基本型“白云”卫星自 1976 年至 1980 年共发射了 3 组，改进型“白云”卫星自 1983 年至 1987 年共发射了 5 组，每组星座均由 1 颗主卫星和 3 颗子卫星组成。

第二代海洋监视卫星为“高级白云”卫星，亦称“天基广域监视系统”（SBWASS），也称作“徘徊者”，自20世纪90年代开始起用，并逐渐取代了第一代“白云”海洋监视卫星。“天基广域监视系统”是成像侦察卫星系统，包括两个部分，即“天基广域监视系统”海军型（SBWASS - Navy）系统和“天基广域监视系统”空军型（SBWASS - AirForce）系统，两型分系统都于20世纪80年代末启动，都是由3颗卫星组成星座。海军型系统，称为“三弹头”（TRIPLET），主要用于监视对方的水面舰队和潜艇，此外，它也对飞机进行监视。空军型系统，称为“孤独者”（SINGLETON），主要用于战略空中防御，以天基雷达卫星为探测器，进行主动式搜索，实施全天候监视。

第三代海洋监视卫星为“联合天基广域监视系统”，也称“奥林匹克”，于2000年提出，由第二代的“天基广域监视系统”空军型和“天基广域监视系统”海军型合并而成，共有5组10颗，分别于2001年、2003年、2005年、2007年、2011年发射，目前均在轨工作。“联合天基广域监视系统”也是由卫星组成星座，但在定位方式上又进行了革新，由前两代的四星定位、三星定位改为双星定位，侦察范围由海洋扩展到了陆地，兼顾空军的战略防空和海军海洋监视的需求。

11.2.2　太空目标监视系统

美军太空目标监视装备体系经历了60多年的发展，在体系完整性、技术成熟度、投资规模等方面具有明显优势，逐步具备了“天地一体、全球覆盖、高低轨兼顾”的太空目标监视能力，主要由分布于地面、太空的各种雷达、光学和电子干扰探测装备，以及联合太空作战中心任务系统组成。其中重点发展的系统包括“太空篱笆”系统、天基太空监视系统（SBSS）、快速攻击识别探测报告系统（RAIDRS）以及联合太空作战中心任务系统等。

（1）地基太空目标监视系统（“太空篱笆”）

目前，美军运行着约30部地基太空目标监视系统，这些系统广泛遍布于美国本土、英国、挪威、大西洋、印度洋、太平洋等多个地点。根据工作方式和工作平台不同，地基太空目标监视装备主要分为地基雷达系统和地基光电系统。

其中地基雷达系统又进一步分为机械雷达和相控阵雷达。地基雷达太空目标监视技术是最早、最成熟的太空目标监视技术，美国的“太空篱笆”和“干草堆”雷达早已应用于太空目标监视，“太空篱笆”升级计划由美军在2006年提出，其目的是用陆基S波段雷达替代老系统的甚高频雷达，使其能够探测低轨道5 cm以下物体，能够在没有预先提示或指派任务的情况下发现、锁定和测量所有低/中轨道太空物体，探测的太空目标数量从10 000个升级到100 000个，提高太空目标搜索能力、太空分辨率、缩短太空目标的重访周期，显著增强对美太空作战任务的支援能力。“干草堆”雷达升级计划由美空军在2008年启动，计划通过建造W波段高功率发射机，更换现有天线与处理设备，对X波段“干草堆”超宽带卫星成像雷达进行升级，大幅提高太空目标成像分辨率（目前分辨率为0.25 m），使其能够探测和编目微小卫星。美国“深空观测雷达计划”由DARPA在2002

财年启动，2008 年完成低功率样机装配，2009 年将技术移交给空军推广应用，该计划的目的是研究高功率、高分辨率、可进行低轨道/高轨道小目标成像和特性识别的地基雷达。

20 世纪 80 年代以来，地基光电深空监视系统一直是美国战略司令部太空目标监视任务的重要组成部分。多年来，该系统经历了几次翻新和升级，其中最重要的升级是 2005 年增加了“深空凝视”相机。这次升级为地基光电深空监视系统提供了世界上最精确和最灵敏的光学望远镜。地基光电深空监视系统由原空军第 21 太空联队第 20 太空控制中队所属的三个支队进行运行控制，这三个支队分别是位于新墨西哥州索科罗的第 1 支队、位于英属印度洋领地迪戈加西亚岛的第 2 支队和位于英国菲林代尔斯皇家空军基地的第 3 支队。每个工作站有三个望远镜：两个主望远镜和一个辅助望远镜。该系统获取的观测数据可以即时传送到第 21 太空联队第 18 太空控制中队。

随着美国空军第 21 太空联队转隶太空军，这些装备将会随之移交给太空军。2002 年，美国启动了“太空监视望远镜”（SST）计划，目的是研制宽视场、快速扫描、3.6 m 直径地基光学搜索跟踪望远镜，检测和跟踪太空的微小物体，同时提供快速、大范围的搜索能力，其探测灵敏度和搜索覆盖率将比现有能力提高约一个数量级，2008 年，太空监视望远镜在新墨西哥州白沙导弹靶场动工建设；2009 年 DARPA 将该计划的技术成果移交给空军进行应用推广。2013 年，美国空军在白沙导弹靶场对太空监视望远镜进行了试验鉴定。2016 年，美国麻省理工学院林肯实验室和空军等机构联合对太空监视望远镜进行了技术升级，该望远镜初步形成作战能力并完成 1 000 余万个太空目标探测。2016 年 10 月，美国正式启动转移工作，将原本部署在新墨西哥州白沙靶场的太空监视望远镜转移至澳大利亚西部哈罗德·霍尔特海军通信站，并在转移前完成了对望远镜相机、微弱目标监测算法及搜索速度的升级工作，预计该望远镜将在 2020 年完成重新组装、校准工作，届时将实现初始运行。

当前，随着太空利用程度的加深，太空轨道目标数量急剧增长，直径 1～10 cm 以上的太空碎片目标数量高达 90 万个以上。在轨卫星与直径大于 1 cm 的太空碎片发生碰撞，极有可能造成卫星的致命损坏，对在轨运行航天器的安全构成严重威胁。新一代“太空篱笆”系统研制计划启动于 2009 年，最终由洛克希德·马丁公司赢得合同。随着“太空篱笆”系统进入初始作战能力，标志着美军正式具备对厘米级中低轨目标的广域监视跟踪能力，甚至在有提示条件下可跟踪 1 cm 大小目标，因此具有较强的目标解体和轨道异动发现能力，可以有效支持太空攻防作战、保障航天活动等任务，实现对全球太空的全天域实时太空目标监视。按最初计划，“太空篱笆”系统拟通过全球分布的 3 个 S 波段相控阵电扫描雷达，对近地轨道和中地轨道目标进行监视，并对优先级高的目标进行跟踪测量。3 个布站地点分别位于：太平洋夸贾林环礁、澳大利亚西部哈罗德·霍尔特海军基地、南大西洋英属阿森松岛。其中，夸贾林环礁场站部署的首部“太空篱笆”雷达安装工作于 2017 年 4 月由美空军启动，2018 年年底完成“太空篱笆”夸贾林雷达站安装及“太空篱笆”美国太空操作中心的整合测试。后续“太空篱笆”雷达站选址和部署数量将根据夸贾林站探测效果等因素综合确定。2020 年 3 月 27 日美国太空军报道称，部署在太平洋夸贾林环礁的首部“太空篱笆”雷达正式具备初始作战能力，与部署在澳大利亚的C波段雷达共同加强对亚太地区上空目标的监视能力，这将显著提升美军太空态势实时感知能力。基于在夸贾林环礁、澳大利亚部署的两部“太空篱笆”系统，美军可实现对环太平洋区域、南半球上方太空目标的常态化普测监视，具备对南海周边热点区域的实时连续监视与跟踪能力，有效满足在这些区域内的太空攻防作战的信息保障需求。

(2) 天基太空监视系统（SBSS）

天基太空监视系统是一个有关“探路者”卫星星座和支持基础设施的计划，老东家是美国战略司令部、联合太空司令部、美国导弹防御局。该系统的概念研究于2002年启动，其目的是研制和部署能用于发现、识别和跟踪空间目标的光学传感器卫星星座。2009年9月美国“天基太空监视系统”（SBSS）首颗卫星“探路者”（SBSS Block10）发射升空，在完成5个月的在轨测试后，具备完全作战能力。第2颗SBSS卫星于2014年发射升空。2010年美国验证了“太空跟踪与监视系统”（STSS）跟踪在轨卫星、探测并跟踪地基激光源、自主从目标捕获与跟踪模式转为目标跟踪模式的能力。STSS卫星主要用于探测和全程跟踪来袭弹道导弹，是天基红外系统（SBIRS）计划的低轨组成部分，由搁置了的“SBIRS low”计划调整而来，该系统被美军视作未来导弹预警与防御体系十分重要的组成部分。美空军研制了XSS-10、XSS-11系列微小卫星天基太空监视卫星，具备在轨检查、交会对接以及围绕轨道物体进行近距离机动的能力。使用微小卫星编队进行太空目标监视，将会对太空目标进行较好的成像和进一步识别，还可对同一目标进行多星交汇测量，提高定轨精度和效率。美国空军还计划研制一种运行在更高轨道上的太空目标监视卫星——轨道深空成像仪（ODSI）系统，用来跟踪和监视高轨道目标。ODSI系统探测卫星星座采用光学技术对地球同步轨道卫星实施成像监视，沿地球同步轨道持续不断地飞行并且拍摄地球同步轨道上的卫星，获取地球同步轨道卫星高分辨率图像。这不仅大大改善了美国目前太空目标监视系统对高轨目标的监视能力，还将获取地球同步轨道目标的特征信息，提高了对同步轨道目标的识别能力。

2014年7月28日由德尔它-4火箭成功发射了2颗“地球同步轨道目标监视计划”（GSSAP）卫星。GSSAP卫星将有助于识别并追踪地球同步轨道内的人造目标。2016年8月，第三和第四颗GSSAP卫星发射升空，与先期入轨的两颗GSSAP卫星在轨组网，同时，美空军调用一颗GSSAP卫星进行机动变轨，抵近详查美海军发射时遇到故障的移动用户目标系统-5（MUOS-5）卫星以确定其故障原因，美军方也是在这次事件中首次公开承认GSSAP具有交会对接能力。2017年9月，美国施里弗空军基地第1太空作战中队验收了GSSAP-3、-4，宣布这两颗卫星具备初始运行能力，正式转为在轨运行状态。GSSAP-3、4与2014年发射的GSSAP-1、-2正式完成4星星座组网，将大幅提高美国对GEO上运行卫星的持续监视与抵近侦察能力，为美军提供执行太空作战所需的太空态势感知能力。美国空军航天司令部（AFSPC）司令威廉·谢尔顿在五角大楼对记者说：“由于操作能力的提高，GSSAP卫星可以占据最有利的位置，收集其他卫星的图像。”美军GSSAP卫星在地球同步轨道运行，具有绝佳的清晰视野用于侦察，无须担心地基太空监视系统才会遇到的气象干扰问题。由 4 颗卫星组成的 GSSAP 监视星座能以非常高的精度监视和测量目标航天器，并搜集这些航天器的在轨运行数据，便于美军未来战时对其实施干扰、捕获甚至摧毁。

随着美国在太空领域的持续扩张，各国运行在 GEO 的航天器都面临比以往更大的威胁。由俄罗斯科学院控制的 ISON 太空空间监测网络搜集的数据表明，自 2014 年以来，GSSAP 卫星进行了数百次机动，在地球同步轨道上以 10～15 km 的距离靠近了 12 颗正在运行中的卫星或为接近它们实施变轨机动。这些卫星包括俄罗斯民用航天器“Ekspress-AM8”（2017 年 7 月）和“光线”（2017 年 9 月）以及军方设备“钟声”（俄罗斯代号“宇宙-2520”，2017 年 10 月），“彩虹-LM3”号（2017 年 11 月），“彩虹-LM2”号（2018 年 5 月）。此外，它们于 2016 年 9 月、2017 年 9 月抵近了别国的卫星。

（3）快速攻击识别探测报告系统（RAIDRS）

快速攻击识别探测报告系统用于探测、识别太空系统受到的攻击，判断攻击性质，进行干扰源定位，为部队采取相应措施提供决策支持。2012 年美空军在夏威夷、日本等 5 个地点部署了 5 套 RAIDRS 地面组件，对这些地区地球静止轨道商业卫星通信可能遭受到的电子干扰进行探测、识别和定位。随着卫星电子干扰探测、识别和定位技术的快速发展与广泛应用，美国针对卫星电子干扰的态势感知能力得到大幅提升。除了大力发展太空目标监视装备外，为提高接收并处理太空目标监视数据的能力，美国从 2009 年开始研发新的太空目标监视数据处理系统——“联合太空作战中心任务系统”。该系统是有效处理太空目标监视的海量数据，提供和增强太空目标监视能力的关键。2018 年 4 月的叙利亚打击行动中，美军在伊拉克前线部署了“快速攻击识别探测报告系统”，不但用于应对敌方干扰，还用于解决己方战场电磁兼容问题。

美军不断加强在太空目标监视领域的国际合作，美国已与法国、加拿大、澳大利亚、日本、意大利、韩国、英国、以色列、德国 9 个国家，欧空局、欧盟气象研究机构两大组织，以及 46 家公司签署了 50 多份数据共享协议，简化盟国向美军申请太空目标监视数据的流程，并在未来两年内允许盟国间接访问“太空篱笆”数据系统。作为交换，美国也获得相应的信息共享权利。未来，美军的太空目标监视能力将从反应型转变成预测型。2019 年，美军扩大太空目标监视数据共享范围，使签约协议国达到 21 个，覆盖“五眼联盟”、日法德意等主要国家；明确在日本导航卫星上加装美军太空目标监视载荷。通过与盟国间的数据共享、载荷搭载、装备成本分担等方式，加强军事太空能力共建共享。

11.2.3　导弹预警卫星

（1）“国防支援计划”（DSP）

“国防支援计划”，是由美国空军于 20 世纪 60 年代末制定的利用卫星进行导弹预警的计划。“国防支援计划”卫星系统，可提供 24 h 全球监视，用于探测弹道导弹的发射和核爆炸。美国空军 DSP 预警卫星网，首颗 DSP 卫星于 1970 年 11 月 6 日发射，截至目前，DSP 卫星共发展了三代（DSP1、DSP2、DSP3），目前在轨运行的为 DSP3，由 5 颗高轨同步卫星构成，包括 4 颗工作星和 1 颗备份星。该系统对洲际弹道导弹通常能提供 20～30 min 的预警时间，对潜射弹道导弹预警时间为 5～10 min，对战术弹道导弹预警时间为 5 min。新一代 DSP 卫星系统自动化程度高，变轨机动能力显著提高，具有一定的防撞能力；同时，还具备数据重发功能，即在敌方干扰或数据中断后，可快速重复发送；并可利用卫星上的激光传输链路把数据传送给其他卫星，确保地面可靠接收。

从 1970 年起，DSP 预警卫星就成为美国北美防空司令部（NORAD）战术预警和进攻评估系统的组成部分。预警卫星下传的数据，经过通信链路发送给 NORAD 和航天司令部的早期预警中心进行处理，将处理过的数据直接发送给各局和分布在全球的各作战地区。美国的海外部队或盟友也可直接通过联合战术地面站（JTAGS）接收 DSP 卫星的数据。海湾战争中，美国的 DSP 卫星系统为爱国者导弹拦截“飞毛腿”导弹发挥了重要作用。但是，DSP 卫星自身也存在弱点，如卫星扫描速度低，对目标识别能力差，存在虚警问题以及对战区导弹的探测能力十分有限等。因此，美国决定研制部署能力更强的新型天基红外系统（SBIRS）来取代 DSP 系统。

目前，美国正在维护第一代导弹预警卫星国防支援计划星座，发展第二代导弹预警卫星天基红外系统，研发第三代导弹预警卫星过顶持续红外系统。

（2）天基红外系统（SBIRS）

20 世纪 80 年代，美国总统里根提出“星球大战”计划。美国国防部制定了一个天基红外系统计划。这是一个综合系统，旨在满足美国 21 世纪初的红外太空侦察和监视的需要。天基红外系统提供导弹预警、导弹防御和战场特性方面的关键能力。天基红外系统是一个综合导弹预警卫星系统，包括：天基红外-1（SBIRS-1）低轨道卫星、天基红外-G（SBIRS-G）地球静止轨道卫星、天基红外-H（SBIRS-H）高椭圆轨道卫星，以及地面数据处理和控制。天基红外-1（SBIRS-1）低轨道卫星 2002 年改称为“太空跟踪与监视系统”（STSS），由低轨（LEO）小卫星星座组成，用于跟踪导弹飞行中段和再入段，同时还能执行技术情报侦察和战场描述等任务。美军计划由 20 颗以上卫星组成导弹预警卫星星座，覆盖全球。整个星座将利用星座通道联网，允许每颗卫星与星座中的所有其他卫星通信。高轨系统由 4 颗高轨（HEO）卫星和 2 颗大椭圆轨道（GEO）卫星构成，2011 年 5 月 7 日，GEO-1 卫星发射升空。大椭圆轨道共 4 个载荷，分别于 2008 年 3 月、2014 年 10 月、2016 年 8 月和 2018 年 8 月部署完毕，并入列服役。主要用于探测跟踪弹道导弹助推段飞行，有效载荷为一部高速扫描传感器和一部交互配对的凝视传感器，高于“国防支援计划”卫星 10 倍以上的扫描速度和灵敏度。

“天基红外”导弹预警卫星都装载了 2 种红外探测器：扫描型红外探测器和跟踪型红外探测器。扫描型探测器拥有广泛视野，利用短波技术，观察导弹上升阶段喷出的明亮羽流，进行初始探测，然后将探测信息提供给跟踪型探测器。随后跟踪型探测器，利用狭窄视场、高精度凝视，精确跟踪导弹、弹头和其他物体，如碎片和诱饵，直至完全确认和摧毁导弹。“天基红外”卫星执行 4 大任务：国家导弹防御、战区导弹防御、空间监视、导弹预警和作战空间表征。“天基红外”卫星提供全球和战区有关导弹发射、导弹飞行、攻击目标、导弹落点等高速红外数据和处理信息，以及其他国家和战区的导弹红外事件，指导战略和战区导弹防御。如果与陆基、海基导弹防御系统联合，威力就更大。

美国空军航天司令部已经明确了太空目标监视（SSA）的四大支柱：信息描述、数据综合与利用、威胁预警和攻击报告。2017 年 1 月 21 日成功发射天基红外-GEO-3 导弹预警卫星，天基红外-GEO-4 卫星于 2017 年 11 月 9 日发射，此外还将在 2021 年和 2022 年分别发射 2 颗额外的卫星，即天基红外-GEO-5 和天基红外-GEO-6 卫星。“天基红外”卫星不仅可以更早地探测到各类弹道导弹的发射，而且增加了对飞行中段弹道导弹的跟踪能力。为实现这四个支柱，美国空军航天司令部为太空目标监视规划了多个实体项目。

美军全新研制并部署了新一代高轨“天基红外”预警卫星，其扫描速度和灵敏度比原有的“国防支援计划”预警卫星提高了一个数量级。此外，美军还利用新研制的 2 颗低轨道“太空跟踪与监视系统”试验预警卫星，成功进行了弹道导弹飞行全程探测跟踪、指示引导标准-3 拦截弹发射拦截等试验验证，实现了预警卫星从单纯导弹预警到为反导作战提供直接目标指示和目标引导的突破。2017 年 11 月 14 日，美空军太空与导弹系统中心发布“天基红外-后继型”（SBIRS Follow-on）项目信息征询书，为研发新型导弹预警卫星和地面控制系统征询信息，以增强或取代当前的 SBIRS 星座。2018 年 1 月，天基红外系统实现组网运行，全程跟踪弹道导弹，可在导弹发射 10 s 后发出预警信息，具备对战术目标的全天候快速侦察能力，使其战场态势感知能力跃上了新台阶。

（3）过顶持续红外系统（OPIRS）

2018 年，美国空军宣布取消发展第 7、8 颗天基红外系统地球静止轨道卫星项目，转而支持发展下一代导弹预警卫星系统“过顶持续红外”，主要认为天基红外系统生存能力不高，应该用更简单、更灵活的系统代替。“过顶持续红外”卫星的优点是将搭载更强的传感器及其他功能，从而不仅能探测跟踪大型弹道导弹的发射和尾焰，还可探测和跟踪小型的地空导弹甚至空空导弹的发射。即使对于导弹飞行中段的“冷”弹头也能进行跟踪，而且具备更高的生存能力，很可能具有机动性更强以及添加推进剂的能力。

下一代“过顶持续红外”（Next-Gen OPIR）系统是美国正在发展的新型导弹预警防御卫星系统，将基于美空军“太空作战架构”组建，以增强进而替代正在服役的天基红外系统（SBIRS）。过顶持续红外系统主要负责早期发现和告警及战场红外态势感知任务，构成美国未来天基导弹预警监视传感器体系。对于天基拦截器层，美国已经研究论证在外空部署天基激光武器或 1 000 枚动能拦截器，重点拦截弹道导弹、临近空间飞行器和空间飞行器，拒止其他国家进入太空，企图主导太空秩序和主宰太空战场，改变太空作战游戏规则。

2019 年 9 月，下一代“过顶持续红外”系统中由洛克希德·马丁公司建造的 3 颗地球同步轨道卫星已完成初步设计评审。此次评审是一个重大里程碑，为该项目于 2025 年前交付首颗卫星，以及美国天基导弹预警系统后续建造和升级换代打下了坚实的基础。作为新型天基导弹预警系统，“过顶持续红外”系统将提供敌方所有类型弹道导弹的发射助推段预警，可抵抗敌干扰、瘫痪或摧毁卫星和地面控制系统的行动，在高对抗环境下具有更强大的生存能力，尤其关注卫星抗毁性/弹性特征的集成、“太空作战架构”的集成，以及导弹预警的核心需求。根据该信息征询书，“过顶持续红外”系统将分成两个模块交付：Block0 模块将包含 5 颗卫星，有望在 2025 年实现初始能力，2029 年前投入作战应用；Block1 模块将包含至少 2 颗地球同步轨道卫星，计划在 2020 年中期开始建造，2030 年实现初始能力。为提高对抗环境下的战略生存能力，Block1 模块还可能由 5 颗额外的地球同步轨道卫星和 2 颗额外的极地轨道卫星组成。

（4）太空跟踪与监视系统（STSS）

太空跟踪与监视系统，绰号“示威者”，专门侦察洲际导弹的中段和再入轨迹。“示威者”卫星是美国导弹防御局一个研究和发展任务。它的目的是探索导弹防御应用替代技术——太空侦察。“示威者”可提供持续的全球跟踪和支持精准分辨的能力，大大提高了弹道导弹防御系统效率。美国诺斯罗普·格鲁曼公司作为整个系统的主承包商，美国通用动力公司先进信息系统公司提供“SA－200HP”卫星平台。美国雷声公司提供传感器。美国导弹防御局通过美国空军太空与导弹系统中心掌控“示威者”卫星研制。

2009 年 5 月 5 日，示威者－ATRR（STSS－ATRR）试验卫星在卡纳维拉尔空军基地，由“德尔它”运载火箭搭载成功发射升空，这是一颗“示威者”卫星的试验卫星。2009 年 9 月 25 日，示威者－1 和示威者－2 卫星，也从卡纳维拉尔空军基地发射台搭乘“德尔它”运载火箭双星发射升空，进入战斗值班，美国国防部分别编号为“USA－208”“USA－209”。证明了 STSS 星座具有每天 24 h 覆盖全球、每周 7 天监视弹道导弹事态变化、全程跟踪弹道导弹及其再入弹头的能力，2012 年，这 2 颗 STSS 卫星还参与了“宙斯盾”导弹拦截试验，达到了多项试验要求。“示威者”卫星部署后，被认为具有相当强的跟踪、监视和侦察能力，符合美国国家导弹防御系统的需要，“示威者”卫星能实时跟踪锁定 100 多个目标，并对洲际导弹整个中段和再入阶段的目标进行跟踪。“示威者”卫星已经超越了导弹预警卫星的概念和定义，是世界上第一种太空侦察卫星。“示威者”卫星的地面站由位于科罗拉多州斯普林斯施里弗空军基地的美国空军导弹防御系统集成与作战中心掌管，专门侦测弹道导弹，拥有 3 大功能：太空侦察、跟踪监视、导弹预警。“示威者”卫星具有采用红外与可见光传感器检测和跟踪弹道导弹的能力，是唯一全球性的导弹防御系统，能够在所有阶段、在任何地理位置检测和发现目标的轨迹，意义重大，影响深远。

“示威者”卫星星座采用几颗卫星组网实施联合作战，立体观测导弹发射的全过程。卫星之间还可相互实时通信。如果导弹飞出一颗卫星的视线，这颗卫星能通过卫星之间的通信链路，将收集的导弹信息转发给下一颗，或其他卫星。如果信号传输给“类星体”中继通信卫星，可全球传输给美国国防部、美国导弹防御局、美国空军太空与导弹系统中心，可实时向国家导弹防御系统传送弹道导弹的全程飞行数据；不仅能监视弹道导弹的固定发射阵地，还可优先侦察、跟踪处于运动中的地面、海洋、空中的目标。如果征用先进的民用商业地球观测卫星，美国国家导弹防御系统将具有更加强大的跟踪监视能力。

“示威者”卫星不仅是导弹防御系统、导弹预警卫星系统的一部分，也可以跟踪与监视太空的卫星，可用于监测各种太空飞行器，避免航天器发生碰撞，因此，也是太空目标监视的重要组成部分，“示威者”卫星就是一架功能强大的高倍望远镜，检查太空中对美国航天器构成威胁的卫星和卫星武器。“示威者”卫星运行在低轨道组成星座和预警网。如果要共享目标数据，卫星需接力跟踪导弹，至少需要 9～12 颗卫星；要想覆盖几个战区，需要 18～20 颗星；要监视全球任何一点发射的导弹，必须有 25～30 颗卫星，组成弹道导弹预警网。

11.2.4　通信中继卫星

美军已研究和建立了各种用途的全球卫星通信系统，并开始了转型通信卫星的建设。军事星是美国军事战略战术中继卫星通信系统，于 20 世纪 80 年代开始研制，至今已发展了两代：Milstar1 和 Milstar2。Milstar1 主要用于战略通信；Milstar2 主要用于战术通信。目前军事星星座由 2 颗 Milstar1 和 3 颗 Milstar2 等 5 颗卫星组成。美国国防部从 2004 年开始采购最新的卫星通信系统——转型通信卫星系统（TSAT）。其具有更高的安全性、抗干扰能力和抗辐射能力。由 5 颗卫星组成，其中 4 颗为工作星，1 颗为备用星，2015 年已达到全部运行能力。美国于 2007 年开始启动先进极地系统。为北极地区提供下一代的极高频卫星通信能力，还支持需要抗干扰和低检测率的极高频通信用户。当前，美军的军事卫星通信体系结构由军方操控的主要包括：国防卫星通信系统（DSCS）、移动用户目标系统（MUOS）、宽带填隙系统（WGS）和先进宽带系统（AWS）、先进极高频系统（AEHF）、“作战卫星通信”体系和跟踪与数据中继卫星系统（TDRSS）。

（1）国防卫星通信系统（DSCS）

国防卫星通信系统是全球的宽带和抗干扰的卫星通信系统。国防卫星通信系统承担了美国大部分国防部卫星通信业务。国防卫星通信系统从 1996 年 6 月 16 日发射第一颗卫星以后，已经发展了 3 代。第一代（DSCS1）共发射了 26 颗卫星，第 2 代（DSCS2）从 1971 年到 1989 年共发射了 16 颗卫星。第 3 代（DSCS3）首颗卫星是 1982 年 10 月 3 日发射的，2003 年 8 月发射完毕。现在轨运行的共有 14 颗卫星，其中，12 颗工作卫星，2 颗备用卫星。

（2）移动用户目标系统（MUOS）

超高频后续卫星通信系统是美国国防部主要用于海军话音、数据的战略战术卫星通信的通信卫星系统，由 10 颗卫星组成。下一代窄带星座是移动用户目标系统（MUOS），MUOS 是美国海军的一个项目，是先进窄带系统的核心部分，由太空与海上作战系统司令部下设的通信卫星项目办公室负责项目采办，主承包商是洛克希德·马丁公司。MUOS 项目于 2002 年 9 月正式启动，2004 年 9 月进入研制阶段，并将设计开发及采购合同授予了洛克希德·马丁公司为首的投标团队。2008 年 2 月，MUOS 卫星进入了正式研制阶段。根据美国海军的计划，MUOS 星座包括 5 颗卫星，其中 4 颗工作星形成全球覆盖，另有 1 颗在轨备份星。2012 年 2 月 24 日，首颗 MUOS 卫星（MUOS－1）发射升空。2013 年 7

月 19 日，第二颗 MUOS 卫星（MUOS－2）又成功发射升空，2015 年 1 月 21 日，美国宇宙神－5 火箭发射了第 3 颗“移动用户目标系统”卫星。2017 年 4 月，MUOS－5 卫星在进入新轨位后成功完成特高频（UHF）载荷测试工作，2017 年 11 月，MUOS－5 的主承包商洛克希德·马丁公司正式完成了向海军卫星操作中心的在轨交付工作，标志着 MUOS 星座空间段正式完成部署，且至少已经具备了 UHF 频段的全运行能力。MUOS 的推进，将改变全球军事游戏的规则，美国政府和业界开始部署这种新型通信终端，远程和移动战术用户将能够迅速和安全地共享视频、数据和话音通信，这些是确保生命安全和任务成功的关键。

（3）宽带填隙系统（WGS）

宽带填隙系统（WGS）是美国国防卫星通信系统（DSCS）的后续系统，在卫星容量性能实现跨越的同时，积极打造了以“五眼联盟”为核心的利益同盟，从战略维度增强了其宽带系统的安全性。系统由 3 颗卫星组成，分别部署在太平洋、印度洋和大西洋上空的静止轨道。先进宽带系统（AWS）是宽带填隙系统（WGS）的后续系统，由 5 颗卫星组成。美军正全面更新原有通信卫星系统，一颗新卫星基本相当于原来一个卫星星座的能力。在宽带通信方面，其“宽带全球卫星通信”数传速率高达 2.4～3.6 Gbps，取代了国防卫星通信系统卫星，通信容量提高了 12～18 倍。2007 年 10 月、2009 年 4 月、2009 年 12 月发射的 3 颗属于第一代 WGS，2012 年 1 月、2013 年 5 月、2013 年 8 月、2015 年 7 月、2016 年 2 月发射的 5 颗是第二代 WGS，2017 年发射了 WGS－9，2019 年 3 月 19 日发射了第 10 颗 WGS 卫星。未来美军将依赖所开发的防护战术波形（PTW），配合地面段和用户终端的升级改造，分阶段完成“防护战术卫星”（PTS）通信能力的建设，首先改造 WGS 和商业通信卫星系统的地面终端，升级并拓展地面运管系统，提升抗干扰能力。

（4）先进极高频系统（AEHF）

AEHF 项目启动于 2001 年，用 6 颗卫星来替换美国空军传统的军事战略战术中继卫星系统（Milstar）。洛克希德·马丁公司是先进极高频系统主承包商。先进极高频系统是军事星的后续系统，比军事星系统体积小、通信容量高 10 倍、速率高 6 倍，成本低，可为战区指挥官提供安全、抗干扰、反截获、反探测的通信服务，由 3 颗同步轨道卫星组成。在窄带通信方面，“移动用户目标系统”卫星数据率也达到 42 Mbit/s，每颗卫星可允许 4 000 余路用户同时接入，以取代特高频（UHF）卫星，数据率提高了 10 倍、可同时接入数量提高了 16 倍。在安全通信方面，“先进极高频”卫星数据率达到 430 Mbit/s，取代了军事星卫星，数据率提高了十余倍，安全保密性有了大幅提升。2018 年 10 月，美军第 4 颗“先进极高频”卫星发射成功，与在轨卫星实现全球覆盖，可确保全球范围内强对抗环境下安全、可靠、高速通信。未来美国将基于先进极高频系统已经成熟的载荷技术，打造专用的防护战略通信卫星系统，作为美军构建战略保底能力的核心基础设施。该系统具体将建设 4 颗 GEO＋2 颗大椭圆轨道（HEO）卫星，值得注意的是，新卫星将配备防护态势感知载荷，可实现对空间目标的抵近感知和预警，增强了追溯和抵御反卫攻击的能力。在 AEHF 卫星完成在轨功能测试之后，美国盟国也首次与该系统实现了连接。加拿大成为使用 AEHF 卫星通信系统的第一个国际合作伙伴。美军支持下的加拿大也评估了多个海军多波段 IP 改型终端与 AEHF 网络之间的数据交换。此外，AEHF 系统与其他国际合作伙伴（包括英国和荷兰）也已完成了首个终端连接。结果表明 AEHF 卫星满足任务需求，并保留了足够的空间为将来的战略和战术用户提供扩展的能力。

（5）“作战卫星通信”体系

2020 年 2 月 19 日，美国太空军发布《卫星通信愿景》，正式提出建立一个军商集成的统一卫星通信体系架构。为竞争性、降级或受限通信环境下的作战人员提供卫星通信连接。太空军将这一未来架构设想称为“作战卫星通信”体系，在 2021 财年的预算申请中为其申请了研发资金，此外还将资助“演进战略卫星通信系统”（ESS）、“受保护战术卫星通信”（PTS）等项目，推动美国卫星通信体系向着具备更强鲁棒性、弹性、敏捷性以及作战能力的方向发展。ESS 项目旨在提供新一代核指挥控制和通信任务能力，将替代“先进极高频”（AEHF）卫星的战略通信能力，并将抗毁通信能力扩展到北极地区。PTS 项目旨在建造一种安全的全球通信网络，为美国国防部提供高度弹性的战术网络，将实现更强的卫星通信能力和抗干扰保护能力，并可提升卫星系统的经济性。

（6）跟踪与数据中继卫星系统（TDRSS）

NASA 于 20 世纪 70 年代开始构建跟踪与数据中继卫星系统（TDRSS），目前 NASA 已经发射了 13 颗 TDRSS 卫星，其中 9 颗仍在服役。主要负责收集来自中低轨道的航天器信号，并将这些信号传回地球的控制与数据收集站，有助于哈勃太空望远镜、国际空间站以及其他地球观测卫星的信息收集。值得注意的是，NASA 暂没有发射第 4 代跟踪与数据中继卫星的计划。2017 年 8 月 18 日，NASA 使用宇宙神-5 火箭成功发射跟踪与数据中继卫星 M（TDRS-M），标志着 NASA 完成第 3 代跟踪与数据中继卫星系统（TDRSS）的构建。

另外，美军还租用商业公司，如美国铱星公司的商用窄带通信业务，2018 年以来，美国商业低轨移动宽带星座开启冲刺阶段，下一代“铱”星系统完成 3 批次共计 25 颗卫星的部署，标志着为期 2 年的更新换代工作即将完成。美国 SpaceX 公司“星链”（Starlink）计划首批 2 颗试验星发射任务引发全球关注，此次任务是 SpaceX 公司推进其巨型星座建设的重要环节，将为进一步优化系统设计方案、尽早启动工作星研制提供有力支持。近年来，向着高速、安全、灵活牵引技术发展，欧、美、日等国纷纷开展卫星激光通信试验，研发并尝试部署相关系统，探索未来高速率、强安全性的空间信息传输方案。2018 年 8 月，美国国家航空航天局（NASA）进行了世界上首次立方体卫星的星地激光通信验证试验，并取得了成功。这项试验隶属于 NASA 的光通信和传感演示项目，项目共计划在轨部署 3 颗卫星，参与此次星地激光通信任务的为其中 2 颗卫星，这 2 颗卫星均于 2017 年发射升空。

11.2.5　导航定位卫星

全球定位系统（GPS）原名为“导航星”（NAVSTAR）系统，是美国国防部于 1973

年 11 月启动研制的美国第二代卫基导航系统，是美国继“阿波罗”登月飞船和航天飞机之后第三大航天工程。该计划包括 3 个阶段：1973—1979 年是第一阶段，主要进行概念验证。1979—1985 年是第二阶段，进行全尺寸研制；1986 年至今为第三阶段，是 GPS 生产和部署阶段。该系统需要 24 颗卫星，可提供连续的全球覆盖，为美国陆、海、空三军共用。1993 年 12 月，GPS 卫星星座达到初始工作能力（IOC）。实现 IOC 要求至少有 24 颗“健康”的 GPS Ⅰ或 GPS Ⅱ卫星在轨并发送信号。在此后的 20 多年里，美国空军不断对 GPS 卫星星座进行更新换代，同时，GPS 接收机也不断采用新技术。截至 2020 年 12 月，共有 39 颗 GPS 卫星在轨，其中 33 颗可以提供精准的导航信号，其中 GPS ⅡA 卫星 1 颗，GPS ⅡF 系列卫星 12 颗，GPS ⅡR 系列卫星 11 颗，GPS ⅡR-M 卫星 7 颗，GPS Ⅲ卫星 2 颗。

第一代 GPS 系统指的是基本型 GPS，即 GPS Ⅰ和 GPS ⅡA/ⅡR，标准服务模式的精度为 16～24 m（SEP），采用单频（11），C/A 码导航，精确服务模式的精度为 16 m（SEP），采用双频（11 和 12），P 码导航。第一代 GPS 卫星的设计寿命为 10 年。

第二代 GPS 卫星是指 GPS ⅡR-M、ⅡF 卫星。通过对信号部分进行现代化改进，GPS ⅡR-M 卫星在保留 GPS ⅡA/ⅡR 卫星能力的同时，还在 12 频率上增加了第二个民用信号（12C），另外在 11 和 12 频率上增加了全球覆盖的新军用码信号（M 码）。M 码信号与民用信号实现了频谱上隔离。美国关于 M 码的政策是，M 码严格限于军用，满足美国及盟军的特定标准，M 码永远不可能用于民用，M 码接收机与民用接收机在市场上不会形成竞争关系。GPS ⅡR-M 卫星的设计寿命也是 10 年。

GPS ⅡF 卫星在保持 GPS ⅡR—M 能力的同时，又在 15 频率上增加了第 3 个民用信号。为了对抗敌方干扰，提高了 P 码和 M 码的信号功率。GPS ⅡF 卫星通过提高原子钟技术从而进一步提高了定位精度、安全性和抗干扰能力。GPS ⅡF 卫星的设计寿命为 12 年，该卫星由波音公司制造，一共计划发射 12 颗。2010 年 5 月 27 日，首颗 GPS ⅡF 卫星发射；2014 年，波音公司和美国空军成功发射了 4 颗 GPS ⅡF 卫星；2015 年 3 月 25 日，第 9 颗 GPS ⅡF 卫星发射升空，2015 年 6 月和 9 月发射 2 颗，最后 1 颗于 2016 年 1 月发射，从 2017 年开始使用 M 码军用信号、12C 和 15 民用信号，增强 GPS 系统的军事服务能力及其全球民用市场的竞争能力。

第三代 GPS 卫星是指 GPS Ⅲ卫星，第一颗 GPS Ⅲ卫星于 2016 年 12 月发射。其设计目标是进一步提高卫星的导航能力；保证其可用性、完善性，使系统的精度和生存力进一步提高并保持传统信号的延续性。第三代 GPS 卫星通过在“聚焦”区域提高信号功率，并采用经过现代化改进的信号结构，确保将军用部分和民用部分在空间和频谱上隔离开。

2018 年 2 月发布了 GPS Ⅲ卫星后继型号——GPS ⅢF 卫星的征询建议书，并于 2018 年 9 月将 22 颗 GPS ⅢF 卫星的研制合同授予了洛克希德·马丁公司，同时 GPS 新一代“运动控制系统”（OCX）完成 2 次赛博（Cyber）安全测试，拖延已久的 OCX 项目取得重大进展。2018 年 12 月 23 日，美国成功发射首颗第三代 GPS 卫星，GPS Ⅲ卫星定位和授时精度为现役 GPS Ⅱ卫星的 3 倍，分别达 1 m 和 1 ns，军用信号功率提高 3 倍，抗干扰能力提高 8 倍。采用 Ka 频段代替 UHF 频段，星间链路信号播发方式由广播改为点对点传输，安全性大大提高。

按照最初的 GPS 现代化计划，GPS Ⅲ系列卫星分为 3 个型号，分别为 GPS ⅢA、GPS ⅢB 和 GPS ⅢC，计划研制数量为 8 颗 GPS ⅢA、8 颗 GPS ⅢB 和 16 颗 GPS ⅢC 卫星，以循序渐进的方式实现 GPS Ⅲ系列卫星功能，最终达到水平 0.5 m、垂直 1.2 m 的定位与导航精度，授时精度将达到 1.3 ns，具有灵活的信号功率分配能力，并提供高达 20 dB 的区域增强能力，星-星与星-地间通信能力达到 100 Mbit/s。2017 年年底，美国空军将 GPS Ⅲ卫星调整为 2 个型号，即 GPS Ⅲ和其后续型号 GPS ⅢF，之后每年发射两颗，2033 年左右构成全部由 GPS Ⅲ组成的空间星座。

在 2010 年奥巴马总统签署的《国家太空政策》中，鼓励 GPS 与其他 GNSS 的国际合作，明确指出，“鼓励与国外 GNSS 供应商的兼容和互操作，倡导民用服务透明，确保市场向美国开放”。该政策还规定，美国可以通过利用外国的定时导航和授时服务，以提高和加强 GPS 的能力。目前，美国已与世界各国建立了广泛的合作渠道，正在推动建立卫星导航国际秩序，试图将各卫星导航系统发展纳入其视野。

另外，美国军方启动了多项不依赖 GPS 的先进导航技术研究项目。整合各种可用 PNT 资源，弥补基于 GPS 单一系统导航定位能力的缺陷，其中 PNT 信息源包括 GNSS，增强系统、自主导航、天文导航、地基射频、各类通信数据等，旨在构建融合空天各种 PNT 资源为美国防部、情报界以及支持美国全球利益的民用、商用和国际用户服务的稳健、自主 PNT 系统。2012 年 4 月 15 日，美国国防部高级研究计划局启动了“芯片级组合原子导航仪”（C-SCAN）计划，将惯性导航传感器与原子惯性制导技术集成在一个片上导航系统上。该项目采用不依赖 GPS 信号的新技术，解决了惯导系统长期漂移、动态范围以及启动时间方面的不足，同时减少了中远程导弹以及其他武器对 GPS 的依赖。项目关键技术包括芯片级原子时钟技术、冷原子技术、芯片级核磁共振（NMR）陀螺以及基于冷原子干涉测量的惯性测量装置等。C-SCAN 具备高精度的运动探测和快速启动能力，体积不超过 20 cm^3，功耗不超过 1 W，冷启动时间不超过 10 s，满足美军目前现役大部分制导武器的任务需求。如果这些导航技术能够得到应用，将降低军事装备对 GPS 的依赖，使美军及其盟友在未来战争中形成新的不对称优势。

11.2.6　环境监测卫星

环境监测卫星是对地球大气、陆地等环境实施近实时、连续、长期监测的天基信息获取系统。

（1）美国典型测地卫星

测地卫星是指用来测定地球形状、地球重力场和地磁场分布、地球表面诸点的精确地理坐标和相对位置，以及地球板块运动和漂移等地球物理信息的卫星，是大地测量系统的主要组成部分。由于地球重力场分布不均匀和测量误差等原因，原有地图上标明的各种地理位置常与实地不符，通过测地卫星可以校准导弹弹道的计算、飞机和导弹的惯性制导、巡航导弹的地图匹配制导等有关数据的误差，提高命中精度，大幅提升战略武器的作战效能。测地卫星在军事上有着广泛的应用价值，美国的测地卫星就是专为军用发射的。此外，在测地卫星上可配备其他专用设备（如多光谱观测相机等），对地球资源进行勘察，使之成为地球资源卫星，用于了解和掌握各国战略资源的储备情况等。美国国防部在2000年2月曾利用航天飞机携载合成孔径雷达对全球70%的陆地表面进行了三维高精度数字地形测绘，这些数据在军事上，特别是对精确制导武器的发展具有重要的价值。

美国陆军、海军、国家航空航天局、空军于1962年合作发射了第一代测地卫星“安娜”，用于测量地球形状和大小、地球表面任意点的位置以及地球引力场的形状和参数。在1964年，美军发射了第二代测地卫星“西可儿”（SECOR），首颗“西可儿”卫星于1964年1月11日发射，到1969年4月14日共发射了13颗，“西可儿”卫星质量为18 kg，应答机频率为P波段，定位精度15 m左右。“西可儿”卫星是全天候测绘系统用于精确测量地球上任何点的位置。1985年3月12日，美国海军发射了第三代测地卫星，用于测量海面高度。有效载荷为雷达测高仪，海面高度测量精度为5 m。

美国的“激光地球动力学”卫星共发射2颗。卫星表面装有426个激光反射镜，用以验证激光卫星跟踪技术，精密测定地壳运动和自转运动的能力；测量断层运动、局部变形范围、板块运动、地球自转、地球潮汐和观测点位置；进行精密的全球测量，从而建立一个精度较高的地球坐标系。

（2）气象卫星

气象卫星是从外层空间对地球和大气层的物理特性进行观测的卫星，依据卫星轨道的不同，卫星气象监测与预报系统可分为极地轨道型和同步轨道型两种类型，两类卫星系统大都军、民两用相结合，但也有专门的军用气象卫星系统。民用气象卫星主要用于气象预报，支援国民经济建设。军用气象卫星按照军事上的特殊需要，搜集全球或特定地区上空的气象信息，预报天气形势，具有保密性强和图像分辨率高的特点，能为全球各战略地区、战场和各军兵种提供实时气象资料，为制定军事行动计划提供必要的气象支持。军民合用气象卫星既可军用，也可民用。

美国军事气象卫星是在1958年从电视和红外观测卫星（TIROS）开始发展的，后来在TIROS基础上，美国空军于1961年8月开始了国防气象卫星计划（DMSP）的研究。自1965年1月19日发射第一代DMSP的第1颗卫星到2006年11月14日发射第六代DMSP的第17颗卫星，共发射了41次，其中两次失败。目前在空间工作的DMSP卫星有5颗：DMSP 5D-2/F14（1997年4月4日发射）、DMSP 5D-2/F15（1999年12月12日发射）、DMSP 5D-2/F16（2003年10月18日发射）、DMSP 5D-2/F17（2006年11月4日发射）、DMSP 5D-2/F18（2009年10月4日发射）。2014年4月3日新型军用气象卫星（DMSP-F19）发射成功，它是2009年以来美国发射的首颗“国防气象卫星计划”卫星，可向地面连续发送图像监测全球天气状况，为美国军方在全球范围识别和确定雷暴、飓风和台风强度。此外，它还承担了民事用途，通过美国国家海洋和大气管理局为公众提供广泛的气象信息。DMSP卫星的日常运行由位于华盛顿特区的郊外休特兰国家海洋和大气管理局（NOAA）卫星运控中心（SOCC）运管，位于施里弗空军基地的环境卫星运行控制中心是 SOCC 的备份控制中心，该中心安装的设备与 SOCC 相同，并互相同步。

60 多年来，美国部署了很多气象卫星用来执行各种各样的任务。在 20 世纪 60 年代早期，美国国防部率先使用气象卫星来观测云形，获得有关数据后，情报分析人员就不会再把间谍卫星上数量有限的胶卷浪费在拍摄云层覆盖的地区上（当时主要拍摄苏联地区）。在几年之内，由于任务扩展，军方将气象卫星部署到了两个不同的轨道上。从越战以来，卫星观测到的气象数据直接应用在了军事行动的计划上。

目前，有关气象卫星的军事项目和民用项目正在进行之中。国防部通过国防气象卫星计划（DMSP）在两个极地轨道部署了气象卫星；国家海洋和大气管理局（NOAA）发射了数颗气象卫星，包括极地轨道环境卫星（POES）系统的卫星。

在发射卫星方面，美国国家海洋和大气管理局通常会与美国国家航空航天局进行合作。在过去的 60 多年里，美国在把军事气象卫星任务和民用气象卫星任务合并到一个项目上做了很多工作。最近在这一方面的努力是国家极地轨道环境卫星系统（NPOESS）项目。该项目开始于 1995 年，目的是开发替代 DMSP 卫星和 NPOES 卫星的新式卫星。NPOESS 项目试图开发出一种以一套通用设备为中心的卫星，这种卫星将在目前美国极地轨道气象卫星所在的 3 个轨道上运行。虽然在技术上这一项目雄心勃勃，但是在项目管理结构、成本增长和进度拖延方面却饱受一系列问题困扰。2010 年，在经过 15 年的开发和一些项目重组后，NPOESS 项目被终止了，取而代之的是美国国家海洋和大气管理局和美国国防部各自的项目。

美国国家海洋和大气管理局与美国国家航空航天局合作，开始了联合极地卫星系统（JPSS）项目，而美国国防部则开始了国防气象卫星系统（DWSS）项目，JPSS 项目和 DWSS 项目都想要充分利用 NPOESS 项目已经完成的开发工作。在 2012 财年拨款过程中，国会指示美国国防部终止 DWSS 项目。作为回应，现在美国国防部计划延缓对新式气象卫星的需求，转而发射两颗 DMSP 卫星。国防部也在考虑开发下一代气象卫星的最佳方式，这种卫星被称为“后续气象卫星”（WSF）。

布兰迪万光子技术公司（Brandywine Photonics）正在为美国国家海洋和大气管理局（NOAA）开展一项设计论证，拟建设一个由 200 多颗小卫星组网的气象星座，用以掌握大气和空间天气条件的全貌。按照价值 6 万美元、为期 6 个月，于 2020 年 10 月份完成的这项论证合同，该公司正在评估其名为“气象网”（MetNet）的星座所需的卫星、遥感器和轨道。公司总裁费希尔称，“气象网”项目的目标是要能随时随地描绘与天气相关的所有事情。

11.2.7　低轨卫星星座

除了更新发展上述传统卫星外，美国还提出创新性星座发展构想。在侦察方面，正在付诸实施的 SeeMe 计划，将建立一个由 24 颗小卫星不均匀分布组成的星座，这些卫星设计寿命为 45～90 天，运行在 200～350 km 轨道上，实现持续覆盖 10°S～10°N 地面区域，每颗卫星均能同时支持10个地面用户，从地面用户通过手持设备或通信系统直接向卫星提出成像需求到接收图像数据用时低于90 min。

在通信星座方面，2015年美国OneWeb公司和欧洲空客防务与航天公司宣称将联合建立900颗互联网广播卫星组成的低轨星座，SpaceX公司也宣布计划制造并发射由40 000颗小卫星构成的低轨通信卫星星座（即星链项目，至2020年10月20日，共分6批发射的入轨卫星达到800颗），后者数量甚至超过了目前全球在轨运行航天器总数的2倍。显然，这些星座的部署将使美国太空信息支援面貌发生重大变化。

在互联网服务方面，美国亚马逊公司推出的一项名为"Kuiper"的全球卫星宽带服务，旨在为成千上万还无法获得基本接入宽带互联网的人提供服务，已以柯伊伯系统公司（Kuiper Systems）的名义向国际频谱监管机构提出频谱使用权申请。2019年7月4日，亚马逊向美国联邦通信委员会（简称FCC）提出其星座的国内市场准入申请。

美国各主要公司低轨卫星星座计划所具备的全球覆盖、能力分布、造价低廉特点，完美契合了美国对于军用卫星能力的新需求，能够在技术、平台、战略等多层次为后续大国竞争提供支撑。

（1）为分布式技术理念在军用航天器上应用提供技术支撑

低轨互联网星座采用大量部署方式，各卫星之间通过各种方式实现互联互通，在智能化算法的控制下完成通信任务，是分布式技术理念在太空领域的典型应用。随着技术的发展，其分布式、智能化的特点将进一步强化，能力水平也将持续提升，为后续相关技术在军用航天器上的应用提供支撑。以SpaceX公司为例，其通过发射军用卫星已经在进入空间领域与美国军方有着广泛合作，面对利润更为丰厚的军用卫星市场，不排除其逐渐进入该领域的可能，利用现在的技术基础快速形成产品。

（2）为军用装备搭载提供平台，实现太空作战能力寓军于民

低轨互联网卫星星座除了在技术上实现对军事用途的支撑外，还可以通过其硬件平台，直接为军用装备提供搭载条件，从而实现太空作战能力的寓军于民。在2017年开始部署的新一代"铱"星通信卫星星座上，美国导弹防御局将其天基杀伤评估系统（SKA）探测器搭载在"铱"星平台上。基于导弹防御指挥控制系统提供的预测拦截点位置信息，SKA探测器预先定位，通过探测碰撞杀伤拦截所产生破片云团的闪光或热辐射的可见光或红外光谱，对拦截毁伤效果及来袭导弹类型进行评估。搭载的SKA探测器主要是3个单像素光敏二极管，质量约10 kg，美国军方计划依托66颗"铱"星卫星和4颗在轨备用星，实际部署22个SKA探测器。2018年，对于OneWeb公司的低轨卫星星座项目，俄罗斯联邦安全局也曾担心其可能会用于侦察，有可能会损害俄联邦利益，对其发射服务合作提出过质疑。以上例证表明低轨卫星星座完全具备搭载军用载荷的能力，能够充分利用低轨互联网星座部署数量大、全球覆盖、单价较低的优势，高效地完成战略预警、侦察或通信等军事任务。

（3）为实现太空作战能力换代和强化战略威慑提供有力保障

随着美国战略重心转向大国竞争，认为其传统太空作战能力难以在大国竞争中取得优

势，一方面是“弹性”不足，现有太空资产易损性难以解决，一旦被攻击受损，难以及时恢复能力；另一方面，对于高超声速武器等新兴威胁难以有效应对，传统导弹预警、空天目标监测系统出现漏洞。低轨卫星星座计划的实施是对以美国为代表的航天强国构建下一代太空能力架构的实质性支撑，从各领域推动其太空能力的换代提升，为其太空威慑的持续有效提供有力保障。

11.3　发展趋势

由太空各类天基平台组成的天基信息系统具有天然的居高临下优势，已成为信息化战争中获取战场情报和行动控制的重要途径和手段。美国高度重视天基系统的建设，不断加大太空信息支援应用理论创新、太空信息支援装备发展、太空信息支援组织指挥模式改革等太空信息支援力量研究发展步伐。经过海湾战争、利比亚战争等多次局部战争的检验以及“施里弗”太空作战演习，美国太空信息支援体系应用创新理论相对于其他国家较为成熟，主要体现在跨域协同、太空联合作战、太空系统弹性增强等方面。

2012 年，美国《联合作战进入概念》首次提出了跨域协同作战思想，是指在不同作战领域的互补性而不是简单地叠加应用多种能力，使各领域之间互补增效，从而在多个领域建立优势，获得完成任务所需要的行动自由，在陆、海、空、天、电、网六大领域互补性地应用军事力量，互相弥补脆弱性，共同提高有效性和黏合力，不仅仅是在单个作战领域，而是在所有作战领域，建立整体作战优势，增加体系弹性，形成整体合力。跨域协同把传统的陆、海、空联合作战升格为陆、海、空、天、电、网联合作战模式，其中太空升格为与陆、海、空域并列的作战域，大大增强了太空力量的地位和作用。跨域协同将使美军在指挥控制、情报、火力、机动、防护等作战要素上发生革命性巨大变化，太空信息支援将和陆、海、空、网全面融合，由此可能导致未来战争样式发生重大变化。

2018 年版美空军《太空作战条令》首次确立“太空联合作战域”思想，更加强调太空作战能力对联合作战职能有重要支撑作用，进一步突出了太空作战与联合作战深度融合的思想，旨在推动太空作战深度融入联合作战，集中体现了特朗普政府备战太空的新动向。首次提出“太空联合作战域”新型作战域，明确了太空是与陆、海、空同等重要的作战域，进一步拓展了太空作战的内涵和范围，并强调天基情报搜集、预警、环境监测、卫星通信、气象观测、定位导航与授时等太空活动能够支持美军的战场作战行动。而且陆、海、空、网域的行动也会对太空域产生重要影响。与以前的太空作战主要聚焦于为地面作战提供天基信息支持不同，新条令强调现在的太空作战不仅包括将军事太空能力融入联合作战之中，而且包括对抗对手的进攻性太空行动，以确保自身太空系统安全，并将太空作战任务划分为太空目标监视、太空控制、定位导航与授时、情报监视与侦察、卫星通信、环境监测、导弹预警、核爆探测、太空运输、卫星操作等十大能力领域。

面对未来战争中太空系统可能受到对手攻击的情况，美国高度重视增强天基信息系统的弹性，致力于发展“分散式太空系统体系结构”等太空防御装备，增强己方太空系统的安全性，同时也多次演练太空能力缺失情况下的联合作战。美军高层多次要求各军种演练全球卫星定位系统和信息传输卫星系统等遭敌破坏的情况下的应对措施。

（1）侦察卫星将朝着“更高、更快、更强”的方向发展

“更高”的成像分辨率。目前，美国的照相侦察卫星“KH－12”的分辨率已达到0.1 m，光电侦察卫星达到0.5 m。未来的侦察卫星系统，成像分辨率将进一步提高。

“更快”的重访速度。未来的侦察卫星系统将部署更多的星座，以实现更短的重访周期。有研究表明，当侦察卫星网数量达到24颗时，有90％的把握在15 min内将其观测范围内任意点的图像传给作战人员；当扩展为37颗时重访时间为8 min，而48颗卫星组网则可缩短至5 min。

“更强”的综合侦察能力。未来的侦察卫星将会加强各种遥感器的综合利用，或是在一颗卫星上搭配几种遥感器，或是几种单一类型的遥感卫星组成系统，提高卫星的综合侦察能力，增强地区性覆盖率，扩大探测功能。

未来美国计划将制造12～24颗新型间谍卫星，将是美国现有间谍卫星数量的2～4倍。新一代间谍卫星体积更小，造价也更低，目前已经开始部署。这项研制新型卫星的计划被命名为“未来图像建筑工程”，目的是通过卫星为美国空军从事间谍活动的国家侦察局和美国国家安全局之间建立起密切的合作关系。这两个机构一旦联手，可以使美国当局搜集情报的能力天下无敌。2013年12月，美国五角大楼正在研究一种新的光学成像侦察卫星，它在距地面3.6万千米高的地球静止轨道运行，其灵敏的镜头可一次性捕捉地球40％的地表图像，且能在任何时候传回实时高分辨率视频与图像，媒体将它称为“间谍卫星之王”。该卫星的特征是同时具有高时间分辨率和空间分辨率，可以对重要目标进行长期连续监视。该卫星拟采用超级薄膜镜头，这种薄膜材质只有厨房用铝箔包装纸那么厚，与传统光学镜头反射光线不同，它能够衍射光线，并具有延展性，能先以折叠形式送入太空轨道，然后根据需求可伸展到直径20 m左右，当前最大的地面望远镜镜头直径也只有它的一半。

（2）预警卫星将朝着“全部型号、全球预警，全程跟踪”方向发展

预警对象将包括“全部型号”。未来预警卫星将进一步改进星载红外敏感器，包括高轨卫星采用的扫描/凝视敏感器和低轨道卫星采用的捕获/跟踪敏感器。在保持对战略导弹预警能力的基础上，扩展对战术导弹的预警能力，将具备同时发现并跟踪战略、战术导弹的能力。预警范围将实现“全球预警”。未来的预警卫星系统将增加星座数量，改进敏感器的预警范围，通过增加大椭圆轨道卫星来确保全球尤其是两极地区的导弹预警，通过增加同步轨道预警卫星来加强重点区域的导弹预警，做到“粗中有细，细中有粗”。预警能力将达到“全程跟踪”。未来的预警卫星系统将采用复合型星座配置，配合改进后的红外敏感器，提高对各种导弹的发现能力，提高跟踪导弹弹道的范围，扩展飞行中段跟踪能力，实现对导弹发射全过程的监视与预警。

（3）通信卫星将朝着“更广、更宽、更强”的方向发展

业务范围将“更广”。未来战争中的卫星通信业务不仅包括下达作战命令、战况报告、

后勤保障等的电报电话，还包括卫星云图、卫星气象、卫星侦察照片、多光谱遥感图像、导弹预警、数字地图等的数据和图像传输。通信容量将“更宽”。为了应对目前数据爆炸的问题，以及未来战场千变万化的作战环境，通信卫星系统的通信容量将进一步增长。以美国为例，军事星-2 比军事星-1 增加了 32 个数据率信道，总通信容量提高了近百倍。生存能力将“更强”。未来通信卫星将普遍采用高数据率通信、宽带通信及调频技术，从而加强卫星的抗干扰能力。卫星间将采用星间链路技术，减小对地面中继的依赖，提高系统的抗打击能力。

（4）导航卫星将朝着“精确导航、全域导航”的方向发展

未来导航卫星的导航精度将更高。目前军用定位、定时精度已达到米级和纳秒级，未来将进一步提高。另外，随着导航卫星星座的增加和导航载荷性能的提升，导航卫星的导航范围将覆盖全球地面、空中以及部分临空区域，达到全球全域导航。

（5）高度重视人工智能在成像侦察领域的发展

随着军用和军商两用成像侦察卫星的快速发展，以及卫星拍摄效率的大幅度提高，侦察卫星图像人工判读的方式已经逐步显露出效率较低的问题。美国五角大楼已把机器学习与人工智能确定为武器与信息系统军事现代化战略的核心要素。在侦察卫星领域，美军重视利用人工智能技术促进侦察卫星图像判读，提升发现目标的效率。美国国家地理空间情报局（NGA）官员呼吁商业公司和学术界研制机器学习工具，来进行自动重复耗时的图像分析任务，这样就可以解放技术娴熟的分析专家，把更多的时间花在计算机无法解决的难题上。美国国家地理空间情报局局长罗伯特·卡迪略（Robert Cardillo）最近表示，他希望 75%的重复任务分析可以自动完成，25%的其他任务需要专业人员重点关注，深度学习可以帮助实现。

11.4　几点启示

美国太空装备体系的建设已经形成了较为完备的体系，处于世界先进国家行列，拥有丰富的技术和经验，要充分认清太空装备体系建设的复杂性和艰巨性，不断探索天基信息系统新技术，增加天基信息系统卫星的数量，进而实现体系完备、全面利用和有效控制太空的战略目标。

（1）高度重视太空目标监视体系建设

在监视手段的选择上，要着重考虑可见光、红外监视设备，如宽视场可见光相机、窄视场可见光相机、扫描型红外传感器、凝视型红外传感器等。对雷达设备用于天基目标监视也要做必要的分析，如激光雷达、合成孔径雷达等，尤其是合成孔径雷达。在卫星数量的选择上，若采用单颗监视卫星，最好在卫星平台上装载多种天基目标监视载荷，并充分利用其机动灵活性进行监视。对于可配合的监视手段，按照功能互补、扬长避短的原则进行组合。如宽视场与窄视场的配合、扫描型与凝视型的配合、监视距离远精度低与监视距离近精度高的配合、主动监视手段与被动监视手段的配合。若采用星座进行监视，可吸取

美国的经验，根据监视目标，设计合理的星座及卫星数量，以满足大范围、高精度、实时监视的要求。

（2）加强预警探测能力建设

建设完善的预警侦察系统，是高技术战争对敌精确打击的重要保证。因此，应在进行科学论证的前提下，加强天基信息系统的远程预警侦察建设，提高信息获取能力。扩大覆盖范围，消除盲区。建设覆盖战区地域的同步侦察卫星和其他侦察卫星，对战区全域0.1～20 GHz频率范围的电子信号实施全时、全域、全天候侦听，并逐步实现在全球范围内进行信息搜集，真正消除信息盲区，为指挥员共享战场态势信息提供条件。提高侦测精度，力求准确。美军雷达成像卫星，在距地面692 km的轨道上，侦察图像的分辨率可达到1 m，并能探测出地下数米的永备工事，甚至美军“KH－11”系列的分辨率已达到厘米级。因此，要加强超光谱成像、特超光谱成像和光电预警传感器及天基雷达等技术的研究，保证天基信息系统有较高的侦测精度。加强系统融合，扩展手段。要把天基信息系统与预警机、侦察机及无线电技术侦察等预警侦察系统进行融合，全面扩展预警侦察手段。

（3）加强天基信息网络化建设

美军的太空力量体系建设，从侦察、预警、遥感、监视到天气预报、指挥通信、精确制导，都与卫星密不可分，对太空的利用和争夺更是到了白热化的程度。美军的做法是将传感器网、信息栅格网、作战网链接在一起，将侦察信息网、航天测控网、天文观测网、国防信息网合成一个网络，以满足太空作战指挥的需要，主要表现在三个方面。一是技术系统网络化，包括网络计划、通信连接计划、频率与功率使用计划等；二是战术系统网络化，包括信息交互计划、数据安全计划、网络防护计划、网络降级计划等；三是电磁频谱管理网络化，包括统筹作战、情报、通信等频谱分配计划、通信运作计划、频谱冲突等。

提高天基信息系统的信息支援能力，必须加强天基信息系统的网络化建设。实现单星模式向星座、网络模式发展，星座模式能够将多颗按预定要求分布在轨道上的同类型卫星组成一个通信网络，来完成信息支援的任务，有效克服单星模式的缺陷，提供较好的覆盖率。网络模式则实现多种卫星及卫星星座互联，更好地完成信息支援任务。运用小卫星技术，加速天基信息系统网络化进程。小卫星技术是近几年微电子和微机械技术发展所引发的，并日趋成熟，为小卫星星座概念的出现奠定了基础。小卫星星座在天基信息系统建设方面的应用大大降低了星座系统的成本，缩短了建设周期。因此，积极运用小卫星技术，加速天基信息系统的网络化进程。提高通信容量，拓展卫星数据通信业务。在未来战争中，音频与视频等数据通信业务将成为通信的重要内容，必须集多种新技术于一体、多种业务于一体、多种功能于一体，综合运用激光通信技术、星座技术、窄带波束传输技术，保证能在短时间内传输海量信息，达到为多任务区域、多用户类型提供多业务手段。

（4）加强天基信息系统防护能力建设

未来战场环境异常复杂，天基信息系统建设必须把通信设施安全、数据信息安全、网络运行安全放在重要位置。增强全网的生存能力：采取微小卫星星座与编队飞行，使整个通信系统即使遭到攻击也不至于陷入瘫痪，并可快速发射微小卫星予以重建和恢复，增强天网的生存能力。增强信息的抗扰能力：研制宽带通信，缩短通信时间，降低信息被拦截的可能性，增强信息的抗干扰能力。广泛使用扩频技术、自适应天线调零技术、星上处理技术以及时分、码分和空分多址方式，采取 EHF 波段工作，使中低轨卫星工作区域和时域可控等，从而大大增强系统的抗干扰能力。增强单星的抗毁能力：针对敌军可能采取的进攻性空间对抗武器，发展多种手段，增强单星的抗毁能力。建设卫星威胁预警与攻击告警敏感器，及时探测、识别对卫星的射频和激光干扰、高功率微波和激光攻击，描述威胁特征和攻击类型，评估卫星系统受影响程度，警示卫星及地面站快速反应。

（5）加强中继业务工程应用能力建设

中继卫星的功能特点决定其存在多个潜在的应用，将这些应用变成可能是今后的一项重要任务。为了进一步提高中继卫星的服务能力，应在以下几个方面加大研究力度：研究中继卫星空间组网技术，建立互操作通信协议，提高卫星自主运行管理以及互操作能力；研究相控阵天线技术，增加天线增益，减少用户航天器链路负担，提高对目标用户服务能力；研究光通信技术，采用激光链路通信，提高链路带宽、增强抗干扰能力以及数据传输保密性；研究测定轨技术，采取与目标航天器联合定轨，提高定轨精度。这意味着未来的中继卫星天线数量和种类更多、波束宽度更窄、目标跟踪精度更高、转发器带宽更宽，也因此使其应用领域向更广阔的范围拓展。

（6）加强区域综合电子信息系统建设

要发展以侦察卫星与预警卫星为主的战场信息感知与获取系统，建立以天基导航定位系统为精确打击体系和整个杀伤链的核心，以通信卫星和数据中继卫星为神经中枢的信息共享保障。要将指挥、控制、情报、通信融为一体，形成覆盖整个战区的信息共享网络，实现协同作战、体系对抗和快速反应。目前应搞好顶层设计，统筹规划，分步实施，可以不走国外烟囱式的弯路。不要求庞大、多重覆盖，以覆盖战区为近期目标；中远期随着国力增强，再增加配置。

（7）发展天基信息系统支持辅助决策系统

应充分利用现有天基资源，整合军民用空间设施，发展天基信息系统；要统筹规划、分步实施、协调发展，由此可以收到事半功倍的效果。要重点突破高分辨率卫星元器件技术，使之能用于照相侦察卫星、电子侦察卫星和海洋监视卫星等系统。尤其是在天基导航与定位系统精度提高后，能够简化精确制导武器的制导过程，在没有末制导的情况下，仍可以实现精确定位。在工业技术基础薄弱的情况下，是发展高度信息化精确打击体系跨越式发展的捷径。

第 12 章　美国控制太空发展

冷战结束后，美国推出了建立单极世界的国家战略和追求绝对安全的军事战略，“控制太空，谋取军事上的全谱优势”成为其太空作战理论的战略指向，强调运用各种对抗手段，以保证自己在太空的行动自由，并在需要时剥夺敌人在太空的行动自由。20 世纪 90 年代开始，美国强大的天基系统使其获得了巨大的战略优势，卫星系统应用从战略支援层面逐步向战术和作战层面发展，美国认为，太空系统及其所提供的信息服务已成为美国至关重要的战略资产，是国家繁荣与安全的基石，但是，太空系统的固有脆弱性以及太空攻击技术的扩散，使得太空系统被破坏的可能性在不断增大，因此，必须大力发展控制太空的技术与能力。在这一战略思想指导下，美国开始发展太空安全战略，以控制太空为主要目标，谋求太空绝对优势，从而实现控制全球、称霸世界的全球战略。

12.1　美国控制太空概念

美国的控制太空政策分散于各项法律、法规与政策体系之中。美国控制太空系统服务于美国的国家安全战略、国家军事战略和太空安全战略。美国军方以政府发布《国家太空政策》为依据，通过发布《美国国防战略》《国防部太空政策》《美国空军太空政策》等新的军事太空政策，详细规划美国太空系统发展。

12.1.1　概念提出

20 世纪 50 年代，以美国、苏联为首的两大阵营拉开冷战的序幕，对抗贯穿于各个军事领域。1957 年 10 月 4 日，苏联首次将人造地球卫星送入太空。1958 年，为限制苏联军事太空活动的发展，艾森豪威尔签署美国历史上第一个太空政策《国家航空航天法案》，提出将“和平开发利用太空”。肯尼迪政府时期，侦察卫星获取的军事信息使美国在“柏林危机”和“古巴导弹危机”中占据主动权，太空政策中逐步呈现出“控制太空”的思想。约翰逊政府时期，军事太空技术的日趋成熟使美国已经初步具备太空对抗的能力。里根政府时期，“高边疆”战略公布于世，太空对抗政策得到了全面发展。为确保对苏联形成军事上的全面优势，里根总统发表了“星球大战”演说。

1960 年，美国总统肯尼迪断言：“谁能控制太空，谁就能控制地球”。从那以后，美国便开始关注太空的军事利用问题。1988 年修订颁布《国家太空政策》，明确提出确保敌军无法阻止美国利用太空及必要时使敌人的太空系统失效等太空对抗思想。老布什政府时期，军事太空系统首次全面应用于战争，为确保太空领域的战略优势，美国更加重视太空对抗的发展，其太空政策突出军事太空活动的作用。

冷战结束后，美国在太空对抗方面一家独大，太空对抗政策也随其国家战略变化、新任务出现而不断调整。美国真正开始认真研究和高度重视控制太空问题，应该是在海湾战争以后。海湾战争后，随着新军事革命浪潮的兴起，美军的一些公开文件和由智囊团完成的研究报告陆续提出并不断阐述有关"信息优势、决策优势、全面主宰"以及与之密切相关的控制太空问题，相继发布的国家太空政策、国家安全太空战略、太空作战条令、美军远程规划等一系列文件，明确提出控制太空有关思想。

1）1996 年 6 月参联会颁布《2010 年联合构想》是指导美军建设的模板，该文件将太空视为与陆、海、空同等重要的作战环境。指出在未来战争中"必须拥有信息优势，即必须拥有收集、处理和分发连续信息流的能力，同时要具备削弱或剥夺敌人收集、处理和分发连续信息流的能力"。该文件还没有明确提出控制太空的概念，但已经暴露出美军控制太空的实质性内容，就是要继续确保美军太空优势，同时要具备拒止敌方利用控制的能力。1996 年 9 月，克林顿政府公布冷战后第一个《国家太空政策》，强调美国必须具备控制外太空的能力，确保美国在外层空间的活动自由，并剥夺对手在外太空活动的自由。

2）1998 年 4 月美军航天司令部发布《2020 年构想》，该文件明确提出 4 个目标：确保太空优势的 4 个作战概念，即"控制太空""全球交战""全面力量集成""全球伙伴关系"。所谓"控制太空"，就是确保太空进入自由、太空利用自由，以及必要时不给他人以同类自由；进入太空、监视太空，保护己方关键航天系统、防止未经授权而非法利用美国航天系统；必要时强力阻止或摧毁敌航天系统等。与此同时，美国空军 1998 年颁布了首部《太空作战条令》，直接对控制太空的概念进行了描述和界定，是军事思想上的创新。

3）2001 年 1 月 1 日由美国国家安全管理和组织委员会向国防部长威廉·科恩提交的报告警告说：如果美国不积极采取措施保护自己的太空资产，就有可能发生"太空珍珠港"事件。2001 年 9 月 30 日美国防部公布《四年防务评审报告》（新版）。该报告指出：21 世纪美国所面临的挑战将要求美国的信息系统能提供持续不断的监视、跟踪能力，"要求美国的航天系统增强功能，提高生存能力，以支持更有效的遂行联合作战"。该报告还指出：要确保己方"控制—利用太空，但必要时不让敌人利用太空，这是未来军事竞争的焦点和关键目标"。这些理论阐述基于太空系统的固有脆弱性，更加突出控制太空思想中的防御性太空对抗能力，增强现有和未来太空系统的防护措施。

4）2002 年参联会发布了第一版关于太空作战的《太空联合作战条令》（JP3－14），该条令相比较 2001 年版的美空军《太空作战条令》篇幅小得多，内容也比较简练，但实用性增强。该条令重申了太空控制、太空力量应用、太空力量增强和太空支持 4 种作战行动，这部分内容是对 1998 年版空军《太空作战条令》的扩充，更加证明 1998 年版空军《太空作战条令》对控制太空的定位是具有前瞻性和准确性的。

5）2004 年 8 月，美国空军公布《太空对抗作战条令》（ADDF2－2.1），该条令是第一部关于太空对抗作战的条令，是运用空天力量确保太空优势的作战指南，首次概括性回答和论述了军种部队实现控制太空构想，如何实施太空对抗作战的问题，从指挥控制和计划实施等方面规划了太空对抗作战行动，明确了太空对抗所使用的装备系统，强调了太空目标监视的关键性作用，渲染了美军未来所面临的太空威胁。

6）2007 年 12 月美空军参谋长发布了《国家卫士——21 世纪的美空军》白皮书，指出：为了以“全球警戒、全球到达、全球力量”来提升和捍卫美国国家利益，空军必须达成跨域主宰。跨域主宰，是指存在于空中、太空和电磁频谱的可自由攻击和避免攻击的能力。

7）2009 年参联会发布了《太空联合作战条令》，该条令实际上是对 2002 年版《太空联合作战条令》的修订。其中用了一章篇幅正式重申了太空控制、太空力量增强等 4 种作战行动，但把“太空力量增强”放在首位，“太空支持”其次，“太空控制”则放在第 3 位。此前的所有条令则均把“太空控制”放在首位。这种变化表明，美军不再把狭义的“天战”作为太空作战行动的重点，而是务实地把太空力量支援地面作战放在了中心位置。

8）2010 年 5 月，美国战略与预算评估中心发表《空海一体战的初步概念》，明确提出空军要实施反太空作战，“对敌方天基海洋监视系统实施致盲战，阻止敌军对海军高价值海上部队（包括航母）进行定位”，要求空、海军密切协同，获取太空控制权。

9）2012 年美空军发布了《太空作战条令》，该条令将太空作战四大任务领域（太空控制、太空力量应用、太空力量增强和太空支持）重组成三个任务领域，并独立成章，阐述了空军的三个任务领域，即全球太空任务实施、太空支持和太空控制。最显著的特点是把太空目标监视专门独立出来，作为三个任务领域的基础进行阐述，强调了太空目标监视任务的极端重要性，这一重要变化说明控制太空能力除了具备进攻性太空对抗能力和防御性太空对抗能力之外，还应当包括支持这些行动的太空目标监视能力。

10）2014 年美国《空天力量杂志》11/12 期刊登美国国家空天情报中心首席情报分析师 B. T. 赛苏尔的《全球性太空控制战略》一文，文章认为，人类已经进入了“太空战争时代”，美国必须制定有效的太空控制战略，以确保美国的太空优势地位。文章阐明了美国开展太空控制行动以支持国家利益实现的目标和路径，认为美国应消除防御性太空控制与进攻性太空控制之间的界限，决不能满足于防御太空能力的现状，也绝不要被所谓的国际禁忌所束缚。

11）2015 年美国《国家安全太空战略》强调，美国太空安全战略要在确保自身全面进入和有效利用太空的基础上，阻止和控制他国利用太空，太空控制和太空优势领域要形成“进攻性太空控制及主动防御策略和能力，以慑止、遏制并击败敌人的太空进攻行动。”这些内容凸显了美国在实现独霸太空、垄断太空资源等方面的战略企图，实质是在最大限度地发挥太空作战支援作用的同时，发展和利用太空的攻击与防御能力，以牢固控制太空并以此来达到控制全球的目的。

12）新美国安全中心于 2016 年 1 月提出“有限太空战”构想，美军“和平利用太空”的幌子掩饰不了其核心意图——“太空战”，报告提到“一旦与假想敌发生冲突，美国可打击假想敌的定位和监视水面舰艇武器的卫星”“我们应该做出特别的努力，以便能明确识别、有效打击对于未来可被用于实际冲突的太空资产，特别是用于打击美关键军事力量（例如航母）的资产”，太空对抗政策由极力避免向有效控制转变，由被动防御向主动出击转变。

13）美国战略与国际问题研究中心于 2017 年发布报告《第二个太空时代的态势升级与威慑》，报告指出 1991 年至今的第二个太空时代，太空环境更加恶劣，美国太空系统面临多个领域攻击的威胁，建议增强弹性系统、识别对抗升级临界点及展示太空对抗的威慑力。

14）特朗普入主白宫后，美国太空政策处于评估、调整阶段，但其太空对抗政策的方向不会被改变，同时也存在自相矛盾的问题。一方面，美国限制进攻性太空能力（如动能武器）的发展，借此要求其假想敌也限制太空进攻能力的发展；另一方面，美国积极了解对手太空动向、应对太空冲突，并力争在未来的太空冲突中赢得胜利，维持“太空主导权”。

12.1.2　概念形成

美军关于控制太空概念的形成经历了一定的阶段，并且是一个不断丰富、完善的过程。应当说对控制太空概念的正式描述是美空军 1998 年颁布的《太空作战条令》，这一版本提出的控制太空行动概念非常准确，以至于一直沿用到了 2009 年版的参联会《太空联合作战条令》中。条令指出：“太空控制是一种手段，通过它可以获得和保持太空优势，从而确保己方部队使用太空环境并阻止敌方使用太空环境。为达成此目的，航天部队必须具备研究太空、保护使用太空的能力，防止敌方利用美国或盟国的太空业务、并破坏敌方使用其航天部队的能力”。其中把太空控制作战又划分为进攻性太空控制（OSC）和防御性太空控制（DSC）两种行动，进攻性太空对抗包括欺骗、破坏、抑制、降级和摧毁(5D)；防御性太空对抗包括积极防御和消极防御。

在美空军《太空作战条令》系列中，这部分内容后来被挪到了 2004 版战术级条令《太空对抗作战条令》（ADDF2－2.1）中，该条令围绕控制太空的三个要素，即太空目标监视、进攻性太空对抗作战、防御性太空对抗作战展开。美军在之前发布的条令只是提出了控制太空的概念，而该条令则详细描述了控制太空的作战样式、打击目标、作战武器、作战计划制定和作战原则。可以说，该条令是美军进行真正意义太空作战的指导性文件，标志着美国控制太空的思想已经逐步成熟。条令指出：“太空控制是指美国及其盟国为确保其太空行动自由，同时控制和限制敌方太空行动自由而进行的作战、作战支援、作战勤务保障行动。太空控制的任务范围包括：太空监视；保护美国及其友方的太空系统；阻止敌人使用太空系统和服务进行危害美国国家安全利益的行动；杜绝以危害美国国家安全利益为目的而使用太空系统和服务；并直接支援作战管理、指挥、控制、通信和情报。”

关于控制太空的概念，目前国内没有文献给出直接定义，最早引用的是美军对控制太空的定义：为了确保美国及其盟国在太空的行动自由，以及依据命令阻止敌方在太空的行动自由而进行的战斗及其相关行动。国内有文献认为：太空控制，即太空对抗，是指获得并保持理想的太空优势，确保己方部队能够自由利用太空，同时遏制对手拥有同样的能力。简而言之，就是既要保护本国的卫星不遭到攻击，又要具备攻击和摧毁其他国家卫星的能力，其实质是夺取“制天权”。需要说明的是，在英文资料中美军关于控制太空是Space Control，国内有的文献翻译成“控制太空”，有的文献则翻译成“太空控制”，本书认为没有本质的区别，若无特殊说明，两个概念不再区分。

12.1.3 基本内涵

从上述不同时期美军各种文献关于控制太空概念的阐述可以看出，美军的控制太空概念与国家战略、军事战略、作战任务、作战行动、作战目标等有一定的相关性，对概念本质、内涵的理解需要把握以下几点：

（1）控制太空是国家战略的重要组成部分

美军控制太空战略的提出，是对1996年克林顿政府时期“和平利用太空”政策的重大调整。1998年4月，美国航天司令部公布了《2020年构想》。规划指出：太空已成为综合国力的增长源，到21世纪，美国将更加依赖太空力量，太空力量将成为美国实施国家安全与军事战略的主要依靠力量，因此，21世纪美国太空力量的首要任务是夺取太空优势。夺取了太空优势就为确保信息优势打下了坚实的基础。规划强调，太空作为军事和经济的强国手段——国家强盛的主要资源，是十分关键的，规划将太空看作是正在出现的极其重要的国家利益的领域。2010年2月，美国国防科学委员会的报告公开指出，美国必须把发展摧毁卫星的能力，作为威慑战略的一部分；实施进攻性太空控制；研制能使敌方卫星及其他航天器失效或摧毁的武器。美国的威慑战略既要保护美国的军用和民用航天装备，也要阻止不让敌人使用太空。

（2）控制太空是太空力量的重要作战任务之一

美军对太空力量的作战任务分类，从总体上可归纳为进入太空、利用太空和控制太空三大任务。进入太空是建设太空力量的必备条件，是太空力量部署的重要手段；利用太空是发挥太空力量对陆、海、空联合作战的支援保障作用，这是太空力量当前的主要作战任务。自1998年美空军第一部《太空作战条令》提出太空控制、太空力量应用、太空力量增强和太空支持4种任务类型以后，这些类型就始终保持未变，直至2013年版参联会《太空联合作战条令》增加了太空目标监视部分。也就是说，美军控制太空的思想实际上从1998年就基本定型了，而后的工作是在不断具体细化其实现方式。近年来，美军先后多次进行代号为“施里弗”太空作战模拟演习，皆以太空作为主战场，围绕着控制太空而展开。太空控制能力，在美军的太空作战中的理论地位由此可见一斑。

（3）控制太空的重要手段是太空对抗

美国控制太空战略的目标是谋求太空“非对称”优势，实现拥有“发放太空许可证”的能力。即“任何国家和组织（包括美国的盟国）在没有获得美国认可的前提下，都不可以将太空资源用于发展军事情报或其他军事目的”。显然，美国的太空战略具有极强的全面性，突出体现在其攻防兼备方面。在美军的太空力量中，太空对抗是控制太空的核心能力，是全面利用太空、实现太空力量增强和太空力量运用的保证，是美国取得和维持太空优势的途径和方法。1998年版美空军《太空作战条令》认为，实现控制太空，需要发展太空对抗能力，太空对抗是控制太空的核心能力，太空进攻和太空防御是太空控制任务的具体军事行动表现，因而实现太空攻防对抗的各种手段也是构成控制太空战略与技术的基础。

(4) 控制太空的实质是夺取“有限制天权”

在美军的概念中，控制太空包括五方面的含义：第一，对世界各国的太空活动进行全面的监视，这是实施太空作战的基础；第二，必要的时候阻止其他国家使用美国的太空设施，如中断 GPS 全球定位系统为他方提供导航定位授时服务；第三，不让其他国家进入和使用太空；第四，确保美国自己自由进入和使用太空；第五，保护美国自己的太空设施不会遭到干扰或攻击。因此，美国提出的“控制太空”貌似太空霸权主义。但太空战场与陆战场、海战场和空战场相比，太空战场不受国界、领海、领空的限制，也不受地形条件和大气环境的制约，太空武器可在轨道机动能力允许的情况下任意行动，作战行动自由度大大增加，战场范围空前广阔。正是因为太空无限广阔的特殊战场环境，不可能像制陆权、制空权那样全面控制太空，只能在一定范围、有限区域进行控制。因此，近几年来，美军对于控制太空的理念已经发生了较大改变，即重视通过夺取太空优势来保证其太空能力的发挥，反映出美军已深刻认识到敌方太空威胁对其太空作战的重要影响，并务实地形成了以确保美军太空优势为目标的控制太空理念，而不是追求独霸太空的绝对优势。

12.2　美国控制太空发展建设

美国空军航天司令部的 Lance. W. Lord 上将说，军事航天系统为美军提供了“非对称”优势，已经成为美军的“力量重心”，必须注意系统的易损性，而未来的对手也深知这一点，因此美国必须发展太空控制能力。按照美军太空力量作战任务领域的划分，控制太空包括太空态势感知、防御性太空对抗和进攻性太空对抗 3 部分。太空武器装备体系大致可以分为太空进攻性武器装备、太空防御性武器装备、太空信息对抗装备和太空态势感知装备（空间态势感知能力），其中太空态势感知能力是重中之重。随着世界各国军事航天的迅速发展，美国认为其太空优势地位受到潜在威胁，为此，美军大力推进控制太空战略，加紧研制太空对抗武器装备，在优先发展太空目标监视能力的基础上，积极加强防御性和进攻性太空对抗能力，持续推动太空对抗实战化。

12.2.1　太空态势感知能力

太空态势感知是控制太空的基石和关键。美国《国防》杂志曾以“对太空中发生了什么一无所知，急坏了美空军官员”为标题，表达了美军对监视太空能力的担忧。随着太空安全形势的日益“拥挤、竞争、对抗”(3C)，美国已将太空态势感知能力视为“所有太空活动的基础、太空控制的关键前提和不可或缺的作战力量”。

美国的太空态势感知能力的形成是在其太空目标监视装备基础上发展起来的，太空目标监视的一个重要功能是建立和维护卫星状态的数据库，太空态势感知的成果是太空卫星状态信息产品，这些产品的形成过程就是将获取的太空目标、太空环境等信息，经过太空目标与太空环境信息处理，在特定太空环境背景下，通过对空间目标的相对位置、身份能力、属性状态与国际国内政治经济形势等的智能化处理，获得太空目标个体及其个体与群体、局部与全局关系，满足不同层次的空间活动所需要的文档、图表、图形与图像等描述形式的产品。1957 年美国国防部建立了这个数据库，由全球分布的干涉仪、雷达和光学跟踪系统组成的空间监视系统得到卫星状态数据，这些数据定期更新，目前编目的空间物体数目达到 20 000 多个。

美国军方对于太空态势感知能力极其重视，其高层认为，潜在对手“对我们紧追不放”。在 2009 版《太空联合作战条令》中，美军首次将太空态势感知作为控制太空任务的 3 个子任务（进攻性太空控制、防御性太空控制、太空态势感知）之一，其中关于太空态势感知的表述涵盖了概述、支持的关键目标和主要活动。

概述中指出，太空态势感知是对运行于地面环境和太空疆域内太空能力的特征描述，主要包括情报、监视与侦察，环境监测、分析与报告和预警功能等组成部分。支持的关键目标主要涉及四个方面：一是确保太空作战和航天安全。太空态势感知可以提供基础设施，确保美国的太空操作者了解可能会严重影响太空作战成功和太空安全的条件（例如避免碰撞）。二是履行国际条约和协定。太空态势感知是查明原因、核实是否违反条约的一种手段。三是保护太空能力。美国监控所有太空活动的能力能保护太空力量，阻止他人发起针对太空和陆地能力的攻击，并保证盟友在和平时期、危机和冲突期间持续得到美国支援。四是保护军事行动和国家利益。太空态势感知能够支持并增强军事行动。

主要活动主要包括五项：一是情报。对于太空态势感知来说，情报可用以对国外（对手和第三方）的太空能力进行特征描述和分析，特征描述包括但不限于力量和资产如何运作、其对军事行动的影响以及它们的弱点和优势。要确定国外太空能力的威胁性和弱点，需要对太空系统的所有组成部分进行情报分析。情报主要用于支持对太空能力进行特征描述和分析，为目标确定或防护做准备，可靠、及时而准确的情报还可为评估提供支持。二是监视。太空监视是指对绕地球做轨道飞行的所有人造物体开展系统而连续的观测和信息采集。开展监视有助于保证轨道安全，发现太空事件迹象并提供预警，发现威胁可能位于哪里的初步迹象，并开展评估。太空事件包括卫星机动、意料之中和出乎预料的发射、再入和会影响到任务的太空天气。三是侦察。侦察可用于满足对特定物体进行详细的特征描述，对作战环境进行分析和评估等需要。太空侦察可为目标确定和攻击后评估工作提供支持。四是环境监测。环境监测包括对太空天气（如太阳活动情况）、重要地面节点附近的地面天气和太空中的自然现象（如微流星体和小行星等行星际天体）进行特征描述、分析和预测。这些环境信息必须准确而及时，以保护太空系统和支持太空控制的规划与实施。太阳活动和闪电等自然现象会干扰太空系统。运行部门必须能将自然现象的干扰与对太空系统的有意攻击区分开来，以制定适当的应对措施。五是太空通用作战图。太空通用作战图是总的通用作战图的一个子集，包括可能影响到太空系统的太空和地面天气信息，显示美国、盟国和民用太空能力的蓝色太空图，显示对手和中立方太空能力的红色/灰色太空图以及太空碎片跟踪信息。空间态势感知可提供规划、实施和评估所需的相关太空信息。把多个信息渠道融入通用作战图对于空间态势感知是必不可少的。太空态势感知作为引导太空行动的基础，是完成其他所有太空控制任务的推动者，是太空控制的关键部分。

在 2013 版《太空联合作战条令》中，美军将太空态势感知作为五大任务领域之首。概述中指出，太空态势感知依赖于一体化的太空监视、收集和处理；环境监测、处理和分析；美国和合作方卫星系统的状况；美国和多国太空战备的掌握；对太空领域的分析等。还包含使用情报来源来洞悉对手太空能力及其对己方太空能力的威胁，提升联合部队指挥官理解对手意图的能力。

在 2018 版《太空联合作战条令》中，美军将太空态势感知作为十大能力领域之首。这十大能力领域分别为：太空态势感知，太空控制，定位、导航与授时，情报、监视与侦察，卫星通信，环境监测，导弹预警，核爆炸探测，太空运输，卫星运行。其中关于太空态势感知的表述为：太空态势感知是太空物体和太空作战所依赖的作战环境（包括物理、虚拟、信息和人性维度），以及实施或准备实施太空作战的所有实体的要素、活动和事件等所必须掌握的基础性、动态性和预测性知识和特征。太空态势感知依赖于一体化太空监视、收集和处理；环境监测、处理和分析；美国和合作方卫星系统的状况；对美国和多国太空战备的掌握；对太空领域的分析。太空态势感知必须融合对太空能力和威胁意图等内容的了解。

从美军太空态势感知能力的发展历程来看，早期太空态势感知的重点是感知在轨运行太空物体及其运动规律，保障美国航天活动安全；当前及未来太空态势感知的重点将转变为感知在轨运行太空物体及其运动、能力和意图，保障美国和其他国家航天活动安全，保护美国和盟国的太空资产免受潜在威胁。未来，太空态势感知有望仍然保持快速发展态势，为航天活动提供更加科学有效、直观丰富的信息支撑。

在多域/全域作战的大背景下，对大范围目标信息的获取、对战场动态的持续监测、对打击效果的评估等，都离不开太空态势感知系统提供的战场信息保障及其战场动态监视信息。自太空态势感知概念提出以来，美军全面推动太空态势感知发展，其概念内涵、装备体系建设、军事演习等方面都取得突破性进展。概念内涵方面，以《太空作战条令》为主要载体不断丰富太空态势感知概念的内涵；装备体系建设方面，逐步建成了庞大的太空态势感知基础设施体系，具备了“天地一体、全球覆盖、高低轨兼顾”的太空态势感知能力。目前美国太空态势感知能力的发展就是积极研发部署天基空间监视系统，加强对高轨道目标的监视能力，同时具有对目标的机动性监视，能最大限度得到太空目标细节，尤其是对深空微小目标提供监视，从宏观到微观对太空战场态势全面进行监视。

12.2.2 进攻性太空控制

从美国发布的国家关于太空发展战略来看，当前美国的太空政策不再强调太空的支配权，而是更强调太空知情权和防御性。在国家整体战略指导下，美军正大力推进太空控制战略，加紧研制太空信息攻击的武器装备，在增强太空目标监视能力的基础上，加紧发展各种反卫星武器，以保持美国在太空的绝对优势。包括陆基动能武器、微小卫星武器、电子干扰武器、激光武器、高能微波武器、以航天飞机为平台搭载的武器等。出于经济、政治、军事、技术等多方面的考虑，美国在发展进攻性太空能力时，重在探索和开发各种关键技术能力而不轻易部署实战武器，这样的发展战略既避免了政治和外交压力，又切实地增强了美国的太空对抗能力。

（1）更新动能武器库

自20世纪60年代以来美军不断开发建设其陆基、舰（机）载和天基动能反卫星武器系统，包括“弹丸云”式、动能杀伤式和爆炸杀伤式。约翰逊政府突破了艾森豪威尔时期确立的“和平利用太空”理念，加速研制和部署反卫星武器和反弹道导弹。1962年5月，陆军开始反卫星武器计划——“505工程”。1963年2月，空军开始反卫星武器计划——“437工程”。这两个计划准备将热核弹头送入太空，摧毁敌对卫星。1964年6月，空军宣布“雷神”反卫星系统进入可操作状态，迈出定向拦截卫星的第一步。1967年9月18日，美国国防部长麦克纳马拉宣布，为应对来自中国的小规模导弹攻击或苏联导弹的意外发射，美国计划部署“哨兵”导弹防御系统。2008年2月，美军在太平洋进行“宙斯盾”舰载标准3导弹拦截卫星试验，展示其强大的动能拦截卫星能力。2012年又启动“上帝之仗”天基动能武器系统计划，该系统由位于低轨的两颗卫星组成，其中一颗搭载“上帝之仗”金属棒，在太空发射用于攻击对手地面战略目标，或用于摧毁卫星发射场、指挥测控站等，其撞击动能堪比核武器。2020年，美太空发展局在其预算申请文件中提议启动“天基拦截器评估”项目。借助于航天发射能力的快速提升和卫星研制、发射成本的大幅下降，部署数量庞大、全球覆盖的星基动能拦截器已经具备了一定的条件。星群卫星平台搭载的动能拦截器，具有在主动段、后关机段、飞行中段实现多阶段、多批次、不间断的拦截能力，可以对陆基、海基与空基发射的弹道导弹实施全球一体化防御，从而彻底打破核威慑战略的平衡。

（2）研制定向能武器

为避免太空动能武器产生的碎片伤及自身，近年美军重点转向研制高能激光武器、粒子束武器和微波武器等具有速度快、可重复使用、攻击区域广等优点的定向能武器。美军激光反卫星武器，根据其能量可分为致眩、致盲和不可逆热杀伤数种类型，据报道，位于科罗拉多州的美空军第76太空控制中队至少部署7套地基“卫星通信对抗系统”（CCS）。该系统可对他国在轨航天器与地面接收站之间的通信实施干扰，令对手无法借助卫星开展作战支援行动。同时，美军正在研发并部署“天基微波武器系统”。该系统由数颗卫星组成，可以干扰、破坏其他卫星的电子元器件，令其丧失作战能力。早在1984年，美“挑战者号”和“发现号”航天飞机就进行了激光武器和粒子束武器的试验。1997年美军使用中红外先进化学激光器从地面发射2束强激光，击中拟退役的气象卫星。据称2008年美开始部署地基反卫星激光武器，目前美军新型空基、天基反卫星激光武器试验均取得重大突破，列入部署议程。

(3) 研制太空战机

美军积极开展天对地新型打击武器系统的研发和部署，美空军在 2020 年 2 月向国会提交的《美国太空军组织架构综合规划》文件中明确提出，美军新一代太空体系架构将包括 3 架先进太空机动飞行器，与其他太空装备一同构建威慑能力，并于 2028 年实现运营，2020 年 5 月 17 日第六次试验中太空军开始参与 X－37B 任务，还负责了 X－37B 的发射、在轨运行和着陆工作。虽然美空军称 X－37B 仍是空军的资产，但上述一系列动作表明，太空军已开始谋划接手该飞行器并推动其太空机动飞行器的发展。美国控制太空战略的目标是谋求太空“非对称”优势，通过发展航天技术，以确保美国在这一领域领先地位，用核心技术控制世界，其中集飞机、运载器、航天器、打击武器等多重功能于一身的太空战机 X－37B 是发展重点，X－37B 于 2010—2020 年间完成 6 次空天秘密试验。资料充分显示，X－37B 可对美国对手的卫星、宇宙飞船甚至是空间站下手。只要装备简单的机械手（美国航天飞机已装备此类设备），X－37B 就能将“敌方”先进卫星“打包”（装在货仓）带回美国。由于无须考虑气动布局，X－37B 可装载或挂装多种武器，装备导弹后，X－37B 又成了标准的太空战机，可威慑别国航天器和太空设施。这样 X－37B 将具有更多的功能。瑞典斯德哥尔摩国际和平研究所专家香农·凯利认为，此举标志人类进入“太空武器新时代”。

(4) 发展太空控制技术

典型太空控制技术试验如美 2012 年启动的“凤凰”计划，拟验证太空非合作交会对接、捕获控制、拆组装等太空复杂控制技术，并可直接用于进攻性太空作战。据俄罗斯《起飞》杂志、美国《华盛顿时报》等媒体报道，美军有一项代号为“太空怒火”的绝密计划。根据该计划，美军正在秘密研发核动力空天母舰，计划研发并部署 3 艘空天母舰，并相应组建 3 支空天舰队。每支舰队都由 1 艘空天母舰、4 架航天飞机、2 艘太空拖船、1 座太空补给站组成。这些装备均可在宇宙轨道上运行。美军还计划在空天母舰上配备常规导弹、核导弹、高能激光武器、动能武器等攻击武器装备及侦察监视设备，以便在爆发战争时摧毁敌方在太空、空中、地面、水面的各类重要军事目标，从而确立“绝对火力优势”的地位。

(5) 验证电磁干扰技术

在导航战方面，阻止敌方使用全球导航卫星系统已经成为美国对敌方实施综合打击、破坏或制约敌方战争潜力的重要手段。美国有能力在局部区域内干扰全球导航卫星系统接收机，阻止敌方有效利用卫星导航。美国军方研发的星上信号功率可调技术，能通过降低交战区域 GPS 民用信号的功率，使敌方无法使用 GPS 民用服务，实现对敌方拒止。此外，2017 年 5 月，美国空军战略与技术中心研究人员还提出了“授时战”的作战概念。在作战中，一旦敌方授时系统被干扰，将会造成整个作战回路的时间不统一，指挥部无法对部队实现准确的指挥、控制，作战人员对武器系统之间也无法做到时间上的精确控制，武器系统则无法实现有效、准确、可靠的打击。美国 SpaceX 公司的“星链”计划，先期 12 000 颗星中有 7 518 颗卫星轨道高度约 300 km，如果加装电子对抗载荷，“星链”庞大的星座将形成一个“电磁层”，对其上方卫星实现阻断隔离，对其下方卫星及用户实现压制干扰，将会对进入、利用太空造成颠覆性影响。这种让敌方的卫星在战场上短期失效、区域失明的能力，是控制战争烈度、提供强大联合作战支援的一种有力手段，可以较好地用于警告、威胁、讹诈、惩戒等低烈度作战行动，可以作为和平时期太空对抗中的一种常态化作战行动，或者战争发起前的联合作战掩护行动。

12.2.3 防御性太空控制

根据美军2013年参联会《太空联合作战条令》的阐述，发展防御性太空对抗能力要比发展进攻性太空对抗能力的优先级更高、更重要、更迫切。防御性太空对抗的目的是在太空系统遭受攻击时能够实施有效保护，并尽快恢复太空系统的能力。美军把防御性太空对抗也称作太空信息系统防护，意指在各种威胁，尤其是敌对势力不断提高潜在威胁手段的前提下，为防止敌方削弱或破坏己方太空信息系统能力或防止敌方利用己方太空信息系统，而采取的一系列抵制威胁、降低敌方攻击效果的措施，包括抗干扰、抗截获、抗摧毁及防失密、防盗用、防入侵等措施。实现防御性太空对抗就是要发展太空系统的全面防护能力，太空系统防护是一项复杂的系统工程，而且所有的防护措施都会增加太空系统的成本。为此，美军采取主、被动防护协调发展的策略，并根据任务的优先权、系统特性，以及已知或预计的威胁等因素确定太空系统采取的防护措施。

（1）发展卫星综合防御能力

采取变轨机动技术，面临威胁时改变卫星轨道高度和倾角，躲避对手反卫星武器的发现、跟踪和攻击。其现役约140颗军用卫星，如DSCS、Milstar、“KH-12”等大多都具有很强的机动变轨能力，美国的“长曲棍球”合成孔径雷达成像侦察卫星自带较多的推进剂，且用完后可通过航天飞机不断进行加注，具有很强的机动变轨能力。2005年，美国启动了微电太空推进（MEP）研究，旨在验证灵活、轻质、高效、可升级的微推进系统，以催生新一代快速、长寿命、高灵活、高机动性的1～100 kg的新卫星。美军还在探索可调整在轨资源的轨道转移飞行器等新的变轨方式。高轨部署可为航天器带来多种防护作用，可“拉长”攻击的距离，增加毁伤的难度并为采取防护措施提供更多的准备时间。例如，地基动能武器只需数分钟就可达到近地轨道，而到达地球静止轨道则要进行轨道转移，需要数小时甚至更长的时间。因此，NASA提出将GPS轨道提高至L1拉格朗日点(距地球4/5的地月距离点)，以提高其生存能力的设想。

（2）提高伪装隐身等能力

美军积极开展卫星防护技术研究，在卫星表面涂敷吸波材料，并配置如光闸、保护盾、过滤和防干扰装置等，防敌侦察监视和攻击。美空军研究实验室正在进行一项可用于卫星表面防护的“巴克纸”（Buckypaper）碳纳米管薄膜研究，用于吸收和传递未被发射掉的定向能能量。“巴克纸”厚度不足15 μm，具有较高的导电性、导热性和电磁衰减率。抗激光加固技术已经开始应用于卫星光学镜头的防护，美国的“锁眼-12”和“国防支援计划”的预警卫星都安装了抗激光软摧毁的“眼睑”系统。美国正在研制一种可用作微小卫星的“皮肤”，称为“薄膜可变辐射电致变色装置”的新型热电薄膜技术。这种不足 0.3 mm 厚、可以覆盖在卫星表面的薄膜能通过加载电荷的方式在红外线与可见光谱下变色，达到控制辐射和温度的目的，实现在可控条件下改变航天器的辐射率和光学特征，为卫星提供隐身特性。美国计划 2013 年开始运行应用热电薄膜技术的原型样星，在 2015 年前后实际应用于微小卫星。

（3）发展小卫星和卫星簇化技术

2006 年，美国提出以信息交换为纽带，具有未来（Future）、快速（Fast）、柔性（Flexible）、分离模块化（Fractionated）、自由飞行（Free - Flying）、信息交换（Spacecraft United by Information）特征的卫星系统（F6），引起了国际上的广泛关注，成为卫星簇化技术的典型。2009 年 11 月，DARPA 授予轨道 ATK 公司 7 460 万美元、为期 12 个月的 F6 项目第二阶段合同。轨道 ATK 公司第二阶段工作将在第一阶段工作的基础上，继续对模块化航天器验证系统进行详细设计，发展额外的半实物仿真试验设施，并交付“F6 开发者工具包”。最后，该阶段将完成分离式验证结构的关键设计评审，为后续阶段的硬件发展和在轨验证做准备。发展护航卫星技术，通过释放诱饵卫星或杀手卫星，利用“替身”卫星撞击或摧毁对手的卫星及反卫星武器等，隐藏和保护关键的卫星系统，化解对手的攻击行动。信号情报卫星在多个轨道分散部署，采用无源传感器监视信号，不传输能暴露其存在的射频能量，且任一传感器在既定时间内所监视频率具有不确定性，使针对它们的定位和干扰较为困难。

（4）增强系统弹性和抗毁能力

采用备用星方式增加系统冗余，如美军 DSCS、DSP、GPS、SBIRS 系统等均部署备用星，当工作星遭对手破坏或故障时，备用星迅速接替工作。采取将战术通信移至近地轨道分布式商用卫星通信系统上、提升军事卫星通信能力、更加注重利用商用卫星平台等措施降低风险。利用多数量卫星星座分散承担任务，降低遭袭损失，其研制中的 F6 项目采用节点式体系结构，将任务分配到各编队节点上，在编队中置入新节点可修复系统或进行升级，提高了可靠性。

（5）在轨服务技术能力进步明显

2007 年 3～7 月，美国的“轨道快车”计划成功进行试验，通过在两星间多次自主往返输送推进剂，服务星使用机械臂在两星间移动蓄电池和计算机等备用设备，验证了为航天器提供推进剂加注等在轨服务的能力。其后续型——“前端机器人使能近期演示验证”计划正在稳步推进。美军以“轨道快车”为代表的太空自主操作机器人项目所演示验证的技术，将使美军同时具备太空攻防两方面的制胜武器。攻的方面具有交会、逼近、位置保持、捕获等能力，能够捕获、打击、摧毁敌方的航天器，而在防的方面则通过轨道机动使己方航天器具备避免被敌方打击或摧毁的能力。太空自主操作机器人所完成的在轨推进剂补给和模块更换等操作，将极大地增加卫星的机动能力和生存能力，延长卫星寿命，可以避开敌方的过顶预报措施，增强卫星躲避反卫星武器的能力，使航天装备在平时得到有效的维修、维护和保养，以备战时所需。持续推进在轨服务系统的项目研究，主要涉及辅助变轨、碎片移除、在轨推进剂加注与延寿、在轨装配和在轨维修与升级等方面，重点开发验证具备潜在作战能力的新型在轨操作技术，并先后多次进行自主在轨操控技术天基演示验证，已具备低轨太空目标的自主在轨操控能力，验证了在近地轨道为卫星在轨更换零部件的能力、近地轨道常温推进剂在轨加注技术，正在发展针对地球同步轨道目标的自主在轨操控能力。2014 年 11 月，在国际空间站第 42 批次远征机组人员的监督下，一颗微型人造卫星从日本的“希望号”实验舱被一个机械手臂发射出去。2018 年 4 月，美国发射“老鹰”技术演示卫星，验证不同的态势感知能力，并对轨道上其他卫星数据进行搜集。这些技术一旦发展成熟，都将为太空攻击性武器发展奠定基础，并将导致新的太空安全问题。

12.3 美国控制太空发展趋势

在 21 世纪，是否拥有太空这个战略制高点，将成为衡量一个国家军事力量的重要标志。美国投入大量的人力、物力、财力进行太空力量动员准备，积极研发太空作战武器，为赢得并保持在未来太空战中的绝对优势和地位奠定坚实基础。未来的太空战将以太空为主要战场，以太空军为主要作战力量，以太空武器对抗为主要作战样式。

（1）控制太空由以战略层次为主转向战役战术层次

虽然说进行真正意义上的太空战尚需时日，但太空支援保障作战则已成为现实。在近期几场高技术局部战争中，美军全面动员了各种太空力量资源支持陆、海、空三军作战，为赢得战争胜利起了重大作用。目前来说，太空力量动员主要还是服务于战略层次，因而世界各航天军事大国的太空力量动员准备也均是着眼于战略任务而进行。但随着国际战略环境的不断演变与航天技术的飞速发展，将太空力量应用于其他作战层次的呼声越来越高，拓展太空力量动员应用层次也就成了一种必然趋势。而且伴随着太空力量应用于各个作战层次，其在未来的一体化联合作战中的地位也将越来越重要，陆、海、空、天力量的联合和信息的融合，将成为未来信息化战争取胜的关键。

（2）太空对抗向新型作战领域拓展

施里弗-1 演习进行了太空电子干扰作战样式的演练。施里弗-3 演习首次开展了临近太空的作战演练，将临近空间视为太空领域的重要补充。施里弗-5 被视为该系列演习的分界线，太空对抗向网络电磁对抗拓展，注重太空和网络空间的集成演练。整个“施里弗”演习均着重探索太空和网络空间在“多域”冲突中的作用。可以预见，美军在未来的全球军事行动和地区性军事行动中必然从太空和网络领域展开全新形式的对抗。

（3）注重太空领域的联合对抗和集成对抗

“施里弗”演习呈现出力量多元化的趋势，包括与太空作战密切关联的军兵种力量、国防部及相关机构、联邦政府机构、主要军事盟国、北约组织及成员国、商用太空公司。从“施里弗”系列演习可以发现，对抗始于太空领域，目标是与空中、陆地、海上及网络等多个领域进行融合，充分发挥联合部队的作战效能，应对未来作战环境的不确定性和复杂性。注重与盟国、北约成员国和商业太空公司的合作，合作范围从天基信息支援向太空目标监视、在轨服务等领域延伸，增强美国太空系统的弹性。美国太空对抗政策已由单打独斗向捆绑联合转变，通过建立太空联盟，孤立潜在对手，占领道德制高点，约束对手的太空行为，通过联盟慑止对手的太空对抗行为。

(4) 太空武器系统由“软保障”向“硬摧毁”过渡

因为太空无可比拟的军事“制高点”的特殊地位，在太空中实施攻击将具有其他战场无法达到的威慑力，涉足太空的世界各航天军事大国无不认识到这一点。故此，在平时的太空力量动员准备建设中，为赢得并保持在未来太空战中的绝对优势和地位，美国不但非常重视已方太空武器系统对地面及其他战场的攻击能力，而且努力提高对敌方太空力量资源进行破坏和攻击的能力，故此，竞相研发能适用于太空环境作战的武器装备系统和太空作战平台，力争尽早实现太空战武器系统由“软保障”向“硬摧毁”过渡。

(5) 太空武器装备体系向一体化、小型化、微型化方向发展

进行太空力量动员准备活动，太空武器装备系统的发展是关键。按作战运用，太空武器装备系统可分为四类：一是太空战主战武器装备系统，主要包括太空作战平台和专门攻击太空力量资源并可实施反导和对其他战场进行太空攻击的太空战武器，种类如地基、空基、天基激光武器、微波武器及动能武器等。二是太空战支援装备系统，是对作战提供各种信息支援、自身不具备打击能力只能被动防御的太空战装备，如各种侦察、通信卫星等。三是太空战保障装备系统，即太空战的发射与回收以及运输装备等。四是防天和太空防卫装备系统，主要是弹道导弹防御系统及反航天器武器系统等。

目前，各航天军事大国在发展太空武器装备系统时都不再以单一装备系统的高性能为唯一目标，而是着重于整个太空武器装备体系效能的提高。欲实现这一目标，就需要打破主战武器装备系统、支援装备系统、保障装备系统、防天和太空防卫装备系统等太空力量领域各成体系、纵向分割、横向分离的门户之见，使整个太空力量动员领域互通有无，真正融为一体，这样方能在更高层面实行协作和综合，对在轨卫星配置及其相关基础设施进行方案的最优化筛选，以求在任务和功能上最大限度地减少不必要的重复和资源浪费。除了航天系统本身的优化之外，如何着眼于战争动员准备建设全局，实现航天系统与其他指挥控制系统、信息获取平台、精确打击武器的战斗力综合集成也是各航天军事大国今后迫切需要解决的问题。这不仅仅需要良好的全局性的体系化结构设计，还意味着要制定大量的统一的技术标准和接口规范。

随着微电子、新材料、新能源等高新技术的发明与应用，同时为了适应未来信息化战争快速反应、迅速机动的行动特点，美国的太空武器装备系统在融合的同时，也均呈现出向小型化、微型化方向发展的趋势。小型化、微型化太空武器装备系统具有研发周期相对较短、造价相对较低、发射速度相对较快以及自身生存能力相对较高等诸多优点，比较适用于在信息化战争尤其是在反恐维稳行动等突发性事件中对战场和事发地区进行短期侦察、监视、跟踪和传输信息等，故倍受美国的青睐。根据美国国家安全新概念，美军还将开发一种体积更小、隐身效果更佳的新一代间谍卫星。与此同时，微型卫星、纳米卫星甚至皮米型卫星也已成为各航天军事大国的研究热点。

12.4 几点启示

（1）军事航天装备是控制太空能力的基础

世界各航天大国都把航天装备技术建设作为发展太空力量的基础和前提。只有当航天装备的发展和应用达到一定规模时，才有更充分的条件探索和检验太空作战力量，航天部队的建设问题才能提上议事日程。目前，只有美、俄的航天装备体系较完整、规模较大、应用较广，因而也只有美、俄建立了相应的航天部队；而欧洲、日本、印度等国家航天装备规模比较有限，因而这些国家都把主要精力放在航天装备建设上。即使是美、俄这样的航天大国，也在加紧发展新一代的通信、侦察、导航等应用卫星系统。美军在太空控制战略的指导下，其近期太空对抗的重点集中在太空目标监视与太空防御两大领域。同时，美国通过“寓军于民”等策略也在加强太空进攻领域的探索研究，以保持在该领域的技术领先地位。美国太空对抗装备技术发展最值得关注的3方面分别是导弹防御计划、具备太空攻防能力的微小卫星以及“快速响应太空”（ORS）计划。此外，美国在发展太空对抗时特别注重的4个结合，即“军用与民用结合”“进攻与防御结合”“成本与性能结合”“武器与平台结合”等战略思想值得深入研究，对发展航天装备具有借鉴意义。必须大力发展包括天基太空感知手段在内的各种感知手段。加强太空防御能力势在必行，特别要注意增强抵御反卫星武器攻击的能力，对侦察、通信、导航等军事卫星进行加固，提高其抗电磁脉冲和反卫星武器攻击的能力。或者发展护航型攻击卫星，部署在一些重要卫星附近，一旦发现敌国反卫星武器攻击，由护航卫星主动攻击敌国的反卫星武器，以确保重要卫星的安全。适度打造强有力的太空进攻能力迫在眉睫，可结合实际发展多种攻击力量，以便将来依据态势情况、威胁程度、气象条件和可用情况等因素，有选择地使用对己方部队产生最小风险的力量。

（2）提升太空态势感知能力是控制太空的重要前提

2015年2月6日，美国发布了《国家安全战略》，分析了当前及未来美国的战略环境。其中，再次强调了太空安全环境及其三大趋势：太空越来越拥挤（Congested）、越来越具有对抗性（Contested）、越来越具有竞争性（Competitive）。太空态势感知就是使用各种可能的手段，通常是太空目标监视、太空环境监测、太空情报获取与分析等。美国大力发展太空目标探测装备技术，升级改造太空目标监视数据处理系统，太空目标监视能力呈现大幅提升，促使其太空监控水平、太空预警能力和太空进攻能力得到进一步增强，太空安全上的战略主动权和灵活性更大，自身航天器的安全性更有保障，在太空进攻方面的优势更加突出。太空目标监视系统作为一项高难度的系统工程，面临的情况十分复杂，所需人力、物力、财力十分巨大。随着快速进入太空以及太空目标机动能力的不断增强，要求太空目标监视具有快速反应和实时响应能力，需要从体系发展的角度，瞄准维护国家安全的总目标，做好顶层设计，构建有效服务国家太空安全的态势感知体系。充分考虑国情和初步形成的太空目标监视系统现状，规划太空目标监视系统、太空环境监测系统、太空情报获取与分析系统，天地结合，逐步形成太空目标监视体系高效运行管理、多源信息融合和信息快速发布能力。太空目标监视是关系国家安全的关键因素，因此，自主可控在太空目标监视中有着十分重要的作用。在整合各种资源，加速技术发展的同时，始终把自主可控作为一个重要的目标开展建设，突破瓶颈技术，强化基础研究，搞好成果转化，加强前沿探索，增强自主创新能力。

(3) 控制太空综合实力是形成战略威慑的重要部分

冷战结束后，美国在太空领域出现一国独大的局面，尤其是 1991 年的海湾战争展现出太空系统在常规战争中的独有能力和优势，从而推动了后冷战时代美国威慑战略理论的变化，并催生太空威慑理论的独立发展。美国《国家安全太空战略》等一系列相关的文件中强调慑止、遏制对美国及其盟国太空资产的攻击，从技术手段和政策文件等多方面构建国家太空威慑体系，1996 年美国总统克林顿签署并发布《国家太空政策》，提出要建立太空威慑，“国家太空安全活动应该威慑、警告，并在必要时，抵御敌人攻击，为国家安全做出贡献”。1999 年美国《国防部太空政策》首次系统阐述了太空威慑的概念，是指“威慑、警告以及如有必要抵御敌人的进攻，并确保敌军不能防止美国使用太空”。至此，美国从国家层面确立了太空威慑的内涵，并在 2006 年和 2010 年《国家太空政策》中继续强调太空威慑的作用。新美国安全中心网站 2016 年 1 月 27 日发布了一份题为《从庇护所到战场：美国太空防御与威慑战略框架》的报告，报告意在研究美国太空体系架构所面临的日益增长的挑战，帮助美国制定一个新的太空防御与威慑战略。控制太空能力不仅在战时具有遏制对手的实战能力，而且能在“和平”时期针对敌对太空系统形成限制其功能发挥的威慑能力。在控制太空能力方面，美军目前的重点仍是优先发展太空目标监视系统，着重发展防御性太空对抗能力，而对于进攻性太空能力的发展，主要以方案论证、技术探索和储备为主，并不轻易部署。太空威慑是指以强大的太空力量为后盾，通过威胁使用或实际使用太空力量来震慑和遏制对手。因此，控制太空能力的发展是催生太空威慑的重要动力，要保持可信的太空威慑必须要以坚实的控制太空能力为基础。结合国家安全环境和国家战略威慑体系，开展太空威慑理论研究，统筹考虑太空威慑与核威慑和网络威慑的综合使用，合理构建科学和可信的太空威慑力量。

第 13 章 美军太空力量作战指挥控制系统

美军高效行动的背后，有一整套结构合理、责权分明、不断升级的联合作战指挥体系。美军太空力量体系是联合作战指挥体系的关键所在，美军高度重视太空系统体系化建设、指挥流程设计和扁平化指挥控制系统研究，不断调整联合作战指挥体制，提高太空力量作战指挥信息交互支援能力。加快太空作战指挥信息理论研究以及分布式指挥信息系统（含业务处理分发系统）建设，既是夺取未来战场主动权的必然要求，也是加快转变战斗力生成模式的必由之路。

13.1 组织指挥机构改革

从发展趋势来看，军事太空力量将会从战略支援力量向战术支援力量延伸，因此美军强调，要由超越军种、战区的职能机构对军事太空力量进行集中指挥，以有效发挥其战略决策支撑功能，同时有助于统筹协调军兵种的战术运用需求。在美军参联会发布的不同版本《太空作战条令》中，不断规范航天协调机制下各军种军事太空力量支援战区行动的方式。其中，陆军利用航天支援小组实现陆军、集团军、师、旅和特种部队太空能力一体化，空军通过太空力量顾问来集成太空力量，海军通过在“海军作战中心”内设立航天支援工作组的方式来提供太空系统服务支持。航天支援小组、太空力量顾问、航天支援工作组承担了本级太空力量的指挥控制职责，负责与航天协调官沟通，协调需求、提供支持、服务把关，并负责本军种太空作战的规划、执行和评估。

为了解决跨域协同的指挥问题，美军还在探索建立新的组织指挥机构。2015 年 10 月，美军组建了“联合机构间合成太空作战中心”(JICSpOC)，以替代原有的“联合太空作战中心”(JSpOC)，2017 年 4 月，又改名为国家太空防御中心，整合美国所有卫星收集的数据，改进美国国防部与情报界、民用机构、太空商业机构和盟国太空资源调用、任务规划、信息共享、威胁告警等行动的组织指挥，不断强化太空侦察能力，开发应对太空冲突的新型技术战术程序，提高对军事行动的太空信息支援效率和行动控制能力，保护美国太空资产安全，提高联合作战行动的能力，支持国防部和情报界的军事行动。

太空军成立前，美军军事太空力量主要由战略司令部、空军航天司令部、海军网络与航天司令部、陆军导弹防御与航天司令部及其相应部队构成。战略司令部负责 4 大任务：全球打击、太空作战、信息作战、导弹防御。在太空作战方面，负责太空攻击告警、协调太空作战计划、管理载人航天、提供太空环境情报等。与太空作战有关的下级联合司令部包括：联合职能太空分司令部，联合职能情报、监视和侦察分司令部，联合特遣部队司令部（全球网络作战司令部）。联合职能太空分司令部是战略司令部与下属指挥官联系的中间层，受战略司令部指派，具体负责太空作战计划，指导和执行太空作战行动；联合职能情报、监视和侦察分司令部整合情报、监视和侦察特殊活动以支援作战指挥需求，协调多个太空组织之间的关系；全球网络作战司令部执行卫星通信管理的作战功能和活动，提供及时的通信卫星服务。

美国太空军成立后，太空司令部是太空作战指挥的领导者和实施者，但国防部下属国家侦察局、国家地理太空情报局、国家安全局等也都拥有自己的军事太空力量，美国政府的中央情报局、国家海洋和大气管理局也掌握部分军事太空力量，呈现出典型的多峰烟囱特征。对此美军未来在太空作战指挥方面一定会进行变革，通过建立完善太空协调机制、"战区太空网络"等方式，实现各种太空力量的集成应用和力量协同。

13.2　指挥信息系统任务

太空作战指挥信息系统是一个集各种指挥手段于一体，并与其他指挥信息系统互联互通的复杂开放系统，其功能远远大于各种指挥手段功能的简单叠加，突出地表现为在信息融合技术、辅助决策技术、网格计算技术支撑下的功能综合化和一体化。借助于太空作战指挥信息系统，为太空信息支援的作战指挥和联合作战行动控制提供作战保障，其承担的任务主要有：

(1) 信息支援

指挥信息的实时获取与传输是实现太空信息支援高效指挥的重要前提。太空作战指挥信息主要包括指挥控制信息、太空信息支援需求情况、太空信息支援力量情况以及战场态势信息等，并以话音、文字、数据、图形、传真、图像等多种形式存在。通过指挥信息系统将太空信息支援力量与联合作战各级指挥机构互联互通，使得相互之间实现了信息的高度共享，太空信息支援力量可以实时获取各作战力量的支援需求情况，各作战力量也可以实时掌握各种太空信息支援力量情况。太空作战指挥信息传输，主要是指在太空信息支援各级指挥机构之间，以及指挥机构与作战部队之间的通信。太空信息支援其通信范围广阔，囊括了陆地、海洋、空中和太空，主要依赖卫星通信、地面微波接力通信、光纤通信、长波通信、短波通信等多种传输手段。指挥信息系统利用这些通信手段将各类信息终端有机地连接起来，极大地扩展了其信息传输能力，实现了太空信息支援指挥控制信息的实时传输，并且通过采取各种安全保密措施提高了信息传输可靠性。

太空作战指挥信息系统还必须能够对接收到的各种情况信息进行分析判断和综合处理，以实现对太空作战各种情况的准确全面掌握，为指挥员指挥和决策提供可靠依据。太空作战指挥信息来源广、信息种类多，指挥信息系统应用现代信息处理技术将来源不同、种类各异、孤立零散、真伪混杂、数量巨大甚至彼此矛盾的情报信息，通过综合加工处理、分析比照、去粗取精、去伪存真，形成系统的、针对性较强的高价值信息，并快速传输至各级指挥机构。同时，利用先进计算机技术、桌面系统和电子屏幕等显示设备，将广泛获取的各种信息以图像、图形、视频等形式向各级指挥人员推送实时、直观、形象、清晰的联合作战太空信息支援态势。

（2）辅助决策

随着云计算技术和人工智能技术的发展，太空作战指挥信息系统将能够辅助指挥员定下信息支援行动决心，实现对太空信息支援力量的调配、应用及其保障的有效控制和及时反馈。指挥员需要面对各种不同的支援需求情况、复杂多变的战场态势以及有限的太空信息支援力量进行快速决策。通过指挥信息系统的辅助决策功能模块，为指挥员决策提供有效支持。智能化的指挥信息系统针对不同支援任务和需求特点，根据战场态势、支援力量部署以及卫星运行规律等，利用人工智能、云计算、数据仓库、决策支持、系统仿真和效能评估等技术，生成各种太空信息支援方案，供指挥员进行决策参考和方案优选。在情况许可时，还可以通过太空信息支援模拟推演系统进行演练，对预先拟定的太空信息支援方案进行修改、补充和完善，力求达到太空信息支援力量的合理分配与科学使用。

（3）作战指挥控制

太空信息支援指挥信息系统通过将各种太空信息支援力量连接在一起，并保持与联合指挥机构、其他作战集团（群）的实时联通，使得各力量在联合指挥机构的组织下实现了联合情况判断、联合情况处理，并互动协调一致地进行支援行动决策和并行地制定支援行动计划等。通过指挥信息系统实施一体化的联合指挥作业，有效地将指挥机构和太空信息支援力量以及支援力量和支援对象融合在了一起，提高了指挥控制的实时性和有效性，是未来联合作战中太空信息支援指挥控制的基本作业方式。指挥信息系统的互联互通、信息的实时共享，以及集成化的指挥作业平台和规范化的指挥控制作业流程，为太空作战力量不同指挥机构之间、不同业务部门之间同步联合组织指挥和行动控制作业提供了重要基础，实现了“网下广域分布，网上同步一体”，变“背靠背”的传统顺序作业方式为“面对面”的异地同步联合作业。

13.3 指挥信息系统概况

美军指挥信息系统是指以计算机网络为核心，由指挥控制、情报、通信、信息对抗、综合保障等分系统组成，可对作战信息进行实时的获取、传输、处理，用于保障各级指挥机构对所属部队、作战装备和保障装备实施科学高效指挥控制的军事信息系统。相应的太空信息支援指挥信息系统即以计算机网络为核心，具有对太空信息支援行动进行指挥控制、情报收集、通信、辅助决策等功能的综合信息系统，主要依托一体化指挥平台和国防信息基础设施，嵌入各个分系统，实现各分系统之间以及与其他指挥信息系统的一体化，是一个“即插即用”、动态自组织的军事信息系统。

13.3.1 系统组成

太空作战指挥信息系统从构成要素来看，既包括各种通用、专用指挥设施设备，也包括各种软件系统、各类数据库和安全防护措施，还包括国防和民用通信网络等信息基础设施等。从指挥业务来看，有用于太空信息支援情况收集、战场监视的各种传感器，有实现指挥信息传输分发的各种通信设施设备，有完成信息处理、数据存储、辅助决策、指挥控制等功能的各种类型的计算机设备、显示设备和各种作战模拟仿真、计划生成、文电拟制、地理太空信息、水文气象、态势合成、资料查询、安全保密等软件模块等。各组成部分围绕着实现太空信息支援的高效指挥，通过标准化的系统接口和通用协议构成了一个有机整体。

太空信息支援是分散配置的多种太空信息支援力量在多维太空遂行的作战行动，采取分布式的指挥信息系统结构是实现其高效指挥的重要保障。一方面，所属各个太空信息支援力量之间通过分布式结构的指挥信息系统实现了有效的互联互通；另一方面，广域分布的各分系统采取标准化的接口和协议"嵌入"一体化指挥平台与国防信息基础设施，其中国防基础设施是基于通信网络将战场感知、计算存储、时空基准、安全保密、综合管理、基础数据和兵力火力等资源链接形成的泛在高性能信息网络，实现多源信息的高效融合应用。联合态势感知、联合指挥决策、联合行动控制和联合支援保障功能依托底层资源管理服务功能，为各级作战指挥机构、作战部队和作战保障装备等提供太空信息支援应用功能和支援保障应用功能，如图 13－1 所示。

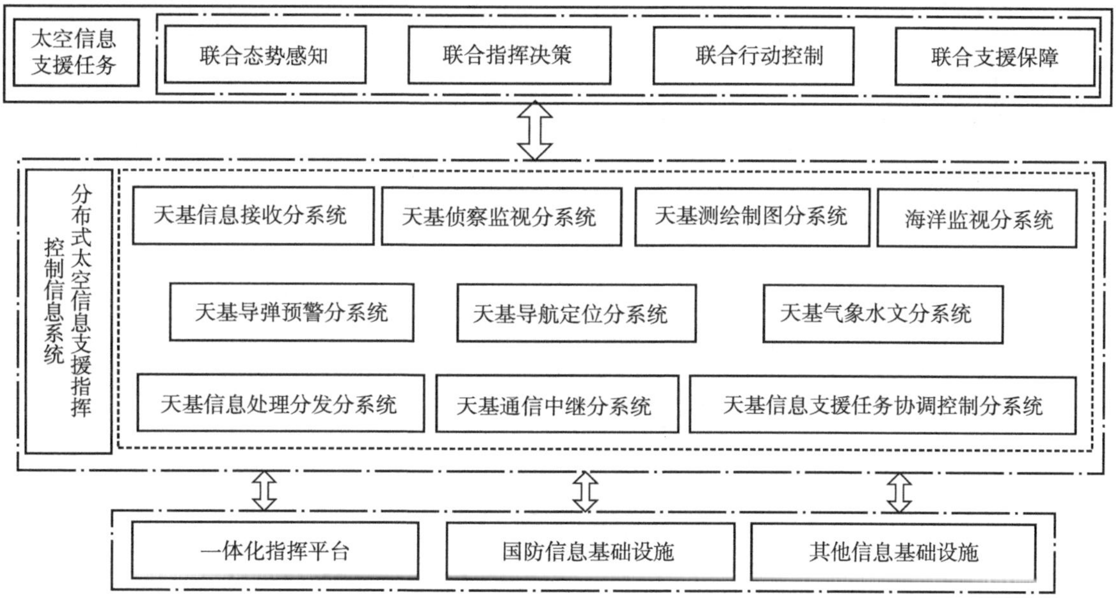

图 13－1　太空信息支援指挥信息系统结构

采用分布式架构使得太空信息支援指挥信息系统广域连通、功能强大、服务共享，极大扩展了指挥人员的指挥控制能力，并将太空信息支援力量与各军兵种作战力量有机融合，实现了作战体系整体效能的倍增和作战进程的高效。

13.3.2 系统功能

联合作战要求太空作战指挥信息系统提供一体化的太空信息支援，实现天基信息的收集、传输、处理、存储、管理和分发的规范化、流程化、一体化。太空作战指挥信息系统的目标是实现对天基传感器的统一任务管理，融合处理来自天基、地基、海基等不同传感器的情报信息，统一、规范地管理整个天基信息，打破信息孤岛，建立安全、便捷的天基信息共享机制，最大效率地为联合作战提供太空信息支援。太空信息支援指挥信息系统功能如图 13-2 所示。

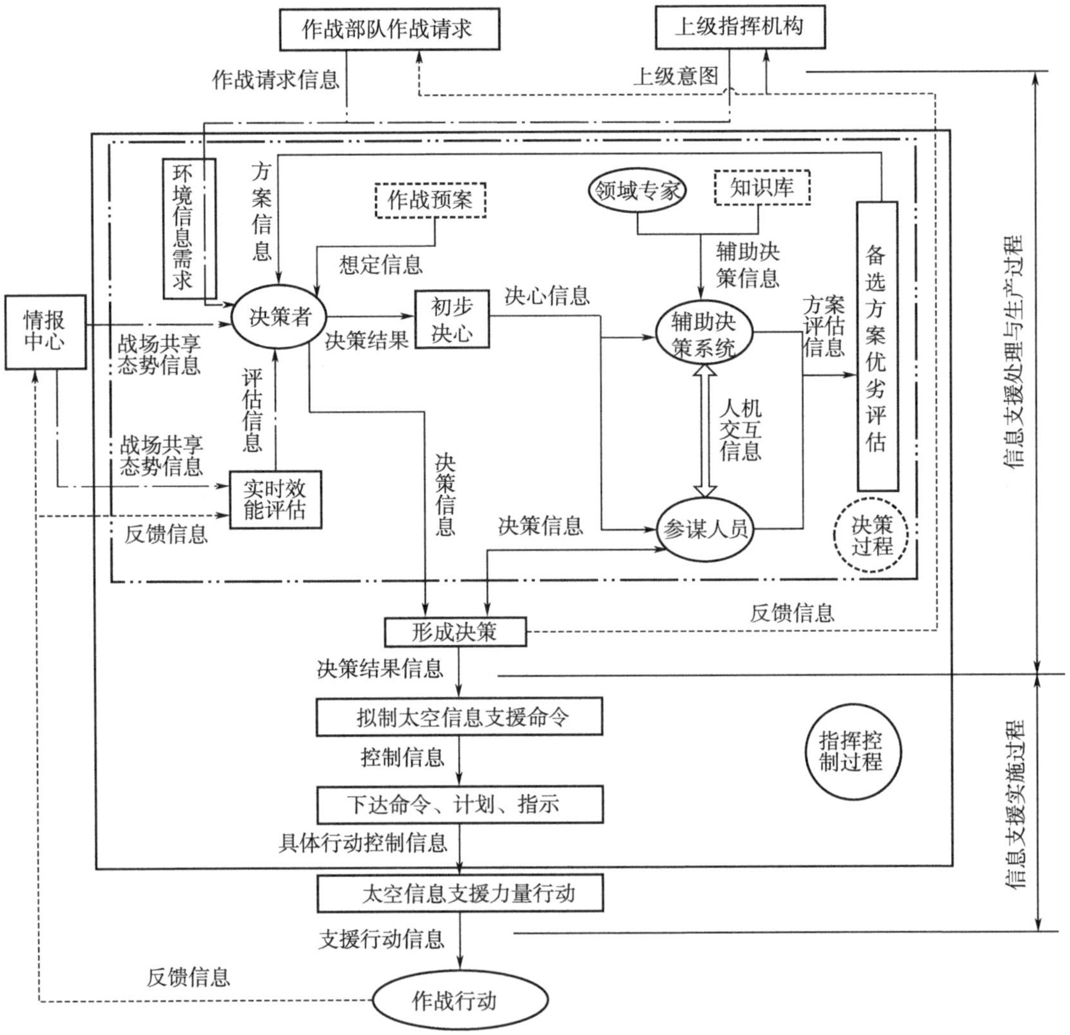

图 13-2 太空信息支援指挥信息系统功能

太空作战指挥信息系统承担的主要功能包括：

(1) 统一汇总管理太空信息支援需求

太空信息支援需求的统一管理是指为天基信息用户提供一个统一的天基信息需求申请

平台，包括统一规范的天基信息需求申请格式、申请方法、申请途径和申请计划等，强调天基信息申请的统一性、完整性和时效性。

（2）一体化管控天基信息传感器

天基信息传感器的一体化任务管理和控制是太空信息支援指挥控制的核心，是保障天基信息来源全维一体化的关键，具体表现为以天基领域所有探测器为天基任务执行者和管理控制对象，进行统一的任务规划、资源调度和管理控制，协调部署天基探测监视任务，实现各种探测监视手段优势互补和天基侦察监视网络无缝连接。

（3）融合处理天基信息

天基信息融合处理是为天基信息用户提供完整统一天基信息的关键，其主要工作就是将不同空间、不同类别的探测监视信息进行融合处理，强调天基信息种类的全面性和统一性，在获取各级各类的天基信息基础上，实现多层次、多领域的信息融合，形成综合一体的天基情报信息。将各情报侦察部门与侦察单元搜集的情报信息接入汇总，对接入的各类信息进行预处理后按分派策略发送到各应用处理终端，同时实现接入信息再现和存储。情报信息主要包括成像侦察情报、电子侦察情报、反导预警情报、太空态势信息、导航测绘信息、气象水文信息等。根据各级指挥员获取信息需求，实现对目标、部队、任务和装备等信息的查询、浏览功能，能够对相关国家和热点地区重要人物情况、部队情况、重要军事目标情况、装备性能以及文字描述为主的基本资料数据进行浏览、查阅、整编和管理。采用自动处理和计算机辅助关联融合两种方式实现对成像侦察、电子侦察、测绘等手段获取的各类目标信息的关联融合处理，并与敌情动向、基础资料等相关联，研究判断作战目标属性、作战企图、威胁规模等相关信息。

（4）统一管理太空支援信息

太空信息支援一体化管理是为天基信息用户提供高效天基信息服务的关键，其主要工作是提供安全便捷的天基信息共享机制，强调各种天基信息需要按照统一的标准和规范进行分类、处理及表示，强调天基信息获取的便捷与安全，为用户提供全方位、快速的天基信息支持服务。

（5）统一协调天基信息指挥控制机构

天基信息指挥控制机构统一协调是保障天基信息资源及其配套保障资源全维一体化作战指挥和行动控制的关键，其主要工作是协调各级各类的太空信息支援系统的指挥控制机构，实现指挥控制网络无缝连接、支援信息的安全可靠传输、天空地信息节点间的高效贯通。

（6）一体化链接天基信息感知至应用过程

天基信息感知至应用过程的一体化链接是太空信息支援指挥控制的最终目标，它为天基信息用户快速提供天基信息收集、传输、处理、存储、管理和分发的一体化，形成统一的天基信息应用环境，实现“按需提供天基信息”，从而做到高效利用天基信息。基于信息服务平台，为相应的情报处理部门和情报用户设置不同的管理权限、分发策略，进行统一的分发共享。

将适当的信息在适当的时间传递给适当的用户一直是指挥信息系统追求的目标，而天基信息分发网络所完成的用户访问集成是实现这一目标的重要环节，负责将太空信息支援指挥控制体系中的信息传递给作战中的各级各类终端和用户。

13.3.3 信息流程

利用太空信息支援指挥信息系统的信息分发网络提供的交互服务支持作战应用和最终用户之间的信息交互，采用天基信息分发网络的交互框架，依托各种信息技术和服务支持措施，以图形界面、语音信息推送等多种方式在计算机桌面、无线终端、PDA等多种设备上实现逻辑交互运行；提供运行时交互组件的管理，如安全管理、界面设计、业务配置项选取等；通过个性化服务、作业协同和单点登录等技术为用户提供多种形式的服务支持。

太空信息支援指挥控制中心根据上级的意图，汇总作战部队的太空信息支援需求，按照任务的轻重缓急协调分配天基资源，同时根据当前天基信息系统状态以及用户的太空支援信息需求，判断现有的天基信息系统是否满足需求情况，由此制定相应的太空信息支援任务目标、信息发送任务、航天发射测控任务等，并分别下发给天基信息处理分发系统、测控运控数传中心和发射场。太空信息支援指挥中心情报通信部门处理来自天基平台的各种图像和数据信息，并将形成的最终情报产品及时分发到战区太空信息支援协调组；在情况紧急时，情报通信部门还可直接将只进行初步判读或未经判读的卫星图片和侦察的电子信号情报数据，分发到战区太空信息支援协调组，太空信息支援协调中心可以进一步汇总、协调作战部队的太空信息支援需求，上报至太空信息支援指挥控制中心，如图13-3所示。

太空信息支援指挥控制流程也是指挥信息流和命令流的生成、传递、执行与反馈的过程，其具体过程为：

1）在执行太空信息支援作战任务时，指挥员受领上级指挥机关的作战任务及作战部队的作战请求信息，根据情报中心提供的战场态势信息，参考作战效能评估初步的评估结果，结合已经拟制的作战预案，开展太空信息支援行动想定，并定下初步的作战决心；

2）参谋人员根据指挥员的初步决心，结合实际情况，参考辅助决策系统的意见和建议，拟制数个太空信息支援备选作战方案并对各方案的优劣情况进行评估，并将评估结果传送给指挥员；

3）指挥员根据备选方案情况以及自己的经验、知识与智慧，对太空信息支援计划进行决策，即定下决心，包括太空信息支援作战企图、参与作战的太空信息支援力量及各自任务、基本的作战方式与方法及作战保障措施等，同时，将作战决心反馈到上级指挥机构和相关作战部队指挥机构；

4）参谋人员应用辅助决策系统，将指挥员的太空信息支援决心转化为太空信息支援命令和指示，也就是将态势信息和决策信息转化为控制信息和指令信息；

5）借助通信系统将控制信息和指令信息传送给指挥对象并对指挥对象实施作战指挥

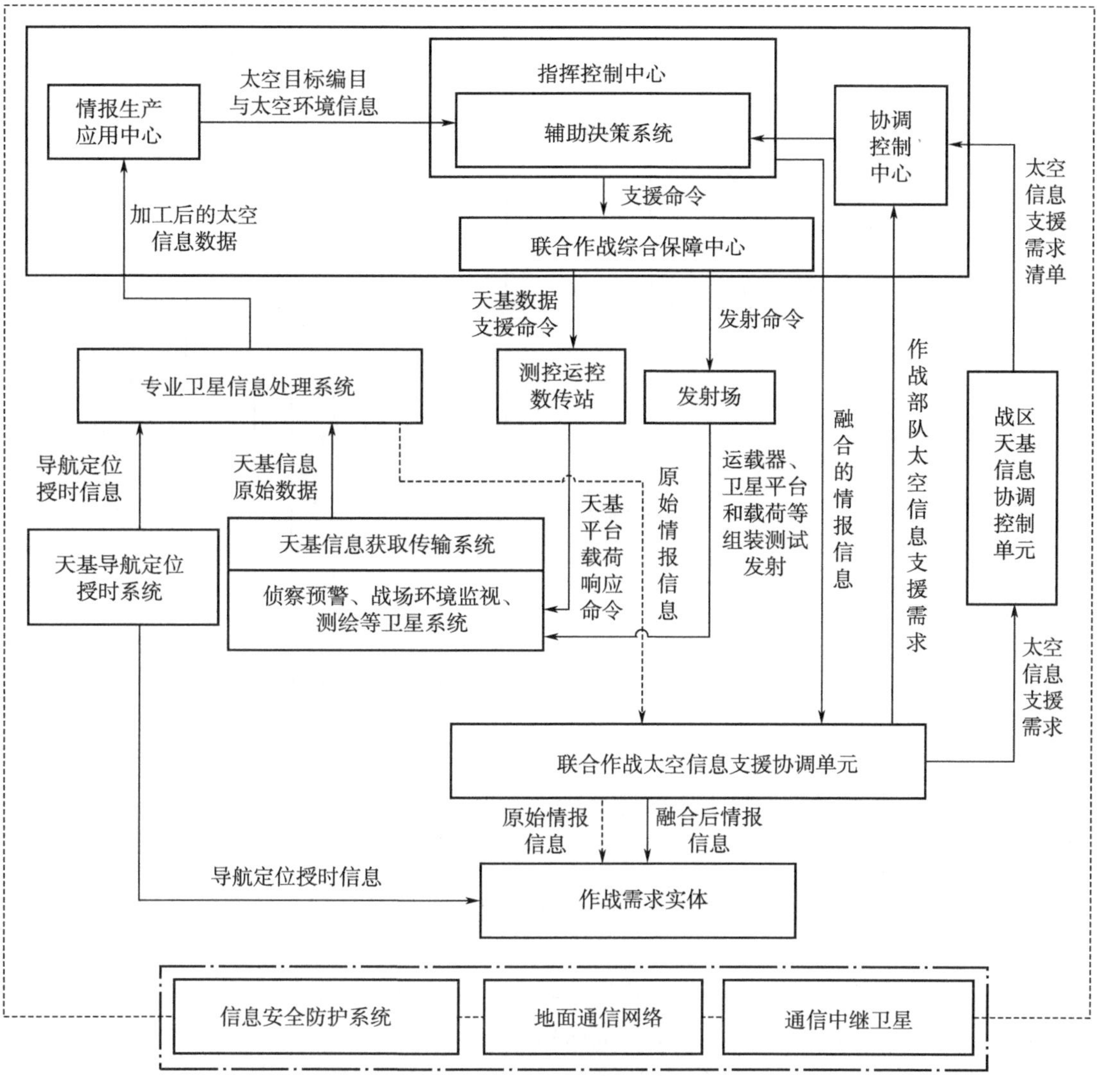

图 13-3　太空信息支援信息流程

和行动控制；指挥对象接受作战指令，按指令进行作战行动，并将作战行动的实施、控制、结果等情况反馈给情报中心，作为战场共享实时态势信息的组成部分，同时，也将反馈信息传递给作战效能评估部门，作为进行作战效能评估和决策者进行再次决策的基本依据。

此外，信息通信系统还需承担作战频谱管控、信息的安全保密和信息系统的抗毁抗扰防护等工作。

太空信息支援指挥控制中心信息流程如图 13-4 所示。

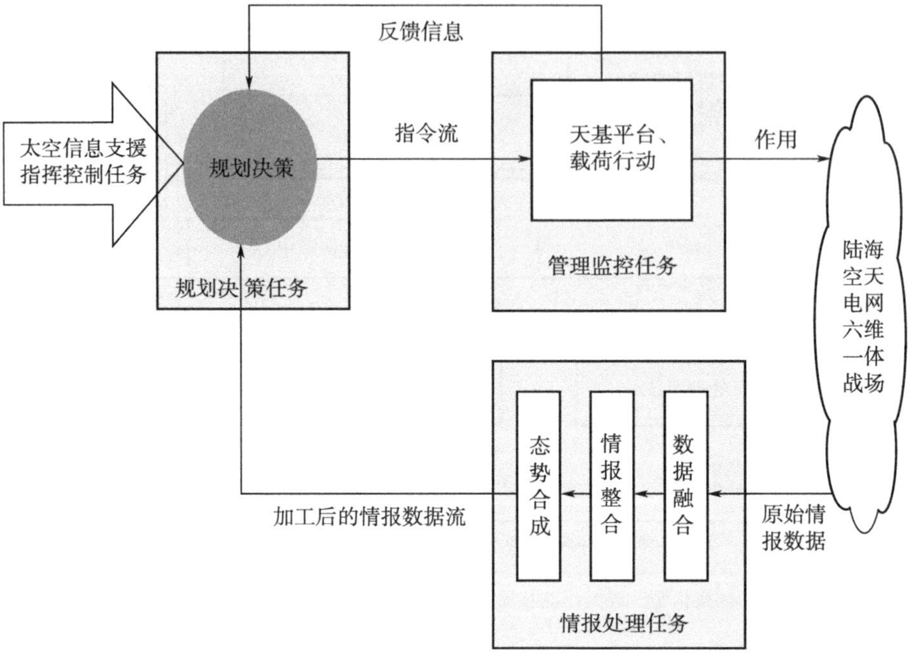

图 13－4　太空信息支援指挥控制中心信息流程图

13.4　美军太空力量作战指挥控制

太空军成立后，美军常设的高层指挥系统分为国家军事指挥系统和联合作战司令部指挥系统两级。国家军事指挥系统即美军最高统帅机关是由总统和国防部长组成的国家最高指挥当局。最高指挥当局和战区（联合）作战司令部（总部）对作战部队有指挥权，参谋长联席会议主席无作战指挥权，但它是最高指挥当局和战区（联合）作战司令部联系的桥梁和纽带。其新的太空作战指挥流程应该是：总统和国防部长的命令由参联会主席通过国家军事指挥系统下达给美军太空作战司令部，再由太空作战司令部司令负责具体指挥军事太空力量作战事宜。在特殊情况下，最高指挥当局也可以越级指挥太空司令部司令和军事太空力量一线部队。

13.4.1　美军太空力量作战指挥

美军的作战指挥体制根据战略和战役两个层次，分为集权式与分权式两种指挥方式。在战略层次上，美军采用集权式指挥，特别强调集中统一。一是将战略性、全局性的决策控制权，如宣战和停战、军事力量的投送、战略力量的使用等权限集中在国家指挥当局。二是建立统一的核力量指挥机构，将核武器控制在国家指挥当局。三是统一指挥战略特种作战力量、战略运送力量和战略信息与太空力量。美军的特种作战、运输和战略司令部三个职能性联合司令部，由国家指挥当局统一指挥其作战行动。在战役层次上，美军则采用分权式指挥。对战区（职能）作战司令部和作战部队的指挥权逐渐下放。战时，国家指挥当局委托战区（职能）作战司令部全权指挥战区内所有部队和行动，使其能够充分发挥主观能动性，根据战场实际情况实时决策、实时指挥。

（1）国家军事指挥系统

美军作战指挥链始于总统、国防部长，通过参联会主席，到达战区（联合）作战司令部，“文官决策者、文官当局和文官执行当局”指的是总统和国防部长。参联会下属的“联合参谋部”和“国家军事指挥中心”是总统和国防部长指挥全军作战的执行机关和基本指挥所。总统和国防部长构成国家指挥当局，战区（职能）作战司令部构成联合作战司令部指挥系统，只有国家指挥当局和战区（联合）作战司令部拥有作战指挥权。国家指挥当局的命令通过参联会下达给战区（职能）作战司令部。战区（职能）作战司令部通过参联会领受总统和国防部长下达的命令，负责具体指挥所属作战部队，并直接向国家指挥当局负责。军种战时负责为实施联合作战的联合司令部提供部队并进行保障。在紧急情况下，国家可以越级指挥一线部队。

（2）战区（联合）作战指挥系统

美军作战指挥体制改革是在众多因素制约下斗争、折中、妥协的产物，把构建相对完善的地区性和职能性相结合的联合司令部体系作为体制改革的落脚点，美军的联合司令部体系分为地区性司令部和职能性司令部两大块，战区（职能）指挥系统是美军作战指挥体制的重心。各战区（联合）作战司令部通过参联会领受总统和国防部长下达的命令，对美军作战部队实施作战指挥，并直接向国家最高指挥当局负责。战区（职能）指挥系统主要包括各军种分司令部、下级联合司令部和联合特遣部队司令部，通常按战区或职能划分，一般构成如图 13－5 所示。

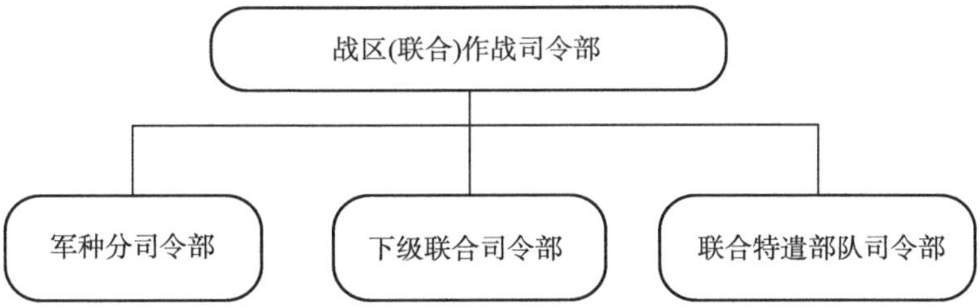

图 13－5　战区（联合）作战司令部的一般构成

13.4.2　美军太空力量指挥协调关系

在战区作战指挥与控制上，美军航天部队的太空作战行动由太空司令部司令统一指挥。太空司令部司令管辖作战部队，也是参联会成员，在保持对太空部队的作战控制权和指挥权的前提下，主要职能是支援战区（联合）作战，将太空作战能力提供给受援作战指挥官。太空司令部司令负责计划和组织太空战行动，战时，美国太空司令则通常尽可能多地将战役控制权赋予战区（联合）部队指挥官。受援联合部队指挥官通常指定某特定机构协调战区太空战行动并整合太空能力。根据行动的复杂性和范围，联合部队指挥官可以保留指挥权，或指定指挥官协调与整合太空作战行动。战区（联合）太空作战指挥机构将协调太空行动，整合太空作战能力，并对战区内的联合太空行动计划负主要责任。战区（联合）太空作战指挥机构将得到太空司令部的支援，太空作战指挥机构负责了解太空作战需求，计划太空力量支援行动，包括：情报、监视与侦察、一体化战术预警与攻击评估、环境监测、通信、导航与时间选择。经过协调后，战区（联合）太空作战指挥机构根据作战目标，向联合部队指挥官提交一份太空作战需求排序表。这份排序表将被送交太空司令部司令以及战区（联合）部队指挥官，在得到批准后由太空司令部提供作战支援，并由受援指挥官整合并协调到具体的联合进攻和防御行动以及战役计划中。

在全球作战指挥控制上，军事太空力量作战指挥由太空司令部统一指挥调度全球太空力量，对各战区太空作战需求进行排序，并统筹调配相应的太空能力执行作战任务。当太空力量要满足全球或多个战区的需求时，太空作战的指挥与控制结构必须能够衔接多个战区且能处理与非国防部机构之间的事务；如果只有特定的某一个战区需要太空力量支援，国防部部长可以指派太空司令部司令为战区指挥官配置所需的军事太空力量，并定义规范好指挥关系。

（1）全球太空力量指挥关系

对全球太空力量作战指挥与控制，其作战指挥线是总统/国防部长—太空作战司令部司令—联合太空职能司令部司令（联合太空作战中心）—军事太空力量作战单元，如图13－6所示。

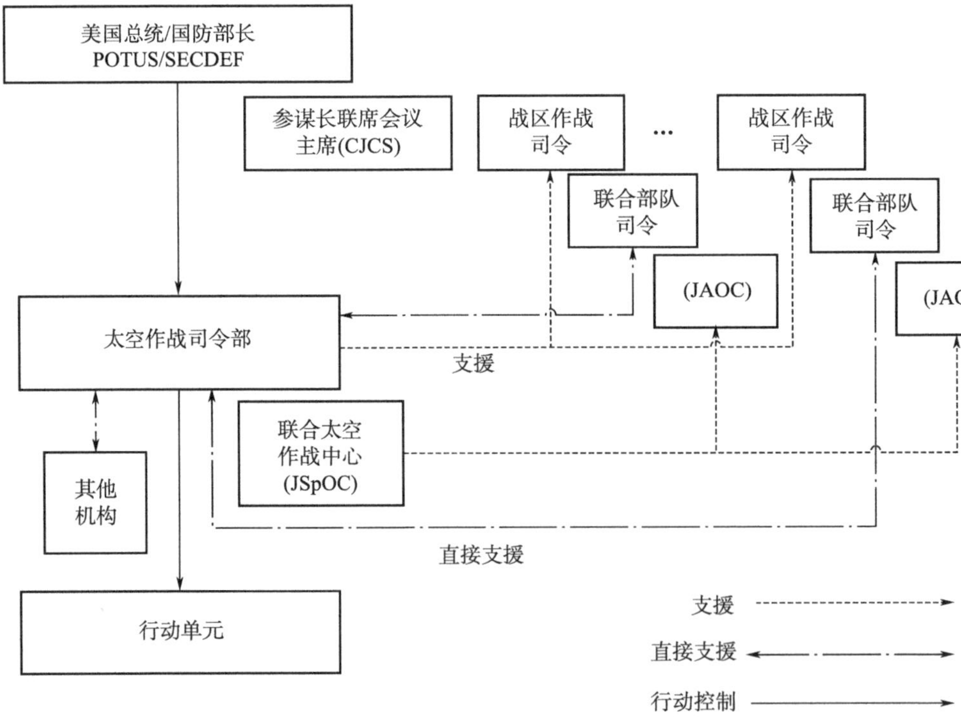

图 13－6　军事太空力量支援全球或多个战区的作战指挥关系

当某个战区需要全球太空力量提供作战支援时，国防部长会明确太空司令部司令与作战指挥官之间建立起适当等级的支援/受援关系（主要包括四类：整体支援、相互支援、直接支援、就近支援）。太空司令部或其下的二级司令部司令与战区下的联合部队指挥官之间建立起直接的联络通道，由下属的联合太空作战中心为联合作战中心提供直接支援。受援和支援部队指挥官需要上报各自作战需求，包括支援目的、所要达到的效果和所采取行动的范围。在作战过程中，美军规定支援/受援部队还需要确认以下相关情况：支援部队可指挥控制的太空部队和资源；支援部队遂行任务的时间、地点、层级和期限；受援部队具有的优先权；受援/支援部队在遂行任务中的授权范围等。例如，军事行动的大规模作战阶段，美国中央司令部参谋人员提出了多个独立需求，以支援“持续警戒”。太空司令部必须对这些要求进行排序并避免与其他作战区域的要求相冲突，然后根据战略预警的要求加以平衡，并根据情况集中或分散执行。

（2）战区太空力量指挥关系

战区太空力量指挥协调关系典型指挥线是总统/国防部长—战区指挥官—联合部队指挥官—太空作战司令部指挥官（联合太空作战中心、太空力量主管）—军事太空力量作战单元，如图 13 - 7 所示。

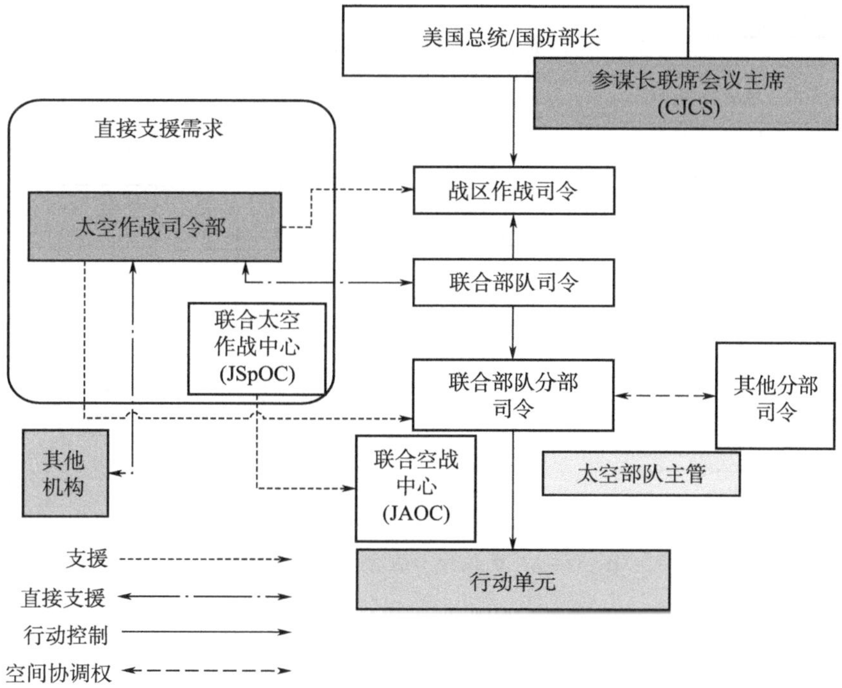

图 13 - 7　战区太空力量作战指挥关系

当联合部队指挥官在指挥关系中被定义为太空作战的受援指挥官时，联合部队指挥官将太空协调权下放给联合部队太空分部指挥官，以协调太空联合作战，集成战区和全球的太空能力；当联合部队指挥官不是由太空部队官员担任时，战区司令部为联合部队指挥官配备参谋班子，确保太空资产的合理部署使用；如果没有任命联合部队太空指挥官，联合部队指挥官可以将太空协调权授予其他指挥官，也可以保留。一般情况下，太空力量指挥官是战区的参谋成员，也是联合部队太空分部司令，作为其太空军事指挥，帮助集成太空能力和效果。如果联合部队太空力量指挥官被授予太空协调权，则太空力量指挥官代表太空司令部行使太空协调权的职责。相应的，联合部队其他军种通过太空力量指挥官获得太空作战支持。

(3) 与盟国太空支援协调关系

当前，盟国太空支援作战体系结构主要有两种情况。一是在高层指挥部内部，纳入多国作战人员，实施统一协调和指挥控制；二是在战术层面，不同国家的部队均部署太空支援分队，该分队可以直接请求所属国太空作战协调中心的后方支援，也可以向上级负责太空作战的指挥机构提出需求，反馈信息等。盟国太空支援体系作战机构如图 13-8 所示。

在 2012 年的第 7 次“施里弗”演习中，美探索了北约太空信息支援作战涉及的指挥关系，通过演习积极探索多国太空力量运用机制，更好地明确盟国指挥职责、权限、指挥关系。

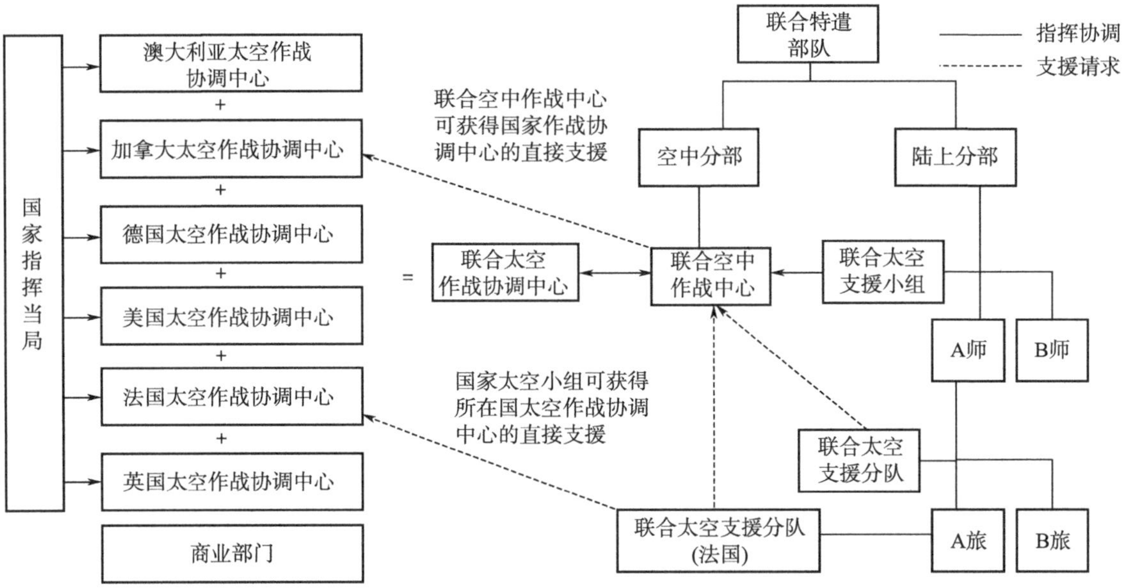

图 13-8　盟国太空支援体系作战机构

13.4.3　战区侦察与监视活动流程

为了更好地理解太空作战的指挥关系和活动流程，以信息获取卫星系统支援联合作战流程为例进行说明，具体过程如图 13-9 所示。

首先，下级联合部队情报部/处确认收集需求后，向联合作战司令部情报部/处递交收集资源增援请求。战区（联合）作战司令部情报部/处或经联合作战司令部司令同意成立的联合收集管理委员会经研究、确认并汇总后，对这些需求进行确认并区分优先级递交到战区（联合）作战司令部，并优先推荐分配联合部队建制内的情报、监视和侦察资产，以满足联合一体化优先收集清单的需求。如果建制内的情报、监视和侦察资产无法满足部分情报、监视和侦察收集请求，则由战区（联合）作战司令部情报部/处向参联会的情报部递交国家级信息获取卫星系统（包括国防部的）情报、监视和侦察信息收集支援请求，经参联会情报部向国防部长和（或）国防情报局负责测量与信号特征情报和技术收集的主官提交。

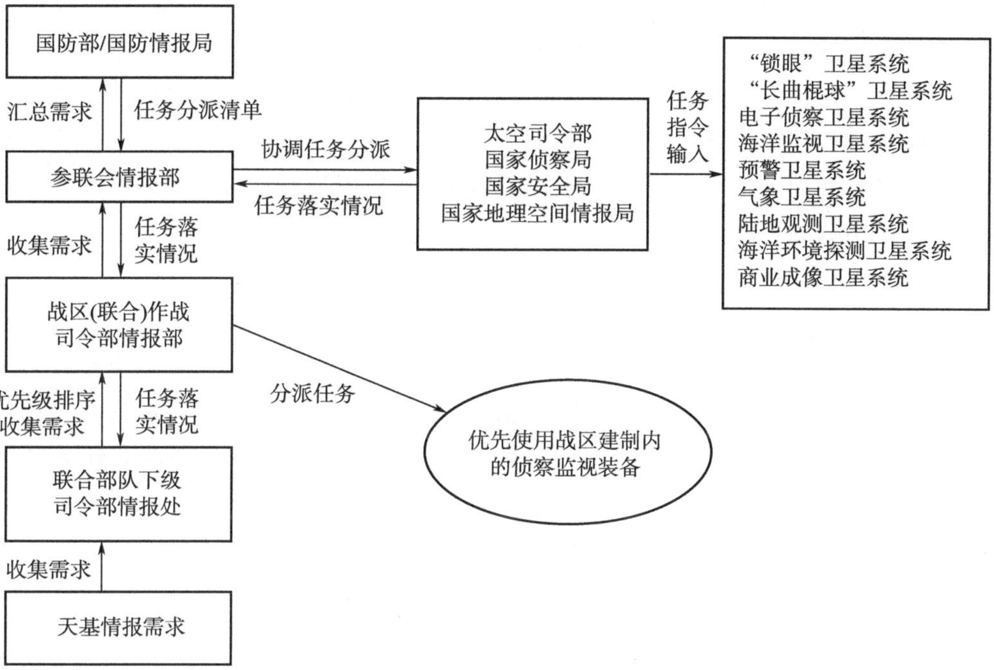

图 13-9　情报侦察监视活动流程

其次，如果国家级信息获取卫星系统情报、监视和侦察信息收集支援请求得到批准，则国防部长和（或）国防情报局负责测量与信号特征情报和技术收集的主官会向参联会情报部返回国家级信息获取卫星系统情报、监视和侦察资产任务分派清单，然后参联会情报部再与战略司令部协调收集任务分派情况。最后，战略司令部通过直接或间接的方式完成信息获取卫星系统指令注入的任务。这是一个动态的、不断调整的过程，联合部队的情报部/处可根据任务需要向收集需求管理权力机构提交情报、监视和侦察资产动态重设任务的请求，然后由收集业务管理者控制情报、监视和侦察平台完成任务。

13.5　几点启示

当前，太空力量建设发展处于新的历史起点，面临难得的机遇，又面临严峻的挑战，总结国外太空信息支援发展趋势和取得的成果，直面美国航天大国太空能力快速发展和太空作战多样化多元化的趋势，主要启示有：

（1）强化太空作战指挥应用研究

全面准确掌握太空作战敌情态势，持续跟踪并深入研究太空作战理论概念、方案计划、指挥控制、体系能力等方面情况和最新动向，探索掌握太空作战特点规律，研究应对太空域威胁的对策措施、具体战法，不断创新制敌制胜的方法和策略，为扎实开展太空军事斗争准备、深化作战筹划和组织应对行动提供参考依据。系统研究掌握太空力量编成与规模结构、基础支撑、融合创新、国家联盟等方面情况和最新动向，为分析总结太空力量建设管理决策水平、规避路径风险提供参考借鉴，为制定跨越赶超思路举措提供重要支撑，为提高太空战略威慑与非对称制衡能力服务。在系统掌握国外太空力量建设发展历史进程、历史规律的基础上，深入研究对手国家层面太空战略格局的调整优化、太空力量改革走向，深入分析其改革背后的深层动因、战略企图和目标指征，探索总结其指挥模式的特点规律和经验教训，找准建设发展的主动力和作战应用的原动力，研究提出太空力量建设发展与作战指挥的思路举措。

（2）加强太空作战指挥模式创新

为适应太空联合作战的需要，采用实施分散化任务式指挥控制模式，下级指挥员能够更好地理解上级意图并及时获取合适的相关信息，以创造性的方式跨域整合作战行动，这就要求太空信息支援力量不是被动地等待部队提出需求，而是要紧密跟踪战场态势，主动为作战部队推送所需的情报信息。因此，需加强天基信息支援任务剖面和任务视图等研究，推进太空信息支援指挥控制任务规划和信息分发模块智能化集成化建设，以高效适应不同的太空信息支援任务需求和支援流程。

（3）推进太空作战指挥体系建设

天基信息支援服务的用户是各种作战力量，除了发展各种类型侦察预警卫星、导航定位卫星、气象水文探测卫星等外，天基信息支援体系建设更应注重开发天基信息数据的处理传输分发网络、建设适合部队用户使用的数据服务和应用终端。例如，美国开发的“分布式通用地面系统”可从天基平台、空基平台、地基平台获取多种数据，进行远程数据分析处理并分发给用户，以分发到各级部队指挥机构，实现了信息接收、传输、处理、应用的高度集成。天基信息支援体系建设中，当前难点问题集中在各类业务卫星系统数据处理部分。由于智能化程度不高，目前卫星图像判读多数需要人工参与完成，效率低、易出错。此外，日益增多的侦察卫星数据可使人工判读很可能形成不一致的结果，容易让指挥员产生困扰，严重时将影响军事行动指挥决策。

（4）推动指挥控制关键技术研究

太空作战指挥信息系统的关键技术涉及天基跨轨信息节点组网、天地一体任务规划与资源调用、作战情报数据生成、数据传输分发访问、多源数据融合处理、云端均衡化分布式计算储存、智能终端设计与应用、天基节点机动变轨控制等。随着信息化智能化技术的不断进步，不断推进这些关键技术的攻关解决，提高天基信息支援指挥信息系统整体效力和效益。同时加强太空作战指挥信息系统安全体系防御力量建设，做好反信息侦察和安全防护。

（5）强化太空作战指挥信息系统统筹规划建设

首先，要着眼各型太空信息支援各类业务处理分发模块建设的需求，统筹信息系统硬件和软件发展，统一建设标准和标准接口，约定通用的信息协议，实现信息系统设施设备的通用化标准化，达到指挥信息系统业务模块在型谱上互相补充，工作模式上互相补盲，减少和避免重复建设；其次，要跟踪技术发展动态，统筹发展信息指挥控制系统、支持保障体系、业务软件模块等，完善信息支援指挥控制各类业务系统和综合体系，不断提升天基信息系统的建设使用效益。

（6）推进面向太空作战指挥信息系统快速重构理论发展

针对作战任务，太空信息支援作战指挥控制系统要能够将分布在太空和地面广域战场上的太空作战力量，快速地链接在一起，快速构建太空作战指挥信息体系，形成“观测—调整—决策—行动”的高效顺畅环路，实时获取战场太空和作战支持保障系统所需的各类信息，及时分发指令流、数据流和态势流，确保太空信息支援力量对作战行动的强能作用，提高太空信息支援力量在联合作战中的释能效益，以及增强面向地面作战单元的太空信息支援的赋能效用，有效应对战场突发情况，快速完成作战支援行动任务。

3 作战演训篇

第 14 章　美国军事职业教育体系及特点

美国作为世界第一军事强国，其军官职业军事教育经过长期的历史积淀和实践发展，已经形成了科学合理、健全完备、与时俱进的教育体系，在军事人才培养的体系构筑、目标设定、课程设置等方面有着很多独到之处和丰富实践经验，为美军的建设发展提供了重要的人才和智力支持。研究美军现行军官军事职业教育历史发展，吸取其发展过程中优秀的经验做法，对于推进军事教育建设发展有着重要借鉴。

14.1　美国军事职业教育体系

美国军事院校教育历史悠久，从 1802 年 7 月创建第一所军校至今，经过两个多世纪的发展，已实现军事教育与国家教育接轨、基础教育与职业教育分离，逐步构建起与国家战略和军事人才培养要求相适应的军事院校体系。目前，美国军事院校体系结构呈现“两大类别、三个层次、四部门管理”的结构形态。“两大类别”，是指按教育属性，区分为军官任命前基础教育院校和军官任命后职业教育院校。“三个层次”，是指按军官任职培训层次，区分为初级职业教育院校、中级职业教育院校和高级职业教育院校。“四部门管理”，是指按隶属关系，区分为国防部与参联会直属院校、陆军院校、海军院校和空军院校。

14.1.1　军事院校

美军从军事教育训练的基本属性和军队建设的基本规律出发，加强院校改革的顶层设计和科学筹划，使得军事院校体系不断得到完善。

(1) 遵循统分结合规律实施统一领导管理

美军十分重视军事院校的统一领导，以实现规划计划、政策制定、资源建设的集中归口和分级管理。如，美国国防部设有统管全军院校的专门机构，统筹军事院校建设的规划计划和政策规定，并采取统分结合的方式，由国防部与参联会领导美军全军院校，由各军种训练与条令司令部领导军种院校，以提高军事院校建设管理的综合效益。

(2) 遵循高等教育规律设置基础教育院校

美军要求，军队基础教育院校的学历教育必须达到国家高等教育的办学条件、学科设置条件和学位授予条件，以实现军事院校基础教育与国家高等教育接轨，确保军官的知识、能力和素质在整个社会发展中具有优越和持续的竞争力。如，美军陆军军官学校、海军军官学校等均纳入美国普通高等教育体系，根据国家统一的高等教育标准制定教学大纲、设置学科专业和实施教育审查。目前，美军部分基础教育院校已达到美国“常春藤”名校水平，甚至多个学科专业已位于全美高校前列。

(3) 遵循军队建设规律设置职业教育院校

美军认为，军队职业教育院校在培养军事人才方面，起着全局性和先导性作用，设置哪一类职业教育院校、处在哪一个培训层级，都必须依据军队总体结构和军队建设规律。主要体现在，美军初级职业院校按照各军种的主要兵种专业设置，如陆军航空兵学校、海军潜水和营救学校等；中级职业院校按军种设置，美陆军、海军、空军各设1所指挥与参谋学院，如陆军指挥与参谋学院、海军指挥与参谋学院、空军指挥与参谋学院；高级院校三军统一设置，如国防大学。

14.1.2 教育规划

美军着眼军官队伍建设和职业规划，以立法的形式建立了"军官职业发展模型"和各类军官"职业成长路线图"，特别是1986年美国国会出台《戈德华特-尼科尔斯国防部改组法》，确立联合军官制度，将美军军官职业教育区分为生长军官和在职军官两个阶段，设置为军官任命前、初级、中级、高级和将官职业教育五个层级。

(1) 生长军官阶段

主要指军官授衔前的学历教育和军事基础训练，是美军军官职业教育的第1层级，由军种军官学校、后备军官训练团，以及后补军官学校和军官培训学校实施。其中，军种军官学校，主要招收应届高中毕业生，进行学历教育、基础职业技能培训、军种基础知识学习等，学制为4年。美国后备军官训练团，主要招收在校大学生，除正常文化课程外，学员需定期接受军事教育与基础训练，每年暑假还要参加军事集训，培养周期为2～4年。后补军官学校和军官培训学校，主要招收20～28岁具有大学毕业水平的优秀士兵、士官、准尉和选拔合格的大学毕业生，学习武器使用、分队战术、军兵种知识及作战指挥等课程，学制一般3～6个月。

(2) 在职军官阶段

主要指军官授衔后的任职教育，是美军军官职业教育的第2～5层级，由美军初、中、高3级职业教育院校，以基本培训为主、专业轮训为补充的方式实施。其中，军官初级职业教育，由所属军种的兵种院校和训练机构实施，主要培养少尉至上尉军官，学习内容包括指挥与管理、战术与技术等课程，重点讲授军种和兵种战术。军官中级职业教育，由中级指挥与参谋院校和中级专业技术院校实施，主要培养少校军官，学习内容包括诸兵种合同作战理论及参谋业务等课程，重点讲授军种战役。军官高级职业教育，由高级职业教育院校实施，主要培养中校和上校军官，学习内容包括国家安全政策、国际关系、军事战略和战役指挥及参谋业务等，重点讲授军事战略。将官职业教育，由高级职业教育院校实施，主要培养预提将官或将官，学习内容包括战略指挥、战略管理、地缘政治和领导艺术等。

14.1.3 终身教育

美军认为，军官职业教育具有阶段性和连续性特征，实施终身教育需统筹把握好院校教育、岗位实践、自我完善三者之间的关系。

（1）注重自我完善与院校教育的有机融合

一方面，美军依托军事院校开展函授教育。如，陆军指挥与参谋学院实施的非在校教学计划，海军军事学院的院外教学计划等。美军还注意到军队、地方通用专业函授教育与国家函授教育接轨的重要性。如，美空军校外进修学院按照国家函授教育标准进行建设管理，并通过国家函授教育委员会认证。另一方面，美军利用信息技术优势实施网络教育。如，美军利用院校现有课程资源，积极引入和构建大型开放式网络课题教学实践平台，实现了针对军官、士官、士兵、文职人员等全员远程教育。

（2）注重院校教育与岗位实践的循环往复

美军将院校教育与岗位实践覆盖从初级军官到高级军官的全过程，以形成"院校培训—岗位实践—院校再培训—岗位再实践"的循环往复。如，美《军官军事职业教育政策》对军官培养、管理、发展、考核进行了系统规范，明确了军官逐职逐级的培训时机、培训内容。从而使培训层级与岗位素质、实践要求相匹配，与军衔晋级相对应，保证了院校教育与岗位实践的相互促进。

（3）注重岗位实践与自我完善的全时对接

美军积极为在职官兵自我完善创造条件，鼓励官兵利用训练外时间自主学习，以提高个人能力素质和岗位任职能力。如，美海军在各大基地设有自办或委托地方大学代办的夜校，方便官兵利用业余时间进行自主学习，并规定每周不少于 6 学时的自学时间。美陆军训练与条令司令部为不同岗位不同职级官兵明确了具体学习书目，要求军官结合岗位制定"年度自我发展计划"，并定期组织书面考试，将考试成绩作为晋职晋衔的重要依据。

14.2　美国军事职业教育特点

随着现代战争形态的深刻变化，作战行动更加注重军种协同作战，这对军人特别是军官职业素养提出了更高要求。《戈德华特-尼科尔斯国防部改组法》中一个重要内容就是要求将联合军事职业教育和军种军事职业教育充分融合，贯穿军官任职前教育到将官教育全过程。该法案以改组国防部为着力点，对军官的职业教育、岗位任职、资格认定和职务晋升制度进行了规范，甚至明确了国防部长、参谋长联席会议主席在军官军事职业教育工作的职责。

为进一步规范完善军官军事职业教育法规性政策，1996 年美军参谋长联席会议主席签发第 1800.01 号指令，正式颁布第一份《军官军事职业教育政策》，对军官军事职业教育的具体政策、审查与评估程序、资格认证制度、质量监控程序、各级责任划分，以及教育院校、教育班次的教学标准、课程设置和培养目标等方面都进行了明确规范，构建了一套系统完备的法规政策体系。

为适应美国国家安全环境变化和军事战略调整需要，满足多样化军事行动对军事人才培养需求，参谋长联席会议在广泛调查研究、总结经验教训的基础上，不断创新发展军事人才培养体系，分别于 2000 年、2004 年、2005 年、2009 年、2015 年相继颁布 5 份《军官军事职业教育政策》，形成了持续完善、贴近实际、满足需求的军事职业教育政策体系，为美军军事职业教育发展和军事人才培养提供系统、科学、规范指导。政策的调整与改革不断细化和明确责任部门职责，越来越多的领导岗位由总部机关和军种高层领导担任，使得教育体系领导层不断向总部及核心决策圈靠拢。不仅如此，历次更新还持续增加了各军种人员混编的比例，并在教学内容和目标上凸显“联合性”“文化”“后勤”等战斗力“倍增器”的重要性。

14.2.1 科学刚性的政策制度

《军官军事职业教育政策》是美军规范军事教育的指导性文件，美军非常注重用法律法规来规范军官军事职业教育建设活动，其整个军事职业教育法规体系不仅有国会通过、颁布的基本军事法，还有各军种部长颁布的带有法规性质的条令条例，内容涵盖军事职业教育的各个层级、各个方面、各个领域，每个重要事项都会以法规的形式规范程序流程、细化职责分工、明确标准要求。

《军官军事职业教育政策》是针对军官军事职业教育的单行法规性政策，主要是对军事职业教育进行全面深入细致的规范，明确军事职业教育的具体政策、各级的职责及其在履行职责中须执行的政策程序；确立联合军事职业教育院校和各军种军事职业教育院校在军官培养中的不同地位作用；规定各层级联合军事职业教育的学习领域及目标；确定各层级的承训院校、教育重点、课程设置、班次混编标准、教员与学员编配比例；规范教育审查与评估程序、联合军事职业教育资格认证制度和质量监控程序等。可以说，该政策涉及军事职业教育过程中的各个层次、各个类别、各个环节，具有很强的权威性、指导性、操作性，为管理和规范军事职业教育提供了细致的实践指导、政策依据和法规遵循。

14.2.2 坚强有力的核心决策

美军联合职业军官教育体系是军队决策层实现战略目标和军事人才培养的关键要素，能够让军队院校乃至整个教育体系为美军战斗力生成提供智力保障，不断更新的《军官军事职业教育政策》的历次改革和调整，让越来越多的国防部、参联会主官担任军官职业教育体系的重要岗位，这不仅有助于各军种、多部门协调合作，共同搞好联合教育，而且自上而下地凸显了国家与军队高层领导对联合教育的重视，使该教育体系发轫于总部领导和核心决策层，从而确保政策得以落实，改革得以顺利进行。例如 2005 年版《军官军事职业教育政策》明确：参联会主席和国防部长分别有建议协助和指定批准联合军事职业教育各项事宜的职责，军种参谋长负有军种高级学院中非本军种学员与教官混编的职责；2009 年版《军官军事职业教育政策》规定：参联会主席直接审批国防大学的规模和构成，联合参谋部联合作战规划与联合力量发展部主任担任联合参谋部军事教育局副局长，各军种参谋长均在职业教育体系中担负相应职责。

不仅如此，该政策还引导各层级学员从战略高度审视所学内容，从决策者的视角来分析和处理问题。例如，在学习课目一的“国家安全战略”条款，引导美军军官学员将重要的战略概念、评判性思考和分析性框架运用到战略的形成和评估中，并且对国家安全战略的历史性和现实性应用进行评估，从而帮助他们将制订计划所用到的战略安全政策、战略和指导应用到军事作战中，帮助实现国家的目标，并对国家力量各要素如何整合从而实现战略目标予以分析；而“国家军事战略与组织”条款则培养军官对国防战略、军事战略及其辅助性战略做出评价，以及对美国军事结构的能力及其局限性如何影响联合军事战略发展做出评估，帮助他们领会常规战和非常规战的基本内涵。

14.2.3　实力雄厚的教员队伍

美军院校教员主要由军职和文职人员组成。为规范、高效选配优质教员，每所院校均成立教员评选委员会负责教员的考核、选拔、任用和审查。此外，美军非常重视军事人才特别是教员的终身教育，并通过在职培训、离职进修、部队任职、出国深造、自我学习等不同形式持续提升教员的专业水平和职业素养。

《军官军事职业教育政策》对教员的资格审核、选拔任用、绩效评定、岗位培养和结构比例均明确了具体要求。例如，要求高级院校教员应具有一流的专业水平，具备必要的作战岗位或职能岗位的任职经历、教学能力和相应的学术资历；联合教育院校应当依据绩效标准和要求对教员实行考评，制定教员培养计划，优化教学技能、改进授课方法、保持授课领域知识的时效性；各院校教员队伍中应包括足够数量的现役军官，军种高级院校中本军种的军职教员不得超过军职教员总数的 60%，来自其他两个军种的教员应保持大致相当的混编比例，对军种中级院校、中级和高级联合军事职业教育任务的院校、联合教育计划班次授课教员的结构比例也有具体严格规定；对各层次的教育院校的军职教员接受高级联合军事职业教育、全日制中级或高级军事职业教育的比例进行明确的规定；对文职教员的编制数量和学术成就、专业经验提出具体要求；对各层次院校的教员与学员编配比例划分明确的执行标准。

14.2.4　凸显联合性教学内容

持续更新的《军官军事职业教育政策》把此前有关联合职业教育内容的模糊描述不断具体化。例如，2009 年版《军官军事职业教育政策》明确指出，“联合军事职业教育要让军官了解国家安全的战术、战役和战略层面，并能在各个层面上遂行任务，他们必须具备综合能力，了解跨部门或国别的文化，能够在不断变化甚至比较混乱的作战环境中完成任务”。不仅如此，还将联合军事职业教育的教学目的明确划分为战术、战役、战略 3 个层面。

同时，《军官军事职业教育政策》的更新使得联合教育体系的学习与目标向跨军种、联合作战贴近，教学内容凸显联合性。以该政策中最为上层核心的纲领性文件——《参联会主席设想》为例，2009 年版《军官军事职业教育政策》把此前“联合性……对构建联合愿景至关重要”上升为“联合军事职业教育是培养军官的关键……军官联合学习体系的基础”，并把联合性明确上升至核心地位，表述为以联合作战为背景进行的军种职业教育培养的是军官所需的本军种的核心能力，而联合军事职业教育培养的是联合作战的核心能力。

在学习内容与目标上，最新政策也彰显了联合性。例如，在中级联合军事职业教育层次上新增了“联合作战与控制”与“联合作战领导才能”2个学习课目，要求受训军官做到6个领会。一是领会联合部队司令官可运用的各种联合作战与控制手段；二是领会可辅助进行指挥与控制手段选取的任务目标、可用力量、相关能力等因素；三是领会在军事作战过程中由于对网络和信息技术的依赖而产生的机遇和挑战；四是领会带领一个联合的、跨部门的、跨政府的多国部队去完成作战任务（包括传统和非常规战中的作战任务）所需的技能；五是领会要推行变革和持续创新所需要的思辨能力和决策能力；六是领会作战领导才能的道德维度及其可能产生的挑战。这些政策调整表明了美军对中级军官联合作战技能的重视，尤其是对利用网络信息技术执行跨部门、跨国联合任务的能力给出了具体实施目标，显示了他们对提升军官联合作战控制能力和领导才能方面的高度重视。

14.2.5 全程高效的评估机制

为确保学员的培养质量和效果，美军对学员编配组成、入学资格、能力素质、培养目标、毕业后岗位任命计划等有严格的要求，并建立严肃规范的学员评估和反馈机制，于入学前对相关情况进行梳理建档，贯穿教育的全过程。《军官军事职业教育政策》规定，对于在完成第一阶段联合职业军官军事职业教育之前申请参加第二阶段联合军事职业教育班次学习的军官，需要获得参谋长联席会议主席批准的“直接入学许可”，而且数量须严格限制，确保提前申请、逐人审核、逐级审批、理由充分，并于后续追加完成第一阶段联合军事职业教育内容；联合高级作战学校学员的调学条件之一，是完成学业后须百分之百地按照《联合岗位目录》履新任职，因故不能到联合岗位任职者，需由联合参谋部主任级别官员批准，并且在完成学业至少90天前向联合参谋部第七部提出申请。

此外，《军官军事职业教育政策》还通过构建学员评估和反馈机制，跟踪采集在校学员、毕业学员、教员以及决定课程和教学效果的领导层的相关数据，不断修订完善院校培养方案、课程设计、学业评估和质量反馈机制，使培养的学员能够很好满足工作岗位需求，并明确了“联合教育认证程序章程”和“院校自查”内容，建立院校教学情况质量评估、审核体系。

14.3 几点启示

研究美军现行军官军事职业教育历史发展，汲取美军军事教育改革的先进理念和成熟做法，尤其是美军院校在联合教育体制和培训课目方面的先进理念与成功经验，在人才培养过程中融入联合军事职业教育理念，对于加大对生长干部和各级军官进行联合教育的力度，大力创新军事教育改革，培养高素质新型军事人才具有意义。

（1）充分借鉴军事强国的经验做法

要善于学习借鉴外军有益经验，学习借鉴地方改革好的做法，结合军队实际和特点创造性加以运用。”美国作为世界第一军事强国，其军事职业教育经过长期的历史积淀和实践发展，已经形成了科学合理、健全完备、与时俱进的教育体系，在军事人才培养的体系构筑、目标设定、课程设置等方面有着很多独到之处和丰富实践经验，为美军的建设发展提供了重要的人才和智力支持。研究美军现行军事职业教育历史嬗变和发展脉络，萃取其发展过程中优秀的经验做法，对于推进军事教育建设发展有着重要借鉴和启示意义。其中《军官军事职业教育政策》是美军规范军事教育的指导性文件，研究掌握其核心内容的发展演变和特点规律，从中汲取美军军事教育改革的先进理念和成熟做法，以此大力创新军事教育改革，为培养高素质新型军事人才提供经验借鉴。

（2）准确把握军事职业教育定位

我国军事职业教育在内涵定位、服务对象、培养模式等方面，明显区别于外军军事职业教育和函授教育。一直以来，院校教育和部队训练是官兵提升能力素质的主要渠道，以远程教育、函授教育为代表的职业教育还处于初级阶段，地位作用发挥不够明显。国家已明确建立院校教育、部队训练实践、军事职业教育“三位一体”新型军事人才培养体系，将军事职业教育作为“三位一体”重要组成部分，凸显了其地位作用。军队院校教育是主渠道，重在固本强基，打牢官兵基本理论、基本思维、基本方法、基本技能基础，培养科学的思想方法和思维方式；部队训练实践是大课堂，重在转化检验，把院校培养的学员锻造成真正合格的新型军事人才；军事职业教育是大平台，组织官兵在院校教育和部队训练之外，通过不同形式、不同载体、不同时间满足官兵增强岗位任职能力、岗位转换知识学习等个性化学习需求。

（3）遵循军队建设规律设置职业教育院校

军队职业教育院校在培养军事人才方面，起着全局性和先导性作用，设置哪一类职业教育院校、处在哪一个培训层级，都必须依据部队总体结构和军队建设规律。着眼官兵队伍建设和职业规划，以立法的形式建立了“职业发展模型”和各类军官“职业成长路线图”，注重自我完善与院校教育的有机融合，依托军事院校开展函授教育，军队、地方通用专业函授教育与国家函授教育接轨。注重院校教育与岗位实践的循环往复，将院校教育与岗位实践覆盖从初级军官到高级军官的全过程，以形成“院校培训—岗位实践—院校再培训—岗位再实践”的循环往复。注重岗位实践与自我完善的全时对接。为在职官兵自我完善创造条件，鼓励官兵利用训练外时间自主学习，以提高个人能力素质和岗位任职能力，要求官兵结合岗位制定“年度自我发展计划”，并定期组织书面考试，将考试成绩作为晋职晋衔的重要依据。

（4）建立科学完善的网络在线课程机制

在线课程建设是实施军事职业教育的重要基础，是当前军事职业教育的主要手段。应高度重视课程建设管理，实行课程准入管理，明确各类课程上线审批权限，建立课程预警与退出机制，完善课程学习统计和评价功能，将学习活跃度、测评满意度较低的课程列入预警名单，对整改无效或不适应军队建设发展需要的课程做下线退出处理，坚决防止为申报项目而盲目建设，避免一窝蜂、一头热。建立科学完善的在线课程效果评价机制，避免行政推动、一哄而上、数量庞杂，标准不一、良莠不齐、重建轻用等问题。完成学分的统一计算、在线学习证书的认证、军人职业化的推进、职业生涯的清晰规划等机制。完善军事信息网络基础设施，加快建设各级 CDN 节点，统筹推进内部局域网、互联网军事职业教育在线学习平台建设。针对驻防地点小、远、散等单位等实际，开发配置离线学习平台系统，配发便携式学习终端，改善网络基础设施，分区域分层级加快部署内容分发网络、协调推进网络升级扩容和互联网进军营活动，促进网络环境不断改善。

（5）职业改革要适应作战形态新变化

21 世纪信息爆炸与新技术涌现将继续成为影响军事领域的重要因素。信息爆炸使得技术革新频率明显加快，技术的发展反过来又促进了信息的膨胀。未来战争对信息的依赖程度也将继续提高。分散的、网络化的敌方组织，对抗性的信息环境，由难以预测的或意料之外的敌方使用武器、战术和不良动机所造成的不对称性等不确定因素显著增加。此外，网络空间和太空正在成为新的作战域，“多域”联合作战可获得的信息量将呈几何级数增长。如何适应作战环境的变化，培养能够运用恰当的判断力、具有较强条件适应能力、能在作战任务之间有效转换的军事人才，成为军事职业教育面临的新问题。阻止或赢得战争，未来的军事分析员必须能够从浩如烟海的信息中迅速选定关乎战争成败的关键信息，军事决策者也必须熟悉信息领域。为顺应信息与技术的迅猛发展，军事职业教育应强化信息驾驭能力的培养。

第 15 章　美军太空人才教育与训练

2001 年 1 月，美国太空委员会向国会提交《美国国家太空安全管理与组织评估委员会报告》，建议国防部培养和保持一支致力于国家太空所需的素质过硬、积极奉献的太空职业化人才队伍。自此，美军在国防部太空人才战略指导下，以太空为主导，建立起太空人才培养的政策法规、组织机构和管理机制，通过 20 余年的发展，形成了以学位教育为基础、任职训练为中心、交叉培训为补充的覆盖全军、分级分类分阶段的培训体系。

15.1　美军太空人才教育与训练政策规定

2003 年 4 月，美国政府问责局（GAO）评估认为，国防部及各部队缺乏建立和维持太空职业化军官队伍的战略框架和总体指导。为此，美军开始逐步建立以太空职业化培养计划（Space Professional Development Program，SPDP）为核心的战略指导。2004 年 2 月和 12 月，分别颁布《太空人力资源战略》和《太空人力资源战略实施计划》，构建了“面向结果的管理框架”，确立了太空职业化战略的 17 个子目标和 30 项关键任务，为太空人才战略框架提供思想根基和源泉。在国防部指导下，为其规范化、标准化打下基础。

在国防部指导下，各部队也纷纷结合自身特点出台相应政策，为太空人才培养提供全周期、精细化指导，见表 15-1。空军在 2003 年 4 月、2006 年 3 月、2010 年 5 月和 2011 年 11 月先后颁布《空军太空职业化战略》《人事管理：太空职业化发展》《人事管理：太空职业化培养计划》和《人事管理：高级太空教育与训练》，全面完善空军职业化培养计划的任务、内容和实施计划等；海军从 2002 年 7 月提出《海军太空军官管理计划》草案后，又在 2004 年至 2011 年先后颁布《海军太空军官：人力资源战略》《海军陆战队太空政策》《太空人员资质标准》等文件，细化了海军太空人才战略的具体内容；陆军也于 2004 年建立《陆军太空军官规范》，提出了太空人才战略的四个阶段。

通过一系列指导性更强、更具操作性的政策文件与实施方案，美军加强了太空职业化工作指导，规范和统一了各部门行动，为太空人才培养指明了方向和道路。

表 15－1　美军太空力量培养政策法规

部门	政策法规	出台时间	内容概述
国防部	《太空人力资源战略》	2004 年 2 月	构建了"面向结果的管理框架(Result－Oriented Management Framework,ROMF)",确立了太空职业化战略在领导地位、政策、教育与训练、数据采集、管理和优化实践六大方面的共 17 个子目标及其实现途径,是太空人才培养的总纲
	《太空人力资源战略实施计划》	2004 年 12 月	将太空人才战略目标细化为"职业化管理、教育与训练、关键岗位管理"三类共 30 项关键任务,明确了部门职责、完成时限和计划等三个实施阶段
	《国防部太空职业化培养管理》	2009 年 1 月	全面而准确地描述了太空职业化培养的目的、概念、能力以及各部门的具体职责等内容,为太空人才培养与管理的规范化、标准化打下坚实基础
空军	《空军太空职业化战略》	2003 年 4 月	提出太空职业培养计划指导思想,确立围绕太空职业资格认证组织太空职业教育的新思路、新机制
	《人事管理:太空职业化发展》	2006 年 3 月	强调太空职业化培养计划(SPDP)的目的、对象,重点明确了关键领导机构的义务与职责等,为贯彻落实计划提供依据
	《人事管理:太空职业化培养计划》	2010 年 5 月	详细描述太空职业化培养计划的基本内容、任务、领域学科、各机构职责、职业化管理实施阶段与计划等内容,为全面实施太空人才战略、实现职业培养与管理提供全周期、精细化指导
	《人事管理:高级太空教育与训练》	2008 年 11 月 2011 年 11 月	详细规定了高级太空职业教育和培训的实施机构、组织方式、各组织机构和部门职责等,是太空人才培养的最新指导文件
	《LC6XL 太空系统作战运用职业教育与训练计划》	2007 年 4 月 2012 年 4 月	分两大部分详细规定了太空系统作战运用的职业教育与训练实施方法、训练标准与资源保障,并规定了太空职业徽章的设置与授予
陆军	《陆军太空军官规范》	2004 年 6 月	按"人员界定、架构分析、政策功能支持和 DOTMLPF 分析(条令、组织、训练、物资保障、领导与教育、人员、设施)"四个阶段提出陆军太空人才战略
	《陆军太空人事发展办公室规程指南》	2011 年 2 月	建立陆军太空人员的教育、训练与经历需求与标准,为陆军太空人事发展办公室向太空人员授赠太空资质与徽章等提供指导
海军	《海军太空军官管理计划》(草案)	2002 年 7 月	基于 3 个层次的资质认证计划建立一套继续教育体系,以支撑太空人才培养
	《海军部门太空政策》	2004 年 4 月	强调培养和管理太空职业人才的战略需求
	《海军太空军官:人力资源战略》	2004 年 11 月	描述海军太空人才战略的任务与目标、分析了当前太空人力资源结构与需求,构建了太空人才培养战略并提出所面临的困难与挑战,是海军太空人才培养的重要依据
	《海军陆战队太空政策》	2009 年 9 月	详细规定海军陆战队太空人才培养的目的、任务和各部门职责等
	《太空人员资质标准》	2011 年 2 月	为海军太空职业人才建立知识和能力基线

15.2　美军教育与训练基本体系

早在 2001 年，太空委员会发布的报告对美军太空力量发展具有里程碑式的作用，表现在太空专业人才培养方面便是有了统一的领导机构，改变了长期的分散局面。根据太空委员会的建议，美国防部制定了《太空人力资源战略》，从作战需求出发，规定了太空专业人才需要具备的能力，明确了人才培训目标，并指定美空军太空司令部统一负责领导美军其他军兵种太空专业人才的培养。美空军、海军、陆军以及海军陆战队均有针对性地提出了符合各自作战任务需求的太空专业人才发展战略，并制定了相应的实施计划。美国防部以及各军兵种还颁布相应的法规条令对太空专业人才的培养工作加以规范。

15.2.1　组织领导

为保障战略的实施，美军对太空专业人才培养工作进行了统一管理。在国防部、空军、海军、陆军以及海军陆战队各级层次均成立了专门的太空专业人才培养管理工作小组，全面负责本军兵种内部太空专业人才的界定、工作领域的划分、培训课程的制定、相关资格的考核鉴定以及与其他机构的协调等工作。

美军太空力量训练的组织领导工作由领导管理机构和协调监管组织共同实施。领导管理机构是行政性部门，承担领导训练工作的主体职能；协调监管组织是非行政性部门，承担对领导管理机构的协助、监督职能。协调监管组织由国防部太空执行主管和国家侦察局局长共同主持，成员包括美国国防部、战略司令部、联合参谋部、国家航空航天局、国家侦察局、海军研究生院、空军理工学院及各部队选定代表，下设联合空间学术小组，主要职责是出台空间职业政策，整合、协调各机构空间人才培养。

15.2.2　部队组训

为了提升军事训练的管理效益，美军历来重视依托专设机构组织部队作战训练，太空力量的作战训练主要依托空军各航天基地和陆军导弹试验靶场。美军太空作战训练是由国防部统一领导，各军种负责制定本军种的太空力量训练的原则和训练计划。各军种的太空作战训练工作由领导管理机构和协调监管组织共同实施，各军种部委派一名助理部长通过军种参谋部来对太空力量进行组织和训练。新成立的太空训练和战备司令部负责太空军训练的组织领导，所属的太空学院、基地和靶场是美军太空力量最主要的组训机构，如图 15－1 所示。

得克萨斯州兰道夫基地下辖马克斯韦尔、基斯勒、兰道夫等基地。训练项目包括：太空与导弹训练、网络电磁训练、技术训练、任职培训和军事职业教育等，马克斯韦尔基地是美空军联合军事职业教育中心，新墨西哥州柯特兰基地原空军第 58 特种作战联队及所属第 58 训练中队还可提供导弹发射场保障和维修训练等。密西西比州基斯勒基地原空军第 2 航空队所辖 381TRG（是美军空间与导弹作战训练的重点机构）和技术训练中心、马

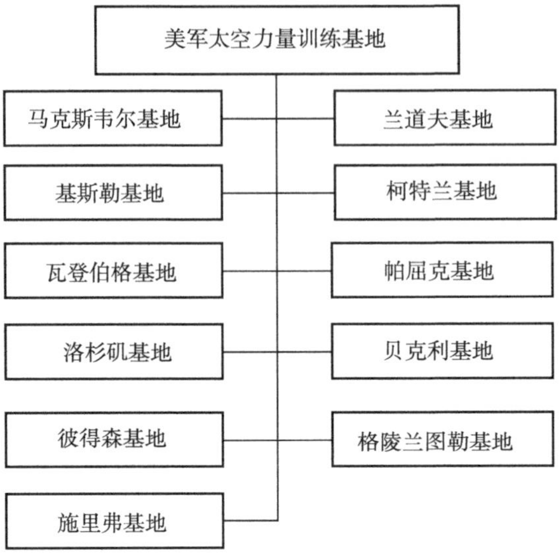

图 15－1　美太空部队组训基地

克斯韦尔空军基地 AU 和第 42 航空队基地联队所属训练分队、兰道夫空军基地圣安东尼奥联合基地所辖第 58 特种作战联队等，主要提供空间侦察监视、导弹预警、空间输送、卫星指挥控制和导弹作战与维修等初、中、高级训练，至今已有包括 Space100 在内的 100 余种训练科目，承训学员超过 6 000 人。

彼得森空军基地下辖施里弗、彼得森、贝克利、洛杉矶、瓦登伯格、帕屈克等 6 个空军基地，均为美太空力量提供各类专业训练或培训，见表 15－2。其中施里弗基地为夏延山中心提供指挥控制、导弹预警、太空侦察监视、空中防御和太空作战训练。

此外，洛杉矶基地与所属太空与导弹系统中心、帕屈克基地原第 45 航天联队及东部卫星导弹试验场、贝克利基地与所属原第 460 航天联队、柯特兰基地太空开发与试验部等部门也都承担有航天试验、航天发射、空天预警与态势感知等作战试验与训练职能。

表 15－2　美太空军基地与训练任务

基地	任务概述
瓦登伯格	极轨卫星发射、民兵-3 洲际弹道导弹研发与评估等
	主管太空输送作战与训练计划，承担太空与导弹训练设施设计与研制任务
施里弗	通过作战演习、试验等培育太空和网电太空能力、促进太空力量向全谱作战能力集成
	太空系统战术能力与运用模式探索开发、作战人员战术能力培养等
	规划和实施洲际弹道导弹与太空系统作战试验、训练和评估；承担太空试验、演练与发射训练；第 3 太空实验中队承担规范训练、培养领域专家、验证战技术概念等职能
	提供航天系统作战试验和太空作战教官训练等
彼得森	太空控制试验、训练与演练等多种任务
	训练管理及标准化、武器系统计划评估和作战需求论证等
	进攻性和防御性太空控制训练

15.2.3　院校教育

（1）院校教育体系

美军已建立起包括学历教育与任职培训两个层次的较为完善的太空军事人才教育训练体系，如图 15－2 所示。在学历教育层面，美军主要依托空军学院、海军学院、空军理工学院和海军研究生院培养太空军事生长干部。其中，美国空军学院与海军学院以培养本科生为主，美国空军理工学院和海军研究生院主要承担研究生培养任务。此外，美军还依托麻省理工学院、斯坦福大学等地方知名大学航空航天专业培养太空专业人才。

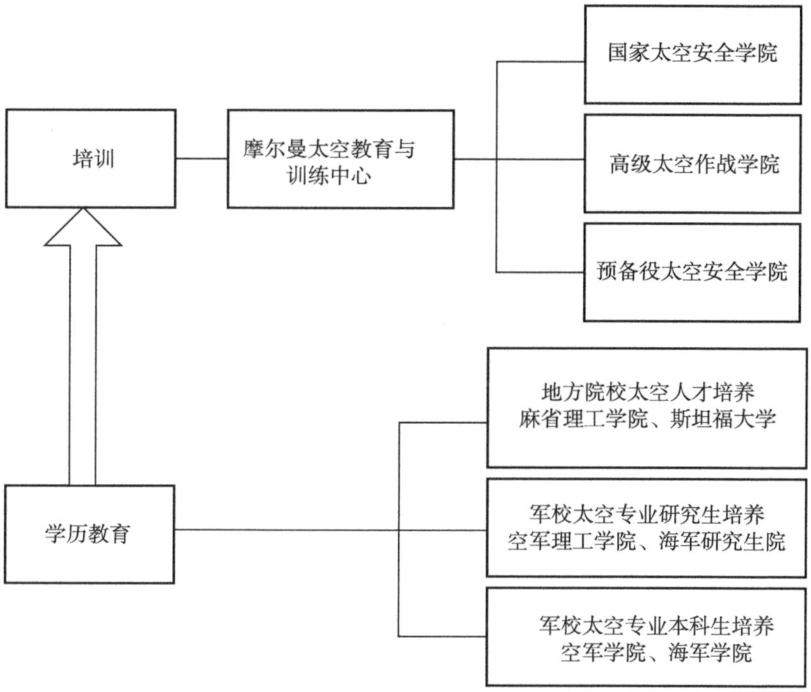

图 15－2　美军太空军事教育训练体系结构示意图

在太空人才任职教育与培训方面，前期主要通过国家太空安全学院、高级太空作战学院等机构实施，2012 年后主要依托新成立的摩尔曼太空教育与训练中心（包含了前期的 2 个主要学院）。太空作战试验方面，2013 年前由太空创新与发展中心负责，后续将划归太空训练与战备司令部统一负责。

（2）教育培训机构

国家太空安全学院。国家太空安全学院是专业化太空继续教育中心，其主要任务和目标是提供多层次的太空教育和量身定制的训练，使其毕业生能支持和执行涵盖太空领域的联合军事作战行动，以确保美国国家安全利益。国家太空安全学院设有太空 200、太空 300 和太空作战高级系列课程，并建有与教学配套的太空力量仿真实验室。太空力量仿真实验室主要围绕太空军事装备与太空作战力量运用开展实验教学，让参训学员通过实验与仿真手段了解和体验太空系统应用，掌握太空作战相关技术与装备的实际应用技能。国家太空安全学院培训的学员包括各军兵种现役军人和来自国家侦察局、NASA 及其他政府机构的人员。其中，空军学员约占总数的 60%。

高级太空作战学院。高级太空作战学院是美国太空训练与战备司令部最重要的高级太空教育与训练机构，每年培训 1600 多名太空军事人员。该学院通过紧贴实战的系列课程与训练，增强学员对太空作战的理解，支持联合作战、维护国家太空安全。与国家太空安全学院偏重太空军事教育不同，高级太空作战学院更侧重太空军事训练，其培训内容与作战任务结合更紧密、更贴近部队与实战。

太空创新与发展中心。太空创新与发展中心的主要任务是：将太空和网络能力与作战人员相结合，并通过创新、融合、培训、测试和试验来促进太空作战试验研究、培训太空作战人员。此外，该中心还为太空司令部提供独立、全面的太空作战、导弹作战试验结果。

15.3 美军太空人才教育与训练的基本目的

美军认为军事训练是军队形成战斗力的基本途径，美军军事训练包涵教育和训练 2 个部分：教育用“education”表述，主要指院校教育，属于职业教育类型；训练则用“training”表述，主要指面向特定军事专业，依托特定的训练机构组织军事训练，既有单个人员的知识与技能培训，也包括成建制部队的演练与演习等。教育主要是指在军事院校进行的教育训练，太空力量教育注重提升参训人员的综合素质，完成作战人员的太空作战知识的培训学习，培养参训人员的太空思维、太空作战决策能力，加深对太空作战的认知和理解。训练则重在培养太空作战人员必备的作战技能，强调按照作战的要求训练，按训练的方式作战。

美军认为“太空是军事行动的基础和前提”，由于国际太空活动增多、进入太空和反卫反导能力不断扩散，太空已威胁重重。为此，美不断开展太空军事对抗演练，联合频繁演练太空对抗行动。美军还认为“争夺太空的主要目的是为获取有决定意义的战略筹码”。近年来，美国谋求太空霸权战略和太空“绝对控制”，明确将中国列为美国“势均力敌”的对手，历次太空作战演习一度视我国为假想敌。有专家指出，“军事太空力量将像空中力量一样，经历由作战支援到大规模作战的发展历程，以“太空格斗”为主的太空攻防作战必将在可预见的将来出现。专业的太空人才是推动太空力量发展的核心，因此美国太空部队优先考虑招纳太空人才，确保在作战时具备领导力、先进技能及预见能力。同时，美国太空部队拥有太空操作人员、太空工程师、太空采购人员、太空情报专家及太空网络人才，以确保太空系统的正常运转。

美太空军 2020 年《太空力量》指出：“太空专业人员应通过对太空的控制和利用来捍卫国家利益，并在全球范围内为盟国提供保护、慑止对手的进攻。太空部队应拥有掌控太空的能力，并具备太空作战能力，以使美国拥有太空优势，维护美国的利益与繁荣。除了对现代太空系统的了解，太空部队还要掌握民用、商用及国外太空活动，以增强对太空的掌控能力。另一方面，太空军事理论包括轨道战、太空电磁战、太空战管理、太空进入与维持、军事情报、网络作战和工程/采办等领域。太空部队应综合运用以上专业领域，以发挥军事太空力量的最大效能。对太空专业力量的能力提出了明确的要求。同时也明确写道："军事太空部队必须将太空战争的科学和艺术内化，我们必须精通开普勒和克劳塞维茨、麦克斯韦和孙子、戈达德和马汉以及牛顿和利德尔·哈特。作为一个固有的技术领域，军事太空专业人士必须接受军事太空力量的科学和艺术，并发展一种身份，将两者提升并融入无缝的战争文化。"

15.4　美军太空人才教育与训练的主要内容

为全面打造集作战、试验、训练于一体的先进力量，美军以实战能力为目标、以概念创新谋发展，通过专业性演习、作战试验、联合训练等形式，对单个人员和太空部队全面施训，并不断促进太空力量实战运用。

人员培养是部队的核心，而太空专业人员的培养则是培养一种能力，能够使用整合的太空能力支援全面的军事作战。太空专业人员的训练和培养中逐步灌输了太空思想，这使太空能力可以被联合部队全面地理解、接受和使用，并培养在利用太空方面具有更坚实的基础和对太空能力有更深入的理解的军用和民用领域的太空领导者。

太空作战人员在服役期间都应当接受在军事行动整个范围和所有阶段中整合太空的训练。由于太空设施及其战术、技术和流程都在不断改进，持续的训练对于保持熟练至关重要。与训练相配合，评价是发现不足之处的关键，也是衡量训练效果的重要手段。应当建立严格的执行标准以确保太空作战人员获得和保持高度的熟练技能，以满足任务成功的需要。各级指挥官应当负责其下属人员的训练与评价，并确信他们在准备执行任务之前满足最低标准。

在接受基础训练之后，太空作战人员将成为特定领域或系统中最初的专家。然而，太空作战的多样性决定了太空专业人员应当获得全面的太空作战知识。随着服役时间的增长，太空作战人员应提高他们核心专业领域的技术知识，并能在更高水平上使用空中和太空的能力。最终，需要作战人员都成为具有太空知识的专业人员，他们应了解太空作战如何与军事行动相结合，并促进和提高军事行动效果。

15.4.1　单个人员训练

单个人员训练是太空职业化培养计划（SPDP）的重要依托。美军以基本任务战备（Basic Mission Ready，BMR）和作战任务战备（Combat Mission Ready，CMR）描述军事人员受训和备战水平、状态。所有太空人员在 381TRG 完成本科太空培训（Undergraduate Space Training，UST）和初级技能训练（Initial Skills Training，IST）并通过资质认证后达到 BMR 水平，而后完成任务资质训练（Mission Qualification

Training，MQT）与资质认证可达到 CMR 水平，只有达到 CMR 水平者才能独立受领作战任务。太空职业资质或技能认证与 BMR、CMR 资质互不制约，但作为衡量太空军事人员专业能力素质的手段，与定岗任职和职业发展紧密相关。因此，太空军事人员不仅要完成岗位专业资质训练，还要符合作战水平要求。

太空职业人员依据 SPDP 接受岗位技能、任务运用等训练，逐步完成职业培养。通常，单个人员训练主要包括 QT 和特定专业训练等。其中，QT 包括 IST、IQT、MQT 和 UGT 等，是太空人员为确保资质时效性必训的实装操作型项目。

15.4.2 部队整体训练

部队训练是提高太空力量实战能力的根本途径。美军太空力量仍属于试验型力量，因此，太空部队训练主要以航天试验任务、探索性太空作战演习为基本形式，同时依托联合训练和局部战争摸索、论证和检验太空力量作战运用方法。

（1）太空作战演习

太空作战演习是美军探索太空作战方法、检验太空军事能力的重要训练形式。太空作战演习的目的之一就是为作战制定行为规范，美军通过“施里弗”演习指导了作战条令的制定，加快对新领域的探索，促使太空力量形成战斗力。

（2）航天试验训练

结合试验任务开展作战训练，是美军太空部队专业训练的重要依托，为提升太空军事能力提供重要支撑。

一是依托航天发射任务组织训练。发射任务承担机构主要为第 45 航天联队东部发射场、第 30 航天联队西部发射场、国家航空航天局肯尼迪航天中心和瓦洛普斯飞行中心等。东部试验靶场即卡纳维拉尔角天军站，主要进行航天器、航天飞机发射及弹道导弹防御试验与训练等，如 X－37B 空天飞机发射试验；西部靶场即瓦登伯格空军基地，主要进行航天器、战略导弹与太空武器飞行试验，空军战略导弹部队训练等；肯尼迪航天中心主要实施卫星和载人航天发射试验；瓦洛普斯飞行中心主要开展亚轨道飞行、探空火箭发射等试验训练。

二是结合反卫反导与新型武器试验任务开展训练。20 世纪 80 年代至今，美军激光、动能反卫与反导（地基和天基）试验主要有“智能卵石”项目、反导拦截、“深度撞击”“标准-3”反卫等地基动能反卫试验，“阿尔法”“星火”与“空天中继镜系统”项目等激光反卫试验，地基激光反卫星系统已于 2008 年部署应用；此外，还结合天基拦截器试验床、天基微波、太阳能光学武器等新概念太空武器试验开展训练。

（3）参与联合训练

为促进太空军事能力向联合作战体系集成，美军在“太空旗”演习、“千年挑战”等联合训练中极力推动太空力量运用训练。

“太空旗”演习始于 1975 年，通常每年在内利斯和艾尔逊空军基地举行 4 次。为使太空行动演练更为真实，美军于 2000 年 10 月组建假想敌部队——第 527 太空入侵中队，在

2001 年“太空旗”演习中首次以卫星通信与导航干扰等方式组织太空信息对抗训练。

此外，在以战斗指挥和程序训练为重点的“蓝旗”、以电子战训练为重点的“绿旗”、以分布式模拟仿真训练为主的“虚拟旗”、以联合作战能力转型检验和作战概念论证为重点的“千年挑战 2002”及“联合特遣部队 04－2”等作战演练中，美军都融入了太空军事行动训练。2011 年 10 月，内利斯空军基地举行首届“网电旗帜（Cyber Flag）”联合演练，美空军网络集成中心又探索了太空对抗、网络电磁对抗在全谱作战中的集成问题。值得指出的是，基于 TENA（试验与训练使能体系结构）思想建立计算机模拟演练与靶场实装试验无缝衔接的“逻辑靶场”，是美军在联合作战演练中实现太空装备试验、战法论证和作战训练一体集成的重要途径。

（4）实战运用检验

实战是锤炼军事力量、检验武器装备、论证作战理论的最佳手段。近几场局部战争为美军全面锤炼太空部队、检验和提升实战能力提供了练兵场。

15.4.3　太空作战实验

美军认为“作战实验是一个没有被充分利用的引擎”，强调通过以作战实验为中心的螺旋式发展机制实现作战理论或概念、体制编制、训练和技术一起快速发展，从而可在很短的周期内实现部队战斗力的跃升。美军认为“没有参加过实验的部队只会打目前的战争，通过参加实验训练出来的部队才会打未来战争”，因此美国国防部提出，“富有创造性地进行严格的军种与联合作战概念创新与实验，是国防部努力实现军事变革的主要措施。为迎接未来的挑战，不仅要系统地总结实战经验，而且必须运用战争对策模拟、计算机辅助仿真以及实兵演习等方式，进行模仿未来作战能力的实验。”美军开展太空作战研究主要采取了两类形式：一类是在太空作战实验室进行的各类计算机模拟、概念演示、作战推演等实验；另一类是接近实战条件下的各类太空作战试验。

（1）实验室实验

美军太空作战实验室自成立以来，开展的研究项目内容丰富，重点是模拟未来的太空作战对航空航天部队的体制编制、武器装备和战法的需求与评估等内容。太空作战实验室早已完成了有关太空作战设想的全面验证工作，空军已付诸实施。2001 年，该实验室就已经完成了“太空侦察网络设想”“卫星跟踪设想”“太空控制条令”“对重返大气层宇宙飞行器的卫星跟踪设想”“银河之路空天飞行器”“鹰眼”“GPS 的太空运用”等项目的验证工作，并交给空军开始实际操作。

（2）太空作战试验

美军除开展太空作战实验室内部的项目外，还根据实验需要，选择恰当时机开展接近实战条件下的太空作战试验，以进一步验证实验室内的太空作战实验的效果，表 15－3 列出了类似实战条件下的美军历次太空作战试验。

表 15-3 美军太空作战试验情况一览表

时间	试验名称	试验目的
2005年7月4日	深度撞击试验	1)天基武器打击中、高轨道目标的一次试验;2)检验美军"精确制导"技术;3)天基监视系统在天基武器试验中的作用;4)验证变轨技术、轨道机动作战的可行性;5)验证太空攻防技术和太空拦截技术;6)试验天基武器打击中、高轨道目标的基本作战过程;7)验证天基动能武器的可行性、毁灭性和威慑性;8)演示天基动能武器的作战过程;9)检验美国天基动能武器及控制技术的成熟程度;10)检验自主导航以及姿态控制能力、卫星深空通信能力、指挥控制能力
2008年2月21日	导弹击毁失控卫星试验	1)检验在近实战背景下,美海基反导作战系统的作战能力;2)验证模拟实战条件下,美军太空反卫作战程序,检验实战应变能力和战术反卫能力效果
2009年2月	连续3次激光反导试验	验证激光武器攻击快速运动目标的能力(2次成功),为机载激光攻击卫星做技术准备
2010年4月22日 2011年3月5日	X-37B空天飞机 飞行试验	1)验证飞行器上搭载的成像侦察装置的效果;2)验证机动变轨能力(5次变轨);3)验证长期在轨维持能力;4)验证自主返回技术

(3) 实验模拟训练系统

美军在国防部、参联会、联合部队司令部的直接支持和领导下,已初步整合成由三大系统为骨干的作战实验网络,即支持联合作战分析为主的JWARS (Joint Warfare System),支持联合指挥推演为主的JMASS (Joint Modeling and Simulation System),以及支持联合训练为主的JSIMS (Joint Simulation System)。各军兵种也建立了战役层次的作战实验系统,基本形成了完整的实验系统支撑体系。各典型实验平台见表15-4。

表 15-4 美军典型实验平台一览表

序号	名称	所属层次	功能
1	JWARS	联合作战分析	为用户提供包括作战计划与实施、兵力评估研究、系统采办分析及概念与条令开发的联合作战仿真系统
2	JSIMS	联合作战训练	分布式的无缝集成的模拟环境,用于军官和联合特遣队的训练、多种训练计划和分析演习、教育和条令开发。支持战略、战役、战术三个层次的联合仿真系统
3	JMASS	联合作战推演	支持模型创建、将模型组合成一个仿真应用、仿真应用执行以及仿真运行结果事后处理的联合建模与仿真系统
4	THUNDER	战役级空军作战仿真	将空军、陆军、联合指挥部、后勤网络集成在一起,能够对空中和陆上作战进行模拟仿真,包括空中作战行动、侦察卫星与弹道导弹仿真
5	EADSIM (Extended Air Defense Simulation)	战役级太空作战与电子战仿真	分析卫星在战前获取目标情况及侦察效果对作战的影响
6	JSSPAR (JWARS Space Strategic Partner)	战役级航天装备作战应用仿真	分析太空装备在联合作战系统JWARS中的应用现状;评估和确定现有模型能力与缺陷;确认联合作战任务对太空作战功能的需求;建立完整的太空装备作战应用模型

续表

序号	名称	所属层次	功能
7	OneSAF (One Semi - Automated Forces)	完全构件化兵力生成系统	具有可变的仿真等级，能够精确、有效地描述部队的作战、作战保障、作战勤务保障行动过程和指挥、控制、通信、计算机与情报流程的新一代半自动化兵力仿真系统
8	FLAMES (Flexible Analysis Modeling and Exercise System)	战役级作战分析	柔性分析建模和演习系统，采用商业化的开放体系的仿真框架，可以用于行为仿真开发和应用的所有方面

除了用于联合作战及各军兵种的大型实验平台外，美军太空领域同样开发了大量的仿真模型与实验平台，代表性的见表 15－5。

表 15－5　美军太空相关仿真模型与软件

序号	名称	功能
1	PSM ＋ Nav	GPS 导航模型
2	SIAM(Space Information Analysis Model)	太空信息分析模型
3	MDST(Missile Defense Simulation Tool)	导弹防御仿真工具
4	TAOS(Total Atmosphere & Ocean Simulation)	完整大气与海洋仿真
5	STAMP(Strategic Territory Attack Model Pool)	战略目标攻击模型集
6	SMAT(Satellite & Missile Analysis Tool)	卫星和导弹分析工具
7	STK(Satellite Tool Kit)	卫星工具软件包

另外美国 NASA 和欧空局 ESA（European Space Agency）也开发了大量的支持航天器的实验平台，其代表性的见表 15－6。

表 15－6　民用太空领域典型实验系统

序号	名称	所属组织	功能
1	ISE (Intelligent Synthesis Environment)	NASA	智能综合环境，企业级虚拟样机支撑环境项目
2	AEE (Advanced Engineering Environment)	NASA	先进工程环境，企业级虚拟样机支撑环境项目
3	laSRS＋＋仿真框架	NASA 朗利研究中心 (LaSRC)	支持航天器快速原型开发的通用的面向对象仿真模型库
4	GSM(General Simulation Modeling)	肯尼迪航天中心	通用仿真模型，评估多个竞标公司的作战使命方案设计
5	NPSS (Numerical Propulsion System Simulation)	NASA 格伦研究中心	发动机虚拟样机仿真
6	SPEEDES	NASA 喷气推进实验室	并行离散事件仿真环境
7	EuroSim	ESA	支持航天器所有研制阶段的仿真试验
8	SimSat	ESA	航天器设计仿真平台
9	CDF(Concurrent Design Facility)	ESA	支持使命评估的航天器研制仿真支撑环境

除此之外，WSC（Winter Simulation Conference）每年都有大量文献介绍 M&S（Modeling and Simulation）在太空领域的应用成果。军事建模框架和软件体系结构是指导各作战实验系统开发的核心技术，是理解众多作战实验系统构成的关键。美军在各类作战实验系统开发过程中，相继总结提出了标准的对象建模方法和仿真框架，通过进一步研究 STK、JWARS、FLAMES 等典型作战实验系统的体系结构，探究美军作战实验系统的组成。

美军各作战试验系统都是在标准仿真框架指导下开发的。2002 年，美国国防部（DoD）建模和仿真办公室就发起了可组合的使命太空环境（Composable Mission Space Environments，CMSE）的研究倡议，旨在实现模型和仿真的柔性快速组合，并将快速的、可组合和可伸缩的建模与仿真作为 2006 年至 2009 年的重点研究目标，在 2010 年以后建成互操作和可组合的合成使命太空。同年，DoD 也发起了可扩展建模与仿真框架（Extensible Modeling and Simulation Framework，XMSF）项目研究，其核心是使用开放成熟的商业技术、标准和开放的体系结构来支持更大范围内的 M&S 重用与互操作，并明确将仿真可组合性作为其重要目标之一。美军军方的 OneSAF 系统就是采用 XMSF 开发的可组合式的军用仿真系统。

军事建模框架（Military Modeling Framework，MMF）是指导美军 JSIMS 开发的、支持组合的模型框架。MMF 的目的是采用统一的可重组的方式建立任务太空对象，并支持对象间模型的动态信息交互、对象的聚合和解聚。为了支持构件级的合成和软件最大程度的重用要求，MMF 设计了四类对象模型，即对象类、模型类、子模型类和子模型库类。

15.5 美军太空人才教育与训练的主要做法

15.5.1 建立太空人才培养领导机构

在美国太空部队内部有着十分完善的培训体系，首先，美国太空部队编制内部有较完善的培训组织管理体系，各军种的太空司令部内都设立有专门负责部队培训或与培训密切相关的组织机构。这些培训机构责任分工明确，层次鲜明。各单位工作有序，配合协调，共同完成部队的教育训练任务；其次，院校教育培训能使太空作战人员掌握和理解广博的太空作战相关知识，充分理解航空航天在军事作战中的作用，懂得某一知识领域对全球和战区作战的影响，将操作人员的日常战术技术操作水平提升到一个新的层次；另外，部队训练培训能使太空部队作战人员具备执行任务所需的技能和知识，掌握熟练的操作技能，使航天作战员成为某一领域或系统的专家，从而在作战的关键时刻能够灵活有效地运用航天系统。

15.5.2 发展太空人才培养管理组织

太空军成立前，美军太空人才培养以空军为主导，空军教育与训练司令部是太空职业化教育与训练的职能部门；2002 年 12 月，由海军研究生院和空军技术学院联合创立以国家侦察局局长为首的太空职业化监管委员会，并在其下设立联合太空学术小组，协调这两所院校的高学历太空人才培养活动；2004 年 7 月，美军成立由美、法两国共 12 所高校和研究所组成的太空教育联盟，与空军技术学院和海军研究生院共同承担太空人才培养任务。2004 年 10 月，在原太空作战学校的基础上，国家太空安全研究院成立，成为美军全军职业化太空教育和训练中心；此外，教育和培训机构还有国防采办学院、空军职业学院、第 381 训练大队、高级太空作战学院、海军陆战队指挥与参谋学院、陆军太空和导弹防御司令部的未来作战中心和陆军参谋学院等，不仅满足本军兵种太空人才培养需要，还为其他军兵种提供交叉培养项目。太空军成立后，设立太空训练和战备司令部（STARCOM），职责为太空军核心专业和通用专业人员的教育和培训，后续随着相应机构的成立，太空训练和战备司令部将会成为美军太空部队作战能力培育、专业人才培养的领导机构。

15.5.3　建立完善太空人才培养机制

为使太空人才满足部队需要、适应未来发展，美军建立了一套太空职业化培养机制。一是强调太空职业化文化，创办人才培养论坛。美军将太空职业化培养视为一种文化的构建，包括职业路线设计与管理、标志太空身份和资质的徽章、创办《高边疆》和《陆军太空杂志》等职业化专刊与论坛等，并以“文化嵌入机制”建立组织文化。二是形成多层次教育训练与资质认证机制。美军太空职业化教育和训练非常注重专业技术基础，教育项目主要包括本科教育、Space100/200/300 培训课程、陆军太空作战军官资质课程和附加技能认证 ASI－3Y 课程、继续教育和研究生教育，训练项目包括基础入门训练 IQT、任务应用训练 MQT、高级太空训练 AST 等，均按军官和士兵分类并分为初级、中级和高级三个层次进行培训，达标人员将颁发资质证书、授予相应的资质徽章，为职业化成长提供依据；迄今，Space100/200/300 课程开办已超过 7 期，高级太空作战学院每年为国防部承训 1 930 多人。国家太空安全研究院每年为各部队培训 800 多人；到 2011 年年底，空军已拥有通过认证的太空人员 13 000 多人。三是分类界定职业化路线，建立人才管理数据库系统。美军将太空人才职业路线分为采办和作战应用两大类，根据任务领域的不同接受职业化培养，并创立太空职业化经历代码以描述太空人员的教育、任职经历和资质资历信息，太空职业化管理办公室和空军太空司令部以此记录岗位需求与人事信息、建立太空人才管理数据系统，实现岗位与人员的科学匹配。四是加强岗位任职轮换，完善人才交流机制。太空职业化管理办公室通过调整任职，促进职业化人员在军、地太空部门及军内作战、采办和系统研发部门之间交流轮换，使作战人员更熟悉太空装备性能，采办和研发人员更了解作战需求。

15.5.4　非常注重太空人才作战意识

教育与培训的最终目的是为了增强太空作战能力。美国太空部队十分注重太空作战意识的培养，将太空作战意识的培养贯彻到军事职业教育和部队训练的始终。这种以未来联合作战需求为目标的太空作战意识主要表现在四个方面：一是建立正确的太空思维，准确定位太空力量在未来联合作战中的角色。使太空人员理解太空、太空作战、太空能力及与传统作战力量的区别，将对太空力量的认知从力量增强、作战支援逐步拓展为独立遂行进攻和防御行动。二是树立强烈的联合观念，系统掌握联合太空作战的概念和战场运用机制。使太空人员熟悉联合太空作战条令，将运用联合太空力量实现全球或战区联合战略视为指挥员必备的联合素养。三是具备太空资源整体运用的视野，全面把握用我可用、尽我所用的全局意识。培养充分挖掘和聚集军民商用及国际太空资源能力的全局思想，用全太空思维调动优势力量、提升太空行动效益。四是培养昂扬的战斗精神，自觉坚定夺取太空优势、实现太空控制的作战信念。使指挥员掌握获取太空优势和达成太空进攻的能力，在优化力量增强的同时提供强大的太空控制能力。

在军事教育方面，美国太空作战人才培养注重发展军事职业教育，强调在对太空部队作战人员实施军事教育时，必须把工作重点放在使作战人员充分理解太空如何增强作战能力，而不是简单地教授太空理论知识（如轨道力学、航天环境等）。具体实施时，美国太空作战人才培养制定了军事职业教育、太空作战条令等相关文件，在重点军事太空院校内设立太空作战指挥课程，成立了美国空军太空作战学校等新型太空作战学校，通过军官训练团对地方大学生普及军事航天知识，对于各军、兵种新入伍的官兵，无论其将来所从事的职业是否与军事航天密切相关，在其入伍培训时，都要将太空作战纳入军事教育的核心课程，提高各军、兵种部队的整体太空作战意识，为以后的联合太空作战奠定基础。

在部队训练方面，注重通过太空仿真操作和进行太空模拟军事演习来提高部队的太空作战能力，制定《模拟演习和实兵演习计划》《军事模拟演习计划》《建模与仿真管理》等计划。为迎接军事航天的挑战，美军举办了许多太空作战演习，其中较有影响的军事演习为："施里弗"系列太空作战演习、空军未来作战能力军事演习、全球交战军事演习和联合海、陆、航空航天模拟军事演习等。

15.6 几点启示

在美军国家太空政策、联合构想、作战条令、发展规划有效指导下，美军太空力量作战训练正在有序推进，通过建立科学合理、结构优化的体制机制，有效指导和组织了美军太空力量的作战训练。从太空力量作战训练理论研究来看，美军已经拥有了完善的组训体系，有成体系的太空力量作战训练理论。

1）从太空力量作战政策制度来看，美军已经拥有了完善成体系的太空力量作战训练理论，并指导了太空作战训练的有效开展。

美空军 2001 版、2006 版《太空作战条令》都明确了训练的内容及训练目的，是指导美军太空作战研究与训练的手段。因此，必须重视太空力量作战训练的理论研究，逐步建立完善的太空力量作战训练的理论体系，指导太空力量作战训练的开展。

2）从太空力量作战训练的内容来看，美军已经将作战实验手段作为太空力量作战训练的重要模式，并进一步指导太空作战力量的发展。

历次太空作战实验同时在检验条令的正确性，并对其进行补充、修改和完善。1998 年版《太空作战条令》发布，经过施里弗-1 演习的检验与验证，2001 年版吸收本次作战实验的经验，增加了“太空威慑”等内容。2002 年《太空联合作战条令》发布后，经过“施里弗”3 次作战实验的检验，2009 年版增加了“太空控制”“临近太空”“空天一体”等内容。因此，必须重视作战实验对太空力量作战训练的巨大推动作用，应大力开展太空作战实验，并重视实验的分析结论，形成太空作战实验与战斗力生成相互促进的螺旋上升模式。

3）从太空力量作战训练的技术手段看，美军已经制定了标准的建模仿真框架，建立了可重用、可组合、互操作的实验系统。

美军各军种太空作战实验系统的构建吸收了以前模拟系统开发的经验，以仿真系统的互操作和模型与仿真的重用为目标来减少成本，制定了标准的建模仿真框架，提出了标准的对象建模方法，建立的各作战实验系统已经能够支持模型的重用、组合和互操作。因此，太空力量作战训练系统开发，必须充分利用最新的建模技术、体系结构技术，建立满足太空作战领域各层次需求的、开放的、柔性的太空作战实验系统。

4）从完备配套的训练基地组成来看，训练基地是美军生成和提高部队整体作战能力的有力手段。

美军的训练基地遍及三军、设施先进齐全，其中陆军有 12 个、海军有 8 个、空军有 3 个，可针对不同部队类型、特点和地形环境开展训练。搞好训练基地建设、规范基地训练，是军事太空力量集成训练上层次、出成效的重要途径。一是科学建立各类基地，准确把握基地定位。二是不断完善基础设施，全面提升组训能力。三是建立健全运行机制，不断增强组训活力。四是面向未来训练需求，多维拓展组训功能。要以作战、试验和训练一体的思想为基点，推进基地由单一人工环境向未来复杂战场环境训练拓展、由军事太空力量独立训练向联合训练拓展、由部队训练向首长机关训练兼容拓展、由一般组训向评估军事太空力量体系作战能力拓展。

5）从具有高仿真度、强灵活性、低耗损率等模拟训练手段来看，模拟化训练是美军提高军事训练效益质量的重要途径和信息化训练的重点方向。

建立用途多样、功能稳定、实用简便的模拟系统，不断拓展模拟化训练的范围和层次，是提升军事太空力量集成训练效果的基本手段。一是奠定系统设施基础，搞好虚、实系统对接。二是充分挖掘模拟系统潜能，全面开展模拟化训练。模拟化训练可以涵盖技术、战术直至战略训练层面，是开展军事太空力量集成训练的重要支持。

6）从针对性强、设计前瞻、层次全面等训练队伍来看，对抗化训练是美军军事训练的高级形式、促进作战能力快速生成的高效手段。

突出集成训练的对抗性、检验性和实战性，是逐步催生和提高军事太空力量体系作战能力的有力抓手。一是建设模拟“蓝军”，营造对抗条件。要在把“蓝军”研究透彻的基础上，重点研建模拟的“蓝军”指挥机构、作战分队和模拟阵地，通过编配专有编制、配备近乎“蓝军”水平的装备、配置专属场地和设施、组织全“蓝军”训练等方式，提高“蓝军”建设水平，为军事太空力量开展实战化、对抗化的集成训练营造近实战的条件。二是精心设计课题，提高演练起点。要根据使命任务、作战目标和样式等综合考虑，围绕生成核心能力，把握训练课题设计方向，通过紧贴实战的训练突出解决作战问题的难点；要创设吻合未来战场特点的逼真环境，把握对抗规律、掌控演练节奏，在对抗性检验中把内容练全、把战法练精、把能力练强。从太空作战演习可以看到，目前对蓝方作战理论研究还不够充分，对蓝方应对红方所采取的行动还缺乏确实的理论依据。三是改进组训方法，增强实战效果。在演练中“混合编组、多级指挥，实时模拟、自主对抗，预案参考、活导活演”，按照“在实战环境下练兵”的思路，以“你打你的、我打我的”形式和方法背对背真练、拳对拳真抗，做到导得巧妙、教练灵活、考评严明、问责扎实。

第 16 章　美国太空作战演习

美国已认识到其太空能力面临日益严峻的威胁，演习成为其解决太空问题、检验能力的重要手段。美军正在构建立体化的太空战演习演训体系，该体系以军方为主导，工业部门及各方力量广泛参与，力图通过系统仿真与专家研讨相结合，利用辅助软件优化演习进程。自 2001 年以来，美国组织作战部队、科研部门、军工企业和盟友国，开展了“全球哨兵”“太空旗”“施里弗”太空作战演习，不断提升美国太空作战指挥和太空武器装备等系统的作战性能和体系贡献力，强化太空对抗环境下作战实力，提炼科技需求，促进新型力量的形成和发展，积极推动军民商和盟友太空与赛博（Cyber）能力的联合利用。在太空目标监视和作战演练方面，继“施里弗”太空作战演习后，美国于 2014 年开启了“全球哨兵”、于 2017 年开始了“太空旗”演习，进一步丰富了美国太空作战演练体系。

16.1　概述

美国为推行太空霸权主义和维持美国军事优势战略，不断开展太空作战模拟演习，主要目的是演示美国未来联合太空作战的技战术；分析未来进入太空、利用太空和控制太空的要求；探索反击敌方先进太空能力的方法；鉴别敌方可能会限制美国及其盟国的太空能力的方法和武器装备等，宣示了美国积极准备利用太空作为未来战争的主要战场。

16.1.1　演习目的

2015 年美国防部副部长罗伯特·沃克指出，美国要在技术快速变革和国防开支受限的时期，既推动技术发展，又确保技术创新根植于提升作战能力，重要途径之一就是注重并推动军事演习的开发。

目前，美国太空作战演习类型主要包括：“施里弗”“太空旗”和“全球哨兵”演习，三者各有侧重，形成有机互补。通过军演模拟实战，美军能不断发现新的技术难题，促进其不断研发新的太空技术，大大推动科技进步和经济发展，为美军锤炼太空作战实力提供了良好的训练平台。同时，随着科学技术加速发展，演习为新技术的验证与应用磨合提供了保障，这使美军能够在实践中不断融合新技术、发现技术缺陷、检验太空技术能力、持续完善太空作战体系建设，为太空冲突和联合作战做好充足准备。

（1）“全球哨兵”太空演习

借鉴美空军的“全球哨兵”演习，从 2014 年开始，针对太空目标监视的作战应用需求，联合多个盟国和商业实体，共开展了 5 次“全球哨兵”太空演习，验证太空目标监视理论和战术战法，探讨太空目标监视人员和装备的操作应用情况，检验人装结合的作战行动程序和能力。

“全球哨兵”演习由美国战略司令部负责开展，该司令部是美国国防部九大作战司令部之一，负责全球战略任务安排，包括战略威慑、太空军事行动、网络军事行动、联合电子战、全球打击、导弹防御、情报监视与侦察、对抗大规模杀伤性武器。美国战略司令部负责规划与政策的指挥官认为，“全球哨兵”太空目标监视桌面演习已成为美国及其盟国在太空领域开展战术战役级一体化指挥与控制的重要途径。

（2）“太空旗”演习

“太空旗”演习来源于“红旗”军演。“红旗”军演是美军为提升空战飞行员操作战斗技能和实战能力，于1975年开始举办的实战演习，由各地前来受训的飞行员编入蓝军，与假想敌红军进行空对空、空对地和电子对抗作战，一般每年四次，每季一次，每次持续约两星期。每两年在红旗军演过程中组织进行一次“联合红旗”军演，检验训练参演部队在分布式复杂战场环境下的多军兵种协同作战能力，并开展新战术、新武器装备和新技术的作战试验。而“太空旗”演习主要用于探索、发展美军太空作战理论、作战概念及技战术等，提升美军太空力量的慑战能力。

通过演练自身新式武器系统的作战效能和各军兵种与太空作战部队的一体化执行力，发现自身薄弱环节，检验太空技术能力，时刻为军事斗争做准备。在巩固美国在太空领域的霸权地位的同时，也有效验证美国太空战略，使之在时间维度上更加完善。

（3）“施里弗”太空作战演习

美军为确保未来太空安全和太空作战优势地位，采用战争推演方法，开展了“施里弗”太空演习高层次战略演习。“施里弗”系列演习并非实兵演练，而是以兵棋推演和博弈研讨的方式来模拟太空作战组织指挥、攻防行动的太空作战计算机模拟演习。从2001—2019年的19年间，每次演习历时5～21天。在美军历次“施里弗”太空演习的作战想定中，想定时间均在2017—2029年，目前明确演习想定时间为未来十年。但每次演习的内容有所不同、各有侧重，涉及的武器装备、技术手段也各不相同。

通过“施里弗”系列演习，研究和评估与太空相关的政策、战略、学说、作战概念、交战规则、装备需求以及力量结构等重大问题，不断检验和挖掘美军的太空作战能力，检验美国空军航天司令部的作战指挥系统、太空系统的运行状况和太空系统与地面系统的配合能力；获取太空安全战略制定、装备力量发展需求、战场指挥人员训练等方面有价值的信息，重在加强美军的太空作战威慑能力，以凭借其太空优势向敌人发出微妙但却清晰的警告。在实际开展过程中，该演习主要以超前的视角，预测未来在太空中可能出现的军事问题，不断完善太空军事战略，并探索未来武器发展需求。

总的来看，早期的太空作战演习内容仅限于太空作战的战法与作战原则、快速响应和太空信息对抗的范畴，但近期几次太空演习涉及较多的网络赛博战，开始关注“在未来的区域冲突中如何更好地运用太空与赛博太空”，意在检验改进天网合一的联合太空作战支援能力。2017年后，举行的“施里弗”系列演习和“太空旗”演习，更加注重“多域作战”或跨域作战中太空力量的运用。以现有太空能力在模拟的对抗、降效和军事行动受限的环境中演练和检验作战能力，探讨各个太空相关机构与各军种在“多域”环境中联合作战行动的人员编成、作战指挥流程与技战术，探索国家、商业和盟国太空力量体系架构，协同保护和保卫美国及盟友太空利益，实现与不同类别、不同级别的机构无缝太空作战行动的弹性化整合，进而控制全领域冲突的升级。通过“施里弗”演习，有效集成了快速轨道机动、在轨操作服务、太空远程精确打击、系统综合集成、多星协作攻防等太空作战能力。目前，通过太空作战系列演习，认识到太空力量弹性体系架构的重要性后，由太空发展局负责规划“下一代太空体系架构”。

16.1.2　演习特点

纵观美军“全球哨兵”“太空旗”和“施里弗”太空作战演习，其特点主要包括：

1）演习主题多样化。美军太空作战演习主要围绕太空控制、太空目标监视、太空威慑、太空攻防、太空力量部署与调整、太空联合作战支援、太空快速反应、太空与赛博太空融合作战等多个主题进行，演习针对性强，且每次演习均自有特色、各有侧重。

2）演习场景实用化。针对美国推行霸权优势地位的战略需要，在太空作战演习的时间跨度内，受美国国防军事战略、国家安全形势、主要作战对象、太空装备与技术发展等因素的影响，每次演习的想定背景有所不同，但遏制俄罗斯和中国军事力量发展和保持美国太空绝对优势的意图明显。此外，还以反恐作战为想定场景，探索在联合作战能力提升方面太空力量应用的能力和途径；以多国参与为想定背景，探索太空作战多国联盟的途径，强化对盟国军事力量的控制和依赖。

3）演习活动系列化。“施里弗”系列演习形成了早期约每 2 年举行一次、近期每年举行一次的常态做法，“全球哨兵”太空演习每年举办 1 次，“太空旗”演习计划每年举办 4 次，这些演习将成为美军的例行太空军演，且演习注重前后关联，借鉴往期演习的经验教训，演习制度和机制逐步趋向成熟与稳定，演习内容不断深入具体，演练活动也呈现出连续性和体系化。

4）演习课题实战化。历次太空作战演习均尽可能最大限度地以贴近实战的形式想定具体的演习背景，针对性地选择有代表性、可能的作战对手、作战地域、作战环境及作战样式，演练各种可能在太空战场上运用的新战法、新技术、新装备、新模式，涵盖了美军将来可能面临的作战任务和主要威胁，为美军太空力量在战时迅速形成作战能力和转型发展开辟了有效的抓手。

5）演习活动单边化。美国利用太空力量先行发展的优势，还利用太空力量认识不到位、国际太空法约束力不强、违约制裁措施不清楚、国际太空条约限制不严密、外层空间概念不严格等可乘之机，有意无意规避国际太空法，尽可能多、尽可能早、尽可能大地进行太空作战演习，发展完善太空作战装备，验证改进太空作战技术和战法，不断推进太空霸权战略，太空作战演习本身即带有明显的单边主义色彩。太空作战演习不仅违反了《反弹道导弹条约》的有关条款，而且加速了外层空间的军事化进程。

6）演习手段多元化。太空作战演习方法手段日趋多样化，不仅重视计算机模拟演习和桌面推演，还利用武器作战平台进行实兵演练，演习内容涉及装备、理论、法律、政策、条令、筹划等众多领域，参演人员来自美空军、陆军、海军、情报部门、联邦政府机构、商业航天公司、盟国等多方力量。

7）理论与行动互动化。通过美军太空作战演习，使太空作战行动与太空作战理论同步互动、相互促进。借助于太空作战演习，检验美国防部规划的部队转型框架中的太空作战能力，演习结论又不断推动太空作战理论的创新发展；美军先后出台一系列太空战略、政策、条令和理论创新成果，有效引领了太空作战演习的发展。

16.1.3 演习意义

美军各种军事行动对太空系统依赖程度不断加深，而潜在对手不断挑战美国太空能力，其面临的威胁日益加剧，太空安全问题日益严峻。近年来，美军思维在太空军事能力发展思路上实现了“太空是一种支撑”向“太空是一个作战域”的转变，把发展太空攻防对抗实战能力作为未来太空能力发展的重点，通过“施里弗”“全球哨兵”“太空旗”等太空军事演习持续强化实战能力的形成和发展，确保美军太空军事行动的有效性，为应对潜在太空冲突做好充分准备。太空作战演习为美军太空力量的发展和作战应用检验等发挥了不可替代的作用，主要意义有：一是传播了太空理念，由于参演机构的广泛性，使得演习成为灌输太空理念、达成太空共识的最佳平台。二是孵化了太空概念，演习一直强调太空对国家安全、军事、经济、外交等目标实现的重要性，2006 年版《国家太空政策》首次从国家层面上强调“制天权”与“制空权”“制海权”同等重要。三是指示了太空能力建设方向，陆续催生出了“太空目标监视”“太空威慑战略”“光速交战”“快速响应太空”“太空弹性体系”“临近空间飞行器”等一批太空作战概念和太空作战装备与技术。四是检验了美军太空作战指挥体制和流程。自 2001 年太空作战演习以来，美军先后颁布和修订了《太空作战条令》《太空联合作战条令》等，不断调整和规范太空作战部队机构的角色与职能，优化太空作战指挥与控制流程、程序、指令、技术、战术等，推动了太空力量与联合作战的深度融合。

总之，太空作战演习，不仅是美军推动太空理论研究、保持太空优势和进行太空备战的重要举措，更是以俄罗斯等为主要战略对手的作战模拟。对此，应予以高度关注，同时，美军太空作战演习的经验与做法也值得学习借鉴。

16.2 主要成果

理论是行动的先导。在美国 2007 年版《国家太空政策》和 2018 年版《太空联合作战条令》中多次强调太空安全和太空威慑等，并指出“国家太空安全活动应该具备威慑、警告能力，并在必要时，抵御敌人攻击，为国家安全做出贡献”。由太空作战演习可知，为达成太空威慑效果和确保太空优势，美军大力发展先发制人的太空作战理论和太空防御与打击能力，获取发展有效防御所带来的威慑效益。通过太空作战演习彰显太空实力、验证太空能力、宣示威慑力，采取联盟合作和军民商协作等策略，强化太空威慑地位，并将太空作战与作战支援能力集成到联合作战，不断拓展一体化联合太空作战威慑效能。同时，还推进核威慑力量、网络威慑力量、太空威慑力量的融合，构建综合战略威慑力量体系，震慑和吓阻对手，达到“不战而屈人之兵”。美军通过太空作战演习活动，主要取得了以下成果：

（1）优先发展态势感知能力

通过太空作战演习，美军得出了一个重要结论：良好的太空目标监视能力本身即可达成威慑效果，可使对手慑于被侦察并会遭到“以牙还牙”的惩罚报复，进而不敢贸然发动攻击；而态势感知能力的缺乏，将导致在太空系统异常时，难以判断是系统自身的技术故障还是对手攻击的结果，从而妨碍拒止性报复行动的实施。“惩罚性威慑”和“拒止性威慑”的实施，均需先查清是哪个对手采取何种手段对己方太空系统发起的何种攻击，所有这些均需要强大的太空目标监视能力提供支撑。目前，美军天基太空侦察监视卫星系统 SBIRS 和 SBSS 已具备作战支援能力，可全天候监控在轨卫星和太空碎片，在地面数据处理分析中心进行威胁目标的处理识别和目标指示，支持太空作战。

（2）扎实发展有效防御和抗击力量

根据威慑代价博弈理论，如果被威慑方可能遭受报复性打击导致损失巨大、行动收益却甚微时，被威慑方不会贸然行动。随着太空技术的扩散，太空准入门槛在降低，太空系统安全稳定性正受到侵蚀。据此，美军在多次“施里弗”演习中，演练有效防御对手攻击的行动方式和途径，使之难以奏效并放弃行动，达成“拒止性威慑”。一是应用变轨机动技术，防御对手攻击。美军现役卫星大多具有较强的机动变轨能力，可通过改变轨道高度和倾角，逃避敌方反卫星武器的发现、跟踪和攻击。太空作战演习中验证了飞行器轨道转移、卫星轨道调整等项目。二是积极发展伪装、隐身等技术，在卫星表面涂上吸波材料，并配置光闸、保护盾、过滤装置、防电子干扰装置、眨眼装置等对抗方法，防敌侦察监视、回避攻击。三是发展护卫卫星技术，通过释放若干诱饵卫星和杀手卫星，利用这些“替身”卫星撞击或摧毁敌方的卫星及反卫星武器等，保护关键太空目标，化解对方的攻击行动。

演习中，美军演练了利用临近太空飞行器补充太空系统作战支援能力、微小卫星群快速建立、快速响应发射等科目；演练验证了保护、增补与替换卫星系统的手段。在快速重组能力方面，平时可展现强大的太空重组能力，可以发挥威慑作用，使其不敢轻举妄动，也可通过对现已部署太空系统的变轨、机动、变更、附加应用，通过快速响应发射卫星方式，实现太空重组。美军通过太空作战演习，开展了一系列旨在几天甚至更短时间内实施快速响应发射、重组太空能力的演练。

利用更多数量的卫星或微卫星群分散承担多种任务，降低敌方攻击带来的损失。一是采用备用星方式，实现功能快速恢复；二是采用分布式多卫星技术，增加系统弹性；三是采用快速响应发射，及时开展卫星补网和重构，抵消个别太空系统的毁伤降效不利影响；四是采用抗干扰技术，增强卫星工作的稳定性和有效性；五是配置冗余备份信息链路，增强太空系统信息传输的抗毁能力和信息传递的连续性；六是提高星上自主处理分发和地面数据处理分析中心的工作能力和运行效率，提升太空系统的信息处理共享效益和实时性。

(3) 构建联合太空作战综合战略力量

冷战时期，美国太空力量是核威慑体系的重要支持部分，美国的侦察、导弹预警和通信卫星在对苏联核力量进行监视、预警和拦截等方面发挥了不可替代的作用。冷战结束后，一方面，随着核威胁程度的降低及太空实力的增强，太空力量从核力量中分离出来，逐渐形成独立的威慑力量；另一方面，核威慑和反太空武器却更加依赖于太空 C4ISR 系统。

同时，由于计算机网络在联合作战中的地位不断提升，且太空系统和网络空间都具有快速攻防、全球到达、渗透联合作战各环节和战斗力“倍增器”等共性优势，太空与网络紧密交织。自施里弗-5 演习开始，太空系统与网络空间的集成与融合应用问题成为重要演练课题。后续的太空作战演习演练了在太空和网络空间可能发生的战争慑止途径、太空与网络空间的作战融合等重要课题。美军通过太空作战演习提出了“光速交战”的概念，并认为太空和网络空间的深度融合发展将催生新的作战条令、概念、战术、战法等。

(4) 发展先发制人打击力量

实力是形成威慑能力最基础、最重要的因素。美国政府长期奉行单边主义和先发制人的战略，优先发展先发制人的太空打击能力，保留先行打击的选项，便于实施“惩罚性威慑”。

多次太空作战演习中，采取“可逆性”打击方式摧毁对手卫星，拒止与剥夺敌方使用太空系统的能力，包括欺骗、破坏、干扰、拒止、降级等。施里弗-1 演习中，蓝方（美军）动用可逆的、非杀伤性反卫星武器（如地基激光武器），使红方卫星暂时失效；利用小卫星干扰对方的卫星；接管红方广播卫星的行动等；施里弗-2 演习中，使用了天基激光武器和电磁炸弹等。上述可逆性攻击主要由定向能武器实施，包括用于太空作战的高能激光武器、粒子束武器和微波武器等。

在施里弗-3 演习中，美军强调“并没有取消使用永久、不可逆性手段”。事实上，美军一直在进行动能反太空系统武器的研制试验。20 世纪 80 年代美军就建设有舰（机）载反卫星导弹系统、天基动能武器系统等，并通过“智能卵石”“克莱门汀Ⅱ”计划等进行验证。2008 年 2 月，美军在太平洋地区进行的“宙斯盾”舰载导弹拦截 USA-193 号卫星试验，证明其具有从世界大洋的任意点位实施动能拦截卫星能力。美军 2012 年启动了“上帝之仗”天基动能武器系统计划，由钨、钛或铀等金属组成的上帝之仗金属棒在太空发射，其撞击动能与核武器不相上下，可以有效毁伤在轨卫星。

太空战机将现有的太空系统以支援作战为主扩展为直接作战，是美军实施 1 h 全球快速打击和量体裁衣式威慑的重要太空武器，将极大增强太空威慑实力。典型代表是 X-37B、X-51A、HTV2 等空天飞机。其中 2010 年 4 月和 2011 年 3 月进行两次 X-37B 发射升空试验验证；2019 年 10 月 27 日，X-37B 在升空后的 780 天成功返回地球，完成了第五次升空、在轨飞行、返回试验验证。X-37B 可自由进出太空，安装“机械手”后可以捕获卫星，加载武器则成为太空战机。据报道，美军正在研制可搭载定向能武器、导弹、太空战机、卫星等各类太空武器系统的航天航母。

（5）建立太空作战演习的盟国和军民商融合模式

多次太空作战演习均模拟和研讨了盟友、国际组织、商业卫星公司等联盟问题。从作战保障角度看，自海湾战争以来美军实施的多场战争中均大量依赖民用和商用卫星保障作战。从实施威慑方面看，美军认为，有选择性地与盟国或他国结成太空伙伴关系，将太空系统职能分散到与美国友好国家或商业集团的太空系统中，并进行数据异地存储备份和共享，建立太空利益共同体，可以从多个方面威慑挑衅者，降低对手单次攻击所能获得的利益，同时获取美国实施报复性打击时的盟国和中立方的国际支持，增加美国军事太空力量的影响力。2010 年 6 月公布的《国家安全太空战略》中，强调国际合作，构筑集体安全利益确保机制，平时发挥威慑作用，战时形成太空作战能力。美战略司令部已与世界上大约 20 个卫星运营商签署了共享太空数据与联合处理分析的协议，美国国防部与澳大利亚相关部门共建了全球宽带卫星系统，为美、澳提供信息交换，具备 C4ISR 功能。

从近年来美国出台的一系列国家安全及军事相关战略报告和联合作战条令中可以看出，美军已将核威慑、太空威慑和网络空间威慑整合为新的三位一体战略威慑力量，力图发挥战略支撑作用，并开展太空作战演习，全面检验并提升常规作战能力和“多域”远程体系作战能力的太空力量支援保障理论和技战术，确保超强的军事优势。

16.3　发展趋势

太空作为新出现的竞争和潜在冲突领域，太空和网络空间使安全环境变得复杂、多变，更加危险。通过开展太空作战演习，使美军和盟国增进了对太空与网络的威胁认识、相互依赖性的理解，提出了太空作战演习的一体化规划程序，采用全面综合的、全盟友的方法，在相互依存的太空和网络领域中实时作战和支援作战，支撑盟国、盟友和合作伙伴的协同行动，提高太空和网络空间的态势感知能力，震慑对手，控制冲突升级，及时以利好状态结束冲突。太空作战演习成为盟国国家安全部门调整政策、程序、结构及组建太空部队的催化剂和新战术、新装备和新技术的孵化器，以有效保障和推进美国在太空和网络空间的国家重要利益。美国采用集中规划、分散实施的方法，促进了太空作战演习内容的不断优化和发展，每次太空作战演习主题明确，催生了一大批军事理论和作战应用成果。其发展趋势主要有：

（1）由战略层面向战役、战术层面拓展

近年来，美军通过“施里弗”系列演习强化了对太空安全、太空力量运用、太空与网络空间融合、“多域作战”指挥等重大战略性问题的认识，不断丰富和完善其太空威慑战略、太空作战条令和太空作战概念。相比之下，专注于战役和战术层面的太空训练演习发展则有些滞后。为了应对不断发展的太空威胁，在国家太空防御中心系列试验积累的经验基础上，“太空旗”“全球哨兵”和近期的“施里弗”太空作战演习针对战术层级的太空作战人员开展作战演练，从中队规模、大队规模依次展开。演习之前，还专门开展了针对任务规划、打击确认标准、攻击方能力、合成力量（部队）任务领域等战术问题的培训。概言之，美军就是希望通过“太空旗”演习，使一线太空作战人员摆脱旧有的自由、和平太空的认识，演训在对抗激烈、能力降级、作战受限的太空域中的作战技能、战术、技术和程序，锤炼作战人员的作战技能、解决问题和应对潜在冲突等能力，为未来太空作战建立优势。

（2）由信息支援向太空防御作战侧重

美空军认为太空是陆、海、空一体化联合作战的重要组成部分，对于保证联合作战的顺利实施及夺取战争的胜利，具有其他手段不可替代的独特作用。在太空作战系列演习中，太空信息支援作战已经得到充分的演练，实现了太空域对其他作战域的支持和增强。但随着太空态势的发展变化，美军可能认识到太空冲突或将难以避免。通过近期太空作战演习可以看出，美军太空演习的重点已经在向太空防御作战转变。结合参演队伍分析：1）红方26太空攻击者中队和527攻击者中队的日常职能是为太空试验和训练提供敌方威胁，主要是针对GPS导航系统和卫星通信系统进行干扰，那么两次演习中“防御干扰作战”必然是蓝军的一个演训科目；2）美军“太空旗”演习的报道中提及“情报驱动”和“太空作战与情报的融合”问题，而第二次演习中460作战大队的主业就是提供“天基红外”导弹预警情报，这说明演习中很可能增加了“防御动能反卫威胁”演练，由460作战大队导弹预警情报驱动50太空作战大队实施卫星机动防御作战。

（3）演习规模、范围和强度进一步扩展

应对太空环境的实战化演习是美军太空作战部队建设的重点，从现有情况来看还会在以下方面进行强化：一是要适应区域和对手的转变，2017年米歇尔航空航天研究所太空研讨会上，21、50、460太空联队的指挥官表示空军太空司令部此前的工作聚焦在支撑中央司令部，对太平洋司令部作战准备工作不足，因此必须做好技术、训练和人员的准备工作，为太平洋战区的潜在作战行动未雨绸缪；二是演习训练规模的扩大化，使得更多的太空作战人员能够预先置身战场前沿；三是太空演习基础设施的建设相对滞后，太空训练基础设施远落后于空战训练的设施，后续要逐渐增加现实作战场景、作战威胁、作战环境和武器系统的建模和仿真；四是训练方式的多元化，国会法案要求太空作战演习方式向现实训练、模拟训练和构造训练转型。美军后续的太空训练演习将会更加聚焦高端对手、更加注重基础条件建设、更加强调部队联合参与、更加侧重战术层面的太空攻防作战。

（4）重新定性太空安全环境

按照《2009财年国防授权法案》，美国防部和国家情报总监联合组织开展太空态势评估，拟制国家安全太空战略目标和战略途径，最终在2011年出台《国家安全太空战略》，该文件首次正式将太空安全环境描述为“拥挤、竞争和对抗”。2014年，美国国家安全委员会开展了“太空战略投资组合评审”，结果虽未公开，但直接导致了太空力量态势、发展计划和预算的大幅调整，以武力应对太空威胁的“主导和控制”基调再现，表明美军对太空战争“不可以避免”的认识开始抬头。随后，空军极力渲染“太空是作战域”这一观点。2016 年 6 月空军太空司令部白皮书《太空任务部队》提出要在当前对抗激烈、能力降级和作战受限（CDO）的环境中挫败威胁、赢得胜利。2017 年第 33 届太空年会上，美空军太空司令部司令雷蒙德重申，太空是与陆、海、空、网并行的联合作战域，新阶段太空环境的特征是对抗激烈、能力降级和作战受限。从“拥挤、竞争、对抗”到“作战域”，其中不乏美空军刻意炒作以强化自身重要性的可能，但也表明美国对于太空安全环境认识的变化，以及由此产生的巨大忧虑。2019 年第 13 次“施里弗”太空作战演习中，重点演练和检验领导人员、作战人员、任务规划人员和太空系统运营商，在面临跨越不同领域、不同操作环境的全方位威胁时的反应能力。

16.4　几点启示

随着太空军事化、武器化进程的日益加快发展，太空已成为军事大国竞争角力的新制高点，太空安全已成为国家安全体系的重要组成部分。美军非常重视太空力量的科学发展，开展了“全球哨兵”“太空旗”“施里弗”等品牌的太空作战演习，在最初的演习中都运用了太空系统，但侧重于利用太空对地面行动进行支援的模拟演习。后期的太空作战演习，是美军太空作战准备的重要组成部分，反映出美军在一定时期内的太空作战思想、军队建设、现状水平和发展趋势等，有效验证了美军先进的太空技术和武器装备在不同的想定场景中的应用能力，发现了太空作战应用中出现的短板和弱项，提出了太空与网络交织的一体化联合作战模式，再度强调了太空与网络的态势感知能力，探索了美军和盟友的太空作战政策、策略、外交、军事和情报活动等，推动了太空武器装备研制、技战术的发展。当前，太空力量建设发展处于新的历史起点，面临难得的机遇，又面临严峻的挑战，总结美军太空作战演习发展历程和取得的成果，需直面军事航天大国太空能力快速发展和太空作战多样化多元化的趋势，主要启示有：

（1）加强顶层设计，构建太空力量建设创新体系

太空武器装备研制的规模、投资和风险很大，技术复杂、变化快、敏感性强，太空作战试验受诸多因素影响，难以有效实施。美国开展的太空作战演习就是建设一个常态化的太空武器仿真试验床，集中研究和检验太空作战武器装备和新的作战理论，加紧太空作战试验验证和作战模拟，推动新概念武器装备及其技术发展的需求论证和演示验证系统建设，提升其太空作战能力。从维护国家安全利益和太空作战能力的角度出发，借鉴美军太空作战演习经验和成果，建立太空力量建设发展创新队伍，加强太空力量建设和应用的顶层设计规划，全面论证发展天基、空基、地基态势感知系统，推进太空环境和目标数据库建设，加速推进由作战构想向作战能力提升的转化，加强太空武器装备需求研究和试验验证，加快太空系统建设，探索太空力量体系架构。

（2）推进太空作战试验训练条件建设，强化模拟推演系统集约式发展

借鉴美国太空作战力量发展经验和跨域逻辑靶场理念，建立太空作战试验训练基地，推进太空作战桌面研讨、模拟仿真等系统的集约式建设和优化，为太空作战演习提供能力

检验、性能验证、效能评估等手段。太空作战体系是相对独立的作战系统，对作战装备、指挥流程、处理流程以及人员的综合能力等都有其特殊要求，需建立专门的组织机构，加快标准体系、中间件支持工具、环境模拟、现实增强、兵力生成、指挥信息等系统的科学发展和建设，统筹规划和指导太空作战演习单元、工业部门和研究机构联合试验训练和演习能力的融合发展，不断提高联合训练和演习的承载能力和效率，推动联合太空作战理论的实践验证和创新发展。

（3）建立太空作战动态研习机制，跟踪国外太空作战及演习发展情况

为了在未来战争立于不败之地，必须拥有高精尖的武器系统，更重要的是要有高效的太空作战信息系统、组织指挥架构，并适时地改变、调整，以适应形势发展的需要。正确的决策来自于准确的判断，准确的判断来自于准确的情报。只有准确把握对手太空力量的脉搏，洞悉对手的强弱虚实，摸清其战略意图，熟悉其战术套路，并按照统一指挥，因敌、因地、因时、因任务灵活应用战略战术，才能占据克敌先机。主动跟踪世界各国尤其美国在太空攻防方面的最新技术与战略战术发展动态，建立动态威胁数据库，将已有的、正在出现的、将来可能出现的种种威胁信息纳入数据库中，建立情报共享机制，随时根据跟踪获得的信息更新数据库中的威胁样式、样例等内容，及时提供威胁预警和威胁技术动态预警。此外，需密切关注太空攻防新概念。

（4）推动融合制度体系的完善，促进太空力量融合又快又好发展

应从宏观层面制定法规政策，推动融合体系的构建，大力发展军民两用技术，形成开放的航天产品研制产业链，强化军民航天资源开放共享，及时出台商业航天政策和制度，持续提升航天自主创新能力，加大自主创新投入力度，集中力量突破一批关键核心技术，进一步发挥航天领域技术基础、科研试验等对技术和管理创新的推动作用。

（5）适时调整太空作战军事理论，推动变革作战方式

立足联合作战的对象和场景，研究新型太空作战技术和战法战术，探索联合太空作战理论和作战样式，加快太空作战有关条令、流程、程序等发展完善，为敢打必胜提供坚实保证。随着太空力量的大量运用，使得信息化条件下“非接触、非对称、非线性”联合作战日益成为未来主要作战方式。战争形态呈现出太空战、赛博战、电子战等多种样式，势必引起军事理论、战略战役战术和战争面貌的深刻变化，需加强太空力量在“多域作战”应用的体系贡献力。战争中信息制胜将成为战争制胜的重要法宝，未来联合作战也将向“非线性、非接触、非对称”样式转变，需积极研究太空力量支援下的联合作战、信息支援作战等战法，以及对抗对手太空力量和保卫己方太空力量的作战途径。

（6）加强太空知识教育培训，增强联合太空作战的复杂性理念

未来的联合作战，太空力量的比重越来越大、作用越来越明显，而太空技术属于技术密集型、流程复杂型的领域，对作战装备和人员提出了很高的要求。不仅太空作战需要大批精通太空技术、熟练掌握太空武器装备、胜任太空作战的人才，而且其他军兵种部队也需要懂得太空力量有效运用的太空作战支援人才，两方面的结合才能使太空力量在联合作战中充分发挥实战效能。未来太空作战过程中，指挥控制技术、后勤和装备保障人员将占

绝大多数，需要研究制定“集中作战筹划、分散配置作战”的作战协同模式。联合作战中，既要有懂太空技术的科学家和工程技术专家，又要有大量熟练操作和使用各种与太空支援力量相贯通的武器装备人员，更要有懂一体化联合作战的指挥员和参谋人员，也需要具有一定太空作战意识的地方人员，为此应在部队、院所及早开展太空技术、太空作战和联合作战等知识的学习培训，增强太空作战的意识，提高联合作战能力。

第 17 章　美国“太空旗”演习

“太空旗”（又称太空旗帜）演习是美国国防部最重要的太空演习，具有较强的针对性、实用性和创新性，重点检验太空作战技战术和程序，并针对可能会在太空发生的作战想定开展各种作战行动演练，以提高美军掌控太空对抗竞争或对抗环境下的作战行动能力，保护美军太空资产免遭攻击。本章梳理了美军八次“太空旗”演习情况，分析了演习的主要目的、参演人员构成、演习主要想定等基本情况，并从演习训练重点、作战样式、装备建设、联盟合作等方面进行了分析研判。

17.1　基本情况

“太空旗”演习来源于空军的“红旗”（RedFlag）军演。“红旗”军演是美军为提升空战飞行员操作战斗技能和实战能力，于 1975 年开始举办的实战演习，由各地前来受训的飞行员编入蓝军，与假想敌红军进行空对空、空对地和电子对抗作战，一般每年四次，每季一次，每次持续约两星期。每两年在红旗军演过程中组织进行一次“联合红旗”军演，检验训练参演部队在分布式复杂战场环境下的多军兵种多国跨域协同作战能力，并开展新战术、新武器装备和新技术的作战试验。而源于此，美国国防部为提升太空作战能力，推出了“太空旗”演习，主要用于探索、发展美军太空作战理论、作战概念及技战术等，适时融入了赛博力量和空中力量，检验“多域作战”或“全域作战”等新的作战理念，提升美军太空力量的慑战能力。

2020 年 2 月，美空军航天司令部完成第八次“太空旗”战役战术太空作战演习，美国空军、太空部队及其他军种和多国部队的数百名空、天、赛博人员及近百架飞机参加了美国空军举办的联合军演，并采用实兵、虚拟和构造仿真等方法，开展了空中、太空和赛博的一体化作战演习和训练。由第七、八次“太空旗”演习可知，后续演习将常态化加入盟国伙伴，提高太空作战系统的弹性和分散性。通过举行“太空旗”演习，美军取得了一系列有价值的经验做法，值得研究学习和借鉴。

“太空旗”演习关注太空作战技战术训练，想定可能在太空发生的作战场景，设计各种太空和网络等“多域”联合作战方案，开展实兵和模拟仿真演练，检验美军及盟国部队的战役级、战术级太空与网络的作战管理和指挥与控制能力。“太空旗”演习主要仿效“红旗”军演中的作战对抗模式，将太空作战人员分为红蓝两队进行对抗演练，由第 527 太空进攻中队和第 26 太空进攻中队模拟敌方对美太空系统的攻击，受训的太空作战人员在模拟仿真的太空作战环境中，与对手进行交锋的技战术训练和流程验证。美空军认为，随着计算、建模与仿真技术的不断进步，越来越接近现实的太空作战想定、威胁、环境和太空作战装备，可使美国太空作战人员沉浸在激烈的战斗中，使太空作战受训人员在应对模拟的真实对手前，置身于太空联合作战压力之下。

自 2017 年 4 月美国空军太空司令部（AFSPC）举行了首次“太空旗”演习以来，其参演范围逐步扩大，第七次和第八次演习已经加入了盟国部队力量；参演人员逐渐增加；演习课目设置更具实战性；演习对象逐步覆盖到太空、赛博和空中等多种作战域。时至 2020 年 4 月，共已举行了八次，但第三次演习内容一直未公诸于世，第四次演习也轻描淡写；第八次演习的信息也犹抱琵琶半遮面、遮遮掩掩。综合各方信息，“太空旗”演习发展基本情况见表 17－1。

表 17－1　“太空旗”演习基本情况

<table>
<tr><th>序号</th><th>时间及代号</th><th>演习参与单元</th><th>主要目的</th></tr>
<tr><td>1</td><td>2017 年 4 月 17 日—
4 月 20 日
(SF17－1)</td><td>第 50 太空联队下属的第 1、2、3、4 太空操控大队(蓝方)；第 527 和第 26 太空入侵者中队(红方)；第 705 战斗训练中队(即分布式太空任务作战中心)、联盟太空作战中心、国家太空防御中心、陆军 53 信号营、第 22 太空作战中队(白方)</td><td rowspan="2">在竞争、降效和作战有限的领域中实现作战优势，发展太空系统维护和操作所需的作战技能以及战术、技术和程序</td></tr>
<tr><td>2</td><td>2017 年 8 月 2 日—
8 月 25 日
(SF17－2)</td><td>第 50 太空运行大队和网络作战大队，第 460 太空联队，第 310 运行大队(蓝方)；第 527 和第 26 太空入侵者中队(红方)；第 705 战斗训练中队、国家太空防御中心、联盟太空作战中心、陆军 53 信号营、第 137 太空预警中队(白方)</td></tr>
<tr><td>3</td><td colspan="3">目前，关于第三次“太空旗”演习的信息较少，据推测在 2018 年 4 月前后，开展了此次演习。尽管此次演习内容秘而不宣，但据有限的资料推断，演习期间至少针对地球静止轨道卫星开展了系列操作演练</td></tr>
<tr><td>4</td><td colspan="3">因第四次演习时，已进入 2019 财年，所以美军将本次演习的代号定为 SF19－1，也称为第五次“太空旗”演习</td></tr>
<tr><td>5</td><td>2018 年 12 月(SF19－1)</td><td>空军第 50 太空联队、第 460 太空联队、第 310 运行大队、第 21 作战大队(蓝方)；施里弗空军基地的空中作战司令部的第 26、第 527 太空入侵者中队(红方)；第 705 战斗训练中队、联盟太空作战中心、国家太空防御中心、第 137 太空预警中队、陆军 53 信号营(白方)</td><td>使军队能够在对抗、降效和军事行动受限的环境中实现并保持太空优势</td></tr>
<tr><td>6</td><td>2019 年 4 月(SF19－2)</td><td>第 21、第 50、第 460 和第 310 太空联队，以及科罗拉多和佛罗里达的空军国民警卫队，海军和陆军人员(蓝方)；第 527 和第 26 太空入侵者中队(红方)；第 705 战斗训练中队、国家侦察局、国家太空防御中心、联盟太空作战中心、陆军 53 信号营(白方)</td><td>参演者模拟在对抗、降效和军事行动受限的环境中作战，以现有能力抵抗对手</td></tr>
<tr><td>7</td><td>2019 年 8 月(SF19－3)</td><td>第 50、460、21、310 太空联队及其下属部队，空军国民警卫队、海军、陆军人员等(蓝方)；第 527 和第 26 太空入侵者中队(红方)；第 705 战斗训练中队、联盟太空作战中心、国家太空防御中心、第 137 太空预警中队、陆军 53 信号营、国家侦察局(白方)。首次加入了来自澳大利亚、加拿大和英国的参演人员</td><td>利用当前能力慑止、拒止或中断对手在太空领域的行动，探索美军太空作战能力</td></tr>
</table>

续表

序号	时间及代号	演习参与单元	主要目的
8	2020年2月（SF20-1）	第50、460、21、310太空联队及其下属部队，空军国民警卫队、海军、陆军人员等（蓝方）；第527和第26太空入侵者中队（红方）；第705战斗训练中队、联盟太空作战中心、国家太空防御中心、第137太空预警中队、陆军53信号营、国家侦察局（白方）。美国空军、太空部队及其他军种和多国部队的数百名空、天、赛博人员及近百架飞机。第552任务防御队和第505作战训练大队首次参加，并承担赛博作战演练	提供大规模作战行动场景中的战备训练，同时还为战役级参演者在竞争、降级和作战受限环境中规划和运用实兵、虚拟和构造的战术实体提供条件，以应对势均力敌的对手的威胁

因“太空旗”演习的内容比较具体实用，技术和战法可操作性、可复制性强，美军逐渐加大了信息的管控措施，不再对外公开任何有关信息。但据相关网站和资料分析认为，联盟伙伴（澳大利亚、加拿大和英国）参加了2019年8月和2020年2月举行的“太空旗”演习（SF19-3、SF20-1），继续扩大与联盟伙伴的合作，最终使“太空旗”成为“多域”联合联盟演习。随着演习的不断深入，美国与情报界和联盟伙伴的合作还将继续扩大，其发展态势值得密切关注。第八次“太空旗”演习重点演习了“多域”多国联合、太空作战演练（共策划了279种非动能打击方案，执行了267种）、指挥控制协作工具应用检验、赛博演练等。

由表17-1可知，“太空旗”演习旨在验证开发新的太空防御性战术，以保护美国或盟国的威胁免遭干扰或摧毁，一般分为三个阶段：战略层面学术研讨交流、具体实施演习和演习复盘总结讨论；重在采用红蓝对抗计算机模拟方式，由蓝方和红方在计算机仿真环境下进行对抗性演习，主要聚焦于美国卫星受到攻击后的GEO卫星在轨机动规避、太空环境感知、威胁识别与“多域”防御、网络攻击、电子干扰等及时响应能力，利用美军的太空力量单元，开展实用的太空作战红蓝对抗能力验证演习，旨在确保美国在对抗加剧、作战效果降低、军事行动受限的环境下获取并保持太空优势。

按照美国《2018财年国防授权法案》，美国国防部长要将“太空旗”设定为年度常规太空作战军演，借此深入探索、发展美军太空作战理论、作战概念及战技术等，提升美军太空力量的慑战能力。未来美军“太空旗”年度演习增加到三次。目前，“太空旗”演习地点主要为科罗拉多州科罗拉多斯普林斯和华盛顿特区的波音幻影工厂虚拟作战中心、内利斯空军基地“影子”作战中心，其趋势是不断增加提高基于太空作战的“多域”联合杀伤能力的战术打击与防御行动方案，演练各种战役、战术、技术与程序。

17.2 实质解读

2017年4月17日～21日，美空军在内华达州内利斯空军基地举行首次“太空旗”演习，其灵感来自于空军成熟的空域实兵军演——“红旗”军演，借助当时美国空军开发的对抗训练仿真系统，使受训官兵沉浸在接近实战的环境和压力下，磨炼太空作战人员的作战技能和应对威胁与解决问题的能力。“太空旗”演习能使太空作战人员的能力突破原有限制。

17.2.1　场景想定

“太空旗”演习对受训部队进行作战管理、指挥控制、系统操作和危机应对等训练。美国空军/太空军希望通过“太空旗”演习，在太空作战人员整合训练中想定太空轨道内可能发生的各种场景，将其打造成为首个太空作战实兵训练。随着“太空旗”系列演习逐渐成熟，将能够模拟更多现实作战场景和威胁，通过环境、武器系统的建模与仿真使得训练人员沉浸于沉重战斗之中，应对真实的对手。

17.2.2　主要内容

“太空旗”演习作为太空作战领域主要演习，美国空军/太空军希望其成为太空作战方面的红旗军演。美国太空作战联队指挥官认为，“太空旗”演习可以有效磨炼太空作战人员作战技能，提高其解决危机、应对冲突能力。

“太空旗”演习主要内容有：检验和改进太空作战人员培养训练机制，使太空作战人员摆脱以往宽松、和平太空环境认识，适应对抗激烈、体系退化、作战能力受限环境，发挥高效作战水平；详细想定与假想敌交锋对抗各种场景，并进行实际演练，有效提高太空作战人员实战经验，也能对当前太空战略提出的太空作战域和敌方目前的装备性能等有深入了解；演练美国太空作战人员、参谋人员、指挥人员对美国太空资产的保护与防御作战，同时也演练太空攻击和赛博攻击能力；完整展示战术、任务行动层面的太空作战战斗管理、指挥控制能力，以便美军对太空指控系统进行升级，为未来太空作战和“多域”或“全域作战”建立优势。

17.2.3　演习特点

“太空旗”最大的特点是聚焦战术、作战层面的训练。演习由以往战略层面的高层指挥决策人员虚拟兵棋推演，延伸到了战役、战术层面的太空域与赛博域和空域的基层作战人员实战演练，体现了美军对于太空实战化训练高度重视，也反映了美军对于当前太空对抗环境下的巨大危机意识。

（1）实兵＋虚拟仿真的异地协同演习模式

演习地点为虚拟作战中心（VWC），主要利用虚拟作战仿真解决方案，将分布在不同地域、作战环境中的太空和赛博军事力量模拟合成。将其他作战仿真设施接入，形成基于现实背景的战争场景，模拟生成太空和赛博作战情况，采用“人在回路”的形式进行作战演训，开展战术层面的实时演练。在“太空旗”演习期间，主要由专业控制人员通过一个“人在回路”的构造仿真环境完成演习活动，而训练则是通过实兵和虚拟仿真系统完成。

虚拟作战中心通过集成中心实现位于不同地理位置的分布仿真实验室（或站点入口）的互联，提供了强大的可视化和能力演示能力。其中科罗拉多斯普林斯市就有虚拟作战中心接口站点。

(2) 分工明确的演习角色设置

参加“太空旗”演习的人员主要分为三类。一类是红军，在演习中模拟假想敌，固定由第 26、第 527 太空攻击者中队担任；一类是蓝军，是演习的受训对象，历次演习中扮演蓝军的部队包括第 50、460、21、310 太空联队及其下属部队，还有部分空军国民警卫队、海军和陆军人员，第 552 任务防御队作为赛博网络部队参加了第八次演习等；一类是白方，负责规划和执行演习方案，提供指挥控制或支持职能，历次演习中扮演白方的部门包括分布式太空任务作战中心（第 705 战斗训练中队）、联盟太空作战中心（CspOC）、国家太空防御中心（NSDC）、第 137 太空预警中队、陆军 53 信号营、国家侦察局以及第 505 作战训练大队等，联盟太空作战中心、国家太空防御中心分别负责指挥控制联盟太空作战和“多域”联合太空作战；第 137 太空预警中队附属空军国民警卫队，参与太空目标监视任务；陆军 53 信号营负责运行宽带卫星星座中心，为国防部长和联合指挥部、地面联合作战部队提供卫星通信支持，并执行干扰探测和频谱监测任务。在第七、八次演习中，加入了来自澳大利亚、加拿大和英国的参演人员、观察员和嘉宾。在第八次“太空旗”演习中，空中、太空和赛博各域的参演者参加了在联合作战演习区举行的 68 项联合战略与战役任务的训练，演习“多域”或“全域”作战行动能力。

此外，“太空旗”演习期间，还有情报人员全程为参演部队提供深入指导，包括模拟对抗前的学术培训，如任务规划、打击确认标准，进攻方能力、战术/技术/程序、作战理论，以及集成力量任务领域等；模拟对抗期间，战术情报顾问协助蓝军分析红军行动；模拟对抗结束后，开展战术评估、汇报研讨等。

(3) 立足实战太空作战力量的主要参演单元职能设置

目前，美军的第 50 太空运行大队日常职能是承担“天基太空监视系统”“战术星”“全球定位系统”“宽带全球卫星系统”“先进极高频系统”等卫星的运行管理；第 460 运行大队日常职能是负责“天基红外”导弹预警、导弹防御、技术情报、卫星指挥控制等；第 21 作战大队日常职能是导弹预警、太空监视与（进攻性及防御性）太空控制；第 3 太空实验中队日常负责运行 X-37B 轨道试验飞行器、“局部太空自主导航与制导实验”卫星（ANGLES，已退役）、“老鹰”（EAGLE）试验卫星及其子卫星 Mycroft。

第 50 太空运行大队（50th Operations Group）所属的四个中队的职能分别为：

1）第 1 太空作战中队主要负责早期发射的 GPS、导弹预警卫星 DSP、中段太空实验（MSX）卫星、NASA 卫星的跟踪遥测遥控和信息获取分发。

2）第 2 太空作战中队主要负责 GPS 卫星星座的指挥和控制。

3）第 3 太空作战中队主要负责美国及盟国的天基信息传输系统，包括国防卫星通信系统和宽带全球卫星通信系统。

4）第 4 太空作战中队主要负责美国及盟国的天基通信，包括 Milstar、AEHF、DSCS III 和 WGS 宽带全球通信卫星。

第 50 太空运行大队负责卫星的发射和早期的变轨与测试。在“太空旗”演习中，第

50 太空运行大队及下属的四个作战中队主要扮演蓝方角色。而第 527 太空进攻者中队和第 26 太空进攻者中队扮演红方角色，模拟假想敌，其职能为：

1）第 527 太空进攻者中队模拟对手的太空系统、战术与科技的假想敌部队，模拟对 GPS 及卫星通信系统干扰、阻断能力，营造太空对抗环境，训练美军及盟军实战能力。

2）第 26 太空进攻者中队作为第 527 太空进攻者中队的预备队，职能类同。

第 50 网络作战大队负责为空军卫星控制网（AFSCN）提供可靠与安全的访问，并通过全球广播服务，向战场及士兵提供关键信息。此外，还负责策划、实施、集成、运行、维护指挥控制系统与通用系统，以支持空军航天司令部、战略司令部、航天创新与发展中心（SIDC）、导弹防御局、第 21 航天联队、第 50 航天联队、第 310 航天联队、第 460 航天联队及其他几个国防部所属业务局的任务。而其下属的第 22 太空作战中队和第 552 任务防御队作为赛博作战主要力量，负责信息网络保障、信息攻击监测和网络防御作战等任务。

陆军第 53 信号营在演习中扮演白方角色，主要操作、维护全球的卫星远程地面跟踪站和相关的通信系统，确保通信网络正常运行，实现多方信息联通，数据交换，增设敌情想定。目前“太空旗”参演主要力量如图 17 - 1 所示。

通过进行实战背景对抗演习，美军希望重要卫星操作人员能有效应对突发情况，在部分卫星失效或受干扰情况下，维持美国导航、通信等重要天基资源正常运转，也可对对方的天基信息系统具备攻击干扰能力。

17.2.4　重要意义

“太空旗”演习未来将成为常态化的演习手段。美国希望将该演习打造成为首个太空作战实兵训练。随着该系列演习的逐渐成熟，将模拟更多现实作战场景和威胁，通过环境、武器系统的建模与仿真，使得训练人员沉浸于战斗之中。该演习的举行进一步丰富了美军太空作战演习形式，表明美军在备战太空作战方面已进入实战操练阶段、其太空作战部队建设已从战略支援为主向攻防对抗实战能力方向拓展。

美国《2018 财年国防授权法案》曾明确指出，设立“太空旗”演习，一是要制定并检验（太空作战）理论、作战概念和战术/技术/程序，利用太空控制手段防护和保卫美国资产和利益，在太空能力降级或受损情况下确保太空作业，在冲突拓展至太空时开展太空作战、慑止太空冲突等；二是要设计用于太空作战训练的基础设施和条件，包括专用靶场、威胁复制能力、试验团队支撑条件、高级太空训练需求、训练模拟器和“多域”力量构成等。

目前，美国空军/太空军正构建适应当前形式的战略政策、组织机构、采办制度等，全力提升太空系统弹性和威慑能力。在 2020 年 12 月前，美国防部长须建立起以“太空旗”为代号的年度航天演习活动，对航天领域的作战条例条令、作战概念以及战术、战技、战规进行检验和完善，对太空能力受损或失效情况下的作战进行作战模拟，以提升太空对抗条件下的作战管理、指挥控制、系统操作和危机应对等能力。近期，美国空军/太

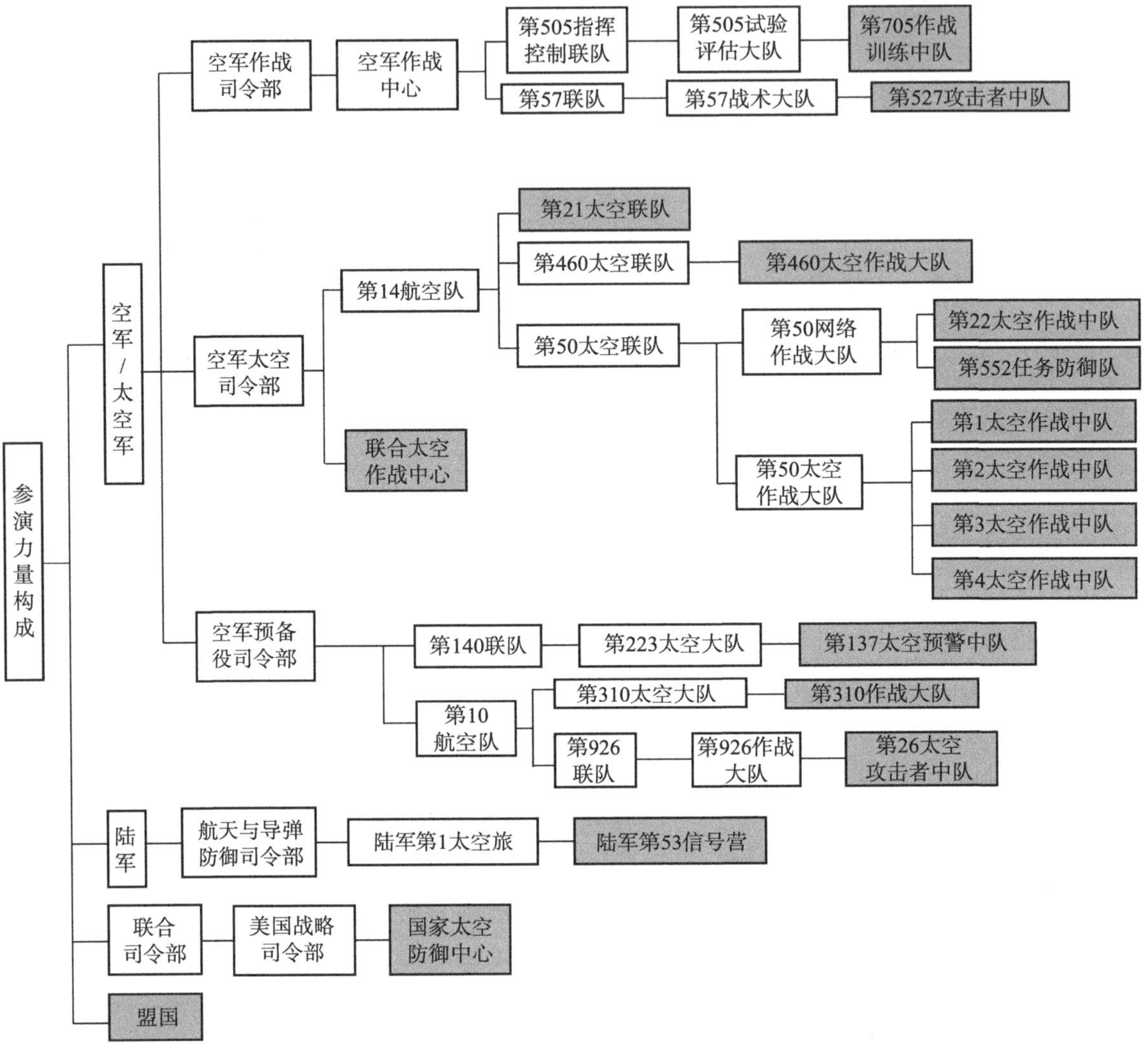

图 17-1　目前“太空旗”参演主要力量

注：深色部分为扩大演习范围后加入的作战力量单元。

空军将完成太空作战概念开发，明确能力差距，加强“多域”协同作战检验，提升慑战能力，未来美国太空力量将在提升威慑的同时，确保部队能够在基于太空域的“多域作战”中获胜，并对其他疆域军事行动给予有效支持。

17.3　发展趋势

“太空旗”最大的特点是聚焦战役和战术层面的演训，由战略层面的推演延伸到战役、战术层面的演练，体现了美军对于太空实战化训练的重视，也反映了美军对当前太空安全环境变化的认识和忧虑。“太空旗”是美军提升太空部队战备能力的关键举措，在一定程度上反映了美军太空作战训练重点、作战样式、演习手段和联盟合作等方面的发展变化。

(1) 纵深发展战役战术层面“太空旗”演习，为未来太空作战做准备

从训练重点看，“太空旗”演习有别于美军长期开展的战略层面的“施里弗”演习，主要围绕太空攻防对抗，训练太空任务部队的作战心态，提高其交战技能。从训练方式看，“太空旗”主要采用“实景—虚拟—构造”的方式，使士兵身处真实的对抗环境，开展实战模拟训练。从训练效果看，如 SF19-1 结束后，三次担任“太空旗”战术情报顾问的第 50 太空联队战术顾问贾斯汀称：“太空旗”是太空作战人员思考并测试新想法的绝佳机会；通过不断的模拟训练，参演作战人员的素质与努力已得到大幅提升。“太空旗”演习如今已成为美军提升太空任务部队能力的重要手段。据美空军第 705 作战训练中队指挥官 Julie Salceies 介绍，“太空旗”军演是少数几个可以开展战役及战术级指挥控制演练的环境之一，参加演习的都是联合部队或多国部队。他说：“内利斯‘影子’作战中心为参演者提供了一个单一的环境，在这个环境中，不仅可以练习使用已有的基础设施，而且可以试验新兴的能力和体系架构，这样可以在与敌人第一次交战前就试验和训练各种设施和能力。因此，‘太空旗’军演使我们更具杀伤力。”

(2) 演习课目设置向细节化和具体化发展，为实战化奠定基础

2020 年 2 月举行的第八次“太空旗”演习中，来自空中、太空和赛博各域的参演者参加了在联合作战演习区举行的 68 项联合战略与战役任务的训练，在为大规模作战行动场景中的战术级受训者提供支持的同时，还在内利斯“影子”作战中心接受有关作战行动处、ISR 处、作战计划处以及特定业务组席位和流程的战役级训练。

在演习中，太空单元处理了 82 个定位导航与授时（PNT）请求以支持人员救援（PR）和动态目标计划（DT）活动。此外，还对 79 个导弹警报和 196 个红外/电子情报（IR/ElINT）请求做出了响应。据美国太空部队飞行指挥官 Lydell Scott 介绍，军演帮助他们更好地整合了许多能力并基本完成了他们应完成的任务。本次军演共策划了 279 种非动能（NKO）打击方案，执行了 267 种；还融入了赛博对抗行动演练课目，由第 552 任务防御队组成的防御性赛博行动小组成功地抵御了 351 个赛博攻击中的 241 个，保护了通信基础设施。由此可见，演习课目设置考虑各种太空作战过程中出现的各种场景，更加具体化和实用化，更加贴近实战。

(3) 将情报驱动纳入太空作战演习，推进情报与太空作战行动的有机融合

SF17-2 结束后，第 460 运行大队负责人曾指出：“在强对抗环境下，太空作战受情报驱动”。SF19-2 报道也指出“太空旗”是一种任务规划型演习，除了直接参与演习的太空作战人员外，还有情报分析人员在演习过程中提供对任务规划至关重要的观点。第 50 太空联队作战支持人员的情报分析员悉尼·格洛弗在 SF19-2 中负责分析数据，并在演习中为蓝军分析预测潜在的敌方行动。第 20 太空控制中队（隶属第 21 太空联队）情报运行部门负责人肖恩·约翰逊在 SF19-3 中指出，因为太空任务规划演习的整个过程融入了情报，迫使所有人突破常规做法进行思考。

从“太空旗”演习透露的零星信息可知，一方面，“情报驱动”与“太空作战与情报的融合”是演习的重要内容，并且贯穿演习始终，渗透到各个环节。另一方面，伴随“太

空旗”演习的进行，截至2018年年初，空军航天司令部已在联队、大队、中队，逐级增加情报人员与分析人员，为日后情报与太空作战深度融合，甚至驱动太空作战做准备。从“太空旗”演习的内容及美军部队建设实践看，情报驱动将发展为美军太空作战样式的主要内容。

（4）推进虚拟仿真技术发展，为举行太空作战演习提供模拟场景

太空作战演习过程并不适合采用真实的太空攻防对抗行动。美军在太空作战演习中大量使用仿真环境训练，未来还将进一步强化该训练方式。美军在《训练战士》白皮书中，提出要对太空任务部队采用“实景—虚拟—构造”相结合的仿真技术开展训练。2017年开展“太空旗”演习实践后，《2018财年国防授权法案》再次强调，“太空旗”要采用“实景—虚拟—构造”的仿真技术获取最佳训练效果，以确保训练场景最大限度地接近实战。

美军正在通过专项投资强化太空作战仿真装备建设。第705战斗训练中队所在的分布式太空任务作战中心（DMOC－S）是美军目前唯一能够为作战人员提供太空建模和仿真设施的机构。但美军高层认为，当前的太空训练基础设施远落后于空战训练的设施，并不能满足未来需求。2018财年空军启动“太空作战研发中心开发”项目，开发建模与仿真基础设施，构建硬件和软件应用程序，创建能力，用于未来的太空试验和包括太空作战指挥与控制在内的军事行动训练。

（5）引入盟国军事力量，打造联盟“多域”联合对抗体系

美军正在推动提升军用卫星装备体系的弹性，将更多的天基信息支援功能分散到更多的卫星平台上，包括将很多卫星载荷搭载在盟国卫星上，或将盟国的部分卫星纳入自己的卫星装备体系。随着太空冲突可能性不断增强，美军在做好自身太空作战准备的同时，还在着手训练盟国的太空作战能力。“太空旗”军演的指挥控制值班军官、美海军陆战队Ronald Dewey介绍，“在进行指挥和控制时，需要与联军以及多国部队进行沟通。军演让我们知道需要与谁交流以及如何交流，从而在特定时间达成针对特定目标的预期效果”。

美军在第七、八次“太空旗”演习纳入了盟国伙伴太空力量，提出未来将扩展演习中的合作，并进一步扩大到“Space 300”“空军航天司令部武器与战术会议”等更广泛的太空教育与培训活动。“太空旗”演习已然成为美军缔结多对一联盟太空对抗体系的重要平台。一方面，“太空旗”演习对盟国作战人员进行战术性太空对抗和赛博对抗的培训，提升其攻击判断溯源和攻击/防御作战水平。另一方面，通过演习，美军及盟军可以在战术作战层面，更好地探索如何实现作战装备的互联互通互操作，进而提升集体防御和协同运作能力。

17.4 几点启示

美国基于太空力量优势地位和发展战略，举办了多次太空作战演习，从战役战术层面检验了太空作战技战术和程序，催生了一批作战理论和太空装备，取得了许多有益的发展

经验。有鉴于此，主要发展启示有：

（1）加强总体设计，促进演习分层分级逐步深化融合和“多域”发展

美军非常重视演习的设计，对演习层次、规模和类别有明显的区分。“太空旗”演习侧重于提高美军太空作战的技战术能力和水平，引入赛博和空中作战力量，丰富了太空作战人员训练的形式和深度，促进了联合太空作战战术、技术和程序的运用、验证和改进。美军的演习设计模式和作战方案场景想定等经验值得借鉴，在演习设计过程中需加强演习层次和类型区分，同时坚持太空作战战场位移、能力等效、功能不变等原则，科学配置演习力量和规模，推进太空作战模拟仿真训练系统建设，区别对待面向战略战役层次的推演和战术层次的模拟演练，有效集成实兵实装训练、基于模拟器的演练和基于数字仿真模型的推演等多种形式，促进演习与训练的良性互动发展。

（2）加快基础设施建设，构建虚实结合的演习对抗环境

美军“太空旗”演习的顺利开展，离不开其完善的基础设施和先进的技术支持。美国国防部从 21 世纪初启动军队训练转型以来，美空军以“分布式任务作战”项目为牵引，启动美空军的第二次训练变革，促进了任务训练中心、分布式任务作战中心、分布式任务作战网络、分布式训练中心等基础设施的建设，研制了一大批包括太空装备模拟器在内的模拟仿真设备，同时依托诺格公司、罗克韦尔公司、波音公司等进行持续的技术改进和保障，不断将新技术运用到太空作战演习中，促进了 LVC（实景—虚拟—构造）训练水平的不断提升。有鉴于此，应树立科学引导和有序发展的理念，坚持融合式的发展思路，推进演训条件和基础设施建设，推动信息格式约定、仿真标准、数据交换技术、虚拟仿真技术等领域的研究与应用，尽快构建异地互联、虚实结合的演习基础设施，为实战化演训和跨域协同训练奠定基础。

（3）加强蓝军建设，提高实战化水平

美军一直重视作战对手及其作战装备的研究。“太空旗”演习的亮点就是引入了美军第 527、26 太空进攻者中队专业的红军力量。这些中队自成立起，就致力于研究主要对手的作战文化和太空作战能力，确保能真实地模拟对手的作战思维和太空实力。为提高实战化训练水平，应大力加强对手及其装备研究，打造一支专业的太空蓝军。只有以强大的蓝军为磨刀石和试剑器，才能磨砺出尖锋厉盾，确保联合太空作战中掌握主动权。蓝军建设应以主要对手及其盟友为参照对象，尽可能准确掌握其太空实力及最新发展动态，包括其太空力量的兵力编成、太空作战装备及其性能指标功能、作战应用方法、作战流程、演训情况等，同时还需研究并模拟其太空作战指挥控制方式、太空作战样式及战法、太空装备运行模式及作战效能等。通过组织开展各层次各级别的演习活动，推动蓝军力量单元和模拟仿真系统的建设完善，促进蓝军作战人员的能力培塑，推动太空力量演训向实战化聚焦。

（4）推进数据计算处理系统建设完善，提高演训数据采集及分析评估支持能力

太空作战最关键的要素是一体化和自动化，数据处理分析、跨域安全解决和可视化显示等能力至关重要，直接影响了作战响应的时效性、决策质量和指挥控制的同步性，还需

加强太空领域的通用指挥控制接口和开放式任务系统架构研究，强化作战演习信息的安全保护和信息系统的防护，提高太空系统的弹性和抗毁性。太空作战中，与高手交锋时，前提是基于太空的跨域作战系统的算力与模型较量，以及情报决策产品质量的比拼。而对太空作战行动起重要支撑作用的太空作战演训，除了太空作战数据处理分析要求外，又增加了演训所需的各种数据。因此，为提高太空作战演训的效益，需加强演训数据采集系统建设，开发完善各种数据处理分析模块，不断提高数据处理分析评估水平。

第 18 章　美国“施里弗”演习

美国前空军部长基斯曾毫不掩饰地宣称：“在统治太空这个问题上，我们拥有这种地位，我们喜欢这种地位，并且我们打算继续保持这种地位。”深入分析美军的实力和发展进程可见，美国所言非虚。美军是目前对太空战探索最深入的国家，从“施里弗”系列演习看，美军太空作战规则正逐步清晰，一条新的太空战略思路也呈现于世人面前。2001 年美军举行的施里弗-2001 是人类历史上首次太空军事演习，后续“施里弗”太空演习的地点分别为施里弗空军基地、内利斯空军基地和麦克斯韦尔空军基地。其中，内利斯空军基地举行了第 3、4、5、6、7、11 共 6 次“施里弗”演习；施里弗空军基地举行了第 1、2、8、9、14 次“施里弗”演习；麦克斯韦尔空军基地举行了第 10、12、13 次“施里弗”演习。

18.1　演习背景

在美国看来，就像陆地、海洋和空中相继成为战场一样，太空也必将成为新的战场。占领太空战略制高点、准备太空战、实现控制太空，确保美国自由进入和使用太空，通过制定和影响相关的国际法律、发展威慑力量等手段限制甚至杜绝其他国家进入太空或利用太空资源，将作为一项长远的战略目标。美国国防部于 1999 年制定的“太空政策”指出，“太空如同陆地、海洋和空中一样是一种媒介，美国在这些媒介内所进行的军事活动都是为了实现美国的国家安全目标”，宣称“对美国太空系统的有意干扰将被视为对美国主权的侵犯”。确保美国对太空的自由进入和使用，在一系列美国政府和美军制定的法规和条令中得到了持续的完善和强化。相同的论调在 2010 年美国防部发布的《国家安全太空战略》再次得到了重申和加强。

2001 年 1 月 11 日，以后来成为美国国防部长的拉姆斯菲尔德为主席的一个高级别国会专门委员会发表了著名的“美国的国家太空安全领导、组织与管理”的评估报告，对美国太空安全与太空力量发展提出了一系列警告与改革建议，明确指出美国对太空的日益依赖和由此产生的脆弱性，要求把保卫太空利益作为美国国家安全优先考虑的重点。报告说，“从历史上我们知道，陆、海、空中都出现过战争。现实表明，太空也将同样会出现战争”，“美国必须开发威慑和防御太空敌对行动的手段，以及威慑和防御来自太空敌对行动的手段”，“必须警惕太空珍珠港的威胁”，在美国政府和军方内部产生了很大震动和影响。

18.2 基本情况

分析 2001—2020 年近十年间举行的 14 次“施里弗”演习可知，历次演习的侧重点有所区别，参与范围逐渐扩大，具体情况见表 18－1。由表 18－1 可知，“施里弗”太空演习已从战略层面发展到战役战术层面，且每次演习针对性强、各有特色、各有侧重。演习过程既是探索检验太空作战能力的过程，同时也表明美国更加重视太空作战，把控制和利用太空作为信息化时代的主要威慑手段，不断宣示其太空威慑能力，旨在保持绝对优势的霸主地位。

表 18－1 “施里弗”太空演习情况

序号	时间	演习参与情况	想定场景	主要目的
1	2001 年 1 月 22 日～1 月 26 日	约 250 名军民航天专家，包括商业航天界代表	2017 年，与主要战略对手争夺太空控制权	研究太空控制和从太空使用武器所需条件，反击敌方先进太空能力的手段，评估敌方可能采取的阻碍美国及其盟国使用太空资源的方法
2	2003 年 2 月 20 日～2 月 27 日	约 300 名军民航天专家。美空军、陆军、NASA、运输部等 30 多个机构参演。还邀请了商业卫星通信与图像供应商参与。加拿大、英国和澳大利亚派员参加	2017 年，与主要战略对手争夺太空控制权	检验太空系统在未来军事行动中的作用，探索将太空能力整合到联合作战中的途径，模拟验证太空控制等概念
3	2005 年 2 月 5 日～2 月 11 日	约 350 人。美国所有军种都参与其中，还包括 NASA、情报界和美国国土安全部、商业部、运输部等。澳大利亚、加拿大、英国派员参加	2020 年，全球多个地区出现多起冲突，竞争对手既有恐怖分子又有国家行为体	探讨在战争中使用太空技术和新型装备支援联合作战的途径
4	2007 年 3 月 25 日～3 月 29 日	约 400 名航天专业人员，来自美国防部多家机构、多家非国防部机构。英国、加拿大、澳大利亚派员参加	2025 年，全球性作战环境	验证 21 世纪联合部队可用的太空能力、战术和技术，检验部队组织机构，促进太空政策和交战规则发展
5	2009 年 3 月 14 日～3 月 20 日	美国多家政府部门、作战部门的相关人员。澳大利亚、加拿大、英国也派员参与	2019 年，在一次地区冲突中，美军及其盟军参战，战场太空内，多处太空能力与赛博能力遭到攻击、拒绝服务	检验国家政策的执行措施，提高太空对抗态势下的指挥决策能力，探索美军与商业部门、盟国及伙伴的协调方法，首次探索太空与赛博的结合问题
6	2010 年 5 月 7 日～5 月 13 日	约 550 名军民航天专家，来自美国、澳大利亚、加拿大和英国的 30 个机构。加上保障人员，共约 600 人	2022 年，一个地区级对手对美国太空与赛博电子太空系统进行毁灭性打击	研究太空与赛博能力集成，探索太空与赛博太空对未来威慑战略的贡献，研究联盟太空作战构想，探索一体化的规则程序，保护并实施太空与赛博太空领域的作战行动

续表

序号	时间	演习参与情况	想定场景	主要目的
7	2012 年 4 月 20 日～4 月 26 日	约 270 名军民航天专家，来自美国 30 多个机构和北约国家。盟国包括澳大利亚、加拿大和英国，法国、德国、意大利、丹麦、希腊、荷兰和土耳其首次参加	2023 年，北约和澳大利亚在非洲对抗海盗联合行动	探索为多国部队军事行动提供支持过程中利用太空途径，检验太空与赛博太空防御一体化作战能力
8	2015 年 2 月	约 175 名军民航天专家，来自美国各地政府机构以及澳大利亚、加拿大和英国	2026 年，中国反介入/区域拒止作战	探索并评估未来体系机构在拥挤、降效以及军事行动受限环境下的弹性，确定未来体系结构中的作战过程、作战概念以及战术、技术和程序的发展机遇，提高国家太空防御能力，研究未来的反介入/区域拒止力量体系对太空作战和服务需求的影响
9	2015 年 12 月 11 日～12 月 17 日	约 200 名军民航天专家，来自美国 27 个机构以及澳大利亚、加拿大、新西兰和英国	2025 年，美国竞争对手在赛博太空和太空领域具备势均力敌的能力，试图通过利用这些领域实现其战略目标	识别情报机构、商业机构和盟友的太空弹性增强方法；探究联合军事行动更好的支持途径；探索未来作战能力的太空力量利用方法；探讨多作战域冲突下的太空设施保护方法
10	2016 年 5 月 19 日～5 月 20 日	约 200 名军民航天专家，来自美国司令部、情报界、NASA 等 27 个机构	2026 年，美国竞争对手在赛博太空和太空领域具备势均力敌的能力，试图通过利用这些领域实现其战略目标	确定增强太空弹性的方法；探索为作战人员提供优化的作战效能途径，以支持联盟作战；评估在“多域”冲突中保护太空资源体系的未来太空能力支持途径
11	2017 年 10 月 13 日～10 月 21 日	约 200 名军民航天专家，来自美国的 27 个机构以及澳大利亚、加拿大、新西兰和英国	2027 年，美国竞争对手在赛博太空和太空领域具备势均力敌的能力，试图通过利用这些领域实现其战略目标	检验各种联合指挥与控制框架，部署并保护空中、太空和赛博太空能力，支持全球和区域性作战行动；通过整合太空作战架构，深入了解太空弹性、太空威慑和太空作战；探索太空和赛博太空在“多域”冲突中的作用，以政府总动员的方式发展伙伴关系，实施联合联盟作战
12	2018 年 10 月 11 日～10 月 19 日	共 350 人。美空军航天司令部、国家侦察局、NASA、商务部等 27 家机构参演，英国、法国、德国、澳大利亚、加拿大和新西兰派员参加，日本首次参加	2028 年，美军印太司令部辖区内某大国，利用太空与赛博太空力量，攻击美国军用、民用太空系统，冲突范围逐步扩展到全球	利用盟友力量慑止对手将冲突延伸至太空；了解盟友参与太空与赛博太空作战行动后的弹性威慑及作战能力情况，探索综合指挥与控制框架，利用并保护空天、赛博能力，支持全球及区域作战；确定太空与赛博太空在“多域”冲突中的战略、战术运用方法；利用军、民、商、盟友的伙伴关系遂行一体化太空与赛博作战能力

续表

序号	时间	演习参与情况	想定场景	主要目的
13	2019年9月4日～9月18日	美军派出来自27个单位的近350名人员参与此次“施里弗”兵棋推演，澳大利亚、新西兰和英国方面也将派人参加	2029年，欧洲司令部辖区一个近乎对等的对手试图利用“多域”军事行动实现其战略目标	研究各个太空相关机构与各军种如何在“多域”环境中联合作战；研究人员、流程与技术如何改进以推进太空司令部联合作战；探索国家、商业和盟国如何架构以协同保护和保卫美国及盟友太空利益；检验指挥的统一性，以实现与不同类别与级别的机构无缝整合太空作战行动；促进美国及盟友对太空领域负责任行为的共同认识，以及对于决策的影响；研究政府及盟友的所有方案，以控制全领域冲突的升级
14	第一阶段2020年9月 第二阶段2020年11月3日～11月4日	澳大利亚、加拿大、法国、德国、日本、新西兰、英国和美国的参与者，包括美国空军部长、美国太空司令部、美国战略司令部和美国网络司令部的作战司令部指挥官，以及美国和盟国国家政府的高级政治和军事领导人	关键性深入太空训练活动；太空领域的战略信息传递	第一阶段实施“深潜”项目，以通过协调和整合战略信息来获得并保持作战和战略优势。 第二阶段“顶层设计联盟委员会”项目，以制定可用于推进和加强联盟在太空领域能力的路线图

“施里弗”太空演习中，蓝方代表美军及盟友，而红方代表对手；美空军太空司令部联盟太空作战中心第527太空进攻中队模拟红方，破坏美军利用和控制太空的企图；美空军太空司令部第14航空联队第21作战大队第76太空控制中队模拟蓝方。

需要特别关注的是，新组建的太空司令部组织的第13次“施里弗”太空作战演习，主要针对未来十年，从战略层面确定未来部队规划和系统集成需求。此次演习背景设定在2029年，欧洲司令部辖区一个近乎对等的对手试图利用“多域”军事行动实现其战略目标。

此次演习旨在研究各个太空相关机构与各军种在“多域”环境中联合作战模式和效果；研究作战人员编成、指挥控制行动流程与技战术改进措施，以推进太空司令部联合作战；探索国家、商业和盟国架构方式，以协同保护和保卫美国及盟友太空利益；检验指挥的统一性，以实现与不同类别与级别的机构无缝整合太空作战行动；促进美国及盟友对太空领域负责任行为的共同认识，以及对于决策的影响；研究政府及盟友的所有方案，以控制全域冲突的升级。

此次演习体现和贯通了2018年改进提出的“多域作战”的概念，并通过演习进行检验和提炼。由于参演机构和盟国的广泛性，演习成为灌输太空理念、达成太空共识的最佳平台，为强化太空作战认识起到了良好的宣传鼓动作用。借助演习不断调整和规范太空作战单元和指挥机构的角色与职能，优化太空作战指挥控制流程，有力地推动了美军太空力量与联合作战的深度融合力度、太空力量单独成军的进程。

18.3　几点启示

美国为维持全球霸权，不断修改太空政策、加大对太空领域的投入，已成立了太空军和太空作战司令部，近期正在进行太空力量的整合，将其他军种的太空力量分步骤转移至太空军。美国总统特朗普明确“太空是作战域”，表明上述认识已经是美国官方主流意见。历次“施里弗”“太空旗”和“全球哨兵”等演习都是在设定红、蓝双方太空能力基本对等的情况下进行对抗，假定红方拥有一定的太空集成设施和太空攻防能力，均以遭受红方太空突袭为想定，演习成果极大地促进了美国太空威慑的形成。近期值得警惕的是，“施里弗”多次以中、俄为假想敌展开太空作战演习，千方百计围堵俄罗斯、竭力遏制我国发展壮大，与美发生太空军事对抗的风险进一步上升，必须提高太空军事斗争的清醒认识。

（1）全方位推进备战太空

美国重组了国家航天委员会和太空发展局等机构，成立了太空军和太空作战司令部，并将军民商航天活动统管提升到国家战略层面，通过统筹协调政策规划、合理调配资源，确保美国在航天领域的优势地位，加快推进“确保己方使用，拒止敌方利用”的太空对抗战略。在军事太空力量建设上，加速建设独立的太空军。在对太空作战的部门职责划分上美军特别重视，追求“无缝无重”，避免重复建设、推诿扯皮、需求落空。同时，美军加快太空武器装备研发、调整组建空天一体部队、创新发展空天作战理论、争夺制定太空规则的主导权、促进航天技术发展等一系列动作也是接踵而至，无疑为全方位的备战太空打下坚定基础。

（2）明确太空目标监视基础作用

太空目标监视是实现太空控制和太空利用的重要手段。太空作战演习是美军探索太空力量作战运用直接而有效的途径。近年来，随着演习的深入，太空目标监视地位在不同《太空联合作战条令》修改版中明显提升，逐渐成为太空任务领域的首要任务。美参联会2018年4月发布新版《太空联合作战条令》，对太空域、太空力量、太空能力、太空作战指挥与计划评估进行了明确规范，标志着太空作战全面深度融入联合作战。并重新划分为太空目标监视、太空控制、定位导航授时、情报侦察监视、卫星通信、环境监测、导弹预警、核爆探测、太空运输和卫星操控等10类，突出利用太空的重要性，强调了太空目标监视的重要地位。

（3）“多域”联合作战成为主流样式

美军分别在第3次和第5次“施里弗”演习中，将近地太空、网络空间纳入太空作战演习，保证太空、网络、临近太空的综合集成在方向上完全正确。第13次“施里弗”演习中，强化了“多域”军事行动实现其战略目标的认识，将太空域纳入“多域作战”或跨域联合作战行动中。在未来的太空联合作战和作战支援中，太空目标监视、太空控制、导航定位与授时、情报、监视与侦察、卫星通信、环境监测、导弹预警、核爆探测、太空运输、卫星运行等能力缺一不可。另外，美军更加注重通过太空系统体系化、分散化和军民商以及国家联盟能力补充等措施，增强体系抗毁与防护能力，实现“不战而屈人之兵”的战略威慑。从目前现状来看，美军慑战一体的作战运用模式正逐步形成，控制太空的目的已经较为明朗。2020 年 2 月 18 日，美参联会副主席约翰·海顿提出，全域战将是未来美军全新的战争形式，联合部队的行动将涵盖陆、海、空、天、电、网等全部作战领域，未来将融合太空、网络、威慑、运输、电磁频谱、导弹防御等各种能力，以“全域战”与中国、俄罗斯等全球性竞争对手在各种烈度的冲突中展开较量。由此可知，美军作战概念逐步向联合概念升级演进，今后的太空作战演习是否融入全域战的理念，开展全域战样式下不同冲突烈度场景的太空作战演习将拭目以待。为此，必须进行追踪解析，加强研究，拿出自己的应对策略，破击其全域战的“软肋”。

（4）太空时代可能青睐有备者

谁拥有更为强大的太空力量，谁就占据了赢得战争胜利的主动。太空演习已由信息支援向太空进攻与防御作战演进。美国太空力量在近几次局部战争中得到广泛应用，积累了利用军、民、商卫星支援陆、海、空三军事行动的作战经验。美军后续的太空演习将会更加聚焦高端对手、更加注重基础条件建设、更加强调部队联合参与、更加侧重战术层面的太空攻防作战。随着演习的逐步成熟，美军事行动场景、威胁、环境以及武器系统的建模仿真也更加真实，对未来战争、战场态势的掌控将更加“如鱼得水”。

（5）天网融合成为联合作战的重要支撑

美军认为，作为新兴作战领域，太空和网络空间在未来高端战争中扮演关键角色。美军《联合作战拱顶石构想：2020 联合部队》指出：“太空和网空优势通常不需要以获取其他领域的作战优势为前提，而其他领域的优势却往往以获取这两大领域的优势为前提”。近年来，随着航天技术和信息网络技术的融合发展，如何防护太空网络信息安全成为太空作战领域的新课题。太空网络战成为太空作战的新样式，日益受到美军重视。为强化太空网络攻防能力，美军从 2013 年开始陆续开展了一系列太空作战背景下的网络攻防演习，重点演练利用计算机网络对敌太空作战指控中心、卫星操作中心、卫星通信网络等关键节点实施攻击，并同时保护己方太空指挥、控制和通信设施不受损害。此外，随着中、俄、印、日等国竞相发展本国的天基导航系统，美军还加强了导航战演练，研究瘫痪或摧毁敌卫星导航系统的方式方法，以便削弱敌精确作战能力。

（6）加强与民商和盟国天基力量的联合演练

美军的太空作战演习中，众多的美国太空问题专家参加，其中有军方的，也有非军方的。曾想定“蓝方”与“红方”争相提高价码，要求外国商业公司不得向对方提供卫星业务服务。可以看出，军事斗争不仅仅是双方军事力量的对抗，而且越来越多地制约于社会的各个领域，特别是商业领域。美国的装备研制建设在很大程度上依靠于商业公司的开发，这就大大加强了军用系统与技术和民用的结合，增强了作战能力，并带来了巨大的经济效益。演习的主要参与者包括空军太空司令部、陆军太空和导弹防御司令部、国家侦察局、空战司令部、战略司令部、情报部等数十个美军机构，这可使其充分了解、获取美国在太空领域的各项能力。此外，演习还邀请英国、加拿大、澳大利亚、新西兰、日本等国家参与，以形成太空联合作战能力。

第 19 章　美国“全球哨兵”演习

美军“太空目标监视桌面演习”（SSA TTX）于 2014 年启动，后更名为“全球哨兵”太空演习，是以盟国间共享太空目标监视能力为目的的桌面演习。“全球哨兵”演习由美国战略司令部组织实施，参演国家包括英国、法国、德国、意大利、澳大利亚、加拿大、日本等同盟国家以及一些商业实体。因“全球哨兵”演习密级高，难以获取详细资料，本部分内容相对较少。

19.1　基本情况

“全球哨兵”演习已开展五次，见表 19－1。其中前三次被称为“太空目标监视桌面演习”。2017 年 9 月 20～29 日的演习中，各参与国均设置了用以指挥和控制本国太空目标监视装备的太空作战中心。同时，演习中还设立了一个全面集成的“联盟太空作战中心”（FedSpOC），用于对盟国太空目标监视装备进行一体化指挥与控制测试。

2018 年 9 月 18～28 日，美空军在美国弗吉尼亚州萨福克的洛克希德·马丁工厂举行第 5 次“全球哨兵”演习，英、法、德、加拿大、澳大利亚、日本参与演习。日本派出 5 名人员参演，旨在提高太空目标监视能力和认识，并为创建“宇宙部队”做好准备。演习内容主要包括训练人员感知太空环境、预测识别太空目标，避免卫星与太空碎片之间的碰撞，开展火箭发射监测桌面演习等。

表 19－1　“全球哨兵”太空演习情况

序号	时间	演习参与国情况	主要目的
1	2014 年 4 月 22 日～4 月 26 日	澳大利亚、加拿大、法国、德国、英国和美国参与演习，日本作为观察国	验证盟国太空作战中心之间的合作水平和互操作能力，检验各自和联合的太空态势能力对作战支持的改善能力
2	2015 年 10 月 26 日～10 月 30 日	澳大利亚、加拿大、法国、德国、英国、美国和日本参与演习	验证盟国太空作战中心之间分析资源和数据产品等的共享能力，检验各自和联合的太空目标监视能力对作战支持的改善能力
3	2016 年 9 月 21 日～9 月 30 日	澳大利亚、加拿大、法国、德国、日本、英国和商业实体参与演习，意大利作为观察国	检验改进国家层面和盟国层面的太空目标监视战术技术和程序
4	2017 年 9 月 20 日～9 月 29 日	英国、日本、法国、德国、美国、澳大利亚、加拿大、意大利和商业实体参与演习，西班牙和韩国作为观察国	测试验证盟国太空目标监视装备一体化指挥与控制能力，检验太空目标监视改善能力，谋求共同太空安全

续表

序号	时间	演习参与国情况	主要目的
5	2018 年 9 月 18 日～9 月 28 日	英国、法国、德国、加拿大、澳大利亚、日本参与演习	验证太空目标感知和探测识别能力

由表 19－1 可知，“全球哨兵”太空演习重在联合盟国和商业实体，开展太空目标监视能力检验演习，提出太空目标监视能力改进完善建议。

19.2　作用与影响

“太空目标监视桌面演习”更名为“全球哨兵”演习，既反映了各国联合开展太空目标监视的重要性，也反映了太空态势感知国际合作范围进一步扩大，契合了美军历来的“全球警戒、全球到达、全球打击”防务安全理念。演习的持续开展充分体现出国外主要航天国家期望通过改善太空目标监视能力，谋求共同太空安全的目标。美国战略司令部认为，“全球哨兵”太空目标监视桌面演习已成为美国及其盟国在太空领域开展战役战术级一体化指挥与控制的重要途径。美军通过“全球哨兵”演习，联合美国和盟友的军事太空力量，加强各自和联合的太空目标监视能力，完善太空作战指挥与控制体制，提升战时在太空战场的技战术，保持长期形成的太空战略优势。

4 作战运用篇

第 20 章　美国太空力量作战运用实践

在以卫星为主的各类航天器诞生至今的半个多世纪里，遍布外层空间的各类军用航天器虽未进行过面对面的相互厮杀，但它们对陆、海、空、电战场的影响已到了无孔不入、无处不在的地步，并对未来战争的范畴、形态起到重塑性影响，极大地决定着战争的进程和结局。当前，太空武器装备的作用有与日俱增之势，基于太空的信息支援作战和反导作战亦早已有之，并已经具有未来太空作战的某些特点，军事太空力量的竞相发展催生了新军种——“天军”的诞生。

20.1　美国太空力量作战运用历程

准备战争，指导战争，赢得战争，首先要研究战争。杜普伊说：“军事历史向来是军事家研究战争的实验室”“军事历史的价值就在于，当对其进行客观的、科学的分析之后，便会帮助我们根据历史经验的趋势或规律，把握未来”。据不完全统计，近 30 年爆发的局部战争和武装冲突中，有卫星参与作战行动的就多达 24 起。20 世纪 80 年代以来发生的海湾战争、“沙漠之狐”行动、科索沃战争、阿富汗战争、伊拉克战争、叙利亚战争，都是人类战争史上具有划时代意义、承前启后的重要战争，天基信息支援在海湾战争中雏形隐现，在科索沃战争、阿富汗战争中得到发展，在伊拉克战争中首展其貌，在叙利亚战争中自如运用。这些丰富的作战实践，为太空作战的孕育产生提供了肥沃的土壤，有力地催化着太空作战理论的诞生。

20.1.1　基于位置高远的情报收集

1957 年苏联发射的第一颗人造地球卫星让全世界为之哗然，卫星的政治属性大于它的科学属性，在政治上的影响远远超过在科学上的影响，美国将这视为“在一场比珍珠港事件更重要更伟大的战争中失败了”。但是 1960 年苏联用一枚地空导弹击落了美国空军驾驶员鲍尔斯驾驶的 U-2 侦察机，这是极具影响力的一件大事，在很大程度上迫使美国对苏联的主要监视活动转入外层空间，美国不久就发射了第一颗照相侦察卫星。不到两年，苏联也开始发射这种卫星，从此拉开了继核争霸后的美苏太空争霸大赛。从 20 世纪 60 年代起，各种军用卫星应运而生，其中侦察通信卫星的作用更加凸显。照相侦察卫星便于系统地、安全地从更加高远的位置收集军事情报，使双方都能严密地监视对方的军事发展动向。根据可靠情报采取的行动往往能起到力挽狂澜、反败为胜的关键作用，这在“柏林危机”“古巴导弹危机”、第四次中东战争和英阿马岛战争等局部地区（国家）的武装冲突中表现的尤为突出。初期阶段太空作战主要以战略层面运用为主，为大国间解决重大政治危机提供极其重要的信息支援，并在一定程度上部分满足了常规战争对战场信息的需求，增强了参战部队的作战效能，是太空作战雏形的显现期。初期阶段，太空作战实践运用的主要特征是：

（1）卫星在战略层面的运用初露锋芒，并发挥了出其不意的作用

运用军事航天技术争取军事优势和作战胜利，已经成为各军事大国或强国谋划战略问题的重要内容。美苏两霸在此期间进行了重要的军事博弈，都把太空军事应用作为重要砝码，付诸于两大阵营对抗的实践中，从战略上统筹作战问题。虽然军事航天技术还处在“小荷才露尖尖角”的起始阶段，在具体应用上也仅限于太空侦察信息保障应用，但是这种运用完全是战略层面的考虑，突出的是以战略运用制胜。而且这些系统的高度保密性可保护它们免受破坏，但也限制了人们了解这些系统的优势，从而阻碍了其作战应用。

（2）太空威慑的地位逐步确立，成为核威慑的重要组成部分

冷战期间，如何将太空战略运用落到实处，防止出现战略上的“大而空”，战术上的“玄而虚”，相互对抗的军事大国都把太空军事威慑作为解决这一问题的重要途径。20世纪60年代美国和苏联研发的大部分太空系统都用于支持核作战和威慑任务。除了战略侦察卫星外，还有用于支持任务的气象卫星和为核部队提供指挥与控制的通信卫星。这些太空资产确保本国具备第二次核打击能力。此时的太空力量和太空威慑重点是借助太空资产与能力，保障核威慑的效果，因而成为核威慑的重要组成部分。因此，对抗双方都积极依赖太空技术，不遗余力地采取实际措施威慑对方。正是由于这一阶段大国间核威慑与太空威慑并施，才阻止了冷战滑向“核冬天”的脚步，化解了许多重大国际战略危机。

（3）实践应用需求的强烈驱使，使得军事航天技术发展异常活跃

在太空作战实施初期阶段，由于军事航天技术发展刚刚起步，可用于太空作战的手段十分有限，基本是太空侦察监视的简单运用，但也充分显示出太空所蕴藏的巨大军事潜力及其在战争和危机事件中的重要地位和作用，起到了“四两拨千斤”的作用，达到了化腐朽为神奇的效果。同时，手段单一的局限性也使得太空作战需求“有想法没办法”。正是由于当时太空作战手段有限，太空作战需求又十分迫切，而满足这一需求又是实现国家重大战略的需要，因此，追求多样化的太空作战手段，成为后来军事航天技术快速发展的必然。

20.1.2 基于天基信息的力量增强

从20世纪80年代末至90年代中后期，太空作战运用的重点逐渐由战略层面向战役战术层面延伸。太空战场的作用非常明显，诸如信息获取、信息支援、兵力投送、火力投掷等均主要依赖太空支援，太空系统成为精确打击、精确交战和精确实时信息支援的重要支柱，并使太空对抗明显地表现出来；太空力量不仅在种类、规模上得到了较大的发展，而且在技战术性能上也得到了较大的提高，并在几场高技术局部战争中得到了较大规模的实际运用，海湾战争是太空系统初步形成战斗力的标志性战例，美国国防部向国会提交的最终总结报告指出：海湾战争是历史上首次得到太空系统全面支持的战争，也是太空能力

首次广泛应用于战役与战术作战行动。伊拉克“自由行动”一开始就在战术层面对太空应用进行了规划，前空军部长詹姆斯·罗谢说过，“这是历史上首次太空拥有了与其他陆、海、空战场同等的地位”。与此同时，逐步形成了与太空作战力量相配套的太空作战理论体系。归纳起来，有如下 3 个主要特征：

（1）战略、战役与战术融合运用并活跃于战场，战争形态大为改观

随着战争形态演变，现代作战对太空军事需求不断增强，太空作战也逐步由战略层面向涵盖战略、战役、战术各个层面的方向转变。近几场局部战争表明，从指挥军兵种联合作战，到夺取战场信息优势、支援陆海空战场作战、推进战争进程，直至传递指挥控制命令、评估作战效果等方面，太空作战武器系统都在扮演着不可或缺的重要角色，发挥着“神经中枢”和兵力“倍增器”的作用，如伊拉克战争，卫星作用空前凸显，太空优势基本形成；快速反应能力提升，主导部队机动成效突出；信息系统天地一体，实时指控能力提升；预警卫星作用明显，反导作战能力增强；GPS 实现战场普及，太空对抗初见端倪。伊拉克战争的胜利，是美英联军在制信息权上的胜利，从某种意义上说，是美国太空信息系统的全面应用加速了战争的胜利。太空系统在战略、战役、战术层面的广泛运用以及无与伦比的表现，使信息的主导地位突显，为推进机械化战争形态向信息化战争形态转变提供了最直接牵引。

（2）战争形式向全域作战、全维作战、快速作战和整体作战发展

太空信息系统所提供的战场侦察、监视、导航、预警和通信等服务，有效地实现了陆基、海基、空基、天基作战平台和各类人员对作战信息的实时交换和共享，从而为多军兵种、多维作战太空、多战场作战提供高效、海量的信息保障，使高技术条件下局部战争中的整体作战能力显著增强，由此引领现代战争向着以信息系统为支持，陆、海、空、天、电、网六维一体的联合作战方向发展，并成为当前乃至未来一段时间的主要发展趋势。从战场的平面范围看，战争可以被更加迅速地推向全球任何角落，战场范围将进一步扩大，前后方的界限将消失；从战场的立体范围看，传统的平面线性战场模式将过时，“非线性”立体战场将成为新的战场形态，利用太空优势完成对上万千米以外的敌方战略纵深目标实施垂直、精确打击或突击将成为可能；从战争的时效性看，战争的节奏空前快捷，战争进程将可能以小时、分钟甚至秒来计算。

（3）应用手段多样化、战场透明化、远程打击精确化成为新的作战样式

这一时期的太空作战运用，已由最初的以单一的战略侦察手段为主，逐步拓展到了包括侦察监视、通信中继、导航定位、气象观测、军事测绘、导弹预警、电子对抗等多种手段的综合运用。首先，战场的单向透明度大大增强，新一代侦察卫星的图像分辨率发展到厘米量级，太空“明察秋毫”不再是科学幻想，战争将成为一场“明争明斗”。以卫星为基础的通信、指挥系统具有频带宽、容量大、作用距离远、覆盖范围广、中间环节少的特点，太空信息支援能力更强的一方将拥有全域感知战场态势的优势，把分散在不同空间位置的多种类型的作战部队和信息化武器实现一体化“无缝连接”，从而保证了指挥控制的精准、快速、高效、互通，极大地提高了武器装备效能和整体联合打击能力。卫星的导

航、定位精度已经很高，陆、海、空武器采用卫星制导、定位，精确打击成为普遍的、基本的模式，联合精确打击的威力成倍增加，精确打击成为一种战争样式。

20.1.3　基于武器发展的攻防对抗

当前，太空作战仍将以为陆、海、空战场提供信息支援为主，以达成陆、海、空三军作战力量倍增效果。但是，全面争夺制天权，发展进攻性太空武器系统，实现全球远程快速对地攻击，正日益成为太空作战的新发展方向。纵观美军天基信息系统在历次战争中的应用和当前太空力量的发展趋势，太空力量与20世纪空中力量的发展类似，太空力量发展和运用也将经历三个阶段：实施信息支援，提高陆地、海上、空中部队的作战能力；实施太空对抗，夺取与保持制天权；实施太空对地打击，为陆地、海上和空中作战提供火力支援。特别是美国遥遥领先的太空军事优势，使当今世界任何国家无出其右，但美国仍注重在实战中不断提高实效，千方百计谋求创新发展，相继组织了14次“施里弗”太空作战演练，使军事航天技术的理论研究与实践运用步入了更快发展轨道。当前乃至今后一段时间，太空作战实践运用的主要特征是：

（1）对天基信息依赖性更强，联合作战将赋予新的含义

在未来相当长的一段时间，天基系统的巨大军事价值仍将体现于对地面军事力量的增强。无论陆战、海战还是空战，都将严重依赖天基系统在预警、监视、跟踪、定位、导航、气象、测绘、打击效果评估等方面提供支援和保障，而且借助网络空间的黏合与桥梁纽带作用，将“侦、控、打、评、保”等方面的作战系统、作战要素、作战单元融为一体，大大提高整体作战能力。随着陆、海、空、天、电、网六维一体战争形态的发展，尤其是新型太空进攻性作战手段的出现，这种依赖程度只会加深，绝不会减轻。在未来战争中，太空作战武器逐步列装，太空军事化不可避免，太空军事力量应用成为现实，太空与陆上、海上和空中的军事行动将紧密地联系在一起，只有通过分布于陆、海、空、天战场的作战力量及其信息系统的联合行动才能顺利完成作战任务。因此，未来战争中的联合作战的范围更加广泛，内涵更加丰富；联合作战将不再是传统意义上的陆、海、空军联合作战，而是包括军事太空力量在内的四大作战力量及其信息资源的联合多域作战，“陆海空天一体战”将取代“空地一体战”“空海一体战”成为联合作战的新模式。

（2）太空对抗装备发展加快，太空作战样式基本形成

随着未来信息化战争对太空系统依赖性的日益增强，以“确保已方利用，阻止对手利用”为目的的太空军事对抗将不可避免，促进了太空对抗装备与技术的快速发展，采取“掌握能力、慎重部署”的策略，在激光、高功率微波等新概念武器反卫星关键技术上逐步突破，在大力发展和完善“硬摧毁”太空作战武器的同时，还不遗余力发展干扰卫星通信链路的“软杀伤”式太空作战武器，以及微小型卫星武器等，以期形成全面的太空对抗能力。太空武器装备发展到一定历史阶段，相应地也迫切要求改变作战方式方法，采用新的作战理论，以充分发挥其效能。因此，关于太空作战样式的研究说法较多，标准不一，如有的按作战区域划分为“天—天对抗战”“天—地对抗战”“地—地打击战”“天地一体

战”；按作战目的和任务，可将其划分为太空封锁作战、太空破击作战、太空突击作战、太空防御作战、太空信息支援作战等。尽管说法繁多，很难统一，有的称为“基本作战方式”，有的将其称为“基本作战样式”，但在一定程度上探讨并回答了未来太空作战是个什么样的问题，对研究未来的太空作战无疑具有很好的参考价值。

(3) 太空对抗是太空控制的手段，最终夺取制天权的趋势异常明显

当前和今后一段时间内，对制天权的争夺将表现得尤为激烈，围绕制天权而进行的争夺与反争夺、限制与反限制、利用与反利用、开发与反开发、维护与反维护的斗争，将会有增无减，并成为 21 世纪军事对抗与较量的主线。因此，在谋划或进行制梅权、制空权、制电磁权、制信息权争夺时，将会形成把取得制天权作为先决条件的统一认识和思路。太空对抗能力是控制太空的核心能力，是在太空战场化环境下能够真正全面利用太空、实现力量增强及力量应用的保证，是太空力量整体优势的基础。其作用是保证己方拥有利用太空能力，同时遏制对方拥有这种能力，达到完全控制太空、夺取制天权的目的，对于夺取制信息权、制海权、制空权，乃至最终赢得战争胜利都具有重大的战略意义。只有在拥有一定制天权的情况下，才能保证实实在在的拥有制海、制空、制信息、制电磁权等。

20.2　美国太空力量作战运用战例

海湾战争以来，以美国为首的军事强国在历次军事行动中都无一例外地依赖于天基能力，使用大量的卫星系统实施战场信息支援。历次战争和危机中，卫星都借助其强大的信息支援能力扮演了重要角色，卫星技术的发展与应用对作战样式、战争形态、军队建设、武器装备运用都产生了极大影响，而战争的诸多属性也在卫星军事应用的影响下发生了巨大变化并催生了重大的变革。在与战争的共同发展与相互作用中，卫星军事应用从最初的战略决策支持到高技术局部战争中的战役战术信息支援，从初始单一的侦察运用到战场诸元的全维信息保障，从军事卫星的重点使用到民用卫星的广泛动员，技术不断发展、功能不断加强、领域不断深化与扩展。

20.2.1　冷战时期的作战运用

冷战时期美苏两个大国军事竞争激烈，作为军事高技术之一的卫星技术得到两国的高度重视，卫星军事应用也进入了起步阶段。在此期间，卫星在军事上主要用于侦察和通信，并发挥了重大作用，尤其是在局部地区（国家）的武装冲突中往往能够起到反败为胜的关键作用。

(1) 初试锋芒化解第二次“柏林危机”

①战争背景

1958 年 11 月 27 日，苏联照会美、英、法和西德，指责对方破坏波茨坦协定，要求西方三国结束对西柏林的军事占领，把西柏林变成一个“非军事化的自由城市”。1961 年 7 月，赫鲁晓夫宣布暂停红军复员，征召预备役军人入伍，声称“如果西方在西柏林问题上

不做出让步，战争将无法避免，到那时将会有几亿人死亡，美国及其盟国的军事基地将被彻底毁灭，肯尼迪也将是美国最后一任总统，只要 6 颗氢弹就可以把英国消灭；9 颗氢弹就能把法国收拾掉”。面对苏联的强势，美国总统肯尼迪宣布增加 32.5 亿美元的国防预算，征召预备役人员和国民警卫队，购置新装备，并向西欧增派大量部队，且命令 50%的 B－52、B－47 战略轰炸机处于战备状态。

②危机经过

美国已经做出打“核大战”的准备，但对苏联核导弹的数量仍缺乏相应的情报支持。1961 年 7 月 7 日，美国发射了 1 颗可回收型照相侦察卫星萨莫斯－2，这颗卫星很快就拍到了苏联导弹武器的照片。通过照片分析，发现苏联的 SS－7 和 SS－8 洲际导弹仍竖在试验发射场内的发射台上，这说明苏联的洲际导弹仍处于试验阶段，还不具备实战能力。后来又通过卫星侦察证实，苏联的洲际导弹的数量远远没有达到美国原来估计的 400 枚，而只有 14 枚，与美国的导弹数量相当。至此，“导弹差距”的假象被彻底揭穿。肯尼迪在与苏联外长葛罗米柯的谈判中向苏方出示了美国卫星拍摄的苏联导弹试验的照片，当面揭穿了克里姆林宫虚张声势进行讹诈的底牌。面对美国的卫星照片，赫鲁晓夫不得不软化态度，迫使苏联撤消了具有核大战气味的“最后通牒”，第二次“柏林危机”终因苏联的让步而得以解决。为了结束这场危机，最后苏联指使东德沿东、西柏林边界筑起柏林墙。

③卫星使用

也正是在第二次“柏林危机”喧闹的前后，苏联于 1957 年 10 月 4 日成功发射了“旅行者 1 号”人造卫星；1959 年 2 月 28 日，美国发射了第一颗军用间谍卫星“发现者 1 号”，虽然没有成功，但在随后的一年多时间里，连续发射 12 颗“发现者”间谍卫星，终于在 1960 年 8 月 10 日成功发射了第 13 颗间谍卫星“发现者 13 号”。该卫星的成功发射与回收，标志着人类利用太空进行军事活动的开始。

④影响分析

“柏林危机”是二战结束后分别以美国和苏联为首的东西方两大阵营之间爆发的严重军事危机，也是双方进行的第一次太空军事较量。这次初露锋芒的太空军事较量，充分显示出太空所蕴藏的巨大军事潜力及其在战争和危机事件中的重要地位和作用。

（2）再显身手遏制古巴导弹危机

①危机背景

古巴历史上是西班牙的殖民地。1898 年美国与西班牙战争后，美国占领了古巴。1901 年美国强迫古巴宪法会议把美国议员提出的“修正案”纳入古巴宪法，规定美国有出兵干涉古巴内政的“权利”。1902 年 5 月 20 日成立古巴共和国。1903 年美国强租古巴海军基地两处，至今关塔那摩基地仍被美国占用。此后，美国分别于 1906 年、1912 年、1917 年派兵进驻古巴，干涉古巴内政。靠美国扶持上台的巴蒂斯塔总统，对内取缔了其他政党和民主团体，残杀爱国志士和进步人士，实行白色恐怖政策，对外屈从于美国，对美国人言听计从，卖国求荣。由底层出身的菲德尔·卡斯特罗领导的古巴革命，推翻了美国支持的巴蒂斯塔独裁政权，建立了新的革命政权。革命政权建立后，卡斯特罗首先到美国访问，主动表示愿意改善两国关系。但美国不把卡斯特罗看在眼里，要求古巴继续作美国的殖民地。卡斯特罗义无反顾地捍卫古巴主权，下令将外资企业收归国有，因此惹怒了美国，美国于 1960 年宣布停止从古巴进口食糖，此举等于切断了古巴的经济命脉。为了打破美国的制裁和封锁，卡斯特罗只好向苏联求助，苏联愿意伸出援助之手，购买古巴的蔗糖，并答应向古巴提供工业设备，使古巴获得外汇和其他利益，但这进一步激怒了美国。于是美国训练了 2 000 名古巴雇佣军，于 1961 年 4 月 17 日凌晨从古巴的吉隆滩（猪湾）登陆，企图用武力颠覆古巴革命政权。在这生死攸关的时刻，卡斯特罗指挥古巴军民奋战 72 h，将古巴流亡分子组成的美国雇佣军“古巴旅”全歼，彻底粉碎了美国颠覆古巴的图谋。为了抗击美国的军事威胁，古巴急需苏联的武器装备，卡斯特罗又不得不向苏联寻求支援。赫鲁晓夫趁机把古巴作为同美国进行抗衡的筹码。1962 年 7 月 2 日，古巴和苏联达成一项协议：苏联在古巴秘密部署核导弹。美国决定以武力为后盾，运用海上封锁手段，迫使赫鲁晓夫把部署在古巴的所有导弹全部拆除并运走。这场核对抗风波能在 13 天内平息下来，侦察卫星发挥了巨大作用。

②美苏卫星使用

1962 年 7 月下旬，苏联第一批商船经过长途跋涉抵达古巴，船上装着经过伪装的导弹。美国连续紧急发射 2 颗“萨莫斯”侦察卫星，以掌握苏联和古巴的动态。“萨莫斯”侦察卫星发现古巴正在建造的导弹发射场有 10 多个，其中有几个似乎已经投入使用；苏联运进古巴的弹道导弹已达 42 枚，每枚都可以携带一个威力比投到广岛的原子弹大 20～30 倍的核弹头。不仅如此，从侦察照片中还发现大批苏联军事人员在导弹发射阵地出现，以及苏联军人安装中程导弹竖立发射架的情景。这样，美国首都华盛顿、卡纳维拉尔角以及其他大城市等重要目标都将处于这些苏制导弹的射程之内。

10 月 26 日下午，危机出现了第一次重大转折。赫鲁晓夫通过苏联驻美大使馆向美国表示：如果肯尼迪总统愿意公开宣布不入侵古巴，苏联愿意撤回导弹。原来，苏联为了探清美国的虚实，于 10 月 17 日发射了宇宙-10 号卫星。21 日宇宙-10 号卫星返回地面，带回了大量卫星照片，为苏联提供了准确的情报。10 月 20 日，苏联又发射了宇宙-11 号卫星，对美国的海军、空军进行监视。苏联侦察卫星的照片显示：美国进行的战争准备是充分的，它的常规部队和核部队已处于高度戒备状态，美国佛罗里达州空军基地集结了大批新到的飞机，空袭轰炸机正严阵以待，海面上已由驱逐舰、巡洋舰、航空母舰及 150 艘后备舰组成了拦截苏联船只的封锁线。种种迹象表明，这次美国人不是虚张声势，苏联也就只好悄悄收场了。11 月 8 日至 11 日，在美国军舰的监督下，苏联船只从古巴运走了全部导弹。

③影响分析

透过这场历时 13 天濒临核战争边缘的“古巴导弹危机”可看出，这场危机的背后，仍与美、苏在太空上的较量有着十分密切的关系。对于美国人来说，正是通过侦察卫星和侦察飞机，才发现苏联秘密地向古巴运送导弹；对苏联的战略导弹、战略轰炸机及导弹基地的详细情况了如指掌，才敢选择武力封锁的强硬措施。对于苏联来讲，也正是从侦察卫星上了解到美国的军事部署情况，才最终以美国不武力侵犯古巴的承诺为条件，无奈地从古巴撤出导弹。

（3）卫星较劲扭转第四次中东战争局面

有火药桶之称的中东地区，历来是各国关注的焦点地区。美、苏两霸为了各自在中东的利益，都使出浑身解数，通过各种渠道了解和掌握印巴（巴基斯坦）、阿（阿拉伯国家）以、以巴（巴勒斯坦）等冲突地区的军事情报。其中大部分情报是从运行在外层空间的侦察卫星上获取的。

①战争经过

1973 年 10 月 6 日，“第四次中东战争”爆发。埃及军队首先向以色列发动奇袭，以色列在埃及和叙利亚的联合进攻下陷入绝望的境地。在此关键时刻，美国的“大鸟”照相侦察卫星侦察到伊斯梅利亚附近埃及军队防守的薄弱环节，并将埃军的照片提供给以色列。美国传送给以色列的卫星照片表明，渡过苏伊士运河的埃及第二和第三集团军收缩兵力于主攻方向，在结合部出现了 10 km 的间隙地带。10 月 19 日，以军立即派出一支精锐部队从这个间隙地带偷渡大苦湖，插入运河西岸，切断了埃军的退路，摧毁了埃及沿运河西岸用苏制防空导弹筑起的“空中屏障”，一举扭转了这次中东战争的整个战局，美国的间谍卫星还侦察到埃及空军飞行员与地面指挥员的谈话，了解到埃及空军飞行员的人数、住址及部分电话号码。

②卫星使用

战争期间，美国和苏联从各自战略利益出发，分别向战区方向发射了 19 颗和 15 颗侦察卫星，对战争双方的情况进行严密的侦察。埃及、叙利亚借助苏联侦察卫星获取的有关以色列的情报，并采取 200 多种欺骗美国卫星的措施，以迅雷不及掩耳之势向以色列发起攻击。为了掌握中东战场态势，苏联连续发射了 15 颗卫星，其中有 5 颗是 17 天内发射的，简直到了疯狂的程度。在战争的当天，苏联发射了能够进行轨道机动的宇宙-597 号卫星，并于 10 月 12 日回收成功；10 月 10 日，苏联发射了宇宙-598 号卫星，6 天后回收；10 月 15 日发射了宇宙-599 号卫星，13 天后回收；接下来是宇宙-600 号、宇宙-601 号、宇宙-602 号……通过卫星侦察，苏联对中东战局转喜为忧。最后苏联通知埃及，战局对他们十分不利，如果继续打下去，恐怕连将来谈判的本钱也没有了。为了增加说服力，劝埃及立刻停火，苏联部长会议主席柯西金亲自出马，将苏联最新获取的卫星侦察照片拿给埃及总统，照片上以色列的装甲部队已经向埃及军队的纵深挺进，态势极端紧急。

③影响分析

这次战争以色列最终没有使用核武器，美国侦察卫星功不可没，从某种意义上说，卫星侦察的情报价值已经超过了 1 枚原子弹的价值。这次军事行动也成为战争史上的经典战例——是军用侦察卫星首次运用于实战，开辟了太空战略信息支援保障的先河，从此拉开太空作战的帷幕。

（4）英阿马岛之战美苏卫星帮忙

①战争背景

1982 年 3 月 4 日，英国和阿根廷之间爆发了一场举世瞩目的马岛战争。这场战争的起因是阿根廷要从英国人手里收回马尔维纳斯群岛，英国人则要夺回刚刚被阿根廷占领的这一岛屿。在这场战争的背后，美国与苏联上演了激烈的太空情报战。美国与英国关系密切，卫星侦察的情报自然要提供给英国。而在美国禁止向苏联出口谷物时，阿根廷却将谷物卖给了苏联，可见苏阿关系不一般，为了感谢阿根廷的雪中送炭，苏联就用卫星侦察到的情报作为回报。

②战争经过

5 月 2 日，阿根廷海军“贝尔格拉诺将军”号巡洋舰在大西洋上航行，距离英国特混舰队 660 多千米，且远在英国宣布的 370 km 禁区之外。由于距离英军较远，阿军依然放心使用雷达和无线电通信装置。此时，位于大西洋上空的美国大鸟侦察卫星已将其活动情况通报给英国特混舰队。英国“征服者”号核潜艇也一直在监视阿军巡洋舰的行动，并通过卫星通信系统向上级报告情况，同时请示对阿舰发起攻击。接到命令后，“征服者”号核潜艇迅速占领攻击阵位，发射 2 枚“虎鱼”线导鱼雷，两颗鱼雷相继命中目标。1 h 后，阿军“贝尔格拉诺将军”号巡洋舰沉没。

5 月 11 日，马岛海战进入白热化阶段，美国又从范登堡空军基地发射 1 颗大鸟侦察卫星，该卫星在 169～257 km 的椭圆轨道上运行，倾角为 94.4°，它不仅用于观察整个阿根廷军队的动向、跟踪阿海军舰船，而且还为英国提供包括圣卡洛斯在内的登陆地点的高分辨率图像。卫星将侦察结果迅速传到英国本土，再由英国将情报数据通过卫星实时发往特混舰队，由舰上“天网”终端设备接收。在随后的战争各阶段，这颗卫星都为英国人提供了重要情报，从而为英军夺取制空制海权，并最终占领马岛起到极为重要的作用。一位美军上校指出，正是由于卫星的侦察，“美国空军就仿佛坐在露天看台上观看英国和阿根廷之间的战争，可以想象，英国分享了这种监视的成果”。

③卫星使用

马岛战争爆发后，苏联连续发射了 13 颗间谍卫星，其中有 8 颗雷达卫星和 5 颗通信卫星，共用了 37 颗侦察卫星向阿根廷提供情报支持，主要是利用宇宙-1347 号卫星进行侦察，获取英军军事情报。自英国特混舰队从朴茨茅斯港起航，直至抵达马尔维纳斯群岛，苏联卫星一直严密地跟踪监视着。后来，苏联又发射了多颗军事卫星，其中宇宙-1352 号卫星便是专门用于马岛战争的，将卫星侦获的英军舰队位置及时通报给阿根廷，阿根廷空军就是利用苏联侦察卫星提供的情报信息，用一枚“飞鱼”导弹出其不意地击沉了英国较先进的“谢菲尔德”号巡洋舰。在此期间，美国用 24 颗海洋监视卫星、2 颗大鸟侦察卫星向英国提供情报支持，帮助英国击沉阿根廷的“贝尔格拉诺将军”号巡洋舰，美军 2 颗大鸟卫星也及时变轨，每日对马岛进行两次侦察，为英军提供情报支援。

（5）应急发射卫星

①印巴战争

1971 年 12 月印巴战争中，苏联连续发射侦察卫星进行“间谍”活动，监视美国的军舰和巴基斯坦空军的军事行动。12 月 6 日，苏联从丘拉坦基地发射了宇宙-463 号卫星，对巴进行侦察拍摄；12 月 10 日和 16 日，苏联又从普列谢次克基地分别发射了宇宙-464 号和宇宙-466 号两颗卫星，其目的都是为了刺探印巴交战双方的军事情报。

②珍宝岛冲突

1969 年 4 月，中国守军与苏联军队在珍宝岛发生武装冲突，苏联在 4 至 8 月间发射 7 颗照相侦察卫星，特别选倾角为 51.8°的轨道，以便于对我东北地区和中苏边境地区侦察。

（6）改变卫星运行轨道

①黎以战争

1982 年 6 月 16 日，以色列军队进入黎巴嫩。苏联的宇宙-1370 号卫星两天之后就机动到可观察这次逐步升级战争的轨道。6 月 12 日至 16 日，宇宙-1377 号卫星飞过中东地区上空，都是为了确保苏联可以将获得的情报传递给无法对战场进行空中、太空侦察的叙利亚等国，以便抗击以色列。

②“两伊”战争

1982 年 11 月 1 日，伊拉克对伊朗发动新的攻击，苏联的间谍卫星便迅速转向这一地区，卫星在同一轨道运行没法放慢速度，其后两天继续侦察，宇宙-1421 号也曾时刻关注波斯湾的一举一动，为参战国提供卫星情报。

③侦察航天飞机

1981 年 4 月，美国航天飞机首次飞行，起飞 14 h 后，苏联宇宙-1262 号卫星立即变轨，进入平均高度较低的轨道，在美国航天飞机着陆前 10 min，以低于 220 km 的高度从着陆场上空飞过，拍摄了着陆场的照片。1982 年 3 月，美国航天飞机第二次飞行时，苏联宇宙-1343 号卫星曾在航天飞机预定着陆前 15 min 经过白沙基地上空，由于航天飞机因风沙过大推迟到第二天着陆，接着卫星再次变轨，终于在航天飞机着陆前 40 min 经过白沙基地上空。该卫星在同一天还观测了美军在美国加州沙漠中举行的快速部署部队雄鹰-82 联合军事演习。

（7）躲避卫星侦察

①伊朗人质危机

1980 年，美国组织了营救被伊朗政府关押人质的军事行动。美国飞机和舰队都参加了这次大规模的军事行动。华盛顿通过军用卫星传递来往的通信和情报信息，与大西洋和印度洋的舰队保持联系，调动海军舰船，支援了这次军事行动。为了防止苏联间谍卫星窃取这一军事行动的秘密，美国还事先将参加营救作战的 400 名全副武装的士兵、飞行员连同飞机一起隐蔽在北非某国。他们精确地计算时间，当苏联间谍卫星经过上空时，他们便机警地躲起来。结果，苏联卫星丝毫没有发觉这次行动。

②军舰航行躲避

1985 年，美国一支海军舰队通过大西洋时，发现有一颗苏联卫星紧随不舍，这无疑是在监视美国海军的行动。美军精确地计算出苏联卫星经过舰队上空的时间。当苏联卫星经过舰队上空时，舰队暂时以假航线行驶，使苏联侦察卫星不能获得美军舰队的真实信息。

20.2.2 “沙漠盾牌”行动中的作战运用

(1) 作战背景及简要过程

1990 年 8 月 7 日，美国军队进入海湾地区，开始实施“沙漠盾牌”行动。8 月 8 日美国总统布什宣布，正在部署一支多国部队，以阻止伊拉克袭击沙特阿拉伯。随着“沙漠盾牌”行动的顺利实施，多国部队开始酝酿对伊拉克军队实施军事打击的“沙漠风暴”行动。从 1990 年 8 月到 1990 年 12 月，美国用了 4 个月的时间，使其军用太空系统全面由对苏体制转入应付海湾地区的局部战争，就在美国总统宣布军事介入的同时，美国大量的军用太空系统已经开始工作，为即将进行的军事行动收集情报、进行实战准备。据称太空电子侦察系统曾预先为美国的情报部门提供了大量伊拉克军队可能采取大规模军事行动的预警情报。

为了取得战争的胜利，使用初步成熟的太空力量，全程实施了支援性作战。据统计，以美军为首的多国部队共动用了 70 多颗卫星、118 个机动卫星地面站、12 个商用卫星终端、81 台卫星信息交换机、329 条话音线路、30 条文电线路、3 万种无线电频率和 4 万台电脑，建立了一个庞大的太空信息获取、传输、处理与分发系统，首次向世人展示了太空军力量强大的信息支援能力，对战争进程产生了巨大影响，为取得海湾战争的胜利做出了重要贡献。

(2) 卫星使用

①侦察卫星

美国在海湾战争中使用的“KH－11”卫星是 1984 年 12 月 4 日发射的第六颗“KH－11”卫星，1987 年 10 月 26 日发射的第七颗“KH－11”卫星和 1988 年 11 月 6 日发射的第八颗“KH－11”卫星。新型的“KH－11”卫星装备有红外成像设备，分辨率为 0.1m，即使在夜间仍能提供高质量的图像照片。对伊拉克指挥中心、机场、“飞毛腿”导弹发射架、防空导弹阵地、交通枢纽等重要目标实施全天候侦察。“KH－11”虽然有许多优点，但也存在所有光学照相情报卫星共有的缺点，就是无法透过云层看到地面，运用天基成像雷达卫星可以较好解决这个问题，在海湾战争中使用的是 1988 年 12 月 2 日和 1991 年 3 月 8 日发射的长曲棍球-1、-2 雷达成像卫星，分辨率为 0.1 m，对于识别和跟踪较大的军事装备（坦克、导弹运输车等）就足够了。

多国部队还征用了一些民用遥感卫星。美军刚被部署到波斯湾地区时，有关科威特、伊拉克和沙特的地图都已陈旧过时，为了弥补这一不足，多国部队征用载有多光谱成像系统的美国陆地卫星和法国斯波特卫星来绘制作战地区的精确地图，这些卫星拍下了战区范围内的地貌图像，转送到地面接收站处理，处理好的图像能够分辨出海岸线附近的浅水区及重型装备在地面通过时的痕迹。卫星遥测的多光谱图像还被用于鉴别和分析两栖登陆和空降区，检查攻击路线和监视敌军行动。

由于交战双方在太空技术水平上相差悬殊，伊拉克对付美军“高技术”的侦察卫星，只能采取一些简单易行且十分“低技术”的隐蔽伪装措施。时任美国参谋长联席会议主席的鲍威尔将军在新闻发布会上承认，伊军反侦察的手段“非常高明”。战前伊拉克曾通过商业渠道购买了西方侦察卫星的遥感图片，用以检验自己的隐蔽欺骗手段。战争过程中，他们试图使被摧毁的建筑物看起来完整无损以“引诱美军飞机再次轰炸”，或将画好的纸铺在地上看上去如同真的弹坑一样，欺骗多国部队飞机放弃轰炸。事实证明，伊拉克军队的“低技术”措施是行之有效的，美军的卫星侦察曾受到了很大的误导，这在相当程度上推迟了多国部队发起地面进攻的时间。

海湾战争中多国部队的太空电子侦察系统由新型的信号情报卫星和部分在轨的尚有一定工作能力的老式电子侦察卫星构成，主要包括 2 颗大酒瓶（亦称“顾问”卫星、“猎户座”星）和 1 颗旋涡信号情报卫星。这 3 颗卫星分别于 1985 年 1 月 24 日、1989 年 11 月 23 日和 1989 年 5 月 10 日发射，均属于地球同步轨道卫星。此外，还包括 1978 年 2 月发射的 1 颗折叠椅卫星，该卫星原用于收集苏联北部军事情报，战争期间每天飞经海湾地区一次，每次侦察时间可持续数小时。除此之外，美国还于 1990 年 11 月 16 日紧急发射了 1 颗大型信号情报卫星。战争爆发以后，当时多国部队已破译出了伊军绝大多数的通信密码。信号情报卫星用于监听伊拉克最重要的无线电通信信道，包括萨达姆和共和国卫队高级指挥官使用的信道。太空电子侦察系统的截获概率之高，使得萨达姆想要进行任何重大军事行动而不被美方得知，成为难以办到的事情。一位退役的美国空军将领以一种夸张的口吻指出，美方对伊拉克的电子侦察异常严密，“甚至连伊拉克飞行员在待飞室中打开电动剃须刀的声音都可以分辨得出”。

海洋监视卫星主要是 1987 年至 1990 年 6 月期间发射的 4 组 12 颗白云卫星，每组卫星每天至少飞经海湾地区 1 次，最多 3 次，负责对北纬 19～35°、东经 40～62°区域的海上目标进行侦收、定位，并为美军提供海上及部分陆地的电子信号情报以及为美军实施海上封锁提供波斯湾、红海、地中海的水面舰船及潜艇活动情报。

②导弹预警卫星

为了对付伊拉克“飞毛腿”导弹的威胁，美国动用了冷战时期研制的“国防支援计划”（DSP）导弹预警卫星。海湾战争中使用的导弹预警卫星，一颗是 1989 年以前发射的，该星于 1990 年 12 月调整了轨道并向西移动至印度洋上空；另一颗是根据战争需要于 1990 年 11 月 12 日发射的。战争后期，该系统可对“飞毛腿”导弹提供 4 min 的预警时间。同时也为“爱国者”反导弹系统实施拦截提供至关重要的预警数据，开创了地面拦截武器进行导弹拦截实战的先例。海湾战争中，伊拉克累计发射“飞毛腿”导弹 80 枚，其中被“爱国者”导弹升空拦截掉的就达 45 枚，由于伊拉克导弹设备及人员技术水平较低等其他原因，仅有 1 次“飞毛腿”导弹直接命中目标。

③ GPS 卫星

以军事用途为目的而研发的全球定位系统（GPS）在海湾战争中发挥了重要作用，它是美国继子午仪后的新一代卫星导航定位系统，由国防部负责出资筹建并全权控制。海湾战争开始时，GPS 的卫星系统只完成了 16 颗星的部署工作，因而，此时的 GPS 仅能提供 19～20 h 的二维定位和 15 h 的三维定位。为了满足作战的需求，美国防部紧急采购了价值超过 4 000 万美元的 8 000 部 GPS 小型接收机，美国参战的舰船、飞机甚至步兵均装备了 GPS 接收机，步兵配备的袖珍接收机仅有雪茄烟盒大小。同时美军导弹、炸弹等武器系统也利用 GPS 进行授时、定位。借助于这种精确的导航定位信号，F－16 战斗机、B－52 轰炸机和 RC－135 侦察机等可全天候准确无误地执行军事任务；坦克编队可在毫无地貌特征的沙漠地带实施精确的机动；扫雷部队可安全通过雷区、准确确定布雷位置以便将其摧毁；给养运输车能在沙漠中发现作战人员并为其提供补给；在海军作战和繁忙的海运支援上，GPS 使海军舰船和运送补给的大量商船能获得精确的导航定位。

④军、民用通信卫星

海湾战争期间，为保障海湾地区的通信需求，美国航天司令部和其他支援机构动用了几乎全部的在轨军用通信卫星进入全负荷工作状态，并且租用了大量商业卫星。就在多国部队根据联合国安理会决议陆续进驻海湾的同时，为了保证通信要求，美国认为在印度洋上空的 2 颗 DSCS 通信卫星力量单薄，又专门从太平洋上空将“国防卫星通信系统”中的 1 颗 DSCS 调到印度洋上空，以承担美军在海湾地区的通信任务，并由 3 颗舰队通信卫星和 1 颗租赁卫星－3 承担海军通信任务，美国还紧急发射 2 颗小型通信卫星（MACSAT）来增强战时后勤信息的传输。英军使用了天网－4 卫星，法军使用了电信－1A、电信－1C 卫星的“西拉库斯”军用通信线路。多国部队建成了以通信卫星为核心的战时通信网络，卫星通信占战区内、外总通信量的 85%，国防部的指令通过卫星几秒钟就能下达到战区司令，各任务分队也能通过所持有的卫星终端接收任务派遣。此外，部队士兵还可通过卫星电话与远在本土的家人通话，部队士气受到极大鼓舞。

⑤气象卫星

在“沙漠盾牌”和“沙漠风暴”行动期间，气象条件是一个很重要的问题。美空军气象资料显示，从 11 月份到 1 月份，巴格达上空平均 50% 的时间被云层覆盖，到 2 月份下降到约 40%。这一季节的特点是“多雾、云和雨，云层高度很低”。这些气象条件都不利于多国部队进行轰炸或照相侦察。1 月份和 2 月份的季节狂风可导致大沙暴，同时雾的高度也较低。从 2 月底到 4 月份，地面经常刮起平均时速为 35～45 英里的大风，引起沙暴。在这样的天气条件下，雷达很难发挥作用。

在沙漠盾牌行动开始时，美已有 2 颗国防气象卫星计划（DMSP）的气象卫星在轨工作，由于在轨工作的一颗老卫星已超过其 3 年的设计寿命（1987 年 6 月 19 日发射），而另一颗到 1991 年 2 月也将接近 3 年的设计寿命（1988 年 2 月 3 日发射），因此美国于 1990 年 12 月 1 日又发射了一颗 DMSP 卫星。虽然美国军方是美国国家海洋和大气管理局（NOAA）民用低高度气象卫星数据的主要用户，但美空军仍保持 2 颗 DMSP 气象卫星组网工作。还使用了部分商业卫星提供气象资料，主要包括诺阿气象卫星和欧洲的地球同步气象卫星，以加速了解云层的最新情况。

气象卫星所提供的信息被广泛地用于制定计划和执行攻击任务，决定空袭目标和用什么型号的飞机及弹药去攻击计划中的目标；确定风向和潜在的化学药剂威胁；发布沙暴和其他天气现象的警告。这种获取动态天气情况数据的能力还使美军能够较好地应用各种夜视器材探测目标。

（3）影响分析

海湾战争后，美空军中将托马斯·穆尔曼（Thomas·S·Moorman）讲到："'沙漠风暴'……已成为太空军事领域应用发展史上的分水岭，正是太空系统在军事冲突中的首次综合运用，成为了决定战争结局走向的关键"。

1）1991 年的海湾战争是高技术局部战争的经典战例，也是天战初步形成战斗力的标志性战例，以美国为首的多国部队建立了一个庞大的太空信息获取、传输、处理与分发系统，首次向世人展示了太空力量强大的信息支援能力，对战争进程产生了巨大影响。战后，美军在总结海湾战争经验时认为：在一定意义上来说，海湾战争是人类历史上的"第一场太空战争"。

2）海湾战争证明，"太空卫星系统无论在战略行动还是在战术行动上，都已成为现代作战体系中不可缺少的一部分"。事实上，当海湾战争开始时，美国军事指挥部并没有普遍认识到美国军事太空系统的潜在作用，尽管美国的许多卫星系统在以前的突发事件中曾经被应用过，但从来没有被应用到这种程度，这么广泛地与整个武装力量体系融为一体。大规模地使用太空系统是美国军事指挥机关所始料不及的，很大程度上是因地制宜被逼出来的，还在另一个新的领域发挥了作用，即对战术弹道导弹袭击的战区预警。

3）同时美军方人士也认识到，虽然海湾战争可以称之为"第一次太空战争"，但这仅是一次"没有准备的太空战争"，因为当时美军使用的所有太空系统都是为冷战时期执行战略任务而设计的，不能完全适应局部战争和地区冲突中的军事需要。这些问题主要包括：一是太空作战力量的应急部署耗时过长；二是系统兼容性不强；三是航天装备的技、战术指标不高，难以适应瞬间万变的战场环境；四是太空作战的指挥体制僵化、信息流程不合理，各级指挥、战斗人员对太空作战力量不够了解，无法在作战中有效运用。太空系统的建设与应用还需要认真地研究和完善，使之能更好地服务于高技术局部战争。

20.2.3　"沙漠之狐"行动中的作战运用

（1）作战背景及简要经过

为了打压伊拉克萨达姆政权，美英联军于 1998 年 12 月实施了"沙漠之狐"军事行动。在这次作战行动中，美国空军航天司令部（AFSPC）组织了近 600 人的军事航天保障队伍，执行各种太空信息支援任务。美军共动用包括企业号航空母舰在内的 40 多艘舰艇，300 多架当代最先进的作战飞机及支援飞机，几十颗在轨军用侦察、监视、预警、通信广播和导航定位卫星，发射了 415 枚舰载/机载巡航导弹和大量炸弹。此次军事行动中，美军各种侦察、预警、通信和导航定位卫星在现代战争中再次扮演重要角色，同时美军利用卫星系统实施较大规模的打击评估，充分演练作战评估的战争新概念。“沙漠之狐”行动中美军主要动用了 GPS 全球导航定位卫星（24 颗）、军用侦察监视卫星、军事通信卫星和其他各类卫星，较之海湾战争，卫星应用在本次军事行动中，重点突出了数据语音通信和导航定位两方面功能。

（2）卫星使用

①侦察卫星

为了这次军事行动，美国在外层空间部署了 5 颗近地轨道卫星（3 颗高级“KH－11”光学成像卫星、2 颗“长曲棍球”雷达成像卫星）和早些时候作为海洋监视卫星星座组成部分而发射的 3 颗小卫星构成的战区监视网，平均 1.2 h 对伊拉克进行一次监视并评估打击效果。从美国公布的一些打击效果评估照片中充分显示了太空侦察监视网在这场巡航导弹远距离突袭、精确打击中的重要作用。

② GPS 卫星

在发射的所有 415 枚巡航导弹上装备了惯性导航/全球定位系统（INS/GPS）中段制导设备，以替代原先的惯导/地形匹配中段制导系统，从而大大提高了巡航导弹的命中精度。由于 GPS 接收机是利用导航卫星测得的导弹与目标的相对位置和相对速度来修正导弹的飞行路线，不再像地形匹配系统那样依赖地图飞行，因而增加了导弹在选择发射点和飞行路线上的灵活性，也克服了导弹在水域上空飞行时地形匹配系统不能正常工作的缺点。例如，战斧巡航导弹改装 INS/GPS 后使中段定位精度提高到 12 m，防区外发射距离增加 20%，任务规划时间缩短到只有几小时。多国部队配备了约 5500 台 GPS 军用接收机和 1 万台民用接收机，可随时接受 GPS 卫星发射的高精度三维导航定位信号。借助于 GPS 定位信号，多国部队可以全天候准确无误地执行军事任务，给养运输车能在沙漠中发现需要补给的作战人员，海军舰船和运送补给的大量商船能获得精确的导航定位。

③通信卫星

美国的各种军用通信卫星，尤其是 1998 年刚刚部署的第二阶段全球广播卫星系统，在从本土向战区传送大容量侦察情报和后勤保障信息方面发挥了重要作用。甚至商用卫星直播电视系统和“铱”全球卫星移动通信系统也可能被用于战区通信，这些通信保障条件是 1991 年海湾战争爆发时尚未具备的。负责实施此次军事打击行动的美国中央司令部与海湾战场相隔 8 个时区大约 14 000 km，它们采用最先进的通信设备，尤其是通信卫星迅速将详细的战场信息及时从战区送到指挥中心，使最高层指挥人员能随时密切关注战场动向。同时，利用进一步完善的卫星通信设施，美军基层战斗单位和单兵的通信互联能力都有进一步的提高，前线指挥部司令官与前线士兵在关键时刻均可直接与中央司令部通话，语音与数据的传输时延不到 1 s。地面部队主要使用车载式和背负式终端，战术单位使用 96 路通话终端，只需 3 人用 30 min 即可安装开通；伞兵使用的终端，空降后 5 min 即可通信；海军使用舰载卫星通信终端，几乎所有水面舰艇都安装了卫星通信接收机；空军使用机载卫星通信终端，确保了美军数万架次飞机的空中行动。

(3) 影响分析

① GPS导航定位技术的使用

在1991年的海湾战争中，GPS导航定位技术的作用不仅体现在特种部队的空降、集结、穿插、侦察、支持和撤离过程中，还体现在对所有海陆空军参战飞机进行空战指挥，以及实施空中管制、夜航盲驶、救援引导、精确攻击中，也体现在对地面部队引导、集结、穿越障碍和雷区、战场补给、地面车辆导航、海空火力协同、火炮瞄准与修正等许多方面，美军官兵一致认为是GPS赢得了这场战争。但是当时太空中的GPS只有16颗卫星，尚未正式投入使用，军用实时定位精度也只有15 m左右，战斧式巡航导弹尚未装备GPS中段制导系统。8年后，GPS系统已经正式投入使用，经过不断改进和完善，军用实时导航定位精度已经提高到1 m。

②战场打击评估

在侦察监视方面，美国的高级"KH-11"高分辨侦察卫星、雷达侦察卫星和海洋监视卫星除发挥其侦察监视的主要功能外，在战前战场准备阶段和战时打击效果评估中都发挥了比第一次海湾战争更重要的作用。美军卫星军事应用已贯穿于战场作战的各个环节，其主要方式为：利用电子侦察卫星窃听敌军通信，以此制定政策和选择打击目标，之后利用卫星侦察手段获取信息，确定目标特征和坐标数据，再利用GPS进行精确定位和制导，对目标实施精确攻击后，进行打击评估，视打击效果进行二次和多次打击与评估。

③对战争形态变化的影响

以微电子技术为基础的信息技术的发展及其在军事领域里的广泛运用，是战争形态转变的主要技术基础。军事信息技术和信息化的武器装备，特别是高技术侦察监视系统、指挥控制系统和精确制导武器的发展，使得军队的信息获取和处理能力、全方位机动能力、远程精确打击能力、全面防护能力和一体化指挥控制能力出现了质的飞跃；作战样式呈现出非接触、非线性的特征，战场的界限趋于模糊，战争的节奏加快、进程缩短，作战方式主要表现为陆、海、空、天、电一体化的联合作战。

20.2.4 科索沃战争中的作战运用

(1) 作战背景及简要经过

1999年3月24日至6月9日，以美国为首的北约对南斯拉夫联盟共和国进行了长达78天的空袭和导弹打击，这次军事行动称为"盟军行动"（亦称"联盟力量"）。科索沃战争是继海湾战争之后的又一次高技术局部战争，太空力量的应用向更深层次发展，特别是在处理战场信息的不确定性和时效性方面前进了一大步，更加凸显了21世纪高技术局部战争的信息化特征。

以美国为首的北约为了夺取信息优势，以支持空袭行动的协调统一、空中打击任务的实施和毁伤效果的评估，动用了约20种民用和军用卫星系统，共计89颗卫星，仅美国就动用了50多颗卫星，包括光学成像侦察卫星、雷达成像卫星、小型侦察卫星、国防气象支援计划卫星、全球定位系统导航卫星和通信卫星等，此外还使用了北约的纳托-4军用通信卫星、英国的天网军用通信卫星和法国的太阳神-1A 卫星。卫星性能达到空前水平，太空侦察的分辨率可达 0.1 m，可探测水下 40 m 深的潜艇和 3～5 m 沙层下隐蔽的坦克，对电磁辐射源定位的误差在 30 m 之内。导弹预警系统卫星能对陆基洲际弹道导弹提供 25～30 min 的预警时间，对潜射弹道导弹提供 15 min 的预警时间。在作战中，北约部队利用庞大的卫星系统对南联盟实施全天候、全天时侦察，并利用卫星系统为武器装备和人员定位、导航，实现远距离精确打击。科索沃战争中，美军在 GPS 技术的运用上较之以往有了较大的飞跃，其基于卫星制导技术利用精确制导弹药实施防区外打击，成为“非接触”作战的重要样式。

（2）卫星使用

① GPS 卫星

由 24 颗导航定位卫星组成的美国 GPS，在空袭中发挥了十分重要的作用。利用 GPS 制导的炸弹和导弹，不受烟雾等任何情况的影响，命中精度大大提高，飞机投射武器的距离也更远，使载机更加安全。用 GPS 制导的战斧巡航导弹可准确击中 1 600 km 远目标。面对具有强大防空体系的南联盟，除 F-15、F-117A 等高空战斗轰炸机外，其他作战平台都难以靠近或进入南联盟腹地。因此，防区外打击成为美军空袭的主要样式，GPS 也成为作战行动的重要保障。在炸毁南联盟境内多瑙河上的瓦拉丁大桥时，北约仅用了 2 枚导弹，此举与美国炸毁中朝边境鸭绿江大桥相比，可以说其精确度有了质的飞跃。

在空袭行动中，美军两架第 409 轰炸机中队的 B-2 隐身轰炸机在怀特曼空军基地与南联盟之间往返飞行，每架 B-2 投掷了约 73 000 kg 炸弹，每枚炸弹均由 GPS 信号精确制导。此前，B-2 机组成员都通过“辅助瞄准军用设备”全球定位系统，针对美国许多城市建筑和其他目标都进行了高空打击任务演习。F-15 在南联盟境外 32 km 发射重 908 kg 的 AGM-130 空对地导弹时，卫星制导系统引导导弹飞向目标区域，之后投弹员用手动控制器和电视屏幕瞄准目标。如果地面被云层覆盖，导弹将一直由卫星制导系统引导飞向目标，其命中目标的精确度仅比手控制导差 3.05 m。B-52 轰炸机在亚得里亚海上空向南联盟境内目标发射 AGM-86 常规空对地巡航导弹时，在导弹飞向目标的过程中，弹上 GPS 接收机接收卫星发出的信号，通过数字绘图装置与经过计算机处理的地形图对照来不断校正航向，B-52 在导弹发射后可马上离开，导弹自主飞向目标。3 月 27 日，4 架 B-52 轰炸机携带了一种新型卫星制导炸弹，它能在恶劣天气情况下准确击中目标，专门对付坦克和火炮，误差不超过 10 m。

同时 GPS 使救援行动更迅速、更准确。在空袭前 20 多天的军事行动中，被击落的 F-117A 飞机驾驶员由于配戴有 GPS 接收机的无线电发射机，使在 100～160 km 之外的救援飞机马上捕获到驾驶员的呼救信号，定位精度为 100 m，从而使这名飞行员在南联盟搜索人员眼皮底下获救。在南联盟境内的北约间谍也使用 GPS 精确测定各种军事目标的方位，对提高各种武器的打击精度也有重要作用。

②侦察卫星

在天气好时，美国的 3 颗高级“KH-11”光学成像侦察卫星可提供高分辨率的可见光和红外图像，对轰炸效果进行精确的评估，既能普查，又可以详查；既能在白天进行可见光照相，又可以在夜间进行红外照相，还能进行电子侦察，地面分辨率达到 0.1 m，这是迄今为止的最高水平。星上的红外照相能力，可使卫星发现有热源的伪装物，并能在光线不足或全黑的条件下拍摄地面目标。它具有极强的机动变轨能力，因而可随时调整卫星轨道，且推进剂用完后可由航天飞机在轨加注。卫星所获的数字图像数据用跟踪与数据中继卫星实时传至地面站，南联盟军队调动、飞机起飞等情报，由地面图像判读中心分析处理后，约几十分钟即可传到指挥中心。这 3 颗卫星的轨道高度为 280～1 000 km，倾角为 97°，每颗卫星一天飞越目标区域 2 次，并能对飞行轨迹东西两侧区域成像。其他一些小型侦察卫星所获的信息仅起补充参考作用。

在恶劣天气情况下，北约就只能依靠 2 颗“长曲棍球”雷达成像侦察卫星了。它是目前世界上唯一的军用雷达成像侦察卫星，是冷战时期针对华约制造的，耗资 10 亿美元。星上的高分辨率（0.3～1 m）合成孔径雷达能克服云、雾、雨、雪和黑夜条件的限制，实现全天候、全天时的侦察。它不仅特别适用于跟踪舰船和装甲车辆的活动，监视机动式弹道导弹的动向，还能发现经伪装的武器装备和识别假目标，甚至可以穿透干燥的地表，发现藏在地下数米深处的设施。卫星每天飞越南联盟上空两次，其携带的雷达可对星下东西两侧区域成像，对科索沃地区进行攻击前的侦察和打击后的效果评估。它们运行在高 680 km 的轨道上，倾角分别为 57°和 68°，具有识别南联盟塞尔维亚地面部队和萨姆-6 机动式地对空导弹的潜能，即使这些目标隐蔽在森林地区也难以躲藏。

③气象卫星

巴尔干地区春季天气多变，阴云密布，地形丘陵绵延起伏，对空袭行动产生了巨大影响。为此，北约投入了约 14 颗气象卫星从不同角度获取气象信息，为空袭行动提供气象服务。使用的气象卫星包括极轨和静止轨道气象卫星两种。美国在轨共有 8 颗极轨气象卫星，其中 DMSP、NOAA 各 4 颗，轨道高度为 800 km，分辨率为 1 km 左右。这些卫星采用上午与下午轨道，特别是 NOAA－12、NOAA－15 两颗卫星，运行在轨道的两个对称位置上，覆盖相同地面区域，这些卫星可每隔 1 h 观测南联盟地区一次，捕捉短期大气变化的细节，6 h 对全球观测一遍，对美、欧各地飞机起飞等作战行动提供了重要气象支援保障。北约使用的静止气象卫星网主要有 6 颗卫星，可见光谱段星下点地面分辨率为 1 km，红外谱段星下点地面分辨率为 4～5 km。

④卫星信息加密

空袭行动开始后，美国空军航天司令部就对美国军用卫星（包括国防气象支援计划卫星和全球定位系统卫星）所有原来对外公开的轨道数据实行保密，这些轨道数据对外公开已有好几年。对于此次采取的保密措施，该司令部的解释是“这些数据本身就是保密的”。采取这一措施的目的是防止这些卫星的位置数据轻易落入南联盟训练有素的分析人员手中，或流落到俄罗斯及其他同情塞尔维亚人的分析人员那里，从而使他们能够确定美国国防气象支援计划卫星等飞越南联盟上空的时间，并借此分析出北约战术行动的时间安排。

此外，同以往军事行动一样，北约还使用了多种军事通信和数据中继卫星，以协调陆、海、空部队的作战行动，其中主要的通信卫星是：国防卫星通信系统-3（DSCS-3）、军事战略战术中继卫星系统（Milstar）、舰队卫星通信系统（FLTSATCOM）、特高频后续卫星系统（UFO）、全球广播服务系统（GBS）等。这些军用通信卫星在北约各国部队协同作战、信息支援作战中发挥了关键作用。

（3）影响分析

1）“三级联网、四级中枢”的指挥体系首次使用。三级联网，即战略、战区、战术三级 C4ISR 系统联网。在战略级，北约使用了美国的全球侦察预警系统和从 1993 年开始建立的全球通信指挥系统，它的核心部分由全球指挥控制系统、国防信息基础设施、国防信息系统网络、国防报文系统和国防红色交换网组成，陆军的“陆军作战指挥系统”、空军的“地平线”C4I 系统和海军的“哥白尼”C4I 系统与之联通。在战区级，首次使用了“初期联合空战中心能力系统”“北约综合数据传输系统”和“海上指挥控制系统”三个新 C4I 系统。在战术级，北约大量装备和使用了“移动用户目标系统”“联合战术信息分发系统”及“单信道地面和机载无线电系统”。四级中枢，第一级是设在美国本土的美国国家军事指挥中心，主要用于战略指挥；第二级是设在比利时的北约欧洲盟军最高司令部的联合作战中心，用于战区指挥；第三级是设在意大利维琴察的北约战术空军司令部联合空中作战中心，用于空中战役指挥和战术指挥；第四级是部署于战区的 23 架空中预警指挥平台，用于战术指挥控制。

2）北约对南联盟实施的“联盟力量”空袭行动在作战方式上很大程度体现了“空天一体化”的远程作战特征。以美国为首的北约调用 50 余颗军用卫星，在外层空间不间断地以情报侦察、指挥控制、导航定位等活动来保障空袭作战的进行。在空前强大的太空力量支援下，首轮空袭的方式主要采用的是依靠卫星导航和制导的三种重型战略轰炸机的远程奔袭。多国部队、诸军兵种、各种武器装备和各个作战区域形成了一个较为协调一致的整体，在陆、海、空、天、电、磁各个战场、多个领域的联合行动中，基本上形成了全方位、全时空的立体化作战。

3）首用“电子战”的套路更加成熟。高技术局部战争第一波攻击，实际上是以强大的电磁干扰为主要内容的电子战。海湾战争空袭前的 12 h，多国部队就开始了大规模的、强烈的电子干扰；美军空袭利比亚作战行动成功的关键，是前 6 min 的电子战；在空袭南联盟的科索沃战争中，北约电子战飞机出动架次约占飞机总出动率的 40%。

20.2.5　阿富汗战争中的作战运用

（1）作战背景及简要经过

9·11 恐怖袭击事件发生后，2001 年 10 月 7 日，美国针对本·拉登的基地组织以及庇护和窝藏他们的阿富汗塔利班武装发动了“持久自由行动”的反恐怖战争。美对阿军事打击行动是继海湾战争与科索沃战争后的又一次高技术局部战争，与以往相同，阿富汗战场再次成为美军锻炼部队实战能力与检验高新技术装备战斗力的实验场。在此次对阿军事打击行动中，美军全力实施了进攻性联合信息作战，其中，美以卫星应用为主体而全力构建的 C4ISR 系统发挥了关键作用。美在此次行动中共动用了 94 颗卫星，超过了海湾战争期间的 74 颗和科索沃战争的 89 颗，基本实现了对塔利班武装的全方位、全天候、全时域侦察监视。其主要包括：成像侦察卫星、军用通信卫星、电子侦察卫星、导弹预警卫星、GPS 全球导航卫星、气象卫星等。在打击行动开始之前，美利用卫星对阿境内的目标进行全面、反复的侦察与分析，并依此制定周密的打击计划。实战中，又利用卫星实时评估打击效果、预测战场动态，并及时修正精确制导武器的数据。美在卫星军事应用方面的大力投入使得战场单向透明度大大增强，为美军"有的放矢"创造了必要的先决条件。

（2）卫星使用

①侦察卫星

同海湾战争和科索沃战争相比，在对阿军事打击行动中美卫星侦察能力已有了长足的进步。侦察技术的革命性变化，已使卫星侦察在实战中发挥着不可估量的作用。此次行动中，美国快速调整了多颗"KH－11"卫星的运行轨道，加强了对阿侦察监视能力。在美军遂行侦察任务的卫星中，共有 9 颗成像侦察卫星，分辨率在 0.1 m 至 1 m 不等，其主要任务是对目标进行战前侦察和打击效果评估，在低地球轨道上间谍卫星所用的摄像机可以看见近 10 cm 小的目标，如地球上一份报纸的大标题或汽车的车牌。

2001 年 10 月 5 日，为满足对阿军事打击行动的紧急需求，美从范登堡空军基地又发射了一颗"KH－11"卫星。在通过调整在轨卫星的运行轨道和发射新卫星后，美"KH－11"卫星基本实现了每日两次过顶阿富汗，全面加强了其对阿境内贾拉拉巴德、坎大哈、赫拉特等地区的卫星侦照。"KH－11"卫星虽分辨率很高，但其侦察视野窄小，扫描宽度仅为 7～10 km，难以对大范围的地形进行观测，无法适应作战对大范围、大纵深战场图像的需求。为此，美将一颗 8X 新型成像侦察卫星（代号 USA－144）投入对阿作战，其轨道高度约为 3 000 km，分辨率为 1 m，虽远低于"KH－11"卫星，但宽域成像侦察能力较强，对美感兴趣的目标每天可至少侦照 2 次。美还投入了 3 颗"长曲棍球"成像侦察卫星，其轨道高度为 600 多千米，可进行全天候、全天时侦察，并能识破伪装目标，分辨率为 1 m，每天保持 4 次过境阿富汗上空实施侦察。此外，法国 2 颗光学成像侦察卫星也为美军行动进行可见光照相，每天至少侦察阿富汗 2 次。美军成像侦察卫星全天时密切监视阿富汗全境地面情况，并迅速将图像传送到美太空情报中心。通过卫星侦察，美太空军事情报部门在白天甚至可以通过军用侦察卫星观察到塔利班小股部队在不同地区的活动情况。

为获取更多对阿作战情报，并进一步加强美国军用侦察卫星系统的能力，美国防部不仅大量运用成像侦察卫星，还通过大量征用、租用商用卫星以及外国遥感卫星以获取高价值的卫星图像资料。在海湾战争期间，美商用卫星图像仅限于约 10 m 分辨率的黑白图像和 20 m 分辨率的彩色图像，但在对阿军事打击行动中其图像分辨率已比当时高出近 10 倍。虽然商用卫星的分辨率还大大低于军用侦察卫星，但对诸如建筑物、电厂、机场等大型目标的侦察，已是完全可以胜任了。此次打击行动中，美共使用高分辨率民用卫星 10 多颗，分辨率在 1 m 至 15 m 不等，主要包括美国"伊科诺斯"卫星和印度、法国及韩国的遥感卫星等。在美对阿实施军事打击前，美“伊科诺斯”卫星对塔利班控制的机场、导弹和防空雷达阵地及本·拉登的训练营地已进行了反复侦照。在军事打击后，美又利用遥感卫星及时侦察喀布尔、贾拉拉巴德等机场及部分恐怖组织训练营地的损毁情况。同时，美国数字地球公司也于 2001 年 10 月 18 日从加利福尼亚的范登堡空军基地发射 1 颗快鸟-2 商业遥感卫星，该星轨道高度为 450 km、倾角为 98°，运行周期为 93.4 min，分辨率在目前的商业遥感卫星当中是最高的，黑白图像分辨率为 0.6 m，彩色图像和红外遥感图像的分辨率均为 2.5 m。此外，遥感卫星获取的信息对美军在阿富汗地区的军事测绘工作更是起着至关重要的作用。

美在使用卫星对阿侦察的同时，还注重防止卫星信息外流，避免情报泄露。美国太空成像公司的“伊科诺斯”卫星是目前在轨的 1 m 分辨率商用遥感卫星，在对阿实施军事打击的过程中美太空成像公司曾在其网站上免费公布了该卫星拍摄的图像。对此，美国防部于 10 月 11 日与太空成像公司签订协议，禁止太空成像公司公布、发布、分享和向任何其他实体提供“伊科诺斯”卫星的图像，以切断媒体和有关利益团体获取“伊科诺斯”卫星图像情报的渠道。

②通信卫星

美军中央司令部及其覆盖 25 个国家地区的通信都主要依赖于军用和商用卫星。在对阿军事打击行动中，为达成“决胜千里之外”的效果，美大量使用了特高频和超高频军用通信卫星及商用卫星。这些卫星将美国本土到战区、阿拉伯半岛基地到阿富汗及其周边国家有机无缝地联系在一起，为美军实现全球指挥起到了决定性作用。其中，美军用通信卫星担负的主要任务是保障美英军事指挥和战场通信。为确保对阿军事行动中卫星通信资源的占有量，美军对军用战略和战术通信系统实施了通信管制，并规定军事星卫星系统和国防卫星通信系统只能用于传递有关“高贵之鹰”和“持久自由行动”的作战命令、执行命令和部署命令及相关信息。美军还紧急租用国际移动通信卫星和国际电信卫星等民用卫星信道，并在各海外基地间增设卫星通信线路，实现美本土与各海外基地间的指挥通信链接。在卫星通信方面所做的大量工作确实有效地保障与提高了美战场指挥通信能力。

2001 年 11 月 13 日，美一架“掠夺者”无人侦察机在对一股塔利班部队进行拍照后，将图像通过军用通信卫星传到美军佛罗里达州中央司令部，经分析后，美命令侦察机继续监视，后又及时下达命令对该部队进行攻击，结果成功击毙了本·拉登的副手阿提夫。从这一事件中，通信卫星在战场实时指挥中的重要作用可见一斑。在利用卫星保证已方通信指挥能力的同时，美还利用卫星对塔利班武装及本·拉登集团的通信指挥系统进行监控与侦察。美在对阿军事打击行动中使用了 10 多颗电子侦察卫星，主要担负侦察阿境内防空雷达电磁信号、监视塔利班通信指挥系统和本·拉登集团与外界通信联系的任务。

另外，美国人还慷慨地将先进的通信设备提供给反塔利班的各派军阀，并教他们如何使用，以便让他们向美国人提供有关塔利班本·拉登的情报。据报道，在阿富汗各派军阀中，是否拥有卫星电话已成为衡量他们的势力是否强大的一个标志，那些没有卫星电话的军阀被认为是弱小、无能的，因为美国人根本没将他们看上眼，所以才不提供这种先进设备。

③ GPS 卫星

经过多年的现代化建设及实战考验，美军的 GPS 技术已日臻完善，随着其定位精度、抗干扰及生存能力的大幅提高，GPS 已成为美军武器系统中不可或缺的重要组成部分，并转化为巨大的战斗力。与海湾战争和科索沃战争相比，美在此次对阿军事打击行动中精确制导武器的使用率大大提高，而其所有使用的精确制导武器几乎都利用 GPS 制导系统。美大量投入使用的 GPS 卫星使得美精确打击武器的战斗力和命中率大幅提高。此次行动中，美军使用的 28 颗 GPS 全球导航卫星，为参战部队提供了详实准确的导航定位服务，更为各种制导武器提供了精确制导的数据信息。美军在对阿实施空袭作战中使用的“战斧”巡航导弹、AGM－86C 空射巡航导弹和 GBU－31“联合直接攻击弹药”等，都是利用 GPS 卫星提供的定位数据制导。由 GPS 制导的弹药还具有全天候、全天时的打击能力，受地理环境与气候的影响较小，利用 GPS 卫星制导已成为美军精确制导武器发展的重要趋势。同时，美军其他各类作战平台，如飞机、坦克等也都装有 GPS 卫星导航接收机。

（3）影响分析

1）“以网络为中心”的作战行动初步得到实战检验。太空信息系统的广泛应用，使部队分布密度降低，整体作战能力提高。美军指挥总部设在美国本土的佛罗里达州，空军作战中心设于沙特美军基地，海军航母舰队部署于印度洋上，空军作战飞机从印度洋迪戈加西亚基地甚至本土基地起飞赴阿富汗作战，陆军特种部队乘坐直升机进入阿富汗，成小群分散作战。在部队分布比以往更加疏散的同时，美军各部分作战力量却能密切协同配合，整体作战威力大大提高。在太空信息系统的支援下，美军作战部队信息灵通，作战能力大幅提升。在阿富汗战场上，美军实施“以网络为中心”的作战行动，部队信息灵通，对战场情况一目了然；能自觉与其他部队配合，实施有效协同；能快速隐蔽地实施作战行动；能在上级指挥官总意图的指导下，有效地遂行独立作战。美军“网络中心战”的作战概念初步得到实战的检验，取得了较好的效果。

2）“非接触”作战样式逐步形成。从“非接触”作战的类型或方式发展来看，古典意义上的“非接触”作战，产生的原因在于射程，以后的“非接触”作战，又依赖于速度和精度，快速抢先发射，精确地击中目标，使对手即使射程够得着也无“还手之机”或“还手之力”。建立在太空信息系统基础上的“非接触”作战或“非接触”战争，更依赖于新概念武器的信息能力——能够先于对手获取攻击信息，并依靠信息打垮对方，而置对方武器的速度、摧毁力和精度于无用武之地。所以，作战系统的信息能力优势是当代“非接触”战争的本质特征，而这种作战系统是以武器或武器系统为主要硬件的、软硬结合的系统。

3）美军具备有选择性地干扰某些地区 GPS 信号的能力，而且不会影响到己方军用信号的精度。为了抵抗敌方干扰机对 GPS 的干扰，美国国防部高级研究计划局还专门进行了一项 GPS 虚拟星座方案研究，它将利用装载在无人机或地上的“虚拟机”构成虚拟的

GPS 星座，其转发的高功率加密 GPS 信号将压制敌方的干扰机信号。

4）美军在作战中对航天军事力量的使用，虽然没有竞争对手，但也没有原地踏步，而是千方百计地求实创新。在实战中不但注重实效，还特别注重发展花样翻新的太空作战演习，使军事航天技术的研究与运用，形成良性循环发展模式。

20.2.6　伊拉克战争中的作战运用

（1）作战背景及简要经过

2003 年 3 月 20 日，美军在伊拉克点燃了战争引信，仅用 21 天就到达巴格达。伊拉克战争再次成为美军新作战理论、新作战样式和新型武器装备的实验场。战争期间，美英投入总兵力达 27 万人，舰艇约 130 艘（其中航空母舰 7 艘，2 艘部署在地中海，另外 5 艘部署在波斯湾）、飞机 1100 架，地面部队主要有美军第 3 机步师、第 4 机步师、第 101 空中突击师、海军陆战队第 1 远征部队等精锐之师。

美国在其本土有 21 处、本土之外有 15 处基地为伊拉克战争提供天基支持，3 万余人利用卫星系统直接或间接地为这场战争服务，卫星在战争中的应用成为美军快速制胜的重要因素。伊拉克战争中，美军卫星军事应用在使用数量、种类、使用领域、配套设施建设上都达到了空前的规模，美军的太空优势已基本形成。

美国部署的军用卫星系统覆盖了对伊作战所需要的各个信息领域。此次伊拉克战争中，美国动用的卫星种类包括：通信卫星、广播卫星、数据中继卫星、导航定位卫星、成像侦察卫星、电子侦察卫星、海洋监视卫星、导弹预警卫星、军民气象卫星、商业遥感卫星、商业通信卫星等。其中，通信卫星 106 颗，包括国防卫星通信系统（DSCS）10 颗、特高频后续军用通信卫星系统（UFO）10 颗、军事战略战术卫星系统（Milstar）5 颗、“铱”星系统（Iridium）75 颗、跟踪与数据中继卫星（TDRS）6 颗；成像侦察卫星 8 颗，包括“锁眼-12”卫星 3 颗、8X 卫星 1 颗、“长曲棍球”（lacrosse）2 颗、“伊科诺斯”（Ikonos）卫星 1 颗、“快鸟-2”（QuickBird-2）卫星 1 颗；电子侦察卫星 12 颗，包括“水星”[Mercury，亦称为“先进漩涡”（Advance Vortex）] 2 颗、“喇叭”[Trumpet，替代“折叠椅”（Jumpseat）] 3 颗、“猎户座”（Orion）2 颗、“白云”（White Cloud）5 颗；导弹预警卫星（DSP）5 颗；全球导航定位系统（GPS）28 颗。纵观整场战争，卫星在确保美军信息优势、实施主宰机动和精确打击方面发挥了至关重要的作用。

（2）卫星使用

①卫星作用空前凸显，太空优势基本形成

自第一次海湾战争以来，美军在速度、杀伤力、持续能力、信息优势、精确性和战场太空特征化、炸弹对目标的瞄准、实时战争管理等方面的太空技术水平得到大幅度提高。在开战前的 3 月 12 日，美军在五角大楼召开关于太空在战争中应用的专题记者会。会上空军少将、太空行动综合部主管布莱斯·德尔就举例说，1 颗“日冕”（Corona）卫星 1 天拍摄到的苏联领土比 28 架 U-2 飞机 4 年拍摄到的还要多。他说：“航天设备可提供持续能力、独特视点和突防能力，因为它们可以到达载人平台通常无法企及的区域。你可以在那里停留、徘徊，作为一个战斗人员，你有机会知道那里发生了什么（无阻碍的实时形势感知和实时战争管理）。”并称他的组织拥有 33 600 人，分布在美国 21 个不同的地区和世界 15 个不同的地方。美国陆军航天计划办公室主任弗克斯上校指出，“太空使我们所做的任何一件事成为可能，如即刻发现刚发射的导弹，使我们可以准备好进行拦截或处理它们所造成的影响。我们收集数据进行分析，利用太空分发情报。我们使用 GPS 为其他天基系统确定目标，为我们的武器进行导航。”弗克斯说天基系统“使我们可以非常迅速地向士兵分发导弹数据警告，以便他们能采取适当的行动。”但更重要的是，航天设施保证了美军在战场上处于有利地位，太空是美国军队未来作战方式的基础。

此次战争中美军对军用和商业卫星高度依赖，战争态势感知、GPS 导航、信号情报传递、实时导弹预警、气象服务等，已成为实现作战优势的重要手段。卫星确立了美军在作战中的巨大优势，在战争中的作用更加突出。在海湾“美国空军联合空战中心”有一个巨大的、不断刷新画面的屏幕，显示着伊拉克上空每架美军战机的准确位置。指挥官们一旦确定敌军的目标，他们就立即下令战机改变航线前往轰炸。这种被称之为“缩短截杀链”的做法，在第二次“斩首行动”中得以充分展示。之所以能做到这一点，就是因为美军掌握大量的卫星情报，来自太空的情报是伊拉克战争美军快速取胜的重要因素。美退役情报分析家阿伦·汤姆逊透露说，在这场战争中投入使用的各类卫星数量多达 100 多颗。战争中最重要的卫星是那些担负通信、导航和天气预报的卫星，这里包括美国空军太空司令部的“军事星”，这个重达 10 000 磅的卫星相当于安在太空的一个通信中转台，它能为全世界的美军提供保密安全的通信。另外，GPS 使美国的巡航导弹可以利用导航卫星发布的定位信息来实现长途奔袭，攻击预定目标。可以说，正是交战双方在卫星方面的差距，使这场战争的军事实力变得如此悬殊。

②快速反应能力提升，主宰机动成效突出

此次战争中，在卫星应用方面美军战前准备充分、战中反应快速，完全控制了战争的整体进程，形成了压倒性的优势。

2002 年美国发射卫星 14 颗，其中军用卫星 3 颗；2003 年 1～4 月，美国又接连发射 4 颗军用卫星。2003 年 1 月 29 日，美军发射了 1 颗全球导航定位卫星（GPS-2R8）。通常美空军要花费 40 天对入轨的 GPS 卫星进行校验，这次控制人员加紧工作，用 20 天就完成了校验。3 月 10 日，美又发射了 1 颗国防卫星通信系统（DSCS3-A3）卫星，主要用于完成对伊作战中的指挥通信保障任务。4 月 1 日，将 GPS-2R9 发射入轨，此次更是进一步缩短校验周期，仅仅 11 天后该星就被初始化使用，开始导航服务。4 月 7 日，又有一颗“军事星”（Milstar-2）被发射入轨，进一步加强了美军安全、抗干扰的战场通信能力，使美国航天快速反应能力得到空前提升。

战前美军还将坐落在德国拉姆斯坦空军基地可以从“快鸟”高分辨率成像卫星、“地球资源卫星”、加拿大的“雷达卫星”以及法国的“斯波特”卫星接收图像的美国空军“鹰眼-1”移动卫星图像地面站部署在伊拉克战区，使卫星数据从获得到利用的时间变得更短，大大提高了获取信息的效率，确保了战争中的信息优势。另外，由于战时几乎所有的美军坦克、飞机、军车及精确制导炸弹和导弹都通过卫星数据传输作战指令，战时通信数据量超出五角大楼军事卫星的传输能力，五角大楼紧急进行商业卫星的动员，租用商业卫星解决了通信能力不足的问题。

这些使得美军从目标确定到对其实施摧毁的时间也缩短到前所未有的程度。以 4 月 17 日对萨达姆的第二次“斩首行动”为例，当时正在准备执行一项其他任务的 B－1B 轰炸机，在接到新的命令后立即出动，在 12 min 后就将炸弹准确地投向目标。

伊拉克战争使美国更加意识到加强航天快速反应能力的重要性，战争中如果有几颗 GPS 卫星或重要的成像卫星发生故障，其后果不堪设想。现在美国根本无法承受在用航天系统瘫痪需要等待几个月才能发射替代卫星的后果。美国空军航天司令部早已认识到这个问题的严重性，并将“快速响应”计划提到最优先考虑的位置，希望可以实现在得到通知后的几个小时或几天内发射卫星，迅速修复太空中的关键系统，并利用常规武器在 1 h 之内实现打击地球另一侧的敌人。美国空军航天司令部已经开始展开历时一年的“快速反应航天运输”替代方案分析。“快速反应航天运输”是要在很短的时间内把有效载荷送入太空。

③信息系统天地一体，实时指挥控制能力强大

海湾战争后，以卫星通信为基础的 C4ISR 系统已成为美军作战的中枢神经。本次伊拉克战争，美军的战场 C4ISR 建设更是达到了空前的规模。2002 年美国发射的 3 颗军用卫星均是通信类卫星，开战前的 3 月 10 日，又发射了一颗国防卫星通信系统（DSCS3－A3）卫星。这使得美国的天基通信能力进一步增强，为战场实时指挥控制提供强有力的保障。美军通过军用通信卫星与五角大楼保持实时联系，双向传送数据、语音、图像等各种信息，实现对战区内所有作战手段的指挥与协调。这次战争中航天装备也应用到最小作战单元，实现单兵数字化，使前线特种部队士兵能通过天基系统以最短时间传输敌方目标的位置信息，直接引导战区外火力实施远程、精确打击。

伊拉克战争中，美军利用天基、空基和地面的情报侦察、预警探测等系统构建了一个“天空地”一体化的 C4ISR 系统。天基系统主要包括照相侦察卫星、雷达成像卫星、商业成像卫星、电子信号侦察卫星和“国防支援计划”导弹预警卫星系统等；空基系统主要包括 U－2 战略侦察机、RC－135 电子信号侦察飞机、“全球鹰”高空长航时无人侦察机、“捕食者”中空长航时无人驾驶侦察机等；陆基系统主要是地面固定侦察站、地面移动侦察站和便携式侦察设备，也包括人力侦察手段。以卫星系统为核心，航空侦察和地面侦察各种手段相互配合，实现卫星系统与空中和地面指挥系统的联网，组成全方位的“天空地”一体化 C4ISR 系统，实现准确、快速和有效的情报获取、数据处理、信息分发和决策执行，实现实时或准实时的发现、跟踪、定位和打击。基于功能强大的 C4ISR 系统，美军此次对“时间敏感目标”（Time Critical Target）的打击能力有了明显的提高。情报、监视、侦察系统的实时态势感知、传输，指挥控制系统的迅速决策，动态作战规划，武器系统的快速反应，是实现对“时间敏感目标”打击的基础。此次对伊作战中，美军具备了强大的动态作战规划能力，其战场“OODA”回路的周期已经从海湾战争时的 80～101 min、

科索沃战争中的30～45 min、阿富汗战争中的15～19 min缩短为10 min左右。美军两次“斩首行动”的实施，以及伊军“阿巴比尔-100”（Ababil-100）导弹发射车在发射后不到半小时即被美空军飞机击毁，就是美军对国家领导人等机会目标和导弹发射车等移动目标快速准确定位、动态作战规划并快速摧毁的成功战例。

④预警卫星作用明显，反导作战能力增强

海湾战争中，伊拉克的弹道导弹部队在空军、海军及地面部队均表现不佳、无所作为的情况下大出风头，牵制了联军大量的空袭兵力，共计向以色列发射弹道导弹42枚，向沙特和其他海湾国家发射弹道导弹46枚，其中还有1枚“飞毛腿”导弹击中沙特一座美军兵营，造成28名美军死亡和100多人受伤，令联军部队和以色列闻“弹”色变。但在此次伊拉克战争中，除了偶尔能从电视新闻的字幕中或报纸的小标题上获知一点有关伊拉克弹道导弹的消息外，人们似乎感觉不到它们的存在。原因是此次伊拉克战争中，美军用导弹预警卫星对伊拉克的导弹发射情况进行实时预报和跟踪，在太空信息系统的支援下，现有的“爱国者”导弹系统的防御能力较1991年增强了7倍，反应时间不足半分钟。

2003年3月20日，伊军连续发射6枚“飞毛腿”和“萨姆”导弹，攻击驻扎在科威特的美军基地，导弹起飞后仅仅12 s，美军位于太平洋上空的导弹预警卫星就发现目标，并迅速测出导弹飞行轨道及预定着陆地区，将报警信息及有关数据传递到美国航天司令部数据处理中心，经巨型计算机紧急处理即刻得到了有效拦截参数，并通过卫星传给位于科威特的“爱国者”防空导弹指挥中心。整个过程只在眨眼之间，而“飞毛腿”至少要飞行3～4 min才能到达预定目标的上空，正是这短短的时间差，使伊军的导弹被美军成功拦截。

⑤ GPS实现战场普及，太空对抗初见端倪

GPS卫星在当今社会中的用途已遍及人类活动的每一个角落，在战争中的作用尤其突出。正是由于诸如GPS卫星制导这些技术，使得美军敢于实施“斩首行动”和“震慑行动”。目前，美军GPS已基本实现了战场普及，大多数军用飞机都使用GPS；陆军也在坦克等地面车辆上装备了将近10万套GPS设备；几乎所有主要的精确制导弹药均运用GPS导航打击目标。除此之外，为便于军队间的相互定位，美军还为前线部队配备了1 000多部发射机应答器设备，每一个向伊拉克推进的美军作战排都有一个GPS接收机。这样美军可以准确地知道自己和同伴的位置，既可避免误伤，遇险时又可及时救援。甚至也有士兵自行购买GPS接收机带到战场。在二次世界大战期间，摧毁一个目标平均要用648枚炸弹，而现在只需用一枚GPS制导炸弹就能炸毁目标。在第一次海湾战争中，GPS系统还未完全建成（只有16颗星），精确制导武器仅占10%。另外，把普通炸弹改装成卫星精确制导武器的费用每枚仅需2.1万美元。因此，在近十年间美军加紧对精确制导武器的研制，并对几乎全部精确制导武器加装了GPS制导设备，对相应的作战平台也进行了改造。此次战争中，美军所用的精确制导武器高达90%，其中使用卫星制导的超过80%。

战争中GPS不仅为美军规划了最佳行进路线，而且，还显现出以下突出特点：一是利用GPS制导武器，能不受伊拉克沙尘暴和石油燃烧所产生的烟雾等情况的影响，大大

提高了打击命中精度。美国军方称，导弹落到预定目标 12 m 范围内的几率大于 50%。二是即使在能见度为零的情况下，GPS 也可让预警飞机上的雷达或其他侦察飞机捕捉到移动目标。用五角大楼几位发言人的话来说：这些武器提供了“在所有大气条件下非常可靠的袭击手段”。这样飞机投放武器的距离也更远，载机也更加安全。三是只需将目标的坐标输入制导系统，武器投放后，制导系统将自动完成导航过程，即自动跟踪、引导导弹击中目标，大大提高了美军的作战效率。据专家研究，导弹命中精度每提高 1 倍，就相当于导弹数量增加 3 倍，或者炸弹当量增大 7 倍。卫星制导炸弹不仅提高了杀伤力，而且节省了弹药，并减少了附带破坏。GPS 在提高炸弹的投掷、发射和命中精度方面具有极大的优越性，因而正成为信息化战争的“主将”。

本次战争中 GPS 也暴露出它的弱点，即容易受到干扰，这也令美军对太空对抗产生了高度重视，如何保证己方航天器及相关设施发挥正常功效已成为美军面临的一个重要问题。敌方可以用卫星电视部件组装干扰装置，也可利用互联网上提供的方法进行干扰。此外，大气效应、建筑物反射以及其他电磁设备等“非故意干扰”也会发生。美高级官员透露，伊拉克购买了大约 200 个俄制 GPS 干扰装置，用于迷惑和干扰联军的精确制导炸弹和导弹，使美军精确制导武器无法击中预定目标。有报道称，正是由于使用了这些 GPS 干扰装置，美英联军发射的“战斧”巡航导弹多次偏离目标，有些导弹甚至落到了科威特、沙特、土耳其等国境内；在作战行动中，联军多次发生误伤。据分析，整个战场伤亡的四分之一可能是由 GPS 干扰装置导致的。3 月 23 日，一架英国皇家空军“旋风”战斗机被美国“爱国者”导弹击落；24 日，美军 F-16 战斗机误炸了在伊拉克南部城市纳杰夫附近的一个美军“爱国者”导弹阵地，击毁其雷达系统；3 月 29 日，美军战斗机在伊拉克巴士拉附近击中了英军一辆装甲车，造成 1 人死亡，2 人受伤。对此美军还针对 GPS 干扰装置进行了摧毁行动。有关专家认为，由于美军对 GPS 的高度依赖，GPS 很可能成为高技术战场和高技术国家军队的“软肋”。

美军已关注 GPS 干扰问题并采取应对措施：增强卫星信号强度和改善信号处理能力；在飞机、船只、地面车辆和武器上使用更复杂的 GPS 接收器；开发新的军用密码，增强抗干扰能力等。雷声系统公司目前在生产一种被称为 GPS 天线系统（GAS-1）的 GPS 抗干扰天线。为预防大气电离层的剧烈活动对 GPS 的干扰，美国科学家正在加紧对地球大气层的研究，希望能够预报太阳活动和电离层变化的情况。他们认为目前最有效的办法是增加空中和地面的传感器来监测大气活动。据报道，美国空军建立了一个由 12 个地面传感器组成的全球大气监测系统，其中一个地面传感器就建在海湾地区。

为应对美军卫星的侦察和空袭，伊拉克使用以下措施进行对抗：

1）利用沙尘暴、烟雾等遮蔽美侦察和干扰美制导武器。3 月 20 日战争开始后不久，伊军便在巴士拉一带点燃油井。22 日，伊拉克又点燃了巴格达城周围灌满石油的壕沟，从巴格达至约旦的主要公路两侧和重要设施周围也都燃烧了石油，燃油产生的烟雾对重要道路和设施形成烟幕遮蔽。燃烧石油放出的热量可以干扰红外线制导的精确制导武器，冒起的浓烟降低了能见度。从而干扰了美军的“小牛”导弹、激光制导炸弹等依靠电视或激光制导的精确制导武器，也在一定程度上降低了美可见光侦察、电视侦察等侦察手段的侦察能力。

2）分散部署兵力，规避美卫星侦察和精确打击。针对美天基信息系统态势感知系统存在的不足：成像侦察卫星重复观测周期长，卫星对地下目标、伪装目标的探测能力有限，轨道机动能力差；预警卫星探测战术导弹的扫描速率低、图像不清晰、预警时间短等，伊拉克吸取了海湾战争的教训，首先采取了疏散隐蔽的措施，把兵力分散部署。在战争初期，为了对抗侦察和精确打击，伊军掌握了美国卫星过境中东的时间和周期，并巧妙地利用美国卫星和飞机侦察的空隙，将部队、重要装备秘密转移，在美军精确制导武器的集中打击下保存了实力，组织了有力的抵抗。同时采取运动战的模式应对侦察和精确制导武器的打击。

3）使用光纤通信和书面命令进行指挥、控制和通信。伊拉克深知美军电子侦察卫星的威力，采取许多措施阻止美国侦听电话。在外界的帮助下，它安装了光纤通信系统，令美国国家安全局窃听专家也束手无策。萨达姆也极少打电话，而总是以书面形式向手下发布指令。

4）设置假目标、发射假信号来欺骗和迷惑敌人。伊拉克一方面通过在远离己方目标的安全位置上大量设置红外和微波诱饵发射机，发射与被掩护目标特征相同的红外和微波信号，引诱导弹攻击诱饵发射机；另一方面仿制各种与真目标具有相同光学特征的假设施、假兵器，引诱导弹攻击。伊军在地下工事上面修建水池、放牧羊群，在机场跑道上用涂料涂制假弹坑，制作和设立了许多假飞机、假坦克、假火炮和假“飞毛腿”导弹及发射架，把机动的导弹发射架伪装成油罐车或冷藏车，取得了明显的伪装效果。

（3）影响分析

1）伊拉克战争之所以能按照美国人预想的进程发展，除了美国拥有世界上最强大的军事力量之外，还因为美国拥有世界上最强大的太空力量。伊拉克战争中，美军已不再孤立应用太空运行的卫星，而是通过有效链路，将其功能有机地整合起来，形成对伊拉克的绝对优势，美军之所以能够在兵力没有完全部署到位的情况下先发制人，就是依靠各种卫星获取大量情报信息，并通过太空信息网络将所有参战力量组合成一个“拳头”。

2）在情报侦察方面，侦察卫星提供的情报对于了解战场情况、确定打击目标、提高打击精度、准确评估打击效果起到了重要作用。美军的太空侦察、空中侦察及地面侦察的“三位一体”侦察手段的应用，使得整个战场呈现相对美军的单向透明的“非对称”态势。这些信息化侦察手段的应用，使得伊军一兵一卒的调动，均被美军了如指掌，从而使整个战场节奏始终按着美军的作战计划进行，而伊军则始终处于被动挨打的境地。

3）此次战争，持续时间是海湾战争的一半，美英参战兵力只有上次的1/3。战争中美英联军没有在正面的战线上发动一次全面攻击，而是把它的打击能力集中于对手最脆弱的“神经中枢”——萨达姆等伊拉克政权的领导人以及伊军最精锐的共和国卫队。战争在几个不同的空间同时展开：空中，携带着精确制导武器的美军战机发动袭击；地面，美军装甲部队向巴格达快速逼近；在伊拉克各地的油田，美军特种部队悄悄降临。战争中各种高新技术武器纷纷闪亮登场，太空力量全面支持了作战全过程，战场信息化特征表现得淋漓尽致。美英联军始终把握了制信息权，这使得其军队在战场的表现更是出神入化。伊拉克战争的胜利，是美英联军在制信息权上的胜利。而在这次战争中的信息作战，美国太空信息系统的全面支持功不可没，从某种意义上说，是美国太空信息系统的全面应用决定了战争的胜利。

4）伊拉克战争作为一场信息化战争的试验，也暴露了一些问题。如：战场误伤时有发生，恶劣气候条件下作战能力还不够强，毁伤效果评估效率低、准确性差，地面部队快速行动的后方补给困难等。从更高层次看，其暴露的最大问题，则是对伊军的战略企图不甚了解，尤其是对其高层指挥机构的谋略运用摸不着头脑，以至于在战争中很少成建制地歼灭对方主力。

20.2.7　叙利亚战争中的作战运用

（1）作战背景及简要经过

2018 年 4 月 7 日，叙利亚再次发生化学武器攻击伤害平民事件。美国联合英国和法国，以该事件为借口，在短短一周时间内协调调遣中东及周边地区的联合力量，在当地时间 4 月 14 日凌晨 4 时对叙利亚 3 处疑似化学武器设施实施了大规模远程精确打击。

2018 年 4 月，在以美国为首的多国联军对叙利亚实施的联合打击行动中，“多国空天联合作战中心”中的太空参谋人员数量由 2001 年阿富汗战争时期的 1 人增加到近 30 人，太空作战人员前所未有地深度参与，太空参谋发挥了关键作用。

（2）天基系统在作战行动中应用

此次联合军事行动顺利实施，离不开军事太空力量的深度参与，天基信息系统发挥了关键作用。

①导航定位

美军航天部队和电子战部队严密监视俄、叙对 GPS 卫星系统的干扰，主战装备和大型无人机均配备有军用 GPS 接收机，具备一定的抗干扰能力。为提高此次作战行动的打击精度，按照作战计划拟定的时段和地域实施了“GPS 区域精度增强”行动，在 GPS 卫星飞经战区前上注最新星历数据，进一步提高了作战地域、作战时段的天基导航精度。

②通信保障

美军利用由宽带、窄带、防护等卫星组成的军事卫星通信体系，支起广域覆盖、“多域”联通、高动态、高安全性的战场信息网络。依赖具备抗强干扰和防截获/防侦听的“先进极高频”（AEHF）卫星对广域分散的作战力量进行指挥控制。作战任务和作战命令均通过 AEHF 卫星 EHF 频段的通信链路下达。利用“宽带全球卫星通信系统”（WGS）卫星进行宽带数据传输、大型无人机数据回传和战场态势信息广播，及时在作战联合部队中共享敌情我情。利用“移动用户目标系统”（MUOS）卫星为小型移动终端提供通信服务，为巡航导弹更新目标装订数据提供链路。

③侦察监视

美军利用其世界上最为完备的天基侦察监视系统，对叙利亚及周边军事力量进行多手段、天地结合的侦察监视。美联军在执行这次作战任务前，利用天基多手段对叙利亚目标区域进行长期持续侦察监视，包括光学和雷达成像手段、电子侦察/监测/解译电磁信号手段等，实现了对俄、叙军事设施、防御部署、防空反导火力部署等的全面掌握。作战任务执行时，配合地面应用系统实现天基侦察监视情报分发与接收。例如，利用已部署在中东战区的“鹰视”(EagleVision)地面站，实现近实时天基侦察情报数据接收；利用“分布式通用地面系统”(DCGS)融合海、陆、空、天多源信息，分发至战术部队。

④战场环境保障

美军利用部署的军用气象环境卫星、海洋环境卫星和太空环境监测系统，对叙利亚目标作战区域的气象、海况等战场环境进行预报，特别是对太空电离层等太空物理环境进行实时监测和预报，将太空物理环境分析和预测数据作为太空通用态势图的要素之一进一步集成到整个联合作战的战场态势图中，并在联合部队内共享，为作战时间的选择以及作战行动中电子信息装备的稳定可靠运行提供关键信息保障。

⑤导弹预警

美军在中东上空的导弹预警卫星已经更新为新一代的天基红外卫星系统(SBIRS)。此次任务中最为突出的是美军首次在战役行动中正式使用导弹预警卫星执行战场态势感知任务。美军利用SBIRS卫星的高灵敏度和高扫描速度优势，以及能够探测云下红外事件的“地面探测”(STG)谱段，建立了战场红外事件监视系统，该系统首次在实战行动中投入使用。联军利用SBIRS卫星探测敌方导弹发射、己方飞机被击中和坠毁、攻击导弹战斗部爆炸等空中和地面红外事件，并通过战区战术信息网及时发送给战术部队，辅助作战指挥官进行态势判断、打击效果评估，为飞行员营救等任务提供目标指示。

⑥太空信息对抗

美军已经将太空视为与陆、海、空一样的作战域。此次军事行动完全围绕天基信息对抗条件进行规划和实施。美军在卡塔尔乌代德空军基地部署了“赏金猎人”(Bounty Hunter)系统，在伊拉克前线部署了“快速攻击辨认、探测和报告系统——机动部署系统-0”(RDGS-0)，由空军航天司令部第16太空控制中队操控，严密监视和识别敌方对通信卫星和卫星通信链路的干扰，以及己方战场电磁兼容性问题，实时保障天基通信的安全性。同时，电子战部队在作战过程中严密监视战场GPS干扰活动。一旦识别和锁定通信或GPS干扰目标后，将引导待命的陆、海、空联合部队立即实施打击清除，确保天基信息系统安全。

(3)影响分析

美军将太空力量视为战场态势、指挥控制、精确打击、效果评估的支撑骨干。在打击叙利亚疑似化学武器设施行动中，更加认识到天基信息系统在战前侦察、作战筹划、作战实施和效果评估等各阶段的关键作用不可替代。在打击行动结束后，美军参与作战的航天参谋称：“甚至在某种程度上，作战行动时间和计划是由航天参谋来决定”，充分佐证了太空力量在这次作战行动的重要性。在这次多国联合军事行动中，天基信息系统应用贯穿了全作战任务流程，确保空袭打击行动的成功实施。事后美军称这次联合作战行动创造了多项“历史之最”，打击精度历史最高，首次在战役级作战计划中深度融入天基信息对抗作战等。

①美军天基信息支持的体系化联合作战已经趋于成熟

本次以美国为首的联军成功实施高精度联合打击任务，创造数项新纪录，包括规划时间之短、打击精度之高等。天基信息系统支持由美英法多国多军种构成的体系化联合部队，完成了广域力量融合、分散力量集成的作战。天基信息系统深度参与从作战规划、作战实施到打击效果评估的全作战流程保障，天基系统发挥的作用突出。

②天基信息支援实现进一步向战术作战延伸

天基信息系统在建设初期仅限于为战略级应用决策提供支持。随着美国在轨航天器体系化建设完善，开始将原本战略级用途拓展，逐渐下放到战役级、战术级应用层面。经过历次局部战争的实战锻炼，在这次军事行动中，前线作战人员能够利用终端或机载、舰载设备终端获取包括天基资源在内的融合战场态势信息，特别是此次行动中应用的战场红外事件监视系统，展示了美军天基系统战术应用创新的最新成果。

③天基信息对抗将成为现代战争的典型作战样式

本次军事行动与以往天基支持作战相比有一项明显的区别，对战双方将天基信息对抗系统投入实战。虽然结果上看，美国采取佯攻策略转移俄、叙防御力量，成功规避了天基信息对抗作战，但是天基信息对抗必将成为未来战争的典型作战样式，特别是在军事大国对抗的战争中。美国高度重视天基信息对抗发展，包括在其作战构想和作战规划中均加入了天基信息对抗作战行动，研究前沿技术来应对信息对抗作战，利用仿真环境模拟对抗环境开展航天作战人员训练等。

20.3　几点启示

透过冷战以来发生的多次局部战争，可以清晰地看到了太空力量在侦察监视、通信联络、导航定位、远程精确打击以及其他信息支援中所发挥的巨大作用，也给我们许多启示。

(1) 加强太空力量建设是进行信息化战争的前提

以往发生的多次高技术局部战争，已显现出人类战争从以能量流为特征的热兵器时代进入到以信息流为特征的高科技战争，也即信息时代。未来的战争将获得信息优势作为争夺的焦点，而信息获取的手段正在更新并不断向太空延伸。太空力量可以为作战提供侦察、监视、通信、导航、气象观测等多种信息服务，而这些正是信息化战争中所必需的。充分利用太空力量是从太空获取信息的强有力手段，起着其他任何武器系统所不可替代的作用，是确保信息优势的重要环节。

(2) 推动军队编制体制变革，建立“天军”是 21 世纪战争的迫切需要

未来信息化战争将首先从太空开始，近期几场局部战争证明，没有“制太空权”就没

有制信息权，也就没有制空权、制海权。应当加快建立以长期稳定运行的、自主的太空力量体系为主干，以完善、配套的支援系统作为依托的太空作战力量。“天军”是太空力量的表现形态，可通过航天作战活动来增强陆基和天基太空力量的作战能力。“天军”的主要作战活动包括航天侦察、监视、通信、导航和气象预报等，可以担负航天发射、卫星测控、卫星攻击、导弹防御等任务。应做好三个方面的工作：一是重点发展和建设配套的卫星体系，使之成为支援陆、海、空三军联合作战的健全信息保障力量体系。二是健全弹性体制，使之能顺利发射、利用和操控航天器。三是建立太空作战实验室，利用计算机作战仿真枝术，构造典型的、动态的太空、空中、地面、海上战场对抗环境，为太空力量的运用提供现代化的实验手段，并将实验得出的有效的指挥理论、作战方式、对抗经验等提供给部队，使诸军兵种快速形成战斗力。

（3）分布式组网模式的天基信息支援系统，为作战行动提供实时、连续信息服务成为主要手段

分布式系统不仅具备快速、灵活、高效、低成本的优势，还大幅度提高了太空力量体系的冗余度、可靠性和生存能力，成为向作战行动提供实时、连续信息服务的主要手段。在整个战争行动中，不论是打击固定目标还是打击时敏目标，美军空对地精确打击行动的全过程都是在“太空—空中—地面”一体化的网络环境中展开，联合部队航天指挥机构利用太空力量体系提供全局性动态战场态势信息，与航空侦察信息融合；作战平台和单元依据综合态势信息，围绕作战任务和功能快速展开信息交互，压缩了传感器与射手之间的链路，提高了太空力量的综合效益。

（4）加强太空知识教育，增强天战的观念，是培养高素质人才的重要一环

未来的联合作战，太空力量的比重将越来越大，而太空是属于技术密集型的领域，对参战人员提出了更高的要求。不仅将来的“天军”需要大批精通太空技术、熟练掌握太空武器装备、能胜任太空作战的人员，而且各军兵种部队也需要懂得如何有效运用太空力量支援的人才，两方面的结合才能使太空力量在联合作战中充分发挥其实战效能。作战中既要有懂得太空技术的科学家和工程技术专家，又要有大量熟练操作和使用各种与太空支援力量有关的武器装备的人员，更要有懂得陆、海、空、天、电、网“多域作战”的指挥员和参谋人员。为此，应在部队和院校及早进行太空技术和太空战知识的学习和培训，增强天战的意识，提高综合作战的能力。

（5）不断创新军事理论、变革作战方式、研究新型战法，是打得赢的根本保证

随着太空力量的大量运用，使得信息化条件下“非接触”“非对称”和“非线式”联合作战日益成为未来的主要作战方式，战争形态呈现出太空战、网络战、“多域”战、全域战等多种样式。这势必引起军事理论、战役、战术和战争形态的深刻变化。战争中信息制胜将成为“不战而屈人之兵”的最重要法宝，作战也将向着“非接触、非对称、非线式”样式转变，“斩首”“精确打击”将使作战事半功倍。应当积极研究陆、海、空部队在太空力量支援下的联合作战、信息作战等作战样式，以及对抗对手太空力量和保卫己方太空力量的作战方法。

第 21 章　未来美国太空力量作战运用基本构想

太空力量建设发展的指导思想是高技术条件下实施陆、海、空、天、电、网等多维联合作战的基本依据，是对参加联合作战的太空力量部队提出的总体要求。未来美军太空力量建设发展将会科学规划、稳步推进、高效集成、有机融合，其指导思想和作战样式更加新颖，能力发展、体系集成和作战应用的水平将会达到新的高度。

21.1　作战思想

综合美军太空力量发展与应用方面的文献分析可知，美军太空作战的指导思想是："利益优先、绝对优势、有限作战、多域联合"。

21.1.1　利益优先

美国新版《国家太空战略》遵循更广泛的美国国家安全政策，将美国利益置于首要位置，奉行"美国优先"理念；新版《国家太空战略》确保美国无障碍地进入太空并在太空自由行动，以促进美国的安全保障、经济繁荣和科技进步。新战略认识到美国的竞争对手和敌人已将太空转变为一个作战域，美国虽然不希望太空领域发生冲突，但将准备好迎接和克服出现的任何挑战；美国将设法慑止、应对和挫败危害美国及其盟友国家利益的太空威胁，对于太空体系结构关键部分受到的任何有害干扰或攻击，美国都将在选定的时间、地点和领域以选定的方式进行审慎回应。

21.1.2　绝对优势

太空优势是指一支力量的太空控制程度强于任何其他力量，可使其不受地面和太空威胁的过分干扰，在特定的时间和地点开展其行动。太空优势理论，是要为太空攻防作战奠定指导理论，为研制太空攻防武器装备提供依据。美国希望通过发展用于太空攻防的武器系统，压制对手的太空作战能力，确保自身的太空攻防能力，保持对对手的绝对优势。

美国最新的拒止、报复性太空威慑策略认为：当敌人相信存在一个不可接受的反击行动的可信威胁和（或）相信行动成本超过预期收益时，其被慑止不再攻击太空资产。使用所有适当的国家权力来展示其应对袭击问题的资源和解决方案，将导致对手相信攻击的成本大于收益。这类成本依赖于及时的溯源，即快速和明确确认实施袭击的敌人的能力。另一方面提供太空能力的防御性措施和弹性架构，可以减少对手获得的潜在优势。通过集成合作伙伴提供的能力来提升弹性，增加对手的潜在成本，当一个伙伴遭受攻击被视为对所有人的攻击时，双方都受到太空合作伙伴关系的积极影响。

通过展示可信的能力来阻止攻击者获得预期收益以阻止攻击的发生，这就是所谓的拒止式威慑，而惩罚式威慑则侧重于增加攻击的成本。惩罚式威慑寻求向攻击者传递这样一个信息：如果他一意孤行非要开展不被允许的行动，他将遭受严厉的惩罚和痛苦，这样就会导致攻击者行动的价值预期大大降低。拒止式威慑则设法让攻击者相信，如果他非要做不被允许的事，那么肯定不会让他实现其目标。惩罚式威慑必须在情况严重时才能采用，然而，在严重的冲突升级时，拒止式威慑措施往往不太可信。用于防止冲突升级的威慑策略，应该采用显著拒止实力支持下的惩罚威胁，效果才会更可靠。

可能的选项包括：施加国际压力、干扰卫星的收发通信、致眩或致盲成像卫星、通过对卫星的指挥控制系统开展网络攻击使卫星丧失功能、移动卫星或使其离轨，针对地基指挥控制设施实施特种作战或导弹攻击、发动动能反卫星攻击、使用核武器。除了在太空领域采用这些垂直威慑行动升级选项以外，美国还会采取军事、外交、信息或经济措施在其他领域进行横向威慑行动升级。美国政策制定者会依据“追溯攻击源、可逆性、弹性、阈值和不对称性”5个关键问题来评估这些升级选项并做出选择。

21.1.3 有限作战

美国将继续寻求、采用并发展独特的技术、创新的工艺和多样化的应用，巩固美国太空领域的战略优势。同时，美国也承认，“美国自由独立使用太空的时代已经结束，不管美国采取什么应对措施，潜在对手都能够攻击美国的太空资产，从而给美军带来严重影响。简而言之，美国需要采取措施以限制太空作战的规模，在某种程度上，是一种有效的美国有限太空作战战略”。

美国提出了“有限太空战”战略框架，这个新型太空战略框架可解析成两大相互关联的规则：一是太空作战的限制性规则，二是基于有可靠威胁和针对性能力的执行规则。

“有限太空战”的提出是基于如下几点认识：一是美国是全世界对太空依赖最大的国家，太空中“互相确保摧毁”态势对美国非常不利，是美国无法接受的；二是当前美国已经无法实现“完全控制太空”，为实现美国太空权益的最大化，必要的妥协和政治手段是必需的；三是美国及其潜在对手都希望战略稳定。

21.1.4 “多域”联合

美军的太空作战思想是：太空力量是其他力量作战能力“倍增器”，其庞大的海外作战力量对太空的依赖比任何其他国家都强烈得多，必须采用各种可能的手段竭力建立和维持其在太空中的绝对优势地位。比如：可以通过建立有利于美国的太空行动法规、建立太空利益联盟（如“五眼联盟”）保持自己的优势地位；也可以通过政治外交手段、技术封锁、经济制裁等非军事手段遏制对手太空力量发展；还可能通过先发制人攻击将威胁消于未萌；同时对威胁其太空资产的行为必须在各领域予以最严厉的打击和制止，通过有限太空战、太空任务保证等策略将太空战限制在可承受的程度，等等。如此多措并举，彰显其保持太空绝对优势的决心意志。

“多域作战”概念要求美军重塑联合作战概念，打破传统的以军种为核心的作战域边界，推动力量要素从“联合”走向“融合”。美空军也提出了“多域指挥控制”（MDC2），通过建设“多域指挥控制系统”促进天、空、网的融合。太空作战成为“多域作战”的重要组成部分，并在其中发挥独特的作用。

通过维持太空优势，在作战环境的多个部分实施攻防行动，联合部队必须有太空态势感知能力，以及必要的知识、培训、资源和授权来捍卫美国及其盟友利用太空的能力。“多域作战”是一种联合作战概念，但必然影响太空作战的实施。太空作战将更加紧密地融入联合作战。一方面，太空作战行动对联合陆上、海上、空中行动提供有利的支援，同时，其他各域的联合作战力量将为太空作战的有效遂行提供保障。美军将利用其他各域的作战能力获得太空优势，或者在太空具有优势时，以太空为对敌的主要方向，为其他域的作战行动创造优势窗口。

21.2　作战样式

太空作战包括直接发生于太空中的作战行动和太空力量支援其他战略方向的作战行动。按太空作战的效能，并根据战争阶段和烈度等的不同，可将太空作战分为支援（相当于美军的太空信息支援）、威慑（相当于美军太空攻防作战中的防御性太空控制）、防卫（相当于美军太空攻防作战中的进攻性太空控制，以下简称防卫作战）三种模式。

支援、威慑在平时和战时都有体现，但不同阶段作战样式有所区别；防卫作战主要用于战时，属于最后阶段的保底手段。支援作战模式（美军称太空信息支援，在《太空作战条令》中未将其定义为作战模式）在平时和战时没有明显区别，只有强度和细致程度的不同。

支援作战主要以提供通信导航服务，获取光学、电子侦察情报方式持续进行，不是敌对行为，不引起对方不安，但直接为战争做准备；太空威慑模式在平时主要体现在各类航天器发射升空，太空碎片清理试验，预警、反导系统的试验和部署，这些行为虽以防卫、民用或科研名义进行，但在轨航天器数目和发射成功率自然形成威压态势，在太空给对手以制天压力；按美《太空作战条令》，威慑还包括立法建立太空规则，与其他国家结成太空军事同盟等法理式、捆绑式威慑，考虑这些手段属于政治和外交领域，与军事行动关联很小，在训练中仅以电文形式发布消息，不进行行为模拟；防卫作战包括动能定向能太空攻击、天基操控和应急补网发射等多种手段，这些手段只有在其他作战样式已经失去效果且己方面临极严峻形势的情况下使用。

美军各版《太空作战条令》均明确太空作战主要包括：进攻性太空控制，防御性太空控制，导航战三类作战样式。

21.2.1 进攻性太空控制

进攻性太空控制包括：1）欺骗（通过操纵、歪曲、伪造迹象或信息来诱导敌方做出损害自身利益的行为）；2）干扰（一段时间内暂时削弱敌方系统使用或访问，通常不对受影响系统造成物理损伤）；3）拒止（一段时间内暂停敌方系统的使用、访问或操作，通常不对受影响系统造成物理损伤）；4）降级（永久削弱部分或全部敌方系统的使用，通常会对受影响系统造成一定的物理损害）；5）摧毁（永久消除敌方使用系统，会对受影响系统造成物理损坏）。

21.2.2 防御性太空控制

防御性太空控制包括：主动防御和被动防御两类。主动防御包括所有先发制人和压制敌攻击的能力，包括太空威慑和防御作战两类；被动防御指除主动防御措施外能降低攻击效果的所有措施，主要包括重构和弹性两类。

1）太空威慑旨在影响对手承受能力和攻击效果计算。主要有：a）法理式，己方制订规则约束所有参与成员，主导太空规则话语权，为潜在对手太空活动设置门槛；b）捆绑式，构建空间军事同盟，分散空间能力，捆绑政治经济，形成利益集团，增加对手顾虑；c）拒止式，提升体系弹性，增加攻击难度、降低攻击效果，影响对手攻击效费比计算；d）惩戒式，实施政治、外交、经济、舆论和军事多维惩罚措施，吓阻对手。

2）防御作战指为消除对己方太空力量的威胁而采取的各种行动。包括威胁告警、机动规避和溯源清除三种作战样式，美军对攻击源追溯非常重视，投入很高。

3）重构。作战层面，包括：a）应急发射和补网重构，增加地面站，恢复太空作战体系功能或重建受损体系；b）启用新信号、频谱、额外资产或链路，增加备用能力或容量。

4）弹性。装备层面采取：a）分散（将卫星功能分散到多个平台）、b）分布（将大卫星变成多个小卫星）、c）多样化（用民、商及盟友卫星搭载军用载荷）、d）防护（提高抗干扰、抗打击能力）、e）扩散（增加冗余备份功能）、f）欺骗（采取迷惑诱导方式）。

21.2.3 导航战

导航战主要采取进攻性和防御性手段确保己方使用 PNT 信息、阻止对手使用 PNT 信息。美军 GPS 有跳频、扩频调制能力，军用码抗干扰能力强。

三种太空作战模式对应的太空作战样式见表 21-1。

表 21－1　太空作战样式

序号	分类	作战样式	美方装备与力量
1	太空支援（太空信息支援与太空态势感知领域）	通信服务： 为己方和盟友部队提供全球通信，为各类情报侦察与态势感知卫星提供中继卫星通信（在美《太空作战条令》中属于太空信息支援领域中的卫星通信作战行动）	宽带卫星通信系统：国防卫星通信系统（DSCS－3）、宽带全球卫星通信系统（WGS）、全球广播服务系统（GBS）； 窄带卫星通信系统：UHF 后续星（UFO）、移动用户目标系统（MUOS）； 受保护系统：军事战略战术中继卫星系统（Milstar）第二代、抗毁类型的先进极高频系统（AEHF）； 跟踪和数据中继卫星系统：跟踪和数据中继卫星（TDRS）、卫星数据系统（SDS）； 第 50 联队第 3、4 太空操作中队，各军种、联队的太空通信中队
2		PNT 服务： 为己方和盟友部队提供全球定位导航与授时服务；并暂停指定地域民用导航定位服务或变更指定时段导航电文使对方不可用	GPS 星座、地面控制中心、第 50 联队第 2 太空操作中队等导航定位授时力量
3		空间态势感知： 持续监视空间目标，为己方和盟友部队提供空间目标态势信息，尤其是对方侦察卫星、电子对抗卫星轨道和战技参数信息	由全球 19 个地点部署的 15 个地基太空监视系统，以及至少 7 颗太空目标监视卫星组成的太空态势感知网。 第 14 航空队第 21 联队 7 个太空预警中队
4		情报侦察： 向己方和盟友部队提供特定地域的卫星侦察情报信息	2018 年 10 月，美军现役侦察监视卫星共计 44 颗，其中成像侦察卫星 16 颗，信号情报卫星 28 颗。核心装备包括："锁眼－12"光学成像侦察卫星、"未来成像体系－雷达"成像侦察卫星、"顾问"电子侦察卫星、"军号"电子侦察卫星、"天基广域监视系统"海洋监视卫星
5		网络舆论： 通过广播电视卫星对敌方民众进行舆论宣传，以广播和电视节目引导舆论走向，使有利于己方或盟友的行动	连续广播增强通信卫星（CBAS，AFSPC－11）等、海军舰队赛博司令部/第 10 舰队、卫星通信对抗系统（CCS）
6		导弹预警： 利用太空及地面预警装备构建全球预警系统，为己方和盟友部队提供来袭导弹、临近空间攻击和飞机预警	改进型"国防支援计划"（DSP）、新一代"天基红外"系统（SBIRS）导弹预警卫星、地基"太空监视望远镜"、S 波段"太空篱笆"雷达，以及太空目标探测识别雷达。 第 460 联队第 2、11 太空预警中队，460 操作支援中队
7		太空进入： 为侦察监视对方重点区域向特定轨道发射侦察监视卫星（星座）	卡纳维拉尔角发射场、范登堡空军基地、肯尼迪航天中心及瓦洛普斯飞行中心。 第 30、45 联队
8		地基卫星对抗： 为己方和盟友部队提供信息和行动掩护	热辐射装置、光学伪装、激光致盲武器、C/Ku 频段卫星广播电视干扰系统、大功率 SAR 成像卫星干扰系统、陆基通信卫星对抗系统等。 第 21 联队第 4、16 太空控制中队

续表

序号	分类	作战样式	美方装备与力量
9	太空威慑	制定规则发出警告： 单方面发布太空行动限制规则和相关法律，限制敌对方的太空军事行动；向敌对方发出明确警告信息，吓阻对方停止某些太空动作或太空支援作战行动	官方网站、广播电视
10		开展太空军事演习： 组织各种形式的太空演习，以对方空间装备和太空行动为对象进行演练，提升太空作战能力，震慑对手的太空行动	空军基地及太空装备操作控制中心、民用参演卫星、盟国参演部队
11		天基侦察、监视： 利用天基平台或运载火箭释放伴随小卫星等空基装备与对方关键空间目标伴飞，进行近距离侦察和监视，并让对方知悉	天基太空监视系统（SBSS）、快速响应太空－5 卫星（ORS－5）和地球同步轨道空间态势感知计划（GSSAP）、美国空军第 50 太空联队第 1 太空操作中队，第 460 联队第 2、11 太空预警中队
12		信息披露： 不断公布对方关键空间目标（中继卫星等中枢节点）的精确轨道信息及目标特性参数，或展示对方重要地面目标（指挥、控制、通信中心）、水面舰艇的实时位置、状态及活动区域	“锁眼”卫星、“长曲棍球”卫星、FIA 卫星、海洋地形地貌测绘卫星、第 50 太空联队各卫星操作中队、各类卫星通信系统
13		太空进入： 应急发射各类侦察监视卫星（星座）对对方重点区域进行侦察监视	“飞马座”“金牛座”“米诺陶”等系列运载火箭，卡纳维拉尔角发射场、范登堡空军基地、肯尼迪航天中心及瓦洛普斯飞行中心
14		天基操控： 使用空间捕手进行垃圾回收等天基操控	国际空间站“机器人推进剂加注”（RRM）、“凤凰”、“蜻蜓”、复元－1 以及 RSGS 等
15		发射轨道飞行器： 发射临近空间试验飞行器并在最有利于攻击的轨道长时间运行	X－37B 轨道试验飞行器、猎鹰－9 火箭
16		提升体系弹性： 提升体系弹性旨在增加攻击难度，降低攻击效果，提高对手攻击的成本，同时增强系统鲁棒性，削弱对手太空作战的决心	航天发射场、运载火箭、各类航天器与航天发射力量； 第 30、第 45 联队，预警与态势感知力量第 21、第 50 联队等
17		综合太空武器系统： 构建综合反导体系降低对手动能打击的成功率，削弱其打击的决心；构建多种太空武器系统使对手对己方的航天器安全心存顾虑	萨德反导武器系统、宙斯盾海基“标准－3”拦截系统、地基中段拦截系统、“老鹰”反地球同步轨道卫星、卫星通信对抗系统、导弹防御跟踪系统，指挥控制、作战管理和通信，天基红外系统，过顶持续红外系统

续表

序号	分类	作战样式	美方装备与力量
18	太空威慑	降低联合作战对太空作战的依赖：建立空/陆/海基的通信、导航 PNT、侦察 ISR 等区域替代系统	美太空策略对其他作战域的要求；已在其他军种筹划建设
19	太空攻防	主动防御：敌方开展太空作战时，采取防卫或主动反制的方式避免己方卫星降级或被摧毁	卫星操作力量（第 14 航空队/第 50 太空联队）、导弹预警力量（第 14 航空队/第 21 太空联队、第 460 太空联队）、远程打击力量、太空信息支援力量（情报监视与侦察）
20		电子干扰：采用天基或地基电子干扰装备，根据不同的作战目的，对敌方不同功能的卫星进行干扰	配备电子干扰设备的作战部队，太空态势感知力量，太空信息支援力量（卫星通信、定位导航与授时）
21		快速补网：当己方卫星故障或受敌方攻击损坏时，为维持一定的太空作战与支援作战能力，使用快速机动发射力量发射相应功能的卫星（星座）补网，确保卫星通信、导航、侦察监视网正常工作	航天发射力量（第 14 航空队/第 30 太空联队、第 45 太空联队）、太空态势感知力量（第 14 航空队/第 21 太空联队、第 460 太空联队），太空信息支援力量（第 14 航空队/第 50 太空联队定位导航授时力量）
22		定向能攻击：使用定向能武器，根据作战任务适时发射激光攻击敌方卫星	中红外先进化学激光器 MIRAC1、AB1 机载激光武器、太空态势感知力量（第 14 航空队/第 21 太空联队、第 460 太空联队）
23		信息对抗：破译敌方卫星通信信息，获取情报，向敌方卫星传输错误指令、病毒等	配属地基、天基电子侦察与网络攻击设备的作战部队，配备电子干扰设备的作战部队、太空态势感知力量（第 14 航空队/第 21 太空联队）、海军网络战力量（海军舰队赛博司令部）
24		太空封锁：使用太空作战力量单独或在其他军兵种支援下，在指定的时间内阻止敌方太空作战力量进入太空或进入某一特定太空区域	导弹预警（第 14 航空队/第 21 太空联队）、远程导弹部队、太空态势感知力量（第 14 航空队/第 21 太空联队、第 460 太空联队）、太空信息支援力量（情报监视与侦察、第 14 航空队/第 50 太空联队定位导航授时力量）
25		天基操控：操控卫星对敌方重要空间目标进行抵近侦察、空间操控与干扰破坏，从而降低敌方反导能力、海陆空作战能力	X－37B、GSSAP、太空态势感知力量（第 14 航空队/第 21 太空联队、第 460 太空联队）、太空信息支援力量（第 14 航空队/第 50 太空联队定位导航授时力量）
26		天基打击：利用太空的高位优势，采取天对地灌顶攻击	X－37B 等、太空信息支援力量（情报监视与侦察、第 14 航空队/第 50 太空联队定位导航授时力量）
27		动能攻击：使用动能武器摧毁敌方重点卫星，高度削弱敌方太空力量	SM－3、地基中段防御（GMD）系统、萨德武器系统、第 21 太空联队太空控制力量、第 50 联队太空控制力量

21.3 几点启示

太空力量发展应立足国情和经济科技发展水平，坚持创新思维、统筹谋划，不断提升太空力量及其保障能力发展水平，使建设/应用/运行/维护连贯化、作战/试验/训练一体化、组织指挥统一化、设施设备保障集约化，循序渐进、量力而行，高标准高质量地发展太空力量及配套保障力量。

（1）顶层设计，统一规划

首先，要着眼各型太空装备建设的需求，统筹装备发展，统一建设标准，实现太空装备的通用化，达到工作型谱上互相补充，工作模式上互相补盲，减少和避免重复建设；其次，要跟踪技术发展动态，统筹发展太空装备及相关支持系统、试验保障体系、信息指挥控制系统等，不断完善太空装备体系，不断提升太空装备的建设使用效益。此外，太空力量建设的重大项目都需由国家层面通过相关决议予以批准实施，加强整体建设方案总体谋划，同时也要科学谋划太空力量建设蓝图，以同时获得军队和国家建设计划的双重支持。

（2）“非对称”发展，重点建设

近年来，美国更是大力研发 X－37B、X－51A、HTV－2、AHW 等各型空天飞行器，尤其 X－37B 具备了长达两年以上的驻轨能力，后续还致力研发更为先进的 X－37C 载人轨道测试飞行器。美国空军先后多次进行了 X－51A 飞行试验，一旦技术成熟，就可以用作超高声速武器，为实现全球即时打击能力提供技术支撑。有鉴于此，应依据目前技术水平和支撑能力，采取以发展攻击性手段为主的方针，加强监视预警和威慑防御技术建设，积极推进常规发射和机动发射作战化发展，重点推进导弹袭击预警、太空监视系统、太空机动武器及操控、一体化指挥控制管理平台、多层级数据高效融合，以及太空装备智能化应用等领域装备技术发展。

（3）合理够用，质量导向

由于航天器寿命的延长和性能的提高，航天器发射数量将会大幅减少，也降低了维护成本，坚持质量导向，保证太空装备在轨工作可靠、地面配套太空支持系统运行稳定。通过模块化和通用化设计，发展快速发射和补网重构技术，降低装备研制、建设和维护费用。此外，应从维护国家安全及太空安全利益的角度，加强太空力量建设，做好太空作战所需要的队伍、装备、技术、信息、能力等各方面的应对准备。

（4）军民兼顾，平战一致

航天活动是高技术、高投入、高风险、高效益并存。太空技术的发展取决于国家安全和经济的需求与支持，也是国家经济社会发展的重要支撑，“天生”具有军民通用性，这也决定太空领域必然是融合发展实践性最强、最活跃的场所之一。目前美国重组国家航天委员会，将军民商航天活动统管提升到国家战略层面，通过统筹协调政策规划、合理调配资源，以确保美国在航天领域的优势地位。最近风头强劲的 SpaceX 公司，就是得益于美国军民高度融合的创新环境。另外，航天领域高投入、高风险及全球化特点日益凸显，也推动航天领域的民用国际合作进一步深化，双边或多边的合作形式和内容日益多样化。在太空力量发展过程中，积极利用地方院所、企业的科研力量，进行技术合作和力量融合。另外，寓作战训练和作战能力建设于平时战备执勤和日常任务执勤，部队规模、装备和部署动员与非动员状态保持一致，做到平战一致。

（5）信息通联，系统集成

太空力量各个作战系统自身的构建遵循了信息通联、系统集成的建设原则；联合作战各系统接口采用标准化、系列化，保证系统内部指控高效贯通、信息流转顺畅，系统外部能够按需分发和获取，以形成更大的统一作战体系，提高作战单元的快速响应水平。

（6）一专多能，遂行多样化任务

以简约高效为基准，加快作战试验人员一专多能建设，推进一个作战单元在承担主责作战任务的同时，加强兼顾其他任务的能力建设。地面测控部队立足于传统的飞行器测量跟踪控制任务的同时，发展空天飞行器监视预警、太空态势感知、空间不明漂浮物查证、航天器编目管理操控等能力；地面航天发射部队除立足于现有的航天测试发射任务外，还需兼顾发展地面机动测试发射、空中机动测试发射、海上测试发射等能力，同时还能够承担地基动能反导反卫作战任务。航天发射测控力量在承担传统业务工作的同时，积极谋划传统业务的提质增效策略，拓展相近作战试验任务的遂行能力，便于作战试验人员统一调配、作战试验装备资源统筹应用、作战试验保障力量精准测算。

（7）赓续传统，模块化发展

采取模块化发展模式是太空作战力量建设的有效方法。从美军太空作战力量建设发展的历程和趋势看，美军在太空作战力量建设中非常注重太空作战力量基本模块的建设，可根据需要进行灵活编组，以适应不同的作战任务需求。应传承优良的航天精神，并根据斗争准备需要适时建设具有不同作战和科学研究等能力的太空力量模块，为整体太空作战能力提升发挥重要的推动作用，同时在建设运用中切实摸清各太空作战力量模块之间的关系，为太空力量建设积累经验、奠定基础。

5 展望思索篇

第22章　未来美国太空力量建设典型项目

随着太空在国家安全和战争中战略作用与地位的突显，美国愈加重视发展新型航天技术，以谋求新的战略优势。以下一代太空体系结构、X-37B轨道试验飞行计划、“凤凰”计划、“星链”计划、“马赛克战”“多域/全域作战”等为代表的太空新技术项目发展比较活跃，将对未来太空力量建设发展和作战运用产生重大影响，将进一步完善和提高美军进入太空、利用太空和控制太空的能力。

22.1　“凤凰”计划

“凤凰”计划由美国国防部高级研究计划局推出，又称“僵尸卫星”计划，开创了一种全新的卫星设计和应用理念，旨在将成为太空垃圾的报废卫星进行回收，以实现太空资源再利用，降低太空开发成本。从项目名称不难看出，美国国防部希望其所有的太空废弃资源能够像凤凰涅槃一般浴火重生。但观察人士分析认为，由于该项目是美国国防部实施，“凤凰”计划的真正目的应该主要是用于军事活动，使美国太空霸权战略更加攻防兼备，可以说，美国实际上已借“凤凰”计划拉开了太空攻防战的序幕。

（1）基本情况

早在2011年，DARPA就提出关于废弃卫星零部件回收和再利用的方案，计划将从废弃卫星上拆下的天线进行重新组网，形成一个宏大的天线阵列，在太空中打造一个低成本的“通信中心”，为地面上的美军提供更高效的情报信息服务，这可以看作是“凤凰”计划的雏形。2012年，DARPA声称要研制一种“僵尸卫星”，也叫纳米卫星。其可附着在废弃卫星的天线上“借尸还魂”，将废弃卫星变成“新”卫星。另外，还有一种“卫星服务太空船”与“僵尸卫星”配合使用，能拆除废弃卫星上的可用部件，随后将之安装在“僵尸卫星”上。“凤凰”计划的大范围公告中指出，计划在2015—2016年实现“凤凰”计划概念的在轨演示验证，旨在演示验证利用“细胞卫星”、有效载荷在轨交付系统、空间机器人、在轨装配航天器等技术，并制定了5年实施路线图，实际实施比原计划滞后，共分3个阶段：

第一阶段：早期独立研究阶段。各承制商完成初步设计评审（相当于系统概念评审和原理样机研制）。该阶段计划历时14个月。

第二阶段：卫星设计、制造、集成和系统测试阶段。第二阶段由2个子阶段组成：2a为方案设计阶段，投标商组成团队共同设计总体解决方案；2b为卫星研制阶段，在第二阶段的第4个月启动，完成有效载荷在轨交付系统的研制工作，搭载在地球静止轨道商业通信卫星上发射，并至少完成轨道守护器相关的环境试验。该阶段计划历时26个月。

第三阶段：卫星发射和在轨试验工作阶段。完成轨道守护器的研制工作，并发射部署。在轨试验时间为 12 个月，卫星寿命为 54 个月。第三阶段由 2 个子阶段组成，分别为 6 个月：3a 为考核试验阶段；3b 为扩展试验阶段。第三阶段完成后，该计划将移交给美国太空军。这是一个谋划已久且有延续性的太空计划。

2013 年 9 月，DARPA 提出了“细胞卫星”建模方法，并开展了与“凤凰”计划相关的姿态控制系统研究。“凤凰”计划首次飞行试验将验证分别具有姿控能力（动量控制）和射频转发能力的两种单一功能的细胞卫星。

2013 年 10 月 10 日，五角大楼与 NovaWurks 公司签订一份 4 000 万美元的合同，用于研发“僵尸卫星”。这被认为是“凤凰”计划启动的标志。该项目第一阶段演示了机器人和组装技术的可行性，并验证了在空间轨道上以物理方式聚合“细胞卫星”建造“新”卫星的概念。

2014 年，在顺利完成第一阶段的任务后，DARPA 又向 8 家公司授权第二阶段主要合同。2015 年“凤凰”计划成功完成“细胞卫星”关键技术首次在轨飞行验证，标志着“凤凰”计划关键技术迈入实质性验证阶段。

DARPA 原计划于 2015 年年末发射“有效载荷在轨交付卫星”（PODSat），PODSat 是有效载荷在轨交付系统（PODS）和“高级集成细胞星”（HISat）的合称。2016 年年初发射服务星，并开展在轨装配演示试验。但受技术难度、国家安全等影响，DARPA 于 2015 年将“凤凰”计划拆分为新“凤凰”和“同步轨道卫星机器人服务”（RSGS）两个计划。新“凤凰”计划的目标，一是验证有效载荷在轨交付系统运送模块化细胞星和硬件的能力；二是在近地轨道开展细胞星飞行试验，降低在轨装配模块化航天器的技术风险。RSGS 计划则用于开展地球静止轨道机器人卫星服务技术演示验证。

2017 年 10 月，航天员在国际空间站手动组装“高级集成细胞星”，并使用微型卫星发射适配器将其释放，测试其作为独立单元的功能。

2018 年 3 月 6 日，美国 SpaceX 公司猎鹰-9 火箭发射一颗商业通信卫星入轨，DARPA 的“有效载荷在轨交付卫星”（PODSat）置于该通信卫星内部，与通信卫星一起发射升空。进入中地球轨道后，PODSat 与宿主通信卫星分离，随后开展在轨测试。该项目属于 DARPA“凤凰”计划的一部分，“凤凰”计划研发的相关技术旨在改变卫星从设计到在轨运行方式的全过程。

2018 年 12 月 4 日，由 DARPA“凤凰”计划支持诺瓦沃克斯公司研制的“细胞星集成技术实验”（eXCITe）卫星搭乘猎鹰-9 火箭发射进入太阳同步轨道。

（2）影响分析

“凤凰”计划通过重新利用在轨退役卫星，创建低成本的“通信农场”，将太空垃圾改造成为太空资源，能够大幅削减成本、降低风险。“凤凰”计划将对未来的在轨服务领域的发展起到重大的推动作用。一旦该新型空间系统体系结构成熟并投入应用，将给空间系统现有的运行和应用方式带来巨大冲击，可能引发空间技术的革命性变革。

①航天器的重大变革

根据加拿大麦德联合公司估算，2012—2020 年可能有 106 颗地球静止轨道通信卫星因推进剂耗尽而失效，30 颗因其他原因不能正常工作，替换卫星的成本更是高达 300 亿～360 亿美元。如果能够重组在轨卫星的大型天线等零部件，并集成为新卫星的功能单元，则可以大大降低航天器全寿命周期费用，具有显著的经济效益。这种变废为宝的创意，既提高了星载元器件的利用效率，又大大降低了卫星的研制成本和发射成本。更为重要的是，“凤凰”计划还意味着主动清理掉那些无用的太空垃圾。如果不考虑军事方面可能的应用，这将对净化太空环境、促进太空可持续发展具有重要意义。

②抓捕卫星手到擒来

该计划首先向太空发射一颗大型地球同步轨道卫星，该卫星将搭载机械手臂等智能工具。随后，美国国防部高级研究计划局还将发射一系列只携带核心部件的廉价微型“半成品卫星”，以此来确保作为“核心整备卫星”的作用。这颗地球同步轨道卫星紧接着会不断靠近在太空中的“卫星坟场”，并用自身的机械手臂抓住那些报废的卫星，对其天线等耐损性元器件进行拆除和回收。可以预想，“凤凰”计划既然能够捕获己方废弃的卫星，肯定也就能够对他国的“活卫星”采取相同的行动。事实上，美国已经在太空中多次试验空间智能卫星捕获技术和自主交会对接技术，例如三个微型空间飞行器可在太空中实现自主编队和自主捕获，这种技术一旦应用于军事，后果不堪设想。

③修复卫星易如反掌

“凤凰”计划能将轨道上废弃卫星的零部件实施“肢解”，并安装到新的卫星上。首先，卫星会用自身的机械手臂对报废卫星的天线等耐损性元器件进行拆除和回收。然后，将回收来的天线安装在后期发射的或者是自身搭载的多颗小型卫星上。这些在发射时没有安装天线或者其他部件的卫星在安装报废卫星的组件后，就可被重新释放到预定的轨道上进行工作。最终，从太空垃圾卫星上拆除下来的可回收零部件，经过重组后就可构成一个由废弃卫星部件组成的卫星网。该技术整个过程都在地球轨道上完成，而遥控拆卸卫星零部件的机械臂，需要在地面控制中心的精密操作下完成。不难想象，这一技术如果用于太空防御，能够大大提高在轨航天器的寿命、生存、抗毁伤和防御能力。

22.2　X - 37B 计划

X - 37B 形似一架迷你版航天飞机，是航空与航天技术高度融合的结晶。美国称 X - 37B 为“轨道试验飞行器”，它于 1999 年由美国国家航空航天局启动，2004 年转到国防部高级研究计划局，2006 年由美国空军接手，具体实验任务由美国太空快速能力办公室执行。对 X - 37B 的任务、使命，美国空军一直守口如瓶。人们纷纷猜测，多次飞行任务除了检验 X - 37B 的设计特性、飞行器系统和可重复使用情况外，还在测试秘密加装的情报侦察设备，甚至还有人认为美军在测试与某种攻击能力有关的技术。关于 X - 37B 的种种疑团，引来了各国对太空武器化的诸多忧虑。

（1）飞行试验情况

首次试飞从2010年4月22日开始，由运载火箭发射升空。2010年12月3日，成功返回地面，225天的飞行近乎完美。

第二次发射试飞从2011年3月5日开始，原计划飞行9个月，但美国空军后来希望进一步测试其耐力，于是，X-37B在177～800 km的轨道上飞行了469天，2012年6月16日成功着陆。

第三次发射时间是2012年12月11日，返回时间是2014年10月17日，在轨飞行674天22小时。

第四次发射时间是2015年3月20日，返回时间是2017年5月7日，在轨飞行717天20小时。前4次均由宇宙神-501火箭从卡纳维拉尔角空军站的S1C-41工位发射升空。

2017年，美使用猎鹰-9运载火箭将X-37B型轨道飞行器成功送入太空，进行第五次在轨飞行测试，开展了长达近2865天的各种神秘的试验、研究和探索。

2020年5月17日上午9点14分，美空军和美太空军联合使用宇宙神-5火箭从卡纳维拉尔角天军基地发射了X-37B轨道试验飞行器，启动了其第六次飞行试验任务。此次是美太空军成立以来首次发射X-37B，其发射任务编号为天军-7。与前五次相比，X-37B将执行更多的试验任务。

（2）主要影响

美空军在2020年2月向国会提交的《美国天军组织架构综合规划》文件中明确提出，美军新一代太空体系架构将包括3架先进空间机动飞行器，与其他太空装备一同构建威慑能力，并于2028年实现运营。2010年以来，X-37B屡战屡胜，成功完成了试验任务，性能已接近成熟。第六次X-37B将继续开展先进技术试验，为太空军后续空间机动飞行器的发展奠定基础。

①空天兵器已具雏形

目前，天空领域内的各种兵器已接近物理极限，空天成为美军获得更大“非对称”优势的希望所在。据报道，美国空军也提出希望增加X-37B数量，波音公司已对外披露X-37B的放大版X-37C的研制计划。美国空军反复实验验证X-37B，根本目的就是为空天飞机作战概念研究提供支持，降低未来型号研制风险。这意味着，新型空天兵器已具雏形。随着各项技术走向成熟，美军必将加速推进X-37B登上战争舞台。

②未来作战样式发生巨变

对X-37B的用途，美国空军一直讳莫如深，他们坚持说，“X-37B不是太空武器”。但据媒体报道，在第三次发射X-37B后的第二天，五角大楼罕见地播发了X-37B发射升空的视频，首次说它是美军最先进的未来武器平台，可以配备太空对地导弹。美国空军2010年宣布，计划在10年内推出“常规全球快速打击”系统，其中X-37B是该系统骨干力量之一。X-37B作为通用的武器平台，可衍生出多种作战能力，军事价值极高。它可与对地精确制导弹药结合，实施天地打击，进行定点清除。因速度和高度优势，这种打击突然性强、威力大，只需投放一枚一公斤重的炸弹，就可以摧毁地面上的一座大型桥梁。

它还可与导弹、激光武器、高功率微波武器结合，用于摧毁、瘫痪、干扰他国天基系统。可与雷达、可见光、红外、多光谱、超光谱侦察设备结合，用于导弹预警、战略侦察，也可以装上机械手，俘虏他国卫星。当然，X－37B 还可以携带对地打击的核武器。

③空天防御将面临严峻挑战

作为新式兵器，X－37B 的出现将使现代防空反导防天作战，从技术到理论到实践受到颠覆。无论是俄罗斯的 C－300、C－400，还是美国的“爱国者”，或者是“地基中段防御系统”，均基于飞行轨迹可预测的基础设计，打击对象或是飞机，或是战略、战术弹道导弹，均未考虑飞得如此之快、如此之高、轨迹变化如此之大的高超声速空天飞机。因此，现代防空反导防天作战面临的挑战十分严峻。不仅如此，美军还有更大的发展设想。据有关媒体援引一位不愿透露姓名的前美国航天业内人士的话说，美军有一项从未对外公布的绝密计划，代号为“太空怒火”，其主要内容之一就是 2050 年左右在太空轨道上部署 1～2 艘核动力太空飞行器。但鉴于太空领域严峻的竞争形势，美军准备对“太空怒火”计划进行调整，将部署首艘核动力空天母舰的时间提前到 2040 年左右，争取到 2050 年部署 3 艘空天母舰，建立 3 支各由 1 艘空天母舰、4 架航天飞机、2 艘太空拖船、1 座太空补给站组成的空天舰队。空天母舰上配备常规导弹、高能激光武器、动能武器、侦察装备等，形成绝对火力优势，可以对有关国家的太空、空中、地面重要军事目标形成威慑和摧毁能力。

22.3　“星链”计划

“星链”计划是美国 SpaceX 公司的一个项目，计划在 2019 年至 2024 年间，在太空搭建由其卫星互联网项目的约 1.2 万颗卫星组成的“星链”网络，其中 1584 颗将部署在地球上空 550 km 处的近地轨道，并从 2020 年开始工作。而据有关文件显示，该公司将再增加 3 万颗，使卫星总量达到约 4.2 万颗，提供全球宽带互联网接入服务。但其身后的军方背景，使其很容易满足美军方提出的军事用途旨意，能够提高军事通信、侦察监视、在轨驻留天基武器等任务。SpaceX 公司猎鹰－9 火箭 2020 年 3 月 18 日进行的第 6 次“星链”星座组网发射首次采用了一枚已飞过 4 次的第一级火箭，最终不负众望，将 60 颗卫星成功送入了轨道。但这枚火箭在上升飞行过程中也出现了纰漏，有一台发动机提早关机了，最终并未影响卫星入轨，导致这枚火箭在尝试进行落船回收时未能成功。

(1)“星链”计划

SpaceX 公司于 2015 年公布“星链”星座计划，致力于为个人用户提供低时延的低地球轨道卫星宽带互联网服务。整个星座建设思路为先实现美国本土全境覆盖、后完成全球覆盖，将分三个阶段构建。

第一阶段：初步覆盖。用部署于 24 个高度 550 km、倾角 53°的轨道面上的 1584 颗 Ka/Ku 频段卫星完成初步覆盖，每个轨道面 66 颗卫星，星座容量约 30 Tbps、时延 15 ms、可为每个终端提供最高 1 Gbps 的数据传输速率，预计部署 400 颗卫星后可以实现初期信息互联服务，2020—2021 年部署完 800 颗后可满足美国、加拿大和波多黎各等国天基互联网需求。目前，从第 75 颗后的“星链”卫星已经重新设计，多数元件将采用铝等熔点较低的材料，以代替原先的铁、钢和钛等，使卫星重返大气层后完全烧尽，消除对地面的风险。根据卫星最初的设计，其铁制推力器、钢制反作用轮、碳化硅通信部件等在大气再入时不能完全燃烧，将对人类或地面的物体产生威胁。由于前 75 颗卫星已经基本制造完成，所以这些卫星的部分元件可能会落回地球，后续的卫星将不会产生该问题。

第二阶段：全球组网。由部署于 1 110 km、1 130 km、1 275 km 和 1 325 km 等 4 种不同轨道高度的 2 825 颗 Ka/Ku 频段卫星完成全球组网，其轨道面个数分别为 32、8、5 和 6，各轨道面部署 50～75 颗卫星不等，预计 2024 年左右完成部署。

第三阶段：能力增强。由部署在 335～345 km 轨道高度的 7 518 颗 V 频段卫星组成，形成低轨星座，增加星座容量。V 频段的星座将利用目前卫星通信很少采用的 37～50 GHz 范围内的频谱，与前两个阶段的 Ka/Ku 频段星座共同为用户提供通信速率更快、时延更低的宽带卫星通信服务。2017—2018 年，“星链”星座的所有发展计划均已得到美国联邦通信委员会的批准，获得了在美国的落地权。此外，该星座还引起了美国军方的特别关注，已于 2018 年获得美国空军战略开发规划与实验办公室价值 2870 万美元的合同，用于测试军方使用该星座服务的可行性与可能方式。

（2）影响分析

“星链”计划虽然是商业卫星星座计划，但是也要关注其军事应用的可能性。目前，在全球范围内，商业卫星星座被用于军事通信领域屡见不鲜。“星链”计划可提供低成本、全球覆盖的高速互联网服务，若开展军事化应用，则将进一步增强美军的卫星通信能力。目前，全球多个巨型低轨通信星座计划于今年进入密集部署阶段，美国军方作为全球最大的商业卫星通信服务用户，率先认可了商业低轨巨型星座的军事价值。2019 年年初，美国国防部新组建的太空发展局明确表示将在一网、SpaceX 等公司实施低地轨道巨型星座计划的企业采购服务。

按照 SpaceX 的设想，“星链”计划将发射 4.2 万颗卫星，形成一个超巨型星座，将是最大规模的星座项目，提供廉价和快速的互联网服务，抛开“星链”项目的民用功能，其暗藏的军事应用潜力才是值得关注和研究的重点。

当前用于军事通信领域的商业卫星星座不在少数，美国在这方面最有发言权。随着“星链”项目分批次发射覆盖全球的互联网卫星，能够实现多视角全天时的信息保证，如果将其用于军事斗争中，则会增强美军的通信能力，更加方便美国政府和军方实时掌控全世界。此外，“星链”星座体系庞大，备份余量很大，部分卫星平台可以用来搭载光学观测载荷，建立低轨侦察监视网，则可以实现对地观测监视。如果“星链”星座 4 万多颗卫星全部部署完毕和稳定运行，则几乎地面上任意地点均会持续有几颗星链卫星过顶，能够保证美军全天候不间断地监控分析地面重要目标，再利用预警监视识别计算体系的大数据分析和分布式并行计算等技术，进行分析处理和辨识目标，则可精确识别战略对手航天发射、导弹和舰船等大中型武器体系装备部署情况和活动征候。

按照 SpaceX 公司的技术水平，可以利用“星链”星座实现为全球用户提供 25 ms 的低延迟传输能力，比当前最先进的卫星通信提升了一个数量级（目前世界最尖端卫星通信是 250 ms 延迟传输标准）。美军可以借此提升末端导航控制平台的实时性，进一步增强远射程武器的突袭能力，有效拦截洲际导弹。

此外，大量的“星链”卫星部署运行在太空中，其本身也是一种威胁，可以对天基目标进行探测甚至打击。根据技术发展和应用情况分析，“星链”卫星体系具备发射自适应波束的能力，可对航天器进行遥测、跟踪甚至控制，而一旦被它控制了，偏离原本航迹的航天器就可能发生撞毁失效的事故。由“星链”卫星的搭载能力推算，可搭载电子干扰载荷、定向能武器、动能碰撞弹丸等，能够执行对中低轨航天器的杀伤、摧毁和干扰等。所以，“星链”卫星自身也已设计了自主避撞和防干扰装置等，若“星链”星座与其他的航天器集成在一起，将成为具有较强的天基攻防作战能力的体系，需要时刻警惕“星链”项目的发展情况，持续跟踪剖析其星链组网、多元数据融合、平台任务规划和智能控制应用等核心技术，关注其对整个太空方位格局的发展变化趋势，其很可能是披着商业外衣的美军未来天基作战武器系统或作战支援节点/网络。

22.4　“多域/全域作战”

“疆域”概念，或“多域作战”是美军继“空海一体战”后提出的作战新概念，要求美军联合部队与盟友密切协作，在多个领域内同时展开行动，置敌人于多重困局，确保联合部队行动自由。主要通过标准力量态势、“多域”编队和“多域”融合三个核心原则来实现。2017 年美军《太空作战架构》进一步明确太空已成为作战域。2018 年美参联会最新版《太空联合作战条令》首次确立“太空联合作战区域”概念。作为制胜未来太空作战的基础，美国强调优先发展太空态势感知能力。

（1）太空域的形成过程

太空争霸充满了波澜壮阔的色彩，但光鲜背后必然是太空安全威胁和国家利益角力的暗潮涌动。如今美国特朗普政府视太空为“作战域”，更加重视太空态势感知和太空力量体系架构建设，不断增强太空攻防作战能力。

2017 年第 33 届太空年会上，美空军太空司令部司令约翰·雷蒙德表示，太空是与陆、海、空、网并行的联合作战域。

2017 年美军《太空作战架构》进一步明确太空已成为作战域。

2018 年美参联会最新版《太空联合作战条令》首次确立“太空联合作战区域”概念。作为制胜未来太空战的基础，美国强调优先发展太空态势感知能力。

2019 年 12 月，美国政府成立了第六军种——太空军，主要承担太空力量建设发展、太空作战和作战支援等攻防行动。

2020 年 6 月美国防部发布的《国防太空战略》纲要明确将“维持太空优势、确保太空行动自由”列为首要目标。可见，当前美军的太空安全理论仍以“太空控制论”为主导，但其基调仍是太空作为作战域，承担太空攻防作战和作战支援任务，确保太空优势地位。

2020 年 8 月，美太空军发布首部《太空力量》报告。对“太空领域”“国家太空力量”“军事太空力量”“太空力量的使用”和“军事太空部队”等做出了界定，对美太空军建设和运用进行了总体规划，也集中体现出美军将太空视为战场、谋求太空霸权的危险动向。

2020 年 9 月 4 日，美国正式发布第五号太空政策令（SPD－5），明确保护太空系统免受网络威胁和网络攻击的建议。美国国土安全部代理部长查德·沃尔夫更直接将此举称作：捍卫国家领土安全，并认为伴随数字化发展，未来国土安全将直接取决于太空系统的安全。太空系统网络安全，再一次被这位超级霸主推上了风口浪尖，集中体现了太空与网络的高度融合性、相互支撑性，共同支援/实施陆、海、空、天、电、网等“多域作战”行动。

2019 年 11 月 20 日，北约秘书长斯托尔滕贝格在北约成员国外长会议后举行的新闻发布会上表示，北约成员国外长一致承认太空与天空、陆地、海洋、网络空间一样，都是作战领域。斯托尔滕贝格指出：“太空对防御、威慑、预警、通信和导航的作用不可或缺，北约是一个防御联盟，而且北约的（防御）手段会符合国际法。把太空作为作战领域，将确保我们万无一失地完成任务。”除承认太空为作战领域外，斯托尔滕贝格还表示，北约成员国一直在努力构建太空防御体系。对于北约推动太空军事化的做法，美国予以积极回应。随后，美军太空军司令约翰·雷蒙德在美国著名智库华盛顿战略与国际问题研究中心发表演讲称，美军不仅希望与北约进行信息互换，还想与后者在地球轨道采取“联合行动”。雷蒙德表示，美国军方的出发点是各国有必要交换太空中卫星获取的有益信息。

美军全谱太空作战思维的形成是一个渐进的过程，从最开始侧重物理维度，到近年来强调网络维度，再到太空军新条令增添认知维度，其趋势是越来越重视将太空战纳入联合全域作战，突出强调太空作战的全球性、多域性、联合性与层次性，努力实现太空域与其他作战领域协同增效。图 22－1 所示为太空域与其他域之间的关系。

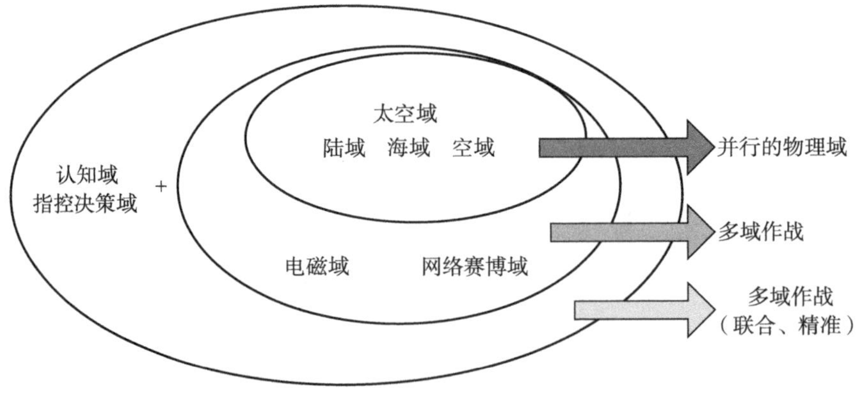

图 22－1 太空域与其他域之间的关系

1）物理维度。太空领域的物理维度包括轨道环境和在轨运行的航天器。重力形成了太空领域的无形力场，永恒的重力使持续的自然运动成为太空领域物理维度的一个重要特征。轨道上的物体不会占据固定位置。即使是在地球同步轨道的静止航天器，在 24 h 内也能运行超过 164 000 英里。

2）网络维度。空间操作的网络维度是允许用户通过控制和利用空间能力，在世界各地和整个领域收集、传输和处理数据的物理和逻辑体系结构。由于这些依赖关系，这一网络层面的网络空间行动是军事空间行动的一个关键和不可避免的组成部分，是与其他作战领域的主要联系环节。这些依赖还可以创造攻击敌人的途径，比仅在空间领域内的轨道战提供更低的成本和更高的成功机会。

节点和链路是网络维度的基本组成部分。节点是能够创建、处理、接收或传输数据的空间体系结构的元素。任务地面系统、控制天线、用户设备、空间观测站和航天器有效载荷是关键空间领域节点的例子，通过数据传输链接各个节点。除了地面网络外，电磁频谱（EMS）是所有空间结构的重要环节。轨道航天器将其数据下行，接收命令，并通过 EMS 传输遥测。此外，主动和被动 EMS 应用程序允许传感器监视、检测、跟踪和描述常驻空间物体。由于远程操作的普遍存在，EMS 是实现太空域控制和开发的主要方式。

3）认知维度。太空领域的认知维度包括太空领域的传递、接收、分析、报告和行动过程中的人对信息的感知和心理活动。人类事务的每个领域都包括一个认知成分。天基远程操控延伸了人类的认知维度。虽然太空是一个物理位置，但远程控制是通过网络和电磁域执行和解释的。最终，天基信息系统是一种认知手段，它扩展了个人或群体在太空域、从太空域和经过太空域执行任务的能力，天基信息系统不是静态系统，所有这些相关的过程都包括在太空领域，塑造和定义了人类活动的认知成分。

（2）“多域作战”

①概念及内涵

“多域作战”概念始于 2016 年 10 月的美国陆军新版陆军条令出版物《作战》（ADP 3-0）。“多域作战”概念是美军应对复杂性越来越高的战场环境以及对军种整合的需求，打破传统的以军种为核心的作战域边界，提出的新型军种联合作战概念。这一概念包含了陆、海、空、天、网、电作战域，其目的是对跨域火力进行同步并在所有领域机动，以实现物理上、时间上和地理位置上的优势。“多域作战”概念谋求“非对称”优势，追求跨域倍增效益，维持与对手的体系差。而传统作战概念则是“以域制域”，主要在同一作战域内通过维持与对手的军力差距，追求边际效益。本质上讲，“多域作战”概念是美军“联合作战进入”概念在各军兵种作战中的具体落实和运用，其在作战对手、作战领域、作战要素、作战手段、作战方式以及作战效果等方面具有一定的指向性和特殊性。

“多域作战”的核心要求是美军具有灵活的和弹性的力量编成，能够将作战力量从传统的领域向其他作战域，甚至全域拓展，获取并维持相应作战域优势，控制关键作战域，支援并确保联合作战。

②形成与发展

美陆军“多域作战”的形成经历了从思考到概念形成再到形成文件及文件落实的过程。2015 年时任美国国防部副部长的沃克在陆军战争学院就 21 世纪的战争、军事解决方案和当前美军困境等问题发表重要演讲，激起了美陆军对未来战争的思考，其对“空地一体战 2.0 版本”的提法更是成为了逻辑起点，激发了美陆军对“多域作战”的概念探索。经过一年的沉淀积累后，2016 年随着美军训练与条令司令部高层发声，以“多域作战”为主题的系列公开演讲使“多域作战”被公开确立，正式走入人们的视野。

随后，2017 年美陆军陆续发布一系列有关“多域作战”的文件，其中美陆军和海军陆战队联合发布的被称为概念 0.5 版本的白皮书《多域作战：21 世纪的合成兵种》初步阐述了发展“多域作战”的背景、必要性和共同研讨的初略实施方案，形成了“多域作战”的概念雏形；同年 10 月份，美陆军发表的被称为概念 1.0 版的《多域战斗：21 世纪合成兵种的演变 2015—2040》明确了以“多域战斗”替代“空地一体战”成为陆军部队作战和建设的核心作战概念，同时也拓展了传统战场概念，重视多作战领域对未来战争的影响。2018 年美军训练与条令司令部又颁发概念 1.5 版本《美国陆军多域作战 2028》，作为目前最为成熟的一版概念对多域作战进行了进一步的细化和完善，明确了具体需求和对不同层级部队的相应作战能力进行了阐述。2019 年随着陆军颁布《陆军现代化战略》，多域作战成为指导美陆军建军备战的核心作战概念，将会较长时间成为美陆军的指导作战概念，影响美陆军的建设和改革。与此同时，美军其他军种对多域作战的研究也在进行。

③对美军联合作战能力的影响

“多域作战”的出现必然会对美军的联合作战能力的提升产生积极的影响。作为陆军自身提出并极为重视的作战理论，它势必会重构美陆军联合作战能力基础，使美陆军摆脱之前对空海力量过度依赖的情况。同时，作为在美军内被诸多军种讨论研究的作战理论，“多域作战”对未来美军内部打破军种限制实现诸军种进一步联合作战进行“全域作战”具有承前启后的重要作用。

1）打破美军“单域制权”思维模式。美军历来是单域制权的信仰者，在历史上，对“海权论”的推崇使美军建设了世界上最强大的海军，控制了世界上的主要航道和海域，奠定了美国世界霸主的地位，对“空权论”的信仰使美军发展出了超常的空军力量，发展出的“五环打击理论”等作战思想助美国在近几十年的战争中大放异彩。但是“单域制权”思维也带来了后遗症：美军内部军种间的矛盾不断加大，军种至上的利益藩篱牢不可破，深深束缚了军种间进行联合作战的能力。而“多域作战”虽然是美陆军提出的战役级作战概念，但是它却打破了美军历来已久的单域制权思维。“多域作战”继承了美军近年来“跨域协同”作战思想，强调从陆、海、空、天、网络和电磁六大作战域，信息环境和认知维度等领域密切协同，实现无缝融合，致力于实现由当前美军粗放式战役级军种联合向多兵种合作迈进。这样的作战概念打破了美军由来已久的“单域制权”思维模式，受到美军各军种高度重视和欢迎。

2）改变美军组织模式。“多域作战”的概念打破了“单域制权”思维模式，缓解了美军军种间的矛盾，催使各军种针对自身军种的情况开始不断改变和发展自身的组织模式，增强了美军联合作战能力基础。美陆军“多域作战”中心思想是渗透和瓦解敌方的“反介入/区域介止”体系，并由此产生行动自由，实现战略目标，达成在有利条件下重返竞争，更为重视前沿阵地更为广义的“多域作战”方案。对此，美陆军开始发展“多域作战”部队，将原本陆军由 4 000 人的作战部队改为 1 500 人的“多域作战”部队，拓展陆军部队的“多域作战”能力，实现小编制大能力，同时美陆军也在发展反导、电磁作战等能力，力争摆脱以往依赖其他军种支援的局面。而美空军更为重视“多域作战”概念中在复杂作战中协调的问题，着重于指挥控制能力的提升，为此开发了“多域”指挥与控制系统（MDC2）。与此对应，美海军更为重视网络和电磁上的建设，强调其在近海对敌的网络和电磁战能力，对己方前沿部队的支持能力。其他军种也相应有不同的改变。

3）奠定美军“全域作战”概念基础。“多域作战”作为美陆军提出并开始不断实现的作战理论，其不仅仅将重构美陆军的联合作战能力基础，还将为实现美军诸军种进一步联合作战奠定基础。“多域作战”是一项具有联合特质的军种作战概念，是以美军之前提出的“空地一体战”“空海一体战”等作战理论为理论土壤，从美军近年“跨域协同”的作战思想中继承发展而来的。其在改变和推动美陆军进行军事改革的同时，也对美空军、海军等其他军种产生了深远影响，比如美海军陆战队在 2016 年发布《美国海军陆战队的作战概念》，就对“多域作战”发表了独到的见解。此外，“多域作战”虽然只是战役级作战概念，但是其着眼大国竞争，符合目前美国国家战略重心转移需求。同时“多域作战”以“跨域协同”的核心思想、对军种打破“单域制权”的思维模式和军种至上的利益藩篱的呼吁等内容，表达了对现有美军联合作战样式的深刻思考，深受美军高层重视和支持。

在“多域作战”的作战理论基础上，2020 年 2 月美参联会副主席、四星上将约翰·海顿提出了“全域作战”，并强调“全域作战”将代表“新的美式战争模式”，成为与中、俄等国进行全球竞争的作战概念。由此可见，“多域作战”为实现美军诸军种进一步联合作战奠定了基础。

（3）“全域作战”

2019 年，根据美国国防部长埃斯珀指示，成立由参谋长联席会议和四大军种组成的联合委员会，旨在研发基于“全域作战”新的联合作战概念。美军参联会副主席海顿称，“联合全域作战”旨在描述未来由全部作战领域构成的作战空间实施联合作战所需的能力要求。

2020 年 4 月，美国国会研究服务处发布《国防能力：联合全域指挥与控制》报告，对“联合全域指挥与控制”概念相关的问题作了明确的阐述。海顿强调，在“联合全域作战”概念中网络空间和太空两个作战域较为特殊，应予以重点关注。

“联合全域作战”概念属于联合作战概念的范畴，2020 年 6 月，美国国会参议院军事委员会批准通过了总额达 7405 亿美元的《2021 财年国防授权法案》。在法案中“保护美国全域军事优势”部分，首要事项是优先发展联合能力。其主要内容是提高部队的态势感知、决策和跨域指挥能力，制定“联合全域指挥与控制”（JADC2）能力需求，以领导和协调各军种建设。

2020 年 7 月 22 日，美参谋长联席会议主席马克·米利（Mark Milley）要求各军种分别开发未来联合全域作战（JADO）总体概念的某一特定部分，该概念设想跨陆、海、空、天和网络空间实现协作。在“联合全域作战”概念之下，有四个正在编写的功能概念，分别是指挥控制、火力打击、信息优势、对抗性后勤。空军负责联合全域指挥控制，海军正在考虑全球和联合火力打击，陆军在考虑信息优势，以及在受到袭击时如何进行后勤保障。目前各军种已经互派联络官，组成多军种小组，研究新想法思路。

2020 年 8 月，美国国会研究服务处（CRS）发布《联合全域指挥与控制》报告，对 4 月发布的《国防能力：联合全域指挥与控制》报告内容进行了更新。该报告就联合全域指挥与控制（JADC2）的概念、背景、当前国防部及各军种的举措、JADC2 试验以及资金投入等几个方面进行了进一步阐述。

2020 年 11 月 18 日美空军作战能力需求主管道恩·邓洛普（Dawn Dunlop）少将在美国航空航天学会上表示，参联会正在制定一项全新的行动计划，以便明确指导和组织各军种发展“多国联合全域指挥与指控”（CJADC2）能力。

未来冲突将越来越呈现出跨域、“多域”和多职能的性质。它将突破多个作战司令部的地理边界、职能和领域。由于战争形势在不断变化，未来的作战方式方法、作战概念必然随之改变。联合全域作战通过给对手带来多重困境，进而获取持续优势。美国各军种为实现国防部联合全域作战的整体方针，不断做出尝试，希望能得到最优解。

22.5 “马赛克战”

美国国防部高级研究计划局战略技术办公室于 2017 年提出“马赛克战”概念，设想通过快速灵活集成各种传感器、“多域”指控节点、有人/无人平台，获得新的不对称优势。2019 年 9 月，DARPA 资助米切尔航空航天研究所发布研究报告，提出了“马赛克战”的核心思想、组成和原则等。“马赛克战”主要针对对手“反介入/区域拒止”能力而研发，被 DARPA 视为引领美军未来 20 年国防科技发展的顶层兵力设计概念，将为美军作战力量构建、作战概念和技术研发、作战规划、作战指挥控制提供指导原则。核心要义是围绕体系战运用创新的作战概念，重塑美军未来兵力设计，应对潜在对手可能实施的体系战，延续美军的竞争优势。

（1）概念内涵

军事战略通常分为目的、方法和手段。目的即意图，如阻止或威慑对手国家等；方法主要描述如何实现战略目的，作战概念属于此范畴；实施战略的工具是为了达到战略目的而精心设计的方法和手段的组合。

综合来看，“马赛克战”不仅仅是作战概念，而是一种主要针对中、俄等大国对手“反介入/区域拒止”作战体系的兵力设计概念。“马赛克战”为体系化战争设计了一个全面的兵力设计模型，描述了马赛克式兵力的基本原则和组成，包括组织、条令、作战概念、武器系统、战术、技术、程序和特定战略下的兵力展现形式等。“马赛克战”旨在建立一支由高性能武器系统和大量分散作战要素为核心，可以灵活定制、跨域协同作战的混合兵力，能够加快美军作战指挥和行动控制速度，使美军在与中、俄对手的长期竞争中获胜。

"马赛克战"的核心思想是借鉴马赛克拼图功能简单、可快速拼接等特点，将传统武器系统分解为具有"发现、锁定、瞄准、跟踪、交战和评估"等单一功能的作战要素（作战要素最小化，具体多小有待进一步评估确定）；依托先进的网络、数据链、自主和人工智能/机器学习等技术，战时可以自适应组合平时分散部署的各作战要素，并与现有高性能武器系统跨域协同，形成一种杀伤力、生存力和弹性兼具的新型作战体系。

（2）项目布局

DARPA 将发展"马赛克战"技术视为改变美军兵力设计的关键。"马赛克战"技术分为两大类：构建、规划和组成"马赛克战"兵力所需的技术，以及执行"马赛克战"所需的技术。关键技术包括自适应和弹性架构技术、按需配置网络技术、作战辅助规划技术、战场前沿智能通信技术、兵力分解/重组技术等。

"马赛克战"概念提出后，得到各军种的积极响应。目前，空军已经验证了一些"马赛克战"基础和组件技术：空军在加利福尼亚州空军基地部署其首个通用任务控制中心，并验证了跨武器系统动态重新规划和指挥 RQ-4"全球鹰"无人机的能力；空军还在研发先进作战管理系统，旨在融合当前和未来系统数据信息，向指挥官提供更好的战场态势感知能力。

DARPA 和各军种还在围绕"马赛克战"在体系架构、武器平台、网络通信、指控与管理、基础技术等五个方面布局大量前沿探索性项目。截至目前，据初步统计，DARPA 及美空军、海军开展的"马赛克战"相关技术项目达 33 项以上。在体系架构方面，主要关注杀伤链动态分配，实现体系架构弹性；在武器平台方面，重点突破低成本平台和协同交战技术，增强作战要素的自适应性；在网络通信方面，强调发展网络和数据管理工具，用于自动建立跨域近实时通信网络和管理信息流；在指控与管理方面，重点聚焦控制算法、决策辅助以及人机交互技术，形成分布式指挥控制能力；在基础技术方面，力求突破态势感知、智能目标识别技术等。

（3）影响分析

"马赛克战"在战术战法和技术能力上具有无可比拟的优势，随着技术论证、评估的深入和在研项目的落地，将逐渐对美军未来作战方式、作战体系和装备建设等产生深远影响。

1）形成新的战略与装备优势，提升战略对抗成本。"马赛克战"概念意在破袭大国对手"反介入/区域拒止"体系，采用"釜底抽薪"之计分散关键节点，增加美军作战体系杀伤力、生存力和弹性，使对手必须转变、甚至革新新型作战理论予以应对，将大大增加对手战略对抗成本。"马赛克战"相关使能技术突破后，虽然可能要付出较大的研发成本，但生产周期短、成本低，可促进美军装备体系快速迭代升级，还可以快速组合形成新的武器系统，弥补美军大型作战平台规模不足的短板。此外，"马赛克战"装备还能通过协同和组合动态生成当前大型武器系统不具备的新质作战能力，大大降低了新质战斗力生成的成本、周期和难度，使对手在与美国的长期战略竞争中处于成本上升、对抗周期拉长、作战要素难以跟进的不利地位。

2）压缩战场反应时间，使对手陷入决策困境。“马赛克战”着眼于大国竞争需求，推动美军从“以信息为中心作战”向“以决策为中心作战”转变，从“掌控信息优势”向“掌控决策优势“转变。“马赛克战”将线性杀伤链转化为杀伤网，可以在任意时间和空间发起任意攻击，增加战场模糊性和不确定性，以此超出对方战场态势认知能力，使对手难以判断作战意图，难以掌握其作战体系结构和弱点，进而难以确定打击时机、打击重心和防御方向，使对手陷入决策困境。

3）按需定制兵力规模和能力，大幅提升打击效能。“马赛克战”可根据作战任务需求定制武器系统结构、组成及规模，确定各类打击目标的优先级，合理调配作战资源，动态智能配置侦察、打击等不同作战单元，构建打击效率最高的作战体系，从而可以实现以尽可能少的资源，实现尽可能大的作战效果，大幅提升打击效能。此外，“马赛克战”通过融入大量低成本、模块化、功能单一的无人作战系统，如通过“有人机”控制大规模无人“蜂群”，进行突前侦察、打击、评估，大量消耗对手战斗资源，使对方防空系统难以有效应对。

随着太空力量的建设发展，在未来“马赛克战”中，利用天基力量进行太空作战或天基信息支援作战，可进一步提高 OODA 环（“观察—判断—决策—行动”循环）速度，确保作战对抗优势，形成基于太空域的杀伤网，加大破袭难度，拉大对手对抗差距或压垮对手的持续制衡能力。

22.6　“作战云”项目

目前，美国防部正在明确和确定一个新的作战理念——“作战云”概念。这一概念由美国空军提出，并得到国防部和海军及其他军种的认可。这一概念融合了情报监视与侦察、精确打击、运动与机动、保持与维持（后勤）四大功能，形成一个综合体，被称为“作战云”。它以信息时代的技术为依托，从某种意义上说，“作战云”概念类似于“云计算”，都是以网络为基础（如因特网），能够实现广泛分布的系统间的快速信息共享，实现了内部密切联系的分布式作战，从而由“联合武装战”实现“联合效果战”。

（1）基本概念

“作战云”一词最早出现在 2013 年 1 月，美国空军空中作战司令部司令迈克尔·奥斯蒂奇将军在接受媒体记者专访时，介绍了 F－35 战斗机等新型武器系统的发展情况，并在阐述未来如何在作战中使用这些武器平台的新设想时，首次提及了要逐渐形成一种全新的“作战云”概念。2014 年 2 月，美国空军协会米歇尔空中力量学院院长德普图拉中将（美国空军负责情报监视与侦察的前副参谋长，已退休）在接受采访时，在奥斯蒂奇将军论述的基础上对“航空航天作战云”概念进行了进一步阐述。该概念是通过数据链将分散部署的各种航空航天作战资源更加紧密有效地连接起来，形成作战网络化的“云”，其核心节点是第五代 F－22 和 F－35 战斗机，主要作用是将分散部署的第四代战斗机及其他作战飞机连接起来，拓展其网络和提供补充性火力。

德普图拉中将进一步提出，“航空航天作战云”概念可作为未来国防部“作战云”概念的一部分。他建议国防部为遂行“综合效果战”制定新的作战概念，即“作战云”概念。该概念倡导在信息时代的联合作战中，将美军的情报监视与侦察、精确打击、运动与机动、（部队）保护与维持四大职能整合起来，通过保密抗干扰和抗入侵的 C4ISR 系统，将海、陆、空、天、网等所有领域的武器系统连接起来，形成全方位、单一的武器系统“作战云”，以实现“联合效果战”。

（2）基本特征

“作战云”的基本原理是根据“云计算”原理而来的。“云”的核心技术是“云计算”，其基础是功能日益强大的互联网。通过互联网，庞大的处理程序被自动拆分成无数个较小的子程序，再交由网络上多个域名下多部服务器所组成的庞大系统进行数据处理，之后，处理结果又通过同样手段整合起来，提供给用户。像谷歌（Google）公司“云服务器”已经超过 100 万台，雅虎（Yahoo）、微软这样的公司“云服务器”也有几十万台，一些小一点的企业也提供“云服务”。因此，“云计算”可以极高速度处理海量信息，效率远远超过依靠有限数量服务器的“超级电脑”。

美国太平洋空军司令赫伯特·卡莱尔上将认为，“作战云”的概念有点类似于“云计算”，“云计算”建立在一个高度分散、自我进化且自我补偿的信息共享的网络基础之上。然而，“作战云”不是整合了多台服务器的计算能力，而是通过利用指挥与控制、情报、监视与侦察（C4ISR）网络，快速交换来自各个领域传感器和射手框架内任何来源的数据，来整合各个作战系统的作战力量，从而增强它们的效能且获得规模效益。技术上首先需要提供充足的硬件节点提供“云”服务，确保在竞争环境中“作战云”的生存能力；其次，需要通过使用特制的设备与保密手段，实施高度保密的数据处置流程。最后，需要具备快速为用户提供最有效情报的能力，旨在直接为战斗决策服务。

“作战云”作战概念依托“网络中心战”，将陆、海、空、天和网络领域的独立武器完全整合在一起，实现数据和信息共享，既可以充分发挥各个武器系统的独特能力，又能联合作战，从而大幅提升联合作战效果。如果把美军之前提出的“网络中心战”的立身之地比作过去熟悉的传统互联网，那么“作战云”则更加强调信息的高度分布与高度共享，也就是战争领域的“云服务”。如果前者偏重的是数据传输，那么后者则更加强调数据传输的高速。两者相关，却有实质上的不同。

（3）作战应用

2014 年 8 月，美国《航空周刊》发表了“作战云”构想图，描述了“作战己方的空中优势空域云”的发展远景：在轨太空侦察/通信/导航卫星、空中预警机、F－15/16 等四代机、海面航母战斗群，与深入敌方纵深空域的 F－22、35 隐身战机、RQ－180 无人侦察机和新型远程隐身轰炸机等多维作战单元，在“作战云”的联接下形成一个高度融合的作战体系。2014 年 9 月 23 日凌晨，美国空军 F－22“猛禽”战机首次率领联合空袭机群，对叙利亚境内的“伊斯兰国”极端组织目标实施空袭作战，标志着美国空军已开始“云作战”实战验证。

美空军曾为了使在阿富汗作战的装备实现互联，紧急开发了战场机载通信节点有效载荷，供庞巴迪公司“全球快车”喷气式飞机和“全球鹰”无人机使用，他们现在想继续开发这样的网关来实现隐身战机与传统机群的互联。波音公司设计了用于五代机和四代机联通的第一款吊舱——TaIon Hate，作为网关和有限的空军网络的情报综合节点使用，计划装在F-15战斗机上以满足太平洋空军部队的紧急需要。

（4）影响分析

“作战云”作为作战体系的崭新形态，通过云技术高度共享陆、海、空、天的多维作战数据，实现陆、海、空、天、电、网等各作战域的战场资源整合，各种作战要素汇聚成“云”，完成战场数据的网状交互。“作战云”具备的全域性、分布式、网络化特点，将催生新的空天信息作战模式，对未来太空信息作战产生深远影响。

1）为构建天地一体化指挥控制系统提供途径。人工智能的星群云计算作战支援，可以使部队指挥中心柔性化，结合大数据技术，可以实现强大的作战方案实时制定和仿真推演。基于星群云计算信息系统，加上星载军用载荷，只要注入作战规划、作战指挥、作战管理、作战评估与仿真推演软件系统，依赖其强大的信息处理能力，星群一体化信息系统可以方便地构成天基全球一体化指挥控制系统。

2）增强空天情报信息共享的时效。“作战云”适应空天信息作战以及新的传感器数据爆炸式增长的需要，建立随域接入的情报信息收集处理分发体系，提供即时感知、可信精准的情报信息共享服务。即时感知可以满足野战机动条件下的全域信息服务，使作战指挥人员在任意地理位置都能够快速获取信息支持；可信精准可以满足不同作战平台的个性化需求，实施精准服务，按需服务。作战平台利用“云”的全域性、联结性和分布式等特点，快速交换来自指挥与控制、情报、监视与侦察网络等领域的信息数据，汇集成“侦察云”。作战平台根据需要从“侦察云”直接获取或发送所需信息数据，实现战场数据多平台间流动和高度共享。

3）“作战云”可实现全域分布式作战。按照德普图拉的说法，“作战云”的核心理念是“跨域协同”。这个“域”涵盖了美国现有陆、海、空、天各作战部门及其下属的各类平台。通过网络，高效调动不同域名下诸多服务器的信息处理能力，充分发掘各部门、各装备本身的信息化作战潜力，在动态中实现优势互补，取长补短。“作战云”是未来空战能力转型的方向。未来空战能力具有分布式、全球性和相互联通性等特点。“作战云”和“分布式作战能力”能满足联合作战需求。美国空军将在竞争激烈的作战空域建设分布式空战能力。全球部署且彼此联通的F-22和F-35型机则构成分布式作战系统。尤其是F-35型机，因美国空军、海军和海军陆战队以及盟国大量装备成为全球性机群，“作战云”将使集中控制和分散执行的作战方式，向全域的集中指挥、分布式控制和分散执行的结构转变。

4）向军种和盟军一体化作战方式转变。德普图拉认为“航空航天作战云”与海、陆等领域的跨域协同是“联合效果战”制胜的关键。遂行“联合效果战”的核心理念是跨域协同。以能力互补方式而非叠加的方式使用不同领域的作战力量，将增强作战效果。这需要将当前和未来的航空航天力量与海、陆等不同领域的作战力量整合起来，在“拒止环境”中跨域协同作战，充分发挥航空航天力量的作战能力，以获得“联合效果战”的胜利。空军需采用灵活的作战框架，便于与盟军和其他军种遂行一体化作战。这需要从以往相互独立军种之间的“诸军种合成战”向基于情报监视与侦察、精确打击、运动与机动和保护与维持四大职能的一体化“综合效果战”转型。

22.7　“黑杰克”项目

2020 年 2 月 11 日，美国国防部高级研究计划局战术技术办公室（TTO）发布“‘黑杰克’卫星发射服务”信息征询书，旨在调研卫星发射市场能力，确定能够承担卫星发射服务的供应商，支持“黑杰克”项目演示验证。目前该项目主要定位于利用商业太空力量，进行低轨通信和侦察卫星建设的演示验证，后续有可能搭载于 SpaceX 公司“星链”星座、一网公司星座等其他卫星联网项目。

（1）项目背景

军事卫星是美军作战能力的关键。为了能够持久监视地球上的情况，这类卫星以地球同步轨道部署为主，但在对抗日益激烈的太空，这些昂贵且庞大的系统很容易成为攻击目标，如果遭到干扰或破坏，可能需要花费数年时间才能补换。而且，这些系统研发时间长，很难甚至无法快速应对新的威胁。但随着商业航天的发展，低轨宽带互联网通信卫星成为可能，而且在成本上还具有规模效应。因此，DARPA 计划采用商业航天模式推动“黑杰克”项目发展，而且随着美国 SpaceX 公司、一网公司等商业太空力量的快速发展，为其提供了更多的搭载服务选项。

DARPA 于 2018 年 2 月启动“黑杰克”项目，希望工业部门帮助研发一种小型的军事通信与监视卫星，这种卫星不仅能够在低地球轨道上安全运行，还能够利用现代化的商业卫星技术，具有经济可承受性。该项目旨在构建一个包含 60～200 颗卫星的星座，计划于 2021 年将 20 颗原型间谍卫星发射进入低地球轨道并组网。该技术将更便宜，且信号强度比地球静止轨道高约 1 300 倍，将使通信速度更快，以满足指挥与控制、情报、监视与侦察（C4ISR）以及战术作战等各种需要。“黑杰克”卫星星座具有高度的自主性和网络弹性，能够在无运营中心管理的情况下独立运行 30 天。“黑杰克”卫星的数据处理将在轨完成，无需地面数据处理的支持。

2018 年 10 月，DARPA 向蓝色峡谷公司授出“黑杰克”卫星研发合同。2019 年 11 月，DARPA 向 BAE 系统公司、SEAKR 工程公司、科学系统公司授出 Pit Boss 系统（即“黑杰克”卫星任务管理系统）研发合同。

“黑杰克”项目寻求研发具有较低“尺寸、重量、功耗及成本”特征的低轨军事通信与监视卫星，包括低成本卫星有效载荷和商业化卫星平台。虽然在低轨运行，但能力上与目前在地球同步轨道上运行的军事通信与侦察卫星系统相似，而成本只有后者的一小部分。

该项目旨在通过利用私人太空领域的发展来实现这一雄心勃勃的成本目标。此外，一些公司计划在未来几年内在低地球轨道建立庞大的星座，提供具有成本效益的互联网服务。时至2020年10月底，SpaceX公司已完成了7批“星链”卫星的发射，总数已达到720颗，建成后的星链网络将拥有约4.2万颗商业卫星。新的星座可能会改善美国的导弹预警和导弹防御能力，并增强现有的全球定位系统导航网络。

这个更大的网络最早可能在2022年开始运行，此后多年将进行定期发射。这将是一个能力极强、反应迅速的全球侦察网络，且不易受到攻击或破坏。美军方希望每年更换约四分之一的“黑杰克”卫星，以使星座与最新的装备保持同步。

（2）演示计划安排

该演示验证项目计划分为三个阶段：

第一阶段：确定卫星平台和有效载荷的需求，主要开展系统架构研究与设计，选取2个卫星平台团队和6个载荷团队启动研究工作；为2颗卫星的在轨演示验证研发卫星平台和有效载荷，进行详细设计与集成，研制2颗试验卫星和相应的载荷工程样机。

第二阶段：2021财年择机发射2颗试验卫星，在低轨对拥有两个轨道平面的系统，开展发射和为期6个月的在轨试验；若在轨试验顺利，最终演示验证20颗“黑杰克”卫星构成的低轨实验星座，每颗卫星拥有一个或多个有效载荷。

第三阶段：DARPA计划于2021年9月进行第一批发射，一次发射2颗卫星，演示验证在轨卫星功能；计划于2022年3月起进行第二批发射，一次或多次发射8颗或更多颗卫星，演示验证在轨卫星任务绩效。

（3）影响分析

美国太空军事发展一直过分追求“大而全、高性能、低风险”，导致如今不仅成本与进度问题突显，更是抑制了美国的太空创新优势。往往经过十多年好不容易开发出一套先进军用卫星系统，而对手早就有了应对之策。为了从根本上改变这一状况，DARPA一直在思考完成太空任务更好的方法与途径，当今蓬勃发展的商业航天革命吸引了DARPA的视线。

2018年，DARPA陆续支持了“黑杰克”星座、航天发射挑战赛等在内的多个航天创新项目，比以往任何时候都追求以前所未有的便利性、多样性、规模性和经济性来实现进入和利用太空。“黑杰克”又叫“21点”，“21点”是一种世界范围内广泛流行的纸牌赌博游戏，其本质就是甘冒一定风险来博取更大回报。DARPA用“黑杰克”命名军用卫星项目，表明DARPA航天发展的风险偏好开始变化，从零风险容忍转变到愿意承担一定风险来实现更大回报，根本动因在于全球太空对抗加剧和商业航天发展日新月异。

为了持久不间断地覆盖某一特定地区，美军预警、通信、中继、电子侦察等卫星过去均部署在地球静止轨道。在对抗日益激烈的太空，这些昂贵且庞大的卫星系统很容易成为对手攻击目标，如果遭到干扰或破坏，可能需要花费较长时间才能补充更换。

“黑杰克”项目寻求利用低成本商业卫星平台、可快速更新升级的军用载荷来构建低轨军事通信与侦察卫星星座，能力上与目前的地球静止轨道卫星系统相近，而成本低廉，且更容易在太空对抗条件下生存与补充。

如果 DARPA 的“黑杰克”项目和航天发射挑战赛取得成功，很可能改变目前太空易攻难守、攻强守弱的现实，颠覆太空攻防的成本收益关系，并对太空威慑战略产生重大影响。一旦拥有大量低成本、可快速升级更换的军用卫星群，意味着潜在对手攻击卫星的收益与成本相比并不合算，也就动摇了对手攻击卫星的兴趣与意图。这正是美国大力推动商业航天革命背后的战略逻辑，力图重塑全球太空安全格局、颠覆现有太空攻防规则。

22.8　“HBTSS”项目

美国从体系作战到拦截武器，对高超声速武器的防御概念进行全面探索研究，研究工作由导弹防御局（MDA）牵头开展。综合考虑美国政治、经济、科技等多方面影响因素，美国高超声速武器防御体系建设整体上仍处于方案论证和预研阶段，经费投入低于其发展所需经费期望值，实现体系建设愿景需要很长的时间，其国内关于高超声速武器防御体系的建设在诸多问题上尚未达成共识，尤其是在研制部署天基传感器和天基拦截器方面还存在较多争议，“攻防一体”“以攻代防”的思路将成为美军当前应对高超声速威胁的现实策略，并已在行动层面加快落实和推进。2019 年 10 月，导弹防御局授予了 13Harris、雷声公司、诺斯罗普·格鲁曼公司和 leidos 公司第二阶段开发合同，以进一步开发 HBTSS（高超声速及弹道导弹空间探测器，Hypersonic and Ballistic Tracking Space Sensor）原型和有效载荷技术，以用于预警探测高超声速武器和高速飞行的弹道导弹，提高其导弹防御能力。

（1）项目进展

美国导弹防御局认为高超声速武器给当前导弹防御体系结构的感知能力构成挑战，因为它们比传统的弹道导弹差异大，具备横向和纵向机动能力，可以在打击目标的过程中躲避地基传感器的探测，因此美军需要新的感知能力，并希望通过在低地球轨道布设由数百颗卫星组成的太空高超声速及弹道导弹跟踪传感器星座来解决上述问题，并正与太空发展局合作研制该星座。与此同时，美国众议院及参议院都在努力为太空高超声速及弹道导弹空间探测器项目争取资金。

面对高超声速武器探测任务，美国太空发展局和导弹防御局都提出了初步方案：太空发展局正在研究一种天基分布式卫星体系结构，而导弹防御局提出了“高超声速弹道跟踪和监视系统”。其前身，是美国导弹防御局正在努力建造的高超声速及弹道导弹空间探测器，是一种在轨道上的传感器层，能够检测和追踪该国目前的导弹防御体系结构无法处理的高超声速武器，该系统计划被内置到太空发展局低地球轨道卫星群中。

高超声速及弹道导弹空间探测器（HBTSS）项目旨在开发一种功能强大、价格合理、生存能力高且扩展能力强的太空探测器，用以探测和跟踪高超声速导弹等先进武器。HBTSS 系统由部署在低轨道商业卫星上的约 200 个 50～500 kg 的探测器载荷组成。系统部署后，一是主要弥补对高超声速武器预警探测能力的不足，形成对高超声速武器的全程跟踪能力；二是可以与“天基红外”系统、下一代“过顶持续红外”系统共同覆盖导弹主动段，增强对先进弹道导弹的预警能力。该系统计划 2021—2022 年开始进行天基演示试验验证，2025 年后实现部署运行。

（2）基本安排

HBTSS 第一阶段为设计原型有效载荷及信号链处理演示。2019 年 10 月 29 日，美国导弹防御局淘汰了第一阶段 8 家竞标商，宣布选定诺格、leidos、13Harris 和雷声公司共 4 家公司进入“高超声速及弹道导弹空间探测器”（HBTSS）项目第Ⅱa 阶段，并授予每家公司一份为期 12 个月、价值 2 000 万美元的科研合同，用于完成 HBTSS 星座的载荷原型机方案设计，以及信号链处理、软件算法等研究工作，为 HBTSS 项目演示验证降低技术风险。

此外，HBTSS 也受益于太空军的成立。在太空军的 2020 财年预算材料提到“机密项目有重大进展”，所谓的“机密项目”也在太空军的年经费报告中浮现，那便是新一代的“天基红外星座系统”，在 2021 年将会有 23 亿美元的资助。“天基红外星座系统”是美国正在进行的新型太空防御系统的代称，该计划旨在利用大量的侦察卫星将全球透明化，在卫星平台上装有“高超声速及弹道导弹空间探测器”（HBTSS）的装置，以便在第一时间监测到各地导弹的发射。

美国太空发展局拟将把导弹防御局的“高超声速及弹道导弹空间探测器”（HBTSS）系统纳入国防空间架构跟踪层。同 HBTSS 一样，跟踪层将被设计成能探测和跟踪飞行速度超过声速且能在飞行中开展机动的高超声速武器。但太空发展局将会新增一些能力，比如跟踪带有昏暗上面级的弹道导弹。跟踪层将会增强空军眼下正在研建的下一代“过顶持续红外”导弹预警星座，目标是在 2024 年就拥有能工作的卫星。

（3）分析研判

结合多方面因素综合考虑，美国要想实现高超声速防御体系的建设愿景需要很长的时间周期。当前，美国采取“攻防一体”、主动防御与被动防御相结合的思路，循序渐进地推动高超防御体系建设。值得重点关注的是，美国近期作为重点优先开展的天地基预警探测能力建设，本质上也是进攻性武器作战必须依赖的体系支撑能力。美国基于不断升级发展的反导系统的 C2BMC 指挥系统，并通过依托“高超声速威胁防御”加快进攻性高超声速武器所需 C4ISR 体系共性支撑要素的建设，率先形成“快速全球打击”的作战体系和实战能力，从而实现慑止对手。

通过近期跟踪国内外高超声速武器发展的情况分析可知，美国自从退出《中导条约》后，利用自身导弹方面的技术积累和研发经验，再次启动发展中远程弹道导弹和高超声速武器，并且从维护军事强国出发，积极升级反导防御系统或者在此基础上精心研发高超声速武器防御预警探测设备和作战指挥控制系统。虽然美国正在推进 HBTSS 的研发论证，但尚未明确：搭载平台［搭载下一代“过顶持续红外”系统（OPIRS）卫星系统（已在研发中）］，还是搭载其他星座或新建星座；是否利用“结构分离、功能分解、有效载荷搭载、多轨道部署、多作战域部署”的方式，实现弹性与分散式空间系统体系结构；是否编入下一代太空体系结构中，形成体系作战能力，所有这些均值得持续关注。

22.9 基于人工智能的太空体系

美国认为，未来的战争将是智能化战争，未来的军备竞赛将是智能化军备竞赛，把人工智能视为“改变战争游戏规则”的颠覆性技术，并已提前布局、顶层设计、规划引领，将人工智能技术的新发展用于军事应用，如跟踪监视、侦察预警、态势感知、威胁评估、水雷战、网络安全、情报分析、指挥控制、教育训练等，以夺取未来智能化战争的主动权。

（1）技术发展

早在 2007 年，美国 DARPA 就开始支持“深绿”计划，试图研究一种能够嵌入美军 C4ISR 系统的先进辅助决策模块，其中包含“水晶球”和“闪电战”两大核心模块，前者负责完成战场态势融合和分析评估，后者负责进行交战模拟。

2014 年，美军提出的“第三次抵消战略”就是以人工智能技术为核心，综合生物、信息、太空、网电等技术领域发展能够“改变未来战局”的颠覆性技术群，来形成相较于对手的绝对军事优势。

2016 年，美国国家科技委员会先后发布了《为人工智能的未来做好准备》《国家人工智能研究与发展战略规划》《人工智能、自动化和经济》《人工智能与国家安全》等多部白皮书或报告。

2020 年 8 月，美智库新美国安全中心发布《巩固美国人工智能的领导地位：人工智能研究与开发》报告，将人工智能上升到国家战略层面。同时，为打赢下一场战争，美国军方已将人工智能置于维持其主导全球军事大国地位的科技战略核心，将目光锁定人工智能武器化，先后投资部署了“生物启发式自主感知（BIAS）”“可解释的人工智能（XAI）”“心眼”“图像感知、解析、利用”等一系列人工智能技术项目。目前，DARPA 已经与谷歌、IBM 等公司达成合作，致力于将人工智能科技创新向军事应用领域“嫁接”。同时，在美国联合作战司令部设想的 2025 年作战计划中，人工智能机器人与传统作战力量的协同作战将发挥重要作用。当前，美国国防部正致力于推进人工智能技术向“强人工智能”迈进，重点是发展“深度学习”技术。

2020 年 9 月，美联合人工智能中心代理主任南德·穆尔查丹尼指出，取胜不在于武器装备本身，而在于人工智能算法，算法可以向指挥官提供如何最佳运用武器的建议。利用人工智能可迅速整合大量数据，帮助分析人员和指挥人员挑选目标和打击目标的最佳武器。

近期，美国空军太空及导弹系统中心授予弹弓航天公司总价值 600 万美元的合同，对该公司的“轨道神”预测性太空态势感知软件的潜在军事进行应用定制，“轨道神”软件将使作战人员关注太空目录维护的传统太空态势感知转变为更加注重战术层面、更具预测性的解决方案，将使用人工智能技术对来自卫星、无人机及其他平台的数据进行融合分析。

（2）未来发展

美国高度重视空间大数据的开发和运用，把快速的太空态势感知和高效的空间大数据应用视为控制太空、夺取制天权的关键，作为人工智能和太空态势感知领域的领跑者，其主要发展趋势表现为：

1）推动数据融合处理技术换代升级，促进低维数据向高维数据扩展的信息生成，加强空间态势感知信息融合发展。美国提出以机器学习、深度学习技术应用为核心的“算法战”，2017 年美国国防部成立“算法战跨职能小组”，将军队大数据汇集到云平台后集中处理分析，建立人工智能作战体系。

2）利用人工智能和云计算实现探测、表征及预测太空威胁。美国空军太空及导弹系统中心委托弹弓航天公司研制“轨道神”软件，应用人工智能技术对来自卫星、无人机及其他平台的数据进行分析，使传统态势感知转变为更加注重战术层面、更具预测性的解决方案。

3）利用先进信号处理及人工智能等计算手段对观测数据进行后期合成处理，有效提升成像分辨率、探测能力等指标，迅速增强军事侦察以及空间态势感知识别的能力。美国科学家利用单颗或多颗空间侦察卫星对某一空间目标的多张观测图像进行后期合成处理，该技术在不改变空间侦察监视卫星硬件的基础上，提升近 5 倍成像分辨率。美国毛伊计算中心持续研究毛伊岛 1.6 m 及 3.67 m 望远镜获取的空间目标图像的图像复原处理问题，不但有效地提升了自适应望远镜的成像分辨率，更是在无自适应校正时，仅通过处理算法也获得了空间目标高分辨率图像。

4）技术的高速发展将逐步打破传统航天系统各领域的分立式发展模式，逐步走向体系联合。传统的航天系统往往用途比较专一，无法实现互操作，许多资源无法有效利用，而功能综合化装备的出现能够有效统筹资源，实现运用上 1＋1＋1＞3 的协同增效和建设上 1＋1＋1＜3 的集约高效。通过构建太空一体化作战体系，提升全域联合作战能力，高度融合太空与网络作战体系，形成一体化信息作战对抗能力。

5）人工智能、深度学习等新技术已经在卫星制造、空间平台、空间载荷和空间服务等方面得到初步应用，未来还将发挥更大作用。为促进人工智能在军事领域的落地，各国逐步重视军用、民用数据资源的融合应用，推进国防科技项目与民用科技项目互动发展，规划重大工程，以带动“军民两用”“民技军用”和“军技民用”，支持有资质的企业加入到军品研发的行列中来。

22.10　下一代太空体系结构

2019 年 4 月，美军成立太空发展局，作为特朗普政府致力于重组军方太空结构的一部分。太空发展局的创建旨在刺激国防部太空能力创新，引入私营机构推进新兴技术的应用。2019 年 7 月 1 日，美太空发展局发布了一份关于下一代太空体系结构的信息征询书（RFI）。该征询书初步描述了新的太空体系结构设想，期望利用低轨大规模星座和智能云网等技术构建“全域感知目标，云端智能服务”的天基信息网络体系，计划 2020 年开展星上计算机和太空云演示验证，2023 年开始部署在轨卫星，2025 年部署在轨网状网络，2027 年具备人工智能支撑，2028 年具备全面作战业务能力。

（1）体系结构

该机构的首个目标是开发下一代军用卫星的太空体系结构，以应对中、俄等国大力发展太空能力的现状。太空发展局希望新的体系结构能够提供“国防部太空愿景”确定的八项基本能力，包括对先进导弹目标的持续全球监视；针对先进导弹威胁的指示、警告、瞄准和跟踪；GPS 拒止环境中的定位、导航和授时（PNT）替代技术；全球空间态势感知；发展威慑能力；高响应、高韧性的通用地基太空支援基础设施（如地面站和快速发射能力）；跨域、网络化、节点独立的作战管理指挥、控制和通信体系，包括核指挥、控制和通信体系；以及大规模、低延迟、持久且由人工智能驱动的全球监视。

（2）体系结构组成

下一代太空体系包括传输层、跟踪层、监视层、感知层、导航层、作战管理层、支援层，共七层，由一千多颗卫星构成，以作战管理层为“大脑”，以传输层为“神经”，网络化、无中心、集天基信息支援与作战能力于一体。根据信息征询书所述，太空发展局设想的体系结构由若干层组成，每一层至少支持上述八项基本能力中的一项。设想中的下一代太空体系结构包括：

1）传输层：全天候提供数据和通信的全球网状网络；

2）跟踪层：提供导弹威胁的跟踪、瞄准和高级预警；

3）监视层：对所有确定的时间关键目标提供全天候托管；

4）感知层：提供太空态势感知，探测和跟踪太空目标，以帮助卫星避撞；

5）导航层：在 GPS 拒止环境中提供备选的定位、导航和授时服务；

6）作战管理层：通过人工智能增强的指挥、控制和通信网络，提供自行分配任务、自行确定优先级、在线处理和分发能力；

7）支援层：地面指挥控制设施和用户终端，以及快速响应发射服务。

（3）工作重点

一是围绕天基信息传输需求，在低地球轨道部署信息传输层，其特点是星座规模大，平台通用化，功能载荷多样化，可通过软件在轨升级，自主运行能力强，与商业星座混搭；二是针对导弹防御需求，在多轨道部署多层、立体、全程探测跟踪的导弹预警体系，包括预警探测体系、精确火力控制系统、杀伤评估系统，将形成对导弹的射前探测，飞行过程跟踪与识别；三是围绕太空作战，在高轨排兵布阵，形成含目标监视侦察、太空力量投送、太空攻防对抗、在轨操控等装备在内的能力布局。

当前，太空发展局的目标是开发一个由网状网络组成的传输层，用于近地轨道上的通信和数据传输。太空发展局计划将“黑杰克”项目作为其下一代太空体系结构的基础，

"黑杰克"项目将利用 20 个卫星星座建立初始传输层。太空发展局希望围绕"黑杰克"项目建立子星座，以满足已经确定的一些需求，如导弹防御警告和目标瞄准、定位、导航和授时的替代服务等。根据该机构的设想，星座和相关子星座将由量产的小型卫星组成，重量从 50 kg 到 500 kg 不等。"黑杰克"项目设想示意如图 22 - 2 所示。

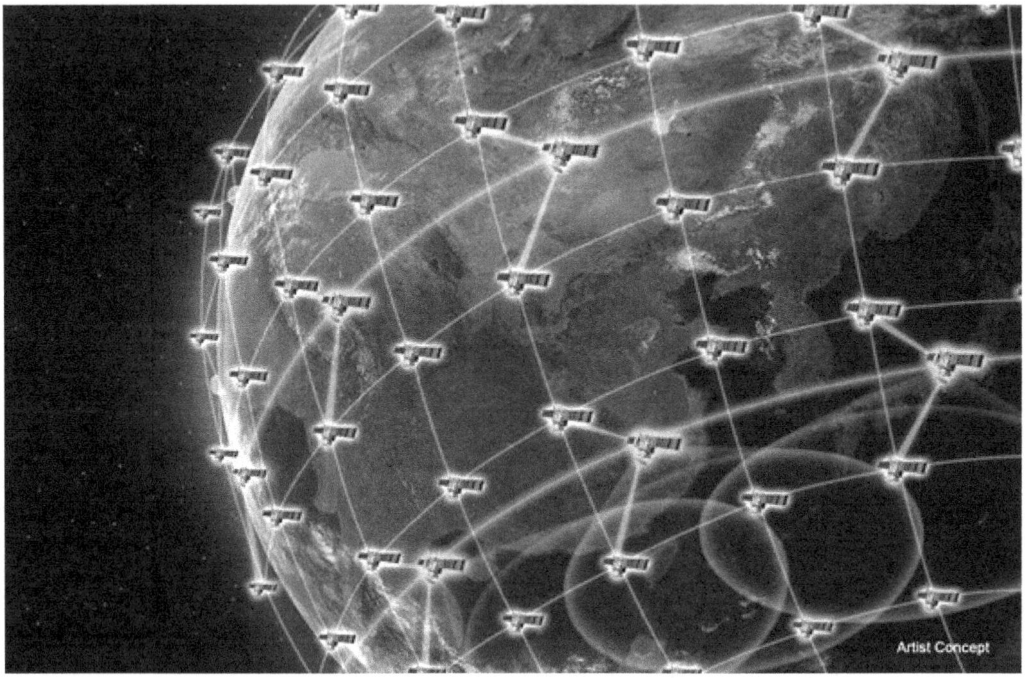

图 22 - 2　美国国防部高级研究计划局的"黑杰克"项目设想图

太空发展局期望在以下各方面获得建议：可提供卫星间大带宽连接的小型和廉价有效载荷；可从近地轨道跟踪导弹的软件；有助于太空传感器自主收集、处理和分发的软件；以及在 GPS 拒止环境中的定位、导航和授时替代方法。此外，太空发展局希望各方对其太空体系结构设想提出反馈。在构建这个新体系结构时，太空发展局明确表示，希望在适应新技术和威胁方面保持敏捷和灵活。

美国太空发展局 8 月 31 日宣布，该机构选择洛克希德 · 马丁公司和约克空间系统公司为其"传输层 0 期"建造卫星。"传输层"是太空发展局正在开发的美国未来"国防太空架构"的骨干，将为美军全球作战平台提供一种有保证、韧性、低延迟的军事数据连通能力。这两家公司分别获得价值 1.875 亿美元和 9 400 万美元的合同，为太空发展局提供通信卫星星座。该卫星网络将相互通信，并向地面、舰船或飞机上的军事人员传送数据。这两家公司各自负责提供 10 颗卫星，所有 20 颗卫星将在 2022 年 9 月前发射。每批 10 颗卫星分成两种类型。10 颗中的 7 颗配备 4 条光学交叉链路，另外 3 颗配备 2 条交叉链路和 2 条下行链路。

这些卫星将构成太空发展局计划"传输层"的一部分。"传输层"是一组卫星，可以通过卫星间的光学链路在全球传输数据。该天基网状网络将构成美国国防部联合全域指挥与控制（JADC2）的太空部分，是五角大楼连接在轨传感器和地面发射器计划的关键。虽然“传输层 0 期”将由 20 颗低轨卫星组成，但太空发展局计划每两年增加更多的卫星，作为螺旋发展方法的一部分。“传输层”将作为新的多层国防太空架构的基础，该架构将由数百颗相互连接的卫星组成，这些卫星将主要在近地轨道执行多项任务，包括高超声速武器跟踪和超视距瞄准。

根据 2020 年 5 月 1 日的招标合同，太空发展局的“传输层 0 期”有六个目标：

1）演示通过光学交叉链路网状网络向作战人员低延迟传输数据；

2）演示从外部天基传感器通过传输层向作战人员发送数据的能力；

3）演示一个有限的战斗管理 C3 功能；

4）通过网状网络向作战人员传输综合广播系统数据；

5）在网络上近实时存储、中继和传输 link16 数据；

6）不依赖 GPS 运行一个通用时间基准。

太空发展局计划在 2022 财年第四季度将“传输层 0 期”卫星送入轨道。

第 23 章　未来太空力量发展建设形势及应对策略

随着世界各国航天技术的不断发展，美国为继续领导全球化的发展趋势，巩固自己的全球霸主地位，2018 年 3 月，美国白宫网站公布《国家太空战略》概要，阐述了将通过改革保障美国太空领导地位；通过“美国优先”政策“让美国再次伟大”；通过公私伙伴关系确保国家太空安全。该“概要”说明了特朗普政府太空战略将建立在有弹性的太空架构、强化太空威慑与作战能力、增强太空基础能力与结构和培育有利的国内外环境“四个支柱”基础上，实现确立太空领导地位、壮大太空工业基础、维持太空军事霸权三个目标。“概要”发布前后，特朗普政府颁布并实施了一系列政策、法案、措施，标志着特朗普政府太空战略进入实施阶段。综合来看，特朗普政府太空战略用意明显，希望从太空领域证明“美国再次伟大”，夺回美国太空霸权，促进美国科技与经济壮大，夯实太空军基础，引领太空治理规则制定，塑造有利于美国的太空态势。

23.1　太空力量发展建设趋势

从各主要军事强国商业、民用航天规划建设目标来看，2025 年至 2030 年之间可作为各国商业、民用航天发展的一个标志性时期，主要体现出两方面特点。一是该时期之前的航天项目，由于技术发展相对成熟、政策导向比较清晰，各国融资热度比较高的项目是低成本航天发射、大推力火箭、小卫星星座组网和大型遥感、导航卫星系统的更新换代，绝大部分项目计划在 2025 年至 2030 年完成；二是该时期之后的航天项目，主要是一些技术发展节点比较明确、技术风险相对可控，但是研制周期比较漫长、当前仍处于实验室研究阶段的项目，包括空天飞行器、临近太空飞行器、航天器推进剂加注、太空垃圾清理以及星际登陆、深空探测等。这些项目通常计划在 2025 年至 2030 年间开始进入工程研制阶段。按照各国商业、民用航天技术发展趋势，各国太空力量建设可划分为近期、中期、远期三个阶段。

（1）近期发展趋势

从 2015 年到 2025 年前后，在这个阶段内各主要军事强国太空力量实战能力建设可分三个方面：一是以进入、利用太空能力建设为主，本质上就是增加卫星数量，完善天基信息支援系统，丰富卫星发射手段，增强天基信息系统的维持、重构能力；二是重点解决体制编制运行、作战体系论证规划，以及如何融入联合作战体系等顶层设计问题，进一步畅通天基信息服务通道，为战略、战役行动提供及时有效的太空侦察、预警、通信、导航支援；三是以美、俄为代表的第一梯队航天科技强国将基于快速进入太空、弹道导弹预警、太空目标监视、太空环境监测等典型航天作战任务，探索性开展战役、战术层面的太空战演习，具备较强的太空目标监视能力和有限的太空攻防作战能力。

（2）中期发展趋势

2025 年至 2040 年，各主要军事强国太空力量建设体现为两方面：一方面，致力于横向实现军用、商用、民用卫星的深度融合，纵向打通天基信息获取—传输—应用的所有体制、技术障碍，最终能够灵活、高效地调用所有的太空资源服务战术层次的战场需求，天基信息支援的力量“倍增器”效果将更加突出；另一方面，各类“太空飞行器在轨服务与维护系统”的陆续服役，标志着初步具备有效的太空攻防能力和一定的太空威慑能力，能够对太空轨道目标实现常态化的跟踪、监视、预警，并使用地基、天基等多样化的反卫/反导攻击手段削弱对方天基信息系统的效能。

（3）远期发展趋势

2040 年以后，各国以天基信息支援系统和太空攻防系统为主的外层空间武器系统具备完全作战能力，将成为联合作战、海外用兵、战略威慑的重要支撑。随着空天飞机、临近太空飞行器、量子通信等颠覆性技术走过技术验证、工程研制阶段，全面进入技术成熟期，太空力量在进入、利用、控制太空能力建设上将步入新的发展期。其中，临近太空武器系统和新一代外层空间武器系统将开始初始化军事应用，以“天对地”作战系统为代表的太空威慑能力成为建设重点。太空威慑将成为与核威慑并行的新型战略威慑。

23.2　太空力量发展建设面临的挑战

未来，美国有庞大的航天计划，包括：2021 年，美国发射 DART 飞船跟踪危险小行星，2022 年，以动能撞击方式测试拦截小行星实验；2022 年，美国“深空之门”月球空间站开始建造；2025 年，美国“帕克”太阳探测器抵达日冕层，正式接触太阳；2027 年，美国于环月轨道进行为期一年的火星模拟飞行。2030—2050 年，美国预计踏上载人火星之旅。美国将太空这一全球公地，视为继续维持霸权的基石和战略竞争的高边疆，谋求对世界其他国家的绝对优势。美国大搞太空军事化，有时披着和平外衣，有时则是明火执仗，对世界各国安全特别是太空安全带来巨大威胁。

23.2.1　太空权益受到严重损害

美国 2003 年《空军转型飞行计划》强调，重点发展太空目标监视系统和太空防卫武器用于太空控制。同年 6 月，美国空军部长提出：“任何国家和组织，包括美国的盟友，在没有获得美国认可的前提下，都不可以将太空资源用于发展军事情报或其他军事目的。”2005 年 5 月，美国白宫发言人宣布：美国将在太空部署太空武器。美国 2006 年《国家太空政策》提出，必要时拒止敌方的太空行动自由；2010 年《国家太空政策》谋求建立美国主导下的太空新秩序，使其不受干扰地利用太空从事国家和国土安全活动。美国 2011 年《国家安全太空战略》进一步明确了以太空控制为重点的太空安全战略。特别是特朗普政府推行称霸太空的战略，世界各国感知太空、进出太空和利用太空的权益受到约束和挑战。

一是争夺太空稀有资源。太空虽广阔无垠，但随着参与开发的国家增多和程度的加深，在轨航天器爆发式增长，可以利用的资源尤其是特殊轨道和电磁频谱等稀有资源越来越少，太空已变得相当拥挤。尤其是美国的“星链”计划，给进出、利用太空带来了严峻的挑战。就各国的太空利益来说，太空空间、太空轨道的合理分配，和太空非军事化已经成为人类越来越无法回避、越来越紧迫的问题了。

二是争夺太空军事优势。主要大国加快发展军事太空力量，大力研发太空攻防手段，配套完善太空作战法规，建立太空作战部队，围绕取得太空利用与反利用、控制与反控制最优势的较量持续升温。据不完全统计，目前已有 28 个国家能够发射可经过太空的弹道导弹，有 30 个国家有能力使用低能激光束干扰未进行防护的卫星传感器，软杀伤技术手段层出不穷。

三是争夺太空合作伙伴。美国企图通过太空国际合作，共享数据信息、太空轨道、电磁频谱等资源，降低太空开发利用成本，借鉴和利用对方优势，促进技术和管理进步，降低太空系统的脆弱性，增加第三方实施太空攻击的风险和代价，增强战略威慑能力。

23.2.2 太空安全面临重大影响

美军越来越先进的天基信息传输与处理能力，使其联合作战的体系效能倍增，精确打击与机动作战能力不断增强。目前，美国建成太空军事系统，具备了全天时全天候的太空侦察监视能力，实现了战场的单向透明，形成了绝对的天基信息优势。

一是“全域作战”带来的影响。太空作战域不仅能够全程支援其他作战域的行动，本身也成为关键的攻防对抗域，贯穿战争始终，太空与网电空间的“致盲”“致聋”战将成为决定战争胜负的关键。未来战争，交战双方对天基信息系统的依赖越来越大，太空作为战略制高点的地位更加突出，围绕进入太空、利用太空、控制太空的战略博弈更加激烈。地基激光反卫、地基动能反卫等手段日益成熟，可重复使用的轨道飞行器，既是太空支援装备，支持和倍增陆、海、空、天、网、电战斗力，又是未来太空战的利器，直接提供天对天和天对地打击能力。

二是对天地重要目标监视带来影响。美国已建成世界上功能最强大的天地一体化目标监视网，地基系统遍布全球 16 个地点，由 30 多部光学、雷达装备组成，能探测到低地球轨道上直径 10 cm 的目标和地球同步轨道上直径 30 cm 的目标，编目管理的空间目标已达 2 万多个。天基太空监视系统（SBSS）可提供全天时、全天候、近实时空间态势感知数据，探测灵敏度与搜索覆盖率等大幅提高，空间态势感知能力从“反应型”转变成“预测型”，制天权得到进一步增强。

三是强大的体系能力带来的影响。从最早的美国“科罗纳”计划起，成像侦察卫星（包括光学和雷达成像卫星）就极大地改变了情报侦察信息的获取方式。美国现役“锁眼”光学成像侦察卫星的空间分辨率可达到 0.1 m，而“长曲棍球”雷达成像侦察卫星的空间分辨率为 0.3 m，能够识别各类固定的地面目标，并具有一定识别伪装目标的能力。现役的导弹预警卫星通常部署在距地面 36 000 km 的地球静止轨道，而美国和俄罗斯正在研制、部署的新一代导弹预警卫星系统增加了对极轨区域的覆盖，并且正在试验距地面 1000 多千米的低轨道卫星星座，实现对弹道导弹飞行全过程跟踪监视。后续美国还将部署下一代“过顶持续红外”系统，多传感器融合的导弹预警体系使战场环境进一步透明化、可视化。

23.2.3　国家安全面临现实威胁

美国拥有全球规模最大的太空系统，其作战优势很大程度上依赖太空支持。美国最新版《空军转型飞行计划》提出，将发展一种用于从轨道、亚轨道对地打击的武器载荷“超高速棒束”，可以由轨道上的航天器投放，实施对地精确打击。美军正在研制的临近太空武器，可在接到任务指令后极短时间内，发射精确制导武器，打击全球范围内的机动目标或是地下深藏的固定目标。如果这些武器研制成功，将使现代战争形态发生革命性变化，实现真正的“非接触”战争，世界各国都将受到来自太空的打击威胁。美军极力发展太空武器，积极在外空部署武器，不利于全球和平稳定，很可能将军备竞赛扩展到外太空。

一是太空侦察监视预警带来的威胁。美国的侦察监视卫星可以进行全天时、全天候、高精度侦察监视，大大提高了情报获取手段的多样性、实时性和适应性。每天从亚太上空过境的侦察卫星，就有美国、俄罗斯、法国、印度、韩国和以色列等国家的 20 多颗，实施侦察达 100 余次，使重要战略目标和行动暴露无遗，美国扬言要对重要目标进行全寿命跟踪，主要是基于这种手段。

二是太空系统受到袭扰带来的威胁。美国大力鼓吹所谓“中国太空威胁”，不断强化太空作战能力，截至 2020 年共开展“施里弗”演习 14 次，“太空旗”演习 8 次，“全球哨兵”演习 5 次，通过演习持续验证太空战略、作战理论、作战战法的可行性。自陆基反卫星导弹试射挑起人们敏感的神经之后，太空武器的研发、试验与部署史无前例地被推进，当前，各种动能、激光、高功率微波、空间机器人等进攻手段大量涌现。航天器十分脆弱且轨道固定，极易受到摧毁、干扰、致盲、捕获。

三是太空武器对地打击带来的威胁。美军从 20 世纪 90 年代探索太空对地打击，2002 年实施“猎鹰”计划，提出发展通用再入飞行器（CAV）。美国多次进行 HTV-2、X-51A、X-37B 等新型太空作战装备验证试验，加快发展“1 小时全球快速打击”作战体系，在太空和来自太空对地打击将成为国家安全面临的严重威胁。尤其是已完成 6 次试飞的 X-37B 轨道试验飞行器，具备情报侦察、卫星捕捉、对地打击等多种能力。如果这些新概念武器装备进入实战，将使战争形态、作战样式发生革命性变化，真正实现了“非接触”战争。

23.3　太空力量发展建设基本策略

世界航天大国在卫星频轨资源公平分配、太空碎片减缓、防止太空军事化等方面，进行了大量工作，并取得了相当成效，但还有有所作为的空间。作为负责任的、崛起中的航天大国，理应为世界太空安全做出自己的贡献，在确保太空战略利益的前提下，尽最大努力在应对太空军事化、武器化方面，除了进行国际外交努力外，还应在太空战略制定、太空作战理论研究、太空能力建设等方面下功夫，确保太空持久的安全、和平、稳定。

23.3.1 加快制定太空安全战略

当前，面临的太空安全威胁呈现出种类多、来源广、互动性强的特点，怎样把太空安全问题进一步纳入军事战略视野，有效应对来自太空的安全威胁和挑战，需要明确的战略指导；太空力量在遂行联合作战使命任务中的地位日益上升，作用越来越大，如何将其融入联合作战体系，怎样发挥其最大效益，需要明确的战略指导；太空力量进入快速发展新阶段，如何搞好顶层设计，有效解决建设发展中遇到的矛盾和问题，也需要明确的战略指导。

太空安全战略要着眼维护国家太空安全与权益，这是太空安全战略的基本着眼点；着眼提高军事战略能力，切实提高军事太空力量建设运用效益；着眼发挥太空力量建设对经济科技和社会发展的拉动作用，以支撑和服务于国家建设发展。太空安全战略要体现军事战略方针的自卫防御性，重视利用太空、维护太空安全，不追求全面“太空控制”和太空军备竞赛；要体现军事战略方针的积极性，适当发展太空战略攻击手段，积极应对各种太空安全威胁，提高整体军事能力；要体现军事战略方针的战略指导思想，以在遏制危机、控制战局、打赢战争中发挥应有作用。

23.3.2 深化太空军事理论研究

要深入研究未来20年，甚至30年国际战略形势，特别是太空强国力量发展趋势，正确评估太空领域关键技术取得的重大突破，以把握军事太空力量建设的发展方向和突破口，把战略需求、作战需求和技术进步转化为力量建设的抓手。要密切关注战争形态特别是太空作战样式的发展变化，深入研究信息化条件下太空力量运用的特点规律，探索未来太空进攻、太空防御等多种作战样式，提出基本战法、基本指导和作战原则。要加强对太空力量体系建设发展目标、发展步骤、法规政策、重要举措等理论问题的研究，着力解决推进太空力量建设中面临的体制性、机制性、法制性问题，以重点难点问题的解决带动太空力量建设理论与实践跨越式发展。

应当立足世情、国情和军情，在太空作战理论创新方面给予足够的重视，跟在强国之后亦步亦趋永远只能疲于应付，必须建立制度性、机制性的太空作战理论创新体系，持续推进“非对称”的军事理论和作战理论创新与实践。要坚持“非对称”作战的思路，跳出美国设定的逻辑圈，针对美军“多域作战”的薄弱环节，在“因敌变化、巧用奇正”上下功夫，坚持“你打你的，我打我的”，以高敌一筹的核心作战理论牵引太空作战战法体系的改造，实现“弯道超车”。

23.3.3　开展太空安全能力建设

要遏制战争的爆发，必须具备遏制战争的实力和筹码。要面向战场环境和作战部队直接支援，加强太空信息资源融合处理与共享能力，完善太空信息获取、传输和利用手段。按照体系完备、全面利用、有效控制、慑战并举的总体战略，建设太空作战体系。要加强空间信息应用装备的建设，有效推进太空信息系统在各军兵种应用的深度和广度，构建空间信息资源综合管理与共享融合网络平台。

要持续开展空间对抗技术研究，在相关领域实现技术上重大突破，尽快形成实战能力，切实掌握几手管用的“杀手锏”，逐步形成多种手段、灵活可控的攻防对抗武器装备体系，制衡美国独霸太空的野心。针对太空信息系统所面临的人为攻击和空间自然环境危害等，要解决星载威胁探测告警、光学传感器激光干扰防护等共性关键技术，并在研制和新立项型号中逐步采用抗干扰、防信息失密与接管等措施，要解决护卫卫星和机动规避等共性关键技术，逐步开展抗动能、抗激光和抗微波加固等技术研究。

第 24 章　太空力量作战运用基本规律探索

虽然影响太空作战发展的因素各不相同，但从过去 60 多年太空作战实践应用进程及结果看，科学技术的不断创新、作战理论的强力牵引、作战力量的变革调整、作战样式的推陈出新、国家利益的延伸拓展、军事人才的强力推动，是推动太空作战实践运用迅速发展的主要动因。

24.1　科学技术是战争形态演变的重要推动

科学技术是战争形态演变的重要因素，太空作战是当代军事航天技术发展的必然结果，军事实践主体必须不断增强对战争形态转变的认识和促进太空核心科技跨越发展。

关于科学技术和战争形态的关系，恩格斯曾经说过："一旦技术上的进步可以用于军事目的并且已经用于军事目的，它们便立刻几乎强制地、而且往往是违反指挥官的意志而引起作战方式的改变甚至变革。"纵览人类历史，不难发现从冷兵器战争时代开始，到当前的信息化战争，人类共经历了六种战争形态，不断演变的战争形态是一种循序渐进的过程，科学技术又是战争形态演变的助力器，可以说科学技术在战争形态的演变过程中有着至关重要的作用。历史表明：任何时期的军队，都力求以最新科学技术成果来武装自己；任何时代的战争，都是该时代最新科学技术成果的全面试验和集中展示；失去了科学技术的支撑，军事实践运用的发生与发展将成为无源之水、无本之木。目前正在兴起的第二阶段的信息化军事变革，不仅由信息技术主导，而且其他技术群如航天、海洋、生物、激光等高新技术群也在发挥重要作用并得到发展，正在酝酿着下一步由航天、生物、激光等技术主导的军事变革。如果说机械化军事变革打破了传统的战场太空格局，信息化军事变革倍增了机械化军事力量，那么航天技术是机械化战争向信息化战争过渡的重要促进因素，航天军事变革必将打破原有的战争格局，给战场空间、战争形态、作战样式、作战目的带来巨大变化，并使军事太空力量成为军事武装力量的重要组成部分。正是由于太空技术引发的太空武器装备连续性发展，最终成为信息化军事实践中最基本、最活跃、最直接的因素，推动了太空作战样式由战略支援型向太空对抗型和战略决战型持续转型。另外，太空技术装备与太空作战理论发展也是一个相互影响、相互促进的过程。一方面，太空技术装备发展引起太空作战样式的变化，有力地促进太空作战理论发展；另一方面，太空作战理论勾画出了未来战争"蓝图"，对太空技术装备发展提出相应的作战需求，并牵引技术装备的创新突破。

历史已经告诉我们：谁要想在当前信息化军事革命转型中领跑，谁就必须加倍关注和强力发展太空科学技术，就必须善于将最新科技成果自觉运用于军事实践。作为维护国家安全与利益的“高边疆”和综合国力新的增长源，太空是信息化战争的主战场，是世界军事强国激烈角逐的“新边疆”。大力发展太空技术和加强军事太空力量建设，全面提高武器装备信息化水平和作战效能将是信息化战争时期的发展方向，必须弘扬自强不息的创新精神，高度重视和大力发展太空尖端科技，为军事实践提供强大动力和物质支撑。

24.2　军事理论是军事活动实践的重要先导

军事理论是军事实践的重要先导，制太空权是后信息化时代战争的最高制权，军事实践主体必须牢牢把握制太空权这个核心，在太空作战理论创新上主动作为。

人类战争史表明，每一次作战形态转换都不是一蹴而就的，均需经历一个曲折、漫长的过程，每一种作战形态都有其孕育、成长、发展、成熟的过程和两种作战形态并存的时期，信息化作战从机械化作战中脱胎出来并成为一个独立的作战形态，同样经历了一个孕育、产生和发展的过程，只是这次转换较之以往形态转换时间相对较短、速度相对较快。信息化作战大体经历了初始孕育和初步形成两个阶段，目前进入了崭新的快速发展阶段，这一时期预计到 21 世纪中叶结束。因此，当前无论太空作战怎样发展，都不能超越信息化战争形态这个大背景，战争的政治内涵和太空作战行动的连带效应得到了空前放大，传统意义上的扩大领地、王朝兼并、权力争夺、占有土地人口和资源、歼灭敌有生力量、攻城掠地已经不再是战争的主要目的，而是把迫敌屈服、控制战略资源作为重要目的，战略威慑被赋予新的含义，形成比常规威慑更管用、比核威慑更可信的新型战略威慑能力。把“全方位制权”争夺放在重点上，不仅要看到未来信息化战争中夺取制信息权作战的相对独立性和重要性，而且要看到夺取制信息权作战与其他制权作战的同一性和不可分割性。富勒说过：“一支军队的战斗威力存在于它的组织之中。杀伤敌人是躯体的战争；使指挥权失效是头脑的战争。”《战争论》指出，战争理论和作战原则是一定时代的产物，必须具有时代的特点，适合特定国家的需要。在未来以太空战为依托的信息化战争中，对指挥控制系统和太空信息系统的依赖极大，摧毁或使其失效，将有可能使战局产生根本的变化。战争将以信息攻击或针对敌太空信息系统、指挥控制系统的攻击开始，使用各种软硬杀伤与摧毁手段，力求一举打垮对方，或使敌人无法从突击所造成的最初震撼中恢复过来，从而丧失组织有效抵抗的机会和能力，以达到屈人之兵的目的。在这种情况下，战争目的未必需要经过若干次战役的胜利才能达成，战役目标也不一定需要若干次战斗的积累，一场战争可能就是一次战役甚至一次战斗，持续时间不会太长，战争初期、中期和后期的界限不再像过去那样明显，有时甚至难以区分，首战可能就是决战，战争开始可能是无声的，结束也可能是悄然的。信息系统，尤其是支持指挥控制系统的太空信息系统的基础设施遭到破坏和被控制，无法再进行对抗，很可能成为战争结束的标志。这种追求目标的改变和打击重心的转移，将使整个作战理论发生巨变。美国历史上的拓荒精神使之充满了创新意识，几乎没有人满足于现有成就。作战理论研究领域也不例外，总体上更加重视创新，而不拘泥于传统理论的“框框”。美军作战理论的发展始终围绕打赢下一场战争，而不是重复上一场战争。在作战构想创新上，美军一般力图前瞻 15～20 年，如 1996 年提出的《2010 年联合构想》和 2000 年提出的《2020 年联合构想》。在作战概念创新上，美军一般力图前瞻 8～15 年，如 2003 年提出的《联合作战概念》。在军队建设上，美军一般力图前瞻 30 年，如美国防部在 2001 年向国会提交《网络中心战报告》时，就计划到 2030 年全面建成网络化部队。这些创新成果有助于美军更好地顺应未来作战环境和新型作战样式，为打赢未来战争奠定坚实的理论基础。

根植实践的军事理论发展规律启示我们：任何时候都必须从军事实践尤其是战争实践中汲取营养；任何时候都必须把军事理论与军事实践紧密结合起来。理论研究应加强对未来战争走向和战争设计的分析探讨，唯有如此才更具现实意义。有了这种超前性的创新研究，才有可能提出“下一场战争”的作战构想和作战方法，并据此指导军队建设和训练，使部队作战能力更好地适应未来战争需要。作为太空作战军事理论的发展中国家，没有信息化战争的军事实践，更没有军事太空力量参与下的联合作战，因此必须充分发挥后发优势和主观能动作用，采取各种非常规举措，推动太空作战军事理论和军事实践创新发展。

24.3 太空力量建设是军事变革的重要内容

太空作战力量建设是军事变革的重要内容，不仅成为传统军事力量的重要组成部分，而且独立成军是大势所趋，军事实践主体必须把加强军事太空力量建设放在突出位置。

纵观军事武装力量发展史，当代的陆军已经不是传统的地面部队，已融入海军、空军的必要力量，且以全新的方式出现，陆军的基本职能定位有了新的拓展。当代的海军，也已经不是传统的水面舰船，而是融入了陆军、空军的必要力量，甚至舰载航空兵已成为强大海军的重要标志，海军也没有因此而改变其主要遂行海洋军事任务的性质，恰恰相反，其战略作用得到了更加广泛的发挥。当代空军，并没有因为海军航空兵、陆军航空兵的发展而失去自己应有的战略地位，恰恰相反，在减轻了对地、对海战术性支援任务后，更加致力于发展制空权力量、远程作战力量、地面防空反导力量、远程战略投送力量，成为更加重要的战略力量。当代的战略导弹部队，也已不是初建时的状态，在远中近程和核常规力量构成方面更趋合理，同时近程导弹部队部分地融入了陆军、海军、空军，成为这些军种的重要力量。传统军种不断发展，新型军种不断产生，且与传统军种密切融合，成为传统军种的重要组成部分，倍增传统军种的作战能力，这是一条不可抗拒的重要规律。因此，军事太空力量和未来天军，在独立成军的同时，也必将更多地融入陆军、海军、空军和战略导弹部队。陆军、海军、空军和导弹部队，必将根据自身的作战需求，对天军发展提出富有各自特点的要求，以确保其作战能力的增长。同时，夺取制天权并非由太空力量独立承担，而是由诸军兵种联合完成，斗争形式除主要表现为敌对双方太空力量间直接对抗外，还表现为陆、海、空等多种作战力量，综合运用远程火力打击、特种部队敌后破袭和信息攻击等方式，摧毁、破坏敌太空力量的地面支援保障系统，干扰、欺骗、压制敌太空力量的信息链路。

已经发生的几场局部高技术条件下的信息化战争告诉我们：太空战场不仅主导着其他战场，而且广泛影响甚至决定着其他战场，只有得到强大天军的力量支撑，其他军事力量方能形成真正的作战能力，这是战争发展的逻辑，违背这一逻辑必将招致战争失败。因此，构建体系完备、全面利用、有效制衡的太空力量不仅要成为军事变革的重要战略方向，而且要放在重要议事日程，常抓常议，应着眼世情、国情、军情特点，从机械化发展需要补课、信息化发展刚刚起步的实际出发，周密谋划、慎重决策，建设适合国情、军情的军事太空力量。

24.4　太空作战指导是作战胜负的重要法宝

太空作战指导是作战胜负的关键因素，作战方法和作战样式是太空作战指导理论的主要内容，军事实践主体必须把太空战法和作战样式作为太空作战理论研究的重要内容。

作战实践无可争辩地证明：装备优劣是作战胜负的客观因素，但不是关键因素。在一定的物质基础之上，作战指导是作战胜负的关键性因素，正确的作战指导来自于对作战规律的正确认识和准确把握，对作战样式和战法认识越深，把握得越准，作战指导就越正确，弱可敌强，劣可胜优，否则就会导致作战指导失误，强不敌弱。所谓战争，实际是双方指挥员在一定物质基础上的智力竞赛和谋略对抗，正确的战略战术，不仅决定着军队正确的作战行动，而且决定着战争的胜负。战法是影响和决定战争胜负的魔力棒，是战争华彩乐章中最为活跃灵动的音符，是军事统帅们独具匠心和雄才大略的真实记录。它在战争形态演进中同步发展变化，在英雄辈出时代不断推陈出新，在敌对双方较量中展现奇正变幻的无穷魅力。海湾战争中，伊拉克军队武器装备不能说十分落后，但是由于其未能按照信息化作战规律办事，作战理论落后，在以美国为主导的多国部队先进作战理论面前，几乎无所作为，如同废铁。相反，在这方面美军始终处于领先地位，不仅高度重视发展信息化武器装备，改革部队编制体制，而且也高度重视信息化作战规律研究，发展信息化作战理论，几乎是打一仗发展一步，其所发动的战争几乎每次都是新作战理论的实践和运用。

人类战争史告诉我们：脱离了战争形态的实际需求，而孤立僵化地照搬照抄战法，无法赢得作战胜利，只有把战法创新与作战形态有机结合起来，紧跟战略、战役、战术级别的任务变化，针对性调整战法、创新战法，才能使战法与任务相适应，使战法始终保持鲜活的生命力。当前，信息太空和信息力量既是太空战场的核心要素，也是连接战场的桥梁和纽带，是联合作战成败的决定性力量。无论是太空信息系统、太空武器装备的作战运用，还是指挥控制方法、作战方法等都与机械化战争不同，绝不能再用过去的作战理论来指导太空作战，更不能把适应传统的地面、空中、海上作战方法、作战样式搬到太空作战上，太空信息利用与反利用作战、太空反卫星作战、太空反导作战、太空进攻与防御作战、天对地攻击战等一些新的太空作战样式应运而生，并成为信息化作战的重要作战行动。当前，与美军相比，在太空系统、武器装备等方面的差距是显而易见的，仍将长期处于弱势，确立什么样的作战方针，采取什么样的作战方法，确保打赢是必须认真解决的一个重大理论课题。

24.5 战略预设是太空安全发展的重要指导

太空既是军事战略的“制高点”，又是国家安全战略的“高边疆”，军事主体必须牢固树立新的战场空间观念，确立新的太空安全发展战略，积极预设新型完整的战略威慑体系。

战场是作战敌对双方进行较量的舞台，第一次世界大战时的战场，不过是数百至数千平方千米的陆、海平面战场，第二次世界大战也只是数万至数十万平方千米的陆、海、空立体战场，即便是决定战争胜负的柏林战役、诺曼底战役，战场范围也不过数万或数十万平方千米；到海湾战争，尽管直接交战空间限制在数十万平方千米之内，但相关空间已遍及包括外层空间在内的全球，战场空间东起波斯湾，西至地中海，南到红海，北达土耳其，总面积达 1 400 万平方千米；阿富汗战争，战争的主战场限制在 65 万平方千米的阿境内，但战争相关空间延伸到美国本土，遍及全球。美军从距阿 5 000 km 外的印度洋上的迪戈加西亚基地，使用 B－52 和 B－18 轰炸机进行远程奔袭；在空中部署各种侦察预警飞机，全方位、全时段监视对方的所有行动；在外层空间利用多颗卫星组成太空侦测网，全面监视、搜寻塔利班和本·拉登的动向及位置。航天器在太空运行不受国界的限制，在平时太空力量就可进行“非侵入性前沿部署”，一旦需要便可迅速投入战斗，对预定的太空、空中、海上、陆地目标进行突然性打击；太空侦察监视系统可利用太空的高远位置提供全天候、全天时、近实时的敌方战略和战场情报信息，可使太空力量及时准确地发现可供达成突然性的各种有利条件，平时与战时的界限难以区分，作战起始标志发生重大改变。战场结构相关空间急剧膨胀，战场形态基本表现为“非线式、非接触、非对称”，并迅速向有形和无形两个领域延伸。首先是有形作战空间广阔，形成了陆、海、空、天、电、网等多维作战空间，作战在全领域、全方位的战场空间同时展开。其次是无形作战空间增多，信息技术的大量使用，开辟了无所不在的信息战场，它自身不仅包括电磁空间、网络空间等众多崭新领域，而且渗透于陆、海、空、天各个战场领域，并以其“无疆无界”得天独厚的优势，大大突破了传统战场界限，形成了一个超大的作战空间。战场空间在向多维扩展的同时，战场更加透明，谋求己方透明，陷敌于“战争迷雾”的斗争将会十分激烈。

历史已经昭示我们：当人类活动的足迹已经步入一个崭新的外层空间，并在其前行发展过程中不断演绎为激烈的军事角逐，太空优势在谁手中，谁就握有战争主动权；有“天”支持能取胜，无“天”保障打不赢，围绕争夺太空控制权的斗争更加激烈，“谁能控制太空，谁就能控制地球”已经成为普遍共识。因此，太空既是军事上的“制高点”，又是国家安全战略的“高边疆”，传统意义上的国家安全观、国防观将会过时，仅仅考虑国家的领土安全、领海安全和领空安全已经远远不够，没有太空安全，其他安全都将难以保证。必须清醒认识太空对增强国家战略能力、确保大国地位、抢占全球战略资源、打赢信息化战争的重要作用，将太空战略纳入军事战略体系并服务于国家安全战略的总体目标，完善以太空威慑为新支点的大国战略威慑体系已经迫在眉睫，做好完整的积极防御战略预置是重要之举。

24.6　人的因素依然是战争胜负的决定因素

人的因素依然是战争胜负的决定因素，太空军事人才是遂行太空作战任务的重要支撑，军事主体必须把培养高素质的太空军事人才作为军事太空力量发展建设的重要任务。

古往今来，“人”与“武器”是构成军队战斗力、影响战争结局的两大主要因素。然而，两军相搏，在装备技术水平大致相同的情况下，要分出胜负，关键取决于双方“人”的差距。可以想象，一个国家的军队，即使武器装备接近或达到了世界先进水平，而人仍然是农耕社会状态下的传统人，其组织编制、教育训练、军事理论、思想观念等仍停留于传统社会水平上，那么，它就仍然没有与先进军队站在一个时代平台上，在与敌方较量中注定会彻底失败。“人是战争胜负的决定性因素”普遍性论断今天依然有效，但正如所有真理都具有相对性一样，随着高新技术的发展及其在军事领域的广泛应用，战争对“人的因素”的具体要求赋予了新的涵义。近几场局部战争表明，在高技术特别是信息技术条件下作战，人在作战体系中的作用不是降低而是升高了，美国一个研究机构在总结伊拉克战争的经验教训时写道：“没有什么优势比人才优势更重要。”而未来的信息化战争，军事太空力量将作为重要力量全程参战，而太空力量是一个知识密集的专业领域，其发展壮大必须建立一支与之相适应的高素质专业人才队伍，不仅太空武器装备的科技含量与日俱增，智能化趋势日趋明显，而且人的太空军事素养和知识水准上升为战斗力的增长点和主导因素。美国在几十年前就提出建立一支由专业人员组成的太空骨干队伍，在 20 世纪末出台的《2020 年联合构想》，对人才提出了更新更高的要求，“美军人素质将比以往任何时候都重要，联合部队的核心将由具有非凡奉献精神的人组成”，在太空作战专业人才培养方面采取开展军事职业教育、进行计算机模拟演练和兵棋推演、建设适应作战需要的训练中心和基地、组建红军部队等一系列措施。

历史已经表明：没有能熟练驾驭武器装备的指战员，再先进的武器装备也只能是军队“华丽的坟墓”，没有强大的太空力量作支撑，太空优势就无从谈起，要想在太空作战中赢得胜利，就必须在弥补太空武器装备“时代差”的同时，全面加强太空军事人才培养。因此，培养和造就高素质的军事太空人才是夺取和保持制天权、全方位信息保障、有效实施太空威慑的重要支撑，必须把造就一支具备很强信息观念，达到知识信息化、技术信息化和能力信息化的军事太空人才队伍，作为发展军事太空力量的首要任务。特别是要加强与各军兵种部队联合作战的训练。一方面演练军事太空力量在联合作战中进行信息支援的作战方法，与各级部队指挥、情报、通信网的协调；另一方面使各军兵种加深对太空力量的作战能力的了解，以在联合作战中达成更默契的配合，这是增强军事太空力量的实战能力所必须经历的阶段。

参考文献

[1] 罗剑，于小红，苏宪程．从跨域联合的视角看美军太空作战体系改革［J］．飞航导弹，2020（8）：7－10．

[2] 况腊生，萧潇．美军进攻型太空作战体系威胁太空和平［N］．解放军报，2020－5－21．

[3] 陆晓飞，孟红波，梅发国．从美军“施里弗”系列演习看太空作战趋势［J］．中国电子科学研究院学报，2020（2）：110－114．

[4] 王涛．美军“施里弗”太空战系列演习［J］．军事文摘，2020（9）：30－33．

[5] 潘晨，王海兰．太空战中的天基武器技术［J］．科学24小时，2020（9）：12－15．

[6] 张良．太空战，未来战争的“制高点”［J］．生命与灾害，2020（1）：10－13．

[7] 张雪松．太空战的重要技术——美国自主在轨服务航天器及其军事应用潜力［J］．兵器，2020（6）：26－31．

[8] 潘晨，李瑞景．未来太空战的攻防之道［J］．科学24小时，2020（9）：8－11．

[9] 杜燕波．美国新版《太空防御战略》评述［J］．军事文摘，2020（9）：21－25．

[10] 苟子奕，韩春阳．美国《国防航天战略》要点分析［J］．国际太空，2020（9）：23－27．

[11] 张云峰，张悦．特朗普政府对美国太空战略的重塑及影响评估［J］．国际研究参考，2020（6）：10－17．

[12] 孙璞．美国国防太空架构未来5年发展分析及启示［J］．网信军民融合，2020（2）：43－46．

[13] 李倩．当前国际太空战略竞争的新态势及启示［J］．国际太空，2020（5）：43－48．

[14] 宋易敏，艾赛江，李义，郭倩倩．美国太空力量现状及趋势［J］．国际太空，2020（5）：49－53．

[15] 何玉晶，张杰，霍权，厉剑．一体化联合作战卫星地面站支援保障效能指标分析［J］．指挥控制与仿真，2020（2）：70－75．

[16] 艾赛江，谢堂涛，梅光焜，宋易敏．美国太空作战指挥体系浅析［J］．国际太空，2020（5）：54－58．

[17] 吴新峰，杨玉生，李潇，邓志均．美国太空旗帜系列演习综述［J］．飞航导弹，2020（2）：26－29．

[18] 郝雅楠，陈杰，祝彬，王阳阳．美军地基空间态势感知系统的现状与趋势［J］．国防科技工业，2019，225（3）：32－35．

[19] 郝雅楠，陈杰，张京男．美军天基空间态势感知系统的新发展［J］．国防科技工业，2019，225（3）：39－43．

[20] 范志涵，蔡亚星，李凤簪．针对GEO目标的美国天基态势感知技术发展研究［J］．航天器工程，2019，28（6）：87－95．

[21] 王云萍．美国天基红外导弹预警技术分析［J］．光电技术应用，2019，34（3）：1－7．

[22] 吴明，凌胜银．加强我国太空威慑能力建设的战略思考［J］．中国军转民，2019（2）：14－16．

[23] 李义，艾赛江，谢堂涛，等．美军太空作战优势及弱点分析［J］．国际太空，2019（11）：60－65．

[24] 谢堂涛，汤亚锋，艾赛江．美军太空假想敌部队现状及发展趋势［J］．国际太空，2019（8）：

42－46.
［25］ 黄雅琴．卫星太空战即将打响？［J］．新发现，2019（7）：42－47.
［26］ 包领春．未来的太空战将怎么打［J］．军事文摘，2019（11）：16－20.
［27］ 陈建萍，李静，陈刘成．从"施里弗"到"太空军旗"［J］．海外文摘学术，2019（12）：125－128.
［28］ 邢月亭，祝彬，陈杰．美国备战太空发展动向及其影响［J］．中国军事科学，2019（3）：73－76.
［29］ 丰松江．美国备战太空的新动向［J］．世界知识，2019（4）：52－54.
［30］ 陈凌云，王谦．太空安全战略竞争与规则博弈［J］．中国军事科学，2019（3）：62－67.
［31］ 黄学军，单树峰．发挥电子战攻方优势，争取太空战略主动权［J］．科技导报，2019（4）：12－15.
［32］ 何奇松．特朗普政府的太空战略［J］．国际问题研究，2019（2）：124－136.
［33］ 李红军，姚文多，崔帅豪．美军太空力量建设的主要特征［J］．军事运筹与系统工程，2019（4）：15－19.
［34］ 张策．美军战区指挥体制改革——非洲司令部将成试验田［J］．军事文摘，2019（1）：11－14.
［35］ 孙盛智，侯妍．太空信息对联合作战能力影响研究［J］．飞航导弹，2019（1）：64－68.
［36］ 孙盛智，裴春宝，侯妍．太空信息在海军远洋精确打击作战中的应用［J］．火力与指挥控制，2019，441（2）：12－15.
［37］ 彭辉琼，吕久明，路建功．美国太空作战演习主要成果探析［J］．航天电子对抗，2019（2）：59－64.
［38］ 张沛，曹延华，仲果．"施里弗"演习中商业航天力量运用［J］．国防科技，2019（4）：84－87.
［39］ 王虎．美国天基红外系统发展研究［J］．战术导弹技术，2018（3）：19－29.
［40］ 王雪瑶．国外空间目标探测与识别系统发展现状研究［J］．航天器工程，2018，27（3）：86－94.
［41］ 李青，林幼权，武楠．美国天基预警雷达发展历程及现状分析［J］．现代雷达，2018（1）：7－10.
［42］ 高杨予兮．美国太空威慑战略调整及其影响［J］．和平与发展，2018（3）：116－130.
［43］ 李智，侯迎春，胡敏，等．太空信息支援军事行动战例（案例）［M］．北京：国防工业出版社，2018.
［44］ 侯妍，范丽，杨雪榕，等．太空信息支援［M］．北京：国防工业出版社，2018.
［45］ 吴洋，葛悦涛，张冬青．DARPA这十年之——精确打击武器研究［J］．太空探索，2018（3）：64－65.
［46］ 耿松涛，操新文，李晓宁，等．美军作战任务规划体系发展与启示［J］．兵工自动化，2018（12）：25－29.
［47］ 郑向．美国太空战装备及太空战能力［J］．军事文摘，2018（9）：27－31.
［48］ 李会超．美国太空军来了，太空战究竟怎么打［J］．军事文摘，2018（9）：32－34.
［49］ 慈元卓．美空军"太空军旗"演习剑指何方［J］．太空探索，2018（5）：53－56.
［50］ 方勇．美国的太空安全战略走向［J］．太空探索，2018（5）：49－52.
［51］ 陈翔．威望动机与大国太空博弈［J］．太平洋学报，2018（2）：14－24.
［52］ 张嘉毅．美空军太空司令部举行"施里弗2018"太空战演习［J］．科技中国，2018（12）：102.
［53］ 孙盛智，裴春宝，侯妍．太空信息支援远程精确打击作战研究［J］．飞航导弹，2018（9）：65－69.
［54］ 李大光．盘点美军太空信息支援系统［J］．中国经贸导刊，2018（25）：56－59.
［55］ 孙盛智，裴春宝，侯妍．国外卫星应用体系发展现状分析及启示［J］．飞航导弹，2018（12）：

67－71.
[56] 吕久明，谷锁林，张艳兵，张立法，戴威．太空快速响应发射场能力建设［J］．国防科技，2018（6）：15－19.
[57] 闫志明，李文，杨莹．面向快速响应发射的机动测控力量构建［J］．国防科技，2018，39（3）：5－9.
[58] 张道昶，樊忠泽．固体火箭应急发射任务规划及发射流程研究［J］．现代防御技术，2018，46（6）：122－128.
[59] 刘闻，王晓路，王长庆，汪宏昇．美军太空旗系列演习解读［J］．飞航导弹，2018（11）：20－24.
[60] 刘震鑫，郭丽红，李臻，刘海印．2018 年美国太空军事力量建设发展综述［J］．国际太空，2018（5）：22－26.
[61] 刘海印，张洪娜．2017 年国外太空对抗装备技术发展综述［J］．中国航天，2018（3）：29－34.
[62] 胡晓峰．战争工程论：走向信息时代的战争方法学［M］．北京：科学出版社，2017.
[63] 高杨予兮．美国太空威慑战略的历史演进［J］．国际研究参考，2017（6）：27－34.
[64] 冯云皓．海顿谈美国战略司令部的太空威慑观点［J］．防务视点，2017（5）：30－31.
[65] 洪俊，张辉武，沈振华．远程精确打击对卫星时效的需求研究［J］．指挥控制与仿真，2017（5）：9－11.
[66] 汤泽莹，吴萌，吴玮佳，等．美军“施里弗”系列太空作战演习解读［J］．装备学院学报，2017（1）：54－60.
[67] 严冬冬，侯迎春，姜伟．美军太空力量作战训练研究［J］．装备学院学报，2017（1）：61－66.
[68] 王淇，程建．对美空军施里弗演习的几点思考［J］．飞航导弹，2017（11）：14－16.
[69] 冯昭奎．太空战争：国际安全的新视角［J］．国际安全研究，2017（5）：3－25.
[70] 方陶陶．中国的太空战略——走向 2030：中国空间天文的发展与展望［J］．人民论坛·学术前沿，2017（5）：4－12.
[71] 冯云皓．美军高层谈论进攻性太空战［J］．防务视点，2017（6）：23.
[72] 冯云皓．美国防部高层阐述太空威慑新思想［J］．防务视点，2017（2）：23.
[73] 陈金勇．航天对地观测运行机制与快速响应系统研究［J］．无线电工程，2017，47（2）：1－6.
[74] 王子瑜，陈海鹏，朱永泉，王海涛，宋敬群．运载火箭快速测试发射关键技术［J］．中北大学学报，2017，38（3）：307－315.
[75] 杜小平，李智，王阳．美国太空态势感知能力建设研究［J］．装备学院学报，2017，28（3）：67－73.
[76] 马翀．美军航天力量发展走势分析［J］．国防科技，2017，38（2）：94－101.
[77] 胡磊，于光明，王晓晔，连庆华．美国反导预警体系发展与启示［J］．舰船电子对抗，2017，40（4）：4－6.
[78] 张茗．迈向“太空 2.0”：美国“新太空”的兴起［J］．世界经济与政治，2016（1）：115－139.
[79] 魏庆．美军改革：成立太空指挥中枢及空间作战部队［J］．军事文摘，2016（21）：50－53.
[80] 刘党辉．美军有限太空战的意图与对策［J］．国防科技，2016（4）：52－57.
[81] 梁洁．外层空间军事利用国际法问题探析［J］．西安政治学院学报，2016（2）：92－99.
[82] 于小红，李岩，刘高强，等．美国持续发展微小型航天器动因探析［J］．装备学院学报，2016（2）：1－6.
[83] 樊高月，宫旭平．美国太空战略思想的发展与演变（下）［J］．国防，2016（3）：52－55.

[84] 樊高月，宫旭平．美国太空战略思想的发展与演变（上）[J]. 国防，2016（2）：40－44.
[85] 王璐菲．美军制定太空战新蓝图——《太空企业级构想》[J]. 防务视点，2016（10）：27.
[86] 李向阳，孙龙，程绍驰．2015 年世界航天领域发展报告 [M]. 北京：中国国防科技信息中心，2016.
[87] 王洪凯，郭世海，张旸千，等．联合防空作战中的空间信息支援问题探讨 [J]. 地面防空武器，2016，47（4）：26－28.
[88] 陆震．美国空间态势感知能力的过去和现状 [J]. 兵器装备工程学报，2016，37（1）：1－8.
[89] 解建喜．美滑轨发射型火箭首射失败 [J]. 中国航天，2016（1）：49－51.
[90] 魏晨曦．从“施里弗”系列演习看未来太空作战的发展 [J]. 国际太空，2016（6）：29－36.
[91] 吴海．美空军 2015 年“施里弗”军演背景和目标 [J]. 防务视点，2016（2）：43.
[92] 李向阳，孙龙，等．美军“施里弗”空间战演习解读 [M]. 北京：国防工业出版社，2016.
[93] 吕久明，戴威，戚文香，等．基于信息系统的作战试验指挥控制技术及发展分析 [J]. 国防科技，2016，37（4）：30－35.
[94] 吕久明，刘国良，王洪仑．靶场导弹武器系统体系作战试验研究 [J]. 国防科技，2016，37（1）：106－113.
[95] 黄志澄．从中美大博弈看 SpaceX 公司的成长之路 [J]. 军工文化，2016（1）：84－86.
[96] 周黎妮，傅中力，王姝．太空威慑与核威慑比较研究 [J]. 国防科技，2015（3）：53.
[97] 左希迎．美国军事制度变迁的逻辑 [M]. 北京：社会科学文献出版社，2015.
[98] 陈航辉，仲永龙．美军太空作战体系悄然成型 [N]. 解放军报，2015－7－17.
[99] 张茗．亚洲太空力量的崛起：现实与趋势 [J]. 国际观察，2015（3）：43－54.
[100] 韩洪涛，王友利．国外空间攻防能力现状与趋势分析 [J]. 中国航天，2015（9）：21－25.
[101] 夏立平．美国太空战略特点与趋势 [J]. 世界知识，2015（18）：19－20.
[102] 王旭，王峰．国际航天界的“快响”舞台——世界主要国家空间快速响应体系发展综述 [J]. 太空探索，2015（1）：14－15.
[103] 王晓海．即插即用卫星系统技术研究进展（下）[J]. 卫星与网络，2015（3）：56－61.
[104] 杨松锟．航天器运载工具的发展历程分析及展望 [D]. 哈尔滨工业大学，2015.
[105] 宋博．美国天基空间态势感知系统发展 [J]. 国际太空，2015（12）：13－20.
[106] 唐耀．空中发射快速入轨技术——美国用重型战斗机发射卫星的计划 [J]. 国际太空，2015（7）：67－69.
[107] 林聪榕．美军新型作战力量人才培养的特点与启示 [J]. 国防科技，2015，36（3）：72－76.
[108] 刘震鑫，吉雯龙．对美“作战响应空间”的再思考 [J]. 装备学院学报，2015（2）：74－78.
[109] 陈兵．美军快速响应空间计划的发展 [J]. 太空探索，2015（6）：28－31.
[110] 樊高月．美军“跨域协同”作战思想探析 [J]. 国防，2015（2）：47－51.
[111] 文朝霞．商业航天发射市场发展综述 [J]. 中国航天，2015（5）：46－50.
[112] 孙连山，杨晋辉．导弹防御系统 [M]. 北京：航空工业出版社，2015.
[113] 中国国防科技信息中心．2030 年的武器装备 [M]. 北京：国防工业出版社，2014.
[114] 郭荣伟．九天揽月 中国太空战略发展研究 [M]. 北京：国防大学出版社，2014.
[115] 徐能武，黄长云．太空威慑：美国战略威慑体系调整与全球战略稳定性 [J]. 国防科技，2014（5）：62－84.
[116] 杨斌，胡杰民，曾璞．空间资源增强陆军体系作战能力路径探寻 [J]. 装备学院学报，2014（5）：

63 - 66.

[117] 王灏宇，范宏深，赵国伟．空间作战融合网电力量对航天器的功能需求 [J]. 航天电子对抗，2014 (5)：24 - 27.

[118] 李书成，朱保魁．从“凤凰计划”看美国太空战战略 [J]. 太空探索，2014 (10)：54 - 57.

[119] 李伯军．太空战阴霾下的太空安全与国际法 [J]. 武大国际评论，2014 (2)：21 - 45.

[120] 王文超，石海明．全球治理视角下奥巴马政府太空战略解读 [J]. 国防科技，2014 (5)：57 - 63.

[121] 高杨予兮，柯隆．美国太空合作政策新动向 [J]. 国际研究参考，2014 (6)：1 - 5.

[122] 李成刚．美军联合作战指挥体制改革的最终突破及启示：由海湾战争看《戈德华特-尼科尔斯国防部改组法》[J]. 军事历史，2014 (2)：69 - 74.

[123] 陈盈果．面向任务的快速响应空间威胁部署优化设计方法研究 [D]. 长沙：国防科学技术大学，2014.

[124] 诸葛炎．美国“作战响应太空”方兴未艾 [J]. 现代军事，2014 (9)：58 - 61.

[125] 王乐，曹泽阳，许磊．美俄反导作战体系建设研究分析 [J]. 飞航导弹，2014 (12)：22 - 26.

[126] 李永峰，郝红利，徐卫昌．美国弹道导弹防御系统发展研究 [J]. 飞航导弹，2014 (2)：47 - 50.

[127] 汪洋，韩长喜．美国“太空篱笆”计划概述 [J]. 现代雷达，2014，36 (3)：16 - 18.

[128] 郭明．战法 [M]. 北京：军事科学出版社，2014.

[129] 郭俊．美军新版《太空作战》联合条令的主要内容、变化及分析 [J]. 国防科技，2013 (6)：73 - 75.

[130] 陈建霖，巴宏欣，朱孟平，沈平林．联合作战共用战场态势图的构建 [J]. 指挥控制与仿真，2013 (2)：21 - 24.

[131] 唐笑虹．试析奥巴马政府的军事太空战略 [J]. 外交评论：外交学院学报，2013 (2)：47 - 61.

[132] 葛天路，吴学智．解读美军“空海一体战”理论与实施分析 [J]. 科技视界，2013 (24)：134 - 135.

[133] 肖磊，青木，王渠．谁在挑起太空战争 [J]. 决策与信息，2013 (2)：18 - 19.

[134] 赵俊峰，王海波，陈金俊．信息化太空战场的保障要求及发展趋势 [J]. 无线互联网科技，2013 (4)：184.

[135] 张烁，史新宇．全球太空力量建设掠影 [J]. 数字通信世界，2013 (6)：48 - 50.

[136] 梅宪华．从美军条令看不同样式联合作战情报支援的重点 [J]. 信息管理（上海），2013 (4)：5 - 10.

[137] 赵玉良，贺亮．天基快速响应体系概念研究 [J]. 航天器工程，2013 (2)：21 - 26.

[138] 赵丽娜．运载火箭快速响应技术发展研究 [D]. 哈尔滨工业大学，2013.

[139] 负敏，葛榜军．从汶川到雅安，卫星离我们有多远 [J]. 卫星应用，2013 (3)：65 - 67.

[140] 翟边，王舒颖，邱学雷，等．全力提升太空数据自给率，增强我国太空信息产业国际竞争力——我国成功发射高分一号开启高分专项全面建设阶段 [J]. 国防科技工业，2013 (5)：11 - 17.

[141] 李云．美国“军事作战太空使能效果”卫星项目进展 [J]. 中国航天．2013 (3)：38 - 41.

[142] 陈罗婧，郝金华，袁春柱，等．“凤凰”计划关键技术及其启示 [J]. 航天器工程，2013，102 (5)：119 - 128.

[143] 何奇松．脆弱的高边疆：后冷战时代美国太空威慑的战略困境 [J]. 中国社会科学，2012 (4)：183 - 204.

[144] 麻广林，谢希权，高明洁．新型装备作战概念设计框架 [J]. 军事运筹与系统工程，2012 (1)：

5-13.
[145] 韩勇．对发展军事太空力量对策的思考［J]．大观周刊，2012（25）：71.
[146] 张睿，李智，熊伟．美军举行第七次“施里弗”太空作战演习［J]．国际太空，2012（7）：51-53.
[147] 司耀锋，吴林，郝媛媛，等．美军作战快速响应太空计划发展综述［J]．国际太空，2012（1）：33-41.
[148] 夏立平．奥巴马政府的太空战略及其影响［J]．国际问题研究，2012（1）：59-71.
[149] 邹国贤，杨海斌．适应基于信息系统的体系作战能力建设构建先进军事文化［J]．南京政治学院学报，2012（1）：121-123.
[150] 徐晋海．卫星支援航空兵远程精确作战研究［J]．装备制造技术，2012（10）：153-155.
[151] 杨毅强．国外固体火箭技术的新进展与启示［J]．固体火箭技术，2012，35（5）：569-572.
[152] 徐小平，吴集，冯海涛．美国新型作战力量发展及启示思考［J]．国防科技，2012，33（5）：72-75.
[153] 穆永民，霍梦兰．美国军用航天装备发展现状及发展趋势［J]．国防科技，2012，33（4）：27-31.
[154] 司耀锋，吴林，郝媛媛，王怀立．美军作战快速响应太空计划发展综述［J]．国际太空，2012（1）：33-41.
[155] 蔡亚梅，宁勇，汪立萍．美国空间快响小卫星载荷技术现状与分析［J]．航天电子对抗，2012（6）：28-31.
[156] 福里斯特·E. 摩根．太空威慑和先发制人［M]．白堃，艾咪娜译．北京：航空工业出版社，2012.
[157] 吴勤．俄罗斯空天防御体系建设研究［J]．飞航导弹，2012（1）：38-41.
[158] 李大光，刘志刚，李明海．美俄太空军事力量及其作战应用［M]．北京：武警出版社，2012.
[159] 王力波．美国空间对抗新思维与装备技术发展新动向［J]．航天电子对抗，2012（5）：13-15.
[160] 王景泉．商业遥感卫星市场的现状与发展趋势［J]．卫星应用，2012（1）：49-53.
[161] 全军军事术语管理委员会，军事科学院．中国人民解放军军语［M]．北京：军事科学出版社，2011.
[162] 魏薇．浅析威慑的有效性［J]．大家，2011（6）：128-129.
[163] 张鹏．太空大战离我们有多远［J]．科学大观园，2011（12）：42-43.
[164] 方瑜，杜科．美军打造7大太空军事能力［J]．环球军事，2011（9）：36-37.
[165] 李丽．美国国防部发布《国家安全太空战略》[J]．装备指挥技术学院学报，2011（2）：23.
[166] 李金红，张灿，志英．美军卫星基础设施建设现状与特点分析［J]．卫星与网络，2011（4）：58-60.
[167] 蒋一斌．信息威慑及其在联合作战中的运用［J]．西安政治学院学报，2011（5）：32-34.
[168] 陈杰，潘峰，苏同领．美国天基太空监视系统［J]．国防科技，2011（1）：67-70.
[169] 汤绍勋．天基预警低轨星座星载传感器资源管理与预警探测任务调度问题研究［D]．长沙：国防科学技术大学，2011.
[170] 刘兴，梁维泰，赵敏．一体化空天防御系统［M]．北京：国防工业出版社，2011.
[171] 胡向春．2020—2030美国空军战略构想［J]．现代军事，2011（9）：62-67.
[172] 程群，何奇松．美国《国家安全太空战略》评析［J]．现代国际关系，2011（3）：43-49.

[173] 李荣，陆关生，王建锋．陆军对地精确打击装备体系及发展研究［J］．兵工学报，2010（2）：92－97.
[174] 朱灿彬，程建，李晓楠，雷雨．空天信息支援在空军远程精确打击中的应用研究［J］．装备指挥技术学院学报，2010（6）：57－61.
[175] 梁宏林，徐溪．精确打击中的信息质量需求分析［J］．信息技术与信息化，2010（1）：50－55.
[176] 闫振生，刘海江，冯伟．基于信息系统的体系作战能力构成及生成的基本途径［J］．中国军事科学，2010（4）：44－50.
[177] 曲磊．信息化战争的新境界［J］．国际资料信息，2010（4）：24－26.
[178] 孟文，周明春，刘太庆．美军空间信息对抗能力转型探要［J］．外军信息战，2010（1）：21－24.
[179] 王宁夏．美祭起“太空战”大旗［J］．世界博览，2010（10）：13.
[180] 高彬，靳存现，赵晖．太空战争：预想、风险及政策［J］．中国空军，2010（4）：49.
[181] 刘昌生，林志应．对基于信息系统的体系作战能力的认识与思考［J］．合肥炮兵学院学报，2010，30（4）：32－34.
[182] 周胜利，郑文文．浅析联合作战情报支援体系建设［J］．信息管理（上海），2010（4）：1－5.
[183] 张磊．美军联合作战情报支援的原则略论［J］．科技情报开发与经济，2010（36）：96－99.
[184] 徐湘宁，李尚林．浅析联合作战中信息对抗的主要特点［J］．国防科技，2010（4）：54－55.
[185] 潘清，廖育荣．快速响应空间概念与研究进展［M］．北京：国防工业出版社，2010.
[186] 张睿，李智．美国作战快速响应太空计划中的卫星发展近况［J］．国际太空，2010（1）：26－28.
[187] 孙学霄．从太空控制理论看中美太空冲突与合作［D］．上海：复旦大学，2010.
[188] 王宁夏．揭秘“作战响应太空”计划［J］．国防科技工业，2010（7）：66.
[189] 张秦洞．作战力量建设概论［M］．北京：军事科学出版社，2010.
[190] 王兴才，白洁．透析美国“施里弗”演习［J］．外军信息战，2010（4）：25－28.
[191] 郭蓬松，商长安，辛永平，杜燕波．空间信息支援下的地面防空作战仿真研究［J］．现代防御技术，2009（3）：137－142.
[192] 周辉．美国太空战略开始转向？［J］．现代军事，2009（6）：26－31.
[193] 张杨．太空自由——以历史视野解读美国太空战略［J］．社会科学战线，2009（6）：140－145.
[194] 李赘．俄现行太空战理论的几个基本问题［J］．外国军事学术，2009（9）：39－44.
[195] 杨艺．美陆军在一体化联合作战中的任务与行动［J］．装备指挥技术学院学报，2009（6）：43－46.
[196] 董正宏，廖育荣，高永明．我国空间快速响应体系结构发展模式［J］．装备指挥技术学院学报，2009，30（4）：47－50.
[197] 张赢，汪洲，廖学军．美军空间武器发展现状与趋势分析［J］．四川兵工学报，2009，30（12）：99－102.
[198] 吴勤．美国空间对抗装备与技术新进展［J］．现代军事，2009（9）：32－36.
[199] 尹常琦，张鹏飞．美国航天产业市场结构分析［J］．现代商业，2009（3）：202－203.
[200] 黄志澄，陈杰．作战快速响应——军用太空未来纵观［J］．太空探索，2009（1）：36－37.
[201] 闫耀东，肖杰，秦佰雄．武器装备作战试验研究［J］．国防科技，2009，30（5）：32－36.
[202] 杨海燕，安雪滢，郑伟．美国“未来成像体系结构”关键技术及失败原因分析［J］．航天器工程，2009，18（2）：90－94.
[203] 郝文娟．21世纪美国军事转型解析［J］．科技成果纵横，2008（1）：25－26.

[204] 赵德喜，谢朝辉．论军事太空力量的建设与发展 [J]. 中国军事科学，2008 (3)：88－96.
[205] 吴勤．美军“太空快速响应作战”能力建设驶入快车道 [J]. 现代军事，2008 (8)：38－42.
[206] 张健志．争夺制天权 [M]. 北京：解放军出版社，2008.
[207] 吴勤．作战响应空间发展研究 [J]. 航天电子对抗，2008，24 (5)：8－11.
[208] 刘松林，卢连成，刘阳，等．美国军用卫星应急发射现状 [J]. 导弹与航天运载技术，2008 (4)：56－61.
[209] 王大海．美国激光武器发展分析 [J]. 光电技术应用，2008，23 (2)：1－5.
[210] 朱秀丽，杨军．美国空间战理论及电子装备发展研究 [J]. 光电技术应用，2008，23 (1)：5－9.
[211] 吴勤．太空快速响应作战 [J]. 航空知识，2008 (8)：69－71.
[212] 宋丽芳，陈全育．中国卫星助力抗震救灾 [J]. 太空探索，2008 (7)：8－11.
[213] 李荫华．战争形态转换——直面信息战争 [J]，中国科技信息，2008 (16)：123－125.
[214] 江国平．卫星在现代海上作战中的运用剖析 [J]. 海军大连舰艇学院学报，2007，30 (3)：19－21.
[215] 赵小卓．美军新版《联合作战纲要》研究 [J]. 外国军事学术，2007 (2)：1－5.
[216] 焦亮．宇宙太空—未来国家安全“新边疆”—从美军新版《空间作战》条令看其空间力量的建设与运用 [J]. 西南民兵，2007 (6)：40－42.
[217] 李飞，王应泉．太空信息作战行动研究 [J]. 航天电子对抗，2007 (1)：18－20.
[218] 陈建民．蜕变之痛太空战——艰难转型中的俄罗斯军队 [M]. 重庆出版社，2007.
[219] 王景泉．美国加速“作战快速响应太空”计划——开拓战术卫星发展的新方向 [J]. 国际太空，2007 (2)：8－14.
[220] 王景泉．空间系统用于战场战术的重要举措——美国“作战快速响应太空”计划正式出台 [J]. 国际太空，2007 (10)：14－19.
[221] 陈杰．美国快速空间响应运载器发展研究 [J]. 中国航天，2007 (8)：33－35.
[222] 李新洪，张育林．美军“作战响应空间”分析及启示 [J]. 装备指挥技术学院学报，2007，18 (6)：33－36.
[223] 林飞，刘晓恩．作战及时响应空间——探索新的转型能力 [J]. 中国航天，2007 (12)：24－26.
[224] 刘晓恩，曹秀云．美国空间武器发展分析 [J]. 中国航天，2007 (5)：32－36.
[225] 吴勤，高雁翎．美国空间对抗装备的新进展 [J]. 航天电子对抗，2007，23 (3)：1－4.
[226] 周洪波，王宏伟．外军空天作战现状及发展趋势 [J]. 国防科技，2007 (9)：89－93.
[227] 陈捷，董希斌．空间作战理论的发展及启示 [J]. 国防大学学报，2007 (5)：26－27.
[228] 王积建．透视美国太空战略的调整——从太空支援走向太空控制 [J]. 国防科技，2006 (4)：44－47.
[229] 黄志澄．美国“太空快速响应”计划 [J]. 军事世界，2006 (10)：14－17.
[230] 徐鹏．美国快速响应作战发射技术的发展 [J]. 国际太空，2006 (10)：18－21.
[231] 张志鸿．美国空间军事系统发展新动向 [J]. 现代防御技术，2006，34 (5)：1－12.
[232] 杨学军，张望新．优势来自太空 [M]. 北京：国防工业出版社，2006.
[233] 陈小前，闫野，王振国．美国军事航天技术与战略力量建设 [J]. 外国军事学术，2005 (3)：8－13.
[234] 袁俊．美军太空战略与太空战武器的新进展 [J]. 中国航天，2005 (2)：36－39.
[235] 空新．美国第三次太空战演习以战术作战为重点 [J]. 国际太空，2005 (4)：13－14.

[236] 袁俊．美国第三次太空战演习评述［J]．中国航天，2005（8）：17－19.
[237] 李博，翁华明．军事航天技术及太空战［J]．国防科技，2005（1）：85－87.
[238] 袁文先．太空信息战［J]．中国空军，2005（5）：54－55.
[239] 李辉光．伊拉克战争——战略、战术及军事上的经验教训［M]．北京：军事科学出版社，2005.
[240] 纪梁宸，李汉琛．信息在一体化联合作战中的作用与影响［J]．合肥炮兵学院学报，2005，25（2）：68－69.
[241] 侯妍，陈庆华，耿艳栋．空间力量支持下的一体化联合作战［J]．装备指挥技术学院学报，2005（5）：48－51.
[242] 杨勇，管清波．未来航天力量在典型战役中的作用［J]．飞航导弹，2005（1）：40－42.
[243] 孙连山，杨晋辉．导弹防御系统［M]．北京：航空工业出版社，2005.
[244] 邱涤珊．航天装备军事应用［M]．长沙：国防科技大学出版社，2005.
[245] 常显奇．军事航天学［M]．北京：国防工业出版社，2005.
[246] 江国平．军事太空力量在战争中的运用及启示［J]．国防科技工业，2004（11）：58－60.
[247] 赵少奎．中国载人航天“飞船起步”的战略思考［J]．中国工程科学，2004（2）：8－12.
[248] 赵秀兰，刘汉宗．美、俄的太空战准备［J]．现代防御技术，2004（1）：1－7.
[249] 谭显裕．21世纪美军太空战发展的武器装备研究［J]．航天电子对抗，2004（1）：25－29.
[250] 邹振宁，周芸．太空战管窥［J]．国际太空，2004（5）：20－23.
[251] 刘曦征．俄军演习中太空力量运用的主要特点［J]．外国军事学术，2004（4）：34－35.
[252] 金恩祥．伊拉克战争中美军联合特种作战及对我们的启示［J]．国防大学学报，2004（12）：34－37.
[253] 丁步东．建设一体化航空航天力量［J]．现代军事，2003（11）：27－29.
[254] 黄志澄．关于太空战的认识与思考［J]．国际太空，2003（6）：10－15.
[255] 温羡峤，李英，刘海军．太空战及其对未来作战的影响［J]．现代防御技术，2003（6）：1－5.
[256] 刘彦军，万水献，李大光，郭彤．论制天权［M]．北京：国防大学出版社，2003.
[257] 何铁矛．信息化条件下火力战特点、规律浅探［J]．国防大学学报，2003（9）：34－36.
[258] 李文盛．伊拉克战争中美军侦察情报手段的运用及特点［J]．外国军事学术，2003（6）：33－35.
[259] 田越英．伊拉克战争中美国卫星的运用及其特点［J]．外国军事学术，2003（6）：39－41.
[260] 王海生．美军太空战透析［J]．外军电子战，2003（1）：39－43.
[261] 郭梅初．高技术局部战争论［M]．北京：军事科学出版社，2003.
[262] 林理．美军作战实验室之二：联合作战实验室——创新联合作战概念的实验机构［J]．现代军事，2002（2）：52－53.
[263] 高泉培．美军在阿富汗使用的情报侦察平台［J]．电子产品世界，2002（2A）：80－81.
[264] 徐伟，常显奇，李云芝．未来联合作战中空间力量的运用［J]．国防大学学报，2002（1）：31－32.
[265] 王瑞栓．长征系列火箭地面发射技术的成就与未来［J]．导弹与航天运载技术，2002（5）：53－62.
[266] 李飞．21世纪美国空军构想［J]．国防科技，2002（1）：7－12.
[267] 常显奇．空间战略与国家安全［J]．卫星应用，2002（3）：1－6.
[268] 唐保东．美军积极准备太空作战［J]．现代军事，2001（4）：19－21.
[269] 赵新国，王波，侯迎春．美军的太空作战实验室［J]．现代军事，2001（10）：48－50.

[270] 袁俊．美军太空战略与太空战演习 [J]. 中国航天，2001 (7)：26－29.

[271] 黄志澄．关于太空战的认识与思考 [J]. 国际太空，2001 (6)：10－15.

[272] 杨娟，单玉泉．军事航天与国家安全 [J]. 威胁应用，2001 (3)：1－5.

[273] 朱淑清．二十一世纪军事航天技术的发展趋势 [J]. 国防科技，2001 (9)：48－50.

[274] 李大光．太空战 [M]. 北京：军事科学出版社，2001.

[275] 姜永伟．俄罗斯航天兵向空间宣战 [J]. 航空知识，2001 (7)：25－30.

[276] 钱海皓．军队组织编制学教程 [M]. 北京：军事科学出版社，2001.

[277] 王波，赵新国，赵辉．美太空战演习后的启示与建议 [J]. 中国航天，2001 (6)：34－37.

[278] 于小红，冯书兴，秦大国．美国太空军事演习的影响与启示 [J]. 装备指挥技术学院学报，2001，12 (2)：96－99.

[279] 温德义．“施里弗 2001”美国太空战模拟演习 [J]. 现代军事．2001 (6)：13－15.

[280] 柴国君．美国军事航天力量的现状与未来 [J]. 陆海空天惯性世界，2000 (5)：7－9.

[281] 徐深渊，王景泉．空间系统在“盟军行动”中的作用及启示 [J]. 卫星应用，1999 (2)：1－5.

[282] 姚云竹．战后美国威慑理论与政策 [M]. 北京：国防大学出版社，1998.

[283] 军事科学院外国军事研究部，中国国防科技信息中心．海湾战争（上、中、下）[M]. 北京：军事科学出版社，1992.

[284] 钱学森，于景元，戴汝为．一个科学新领域——开放的复杂巨系统及其方法论 [J]. 自然杂志，1990，13 (1)：3－10.

[285] T. N. 杜普伊．武器和战争的演变 [M]. 北京：军事科学出版社，1985.